Die geschlechterspezifische Besetzung des Aufsichtsrates durch die Anwendung insbesondere des Allgemeinen Gleichbehandlungsgesetzes

Europäische Hochschulschriften Recht

European University Studies in Law

Publications Universitaires Européennes de Droit

Band/ Volume **6269**

Agnieszka M. Goscinska

Die geschlechterspezifische Besetzung des Aufsichtsrates durch die Anwendung insbesondere des Allgemeinen Gleichbehandlungsgesetzes

PETER LANG

Bibliografische Information der Deutschen Nationalbibliothek
Die Deutsche Nationalbibliothek verzeichnet diese Publikation in der Deutschen Nationalbibliografie; detaillierte bibliografische Daten sind im Internet über http://dnb.d-nb.de abrufbar.

Zugl.: Bielefeld, Univ., Diss.,2021

Gedruckt auf alterungsbeständigem, säurefreiem Papier.

D 361
ISSN 0531-7312
ISBN 978-3-631-85654-3 (Print)
E-ISBN 978-3-631-86902-4 (E-PDF)
E-ISBN 978-3-631-86903-1 (EPUB)
DOI 10.3726/b19224

Diese Publikation wurde begutachtet.

www.peterlang.com

Ich widme diese Arbeit meiner Familie.
Mein Dank gilt auch meinem Doktorvater.

Inhaltsverzeichnis

Abkürzungsverzeichnis

a.A.	andere Ansicht
AADG	Arbeitsrechtliches Antidiskriminierungsgesetz
AADG-E	Entwurf eines Arbeitsrechtliches Antidiskriminierungsgesetzes
ABl. EG	Amtsblatt der Europäischen Gemeinschaften
ABl. EU	Amtsblatt der Europäischen Union
Abs.	Absatz
ADG	Antidiskriminierungsgesetz
ADG-E	Entwurf eines Antidiskriminierungsgesetzes
ADHGB	Allgemeines Deutsches Handelsgesetzbuch
A-Drs.	Ausschussdrucksache
AEUV	Vertrag über die Arbeitsweise der Europäischen Union
a.F.	alte Fassung
AG	Aktiengesellschaft
AGG	Allgemeines Gleichbehandlungsgesetz
AnwBL.	Anwaltsblatt
ArbGG	Arbeitsgerichtsgesetz
Art.	Artikel
AktG	Aktiengesetz
AktG-E	Entwurf eines Aktiengesetzes
AO	Abgabenordnung
ArbRAktuell	Arbeitsrecht Aktuell
ArbRB	Arbeits-Rechtsberater
ArbuR	Arbeit und Recht
AuA	Arbeit und Arbeitsrecht
Az.	Aktenzeichen
AZO	Arbeitszeitordnung
BAG	Bundesarbeitsgericht
BArbBl.	Bundesarbeitsblatt
BayGlG	Bayerisches Gesetz zur Gleichstellung von Frauen und Männern
BB	Betriebs-Berater
Bd.	Band
BDI	Bundesverband der Deutschen Industrie e.V.
Beschl.	Beschluss
BetrVG	Betriebsverfassungsgesetz

BGB	Bürgerliches Gesetzbuch
BGBl.	Bundesgesetzblatt
BGH	Bundesgerichtshof
BGHZ	Entscheidungen des Bundesgerichtshofs in Zivilsachen
BGremBG	Gesetz über die Mitwirkung des Bundes an der Besetzung von Gremien
BMF	Bundesministerium der Finanzen
BMFSFJ	Bundesministerium für Familie, Senioren, Frauen und Jugend
BMJV	Bundesministerium der Justiz und Verbraucherschutz
BR.-Drs.	Bundesratsdrucksache
BRG	Betriebsrätegesetz
BSG	Bundessozialgericht
BT-Drs.	Bundestagsdrucksache
BVerfG	Bundesverfassungsgesetz
BVerfGE	Entscheidungen des Bundesverfassungsgerichts
BVerwG	Bundesverwaltungsgericht
CCZ	Corporate Compliance Zeitschrift
CDU	Christlich Demokratische Union Deutschlands
ChGlFöG	Gesetz zur Förderung der Chancengleichheit von Männern und Frauen in Wirtschaftsunternehmen
CSU	Christlich-Soziale Union in Bayern e. V.
DAV	Deutscher Anwaltsverein e.V.
DAX	Deutscher Aktienindex
DB	Der Betrieb
DCGK	Deutsche Corporate Governance Kodex
ders.	derselbe
DGB	Deutscher Gewerkschaftsbund
dies.	dieselbe
DIHK	Deutsche Industrie- und Handelskammertag
DIW	Deutsches Institut für Wirtschaftsforschung
DNotZ	Deutsche Notar-Zeitschrift
Dok.Nr.	Dokumentennummer
DrittelbG	Gesetz über die Drittelbeteiligung der Arbeitnehmer im Aufsichtsrat
DStR	Deutsches Steuerrecht
DstRE	Deutscher Steuerrecht-Entscheidungsdienst
DVAuslG	Verordnung zur Durchführung des Ausländergesetzes
endg.	endgültig

EG	Vertrag von Nizza zur Änderung des Vertrags über die Europäische Union, der Verträge zur Gründung der Europäischen Gemeinschaften sowie einiger damit zusammenhängender Rechtsakte, unterzeichnet in Nizza am 26. Februar 2001
EGBGB	Einführungsgesetz zum Bürgerlichen Gesetzbuche
EGV	Vertrag von Amsterdam zur Änderung des Vertrages über die Europäische Union, der Verträge zur Gründung der Europäischen Gemeinschaften sowie einiger damit zusammenhängender Rechtsakte
ErfK	Erfurter Kommentar zum Arbeitsrecht
EU-GRCharta	Charta der Grundrechte der Europäischen Union
EuGH	Europäischer Gerichtshof
EuR	Europarecht (Zeitschrift)
EuZW	Europäische Zeitschrift für Wirtschaftsrecht (Zeitschrift)
EWG	Vertrag zur Gründung der Europäischen Wirtschaftsgemeinschaft in der Fassung vom 25. März 1957
EWR	Europäischer Wirtschaftsraum
EWS	Europäisches Wirtschafts- und Steuerrecht (Zeitschrift)
FDP	Freie Demokratische Partei
FEMM	Ausschusses für die Rechte der Frau und Chancengleichheit
f.	folgend
ff.	fortfolgend
FG	Finanzgericht
Fn.	Fußnote
FöGAbUG	Gesetzes zur Förderung der Gleichberechtigung von Frauen und Männern in Aufsichtsräten börsennotierter Unternehmen
FrFG	Frauenfördergesetz
FS	Festschrift
GG	Grundgesetz
GlTeilhG	Gesetz zur Förderung gleichberechtigter Teilhabe von Frauen und Männern in Führungsgremien
GmbH	Gesellschaft mit beschränkter Haftung
GMbHR	GmbH-Rundschau (Zeitschrift)
GVBl.	Gesetz- und Verordnungsblatt
GWR	Gesellschafts- und Wirtschaftsrecht (Zeitschrift)
HGB	Handelsgesetzbuch
HGlG	Hessisches Gleichberechtigungsgesetz
HS.	Halbsatz

i.d.F.	in der Fassung
i.S.	in Sicht
i.S.d.	in Sicht des/der
i.V.m	in Verbindung mit
IW Köln	Institut der deutschen Wirtschaft Köln
jur.	Juristische
JZ	JuristenZeitung (Zeitschrift)
KG	Kammergericht
KOM	Europäische Kommission
KStG	Körperschaftssteuergesetz
KSzW	Kölner Schrift zum Wirtschaftsrecht (Zeitschrift)
LAG	Landesarbeitsgericht
LGG	Landesgleichstellungsgesetz zur Gleichstellung von Frauen und Männern
lit.	Littera
MitbestG	Gesetz über die Mitbestimmung der Arbeitnehmer
MonanmitbestG	Gesetz über die Mitbestimmung der Arbeitnehmer in den Aufsichtsräten und Vorständen der Unternehmen des Bergbaus und der Eisen und Stahl erzeugenden Industrie
MüKo	Münchener Kommentar
m.w.N.	mit weiteren Nachweisen
n.F.	neue Fassung
NGG	Niedersächsisches Gleichberechtigungsgesetz
NJ	Neue Justiz (Zeitschrift)
NJOZ	Neue Juristische Online-Zeitschrift
NJW	Neue Juristische Wochenschrift
Nr.	Nummer
NVwZ	Neue Zeitschrift für Verwaltungsrecht
NZA	Neue Zeitschrift für Arbeitsrecht
NZA-RR	NZA-Rechtsprechungs-Report
NZG	Neue Zeitschrift für Gesellschaftsrecht
NZS	Neue Zeitschrift für Sozialrecht
OFD	Oberfinanzdirektion
OHG	Offene Handelsgesellschaft
OLG	Oberlandesgericht
PCGK	Public Corporate Governance Kodex
rd.	Rund
RdA	Recht der Arbeit (Zeitschrift)
RGBl.	Reichsgesetzblatt

RIW	Recht der internationalen Wirtschaft (Zeitschrift)
RL	Richtlinie
Rn.	Randnummer
Rs.	Rechtssache
RW	Rechtswissenschaft (Zeitschrift)
S.	Seite
s.	Siehe
SächsFFG	Gesetz zur Förderung von Frauen und der Vereinbarkeit von Familie und Beruf im öffentlichen Dienst im Freistaat Sachsen
SächsGVBl	Sächsisches Gesetz- und Verordnungsblatt
SEEG	Gestz zur Einführung der Europäischen Gesellschaft
Slg.	Sammlung der Rechtsprechung des Gerichtshofes und des Gerichts Erster Instanz
SPD	Sozialdemokratischen Partei Deutschlands
Urt.	Urteil
v.	Vom
VersR	Versicherungsrecht (Zeitschrift)
VG	Verwaltungsgericht
vgl.	Vergleiche
wg.	Wegen
WM	Zeitschrift für Wirtschafts- und Bankrecht
WuM	Wohnungswirtschaft und Mietrecht (Zeitschrift)
ZCG	Zeitschrift für Corporate Governance
ZEuS	Zeitschrift für Europarechtliche Studien
Ziff.	Ziffer
ZfA	Zeitschrift für Arbeitsrecht
zfbf	Schmalenbachs Zeitschrift für betriebswirtschaftliche Forschung
ZfRV	Zeitschrift für Europarecht, Internationales Privatrecht und Rechtsvergleichung
ZGR	Zeitschrift für Unternehmens- und Gesellschaftsrecht
ZIP	Zeitschrift für Wirtschaftsrecht
zit.	Zitiert
ZPO	Zivilprozessordnung

Einführung

1. Problemdarstellung und Ziel der Untersuchung

Die geschlechtsspezifische Besetzung der Aufsichtsräte von Aktiengesellschaften ist seit Jahren im Gespräch. Hintergrund ist das wenig ausgewogene Geschlechterverhältnis in diesen Gremien.[1] Aufgrund dessen wurde eine gesetzliche im Aktiengesetz (AktG) verankerte Mindestanteilsregelung, wonach ein bestimmter geschlechtsspezifischer Mindestanteil bei der Besetzung des Aufsichtsrates einzuhalten ist, gefordert.[2] Umgesetzt wurde diese Forderung mit dem Gesetz für die gleichberechtigte Teilhabe von Frauen und Männern an Führungspositionen in der Privatwirtschaft und im öffentlichen Dienst im Jahr 2015.[3] Ziel der darin enthaltenen Regelungen ist auch die Verwirklichung des gleichberechtigten Zugangs von Frauen und Männern zu Aufsichtsratsämtern.

Ein entsprechendes Ziel der Verwirklichung des Grundsatzes der Gleichbehandlung von Männern und Frauen ist der Richtlinie 2006/54/EG des Europäischen Parlamentes und des Rates vom 5. Juli 2006 zur Verwirklichung des Grundsatzes der Chancengleichheit und Gleichbehandlung von Männern und Frauen in Arbeits- und Beschäftigungsfragen[4] zu entnehmen. Diese Richtlinie ersetzt die Richtlinie 76/207/EWG des Rates vom 9. Februar 1976 zur Verwirklichung des Grundsatzes der Gleichbehandlung von Männern und Frauen hinsichtlich des Zugangs zur Beschäftigung, zur Berufsbildung und zum beruflichen Aufstieg sowie in Bezug auf die Arbeitsbedingungen in der Fassung der Richtlinie 2002/73/EG[5]. Innerhalb der den Mitgliedstaaten nach Art. 288

---

1 Vgl. *Holst/Busch-Heizmann/Wieber*, Führungskräfte-Monitor, DIW 2015, S. 106 ff.; *Holst/Busch/Kröger*, Führungskräfte-Monitor, DIW 2012, S. 101; *Holst/Wiemer*, DIW Wochenbericht 4/2010, 2 ff.; *Holst/Schimeta*, DIW Wochenbericht 18/2009, 302 ff.; *Holst*, DIW Wochenbereicht 35/2005, 505 ff.

2 Vgl. unten Teil C, V. 1. f)

3 BGBl. I vom 30.4.2015, S. 642

4 Richtlinie 2006/54/EG des Europäischen Parlaments und des Rates vom 5. Juli 2006 zur Verwirklichung des Grundsatzes der Chancengleichheit und Gleichbehandlung von Männern und Frauen in Arbeits- und Beschäftigungsfragen, ABl. EG Nr. L 204 vom 26.7.2006, S. 23

5 Richtlinie 2002/73/EG des Europäischen Parlaments und des Rates vom 23. September 2002 zur Änderung der Richtlinie 76/207/EWG des Rates zur Verwirklichung des Grundsatzes der Gleichbehandlung von Männern und Frauen hinsichtlich des Zugangs

AEUV belassenen Freiheit – bezüglich der Wahl der Formen und Mittel bei der Durchführung der Richtlinien – haben diese entsprechend dem Grundsatz der Effektivität die Verpflichtung, „diejenigen Formen und Mittel zu wählen, die für die Gewährleistung der praktischen Wirksamkeit (effet utile) der Richtlinien am besten geeignet sind“[6]. Diese Umsetzungsverpflichtung verfolgt der deutsche Gesetzgeber mit dem Allgemeinen Gleichbehandlungsgesetz (AGG)[7]. Ein Gesetz, welches der Umsetzung neben der Richtlinie 2002/73/EG auch der Richtlinie 2000/43/EG[8] sowie der Richtlinie 2000/78/EG[9] (im Folgenden: Gleichbehandlungsrichtlinien) dient. Nach § 1 AGG ist das Ziel dieses Gesetzes, geschlechtsbezogene Benachteiligungen zu verhindern oder zu beseitigen. Vermag das AGG im Vergleich zum obig genannten Gesetz für die gleichberechtigte Teilhabe von Frauen und Männern an Führungspositionen keinerlei ausdrückliche Regelung in Bezug auf die geschlechtsspezifische Besetzung des Aufsichtsrates einer Aktiengesellschaft enthalten, könnte daraus nicht geschlossen werden, dass dies keine Auswirkungen auf die Besetzung hat. Eben solche Auswirkungen untersucht jedoch folgende Arbeit.

Schwerpunkt dieser Arbeit ist die Betrachtung einer weniger günstigen Behandlung eines Aufsichtsratsmitgliedes wegen des Geschlechtes. Enthält das AGG auch keine geschlechtsspezifische, die Besetzung des Aufsichtsrates betreffende zwingende Mindestanteilsregelung, könnte es dennoch selbige Wirkung hervorrufen. Nach § 7 Abs. 1 AGG darf aufgrund des Geschlechtes niemand benachteiligt werden. Eine mittelbare Benachteiligung liegt nach § 3 Abs. 2 AGG grundsätzlich vor, wenn dem Anschein nach neutrale Vorschriften, Kriterien oder Verfahren Personen wegen des Geschlechtes anderen Personen gegenüber in besonderer Weise benachteiligen können. Lässt bereits das aktuelle Geschlechterverhältnis in den Aufsichtsräten eine solche Benachteiligung hinreichend

---

zur Beschäftigung, zur Berufsbildung und zum beruflichen Aufstieg sowie in Bezug auf die Arbeitsbedingungen, ABl. EG Nr. L 269 vom 5.10.2002, S. 15

6 EuGH, Urt. v. 8.4.1976 – Rs. 48/75 („*Royer*“), Rn. 74 f., Slg. 1976, 497, 517 = NJW 1976, 2065, 2067

7 BGBl. I vom 17.8.2006, S. 1897

8 Richtlinie 2000/43/EG des Rates vom 29. Juni 2000 zur Anwendung des Gleichbehandlungsgrundsatzes ohne Unterschied der Rasse oder der ethnischen Herkunft, ABl. EG Nr. L 180 vom 19.7.2000, S. 22

9 Richtlinie 2000/78/EG des Rates vom 27. November 2000 zur Festlegung eines allgemeinen Rahmens für die Verwirklichung der Gleichbehandlung in Beschäftigung und Beruf ABl. EG Nr. L 303 vom 2.12.2000, S. 16

wahrscheinlich wirken,[10] könnte lediglich eine geschlechtergerechte Besetzung des Aufsichtsrates die Rechtsfolgen eines Verstoßes gegen das Benachteiligungsverbot aus § 7 Abs. 1 AGG vermeiden. Die Betrachtung einer solchen These ist nicht allein wegen der im AGG enthaltenen Sanktionen wesentlich, sondern auch für die verfassungsrechtliche Frage nach der Erforderlichkeit einer im obig erwähnten Gesetz enthaltenen Mindestanteilsregelung.

Eine unmittelbare Benachteiligung liegt nach § 3 Abs. 1 S. 1 AGG wiederum vor, wenn eine Person wegen des Geschlechtes eine weniger günstige Behandlung als eine andere Person in vergleichbarer Situation erfährt, erfahren hat oder erfahren würde. Ein Verstoß gegen das Benachteiligungsverbot könnte demnach auch in einer die Besetzung des Aufsichtsrates betreffenden Regelung gesehen werden, welche zugunsten des unterrepräsentierten Geschlechtes wirkt. Einen solchen Verstoß annehmend wäre eine derartige Regelung mit dem AGG unvereinbar. Könnte eine gesetzlich starre Mindestanteilsregelung de lege ferenda auch als Ausnahme zu diesem Benachteiligungsverbot des AGG normiert werden, ist zu beachten, dass das AGG europäisches Sekundärrecht umsetzt. Europäische Richtlinien enthalten einen Mindeststandard und die Mitgliedstaaten sind gehalten, diesen Schutzstandard zu gewährleisten. Eine solch normierte Ausnahme führt bei einer Unvereinbarkeit einer geschlechtsspezifischen Regelung mit der Richtlinie 2006/54/EG wiederum zu einem Richtlinienverstoß.

Unerlässlich für diese obigen Feststellungen ist die Anwendbarkeit des AGG oder auch der Richtlinie 2006/54/EG auf die Besetzung des Aufsichtsrates respektive Aufsichtsratsmitglieder. Mit Einführung einer geschlechtsspezifischen Mindestanteilsregelung für Organe bestimmter norwegischer Kapitalgesellschaften wurde die Anwendbarkeit dieser Richtlinien für das betreffende norwegische Organmitglied seitens des norwegischen Ministeriums für Kinder und Familie abgelehnt.[11] Die Frage der Anwendbarkeit des AGG und der mit diesem Gesetz umgesetzten Richtlinien auf Aufsichtsratsmitglieder steht folglich im unmittelbaren Zusammenhang mit der Frage nach der Vereinbarkeit einer die geschlechtsspezifische Zusammensetzung des Aufsichtsrates betreffende

---

10 So BT-Drs. 17/11139, S. 29; *Bericht der Länderarbeitsgruppe*, Teilhabe von Frauen in Führungs- und Kontrollgremien der Wirtschaft, S. 128, 132 f.

11 *Barne- og familiedepartement*: follow-up to the Package Meeting of 9 to 10 November 2005 regarding representation of both sexes on company boards, S. 7 ff.; die Richtlinie 2006/54/EG ist nach Art. 7 und 70 des Abkommens über den Europäischen Wirtschaftsraum i. V. m. Anhang XVIII, Nr. 21b.01 und dem Beschluss des Gemeinsamen EWR-Ausschusses Nr. 33/2008, ABl. EG Nr. L 182 vom 10.7.2008, S. 30 ebenfalls für Norwegen von Bedeutung

Regelung (insbesondere) mit der Richtlinie 2006/54/EG. Im Vergleich zu den Mitgliedern eines Vorstands ist dies in Bezug auf die Mitglieder eines Aufsichtsrates bereits wegen der nicht ausdrücklichen Benennung dieses Organs in § 6 Abs. 3 AGG auslegungsbedürftig.

Die Annahme der Anwendbarkeit des persönlichen Geltungsbereiches des AGG auf Aufsichtsratsmitglieder führt zu weiteren bisher ungeklärten Fragestellungen hinsichtlich des Anwendungsumfanges des AGG auf Aufsichtsratsmitglieder. Dabei ist vorwegzunehmen, dass die mit dieser Arbeit betrachteten Normen der Richtlinie 2006/54/EG und der diese Regelung umsetzende Teil des AGG vorwiegend einen arbeitsrechtlichen Charakter haben, auch wenn es sich um keine „Spezialmaterie des Arbeitsrechts“[12] handelt. Damit sind Normen arbeitsrechtlicher Natur auf gesellschaftsrechtliche Akte anzuwenden. Wesentliche Auswirkungen hat dies im Besonderen auf die Frage der Anwendung des sachlichen Geltungsbereiches des AGG auf die unternehmensrechtliche Stellung des Aufsichtsrates wie auch auf die Rechtfertigungsmöglichkeit einer Benachteiligung. Dabei bedarf es ebenfalls einer anderen Betrachtung als bei den in § 6 Abs. 3 AGG ausdrücklich genannten Organen. Die Gründe dafür sind zum einen in der Organisationsverfassung einer Aktiengesellschaft zu sehen. Zum anderen resultiert im Vergleich zu den in § 6 Abs. 3 AGG geschäftsführenden Organen der Vergütungsanspruch eines Aufsichtsratsmitgliedes nicht (allein) aus einem Anstellungsvertrag. Das Ziehen von Parallelen zu einem Arbeitsvertrag mit einem Arbeitnehmer ist ferner ebenfalls eher zu einem Anstellungsvertrag als zu einem Bestellungsakt möglich. Zudem ist der Bestellung durch die Hauptversammlung eine Auswahlentscheidung durch den Aufsichtsrat vorgelagert. Dadurch könnte der Benachteiligungsschutz eines Aufsichtsratsmitgliedes im Vergleich zu den in § 6 Abs. 3 AGG genannten Organmitgliedern weiter gefasst sein. Tangiert die Mindestanteilsregelung im Aktiengesetz eine eventuelle Notwendigkeit einer Abberufung der aktuell berufenen Organmitglieder, stellt sich überdies bei diesem Organ die Frage, inwiefern der Benachteiligungsschutz des AGG auch die Abberufung erfasst. Diese Frage ist ebenfalls mit Blick auf die Richtlinie 2006/54/EG zu beantworten und eng mit der Frage verknüpft, inwiefern Organmitglieder als unselbstständig Erwerbstätige i. S. der mit dem AGG umgesetzten Richtlinien zu verstehen sind.

Insbesondere die letzteren Fragen resultieren aus der aus § 6 Abs. 3 AGG zu entnehmenden Beschränkung auf die Bereiche des Zugangs zur Erwerbstätigkeit und des beruflichen Aufstiegs. Diese Beschränkung ist auf die

---

12 *Schubert*, ZIP 2013, 289

Unionskonformität respektive ihre richtlinienkonforme Auslegungsfähigkeit zu untersuchen. Dabei sind insbesondere die Grenzen einer solchen Auslegung zu beachten. Ein nationales Gericht hat seine Auslegung so weit wie möglich am Wortlaut und Zweck der Richtlinie ausrichten, um das mit der Richtlinie verfolgte Ziel zu erreichen.[13] Ist die Auslegung eines nationalen Gesetzes lediglich so weit wie möglich am Wortlaut und Zweck einer Richtlinie auszurichten, resultiert daraus keine ausnahmslose Pflicht zur richtlinienkonformen Auslegung und damit auch kein Außerachtlassen der nationalen Methodik. Voraussetzung für eine unionskonforme Auslegung ist die Interpretationsfähigkeit der nationalen Regelung.[14] Allein der nationale Gesetzgeber hat die Befugnis, das nationale Recht zu ändern.[15] Eine Auslegung contra legem ist somit nicht vorzunehmen.[16] Weicht der Wortlaut einer nationalen Norm von Richtlinienvorgaben ab, schließt dies eine richtlinienkonforme Auslegung aus.[17] Festzuhalten ist zudem, dass eine richtlinienkonforme Rechtsfortbildung im Wege einer teleologischen Reduktion oder Analogie einer planwidrigen Regelungslücke bedarf.[18] Eine solche Planwidrigkeit ist entsprechend der Entscheidung des BGH vom 21.

---

13 EuGH, Urt. v. 13.11.1990 – Rs. C-106/89 („*Marleasing*“), Rn. 8, Slg. 1990, I-04135, 4159; EuGH, Urt. v. 16.12.1993 – Rs. C-334/92, Rn. 20 = NJW 1994, 921, 922; EuGH, Urt. v. 14.7.1994 – Rs. C-91/92, Rn. 26 = NJW 1994, 2473, 2474; EuGH, Urt. v. 5.10.2004 – C-397/01 bis C-403/01 („*Pfeiffer*“), Rn. 119, Slg. 2004, I-8835, 8919 = NJW 2004, 3547, 3550; *Leible/Domröse* in Riesenhuber Europäische Methodenlehre, § 8, Rn. 57

14 EuGH, Urt. v. 5.10.2004 – Rs. C-397/01 bis C-403/01 („*Pfeiffer*“), Rn. 116, Slg. 2004, I-8835, 8919, 8918 = NJW 2004, 3547, 3549

15 Schlussanträge des Generalanwalts *Jääskinen* vom 22.04.2010, zur Rs. C-98/09, Slg. 2010 I, 5837, Rn. 67

16 EuGH, Urt. v. 16. 6. 2005 – Rs. C-105/03, Rn. 24, 47, Slg. 2005, I-5285, 5324, 5329 = EuZW 2005, 433, 434; EuGH, Urt. v. 4.7.2006 – Rs. C-212/04 („*Adeneler*"), Rn.110, Slg. 2006, I-6057, 6131 = NJW 2006, 2465, 2468; EuGH, Urt. v. 10.3.2011– Rs. C-109/09 („*Deutsche Lufthansa/Kupan*“), Rn. 54 = NZA 2011, 397, 400; *Marly* in Grabitz/Hilf, Das Recht der EU, 2009, Art. 22, Rn. 10

17 BGH, Urt. v. 14.10.2003 – XI ZR 134/02, NJW 2004, 154, 155 f.; *Roth/Jopen* in Riesenhuber Europäische Methodenlehre, §§ 13, Rn. 20, jedoch auch differenzierend abhängig vom Gebiet betrachtend § 13, Rn. 49; *Heiderhoff*, Gemeinschaftsprivatrecht, S. 54 f.; *Grosche/Höft*, NJOZ 2009, 2294, 2307 ff.; *Schubert*, NJ 2009, 221, 227; vgl. *Pfeiffer*, NJW 2009, 412 ff., welcher zwischen bewusster Nichteinhaltung der Richtlinie und unrichtige Umsetzung, trotz des Willens des Gesetzgebers bzgl. richtlinienkonformer Umsetzung differenziert; so wohl auch BGH, Urt. v. 26.11.2008 – Az. VIII ZR 200/05 = NJW 2009, 427, 428 ff.

18 BGH, Urt. v. 21.12.2011 – Az. VIII ZR 70/08 (zitiert nach Juris Rn. 31)

Dezember 2011 auch dann anzunehmen, wenn das Verständnis des Gesetzgebers zwar fehlerhaft war, jedoch eine „von der Annahme der Richtlinienkonformität getragenen Umsetzungsabsicht des Gesetzgebers" konkret geäußert wurde.[19] Die unionskonforme Auslegung findet demnach ihre Grenzen in dem erkennbaren Willen des Gesetzgebers.[20] Basiert dieser Wille jedoch auf einer Fehleinschätzung seitens des Gesetzgebers, bedarf es neben seiner richtlinienkonformen Umsetzungsabsicht ferner der Beachtung des Prinzips der Rechtssicherheit.[21] Sprechen die Gesichtspunkte der Rechtssicherheit gegen eine richtlinienkonforme Rechtsfortbildung, ist auch trotz einer richtlinienkonformen Umsetzungsabsicht des Gesetzgebers ein Umsetzungsdefizit anzunehmen. Somit bedarf es für die Auslegung des AGG nicht nur das Unionsrecht und dessen Anforderungen, sondern insbesondere den Willen des Gesetzgebers und die Beachtung der Rechtssicherheit.

Setzt das AGG Unionsrecht um, spiegelt sich die praktische Relevanz dennoch nicht lediglich in der Möglichkeit der Rechtfertigung einer geschlechtsspezifischen Mindestanteilsregelung wieder. Auch der Verstoß gegen das AGG ist für die Praxis wesentlich. Für eine geschlechtsspezifische Benachteiligung stellt sich insbesondere die Frage nach der Beweislast. Dabei ist nicht nur fraglich, ob die in § 22 AGG enthaltene Beweislasterleichterung auch zugunsten von Aufsichtsratsmitgliedern erfolgt, sondern insbesondere auch, inwiefern ein Zahlenmaterial über das aktuell bestehende Geschlechterverhältnis in den Aufsichtsräten bereits eine Benachteiligung darlegen kann. Bei Annahme einer Benachteiligung stellt sich ferner die Frage nach den Auswirkungen eines Verstoßes gegen das Benachteiligungsverbot aus § 7 Abs. 1 AGG auf den bereits vorgenommenen Bestellungsakt durch die Hauptversammlung. Angesichts der nach § 103 Abs. 1 S. 1 AktG zulässigen jederzeitigen Abberufungsmöglichkeit eines Aufsichtsratsmitgliedes besteht ferner das Bedürfnis, den Schadenersatz und die Entschädigung der Höhe nach näher zu präzisieren.

Das Ziel der folgenden Arbeit ist folglich der Überwindung von Unsicherheit über der Anwendbarkeit und des Anwendungsumfanges des AGG und der

---

19 BGH, Urt. v. 21.12.2011 – Az. VIII ZR 70/08 (zitiert nach Juris Rn. 32 ff.)

20 BGH, Beschl. v. 16.8.2006 – Az. VIII ZR 200/05 = EuZW 2007, 286, 287; BAG, Urt. v. 13.7.2006 – Az. 6 AZR 198/06 = NZA 2007, 25, 26; BAG, Urt. v. 18. 9. 2003 – Az. 2 AZR 79/02 = NZA 2004, 375, 381; BAG, Urt. v. 05.03.1996 – Az. 1 AZR 590/92 (A) = NZA 1996, 751, 755; *Kamanabrou*, RdA 2006, 321, 328; *Kerwer*, NZA 2002, 1316, 1320 f.; *Sagan*, NZA 2006, 1257, 1258; a.A. *Everling*, ZGR 1992, 376, 381; *Heiderhoff*, Gemeinschaftsprivatrecht, S. 54

21 BGH, Urt.v. 21.12.2011 – Az. VIII ZR 70/08 (zitiert nach Juris Rn. 46 f.)

Richtlinie 2006/54/EG auf Aufsichtsratsmitglieder dienlich zu sein. Auch werden die Auswirkungen der darin enthaltenen Regelungen auf die Zusammensetzung des Aufsichtsrates und die Rechtsfolgen einer geschlechtsspezifischen Benachteiligung dieser Organmitglieder dargelegt.

2. Gang der Untersuchung

Die Anwendung des persönlichen Geltungsbereiches des AGG auf Aufsichtsratsmitglieder wird in Teil A dieser Arbeit untersucht. Die Auslegungsbedürftigkeit resultiert aus der nicht ausdrücklichen Benennung dieser Organmitglieder in § 6 Abs. 3 AGG. Die Betrachtung der Entstehung dieser Regelung dient der Herausarbeitung des gesetzgeberischen Willens und der Frage, inwiefern der Gesetzgeber lediglich bestimmte Organmitglieder vor Benachteiligungen nach dem AGG schützen wollte.

Vorwegzunehmen ist an dieser Stelle der Zusammenhang zwischen der Anwendung des persönlichen Geltungsbereiches des AGG und der These, wonach mit diesem Gesetz umgesetzte Richtlinien sämtliche Organmitglieder vor Benachteiligungen wegen eines in § 1 AGG genannten Grundes schützen.

Für die Aufsichtsratsmitglieder steht diese Untersuchung des persönlichen Geltungsbereiches des AGG auch in Verbindung mit der Frage, ob die Anwendung des AGG auf Aufsichtsratsmitglieder einzig von der Annahme einer Erwerbstätigkeit abhängig anzusehen ist.[22] In dieser Arbeit werden ferner die Voraussetzungen für die Annahme einer solchen Erwerbstätigkeit bei Aufsichtsratsmitgliedern präzisiert.

Teil B widmet sich dem Anwendungsumfang des sachlichen Geltungsbereiches des AGG auf Aufsichtsratsmitglieder. Dabei wird insbesondere den Auswirkungen der dem Wortlaut des § 6 Abs. 3 AGG zu entnehmenden Beschränkung auf den Zugang zur Erwerbstätigkeit und den beruflichen Aufstieg nachgegangen. Dies steht zum einen in enger Verknüpfung mit der bisher gerichtlich ungeklärten Frage, inwiefern diese Beschränkung auf sämtliche Organmitglieder Anwendung findet und zum anderen mit dem Problemkreis der rechtlichen Qualifizierung der Organtätigkeit. Teil dieser Arbeit ist daher nicht ausschließlich die Qualifizierung der Aufsichtsratstätigkeit als selbstständige oder unselbstständige Erwerbstätigkeit i. S. d. der mit dem AGG umgesetzten

---

22 So *Rolfs*, Gleichberechtigte Vertretung der Geschlechter in Aufsichtsräten, S. 18; *Bericht der Länderarbeitsgruppe*, Teilhabe von Frauen in Führungs- und Kontrollgremien der Wirtschaft, S. 122

Richtlinien, sondern auch die Untersuchung, inwiefern diese Beschränkung einer richtlinienkonformen Umsetzung entspricht oder ein Umsetzungsdefizit anzunehmen ist.

Für die rechtliche Qualifikation werden auch Entscheidungen des EuGH herangezogen. Eine Ablehnung einer zweifelsfreien Qualifikation der Aufsichtsratstätigkeit als selbstständige Tätigkeit resultiert dabei insbesondere aus der Entscheidung des EuGH zur Rechtssache *Danosa*[23].

Ferner sind die Begriffe des Zugangs und des beruflichen Aufstiegs i. S. d. § 6 Abs. 3 und § 2 Abs. 1 Nr. 1 AGG hinsichtlich des Aufsichtsratsamtes auslegungsbedürftig. In diesem Teil der Arbeit wird daher ebenso die Frage untersucht, inwiefern der Zugang auch die Abberufung eines Aufsichtsratsmitgliedes erfasst und welche gesellschaftsrechtlichen Akte als beruflicher Aufstieg i. S. d. AGG zu verstehen sind.

Der dritte Teil dieser Arbeit befasst sich mit der Rechtfertigung einer geschlechtsspezifischen die Besetzung des Aufsichtsrates betreffenden Benachteiligung. Dafür werden die Rechtfertigungsgründe in den § 8 Abs. 1 und § 5 AGG betrachtet. Für die Besetzung des Aufsichtsrates stellt sich dabei insbesondere die Frage, wie weit die Unternehmensverfassung oder die unternehmerische Entscheidungsfreiheit bei dem Rechtsfertigungsgrund des § 8 Abs. 1 AGG oder auch aufgrund des Wortlautes des § 6 Abs. 3 AGG Bedeutung findet. Diese unternehmerische Entscheidungsfreiheit spiegelt sich nicht lediglich in der Reaktion auf Dritte wie beispielsweise Vertragspartner, sondern auch in der Wahl des Unternehmenskonzeptes wieder.

Ferner wird in diesem Untersuchungsabschnitt auf die Rechtfertigung der die Besetzung des Aufsichtsrates betreffenden geschlechtsspezifischen Regelungen eingegangen. Bereits vor Inkrafttreten der Mindestanteilsregelung im Jahr 2015 war das Geschlecht bei der Besetzung des Aufsichtsrates zu berücksichtigen. Dessen unmittelbare oder mittelbare Wirkung wird zunächst dargestellt. Mit einem Exkurs in die Genese der das Unternehmensmitbestimmungsrecht betreffenden Regelungen hinsichtlich der Besetzung des Aufsichtsrates einer Aktiengesellschaft mit Vertretern der Arbeitnehmer wird untersucht, weshalb vor dem Jahr 2015 nur eines dieser Gesetze eine das Geschlechterverhältnis betreffende Norm enthält. In diesem Zusammenhang wird eine eventuell mittelbare Wirkung weiterer Regelungen betrachtet. Hintergrund für diese Untersuchung ist, dass der bisherige Frauenanteil in den Aufsichtsräten zumeist auf

23 EuGH, Urt. v. 11.11.2010 – Rs. C-232/09 („*Danosa*"), Slg. 2010, I-1140 = EuZW 2011, 74 ff.

die die Unternehmensmitbestimmung betreffenden Regelungen zurückzuführen war, obgleich bis zum Jahr 2015 lediglich eine einzelne sogenannte Soll-Regelung die geschlechtsspezifische Zusammensetzung betraf. Dies könnte den Anschein erwecken, dass eine lediglich Soll-Regelung ausreichend auf das Geschlechterverhältnis wirkt.

Nach der Darstellung der die Aufsichtsratsbesetzung betreffenden bereits geltenden Regelungen werden die derzeitig vorliegenden Gesetzesentwürfe, wie auch das 2015 in Kraft getretene Gesetz gewürdigt. Dabei wird auf diese vorliegenden Gesetzesentwürfe zusammenfassend eingegangen.

Handelt es sich bei einer zwingend einzuhaltenden geschlechtsbezogenen Mindestanteilsregelung um eine unmittelbare Benachteiligung i. S. d. § 3 Abs. 1 S. 1 AGG, wird am Schluss dieses Kapitels auf die Rechtfertigung einer solchen eingegangen. Eine solche unterschiedliche Behandlung ist nach § 5 AGG zulässig, wenn durch geeignete und angemessene Maßnahmen bestehende Nachteile wegen des Geschlechtes verhindert oder ausgeglichen werden sollen. Könnte das AGG auch aufgrund der Gesetzeskonkurrenz als unbeachtlich anzusehen sein, so ist zu beachten, dass dieses der Umsetzung von Unionsrecht dient. Eine Betrachtung der im Jahr 2015 in Kraft getretenen Mindestanteilsregelung mit dem Unionsrecht ist folglich unumgänglich.

Den rechtlichen Folgen einer geschlechtsspezifischen Benachteiligung wird im letzten Teil dieser Arbeit nachgegangen. Dabei wird nicht nur die für die Praxis relevante Frage nach der Anwendbarkeit der in § 22 AGG enthaltenen Beweislasterleichterung untersucht, sondern auch die Voraussetzungen dieser Regelung. Enthält das AGG, wie auch die Richtlinie 2006/54/EG, zwar keine die Zusammensetzung des Aufsichtsrates betreffende geschlechtsbezogene Mindestanteilsregelung, kann selbige Wirkung angenommen werden, wenn bereits das aktuelle Geschlechterverhältnis in einem Aufsichtsrat als Indiz i. S. d. § 22 AGG eine Benachteiligung wegen des Geschlechtes vermuten lässt.

Dabei wird nicht nur der Indizwirkung einer Statistik nachgegangen, sondern auch die von der bisherigen Rechtsprechung herausgearbeiteten Voraussetzungen an eine solche dargestellt. Diese Voraussetzungen werden im Hinblick auf die Besetzung und Zusammensetzung des Aufsichtsrates betrachtet.

Das Erfordernis nach § 11 AGG einen Arbeitsplatz nicht unter Verstoß gegen § 7 Abs. 1 AGG auszuschreiben führt zu dem Bedürfnis eines geschlechtsneutralen Anforderungsprofils. Ein nicht geschlechtsneutrales Anforderungsprofil hat ebenfalls Indizwirkung i. S. d. § 22 AGG. Konkret ist hierbei zu fragen, ob wegen dieser Regelung und mit Blick auf das Gesetz für die gleichberechtigte Teilhabe von Frauen und Männern an Führungspositionen in der Privatwirtschaft und im öffentlichen Dienst nun auch nach einer „Aufsichtsrätin“ zu suchen ist.

Auch wird der für die Praxis relevanten Frage nachgegangen, inwiefern aufgrund von § 22 AGG Zugang zu den Beschlüssen des Aufsichtsrates gewährt werden muss und inwiefern eine solche vermutete Benachteiligung widerlegbar ist.

Weiter werden in diesem Teil der Arbeit die Rechtsfolgen einer geschlechtsspezifischen Benachteiligung eines Aufsichtsratsmitgliedes dargestellt. Als Folgen kommen zum einen die Zahlungen eines Schadenersatzes oder einer Entschädigung in Betracht und zum anderen Auswirkungen auf Beschlüsse des Aufsichtsrates und der Hauptversammlung. Dafür ist auch die Untersuchung von Kausalitätserfordernissen zwischen Benachteiligungsgrund und Benachteiligung sowie Benachteiligung und Schaden erforderlich. Bei einem Aufsichtsrat handelt es sich um ein Gremium. Bei der Untersuchung wird daher zu beachten sein, dass ein Beschluss des Aufsichtsrates aufgrund von Entscheidungen der einzelnen Organmitglieder zustande kommt, die auf unterschiedlichen Gründen zurückzuführen sein können.

Bei der Untersuchung der Rechtsfolgen einer geschlechtsspezifischen Benachteiligung zeigen sich wesentliche Unterschiede im Vergleich zu einer Betrachtung der in § 6 Abs. 3 AGG ausdrücklich benannten Organmitglieder. Zum einen ist der Aufsichtsratswahl ein Verfahren vorgelagert, welches eine Vorschlagspflicht durch den Aufsichtsrat innehat. Demzufolge kommen zwei Anfechtungsmöglichkeiten in Betracht, da zwei Beschlussentscheidungen Benachteiligungen enthalten können. Zum anderen kann im Vergleich zum Vorstand ein Aufsichtsrat jederzeit abberufen werden. Diese nach § 103 Abs. 1 S. 1 AktG jederzeitige Abberufungseventualität eines Aufsichtsratsmitgliedes kann zu der Annahme führen, die Schadenersatzhöhe auf null reduzieren zu können.

Teil A Die Anwendung des AGG auf Aufsichtsratsmitglieder

Das Allgemeine Gleichbehandlungsgesetz setzt vier Richtlinien in deutsches Recht um. Dabei handelt es sich um die Antirassismusrichtlinie 2000/43/EG, die Rahmenrichtlinie zur Beschäftigung 2000/78/EG, die Richtlinie zur Gleichstellung der Geschlechter auch außerhalb der Arbeitswelt 2004/113/EG und die Richtlinie 2002/73/EG. Letztere wurde mit anderen Richtlinien der Verwirklichung des Grundsatzes der Chancengleichheit und Gleichbehandlung von Männern und Frauen in Arbeits- und Beschäftigungsfragen in Richtlinie 2006/54/EG zusammengefasst. Damit erstreckt sich die Betrachtung der Anwendung des deutschen Rechtes auf Aufsichtsratsmitglieder auf diese im Folgenden genannten Gleichbehandlungsrichtlinien und damit auch auf das Unionsrecht.

Insbesondere wegen des Wortlautes des § 6 Abs. 3 AGG, welcher Organmitglieder explizit erwähnt, scheint die Frage, ob das AGG auf Aufsichtsratsmitglieder ebenfalls Anwendung findet, unproblematisch zu bejahen zu sein. Soweit es die Bedingungen für den Zugang zur Erwerbstätigkeit sowie den beruflichen Aufstieg betrifft, gelten nach dem Wortlaut des § 6 Abs. 3 AGG die Vorschriften des zweiten Abschnittes für Selbstständige und Organmitglieder, insbesondere Geschäftsführer oder Geschäftsführerinnen und Vorstände, entsprechend. Mit der Einführung einer geschlechtsspezifischen Mindestanteilsregelung in Norwegen verneinte jedoch das norwegische Familienministerium die Anwendung der Richtlinie 2002/73/EG auf das von dieser Regelung erfasste Organmitglied.[24] Transformiert das AGG auch selbige Richtlinie in deutsches Recht, ist anzumerken, dass es das Organ Aufsichtsrat nicht ausdrücklich benennt. Dieser Teil der Arbeit beschäftigt sich daher mit der Frage nach der Anwendung des persönlichen Geltungsbereiches des AGG auf Mitglieder des Aufsichtsrates.

---

24 *Barne- og familiedepartement:* follow-up to the Package Meeting of 9 to 10 November 2005 regarding representation of both sexes on company boards, S. 4 ff., die RL 2002/73/EG ist nach Anhang XVIII des EWR-Abkommens ebenfalls für Norwegen von Bedeutung, ABl. L 376 vom 23.12.2004, S. 49

I. Anwendung des persönlichen Geltungsbereiches des AGG auf Aufsichtsratsmitglieder

Ausdrücklich sind vom Wortlaut des § 6 Abs. 3 AGG lediglich die Mitglieder des Vorstandes und der Geschäftsführer erfasst. In der bisherigen Literatur wird die Problematik in Bezug auf die Anwendung dieses Gesetzes auf Aufsichtsratsmitglieder vorwiegend unter das Tatbestandsmerkmal der Erwerbstätigkeit i. S. d. AGG subsumiert.[25] Vorwegzunehmen ist dabei, dass ein Hinweis allein auf einen Anstellungsvertrag zur Feststellung einer Erwerbstätigkeit bei Aufsichtsratsmitgliedern nicht dienlich ist.

Ferner kommt mit Blick auf die ausdrücklich benannten Organe auch eine teleologische Reduktion des § 6 Abs. 3 AGG in Betracht. Entsprechend einer solchen Reduktion könnten lediglich Mitglieder geschäftsführender oder weisungsgebundener Organe unter den Begriff der Organmitglieder zu subsumieren sein. Auch vorwegzunehmen ist die enge Verknüpfung der Frage nach dem Grund für die ausschließliche Aufnahme des Geschäftsführers und der Mitglieder des Vorstandes mit der Frage nach der Anwendung des mit dem AGG umgesetzten Unionsrechtes auf Organmitglieder.

Auch ist der Ansicht von *Schröder/Diller*, wonach geschäftsführende Gesellschafter einer GmbH von der Anwendung des AGG ausgeschlossen sind,[26] nachzugehen und zu beantworten, ob eine zeitliche Stellung eines Aufsichtsrates als Aktionär ebenfalls die Anwendung des AGG ausschließt.

1. Begriff des Organmitgliedes i. S. d. AGG

Neben selbstständig erwerbstätigen Personen werden in § 6 Abs. 3 AGG Organmitglieder benannt. Sind Aufsichtsratsmitglieder Organmitglieder im Sinne dieses Gesetzes, kann das für eine Anwendung des AGG auf diese sprechen.

Ein Teil der Literatur subsumiert unter den Begriff der Organmitglieder „alle Personen, die kraft Satzung, Gesetz oder Gesellschaftsvertrag einem Gesellschaftsorgan angehören“[27]. Erfasst sind demnach Organmitglieder einer

---

25 *Lutter*, BB 2007, 725, 730; *Krause*, AG 2007, 329, 393; *Eßer/Baluch*, NZG 2007, 321, 322; Redenius-*Hövermann*, ZIP 2010, 660, 663 f.; *Kocher*, BB 2010, 264, 264; *Adomeit/Mohr*, AGG, § 6, Rn. 34; a.A. *Schladebach/Stefanopoulou*, BB 2010, 1042, 1046

26 So *Schröder/Diller*, NZG 2006, 728, 730

27 *Schmidt* in Schiek, AGG, § 6, Rn. 14; *Schladebach/Stefanopoulou*, BB 2010, 1042, 1046; *Redenius-Hövermann*, ZIP 2010, 660, 663

juristischen Person wie auch einer Personengesellschaft.[28] Kritik erfährt diese Definition aufgrund der Verwendung des Begriffes Gesellschaftsorgan.[29] Ist dieser Definition nicht zu entnehmen, was ein Gesellschaftsorgan ist, bedarf es einer genaueren Festlegung. Die Organe eines Verbandes werden kraft seiner Verfassung begründet.[30] Die Grundlage dieser Verfassung privater Verbände ist rechtsgeschäftlicher oder gesetzlicher Natur.[31] Für die Handlungsfähigkeit bedürfen die Organe „menschlicher Träger, die sie jeweilig darstellen"[32]. Diese verfassungsmäßige Bildung des Organs vollzieht sich durch die Berufung bestimmter Personen zu der Organstellung.[33] Es ist zwischen Organ und dessen Organwalter zu unterscheiden. Organwalter sind die Personen, die das jeweilige Organ besetzen.[34] Zu den Organmitgliedern gehören i. S. d. § 6 Abs. 3 AGG damit alle Personen, die Träger eines Organamtes sind, welches aufgrund der Verbandsverfassung herzustellen ist. Zu Recht verweist *Oetker* darauf, dass die Erfassung von nur Gesellschaftsorganen oder Verbandsorganen die Organe von Stiftungen auslässt.[35] Sind vom AGG neben den Organmitgliedern von Zweckverbänden auch die dieser Vermögensträgerin erfasst, wäre die Definition um alle Organmitglieder von durch Zwecksatzung verselbstständigter Organisationen zu erweitern.[36] Zusammenfassend sind danach Organmitglieder i. S. d. § 6 Abs. 3 AGG alle Personen, die Träger eines Organamtes sind, welches aufgrund der Verfassung von durch Zwecksatzung verselbstständigter Organisationen herzustellen ist. Aufsichtsratsmitglieder sind von dieser dargestellten Definition erfasst. Unter dem Begriff der Organmitglieder sind zweifellos alle natürlichen Personen zu subsumieren. Ob darüber hinaus auch juristische Personen vom Diskriminierungsschutz erfasst sind, wird in der Literatur bislang nur vereinzelt problematisiert.[37] Aufsichtsratsmitglied kann nach § 100 Abs. 1 S. 1 AktG nur eine

---

28 Zwar einschränkend auf Organmitglieder „einer juristischen Person", dennoch exemplarisch die KG und OHG genannt *Oetker*, FS Otto, 2008, S. 361, 368; unklar auch *Worzalla*, Das neue Allgemeine Gleichbehandlungsgesetz, S. 81

29 *Oetker*, FS Otto, 2008, S. 361, 367

30 *Schmidt*, Gesellschaftsrecht, § 14, S. 415; *Gierke*, Deutsches Privatrecht Band 1, S. 497

31 *Schmidt*, Gesellschaftsrecht, § 14, S. 407

32 *Gierke*, Deutsches Privatrecht Band 1, S. 498

33 *Gierke*, Die Genossenschaftstheorie, S. 674; *Gierke*, Deutsches Privatrecht Band 1, S. 498

34 *Schmidt*, Gesellschaftsrecht, § 14, S. 415

35 *Oetker*, FS Otto, 2008, S. 361, 368 f.

36 Vgl. *Schmidt*, Gesellschaftsrecht, § 1, S. 5

37 *Schwab*, DNotZ 2006, 649, 663; *Budde*, BB 2007, 731, 732 f.

natürliche Person werden, wodurch dieser Diskussion im Hinblick auf diese Organmitglieder hier nicht nachzugehen ist. Selbige sind Träger des Aufsichtsratsamtes, welches zwingend aufgrund der Verfassung einer Aktiengesellschaft herzustellen ist.

2. Erfassung des Aufsichtsratsmitgliedes dem Wortlaut des § 6 Abs. 3 AGG nach

Der Wortlaut des § 6 Abs. 3 AGG schließt die Anwendung des AGG auf diese Organmitglieder nicht aus.[38] Benennt jene Regelung auch lediglich Geschäftsführer oder Geschäftsführerinnen und Vorstände ausdrücklich, ist der Verwendung des Adverbs „insbesondere" in § 6 Abs. 3 AGG eine nur exemplarische und keine abschließende Aufzählung zu entnehmen.[39] Inwiefern der Gesetzgeber dennoch lediglich gewisse und nicht sämtliche Organwalter vom persönlichen Geltungsbereich des AGG erfasst sehen wollte, ist dem Wortlaut dieser Regelung nicht zu entnehmen.

3. Genese des § 6 Abs. 3 AGG und die Erweiterung des Schutzes des AGG auf Organmitglieder

Enthielten die ersten Entwürfe des AGG dem Wortlaut nach kein Benachteiligungsverbot für Organmitglieder, führte dies zur kontroversen Diskussion über die Erfassung der Organmitglieder einer Gesellschaft vom Anwendungsbereich dieses Gesetzes.[40] Weshalb lediglich Geschäftsführer und Vorstände in § 6 Abs. 3 AGG ausdrücklich enthalten sind, ist auf eben diese Ausführungen zurückzuführen. Die Genese des AGG kann folglich Aufschluss für den gesetzgeberischen Willen in Bezug auf die ausdrückliche Einbeziehung der in § 6 Abs. 3 AGG genannten Organe geben. Ein solcher gesetzgeberischer Wille ist auch herauszuarbeiten, wenn man diesen als Grenze einer richtlinienkonformen Auslegung verstehen will.

---

38 *Krause*, AG 2007, 329, 393; *Oetker*, FS Otto, 2008, S. 361, 367; *Lutter*, BB 2007, 725, 730; *Eßer/Baluch*, NZG 2007, 321, 322; *Falke* in Rust/Falke, AGG § 6, Rn. 25; *Schmidt* in Schiek, AGG, § 6, Rn. 14

39 Vgl. BAG, Urt. v. 22.1.2009 – Az. 8 AZR 906/07 = NZA 2009, 945, 948; zu dem Begriff „insbesondere" in § 10 S. 3 AGG vgl. OLG Köln, Urt. v. 29.7.2010 – Az. 18 U 196/09 (zitiert nach Juris Rn. 65) = NZG 2011, 187

40 *Thüsing*, NZA 2004, Sonderbeilage zu Heft 22, 3 ff.; *Bauer/Thüsing/Schunder*, NZA 2005, 32 ff.; *Thüsing*, Stellungnahme zur BT-Drs. 15/4538, A.-Drs. 15(12)440-C, S. 5; *Rieble*, Stellungnahme zur BT-Drs. 15/4538, A-Drs. 15(12)440-(B), S. 3

a) *Entwurf des Bundesministeriums für Familie, Senioren, Frauen und Jugend*

Einen „inoffiziellen Referentenentwurf"[41] eines „Gesetzes zum Schutz vor Diskriminierungen (Antidiskriminierungsgesetz - ADG)"[42] legte das Bundesministerium für Familie, Senioren, Frauen und Jugend (BMFSFJ) bereits am 6. Mai 2004 vor. Mit diesem Artikelgesetz war die Umsetzung der Gleichbehandlungsrichtlinien beabsichtigt. Während der erste Artikel dieses Gesetzesentwurfes die Einrichtung einer Antidiskriminierungsstelle des Bundes vorsah, enthielt der zweite Artikel ein „Gesetz zum Schutz vor Diskriminierungen in Beschäftigung und Beruf (Arbeitsrechtliches Antidiskriminierungsgesetz - AADG)". Separat davon war im dritten Artikel das „Gesetz zur Änderung des Bürgerlichen Gesetzbuches" (BGB n. F.) enthalten. Danach sollten die §§ 319a bis 319g in das BGB n. F. eingefügt werden und dem Schutz vor Diskriminierungen im Zivilrecht dienen. Der Standort des Benachteiligungsverbotes im BGB kann zurückgeführt werden auf einen am 29. November 2001 vom Bundesministerium der Justiz vorläufigen Diskussionsentwurf eines Gesetzes zur Verhinderung von Diskriminierungen im Zivilrecht.[43]

Ziel des AADG war nach § 1 Abs. 1 AADG Benachteiligungen aus Gründen der Rasse oder wegen der ethnischen Herkunft, des Geschlechtes, der Religion oder der Weltanschauung, einer Behinderung, des Alters oder der sexuellen Identität in Beschäftigung und Beruf zu verhindern oder zu beseitigen. Das klare Verbot von Benachteiligungen war in § 3 Abs. 1 AADG enthalten. Erfasst von diesem Benachteiligungsschutz waren Beschäftigte. Gemäß der Aufzählung in § 2 Abs. 2 AADG waren Beschäftigte i. S. d. dieses Gesetzes Arbeitnehmerinnen und Arbeitnehmer, die zu ihrer Berufsbildung Beschäftigten, Personen, die wegen ihrer wirtschaftlichen Unselbstständigkeit als arbeitnehmerähnliche Personen anzusehen sind, Beamtinnen und Beamte, Richterinnen und Richter sowie Soldatinnen und Soldaten.

Selbstständig Erwerbstätige sollten wiederum durch den neu eingefügten § 319c BGB-E geschützt werden. Nach § 319c Abs. 3 BGB-E galten für Benachteiligungen in Bezug auf Beschäftigungsverhältnisse die §§ 1 Abs. 1, 3 Abs. 1[44], 14 Abs. 2[45] und 3 sowie 17 Abs. 1[46] des AADG entsprechend. Mit diesen

41 *Steinau-Steinrück/Schneider/Wagner*, NZA 2005, 28
42 *BMFSFJ*, Entwurf eines Gesetzes zum Schutz vor Diskriminierungen vom 6. Mai 2004
43 Auszüge zu den §§ 319a–319e BGB n. F., abgedruckt in DB 2002, 470 f.
44 Diese Regelung enthielt das Benachteiligungsverbot
45 Diese Regelung betraf die Frist und Form zur Geltendmachung der Ansprüche
46 Diese Regelung betraf die Beweislast

Beschäftigungsverhältnissen waren Rechtsverhältnisse, insbesondere Dienst- und Werkverträge, gemeint, die „nicht dem Arbeitsrecht unterliegen“[47]. Die entsprechende Anwendung wurde aufgrund der vergleichbaren Interessenlage wie die der arbeitsrechtlichen Konstellationen angeordnet.[48] Erklärt wurde ferner, dass der sachliche Anwendungsbereich den Art. 3 Abs. 1 lit. a bis c der Richtlinie 2000/43/EG entnommen wurde, wodurch „also Zugang zur selbstständigen und unselbstständigen Erwerbstätigkeit, zur Aus- und Weiterbildung sowie die Bedingungen der Beschäftigung selbst“[49] zu schützen waren. Der Benachteiligungsschutz wurde damit auf selbstständig Erwerbstätige erweitert. Benachteiligungen wegen des Geschlechtes waren nach § 319c Abs. 3 i. V. m. Abs. 1 BGB-E und § 1 Abs. 1 und 3 Abs. 1 AADG hinsichtlich der Begründung, Ausgestaltung, Durchführung und Beendigung dieser selbstständigen Tätigkeit verboten.

Indem der Diskriminierungsschutz der oben genannten Richtlinien unselbstständig wie auch selbstständig Erwerbstätige erfasst, sah *Thüsing* das Erfordernis, diesen Schutz durch nationale Regelungen auch auf Organmitglieder zu erweitern.[50] Dabei differenzierte dieser zwischen den Organen einer Gesellschaft, die Weisungen anderer Organe unterliegen und denen, die weisungsunabhängig tätig sind. Exemplarisch für diese Unterscheidung wurden der Vorstand einer Aktiengesellschaft und der Geschäftsführer einer Gesellschaft mit beschränkter Haftung genannt. Aufgrund der weisungsfreien Tätigkeitsausübung des Vorstandes seien dessen Organmitglieder als selbstständig Erwerbstätige i. S. d. Gleichbehandlungsrichtlinien zu qualifizieren.[51] Für Mitglieder weisungsabhängiger Organe sei wiederum zu berücksichtigen, dass diese unter bestimmten Voraussetzungen europarechtlich Arbeitnehmer und damit unter den Begriff der unselbstständig Erwerbstätigen i. S. d. Gleichbehandlungsrichtlinien einzuordnen seien.[52] Weitere Unterscheidungen zwischen beispielsweise vertretungsberechtigten Organen und solchen, die es nicht sind, ist diesen Ausführungen nicht zu entnehmen.

---

47 *BMFSFJ*, Entwurf eines Gesetzes zum Schutz vor Diskriminierungen vom 6. Mai 2004, S. 82

48 S. Fn. 47

49 S. Fn. 47

50 *Thüsing*, NZA 2004, Sonderbeilage zu Heft 22, 3 f.

51 *Thüsing*, NZA 2004, Sonderbeilage zu Heft 22, 3

52 *Thüsing*, NZA 2004, Sonderbeilage zu Heft 22, 3, 4

b) *Entwurf eines Gesetzes zur Umsetzung europäischer Antidiskriminierungsrichtlinien*

Wenige Monate nach dem Entwurf des BMFSFJ wurde auf Regierungsebene entschieden, ein einheitliches Antidiskriminierungsgesetz vorzulegen. Am 16. Dezember 2004 hat die Regierungskoalition den „Entwurf eines Gesetzes zur Umsetzung europäischer Antidiskriminierungsrichtlinien“ (ADG-E)[53] im Parlament eingebracht. Ziel dieses Gesetzes war die Transformation der Gleichbehandlungsrichtlinien und der kurz vor der Verabschiedung stehenden Gleichbehandlungsrichtlinie wegen des Geschlechtes außerhalb der Arbeitswelt (2004/113/EG)[54] in das deutsche Recht.[55]

Einheitlich in einem Gesetz waren damit für die Bereiche des Arbeits- wie auch des Zivilrechtes Benachteiligungen wegen der Rasse, der ethnischen Herkunft, des Geschlechtes, der Religion, der Weltanschauung, der Behinderung, des Alters oder der sexuellen Orientierung verboten. Während die europäischen Vorgaben im Zivilrecht auf die Merkmale Rasse, ethnische Herkunft und Geschlechtszugehörigkeit begrenzt blieben, bezog diese Vorlage alle acht für die Berufswelt geltenden Merkmale mit ein. Dadurch ging dieser Entwurf des ADG vor allem im zivilrechtlichen Bereich über die bisherigen Vorgaben der Richtlinien hinaus[56] und führte zu einer politischen Auseinandersetzung.[57] Ende Januar 2005 wurde der Gesetzesentwurf in der ersten Lesung im Bundestag beraten und in die Ausschüsse überwiesen. Federführend war der Ausschuss für Familie, Senioren, Frauen und Gesundheit.

aa) *Aufbau und Inhalt des ADG-E hinsichtlich der Erfassung von Organmitgliedern*

Wieder als Artikelgesetz gestaltet, enthielt auch dieser Entwurf dem Wortlaut nach kein klares Benachteiligungsverbot für Organmitglieder. Dies rief unterschiedliche Ansichten darüber in der Literatur hervor.[58] Relevant für die Frage,

53 BT-Drs. 15/4538

54 ABl. EG Nr. L 373 vom 21.12.2004, S. 37

55 BT-Drs. 15/4538, S. 1 f.

56 BT-Drs. 15/4538, S. 3, 101 ff.

57 Art. 2 führte ein eigenes Gesetz zum Schutz der SoldatInnen vor Diskriminierung ein und Art. 3 enthielt Folgeänderungen bestehender Gesetze.

58 Vgl. *Thüsing*, Stellungnahme zur BT-Drs. 15/4538, A.-Drs. 15(12)440-C, S. 5; Bauer/Thüsing/Schunder *(Bauer)*, NZA 2005, 32, 35; *Rieble*, Stellungnahme zur BT-Drs. 15/4538, A-Drs. 15(12)440-(B), S. 3

ob Organmitglieder auch in Hinblick der in § 1 des ADG-E genannten Merkmale vor Benachteiligung geschützt sind, war das in Art. 1 enthaltene Antidiskriminierungsgesetz. Genauer gesagt waren allein die Abschnitte 1 bis 3 dieses Gesetzes entscheidend für die Frage der Anwendbarkeit dessen auf Organmitglieder. Der allgemeine Teil dieses Gesetzes war in den §§ 1 bis 5 ADG-E enthalten. Der zweite Abschnitt enthielt Normen zum Schutz der Beschäftigten vor Benachteiligung und der dritte Abschnitt regelte in §§ 20 bis 22 ADG-E den Schutz vor Benachteiligungen im Zivilrechtsverkehr. Entsprechend dem Aufbau des aktuellen AGG enthielt das ADG-E den sachlichen getrennt vom persönlichen Geltungsbereich. Lediglich mit „Anwendungsbereich" überschrieben, enthielt § 2 Abs. 1 ADG-E den sachlichen Anwendungsbereich. Auf welche Personengruppe dieses Gesetz anzuwenden war, normierten §§ 6 und 20 Abs. 3 ADG-E. Nach § 2 Abs. 1 Nr. 1 ADG-E waren Benachteiligungen aufgrund eines in § 1 genannten Grundes in Bezug auf die Bedingungen – einschließlich Auswahlkriterien und Einstellungsbedingungen – für den Zugang zu unselbstständiger und selbstständiger Erwerbstätigkeit, unabhängig vom Tätigkeitsfeld und beruflicher Position, sowie für den beruflichen Aufstieg unzulässig. Diese Formulierung wurde den Richtlinien entnommen. Der Geltungsbereich der Beschäftigungs- und Arbeitsbedingungen einschließlich Arbeitsentgelt und Entlassungsbedingungen waren wiederum in § 2 Abs. 1 Nr. 2 ADG-E enthalten. Unmittelbar auf diese sachlichen Anwendungsbereiche konnte sich nur der in § 6 AGG als Normadressat ausdrücklich benannte Personenkreis berufen.

Die Auflistung des § 6 ADG-E enthielt – ähnlich dem AADG-E – nur die Legaldefinitionen für den Begriff der Beschäftigten und die des Arbeitgebers. Beschäftigte waren nach der in § 6 Abs. 1 ADG-E enthaltenen Definition nur Arbeitnehmerinnen und Arbeitnehmer, Auszubildende, arbeitnehmerähnliche Personen und in Heimarbeit Beschäftigte. Eine direkte Anwendung des § 2 ADG-E auf Organmitglieder war in Ermangelung dessen Benennung abzulehnen.[59] Dieses war auch § 20 Abs. 3 S. 1 ADG-E zu entnehmen, wonach die Regelungen des zweiten Abschnittes ausdrücklich nur auf Benachteiligungen Beschäftigter direkt anzuwenden war. Mit § 6 ADG-E sollten lediglich alle Beschäftigten in der Privatwirtschaft und im öffentlichen Dienst erfasst werden. Für freie Dienstverhältnisse sowie „sonstige Beschäftigungsverhältnisse" sollten gesonderte Regelungen gelten.[60] Dies spricht für eine gesetzgeberische Intention, zumindest weisungsfreie Organmitglieder von diesem persönlichen Geltungsbereich

---

59 *Steinau-Steinrück/Schneider/Wagner,* NZA 2005, 28, 30

60 BT-Drs. 15/4538, S. 31

nicht erfassen zu wollen. In Ermangelung einer planwidrigen Regelungslücke war § 6 ADG-E damit auch nicht analog auf weisungsfreie Organmitglieder anzuwenden.

Die Ansichten in der Literatur differenzierten bei der Auslegung der Gleichbehandlungsrichtlinien zwischen Organmitgliedern, welche unter den Begriff der selbstständigen Erwerbstätigkeit und denen, die unter den der unselbstständigen Erwerbstätigkeit einzuordnen sind.[61] Die Diskussion über die Anwendung des ADG-E erfasste dagegen sämtliche Organmitglieder einheitlich. Eine Unterscheidung zwischen weisungsfreien und weisungsgebundenen Organen enthielten die Argumentationen nicht. Inwiefern Mitglieder weisungsgebundener Organe unter dem Beschäftigtenbegriff zu subsumieren sind, blieb hinsichtlich der Anwendung des ADG-E auf diese Organmitglieder daher unerörtert.

bb) Anwendung des ADG-E auf Organmitglieder aufgrund von § 20 Abs. 3 S. 2 ADG-E

Zur Begründung für die Anwendung des ADG-E auf Organmitglieder wurde die Regelung in § 20 Abs. 3 S. 2 ADG-E herangezogen.[62] Danach galten für „andere zivilrechtliche Sachverhalte" i. S. d. § 2 Abs. 1 Nr. 1 bis 4 ADG-E die Bestimmungen des zweiten Abschnittes entsprechend. Diese entsprechende Anwendung ist darauf zurückzuführen, dass der Gesetzgeber davon ausging „es [werde] in der Regel um Benachteiligungen Beschäftigter im Sinne des § 6 gehen. […] Aber auch Sachverhalte [sind] denkbar, die nicht unter den persönlichen Anwendungsbereich des § 6 fallen, aber eine diesen Sachverhalten vergleichbare Interessenlage aufweisen"[63].

Wie bereits gemäß dem AADG nahm der Gesetzgeber eine derart vergleichbare Interessenslage „insbesondere für solche Dienstverträge [an], die nach der deutschen Rechtsordnung nicht dem Arbeitsrecht zuzuordnen sind".[64] "Der Grund für diese Annahme war..." für diese Annahme war, dass „Verträge dieser Art […] bei richtlinienkonformer Auslegung des § 2 Abs. 1 Nr. 1 bis 4 als Erwerbstätigkeit bzw. Beschäftigungsverhältnis im Sinne der Art. 3 Abs. 1 a) bis d) der Richtlinien 2000/43/EG, 2000/78/EG und 76/207/EWG zu qualifizieren sein [könnten]".[65] Dem folgend müssten diese unter den Schutz des ADG-E

61 *Bauer/Göpfert/Krieger*, DB 2005, 595, 597, Bauer/Thüsing/Schunder (*Thüsing)*, NZA 2005, 32, 35
62 *Steinau-Steinrück/Schneider/Wagner,* NZA 2005, 28, 30
63 BT-Drs. 15/4538, S. 29, 40
64 BT-Drs. 15/4538, S. 40
65 S. Fn. 64

fallen. Als ein solches Verhältnis respektive eine solche Erwerbstätigkeit wurde die Tätigkeit von Organmitgliedern verstanden.[66] Handelt es sich demnach bei dem Verhältnis eines Organmitgliedes zur Gesellschaft auch nicht um ein dem deutschen Arbeitsrecht zugeordnetes Rechtsverhältnis,[67] so sollte im Wege der richtlinienkonformen Auslegung eine entsprechende Anwendung des zweiten Abschnittes des ADG-E auf dieses anzuwenden sein.

Die Befürworter der Anwendung des ADG-E auf Organmitglieder beschränkten diese Anwendung jedoch nicht ausschließlich auf Organmitglieder, die unter den Arbeitnehmerbegriff im Sinne unionsrechtlicher Regelungen zu subsumieren waren. Auch Mitglieder weisungsfreier Organe sollten erfasst sein. Die Anwendung des ADG-E auf Mitglieder nicht weisungsgebundener Organe wurde damit begründet, dass es sich bei dem Abschluss ihrer Anstellungsverträge um den Zugang zur selbstständigen Erwerbstätigkeit i. S. d. Gleichbehandlungsrichtlinien handelt, und diese daher ebenfalls vom Diskriminierungsschutz des ADG-E erfasst seien.[68] Diesen Ansichten folgend war somit nach § 20 Abs. 3 S. 2 ADG-E der zweite Abschnitt auf sämtliche Organmitglieder anzuwenden.

cc) Ausschluss der Organmitglieder wegen § 20 Abs. 5 S.1 ADG-E?

Wiederum wurde von anderen Stimmen aus der Literatur eine solche Erweiterung des Anwendungsbereiches des ADG-E auf Organmitglieder wegen der Regelung in § 20 Abs. 5 ADG-E angezweifelt.[69] Mit dieser Regelung sollte „den Maßgaben des Erwägungsgrundes 4 der Antirassismus-Richtlinie 2000/43/EG Rechnung [getragen werden], wonach der Schutz der Privatsphäre und des Familienlebens sowie der in diesem Kontext getätigten Geschäfte gewahrt bleiben".[70] Ein unverhältnismäßiger Eingriff in den engsten Lebensbereich sollte mit § 20 Abs. 5 ADG-E ausgeschlossen werden.[71] Nahm der Gesetzgeber daher zwar in § 20 Abs. 5 S. 2 ADG-E insbesondere Bezug auf Mietverhältnisse, bei denen die Parteien oder ihre Angehörigen Wohnraum auf demselben Grundstück nutzen, beinhaltet der dritte Abschnitt des ADG-E jedoch auch die arbeitsrechtlichen

66 *Steinau-Steinrück/Schneider/Wagner,* NZA 2005, 28, 30*;* Bauer/Thüsing/Schunder (*Thüsing*), NZA 2005, 32, 35; a.A. *Bauer/Krieger*, BB-Special 2004, 20, Fn. 3

67 Zum AGG vgl. *Eßer/Baluch*, NZG 2007, 321, 322

68 *Steinau-Steinrück/Schneider/Wagner,* NZA 2005, 28, 30; zum AADG Thüsing, NZA 2004, Sonderbeilage zu Heft 22, 3, 4

69 *Bauer/Göpfert/Krieger*, DB 2005, 595, 597; Bauer/Thüsing/Schunder *(Bauer)*, NZA 2005, 32, 35; *Eßer/Baluch*, NZG 2007, 321, 322

70 S. Fn. 64

71 S. Fn. 64

Diskriminierungsverbote nach § 20 Abs. 3 S. 2 ADG-E. Vertreten wurde, dass § 20 Abs. 5 S. 1 ADG-E auch auf die Anwendung des ADG-E auf Organmitglieder Bezug nehme.[72] Dadurch wären Organmitglieder aus dem Diskriminierungsschutz dieses Gesetzes ausgeschlossen.

Nach § 20 Abs. 5 S. 1 ADG-E fanden die Vorschriften des dritten Abschnittes des ADG-E keine Anwendung auf zivilrechtliche Schuldverhältnisse, bei denen ein besonderes Nähe- oder Vertrauensverhältnis der Parteien oder ihrer Angehörigen begründet wird. In der Gesetzesbegründung heißt es dazu, dass ein besonderes Nähe- oder Vertrauensverhältnis i.S.v. § 20 Abs. 5 S. 1 ADG-E eine Beziehung erfordert, die über das hinausgeht, was ohnehin jedem Schuldverhältnis an persönlichem Kontakt zugrunde liegt. Beispielhaft benannt wurde dafür ein „besonders bedeutendes Geschäft" und ein „Vertrag, [der einen] besonders engen oder lang andauernden Kontakt der Vertragspartner mit sich bringen würde".[73] Unter Zugrundelegung dieser Aspekte nahmen *Bauer/Göpfert/Krieger* für das „Dienst- und Organverhältnis eines vertretungsberechtigten Organmitglieds ohne Weiteres"[74] ein solches Nähe- oder Vertrauensverhältnis i. S. d. § 20 Abs. 5 ADG-E an.[75] Exemplarisch wieder nur die Organe Vorstand und Geschäftsführer heranziehend, wurde dieses auch mit der engen Vertrauensbindung insbesondere zwischen den Organen innerhalb einer Gesellschaft begründet, weil „Gesellschafter [einer GmbH] und Aufsichtsrat aufgrund ihrer Pflicht zur Überwachung der Geschäftsführung bzw. des Vorstands eine Mitverantwortung für das Unternehmen tragen"[76]. Die Regelung in § 20 Abs. 5 S. 1 ADG-E verlangte jedoch ein Nähe- und Vertrauensverhältnis zwischen den Parteien. Mit Parteien waren Vertragspartner gemeint.[77] Geht es um den Anstellungsvertrag eines Vorstandsmitgliedes, ist der Vertragspartner nicht der Aufsichtsrat, sondern die Gesellschaft. Für die Annahme eines solchen Verhältnisses i. S. d. § 20 Abs. 5 S. 1 ADG-E müsste demnach eine enge Vertrauensbindung zwischen dem betroffenen Mitglied des (vertretungsberechtigten) Organs und der Gesellschaft angenommen werden.

---

72 *Bauer/Göpfert/Krieger*, DB 2005, 595, 597; *Steinau-Steinrück/Schneider/Wagner*, NZA 2005, 28, 30; a.A. *Rieble*, Stellungnahme zum BT-Drs. 15/4538, A-Drs. 15(12)440-(B), S. 3

73 S. Fn. 64

74 *Bauer/Göpfert/Krieger*, DB 2005, 595, 598

75 Ebenso *Rieble*, Stellungnahme zur BT-Drs. 15/4538, A-Drs. 15(12)440-(B), S. 3

76 S. Fn. 74

77 S. Fn. 64

Nach dem vierten Erwägungsgrund zu der Richtlinie 2000/43/EG war von Relevanz, dass „im Zusammenhang mit dem Zugang zu und der Versorgung mit Gütern und Dienstleistungen der Schutz der Privatsphäre und des Familienlebens sowie der in diesem Kontext getätigten Geschäfte gewahrt bleibt“[78]. Gegen obige Auslegung und damit für die Einbeziehung der Organmitglieder in den Diskriminierungsschutz könnte sprechen, dass im Wege einer richtlinienkonformen Auslegung Vertragsverhältnisse außerhalb des Privat- und Familienlebens gerade nicht als besondere Nähe- oder Vertrauensverhältnisse im Sinne der Vorschrift gelten.[79] Eine deutliche Antwort auf diese Auslegungsfrage bot der Gesetzgeber mit diesem Entwurf nicht.

c) *Vom ADG-E zum AGG und die Einfügung der Organmitglieder dem Wortlaut nach*

Diese als „unklar“[80] empfundene Bestimmung in § 20 Abs. 5 ADG-E führte zur Forderung nach einer genaueren Regelung. An einer mehrstündigen öffentlichen Anhörung zum ADG-E nahmen am 7. März 2005 zahlreiche Sachverständige und Vertreter verschiedener Verbände teil. Bezug nehmend auf die Einbeziehung der Organmitglieder in den Schutz vor Benachteiligungen nach dem ADG-E wies *Thüsing* dort auf die obig dargestellten „Missverständnisse und Fehldeutungen, wie sie bereits das Schrifttum aufgedeckt hat“[81] hin, und verwies dabei auch auf eine Ansicht Bauers. Dieser nahm bei einem Organverhältnis ein besonderes Vertrauensverhältnis i. S. d. § 20 Abs. 5 ADG-E an.[82] Auf selbiger Anhörung verlangte *Rieble* ebenfalls eine klarstellende Änderung des ADG-E. Nach Ansicht *Riebles* sollte jedoch § 6 ADG-E deutlich zu entnehmen sein können, dass Organmitglieder aufgrund des erforderlichen Vertrauens keinen Diskriminierungsschutz erfahren sollen.[83] *Thüsing*, der Organmitglieder von den Gleichbehandlungsrichtlinien erfasst ansah, schlug wiederum zum einen die Streichung des § 20 Abs. 3 ADG-E und zum anderen eine Änderung des § 6 ADG-E dahin gehend vor, Selbstständige wörtlich in diese Regelung aufzunehmen.[84]

---

78 ABl. EG Nr. L 180 vom 19.7.2000, S. 22

79 S. Fn. 74

80 *DAV*, Stellungnahme zur BT-Drs. 15/4538, A.-Drs. 15(12)435-(19), S. 8, 18

81 *Thüsing*, Stellungnahme zur BT-Drs. 15/4538, A.-Drs. 15(12)440-C, S. 5

82 Bauer/Thüsing/Schunder (*Bauer)*, NZA 2005, 32, 35

83 *Rieble*, Stellungnahme zur BT-Drs. 15/4538, A-Drs. 15(12)440-(B), S. 3

84 S. Fn. 81

Nach der Anhörung haben die Fraktionen von SPD und BÜNDNIS 90/DIE GRÜNEN am 18. März 2005 einen überarbeiteten Entwurf des Antidiskriminierungsgesetzes vorgelegt.[85] Thüsings Vorschlag folgend wurde der Entwurf dahin gehend geändert, dass die Bestimmung des § 20 Abs. 3 ADG-E gestrichen und dafür in § 6 des ADG-E ein neuer dritter Absatz eingefügt wurde.[86] Die Bedingungen für den Zugang zur Erwerbstätigkeit sowie den beruflichen Aufstieg betreffend galten die Vorschriften des zweiten Abschnitts danach für Selbstständige und Organmitglieder, insbesondere Geschäftsführer oder Geschäftsführerinnen und Vorstände, entsprechend. Einige Organmitglieder wurden dadurch ausdrücklich in den Wortlaut aufgenommen.

Die Beschlussempfehlung des Ausschusses für Familie, Senioren, Frauen und Jugend vom 15. Juni 2005 hat die Regelung des § 6 Abs. 3 ADG-E ohne redaktionelle oder inhaltliche Änderung entsprechend dem Fraktionsentwurf vom 18. März 2005 übernommen.[87] Dieser neue ADG-Entwurf wurde am 17. Juni 2005 in zweiter und dritter Lesung in der Fassung der Beschlussempfehlung angenommen. Mit dem „Ziel einer grundlegenden Überarbeitung des Gesetzes im Sinne einer Beschränkung auf das europarechtlich zwingend Gebotene"[88] hatte der Bundesrat am 8. Juli 2005 den Vermittlungsausschuss angerufen. Die Vorschläge des Bundesrates bezogen sich nicht auf die Überarbeitung des § 6 ADG-E. Der Vermittlungsausschuss vertagte am 5. September 2005 die Verhandlungen, womit auch dieser Entwurf aufgrund der vorgezogenen Neuwahlen zum Bundestag im Herbst 2005 ein weiteres Mal gescheitert war. Die Große Koalition einigte sich dann am 10. Mai 2006 auf einen Entwurf für ein Allgemeines Gleichbehandlungsgesetz (AGG), der in der folgenden Woche in den Bundestag eingebracht wurde. Unverändert enthielt § 6 Abs. 3 AGG eine entsprechende Geltung der Vorschriften dieses Abschnittes für Selbstständige und Organmitglieder, insbesondere Geschäftsführer oder Geschäftsführerinnen und Vorstände, soweit es Bedingungen für den Zugang zur Erwerbstätigkeit sowie den beruflichen Aufstieg betrifft. Dieser neue Entwurf[89] wurde am 8. Juni 2006 durch die Bundesregierung vorgelegt. Nachdem der Bundesrat am 16. Juni 2006

85 Synopse der Änderungen des ADG (BT-Drs. 15/4538) vom 18.3.2005 (abrufbar: http://www.gesmat.bundesgerichtshof.de/gesetzesmaterialien/15_wp/adg/synopse_18_03_2005.pdf, Zugriff: 29.11.2015)

86 S. Fn. 85

87 BT-Drs. 15/5717

88 BR-Drs. 445/05

89 BT-Drs. 16/1780

zum Regierungsentwurf Stellung genommen und eine Eins-zu-eins-Umsetzung der EU-Richtlinien erwartete,[90] hat der Bundestag das geänderte AGG auf der Grundlage der Beratungsergebnisse im Rechtsausschuss[91] am 29. Juni 2006 letztlich gebilligt. In keinem dieser nach dem 18. März 2005 vorgelegten Gesetzesentwürfe wurde die Regelung des § 6 Abs. 3 AGG inhaltlich oder redaktionell geändert bzw. erweitert, sodass diese auch in dem am 18. August 2006 in Kraft getretene AGG enthalten ist.

Der Genese des AGG ist demnach zu entnehmen, dass die Formulierung des § 6 Abs. 3 AGG auf folgende zwei Aspekte zurückzuführen ist – zum einen auf die kontroverse Diskussion in der Literatur über die Frage nach der Einbeziehung der Organmitglieder in den Diskriminierungsschutz des AGG aufgrund der Gleichbehandlungsrichtiglinien. Indem die Stimmen aus der Literatur lediglich den Vorstand und Geschäftsführer beispielhaft zur Begründung ihrer jeweiligen Ansicht heranzogen, hat der Gesetzgeber wohl ebenfalls lediglich diese Organe in den Wortlaut aufgenommen. Zum anderen ruht die Formulierung der Regelung in § 6 Abs. 3 AGG wesentlich auf Thüsings Vorschlag vom 7. März 2005.

4. Zur teleologischen Reduktion des § 6 Abs. 3 AGG auf Mitglieder des Vorstandes oder Geschäftsführers vergleichbarer Organe

Die Einbeziehung von Mitgliedern des Aufsichtsrates in den Diskriminierungsschutz des AGG wurde vor Inkrafttreten dieses Gesetzes nicht diskutiert. In Anbetracht der in § 6 Abs. 3 AGG ausdrücklich genannten Organe käme eine teleologische Reduktion dieser Regelung auf Mitglieder ausschließlich geschäftsführender oder weisungsgebundener Organe in Betracht. Weniger die Geschäftsführung als die Vertretungsberechtigung im Blick problematisiert ein Teil der Literatur eine einschränkende Anwendung des AGG auf Mitglieder vertretungsberechtigter Organe.[92] Vertritt nach § 112 AktG der Aufsichtsrat jedoch die Gesellschaft gegenüber den Vorstandsmitgliedern und genügt dies für die Subsumtion des Aufsichtsrates unter den Begriff des vertretungsberechtigten Organs, würde eine einschränkende Anwendung des AGG auf vertretungsberechtigte Organe nicht zwingend für den Ausschluss von Aufsichtsratsmitgliedern sprechen. Demgegenüber ist der Aufsichtsrat jedoch nach § 111 Abs. 4 S. 1

---

90 BR-Drs. 329/06, S. 1 = BT-Drs. 16/1852

91 BT-Drs. 16/2022

92 *Worzalla*, Das neue Allgemeine Gleichbehandlungsgesetz, S. 81; *Falke* in Rust/Falke, AGG, § 6, Rn. 25

AktG von der Geschäftsführung ausgeschlossen. Eine teleologische Reduzierung des § 6 Abs. 3 AGG auf Mitglieder geschäftsführender Organe würde folglich dazu führen, das AGG auf diese nicht anzuwenden.

Aus der höchstpersönlichen Amtswahrnehmung nach § 111 Abs. 5 AktG wird die weisungsfreie Ausübung der Aufsichtsratstätigkeit entnommen.[93] Eine teleologische Reduktion des § 6 Abs. 3 AGG auf lediglich weisungsgebundene Organmitglieder würde somit ebenfalls gegen die Anwendung des AGG auf Aufsichtsratsmitglieder sprechen.

Zuletzt ist der Frage nachzugehen, inwiefern eine gleichzeitige Stellung als Gesellschafter dazu führt, dass das AGG auf dieses Organmitglied keine Anwendung findet. Diese Frage zu bejahen, führt zum Ausschluss von Aufsichtsratsmitgliedern mit einer Kapitalbeteiligung.

a) Keine teleologische Reduktion auf Mitglieder vertretungsberechtigter Organe

In Anlehnung an die ausdrücklich in § 6 Abs. 3 AGG benannten Organe folgert ein Teil der Literatur, dass § 6 Abs. 3 AGG nur Mitglieder vertretungsberechtigter Organe erfasst.[94] Vertritt der Aufsichtsrat nach § 112 AktG ebenfalls die Gesellschaft gegenüber dem Vorstand, könnte diese Ansicht dahin gehend erweitert verstanden werden, dass alleinig Mitglieder von zur Geschäftsführung berufenen Organen umfasst sein sollen. Aufsichtsratsmitglieder sind nach § 111 Abs. 4 AktG ausdrücklich von der Geschäftsführung ausgeschlossen. Dem folgend könnte die Anwendung des AGG auf Mitglieder des Aufsichtsrates einer Aktiengesellschaft nicht zweifelsfrei anzunehmen sein.

Gegen die Aufnahme von Aufsichtsratsmitgliedern könnte hingegen die gleichzeitige Nennung der Organmitglieder neben der der Selbstständigen in § 6 Abs. 3 AGG sprechen. Auf der Sachverständigenanhörung am 7. März 2005 zum ADG-E wurde die Problematik bezüglich der Erfassung der Organmitglieder vom Diskriminierungsschutz nach dem ADG-E dargestellt und diskutiert. *Thüsing* hatte zur Lösung dieser Problematik die Erweiterung des § 6 Abs. 1 ADG-E um eine weitere Nummer und darin die Einfügung der „Selbstständigen, soweit es die Bedingungen für den Zugang zur Erwerbstätigkeit sowie den beruflichen Aufstieg betrifft" vorgeschlagen.[95] Wäre der Gesetzgeber diesem

93 *Habersack* in MüKo-AktG, § 111 AktG, Rn. 160 ff.

94 So s. Fn. 92

95 S. Fn. 81

Formulierungsvorschlag unverändert gefolgt, wären selbstständig Erwerbstätige ebenfalls Beschäftigte i. S. d. ADG-E. Ferner hätte eine solche Formulierung zur Folge, dass auf diesen Personenkreis nur der in dieser Nummer benannte sachliche Geltungsbereich und damit das ADG-E beschränkt anzuwenden wären. Der Ansicht folgend, wonach einige Organmitglieder unter den Arbeitnehmerbegriff i.S. dieses Gesetzes zu subsumieren wären,[96] würde ein solcher Wortlaut hinsichtlich der Frage der Anwendung des Diskriminierungsschutzes auf Organmitglieder im Vergleich zu einer gleichzeitigen Benennung der Selbstständigen neben den Organmitgliedern deutlicher sein. Selbstständig und unselbstständig erwerbstätige Organmitglieder wären nämlich Beschäftigte i. S. d. Gesetzes. Mit der Einschränkung, dass der sachliche Bereich dieses Gesetzes auf selbstständig erwerbstätige Organmitglieder beschränkt auf den in dieser Nummer benannten Zugang und beruflichen Aufstieg anwendbar wäre. Sämtliche Organmitglieder könnten sich unproblematisch auf den Benachteiligungsschutz dieses Gesetzes berufen.

Ist der Gesetzgeber *Thüsings* Vorschlag nur teilweise gefolgt und hat dieser zudem exemplarisch nur geschäftsführende Organe in den Wortlaut des § 6 Abs. 3 AGG aufgenommen, könnte der Wille des Gesetzgebers so auszulegen sein, dass allein Mitglieder solch vergleichbarer Organe erfasst sein sollen. Demnach wären andere Organe, die zwar auch selbstständig Erwerbstätige i. S. d. Gleichbehandlungsrichtlinien sind, jedoch keine geschäftsführende Organtätigkeit ausüben, nicht unter Organmitglied i. S. d. § 6 Abs. 3 AGG zu subsumieren. Aufsichtsratsmitglieder wären danach nicht vom Benachteiligungsschutz dieses Gesetzes erfasst.

Wie oben dargestellt kann jedoch die Einbeziehung der Organmitglieder in den Wortlaut des § 6 Abs. 3 AGG auf die Kritik aus der Literatur zurückgeführt werden, wonach die Anwendung des AGG auf Organmitglieder zwingend ist, weil es sich bei deren Tätigkeit um eine unselbstständige oder selbstständige Erwerbstätigkeit i. S. d. mit dem AGG transformierten Richtlinien handle.[97] Somit ist das AGG auf Aufsichtsratsmitglieder einer Aktiengesellschaft ebenfalls anzuwenden, wenn diese von den Gleichbehandlungsrichtlinien erfasst werden.[98]

Zur Frage, ob Organmitglieder eine selbstständige oder unselbstständige Erwerbstätigkeit i. S. d. Gleichbehandlungsrichtlinien ausüben, zogen Teile des

---

96 S. dazu ausführlich unten Teil B, I. 1. a)

97 S. dazu ausführlich oben Teil A, I. 3.

98 So *Oetker*, FS Otto, 2008, S. 361, 370

Schrifttums Entscheidungen des EuGH zur Abgrenzung der Arbeitnehmerfreizügigkeit und Niederlassungsfreiheit heran.[99] Eine solche Berücksichtigung und insbesondere die Heranziehung des Art. 43 EGV (Art. 49 AEUV) könnten ebenfalls für eine Einschränkung der Anwendbarkeit des AGG auf Leitungsorgane und damit den Ausschluss der Aufsichtsratsmitglieder sprechen.

Die Niederlassungsfreiheit umfasst nach Art. 49 Abs. 2 AEUV die Aufnahme und Ausübung selbstständiger Erwerbstätigkeiten sowie die Gründung und Leitung von Unternehmen. Sind Organmitglieder bereits von dem Begriff der Leitung von Unternehmen i.S. dieses Artikels erfasst,[100] sind diese neben der Personengruppe der Selbstständigen benannt. Der Wortlaut des genannten Artikels ist mit dem des § 6 Abs. 3 AGG vergleichbar, der ebenfalls eine solche Differenzierung zwischen Selbstständigen und Organmitgliedern enthält. Eine solche Formulierung spricht für zwei voneinander unabhängige Personengruppen. Unter die Begrifflichkeit der „Leitung von Unternehmen" i. S. d. AEUV werden nur zur Geschäftsleitung berechtigte Organmitglieder subsumiert.[101] In Ermangelung einer unternehmerischen Vollfunktion seien Aufsichtsratsmitglieder nicht davon erfasst.[102] Folgte der Gesetzgeber den Verweisen des Schrifttums auf das Europarecht und dabei insbesondere den Entscheidungen des EuGH zu Art. 43 und 39 EGV und nähme hinsichtlich der Formulierung des AGG ein Beispiel an Art. 43 EGV (Art. 49 Abs. 2 S. 1 AEUV), wäre die Anwendung des AGG auf Aufsichtsratsmitglieder abzulehnen. Dem ist jedoch entgegenzuhalten, dass der EuGH, wohl aufgrund des weitgehend parallelen Gewährleistungsinhaltes der Arbeitnehmerfreizügigkeit und der Niederlassungsfreiheit,[103] für die Auslegung der Begrifflichkeit der Leitung von Unternehmen i. S. d. Art. 49 Abs. 2 S. 1 AEUV (Art. 43 EGV) bisher nicht viel Mühe aufgewendet hat.[104] Vielmehr grenzt dieser auch bei der rechtlichen Qualifizierung von Organmitgliedern zwischen der Arbeitnehmer- und der Selbstständigeneigenschaft ab.[105] Eine solche Auslegung

---

99 *Thüsing*, NZA 2004, Sonderbeilage zu Heft 22, 3 f.; *Eßer/Baluch*, NZG 2007, 321, 324; *Reufels/Molle*, NZA-RR 2011, 281, 282

100 *Schnichels*, Reichweite der Niederlassungsfreiheit, S. 32; *Eyles*, Das Niederlassungsrecht der Kapitalgesellschaften in der Europäischen Gemeinschaft, S. 93

101 S. Fn. 100

102 *Eyles*, Das Niederlassungsrecht der Kapitalgesellschaften in der Europäischen Gemeinschaft, S. 94

103 *Randelzhofer/Forsthoff* in Grabitz/Hilf, Das Recht der EU, 2009, EGV Art. 43, Rn.45

104 *Forsthoff* in Grabitz/Hilf/Nettesheim, Das Recht der EU, AEUV Art. 45, Rn. 71

105 EuGH, Urt. v. 27.6.1996 – Rs. C-107/94 („*Asscher*"), Rn. 26, Slg. 1996, I-3089, 3121 = NJW 1996, 2921, 2922

wendet auch die Literatur an, indem diese lediglich zwischen Organmitgliedern, die eine selbstständige und denen, die eine unselbstständige Erwerbstätigkeit i. S. d. Gleichbehandlungsrichtlinien ausüben, unterscheidet.[106]

Der Ansicht, wonach der Benachteiligungsschutz nur für geschäftsführende Organmitglieder eingeschränkt anzuwenden ist, ist der Hintergrund für die Aufnahme der Organmitglieder in den Wortlaut des § 6 Abs. 3 AGG entgegenzuhalten. Ein Grund für diese Aufnahme war nämlich der Diskussion geschuldet,[107] wonach es sich bei dem Organverhältnis um ein besonderes Nähe- und Vertrauensverhältnis i. S. d. § 20 Abs. 5 ADG-E handelt und demnach das ADG-E nicht auf (alle) Organmitglieder anzuwenden sein sollte.[108] Ist in der Gesetzesbegründung ebenfalls von einer Klarstellung hinsichtlich der Anwendung des AGG auf Organmitglieder die Rede,[109] kann dies dahin gehend verstanden werden, dass mit dieser Regelung die Problematik in Verbindung mit § 20 Abs. 5 ADG-E hinsichtlich sämtlicher Organmitglieder geklärt werden sollte. Dem folgend ist bei den Begriffen der Selbstständigen und Organmitgliedern i. S. d. § 6 Abs. 3 AGG von einem einheitlichen Personenkreis auszugehen.[110]

b) Keine teleologische Reduktion auf Mitglieder weisungsgebundener Organe

Der klarstellende Hinweis in der Gesetzesbegründung zu § 6 Abs. 3 AGG zeigt, dass Organmitglieder sich auf den Schutz gegen Benachteiligungen berufen können. Die Begründung benennt dabei jedoch lediglich „Geschäftsführerinnen und Geschäftsführer".[111] *Oetker* wirft diesbezüglich die Frage auf, inwiefern diese Regelung teleologisch so zu reduzieren sei, dass nur Organmitglieder davon umfasst sind, die – vergleichbar mit dem Geschäftsführer – weisungsgebunden sind.[112]

---

106 *Thüsing*, NZA 2004, Sonderbeilage zu Heft 22, 3 f.; *Bauer/Göpfert/Krieger*, DB 2005, 595, 597

107 S. dazu ausführlich oben s. dazu oben Teil A, I. 3. b) cc)

108 So *Rieble*, Stellungnahme zur BT-Drs. 15/4538, A-Drs. 15(12)440-(B), S. 3; Bauer/Thüsing/Schunder (*Bauer*), NZA 2005, 32, 33; vgl. *Thüsing*, Stellungnahme zur BT-Drs. 15/4538, A.-Drs. 15(12)440-C, S. 5, der deswegen die Streichung des § 20 Abs. 2 ADG-E empfohlen hatte

109 BT-Drs. 16/1780, S. 34

110 So auch *Schmidt* in Schiek, AGG, § 6, Rn. 13

111 BT-Drs. 16/1780, S. 34

112 *Oetker*, FS Otto, 2008, S. 361, 371

Dem Gesetzgebungsverfahren ist hinsichtlich der Aufnahme der Organmitglieder nach dem Wortlaut des § 6 Abs. 3 AGG keine Unterscheidung zwischen weisungsgebundenen und weisungsfreien Organmitgliedern zu entnehmen. Gegen eine solche teleologische Reduktion spricht ferner, dass es sich bei den dort aufgenommenen Organmitgliedern um eine exemplarische Benennung handelt. Weiter enthält der Wortlaut des § 6 Abs. 3 AGG neben dem Geschäftsführer auch die Vorstandsmitglieder. Der Vorstand hat nach § 76 Abs. 1 AktG die Gesellschaft unter eigener Verantwortung zu leiten. Damit ist diese Leitung weisungsfrei auszuüben. Die zusätzliche Aufnahme der Vorstandsmitglieder zeigt damit, dass der Gesetzgeber explizit ebenfalls Mitglieder nichtweisungsgebundener Organe aufnehmen wollte.[113]

c) *Keine teleologische Reduktion auf Organmitglieder ohne Kapitalbeteiligung*

Die Voraussetzung, dass Mitglieder des Aufsichtsrates zugleich Aktionäre sein müssen, ist seit der Aktienrechtsnovelle von 1884 weggefallen.[114] Dieser Wegfall führt jedoch nicht dazu, dass die Mitglieder eines Aufsichtsrates nicht dennoch auch Aktionäre sein können. Für den persönlichen Anwendungsbereich des AGG stellt sich diesbezüglich die Frage, inwiefern § 6 Abs. 3 AGG restriktiv dahin auszulegen ist, dass Organmitglieder, die zeitgleich Gesellschafter derselben Gesellschaft sind, vom Benachteiligungsschutz des AGG ausgeschlossen sind.[115]

Oetker schließt Gesellschafter mit einer Nebenpflicht zur Geschäftsführung nach § 3 Abs. 2 GmbHG aus dem Anwendungsbereich des AGG aus.[116] Übt ein Gesellschafter aufgrund einer solchen Nebenpflicht die Geschäftsführung entgeltlich aus,[117] handelt es sich bei dessen Tätigkeit nicht nur um eine bloße Investitionsart und die Voraussetzung der Erwerbstätigkeit i. S. d. AGG kann angenommen werden. Weniger eine (Erwerbs-)Tätigkeit i. S. d. AGG als eine solche bloße Vermögensverwaltung kann jedoch in der Stellung als Aktionär

113 *Oetker*, FS Otto, 2008, S. 361, 371 f.

114 Art. 209 Nr. 6 ADHGB i. d. F. vom 11. Juni 1870 „die Bestellung eines Aufsichtsrathes von midestens drei, aus der Zahl der Aktionaire zu wählenden Mitgliedern" abgedruckt in *Schubert/Hommelhoff*, ZGR 1985, Sonderheft 4, S. 115; *Cahn*, Der Aufsichtsrat der Aktiengesellschaft, S. 51; *Gierke*, Deutsches Privatrecht Band 1, S. 498, Fn. 6

115 so *Schröder/Diller*, NZG 2006, 728, 730 f.

116 *Oetker*, FS Otto, 2008, S. 361, 370

117 Dazu *Fastrich* in Baumbach/Hueck, GmbHG, § 3, Rn. 39 ff.

gesehen werden.[118] Dem folgend wäre auch der Einfluss des jeweiligen Aktionärs für die rechtliche Qualifizierung eines Organmitgliedes i. S. d. AGG unbeachtlich.[119]

Entsprechend dem siebten Erwägungsgrund der Richtlinie 2002/73/EG und dem fünften Erwägungsgrund der Richtlinie 2000/78/EG berühren diese Richtlinien nicht die Vereinigungsfreiheit. Das Gebiet des Gesellschaftsrechtes und damit die Freiheit in der Auswahl der Mitgesellschafter unter diese Vereinigungsfreiheit subsumierend möchte *Schroeder/Diller* die Aufnahme als Gesellschafter und damit auch grundsätzlich Organmitglieder mit Gesellschafterstellung nicht vom AGG als erfasst ansehen.[120] Fällt die Aufnahme als Gesellschafter nicht in den Anwendungsbereich des AGG, wird die Aufnahme in ein Organ mit gleichzeitiger Gesellschafterstellung als „absurd" angesehen.[121] Dieser Ansicht ist entgegenzuhalten, dass weder dem Wortlaut des § 6 Abs. 3 AGG noch der Gesetzesbegründung eine Einschränkung zu entnehmen ist, wonach die Anwendung des Diskriminierungsschutzes von einer gleichzeitigen Stellung als Gesellschafter abhängig gemacht wird. Würden die Richtlinien den Zugang zur Gesellschafterstellung auch nicht umfassen, würde gegen eine solche Einschränkung des AGG auch noch sprechen können, dass der Gesetzgeber über das von den Richtlinien vorgegebene Mindestmaß hinausgehen kann.

Auch sprechen Entscheidungen des EuGH zur Auslegung der Begriffe des Arbeitnehmers i. S. d. Art. 48 EWG (Art. 45 AEUV) und Selbstständigen i. S. d. Art. 52 EWG (Art. 49 AEUV) für die Anwendung auf Personen mit gleichzeitiger Gesellschafterstellung. Der EuGH stellte fest, die Entlohnung im Wege einer Ertragsbeteiligung schließe die Arbeitnehmereigenschaft nicht aus.[122] Einen geschäftsführenden Alleingesellschafter qualifizierte er wiederum als Selbstständigen i. S. d. Art. 52 EWG.[123] Handelt es sich auch dabei um Entscheidungen zur

---

118 *Eßer/Baluch*, NZG 2007, 321, 328 f.; im Ergebnis auch *Hoentzsch*, Die Anwendung der Benachteiligungsverbote, S. 8 f., jedoch mit der Begründung, dass das Halten der Anteile der Kapitalverkehrsfreiheit nach Art. 63 ff AEUV und nicht den Regelungen der Freizügigkeit nach Art. 45 und 39 AEUV zuzuordnen ist; a.A. *Liebhäuser*, Bedeutung des AGG für Organmitglieder, S. 54

119 A.A. *Stein* in Wendeling-Schröder/Stein, AGG, § 6, Rn. 29

120 *Schröder/Diller*, NZG 2006, 728, 730 f.; a.A. *Weller*, AnwBl 2007, 320, 322, Fn. 34; *Hoentzsch*, Die Anwendung der Benachteiligungsverbote, S. 22 f.

121 *Schröder/Diller*, NZG 2006, 728, 730 f.

122 EuGH Urt. v. 14.12.1989 Rs. C-3/87 („*Agegate*"), Rn. 36, Slg. 1989, 4459, 4505

123 S. Fn. 105

Freizügigkeit und nicht zur Auslegung der Gleichbehandlungsrichtlinien,[124] ist diesen Entscheidungen dennoch zu entnehmen, dass der EuGH die Beteiligung am Gesellschaftskapital lediglich als Abgrenzungsmerkmal hinsichtlich der rechtlichen Qualifizierung als Selbstständiger oder Arbeitnehmer verwendet.

5. Fazit

Der Wortlaut des § 6 Abs. 3 AGG erweitert unstrittig den Anwendungsbereich des AGG auf die darin ausdrücklich benannten Organmitglieder. Die Darstellung der Historie des Gesetzgebungsverfahrens zeigt jedoch auf, dass diese Einbeziehung auf Diskurse in der Literatur während der Gesetzgebung zurückzuführen ist. Während des Gesetzgebungsverfahrens wurde lediglich auf die vertretungsberechtigten Organmitglieder Bezug genommen und exemplarisch nur der Geschäftsführer und Vorstandsmitglieder benannt.[125] Die Aufnahme der Organmitglieder wurde mit der richtlinienkonformen Auslegung begründet, wonach Organmitglieder eine selbstständige oder unselbstständige Erwerbstätigkeit i. S. d. Gleichbehandlungsrichtlinien ausüben. Dabei wurden Vorstandsmitglieder ausnahmslos als selbstständig Erwerbstätige verstanden.[126] Dagegen wurden Geschäftsführer beispielhaft für eine Subsumtion unter den Begriff des unselbstständig Erwerbstätigen benannt.[127] Der Grund, weshalb der Gesetzgeber lediglich Mitglieder dieser Organe ausdrücklich in den Wortlaut des § 6 Abs. 3 AGG aufgenommen hat, kann darauf zurückgeführt werden.

Auch kann festgehalten werden, dass der Anwendungsbereich des § 6 Abs. 3 AGG nicht auf Mitglieder geschäftsführender Organe beschränkt ist. Die Einbeziehung des Organmitgliedes in den persönlichen Anwendungsbereich des AGG ist ebenfalls nicht von der zeitgleichen Stellung als Gesellschafter abhängig zu machen. Diesem folgend schließt der Benachteiligungsschutz dieses

---

124 Zur Frage der Heranziehung dieser Entscheidungen zur Auslegung der Gleichbehandlungsrichtlinien s. unten Teil B, II. 3.

125 *Bauer/Göpfert/Krieger*, DB 2005, 595, 597 f.; *Thüsing*, NZA 2004, Sonderbeilage zu Heft 22, S. 3 f.; *DAV*, Stellungnahme zur BT-Drs. 15/4538, A.-Drs. 15(12)435-(19), S.18; *Rieble*, Stellungnahme zur BT-Drs. 15/4538, A-Drs. 15(12)440-(B), S. 3; *Steinau-Steinrück/Schneider/Wagner*, NZA 2005, 28, 30

126 *Thüsing*, NZA 2004, Sonderbeilage zu Heft 22, 3; *Bauer/Göpfert/Krieger*, DB 2005, 595, 597

127 *Thüsing*, NZA 2004, Sonderbeilage zu Heft 22, 3, 4; *Bauer/Göpfert/Krieger*, DB 2005, 595, 597

Gesetzes Aufsichtsratsmitglieder, die gleichzeitig Mitglied des Organs Hauptversammlung sind, allein deswegen nicht aus.

Der gesetzgeberische Wille ist dahin gehend zu verstehen, dass Organmitglieder vom AGG erfasst seien, weil diese eine selbstständige oder unselbstständige Erwerbstätigkeit i. S. d. Gleichbehandlungsrichtlinien ausüben.[128]

II. Keine zweifelsfreie Anwendung der Gleichbehandlungsrichtlinien auf sämtliche Organmitglieder

Der Grund für die Erfassung der Organmitglieder in den Wortlaut des § 6 Abs. 3 AGG wird in dem gesetzgeberischen Willen gesehen, den Anforderungen der Gleichbehandlungsrichtlinien nachkommen zu wollen. Der deutsche Gesetzgeber sah sich nach dieser Ansicht in der Verantwortung, den Schutz des AGG nicht lediglich auf Arbeitnehmer zu beschränken. Er nahm daher die Selbstständigen und die Organmitglieder in den Wortlaut dieser Regelung auf. Diesem ist jedoch entgegenzuhalten, dass die Anwendung dieser Richtlinien auf sämtliche Organmitglieder nicht zweifellos ist. Vorwegzunehmen ist, dass die Einbeziehung des Personenkreises der selbstständig Erwerbstätigen in den Schutz der Gleichbehandlungsrichtlinien zu diesen Zweifeln führt.

Diese Zweifel führen wiederum dazu, dass der alleinige Hinweis, wonach Aufsichtsratsmitglieder ebenfalls Organmitglieder sind, nicht zwingend die Anwendung des AGG auf diese begründet. Sind Aufsichtsratmitglieder nicht im Wortlaut des § 6 Abs. 3 AGG enthalten und nicht von den Gleichbehandlungsrichtlinien erfasst, könnte der deutsche Gesetzgeber ebendiese ebenfalls als nicht erfasst angesehen haben.

1. Grammatikalische Auslegung

Das AGG setzt vier Richtlinien um. Die Richtlinien 2000/43/EG, 2000/78/EG und 2002/73/EG beziehen sich auf das Arbeitsleben, wodurch die Frage über die Einbeziehung der Organmitglieder in den Anwendungsbereich des arbeitsrechtlichen Teils des AGG hauptsächlich unter Rückgriff auf diese drei Richtlinien zu beantworten ist. Der Geltungsbereich dieser Richtlinien ist in deren Artikel 3 enthalten. Danach gilt die jeweilige Richtlinie für alle Personen in öffentlichen und privaten Bereichen in Bezug auf die Bedingungen für den Zugang zu

128 Ebenso *Oetker*, FS Otto, 2008, S. 361, 367; *Eßer/Baluch*, NZG 2007, 321, 322

unselbstständiger oder selbstständiger Erwerbstätigkeit, unabhängig vom Tätigkeitsfeld und der beruflichen Position.

Die Aufhebung der Richtlinie 2002/73/EG durch die Richtlinie 2006/54/EG mit Wirkung vom 15. August 2009 führt nicht zu einer Änderung des persönlichen Geltungsbereiches. Nach Art. 14 Abs. 1 lit. a der Richtlinie 2006/54/EG darf es in Bezug auf die Bedingungen, einschließlich Auswahlkriterien und Einstellungsbedingungen, für den Zugang zur Beschäftigung oder zu abhängiger oder selbstständiger Erwerbstätigkeit, unabhängig vom Tätigkeitsfeld und der beruflichen Position, einschließlich des beruflichen Aufstieges, keinerlei unmittelbare oder mittelbare Diskriminierung aufgrund des Geschlechtes geben. Mit Artikel 14 der Richtlinie 2006/54/EG wurde die Regelung aus Artikel 3 der Richtlinie 76/207/EWG in der Fassung der Richtlinie 2002/73/EG aufgenommen.[129] Der Artikel 14 der Richtlinie 2006/54/EG ist vergleichbar mit dem Art. 3 Abs. 1 lit. a der Gleichbehandlungsrichtlinien. Eine inhaltliche Änderung des Art. 3 Abs. 1 lit. a der Richtlinie 76/207/EWG in der Fassung der Richtlinie 2002/73/EG war mit diesem Artikel 14 folglich nicht beabsichtigt. Hinsichtlich des Wortlautes dieser die selbstständige Erwerbstätigkeit erwähnenden Regelungen ist auch keine ausdrückliche Einschränkung auf gewisse Erwerbstätigkeiten und damit auch kein Ausschluss der Organtätigkeit eines Aufsichtsratsmitgliedes zu entnehmen.

2. Historische und genetische Auslegung

Zweifel im Hinblick auf die Anwendung dieser eben benannten Richtlinien auf Organmitglieder können jedoch dem Gesetzgebungsverfahren zur Änderung der Richtlinie 76/207/EWG durch die Richtlinie 2002/73/EG entnommen werden. Vorwegzunehmen ist, dass auf die Organtätigkeit während des Gesetzgebungsverfahrens zur Richtlinie 2002/73/EG nicht explizit Bezug genommen wurde. Zusätzlich ist auch festzuhalten, dass für die oben erwähnten Zweifel insbesondere die nachfolgend dargestellte Genese der Einbeziehung der selbstständig Erwerbstätigen in den Wortlaut und damit in den Schutzbereich dieser Richtlinien ausschlaggebend ist.

---

129 KOM(2004) 279 endg., S. 62

a) *Einbeziehung der selbstständig Erwerbstätigen in die RL 2002/73/EG*

Grundlage für die Richtlinie 2002/73/EG war der Vorschlag der Europäischen Kommission vom 7. Juni 2000 für eine Richtlinie des Europäischen Parlamentes und des Rates zur Änderung der Richtlinie 76/207/EWG zur Verwirklichung des Grundsatzes der Gleichbehandlung von Männern und Frauen hinsichtlich des Zugangs zur Beschäftigung, zur Berufsbildung und zum beruflichen Aufstieg sowie in Bezug auf die Arbeitsbedingungen.[130] Dieser Vorschlag diente insbesondere der Anpassung der Richtlinie 76/207/EWG an zahlreiche Entscheidungen des EuGH.[131] Ferner wurde in Art. 141 Abs. 3 – des mittlerweile am 1. Mai 1999 in Kraft getretenen Vertrages von Amsterdam (EGV)[132] – eine „spezifische Rechtsgrundlage in Bezug auf sämtliche von der Richtlinie 76/207/EWG abgedeckten Aspekte“ gesehen.[133]

Im Gegensatz zu der Regelung in Art. 3 Abs. 1 der Änderungsrichtlinie 2002/73/EG war der sachliche Geltungsbereich der Richtlinie 76/207/EWG zwar auf mehrere Artikel verteilt, jedoch inhaltlich vergleichbar. Der persönliche Geltungsbereich wiederum erfasste nicht selbigen Personenkreis. Der Grundsatz der Gleichbehandlung nach Art. 3 Abs. 1 lit. a der Richtlinie 2002/73/EG gilt für unselbstständig und selbstständig Erwerbstätige, unabhängig vom Tätigkeitsfeld und der beruflichen Position, einschließlich des beruflichen Aufstiegs. Dagegen fand nach Art. 3 Abs. 1 der Richtlinie 76/207/EWG der Grundsatz der Gleichbehandlung, nur bei den Bedingungen des Zugangs – einschließlich der Auswahlkriterien – zu den Beschäftigungen oder Arbeitsplätzen Anwendung. Ein Vergleich der Regelung in Art. 3 Abs. 1 lit. a der Richtlinie 2002/73/EG mit Art. 3 Abs. 1 der Vorgängerrichtlinie zeigt, dass diese Regelungen sich inhaltlich im Wesentlichen entsprechen, jedoch der Personenkreis durch die Änderungsrichtlinie erweitert wurde.

Dem Vorschlag der Europäischen Kommission zur Änderung der Richtlinie 76/207/EG ist zu entnehmen, dass hinsichtlich des persönlichen Geltungsbereiches ursprünglich eine ausdrückliche Aufnahme der selbstständigen Tätigkeit in den Wortlaut des Art. 3 Abs. 1 der Richtlinie 76/207/EG nicht beabsichtigt war.[134] Gleichwohl resultiert aus dem diesem Vorschlag angehängten

130 KOM(2000) 334 endg.

131 KOM(2000) 334 endg., S. 4 Erwägungsgrund 11

132 ABl. EG Nr. C 340 vom 10.11.1997, S. 1

133 KOM(2000) 334 endg., S. 4, Punkt 9

134 KOM(2000) 334 endg., S. 12, siebte Änderung, Punkt 44

Folgenabschätzungsbogen, dass die Kommission mit dieser Richtlinie dennoch eine Erleichterung – auch in Bezug auf den Zugang zur selbstständigen Erwerbstätigkeit – erwartet hat.[135] Diesem kann folglich entnommen werden, dass die selbstständig Erwerbstätigen, auch ohne eine ausdrückliche Aufnahme in den Regelungswortlaut dieser Richtlinie, von dem Schutzbereich dieses Richtlinienentwurfes als einbegriffen angesehen wurde.

Am 11. Juli 2000 wurde dieser Vorschlag der Europäischen Kommission dem Europäischen Parlament unterbreitet. Die legislative Entschließung des Europäischen Parlaments zu dem Vorschlag für diese Änderungsrichtlinie enthielt eine Abänderung dahin gehend, den gesamten Geltungsbereich in Art. 3 Abs. 1 zusammenzufassen, und in den Wortlaut ausdrücklich die selbstständige Erwerbstätigkeit aufzunehmen.[136] Der Wortlaut des Art. 3 Abs. 1 lit. a dieser Änderungsrichtlinie enthielt nunmehr ausdrücklich die unselbstständige und selbstständige Erwerbstätigkeit. Jener Änderungsantrag wurde von der Kommission aufgegriffen und der ursprüngliche Vorschlag in dieser Hinsicht geändert.[137] Zurückzuführen ist diese Änderung auf einen Vorschlag des federführenden Ausschusses für die Rechte der Frau und Chancengleichheit (FEMM). Einem Bericht dieses Ausschusses entnehmend war mit dem Änderungsvorschlag zu Art. 3 Abs. 1 der Richtlinie 2002/73/EG eine Anpassung an die Formulierung des Art. 3 Abs. 1 der Richtlinie 2000/78/EG bezweckt, indem der „Wortlaut der beiden Richtlinien angeglichen“ wird.[138]

---

135 Folgenabschätzungsbogen zum Kommissionsvorschlag, Auswirkungen der vorgeschlagenen Rechtsakte auf die Unternehmen unter besonderer Berücksichtigung der kleinen und mittleren Unternehmen (KMU), KOM(2000) 334 endg., S. 24

136 Legislative Entschließung des Europäischen Parlaments zu dem Vorschlag für eine Richtlinie des Europäischen Parlaments und des Rates zur Änderung der Richtlinie 76/207/EWG des Rates zur Verwirklichung des Grundsatzes der Gleichbehandlung von Männern und Frauen hinsichtlich des Zugangs zur Beschäftigung, zur Berufsbildung und zum beruflichen Aufstieg sowie in Bezug auf die Arbeitsbedingungen, ABl. EU Nr. C 47 E vom 21.2.2002, S. 158, 167

137 KOM(2001) 321 endg., S. 5, Nr. 32; Stellungnahme des Wirtschafts- und Sozialausschusses v. 25. 5. 2000, ABl. EG Nr. C 204 vom 18.7.2000, S. 83

138 Bericht vom 16. Mai 2001 des Ausschusses für die Rechte der Frau und Chancengleichheit über den Vorschlag für eine Richtlinie des Europäischen Parlaments und des Rates zur Änderung der Richtlinie 76/207/EWG des Rates zur Verwirklichung des Grundsatzes der Gleichbehandlung von Männern und Frauen hinsichtlich des Zugangs zur Beschäftigung, zur Berufsbildung und zum beruflichen Aufstieg sowie in Bezug auf die Arbeitsbedingungen, Dok.Nr. A5-0173/2001 endg., S. 28 f.

b) Einbeziehung der selbstständig Erwerbstätigen in die Richtlinien 2000/78/EG und 2000/43/EG

Handelt es sich bei Art. 3 Abs. 1 der Richtlinie 2002/73/EG folglich nur um eine Angleichung an Art. 3 Abs. 1 der Richtlinie 2000/78/EG, stellt sich nun die Frage nach der Auslegung der Organtätigkeit als selbstständige Erwerbstätigkeit i. S. d. der Richtlinie 2000/78/EG. In Artikel 3 der Richtlinien 2000/78/EG ist normiert, in welchen Bereichen Diskriminierungen untersagt sind. Nach dessen Art. 3 Abs. 1 lit. a gilt diese Richtlinie für alle Personen in öffentlichen und privaten Bereichen, einschließlich öffentlicher Stellen, in Bezug auf die Bedingungen, einschließlich Auswahlkriterien und Einstellungsbedingungen, für den Zugang zu unselbstständiger und selbstständiger Erwerbstätigkeit, unabhängig vom Tätigkeitsfeld und der beruflichen Position, einschließlich des beruflichen Aufstiegs. Hinsichtlich dieses sachlichen Geltungsbereiches ist darauf hinzuweisen, dass die Kommission sich bei ihrem Richtlinienvorschlag vom 25. November 1999 für diese Richtlinie bewusst für Art. 13 EGV und nicht Art. 137 Abs. 2 EGV (Art. 153 Abs. 2 AEUV) als Rechtsgrundlage entschieden hat. Der Grund dafür war, dass dieser „sachliche Geltungsbereich der ins Auge gefassten Bestimmungen nicht nur die abhängige Beschäftigung, sondern auch die selbstständige Erwerbstätigkeit und die freien Berufe einschließt und sich der persönliche Geltungsbereich nicht auf aus dem Arbeitsmarkt ausgegrenzte Personen beschränkt“.[139] Dagegen wurde in Art. 137 Abs. 2 EGV eine Rechtsgrundlage gesehen, die grundsätzlich allein Regelungen für Arbeitnehmer umfasst.[140]

Ausgenommen sollten jedoch Diskriminierungen aufgrund des Merkmals Geschlecht sein. Begründet wurde dies zum einen damit, dass Art. 137 Abs. 2 EGV als geeignetere Rechtsgrundlage für gemeinschaftliche Rechtsvorschriften zur Chancengleichheit und Gleichbehandlung von Männern und Frauen in Arbeits- und Beschäftigungsfragen aufgefasst wurde. Zum anderen wurde der Grundsatz der Gleichbehandlung von Männern und Frauen in diesem Bereich bereits durch die Richtlinien des Rates 76/207/EWG und 86/613/EWG[141] als abgedeckt

139 KOM(1999) 565 endg., S. 8

140 *Krebber* in: Calliess/Ruffert, EUV/EGV, 3. Aufl. 2007, Art. 153 AEUV (ex-Art. 137 EGV), Rn. 2

141 Richtlinie 86/613/EWG des Rates vom 11. Dezember 1986 zur Verwirklichung des Grundsatzes der Gleichbehandlung von Männern und Frauen, die eine selbstständige Erwerbstätigkeit – auch in der Landwirtschaft – ausüben, sowie über den Mutterschutz, ABl. EG Nr. L 359 vom 19.12.1986, S. 56

angesehen.[142] Dieser Begründung kann dahin gehend verstanden werden, dass die Europäische Kommission noch vor Erlass der Änderungsrichtlinie 2002/73/EG, die die selbstständig Erwerbstätigkeit ausdrücklich dem Wortlaut nach enthielt, die Personengruppe der Selbstständigen vor Diskriminierungen aufgrund des Geschlechtes sekundärrechtlich bereits als geschützt ansah.

Am 25. November 1999 wurde von der Europäischen Kommission zudem eine Richtlinie des Rates zur Anwendung des Gleichbehandlungsgrundsatzes ohne Unterschied der Rasse oder der ethnischen Herkunft vorgeschlagen.[143] Art. 3 Abs. 1 lit. a dieser Richtlinie legte wortgleich mit Artikel 3 der Richtlinie 2000/78/EG fest, dass diese in Bezug auf die Bedingungen, einschließlich Auswahlkriterien und Einstellungsbedingungen, für den Zugang zu unselbstständiger und selbstständiger Erwerbstätigkeit gilt. Damit sollte festgelegt werden, „welche Aspekte des Bereichs Beschäftigung abgedeckt sind".[144] Es sollte sich dabei „um dieselben Aspekte, die auch Gegenstand der Richtlinie 76/207/EWG zur Gleichbehandlung von Männern und Frauen sind", handeln.[145] Damit kann an dieser Stelle festgehalten werden, dass der in Artikel 3 normierte Geltungsbereich der Richtlinien 2000/78/EG und 2000/43/EG dem der Richtlinie 76/207/EWG entsprechen sollte.

c) Keine Anwendung der Richtlinie 76/207/EWG auf selbstständig erwerbstätige Organmitglieder

Während des Gesetzgebungsverfahrens zu den Richtlinien 2000/78/EG und 2000/43/EG wurde einerseits davon ausgegangen, dass Selbstständige vor Diskriminierungen aufgrund des Geschlechtes schon vor dem Inkrafttreten der Richtlinie 2002/73/EG geschützt sind. Zum anderen wurde der Geltungsbereich der Richtlinie 76/207/EWG als Vorlage herangezogen. Aus diesen Gründen bedarf es folgend einer genaueren Betrachtung des persönlichen Anwendungsbereiches der Richtlinie 76/207/EWG. Eine solche Betrachtung ist insbesondere erforderlich, da die Richtlinie 76/207/EWG den Personenkreis der selbstständig Erwerbstätigen dem Wortlaut nach gar nicht beinhaltet.

Das Ziel der Richtlinie 76/207/EWG war nach dessen Art. 1 Abs. 1 die Verwirklichung des Grundsatzes der Gleichbehandlung von Männern und Frauen

---

142 KOM(1999) 565 endg., S. 2 f.; Stellungnahme des Wirtschafts- und Sozialausschusses v. 25. 5. 2000, ABl. EG Nr. C 204 vom 18.7.2000, S. 83.

143 KOM(1999) 566 endg.; Grundlage für die Richtlinie 2000/43/EG

144 KOM(1999) 566 endg., S. 8

145 KOM(1999) 566 endg., S. 8

hinsichtlich des Zugangs zur Beschäftigung, einschließlich des Aufstieges und des Zugangs zur Berufsbildung sowie in Bezug auf die Arbeitsbedingungen und auf die soziale Sicherheit in den Mitgliedsstaaten.[146] Ist der personelle Geltungsbereich dieser Richtlinie nicht ausdrücklich normiert, könnte die Anwendung dieser Richtlinie dennoch ausschließlich auf Arbeitnehmer beschränkt gewesen sein.[147]

Hatte der EuGH in seinen Entscheidungen zu den Rechtssachen *Kommission ./. Vereinigtes Königreich*[148] und *Kommission./.Deutschland*[149] über die Vereinbarkeit von Bestimmungen der Statuten der freien Berufe mit der Richtlinie 76/207/EWG zu judizieren, entnimmt jedoch *Rust*, dass Selbstständige ebenfalls von dem Schutz dieser Richtlinie erfasst waren.[150] Allein auf diese Entscheidungen ist eine solche Ansicht jedoch nicht zu stützen. Bei einer derartigen Folgerung bleibt nämlich unberücksichtigt, dass nach der wiederholten Erwähnung in Art. 3 Abs. 2 lit. b, Art. 4 lit. b, Art. 5 Abs. 2 lit. b der Richtlinie 76/207/EWG die Mitgliedstaaten den Gleichbehandlungsgrundsatz in Bezug auf die Bestimmungen „in den Statuten der freien Berufe" zu gewährleisten haben. Damit war die Anwendbarkeit der Richtlinie auf die Bestimmungen in Statuten freier Berufe ausdrücklich erklärt. Ergingen diese Entscheidungen auch zu der Richtlinie 76/207/EWG in Zusammenhang mit den freien Berufen, kann weder der Richtlinie noch diesen Entscheidungen demnach verallgemeinernd die Anwendung des in dieser Richtlinie enthaltenen sachlichen Geltungsbereiches ebenfalls

---

146 ABl. EG Nr. L 39 vom 14.2.1976, S. 40

147 So *Schmidt* in Schiek, § 6, Rn. 12; EuGH Urt. v. 6.4.2000 – Rs. C-226/98 („*Jørgensen*"), Rn. 26, Slg. I 2000, 2447, 2478 = EWS 2000, 2740; a.A.; *Schubert*, ZIP 2013, 289, 291; *Hoentzsch*, Die Anwendung der Benachteiligungsverbote, S. 40 ff.; wohl nur auf Angehörige freier Berufe erweiternd *Rust* in Groeben/Schwarze, Kommentar zum EU-/EG-Vertrag, PROTOKOLL (Nr. 17) zu Artikel 141 (ex-Artikel 119) des EGV, Rn. 261; Selbstständige unter den Beschäftigtenbegriff i. S. d. RL 76/207/EWG subsumierend *Liebhäuser*, Bedeutung des AGG für Organmitglieder, S. 21 f.; wohl auch *Birk* in MünchArbR I, 2000, § 19 Rn. 339, wonach insbesondere in freien Berufen tätige Selbstständige erfasst seien.

148 EuGH, Urt. v. 8.11.1983 – Rs 165/82 („*Kommission ./. Vereinigtes Königreich*"), Rn. 21, Slg. 1983, 3431, 3449 = NJW 1985, 539, 540

149 EuGH, Urt. v. 21.5.1985 – Rs. 248/83, Rn. 30, Slg. 1985, 1459, 1483

150 *Rust* in Groeben/Schwarze, Kommentar zum EU-/EG-Vertrag, PROTOKOLL (Nr. 17) zu Artikel 141 (ex-Artikel 119) des EGV, Rn. 261, jedoch wohl nur auf Angehörige freier Berufe erweiternd; ihr folgend *Hoentzsch*, Die Anwendung der Benachteiligungsverbote, S. 41

auf sonstige Selbstständige entnommen werden.[151] Beide Entscheidungen des EuGH betrafen explizit die Gewährleistung des Gleichbehandlungsgebotes in Bezug auf die Statuten der freien Berufe. Fragen in Bezug auf sonstige Selbstständige wurden dem EuGH nicht vorgelegt.

Für eine nur beschränkte Anwendung der Richtlinie 76/207/EWG auf unselbstständig Erwerbstätige und damit gegen die Einbeziehung der (sonstigen) Selbstständigen kann ferner die Betrachtung der Richtlinie 86/613/EWG sprechen. Diese Richtlinie bezweckt nach ihrem Artikel 1 die Verwirklichung des Grundsatzes der Gleichbehandlung von Männern und Frauen, die eine selbstständige Erwerbstätigkeit ausüben oder zur Ausübung einer solchen beitragen. Damit erfasst sie den persönlichen Anwendungsbereich der selbstständig Erwerbstätigen. Die darin enthaltenen Regelungen zur Gleichbehandlung von selbstständig Erwerbstätigen wären jedoch nicht erforderlich, wenn ebendieser Personenkreis bereits von der Richtlinie 76/207/EWG erfasst wäre.[152]

Für eine solche Einschränkung deutet ferner nicht nur die Präambel der Richtlinie 76/207/EWG hin, wenn diese lediglich von der Gleichbehandlung von männlichen und weiblichen Arbeitnehmern spricht, sondern vor allem auch die Entscheidung des EuGH in der Rechtssache *Jørgensen*[153]. Die in dieser Entscheidung enthaltenen Feststellungen sprechen gegen die Anwendung dieser Richtlinie auf Selbstständige. Darin hatte der EuGH über die Verwirklichung des Grundsatzes der Gleichbehandlung von Männern und Frauen, die eine selbstständige Erwerbstätigkeit ausüben, zu entscheiden. Die Richtlinien 76/207/EWG und 86/613/EWG befassen sich beide mit der Durchführung dieses Grundsatzes. Diesbezüglich stellt *Saggio* fest, dass „von diesen beiden Richtlinien [...] im vorliegenden Fall eher die Richtlinie 86/613/EWG in Betracht [komme], da der Streitgegenstand eine vertragliche Maßnahme ist, die Selbstständige [...] betrifft"[154]. In diesem Sinne führt dann die Entscheidung des EuGH aus, die im Ausgangsrechtsstreit beanstandete Maßnahme beträfe eine Berufstätigkeit,

---

151 A.A. *Schubert*, ZIP 2013, 289, 291; *Hoentzsch*, Die Anwendung der Benachteiligungsverbote, S. 40 ff.; *Liebhäuser*, Bedeutung des AGG für Organmitglieder, S. 21 f; wohl auch a.A. *Birk* in MünchArbR I, 2000, § 19 Rn. 339

152 *Schmidt* in Schiek, § 6, Rn. 12; a.A. *Liebhäuser*, Bedeutung des AGG für Organmitglieder, S. 21; *Hoentzsch*, Die Anwendung der Benachteiligungsverbote, S. 41; *Schubert*, ZIP 2013, 289, 291

153 EuGH Urt. v. 6.4.2000 – Rs. C-226/98 („*Jørgensen* "), Slg. I 2000, 2447 = EWS 2000, 2740

154 Schlussanträge des Generalanwalts *Saggio* vom 13.1.2000, zur Rs. C-226/98 („*Jørgensen*"), Slg. 2000 I, 2447, 2455, Rn. 13

„die unter Bedingungen ausgeübt wird, die in den Anwendungsbereich der Richtlinie 86/613/EWG fallen“[155]. Diesen Feststellungen ist die Anwendung der Richtlinie 86/613/EWG zu entnehmen, wenn der Personenkreis der Selbstständigen betroffen ist. Käme die Anwendung der persönlichen Geltungsbereiche beider Richtlinien in Betracht, bedürfte es der Wahl für lediglich eine dieser Richtlinien nicht.

Obgleich die Richtlinie 76/207/EWG allein den Benachteiligungsschutz der Arbeitnehmer betraf, ist dessen sachlicher Geltungsbereich ebenfalls auf Selbstständige anzuwenden. Eine Begründung für diesen scheinbaren Widerspruch ist in Artikel 4 der Richtlinie 86/613/EWG zu finden. Dieser enthält das Erfordernis der Mitgliedstaaten, die erforderlichen Maßnahmen zu ergreifen, damit alle Bestimmungen beseitigt werden, die diesem Grundsatz zuwiderlaufen – namentlich, was die Gründung, Ausrüstung oder Erweiterung eines Unternehmens bzw. die Aufnahme oder Ausweitung jeder sonstigen Tätigkeitsform der selbstständig Erwerbstätigen und auch die finanziellen Fazilitäten betrifft. Aufgrund dieses Verweises in Artikel 4 der Richtlinie 86/613/EWG war auf die zur Gleichbehandlungsrichtlinie 76/207/EWG entwickelten Grundsätze auch im Rahmen des Anwendungsbereiches der Richtlinie 86/613/EWG zurückzugreifen.[156] In Verbindung mit der Richtlinie 86/613/EWG erweiterte sich folglich der Anwendungsbereich der Richtlinie 76/207/EWG auf selbstständig Erwerbstätige.

Im Gegensatz zu den Gleichbehandlungsrichtlinien enthielt die Richtlinie 86/613/EWG jedoch eine Definition der selbstständig Erwerbstätigen. Nach Art. 2 lit. a der Richtlinie 86/613/EWG umfasste dieser Begriff alle Personen, die zu den Bedingungen des einzelstaatlichen Rechtes eine Erwerbstätigkeit auf eigene Rechnung ausüben.[157] Hauptsächlich war damit die unternehmerische Tätigkeit gemeint.[158] Die Subsumtion der gesamten Organtätigkeit, die nicht unselbstständig ausgeübt wird, ist unter der Definition der Selbstständigen i. S. d.

---

155 EuGH Urt. v. 6.4.2000 – Rs. C-226/98 („*Jørgensen* "), Rn. 26, Slg. 2000 I, 2447, 2478 = EWS 2000, 2740

156 S. Fn. 155; Schlussanträge des Generalanwalts *Bot* vom 2.9.2010, zur Rs. C-232/09 („*Danosa*“), Slg. 2010 I, 11405, 11431, Rn. 118; *Langenfeld* in Grabitz/Hilf, Recht der EU, 2009, Art. 141, Rn. 146; *Thüsing* MüKo-BGB, § 2 AGG, Rn. 4; ders., NZA 2004, Sonderbeilage zu Heft 22, 3

157 Die Änderungsrichtlinie 2010/41/EU hat diese Definition ohne Änderung übernommen, KOM (2008), 636 engd., S. 9

158 KOM (84) 57 endg.

Richtlinie 86/613/EWG abzulehnen.[159] Zwar bezieht sich Artikel 5 der Richtlinie 86/613/EWG ebenfalls auf gesellschaftsrechtlichen Regelungen, jedoch wird damit lediglich auf die Gründung einer Gesellschaft Bezug genommen.

Ganz gleich ob der sogenannten Vertreter- oder Organtheorie gefolgt wird, üben die Organmitglieder entweder eine Tätigkeit für die Rechnung der Gesellschaft aus, oder durch die Handlung der Organpersonen übt die Gesellschaft eine Tätigkeit auf eigene Rechnung aus. Für Vorstandsmitglieder wird dies durch das auferlegte Wettbewerbsverbot nach § 88 Abs. 1 S. 1 AktG deutlich, wonach Vorstandsmitglieder ohne die Einwilligung des Aufsichtsrates Geschäfte auf eigene Rechnung im jeweiligen Geschäftszweig der Gesellschaft zu unterlassen haben.[160] Auch Aufsichtsratsmitglieder können sich i. S. d. § 114 Abs. 1 AktG nur außerhalb ihrer Aufsichtsratstätigkeit gegenüber der Gesellschaft zu einer Tätigkeit auf eigene Rechnung verpflichten. Aufsichtsratsmitglieder können zwar auch auf eigene Rechnung tätig sein,[161] jedoch handelt es sich dann um eine Tätigkeit außerhalb ihres Organamtes. Bei der Auslegung der Organmitglieder als selbstständig Erwerbstätige i. S. d. Gleichbehandlungsrichtlinien ist diese Ausübung außerhalb des Organamtes allerdings nicht heranzuziehen. Handelt es sich folglich bei der Tätigkeit eines Aufsichtsratsmitgliedes nicht um eine Tätigkeit auf eigene Rechnung,[162] ist die Subsumtion unter den Begriff der Selbstständigen i. S. des Art. 2 lit. a Richtlinie 86/613/EWG abzulehnen.[163] Auf Organmitglieder, die weder unter den Arbeitnehmerbegriff i. S. d. Richtlinie 76/207/EWG noch unter den Begriff der Selbstständigen i. S. d. Richtlinie 86/613/EWG zu subsumieren waren, war der Diskriminierungsschutz der Richtlinie 76/207/EWG nicht anzuwenden.

---

159 EuGH, Urt. v. 18.10.2007 – Rs. C-355/06 („*van der Stehen*"), Rn. 23, Slg. 2007, I-8863, 8883 = DStR 2007, 1958, 1959; a.A. *Hildebrand*, Arbeitnehmerschutz von geschäftsführenden Gesellschaftsorganen, S. 151; offengelassen EuGH, Urt. v. 11. 11.2010 – Rs. C-232/09 („*Danosa*"), Rn. 70, Slg. 2010, I-1140 = EuZW 2011, 74, 78, der zwar auf die RL 86/613/EWG verweist, wenn keine unselbstständige Erwerbstätigkeit bei einem Organmitglied vorliegt, jedoch die Anwendung dessen Schutzes wohl ebenfalls nur annimmt, wenn das betreffende Organ eine Tätigkeit auf eigene Rechnung ausübt.

160 *Spindler* in MüKo-AktG, § 88 AktG, Rn. 12

161 *Koch* in Hüffer/Koch, AktG, § 88, Rn. 3; *Spindler* in MüKo-AktG, § 88 AktG, Rn. 18

162 EuGH, Urt. v. 18.10.2007 - Rs. C-355/06 („*van der Stehen*"), Rn. 23 = DStR 2007, 1958, 1959

163 Wohl a.A. EuGH, Urt. v. 11.11.2010 - Rs. C-232/09 („*Danosa*"), Rn. 70, Slg. 2010, I-1140 = EuZW 2011, 74, 79 zu einem Mitglied eines Organs einer lettischen Gesellschaft

d) *Erweiterung oder Übertragung des Anwendungsbereiches der Richtlinie 76/207/EWG auf die Richtlinie 2002/73/EG?*

Während des Gesetzgebungsverfahrens der Gleichbehandlungsrichtlinien wurde auf den persönlichen Anwendungsbereich der Richtlinie 76/207/EWG Bezug genommen.[164] Dessen sachlicher Anwendungsbereich war jedoch lediglich i. V. m. der Richtlinie 86/613/EWG auf selbstständig Erwerbstätige anwendbar.[165] Fraglich ist demnach, inwiefern der Gesetzgeber den in der Richtlinie 86/613/EWG definierten Personenkreis der selbstständig Erwerbstätigen in die Richtlinien 2000/78/EG, 2000/43/EG und 2002/73/EG aufnehmen wollte. Ist diese Frage zu bejahen, wären Organmitglieder nicht unter den Begriff der selbstständig Erwerbstätigen i. S. d. Gleichbehandlungsrichtlinien zu subsumieren. Sie fallen nämlich nicht unter den Selbstständigenbegriff der Richtlinie 86/613/EWG.[166] Sollte bei den im Einzelfall zu betrachtenden Organmitgliedern ferner auch eine unselbstständige Erwerbstätigkeit abzulehnen sein, wäre die Anwendung der Gleichbehandlungsrichtlinien auf diese Organmitglieder abzulehnen.[167]

Für eine Erweiterung des Anwendungsbereiches der Richtlinie 2002/73/EG könnte jedoch wiederum ein zuvor zurückgenommener Richtlinienvorschlag[168] der Europäischen Kommission zur Änderung der Richtlinie 76/207/EG aus dem Jahr 1995 sprechen. Gestützt wurde diese Änderung auf Artikel 235 des Vertrages zur Gründung der Europäischen Gemeinschaft i. d. F. vor dem 1. Mai 1999[169] (EGV). Das Europäische Parlament schlug vor, diesen Antrag zunächst zurückzuziehen. Hintergrund für diesen Vorschlag war unter anderem, dass der (neue) Artikel 13 des Vertrages von Amsterdam als bessere Rechtsgrundlage für die Änderungsrichtlinie 2002/73/EG angesehen wurde, da diese allgemeine Klausel gegen Diskriminierung als „extensiveres Konzept“ nicht nur auf den Arbeitsplatz beschränkt anzusehen sei.[170] Aufgrund dieses Vorschlages wurde

164 S. dazu oben Teil A, II. 2. b)

165 S. dazu oben Teil A, II. 2. c)

166 S. dazu bereits oben Teil A, II. 2. c)

167 So s. Fn. 24

168 KOM(96) 93 endg.

169 ABl. EG Nr. C 191 vom 29.7.1992, S. 1.

170 Ausschuss für die Rechte der Frau vom EP, Bericht vom 27. Januar 1999 über den Vorschlag für eine Richtlinie des Rates zur Änderung der Richtlinie 76/207/EWG des Rates zur Verwirklichung des Grundsatzes der Gleichbehandlung von Männern und Frauen hinsichtlich des Zugangs zur Beschäftigung, zur Berufsbildung und zum

der Zurückziehung dieses Antrages mit der Ankündigung zugestimmt, auf Grundlage des zukünftigen Artikels 141 EGV einen neuen Legislativvorschlag vorzunehmen.[171] Wäre keine Erweiterung des Anwendungsbereiches dieser Änderungsrichtlinie auf sämtliche selbstständig Erwerbstätige und damit eine Beschränkung auf den von der Richtlinie 86/613/EWG umfassten Personenkreis beabsichtigt, hätte der Anwendungsbereich nur auf Arbeitnehmer beschränkt beibehalten werden können. Denn aufgrund der Beibehaltung wäre dann dessen sachlicher Geltungsbereich weiterhin i. V. m. der Richtlinie 86/613/EWG auf die dort definierten Selbstständigen anwendbar und das Warten auf Artikel 141 EGV nicht notwendig gewesen.

Rust sieht den Anlass zur Änderung der Richtlinie 76/207/EWG bezüglich der Ausdehnung des Anwendungsbereiches der Richtlinien 76/207/EWG auf Selbstständige nicht in der Rechtsprechung des EuGH, sondern in dem zwischenzeitlich in Kraft getretenen Vertrag von Amsterdam.[172] Auch weil der Europäische Rat hinsichtlich der Richtlinie 2002/73/EG von einer „Modernisierung der Bestimmungen“ spricht.[173] Anders als die Richtlinien 2000/78/EG und 2000/43/EG, deren Rechtsgrundlage Artikel 13 EGV ist und damit unzweifelhaft selbstständig Tätige umfasst, stützt sich die Richtlinie 2002/73/EG auf Art. 141 Abs. 3 EGV (Art. 157 Abs. 3 AEUV).

Bietet Art. 141 Abs. 3 EGV, wie dessen Vorgängerregelung in Artikel 119 EWG, keine ausreichende Rechtsgrundlage für die selbstständig Erwerbstätigen betreffenden Regelungen, spricht dies gegen *Rusts* Ansicht. Die Ansicht, wonach der von der Richtlinie 2002/73/EG geschützten Personenkreises auf die Selbstständigen i. S. d. Richtlinie 86/613/EWG auszudehnen ist, wäre demnach ebenfalls abzulehnen.

Zwar verweist die Richtlinie hinsichtlich der Rechtsgrundlage „insbesondere“ auf Artikel 141 EGV, sodass auch eine nachträgliche Heranziehung weiterer Rechtsgrundlagen zu prüfen sein könnte.[174] Artikel 13 EGV wäre jedoch als Rechtsgrundlage abzulehnen. Wird ein Richtlinienvorschlag zur Bekämpfung von Diskriminierungen verfahrensrechtlich auf die Kompetenzvorschrift des

---

beruflichen Aufstieg sowie in Bezug auf die Arbeitsbedingungen KOM(96) 0093; *Rust*, NZA 2003, 72, 73.

171 ABl. EG Nr. C 175 vom 21.6.1999, S. 17

172 *Rust*, NZA 2003, 72, 75

173 2357. Tagung des Rates – Beschäftigung und Sozialpolitik – am 11. Juni 2001 in Luxemburg, Dok.Nr.: PRES/2001/225/, S. 5

174 So wohl *Wagner/Potsch*, JZ 2006, 1085, 1087, wonach auch die RL 2002/73/EG auf der Grundlage von Art. 13 EG ergangen ist

Art. 13 Abs. 1 EGV gestützt, erfordert dieser nämlich eine einstimmige Ratsentscheidung. Eine solche einstimmige Abstimmung lag der Richtlinie 2002/73/EG nicht zugrunde.[175]

Im Gegensatz zu Art. 141 Abs. 1 EGV und Art. 119 EWG, welche ausschließlich auf Arbeitnehmer Anwendung finden,[176] bezieht sich die Ermächtigungsgrundlage des Art. 141 Abs. 3 EGV nicht nur auf Maßnahmen in Bezug auf Arbeits-, sondern auch auf Beschäftigungsfragen. Als Beschäftigungsfragen sind nicht nur Arbeitsfragen, sondern auch allgemeine Beschäftigungsfragen als erfasst anzusehen,[177] sodass diese Regelung die selbstständig Erwerbstätigen ebenfalls einschließt.[178] Die Rechtsgrundlage der Richtlinie 2002/73/EG spricht damit nicht gegen die Ausdehnung auf weitere, nicht von der Richtlinie 86/613/EWG erfasste, selbstständig tätige Personen.

e) *Keine klare Auslegung des EuGH in der Rechtssache* Danosa

Die zumeist hinsichtlich der Untersuchung einer Benachteiligung eines Organmitgliedes wegen dessen Geschlecht zitierte Entscheidung des EuGH zur Rechtssache *Danosa*[179] gibt ebenfalls keinen klaren Hinweis auf die Erfassung von selbstständig erwerbstätigen Organmitgliedern von der Richtlinie 2002/73/EG. Wenngleich diese Entscheidung primär die Anwendung der Richtlinie 92/85/EWG (Mutterschutzrichtlinie) auf Organmitglieder zum Inhalt hatte, tangiert

175 Es lag lediglich eine qualifizierte Mehrheit vor: Rat der Europäischen Union, Monatliche Aufstellung der Rechtsakte des Rates Juni 2002, vom 22.8.2002, Dok.Nr. 11532/02., 2436. Tagung, S. 4; dieses unberücksichtigt lassend *Schubert*, ZIP 2013, 289, 292.

176 *Theiss* in Hümmerich/Boecken/Düwell, AnwK-ArbeitsR, EG-Recht Art. 141, Rn. 8

177 *Dieball*, EuR 2000, 274, 282

178 KOM(2008) 636, S. 7; BR-Drs. 469/09, S. 2; *Rust* in Groeben/Schwarze, Kommentar zum EU-/EG-Vertrag, PROTOKOLL (Nr. 17) zu Artikel 141 (ex-Artikel 119) des EGV, Rn. 258 f.; *Theiss* in Hümmerich/Boecken/Düwell, AnwK-ArbeitsR, EG-Recht Art. 141, Rn. 8; missverständlich *Hoentzsch*, Die Anwendung der Benachteiligungsverbote, S. 21, wonach dies aus dem Erlass der RL 86/613/EWG resultieren soll. Jedoch hatte zum einen diese – im Gegensatz zur Änderungsrichtlinie 2010/41/EU – eine andere Rechtsgrundlage und zum anderen nimmt diese lediglich auf ex Art. 119 EGV hinsichtlich der Entgeltgleichheit und damit lediglich auf die Vorgängervorschrift des Art. 157 Abs. 1 AEUV Bezug; a.A. *Thüsing*, BB 2007, Heft 8, Die erste Seite; wohl auch a.A. *Schillig*, Konkretisierungskompetenz und Konkretisierungsmethoden, S. 35 und Fn. 97.

179 EuGH, Urt. v. 11.11.2010 – Rs. C-232/09 („*Danosa*"), Rn. 70, Slg. 2010, I-1140 = EuZW 2011, 74, 79

diese dennoch auch die Auslegung des sachlichen Anwendungsbereiches der Gleichbehandlungsrichtlinien. Es mangelt allerdings an einer detaillierten Auseinandersetzung mit den persönlichen Geltungsbereichen der vom EuGH herangezogenen Richtlinien. In seiner Entscheidung stellt der EuGH lediglich fest, es könne dahin gestellt bleiben, „ob [das betroffene Organmitglied] von der Richtlinie 92/85/EWG, der Richtlinie 76/207/EWG oder, soweit das vorlegende Gericht sie als ‚selbstständige Erwerbstätige' einstufen sollte, von der Richtlinie 86/613/EWG erfasst wird, die für die letztgenannten Erwerbstätigen gilt. [...] Unabhängig davon, welche Richtlinie Anwendung findet, kommt es darauf an, der Betroffenen den Schutz zu gewährleisten, den das Unionsrecht Schwangeren für den Fall gewährt, dass das Rechtsverhältnis, das sie mit einer anderen Person verbindet, wegen ihrer Schwangerschaft beendet wurde"[180]. Damit ist dem EuGH zwar die Intention zu entnehmen, sämtliche Organmitglieder von einer der zitierten Richtlinien als erfasst anzusehen,[181] jedoch ist eine solch wenig intensive Auseinandersetzung mit den persönlichen Anwendungsbereichen dieser Richtlinien nicht hilfreich. Unbeachtet bleibt dabei zum einen die Nichterfassung sämtlicher selbstständig erwerbstätiger Organmitglieder von der Richtlinie 86/613/EWG. Üben diese nämlich keine Tätigkeit auf eigene Rechnung aus, fallen diese nicht unter den Selbstständigenbegriff dieser Richtlinie,[182] wodurch – entgegen der Intention des EuGH – nicht sämtliche Organmitglieder vor Benachteiligungen geschützt wären. Zum anderen schlägt ein solcher Verweis auf die Richtlinie 86/613/EWG auch fehl, wenn der Schutz der Richtlinie 2002/73/EG von selbstständig und unselbstständig Erwerbstätigen beachtet wird. Der rechtliche Rahmen war in der Entscheidung zur Rechtssache *Danosa* zwar die Richtlinie 76/207/EWG, aber in der durch die Richtlinie 2002/73/EG des Europäischen Parlamentes und des Rates vom 23. September 2002 geänderten Fassung. Der persönliche Anwendungsbereich dieser Änderungsrichtlinie erfasst selbstständig und unselbstständig Erwerbstätige. Ein Verweis auf die Richtlinie 86/613/EWG ist folglich unnötig, wenn diese bereits von der Änderungsrichtlinie 2002/73/EG erfasst sind. Ein solcher Verweis kann somit dahin gehend verstanden werden, selbstständig erwerbstätige Organmitglieder nicht vom persönlichen Geltungsbereich der Richtlinie 2002/73/EG als erfasst anzusehen.

Dieser Verweis kann aber auch auf ein Versehen seitens des EuGH zurückzuführen sein. Dieses Versehen kann in der Übernahme der Argumentation

180 S. Fn. 179
181 Ebenso *Schubert*, ZIP 2013, 289
182 S. dazu bereits oben Teil A, II. 2. c)

aus den dieser Entscheidung zugrunde liegenden Schlussanträgen des Generalstaatsanwaltes *Bot* zu dieser Entscheidung gesehen werden. Entsprechend den Verweisen des EuGH wies *Bot* in seinen Schlussanträgen ausdrücklich auf den Schutz der Richtlinie 86/613/EWG hin.[183] Vertrat der EuGH mit seinem Verweis lediglich die Ansicht aus diesen Schlussanträgen, bliebe dabei unbeachtet, dass die Entscheidung des EuGH und die Schlussanträge jeweils auf unterschiedliche Richtlinien Bezug nehmen. Entgegen dem EuGH, welcher die Änderungsrichtlinie 2002/73/EG heranzog,[184] legte *Bot* seinen Schlussanträgen die Richtlinie 76/207/EWG zugrunde[185]. Hinsichtlich des Personenkreises unterscheiden sich diese jedoch. Anders als die Änderungsrichtlinie 2002/73/EG, welche bereits dem Wortlaut nach ebenfalls selbstständig Erwerbstätige erfasst, war dessen Vorgängerrichtlinie lediglich i. V. m. der Richtlinie 86/613/EWG auf diese Personengruppe anzuwenden.[186] Letzterer Ansicht folgend verweist *Bot* daher für den Personenkreis der selbstständig erwerbstätigen Organmitglieder auf den Schutz durch die Richtlinie 86/613/EWG.[187] Folgte der EuGH mit seinem Verweis auf den Schutz durch die Richtlinie 86/613/EWG lediglich *Bots* Argumentation, legte seinen Überlegungen jedoch nicht die Richtlinie 76/207/EWG, sondern diese in der Fassung der Änderungsrichtlinie 2002/73/EG zugrunde, kann dieser Entscheidung keine ausreichende Klarstellung hinsichtlich der Erfassung von selbstständig erwerbstätigen Organmitgliedern durch die Richtlinie 2002/73/EG entnommen werden. Es bleibt unklar, ob diese unter den Begriff der selbstständigen Erwerbstätigen i. S. d. Richtlinie 2002/73/EG zu subsumieren oder

---

183 Schlussanträge des Generalanwalts *Bot* vom 02.09.2010, zur Rs. C-232/09 („*Danosa*"), Slg. 2010 I, 11405, 11430, Rn. 113, 114

184 Vgl. EuGH, Urt. v. 11.11.2010 – Rs. C-232/09 („*Danosa*"), Rn. 5, 65, Slg. 2010, I-1140 = EuZW 2011, 74, 78, zitiert wurde Art. 3 Abs. 1 lit. c, ein solcher ist in der RL 2002/73/EG enthalten, nicht jedoch in der RL 76/207/EWG; wohl übersehen *Fischer*, NJW 2011, 2329, 2330, der auf die RL 2000/43/EG und 2000/78/EG verweist, da diese nicht lediglich auf Arbeitnehmer begrenzt sind. Diese waren jedoch nicht heranzuziehen, da dessen Diskriminierungsschutz nicht das Merkmal Geschlecht umfasst.

185 Schlussanträge des Generalanwalts *Bot* vom 2.9.2010, zur Rs. C-232/09 („*Danosa*"), Slg. 2010, I- 11405, 11409, Rn. 10, wonach trotz des Verweises in der Fn. 4 auf die Änderungsrichtlinie RL 2002/73/EG, Art. 5 Abs. 1 zitiert wird. Ein solcher befindet sich jedoch lediglich in der RL 76/207/EWG. Dieser wurde gestrichen und inhaltlich in Art. 3 RL 2002/73/EG aufgenommen.

186 S. dazu oben Teil A, II. 2. c)

187 Schlussanträge des Generalanwalts *Bot* vom 2.9.2010, zur Rs. C-232/09 („*Danosa*"), Slg. 2010 I, 11405, 11430 f. Rn. 112, 117, 118.

lediglich von der Richtlinie 86/613/EWG vor Benachteiligungen geschützt sind. Ist Letzteres der Fall, wäre ferner die Definition in der Richtlinie 86/613/EWG zu beachten. Erfüllen Aufsichtsratsmitglieder nicht die Merkmale dieser Definition, wären diese weder von der Richtlinie 2002/73/EG noch von der Richtlinie 86/613/EWG geschützt.

f) Stellungnahme

Während des Gesetzgebungsverfahrens der Gleichbehandlungsrichtlinien wurde hinsichtlich der Anwendung auf selbstständig Erwerbstätige auf den Schutz der Richtlinie 76/207/EWG verwiesen. Indem lediglich die in der Richtlinie 86/613/EWG definierten Selbstständigen vom Schutz der Richtlinie 76/207/EWG erfasst waren und Organmitglieder nicht unter diesen Begriff zu subsumieren sind, ist zweifelhaft, inwiefern sämtliche Organmitglieder von dem Anwendungsbereich der Gleichbehandlungsrichtlinien erfasst sind. Beabsichtigte der Richtliniengeber mit der ausdrücklichen Aufnahme der selbstständig Erwerbstätigen in die Richtlinie 2002/73/EG nur eine Übertragung des bereits von der Richtlinie 76/207/EWG (i. V. m. der Richtlinie 86/613/EWG) geschützten Personenkreises und keine Erweiterung auf alle (selbstständig) Erwerbstätigen, wären nicht alle Organmitglieder von dem dort enthaltenen Diskriminierungsschutz erfasst.

Die Zweifel über die Anwendung der Gleichbehandlungsrichtlinien auf Organmitglieder beziehen sich jedoch lediglich auf die als selbstständig erwerbstätig zu qualifizierenden Organmitglieder, da nur der Begriff der Selbstständigen von der Richtlinie 86/613/EWG definiert wurde. Diese Auslegung tangiert folglich nicht die Frage, inwiefern Organmitglieder eine unselbstständige Erwerbstätigkeit i. S. d. Gleichbehandlungsrichtlinien ausüben. Die Annahme, wonach die Tätigkeit einiger Organmitglieder unter den Begriff der unselbstständigen Erwerbstätigkeit i. S. d. Gleichbehandlungsrichtlinien zu subsumieren ist, würde zu einem auf den ersten Blick inkonsequenten Ergebnis führen. Der Diskriminierungsschutz wäre auf unselbstständig erwerbstätige Organmitglieder anzuwenden, während selbstständig erwerbstätige Organmitglieder danach sanktionslos diskriminiert werden könnten. Inkonsequent erscheint eine solche Feststellung, weil beide Personengruppen keine Tätigkeit auf eigene Rechnung ausüben. Das Vorliegen dieses Merkmals würde jedoch darüber entscheiden, ob das Gleichbehandlungsgebot auf ein Organmitglied anzuwenden ist. Eine solche Ansicht wäre jedoch nicht zwingend als folgewidrig anzusehen, da dem Unionsrecht ein unterschiedliches Schutzniveau für selbstständig Erwerbstätige im Vergleich zu den unselbstständig Erwerbstätigen nicht fremd ist. Der Schutz lediglich der Personengruppe der unselbstständig erwerbstätigen Organmitglieder entspricht somit dem Unionsrecht, welches einen höheren Schutzbedarf für unselbstständig Erwerbstätige erachtet.

Für eine bloße Übertragung des Personenkreises sprechen wiederum nur die Materialen der Kommission, indem sie auf den Geltungsbereich der Richtlinien 76/207/EWG i. V. m. der Richtlinie 86/613/EWG zurückgreifen. Zur Bestimmung des gesetzgeberischen Willens sind Materialien der Kommission jedoch nicht heranzuziehen, da deren Richtlinienvorschläge verändert werden können.[188] Sollen dennoch Materialien der Europäischen Kommission zur Auslegung des gesetzgeberischen Willens zugrunde gelegt werden, wäre ferner deren Zweideutigkeit zu beachten. Einerseits nimmt die Europäische Kommission bei den Vorschlägen des Geltungsbereiches der Richtlinien 2000/78/EG und 2000/43/EG auf den persönlichen Geltungsbereich der Richtlinien 76/207/EG i. V. m. 86/613/EWG Bezug. Andererseits ist bei der Einbeziehung der selbstständig Erwerbstätigen in den Anwendungsbereich der Richtlinie 2002/73/EG von einer „Erweiterung“[189] des Anwendungsbereiches die Rede. In diese Richtung könnten auch die Materialien der Gesetzgebungsorgane, dessen Zustimmung es für den Rechtsakt bedarf, hinweisen. Einen ausdrücklichen Willen, lediglich auf den Personenkreis der Selbstständigen i. S. d. Richtlinie 86/613/EWG Bezug nehmen zu wollen, ist diesen nicht zu entnehmen. Vielmehr sprechen die Materialien des FEMM-Ausschusses von einem „neu definierten“[190] Anwendungsbereich. Dagegen ist den Materialen des Parlamentes wiederum eher die Absicht einer Wortangleichung der Geltungsbereiche der Gleichbehandlungsrichtlinien zu entnehmen. Ein eindeutiger gesetzgeberischer Wille, das Benachteiligungsverbot auf Organmitglieder anwendbar zu erklären, ist dem Richtlinienverfahren folglich nicht zu entnehmen. In Ermangelung einer Auseinandersetzung mit dieser Problematik während dieses Verfahrens und mit eher konzentriertem Blick auf Arbeitnehmer, auf arbeitnehmerähnliche Personen und auf eigene Rechnung tätige Selbstständige bestehen starke Zweifel, inwiefern der Richtliniengeber

188 *Riesenhuber*, Europäische Methodenlehre, § 10, Rn. 33; a.A. *Schöbener/Stork*, ZEuS 2004, 43, 75; a.A. *Kossak*, Rechtsfolge eines Verstoßes gegen das Benachteiligungsverbot, S. 20.

189 KOM(2009) 409 endg., S. 4

190 Bericht des Ausschusses für die Rechte der Frau und Chancengleichheit über den Vorschlag für eine Richtlinie des Europäischen Parlaments und des Rates zur Änderung der Richtlinie 76/207/EWG des Rates zur Verwirklichung des Grundsatzes der Gleichbehandlung von Männern und Frauen hinsichtlich des Zugangs zur Beschäftigung, zur Berufsbildung und zum beruflichen Aufstieg sowie in Bezug auf die Arbeitsbedingungen, Dokument A5-0173/2001 endg., S. 29.

selbstständig erwerbstätige Organmitglieder tatsächlich vom Benachteiligungsverbot erfassen wollte.

Von einer solchen Anwendung dieser Richtlinie auf Aufsichtsratsmitglieder scheint aktuell die Europäische Kommission ausgehen. In einem Richtlinienvorschlag für Maßnahmen zur Verwirklichung des Grundsatzes der Gleichbehandlung von Männern und Frauen bei der Besetzung von Leitungsorganen börsennotierter Gesellschaften misst die Europäische Kommission diese Thematik auch an Entscheidungen des EuGH zur Richtlinie 2006/54/EG.[191] Die vom EuGH herausgearbeiteten Kriterien zu positiven Maßnahmen i. S. dieser Richtlinie währen jedoch nicht heranzuziehen, wenn das betreffende Organmitglied von ebendieser Richtlinie nicht erfasst wird. Findet in diesem Vorschlag die Richtlinie 2010/41/EU[192] jedoch ebenfalls Erwähnung, führt dies weiter zu keinem klaren gesetzgeberischen Willen. Die Richtlinie 2010/41/EU enthält – wie auch ihre Vorgängerrichtlinie – in Artikel 2 eine Definition der selbstständig Erwerbstätigen. Danach sind selbstständig Erwerbstätige alle Personen, die nach den Bedingungen des innerstaatlichen Rechtes eine Erwerbstätigkeit auf eigene Rechnung ausüben. Wie bereits oben dargestellt, üben Aufsichtsratsmitglieder eine solche Tätigkeit nicht aus.

Einen klaren Hinweis auf den Willen des Richtliniengebers, sämtliche Organmitglieder vom Benachteiligungsverbot erfassen zu wollen, ist der Genese der Richtlinien nicht zu entnehmen. In Ermangelung einer Auseinandersetzung mit dieser eher dem Gesellschaftsrecht zuzuordnenden Problematik bestehen starke Zweifel über die Anwendung der Gleichbehandlungsrichtlinien auf selbstständig erwerbstätige Organmitglieder.

III. „Erwerbstätigkeit“ i. S. d. AGG als Voraussetzung für den Diskriminierungsschutz

Die von den Gleichbehandlungsrichtlinien umfassten Tätigkeiten haben die Voraussetzung einer Erwerbstätigkeit gemeinsam. Diese Voraussetzung ist

191 Vorschlag für eine Richtlinie des Europäischen Parlaments und des Rates zur Gewährleistung einer ausgewogeneren Vertretung von Frauen und Männern unter den nicht geschäftsführenden Direktoren/Aufsichtsratsmitgliedern börsennotierter Gesellschaften und über damit zusammenhängende Maßnahmen, KOM(2012) 614, S. 7.

192 Richtlinie 2010/41/EU des Europäischen Parlaments und des Rates vom 7. Juli 2010 zur Verwirklichung des Grundsatzes der Gleichbehandlung von Männern und Frauen, die eine selbstständige Erwerbstätigkeit ausüben, und zur Aufhebung der Richtlinie 86/613/EWG des Rates, ABl. EU Nr. L 180 vom 15.7.2010, S. 1.

ebenfalls in § 2 AGG wie auch in § 6 Abs. 3 AGG enthalten. Die Anwendbarkeit des AGG setzt demnach zwingend voraus, dass es sich bei der Tätigkeit eines Aufsichtsratsmitgliedes um eine Erwerbstätigkeit handelt.[193] In Anbetracht der Regelung in § 113 Abs. 1 AktG, wonach eine Vergütung gewährt werden kann, nicht jedoch unerlässlich ist, wird die Anwendbarkeit des AGG auf Aufsichtsratsmitglieder abgelehnt.[194] In Ermangelung einer Definition der Erwerbstätigkeit innerhalb des AGG wie auch innerhalb der Gleichbehandlungsrichtlinien[195] bedarf es einer genaueren Betrachtung ihrer Voraussetzung.

1. Auslegung des Begriffes der Erwerbstätigkeit nicht in Anlehnung an den verfassungsrechtlichen Berufsbegriff

Im Schrifttum wird die Ansicht vertreten, die Erwerbstätigkeit i. S. d. AGG sei als eine Tätigkeit, die auf gewisse Dauer angelegt und der Schaffung und Erhaltung einer Lebensgrundlage dient, zu definieren.[196] Dabei wird auf die Entscheidungen des Bundesverfassungsgerichtes zum Berufsbegriff i. S. d. Art. 12 Abs. 1 GG[197] verwiesen. Die Berufsfreiheit i. S. d. Art. 12 Abs. 1 GG beinhaltet das Recht, jede Tätigkeit, für die sich der Einzelne geeignet glaubt und damit für ihn Lebensaufgabe ist und seiner Lebensgrundlage dient, aufzunehmen.[198] Damit ist nur die Tätigkeit geschützt, die der „Schaffung und Erhaltung einer Lebensgrundlage dient“,[199] also eine Erwerbstätigkeit ist. Letztere Voraussetzung ist dahin gehend weit auszulegen, dass die Tätigkeit der betreffenden Person nicht tatsächlich der Lebensgrundlage dienen müsse. Vielmehr genügt es, wenn diese Tätigkeit wesensgemäß geeignet ist, eine entsprechende Lebensgrundlage zu schaffen oder zu erhalten.[200] Die Erwerbstätigkeit ist damit ein Teil

---

193 *Lutter*, BB 2007, 725, 730; *Krause*, AG 2007, 329, 393; *Eßer/Baluch*, NZG 2007, 321, 322; Redenius-*Hövermann*, ZIP 2010, 660, 663 f.; *Kocher*, BB 2010, 264, 264; *Adomeit/Mohr*, AGG, § 6, Rn. 34; a.A. *Schladebach/Stefanopoulou,* BB 2010, 1042, 1046

194 *Schladebach/Stefanopoulou,* BB 2010, 1042, 1046; *Birnbaum*, AuA 2011, 148, 149

195 *Birnbaum*, AuA 2011, 148, 149

196 So *Bauer/Krieger*, AGG, § 2, Rn. 12; *Schroeder/Diller*, NZG 2006, 728, 729; *Eßer/Baluch*, NZG 2007, 321, 328; *Schladebach/Stefanopoulou*, BB 2010, 1042, 1446; *Redenius-Hövermann*, ZIP 2010, 660, 664

197 Vgl. BVerfG 7.1.1959 – Az. 1 BvR 100/57 = NJW 1959, 667; BVerfG, Urt. v. 11.6.1958 – Az. 1 BvR 596/56 = BverfGE 7, 377, 398; BVerfG, Urt. v. 1.3.1979 – Az. 1 BvR 532, 533/77, 419/78, 1 BvL 21/78 = BverGE 50, 290, 363

198 BVerfG, Urt. v. 11.6.1958 – Az. 1 BvR 596/56 (Rn. 56) = BverfGE 7, 377

199 BVerfG, Beschl. v. 7.1.1959 – Az. 1 BvR 100/57 = NJW 1959, 667

200 *Scholz* in Maunz/Düring, GG, Art. 12, Rn. 32

des Berufsbegriffes. Eine unentgeltliche Tätigkeit dient nicht den Erwerbszwecken und ist demnach nicht von Art. 12 Abs.1 GG geschützt.[201]

Auf diese Definition des Berufsbegriffes stützend wird für die rechtliche Qualifizierung einer Aufsichtsratstätigkeit als Erwerbstätigkeit i. S. d. AGG ferner vorausgesetzt, dass es sich bei der Gegenleistung für die Aufsichtsratstätigkeit um dauerhafte Einkünfte handelt, die der Höhe nach dem Lebensunterhalt dienen kann.[202] Diesen Erwägungen ist jedoch entgegen zu halten, dass der Begriff der Erwerbstätigkeit i. S. d. AGG den Richtlinien entnommen wurde. Die Auslegung dieses Begriffes nach nationalem Recht ist abzulehnen, wodurch die Definition des Berufsbegriffes i. S. d. Art. 12 Abs. 1 GG nicht der Auslegung der Voraussetzung der Erwerbstätigkeit i. S. d. AGG dienlich ist.[203]

2. Das Erfordernis einer Gegenleistung als Voraussetzung für eine Erwerbstätigkeit

Dem Richtlinienverfahren für die Gleichbehandlungsrichtlinien 2000/43/EG[204] und 2000/78/EG[205] ist zu entnehmen, dass der Begriff der Erwerbstätigkeit i. S. d. AGG dahin auszulegen sei, dass dieser eine Gegenleistung voraussetzt, die dem Erwerbszweck dienlich ist. Dieses kann insbesondere aus den Änderungsvorschlägen zu den Entwürfen der Richtlinien 2000/43/EG und 2000/78/EG abgeleitet werden.[206] In den ursprünglichen Vorschlägen der Europäischen Kommission für diese Richtlinien wurde in den jeweils dritten Artikeln festgelegt, in welchen Bereichen Diskriminierungen untersagt und welche Aspekte des Bereiches Beschäftigung und Beruf abgedeckt sein sollen. Danach sollten

201 BVerwG, Urt. v. 23.9.1992 – Az. 6 C 2/91 = NVwZ-RR 1993, 621, 624

202 *Bauer/Krieger*, AGG, § 6, Rn. 28; *Brauer* in Bormann/Kauka/Ockelmann, Handbuch GmbH-Recht, Kapitel 8, G, Rn. 90, 95; *Birnbaum*, AuA 2011, 148, 149; a.A. *Adomeit/Mohr*, AGG, § 6, Rn. 37

203 So auch BVerwG, Urt.v. 26. 1. 2011 – 8 C 46/09 = BVerwGE 139,1 = NZA-RR 2011, 233, 234, wonach der Begriff der selbstständigen Erwerbstätigkeit i. S. d. AGG weiter gefasst ist, als der Begriff der Berufswahl

204 S. Fn. 8

205 S. Fn. 9

206 Geänderter Vorschlag für eine Richtlinie des Rates zur Anwendung des Gleichbehandlungsgrundsatzes ohne Unterschied der Rasse oder der ethnischen Herkunft, KOM(2000) 328 endg. = ABl. EG Nr. C 311E vom 31.10.2000, S. 169, 174; geänderter Vorschlag für eine Richtlinie des Rates zur Festlegung eines allgemeinen Rahmens für die Verwirklichung der Gleichbehandlung in Beschäftigung und Beruf, KOM(2000) 652 endg. = ABl. EG Nr. C 62E vom 27.2.2001, S. 152, 158

diese Richtlinien jeweils in Bezug auf die "Bedingungen [...] für den Zugang zu abhängiger und selbstständiger Erwerbstätigkeit" Anwendung finden.[207] Mit einem Schreiben vom 7. Februar 2000 konsultierte der Rat das Europäische Parlament zu diesen Vorschlägen der Kommission. Das Parlament billigte diese, unterbreitete jedoch einige Änderungsempfehlungen.[208] Ein Vorschlag dieser Empfehlungen war, den Text des dritten Artikels dahin zu ändern, dass aus der abhängigen Erwerbstätigkeit die „abhängige Arbeit" wurde. Diese Umformulierung sollte der Erweiterung des Geltungsbereiches dieser Richtlinie auf Tätigkeiten in öffentlichen Ämtern dienen.[209] Die Europäische Kommission folgte diesem Änderungs- und Ergänzungsvorschlag. Zum einen wurde der ursprüngliche dritte Artikel in materieller Hinsicht dahin gehend erweitert, dass der sachliche Geltungsbereich eindeutig auch auf den öffentlichen Bereich anwendbar sein solle. Zum anderen wurde er um die Erfassung der unbezahlten Tätigkeiten ergänzt.[210] Entsprechend den Bedingungen für den Zugang zu abhängiger und selbstständiger Erwerbstätigkeit wäre diese Richtlinie dadurch dann auch auf unbezahlte und gemeinnützige Arbeit anzuwenden. Zurückzuführen ist diese Änderung auf den Ersuch des Ausschusses für die Rechte der Frau und Chancengleichheit, der die zusätzliche Einfügung der unbezahlten und freiwilligen Arbeit – neben der abhängigen und selbstständigen Erwerbstätigkeit – mit der Häufigkeit von unbezahlter und freiwilliger Arbeit durch Frauen begründete.[211]

---

207 KOM(1999) 566 endg., S. 17

208 *Europäisches Parlament*, Bericht über den Vorschlag für eine Richtlinie des Rates zur Anwendung des Gleichbehandlungsgrundsatzes ohne Unterschied der Rasse oder der ethnischen Herkunft, KOM(1999) 566, S. 19; Europäisches Parlament, Bericht über den Vorschlag für eine Richtlinie des Rates zur Festlegung eines allgemeinen Rahmens für die Verwirklichung der Gleichbehandlung in Beschäftigung und Beruf, KOM(1999) 565 endg., S. 21.

209 Europäisches Parlament, Bericht über den Vorschlag für eine Richtlinie des Rates zur Anwendung des Gleichbehandlungsgrundsatzes ohne Unterschied der Rasse oder der ethnischen Herkunft vom 16.05.2000, A5-0136/2000 endg., S. 19; Europäisches Parlament, Bericht über den Vorschlag für eine Richtlinie des Rates zur Festlegung eines allgemeinen Rahmens für die Verwirklichung der Gleichbehandlung in Beschäftigung und Beruf, A5-0264/2000 endg., S. 21, 66.

210 S. Fn. 206

211 *Europäisches Parlament*, Bericht über den Vorschlag für eine Richtlinie des Rates zur Anwendung des Gleichbehandlungsgrundsatzes ohne Unterschied der Rasse oder der ethnischen Herkunft vom 16.05.2000, A5-0136/2000 endg., S. 99 f.; Europäisches Parlament, Bericht über den Vorschlag für eine Richtlinie des Rates zur Festlegung eines

Verabschiedet wurde die Richtlinie jedoch ohne Erweiterungen auf die Bereiche der unbezahlten und gemeinnützigen Arbeiten.

Indem dieser Änderungsvorschlag nicht in diese Richtlinie und auch nicht in die anderen dem AGG zugrunde liegenden Richtlinien aufgenommen wurde, kann das Erfordernis einer Entgeltlichkeit gefolgert werden. Eine Anwendung auf unbezahlte Tätigkeiten ist abzulehnen.[212] Eine Erwerbstätigkeit liegt demnach vor, wenn die betroffene Person für ihre Tätigkeit eine Gegenleistung erhält.[213] Hinsichtlich der Höhe dieser Gegenleistung ist den Richtlinien und den Richtlinienverfahren nichts zu entnehmen.

3. Erwerbstätigkeit eines Aufsichtsratsmitgliedes

Das Erfordernis der Gegenleistung ist nicht in Bezug auf die juristische Person zu betrachten,[214] sondern für das jeweilig betroffene Organmitglied zu untersuchen. Der Schutz des AGG erfasst nicht die Gesellschaft, sondern den jeweiligen Organwalter. Voraussetzung ist folglich, dass es sich bei der Ausübung der Aufsichtsratstätigkeit des betreffenden Mitgliedes um eine Erwerbstätigkeit handelt.

a) Individuelle Betrachtungsweise

Nach § 113 AktG kann den Mitgliedern des Aufsichtsrates eine Vergütung zuteilwerden. Damit normiert diese Regelung die Möglichkeit einer Gegenleistung für alle Aufsichtsratsmitglieder, wenn eine solche nach § 113 Abs. 1 S. 2 AktG entweder in der Satzung festgesetzt oder von der Hauptversammlung bewilligt wird. Für die Arbeitnehmervertreter ist, im Gegensatz zu § 70 Betriebsrätegesetz von 1920 (BRG 1920),[215] die Gewährung einer solchen nicht untersagt.[216] Dies resultiert aus der normierten Gleichstellung mit den übrigen

---

allgemeinen Rahmens für die Verwirklichung der Gleichbehandlung in Beschäftigung und Beruf, A5-0264/2000 endg., S. 100.

212 Ebenso *Kummer*, Umsetzungsanforderungen der neuen arbeitsrechtlichen Antidiskriminierungsrichtlinie (RL 2000/78/EG), S. 35 f.; *Adomeit/Mohr*, AGG, § 6, Rn. 37

213 *Schmidt/Senne*, RdA 2002, 80, 82; *Kummer*, Umsetzungsanforderungen der neuen arbeitsrechtlichen Antidiskriminierungsrichtlinie (RL 2000/78/EG), S. 35; *Schlachter* in ErfK, § 2 AGG, Rn. 5; *Däubler* in Däubler/Betzbach, AGG, § 2, Rn. 4; *Adomeit/Mohr*, AGG, § 6, Rn. 37

214 A.A. *Schroeder/Diller*, NZG 2006, 728, 729, abstellend auf die Gesellschaft, die „von der Mitarbeit der Gesellschafter lebt“

215 RGBl. I vom 4.2.1920, S. 147, 163

216 *Raiser* in Raiser/Veil/Jacobs, MitbestG, § 26, Rn. 13

Aufsichtsratsmitgliedern nach den Regelungen zur Unternehmensmitbestimmung.[217] Dabei ist jedoch keine Verallgemeinerung dahin vorzunehmen, dass Aufsichtsratsmitglieder alleine aus dem Grunde einer Erwerbstätigkeit i. S. d. AGG nachgehen, weil die Gewährung einer Vergütung in der Praxis üblich ist.[218] Umgekehrt kann jedoch auch dem Fehlen eines gesetzlich zwingend festgesetzten Vergütungsanspruches keine generelle Ablehnung einer Erwerbstätigkeit bei Aufsichtsratsmitgliedern entnommen werden.[219] Die Voraussetzung der Erwerbstätigkeit ist vielmehr individuell bei dem betreffenden Organmitglied zu untersuchen. Erhält das Organmitglied keine Gegenleistung für seine Tätigkeit, ist das AGG nicht anwendbar.[220] Wird eine solche Vergütung wiederum gewährt, führt diese Gegenleistung zur Annahme einer Erwerbstätigkeit i. S. d. AGG und das betreffende Organmitglied kann sich auf den Benachteiligungsschutz dieses Gesetzes berufen.

Auch ist die Tätigkeit eines in den Aufsichtsrat berufenen Gewerkschaftsvertreters als Erwerbstätigkeit i. S. d. AGG anzusehen. Verpflichtet sich dieser seine Vergütung an eine gemeinnützige Stiftung abzuführen,[221] so handelt es sich bei dieser Abführung um eine Betriebsausgabe oder Spende dieses Aufsichtsratsmitgliedes.[222] Das jeweilige Mitglied leitet folglich etwas weiter, was er als Gegenleistung für seine Tätigkeit erhielt. Zudem verzichten Aufsichtsratsmitglieder nicht zwingend auf die gesamte Vergütung.[223]

---

217 § 9 Drittelbeteiligungsgesetz (DrittelbG) und § 26 Mitbestimmungsgesetz 1976 (MitbestG 1976)

218 A.A. wohl *Redenius-Hövermann*, ZIP 2010, 660, 664; vgl. jedoch § 12 Abs. 1 DVAuslG, wonach eine Erwerbstätigkeit auch jede Tätigkeit ist, für die ein Entgelt vereinbart oder üblich ist

219 A.A. *Schladebach/Stefanopoulou*, BB 2010, 1042, 1446; *Keienburg*, PERSONALmagazin 2011, 80

220 *Krause*, AG 2007, 329, 394; vgl. zum Vorstand eines Vereins *Däubler* in Däubler/Betzbach, AGG, § 2, Rn. 4

221 Vgl. § 4 Abs. 1 a) Satzung der Hans-Böckler-Stiftung (abrufbar: www.boeckler.de/pdf/pub_satzung_hbs.pdf, Zugriff: 14.1.2016)

222 Vgl. zur steuerrechtliche Behandlung FG Berlin-Brandenburg, Urt. v. 2.4.2009 – Az. 10 K 1190/06 B = DStRE 2009, 1356, 1356 f.

223 Abführungsregelung der Hans-Böckler-Stiftung 2006 (abrufbar: http://www.boeckler.de/pdf/abfuehrungsregelung_2006.pdf, Zugriff: 20.10.2016)

b) Aufwandsentschädigung und Sachleistungen als Gegenleistung

Anstelle von Geld kommt als Vergütung i. S. d. § 113 AktG auch die Gewährung von Sachleistungen in Betracht.[224] Nicht jede Sachleistung ist jedoch eine Gegenleistung, die zur Annahme einer Erwerbstätigkeit i. S. d. AGG führt. Auch die Qualifizierung von Ersatzzahlung von Aufwendungen als Gegenleistung ist problematisch.[225]

Unzweifelhaft ist die Gewinnbeteiligung eine Gegenleistung, wenn diese für die Tätigkeit als Aufsichtsratsmitglied gewährt wurde.[226] Keine Gegenleistung für die Tätigkeit als Aufsichtsratsmitglied ist damit die Dividende, welche dieser aufgrund seiner gleichzeitigen Stellung als Gesellschafter erhält.[227]

Eine pauschale Feststellung, wonach Aufwandsentschädigungen zur Erwerbstätigkeit führen,[228] ist abzulehnen.[229] Eßer/Baluch schränken dies dahin gehend ein, es müsse sich bei diesen Aufwendungsentschädigungen um eine dauerhafte Erwerbsquelle handeln.[230] Ferner werden lediglich solche Aufwendungen herangezogen, die über den tatsächlichen Aufwand hinausgehen.[231] Es handelt sich bei solchen Leistungen jedoch um keine Aufwandsentschädigung, sondern um eine Vergütung des betreffenden Aufsichtsratsmitgliedes. Bei der Betrachtung

---

224 *Hopt/Roth* in Großkomm AktG, § 113, Rn 32; *Hambloch-Gesinn/Gesinn* in Hölters, AktG, § 113, Rn. 17; *Mutter*, ZIP 2002, 1230ff

225 Ablehnend, wenn diese nicht erheblich den Aufwand übersteigt *Däubler* in Däubler/Bertzbach, AGG, § 2 Rn. 8; *Liebhäuser*, Bedeutung des AGG für Organmitglieder, S. 54; bei Aufwandsentschädigungen generell eine Erwerbstätigkeit ablehnend *Meinel/Heyn/Herms, AGG, § 2 Rn. 6*

226 a.A. *Veltmann*, Der Anwendungsbereich des Freizügigkeitsrechts der Arbeitnehmer gem. Art. 48 EGV, S. 5, wonach generelle einer Entgeltlichkeit bei Selbstständigen abgelehnt wird, da diese nicht entlohnt werden, sondern allenfalls einen Gewinn erzielen

227 a.A. *Liebhäuser*, Bedeutung des AGG für Organmitglieder, S. 54

228 So jedoch *Eßer/Baluch*, NZG 2007, 321, 328; *Oetker*, FS Otto, 2008, S. 361, 366 f.; für solche, die erheblich den tatsächlichen Aufwand übersteigen *Däubler* in Däubler/Bertzbach, AGG, § 2, Rn. 8; *Liebhäuser*, Bedeutung des AGG für Organmitglieder, S. 54; a.A *Meinel/Heyn/Herms*, AGG, § 2 Rn. 6

229 *Däubler* in Däubler/Bertzbach, AGG, § 2, Rn. 8; *Liebhäuser*, Bedeutung des AGG für Organmitglieder, S. 54

230 *Eßer/Baluch*, NZG 2007, 321, 328; a.A. *Liebhäuser*, Bedeutung des AGG für Organmitglieder, S. 54

231 *Oetker*, FS Otto, 2008, S. 361, 367; *Däubler* in Däubler/Bertzbach, AGG, § 2, Rn. 8; *Adomeit/Mohr*, AGG, § 6, Rn. 37

der Gegenleistung ist zwischen Ansprüchen eines Aufsichtsrates auf Vergütung und denen auf Aufwandsentschädigung strikt zu trennen.

Aufwendungen von Aufsichtsratsmitgliedern sind erstattungsfähig, wenn diese die Wahrnehmung des Aufsichtsratsmandates betreffen.[232] Solche Aufwendungen sollen die Aufsichtsratstätigkeit ermöglichen oder zumindest erleichtern.[233] Es handelt sich dabei um keine Vergütung i. S. d. § 113 AktG.[234] Ermöglichen diese Erstattungen lediglich diese Aufsichtsratstätigkeit, kann es sich dabei jedoch um keine Gegenleistung handeln, die einen Vergütungscharakter hat. Dieses kann ebenfalls bei einer Leistung in pauschalierter Form der Fall sein.[235] Solche Aufwendungserstattungen entsprechen keiner dauerhaften Erwerbsquelle.[236] Orientiert sich die geleistete Pauschale am typischen Aufwand des Aufsichtsratsmitgliedes und wird dies üblicherweise ohne Einzelnachweis erstattet, handelt es sich ebenfalls um eine Auslagenerstattung.[237]

Ist es dagegen eine Leistung, die über die entstandenen Aufwendungen hinausgeht, handelt es sich nicht mehr um eine Aufwandentschädigung, sondern um eine verdeckte Vergütung, welche die Voraussetzungen des § 113 AktG zu erfüllen hat.[238] Eine verdeckte Vergütung führt zur Annahme einer Erwerbstätigkeit i. S. d. AGG.[239] Bei der Annahme einer Gegenleistung aufgrund von Aufwandszahlungen, welche durch die Höhe der Aufwendungen nicht gerechtfertigt sind,[240] ist daher zu beachten, dass es sich dabei gerade nicht um eine Aufwandentschädigung handelt, sondern um eine oben erwähnte verdeckte Vergütungszahlung.

Stellt die juristische Person seinen Aufsichtsratsmitgliedern Sachleistungen zur Verfügung, können diese der Ermöglichung oder Erleichterung der Aufsichtsratstätigkeit dienen. Zur Beantwortung der Frage, wann in dieser Zurverfügungstellung eine Gegenleistung mit Erwerbszweck gesehen werden kann, ist die oben aufgezeigte Differenzierung hinsichtlich des Aufwendungsersatzes

---

232 *Koch* in Hüffer/Koch, AktG, § 113, Rn. 2b; *Habersack* in MüKo-AktG, § 113 AktG, Rn. 25; *Fonk*, NZG 2009, 761, 762

233 *Fonk*, NZG 2009, 761, 763

234 *Habersack* in MüKo-AktG, § 113 AktG, Rn. 24

235 *Hambloch-Gesinn/Gesinn* in Hölters, AktG, § 113, Rn. 24

236 a.A. *Eßer/Baluch*, NZG 2007, 321, 328; *Adomeit/Mohr*, AGG, § 6, Rn. 37

237 Vgl. BGH, Urt. v. 14.12.1987 – Az. II ZR 53/87 = NJW-RR 1988, 745, 746, zum Verwaltungsrat eines eingetragenen Vereins

238 Vgl. Fn. 237

239 *Oetker*, FS Otto, 2008, S. 361, 367

240 *Adomeit/Mohr*, AGG, § 6, Rn. 37

übertragbar. Schaffen diese Sachleistungen ausschließlich die technischen Voraussetzungen für die Ausübung der Aufsichtsratstätigkeit, dienen diese Sachleistungen nicht dem Erwerbszweck.[241] Dienen gewährte Sachleistungen jedoch nicht lediglich der Aufsichtsratstätigkeit, indem diese beispielsweise auch privat genutzt werden können, handelt es sich ebenfalls um eine Vergütung.[242] Solche Sachleistungen können demnach dem Erwerbszweck dienen, und eine Erwerbstätigkeit i. S. d. AGG wäre anzunehmen.

c) Anforderung an den Tätigkeitsumfang oder die Erwerbshöhe?

In Anlehnung an den Berufsbegriff i. S. d. Grundgesetzes wird im Schrifttum die Ansicht vertreten, die Vergütung des Aufsichtsratsmitgliedes müsse so hoch sein, dass sie der Lebensgrundlage dienen kann.[243] Diese Voraussetzung ist bereits für den Berufsbegriff i. S. d. Art. 12 Abs. 1 GG sehr weit auszulegen. Dabei soll es gerade nicht darauf ankommen, ob die betreffende Tätigkeit tatsächlich der Lebensgrundlage dient, sondern vielmehr, ob die betreffende Tätigkeit wesensgemäß geeignet ist, eine entsprechende Lebensgrundlage zu schaffen oder zu erhalten.[244] Strittig ist jedoch, inwiefern Nebentätigkeiten vom Berufsbegriff umfasst sind, da diese nicht der Erhaltung der Lebensgrundlage dienen.[245] Im Sinne des Unionsrechtes könnten an die Erwerbstätigkeit vergleichbare Anforderungen an die Höhe der Gegenleistung zu stellen sein. In ständiger Rechtsprechung bejaht der EuGH die Arbeitnehmereigenschaft nur dann, wenn die betreffende Person eine „tatsächliche und echte“ Erwerbstätigkeit ausübt, wobei solche Tätigkeiten außer Betracht bleiben sollen, die einen so geringen Umfang haben, dass sie sich als völlig untergeordnet und unwesentlich

---

241 vgl. OFD Magdeburg, Verwaltungsanweisung vom 11.12.2007, S 2248 – 15 – St 213 V; vgl. *Pfirrmann* in Blümich, § 10 KStG, Rn. 93 zur steuerrechtliche Bewertung solcher Sachleistungen

242 *Habersack* in MüKo-AktG, § 113 AktG, Rn. 15; *Hambloch-Gesinn/Gesinn* in Hölters, AktG, § 113, Rn. 17

243 *Eßer/Baluch*, NZG 2007, 321, 328; *Brauer* in Bormann/Kauka/Ockelmann, Handbuch GmbH-Recht, Kapitel 8, G, Rn. 90, 95; *Birnbaum*, AuA 2011, 148, 149; a.A. *Adomeit/Mohr*, AGG, § 6, Rn. 37

244 *Scholz* in Maunz/Düring, GG, Art. 12 GG, Rn. 32

245 Ablehnend BVerfG, Beschl. v. 12.04.1972 – Az. 2 BvR 704/70 = BVerfGE 33, 44, 48; BVerfG, Beschl. v. 1.9.2008 – Az. 2 BvR 1872/07 (zitiert nach Juris Rn. 20); bejahend *Jarass* in Jarass/Pieroth, GG, Art. 12, Rn. 7

darstellen.[246] Damit wird eine Tätigkeit nicht erfasst, die lediglich einem einmaligen Erwerbszweck dient. Auch der Umstand, dass nur sehr wenige Arbeitsstunden geleistet wurden, soll nach der Entscheidung des EuGH zur Rechtssache *Raulin* ein Anhaltspunkt dafür sein, dass die ausgeübte Tätigkeit untergeordnet und unwesentlich ist.[247] Dabei ist jedoch anzumerken, dass diese Entscheidung einen Vertrag erfasst, der keine Garantie für die Zahl der Arbeitsstunden gab.[248] Diese Entscheidung kann demnach – auch wegen der Festlegung der Mindestanzahl der Sitzungen des Aufsichtsrates nach § 110 Abs. 3 AktG – nicht auf die Tätigkeit eines Aufsichtsratsmitgliedes übertragen werden. Es handelt sich bei dem Aufsichtsrat einer Aktiengesellschaft um ein zwingendes Organ, wodurch eine solche untergeordnete und unwesentliche Tätigkeit nicht anzunehmen ist.

IV. Zwischenergebnis

Bei den Mitgliedern des Aufsichtsrates handelt es sich unzweifelhaft um gesellschaftsrechtliche Organmitglieder. Die Genese des § 6 Abs. 3 AGG zeigt jedoch die Orientierung des Gesetzgebers am Unionsrecht und folgte damit der Kritik der Literatur. Während des Gesetzgebungsverfahrens zum AGG wies die Literatur auf die Notwendigkeit hin, den Schutz des AGG auf Organmitglieder zu erweitern. Dieses Erfordernis ruht auf der Annahme, dass Organmitglieder eine selbstständige oder unselbstständige Erwerbstätigkeit i. S. d. Gleichbehandlungsrichtlinien ausüben. Die Materialien zur Entstehung der Gleichbehandlungsrichtlinien heben allerdings starke Zweifel hervor, inwiefern der Richtliniengeber sämtliche Organmitglieder tatsächlich in Betracht zog.

Der nationale Gesetzgeber kann indes über das Maß der Gleichbehandlungsrichtlinien hinausgehen. Dies tat er, indem er die Anwendung des Benachteiligungsverbotes auf sämtliche Organmitglieder normierte. Sind dem Wortlaut nach auch nur ausdrücklich zur Geschäftsführung berechtigte Organe genannt, ist dies ebenfalls auf die Hinweise seitens der Literatur während des

---

246 EuGH, Urt. v. 27.6.1996 – Rs. C-107/94 („*Asscher*“), Rn. 25, Slg. 1996, I-3089, 3121 = NJW 1996, 2921, 2922; EuGH Urt. v. 11.4.2000 – Rs. C-51/96 und C-191/97 („*Deliège*“), Rn. 54, Slg. 2000, I-2549 = NJW 2000, 2011, 2014, EuGH, Urt. v. 20.11.2001 – Rs. C-268/99, Rn. 33 = EuR 2003, 458, 466; EuGH, Urt. v. 26.2.1992 – Rs. C- 357/89 („*Raulin*“), Rn. 13, Slg. 1992, I-1027 = NJW 1992, 1493, 1494

247 EuGH, Urt. v. 26.2.1992 – Rs. C- 357/89 („*Raulin*“), Rn. 14, Slg. 1992, I-1027 = NJW 1992, 1493, 1494

248 EuGH, Urt. v. 26.2.1992 – Rs. C- 357/89 („*Raulin*“), Rn. 9, Slg. 1992, I-1027 = NJW 1992, 1493, 1494

Gesetzgebungsverfahrens zurückzuführen. Die Regelung des § 6 Abs. 3 AGG ist nicht dahin gehend teleologisch zu reduzieren, nur mit Vorstandsmitgliedern oder Geschäftsführern vergleichbare Organe vom Benachteiligungsverbot zu erfassen.

Wird auch der hiesigen Ansicht gefolgt und ist der Gesetzgeber mit der Erweiterung des Anwendungsbereiches über das mit den Richtlinien geforderte Mindestmaß hinausgegangen, so ist das Erfordernis der Erwerbstätigkeit i. S. d. AGG dennoch im Sinne des Unionsrechtes auszulegen. Wird Aufsichtsratsmitgliedern eine Vergütung gewährt, üben diese eine Erwerbstätigkeit i. S. d. AGG aus. Sachleistungen oder Aufwandsentschädigungen, die der unmittelbaren Aufsichtsratstätigkeit dienen, führen nicht zwingend zu der Annahme einer Erwerbstätigkeit.

Kennzeichnend für die Erwerbstätigkeit i. S. d. AGG ist die Entgeltlichkeit einer Tätigkeit. Zur Annahme einer Erwerbstätigkeit ist eine Gegenleistung erforderlich, die vor allem für die Wahrnehmung der übernommenen Aufgabe eingesetzten Arbeitszeit und Arbeitskraft geleistet wird. Dies ist bei einem Aufsichtsratsmitglied die Vergütung i. S. d. § 113 AktG. Wird eine Vergütung seitens der Gesellschaft an den Aufsichtsrat geleistet, ist der Benachteiligungsschutz des AGG auf das Aufsichtsratsmitglied anzuwenden.[249] Die Höhe der Vergütung ist dabei nicht ausschlaggebend.[250] Dagegen sind Aufwandsentschädigungen nicht als Erwerbsquelle zu qualifizieren und damit keine Gegenleistung, die zur Annahme einer Erwerbstätigkeit i. S. d. AGG führt.[251] Werden demnach lediglich Aufwendungen erstattet und keine (verdeckten) Vergütungen geleistet, üben diese Aufsichtsratsmitglieder keine Erwerbstätigkeit i. S. d. AGG aus.

---

249 *Eßer/Baluch*, NZG 2007, 321, 322; *Lutter*, BB 2007, 725, 730; *Krause*, AG 2007, 392, 393; a.A. *Keienburg*, PERSONALmagazin 2011, 80; *Schladebach/Stefanopoulou*, BB 2010, 1042, 1446

250 *Adomeit/Mohr*, AGG, § 6, Rn. 37; a.A. *Brauer* in Bormann/Kauka/Ockelmann, Handbuch GmbH-Recht, Kapitel 8, G, Rn. 90, 95

251 A.A. *Eßer/Baluch*, NZG 2007, 321, 328; *Oetker*, FS Otto, 2008, S. 361, 366f.

Teil B Anwendungsumfang des AGG auf Aufsichtsratsmitglieder

Der Anwendungsbereich des AGG ist nicht lediglich in einer Regelung festgehalten. Zur Feststellung des sachlichen Anwendungsbereiches des arbeitsrechtlichen Teils des AGG auf Organmitglieder bedarf es der Regelungen in § 2 AGG wie auch der in § 6 AGG. Dieser Gesetzesaufbau wird als „wenig systematisch"[252] und „irreführend"[253] kritisiert. Die Kritik steht zudem mit einer Frage zum Anwendungsumfang auf Aufsichtsratsmitglieder im Zusammenhang. Fraglich ist nämlich, inwiefern die Abberufung dieser Organmitglieder, die Kündigung oder Nichtverlängerung eventueller Anstellungsverhältnisse und auch die Vertragsgestaltung ebenfalls vom Benachteiligungsverbot des § 7 Abs. 1 AGG erfasst sind. In diesem Zusammenhang sei auf § 103 Abs. 1 und 2 AktG hinzuverweisen, wonach Aufsichtsratsmitglieder jederzeit ohne Grund abberufen werden können. Dies könnte bedeuten, dass trotz des klaren Wortlautes der aktienrechtlichen Regelung diese mit Blick auf das AGG anders zu beurteilen wäre.

I. Kein zwingend beschränkter Anwendungsbereich des AGG auf (sämtliche) Organmitglieder

Soweit es den Zugang zur Erwerbstätigkeit sowie den beruflichen Aufstieg betrifft, stellt § 6 Abs. 3 AGG klar, dass die Bestimmungen für Beschäftigte ebenfalls auf Organmitglieder anzuwenden sind. Dem Wortlaut dieser Regelung kann ein Verweis auf den in § 2 Abs. 1 Nr. 1 AGG enthaltenen sachlichen Anwendungsbereich entnommen werden. Wortgleich enthält auch diese Norm den Bereich des Zugangs zur Erwerbstätigkeit und den des beruflichen Aufstieges. Es handelt sich bei diesen Normen um abgestimmte Regelungen.[254] Die vom Benachteiligungsverbot des AGG geschützten Bereiche der Ausübungs- und Beendigungsbedingungen sind wiederum in § 2 Abs. 1 Nr. 2 AGG enthalten. Ein ausdrücklicher Verweis in § 6 Abs. 3 AGG auf letztere Bereiche besteht nicht. Es bedarf somit der Klärung, inwiefern Organmitglieder ebenfalls hinsichtlich der dort benannten Anwendungsbereiche vor Benachteiligungen nach

252 *Schiek* in Schiek, AGG, § 2, Rn. 1
253 *Bauer/Göpfert/Krieger*, DB 2005, 595, 595
254 *Bauer/Arnold*, ZIP 2008, 993, 996

dem AGG geschützt sein können oder der sachliche Geltungsbereich des AGG auf (sämtliche) Organmitglieder nur beschränkt anzuwenden ist.[255] Unabhängig von anderen Regelungen,[256] würde dies im Hinblick auf den Diskriminierungsschutz des AGG bedeuten, dass dieser auf die Bereiche des § 2 Abs. 1 Nr. 2 AGG keine Anwendung findet. Damit könnte sich ein Organmitglied nicht auf den Diskriminierungsschutz des AGG berufen, wenn eine diskriminierende Motivation zur Abberufung führt.

Verlangt eine richtlinienkonforme Umsetzung, dass der sachliche Anwendungsbereich des AGG unbeschränkt anzuwenden ist, bedarf es der Beantwortung, inwiefern eine solche unbeschränkte Anwendung der Regelung in § 6 AGG ebenfalls entnommen werden kann. Aus dem Vorrang des Gemeinschaftsrechtes folgt, dass nationale Gerichte die Auslegung des innerstaatlichen Rechtes so weit wie möglich am Wortlaut und Zweck einschlägiger Richtlinien auszurichten haben.[257] Die Grenzen einer gemeinschaftsrechtskonformen Auslegung werden durch die allgemeinen nationalen Auslegungsregeln bestimmt, die für das infrage stehende nationale Recht maßgeblich sind. Ist eine Interpretationsmöglichkeit des § 6 Abs. 3 AGG abzulehnen und trotz einer eventuell widersprechenden Richtlinienanforderung an der nationalen Auslegungsmethodik, wonach der Geltungsbereich des AGG nur beschränkt auf Organmitglieder anzuwenden ist, festzuhalten,[258] ist ein Umsetzungsdefizit anzunehmen.

Soll der Klärung eines eventuellen Umsetzungsdefizits nachgegangen werden, bedarf es zunächst der Darstellung des erforderlichen Umsetzungsinhaltes der betreffenden Richtlinien. Im Widerspruch zum Wortlaut des § 6 Abs. 3 AGG unterscheiden die Gleichbehandlungsrichtlinien lediglich zwischen selbstständig und unselbstständig Erwerbstätigen und nicht zwischen diesen und Organmitgliedern. Wird auch der Ansicht gefolgt, nach welcher die Gleichbehandlungsrichtlinien keinen Benachteiligungsschutz von sämtlichen Organmitgliedern intendieren, so ist dennoch die Auslegung des sachlichen Anwendungsbereiches für selbstständig und unselbstständig Erwerbstätige

---

255 So *Bauer/Arnold*, ZIP 2008, 993, 996; *Bauer/Krieger*, AGG, § 6, Rn. 35a; *Rühl/Hoffmann*, Das AGG in der Unternehmenspraxis, S. 21; BGH, Urt. v. 23.4.2012 – Az. II ZR 163/10 = NJW 2012, 2346, 2347

256 Vgl. BGH, Urt. v. 23.4.2012 – Az. II ZR 163/10 = NJW 2012, 2346, 2347, der § 138 BGB in Betracht zieht

257 EuGH Urt. v. 22.11.2005 – Rs. C-144/04 („*Mangold*"), Rn. 77 m.w.V., Slg. 2005 I, 9981, 10040 f.; BAG, Beschl. v. 2.4.1996 – Az. 1 ABR 47/95 = NZA 1996, 998, 1002; BAG, Urt. v. 6.2.2003 – 2 AZR 621/01 = NZA 2003, 848, 848

258 *Bauer/Arnold*, ZIP 2008, 993, 996; *Bauer/Krieger*, AGG, § 6, Rn. 35a

i.S.d Gleichbehandlungsrichtlinien auf Organmitglieder zu übertragen. Eine grundsätzliche Stellungnahme ist vorliegend daher nicht veranlasst. Der nationale Gesetzgeber wollte ausdrücklich das Benachteiligungsverbot des AGG auf Organmitglieder normieren. Indem er diese dem Wortlaut nach ausdrücklich aufnahm, folgte er der Ansicht der Literatur, wonach Organmitglieder eine selbstständige oder unselbstständige Erwerbstätigkeit i.S.d Gleichbehandlungsrichtlinien ausüben. Somit ist aufbauend auf dieser Ansicht die folgende Auslegung des sachlichen Geltungsbereiches des AGG vorzunehmen. In Ermangelung einer dritten Alternative ist folgend dieses sachlichen Anwendungsumfangs auf Organmitglieder ebenfalls getrennt für unselbstständig und selbstständig erwerbstätige Organmitglieder dargestellt.[259]

1. Richtlinienkonforme Umsetzungsanforderungen hinsichtlich unselbstständig erwerbstätiger Organmitglieder

Einheitlich in einer Regelung ist der Geltungsbereich der Gleichbehandlungsrichtlinien in deren Art. 3 Abs. 1 festgehalten. Die sachlichen Anwendungsbereiche der Bedingungen für den Zugang zur Erwerbstätigkeit, der Auswahlkriterien und Einstellungsbedingungen i. S. d. Gleichbehandlungsrichtlinien sind in deren Art. 3 Abs. 1 lit. a enthalten. Wiederum sind die Beschäftigungs- und Arbeitsbedingungen einschließlich der Entlassungsbedingungen in deren Art. 3 Abs. 1 lit. c normiert. Die Entwicklung dieser Geltungsbereiche ist auf die Richtlinie 76/207/EWG zurückzuführen.[260] Unselbstständig Erwerbstätige sind demnach in beiden Bereichen vor Benachteiligungen wegen eines in den Richtlinien enthaltenen Merkmals durch das in der jeweiligen Gleichbehandlungsrichtlinie enthaltene Diskriminierungsverbot geschützt. Ist die Tätigkeit einiger Organmitglieder unter den Begriff der unselbstständigen Erwerbstätigkeit i. S. d. Gleichbehandlungsrichtlinien zu subsumieren,[261] ist auf diese der Geltungsbereich dieser Richtlinien ohne Einschränkung auf nur gewisse sachliche Bereiche anzuwenden. Einer richtlinienkonformen Umsetzung entspricht demnach das AGG, wenn dessen sachlicher Geltungsbereich auch unbeschränkt auf Organmitglieder anzuwenden ist, die als unselbstständig Erwerbstätige zu

---

259 Vgl. zu den Unterscheidungskriterien Teil B, II.

260 S. dazu oben Teil A, II. 2. b)

261 *Thüsing*, NZA 2004, Sonderbeilage zu Heft 22, 3, 4; *Bauer/Göpfert/Krieger*, DB 2005, 595, 597, Bauer/Thüsing/Schunder *(Thüsing)*, NZA 2005, 32, 35; *Krause*, AG 2007, 392, 394; s. dazu ausführlich unten Teil B, II.

qualifizieren sind.[262] Ist dem Verweis des § 6 Abs. 3 AGG eine Beschränkung auf den sachlichen Anwendungsbereich des § 2 Abs. 1 Nr. 1 AGG zu entnehmen,[263] ist fraglich, inwiefern dies im Widerspruch zu den mit diesem Gesetz umgesetzten Richtlinien steht oder einer richtlinienkonformen Auslegung zugänglich ist.

a) *Teleologische Reduktion des § 6 Abs. 3 AGG i.S. einer richtlinienkonformen Auslegung*

Entspricht es einer richtlinienkonformen Umsetzung den Geltungsbereich unbeschränkt auf unselbstständig erwerbstätige Organmitglieder anzuwenden, kommt methodisch eine teleologische Reduktion des § 6 Abs. 3 AGG in Betracht. Spricht der Wortlaut von Organmitgliedern, könnte der Normtext dahin gehend auf die ratio legis zurückzuführen sein, lediglich selbstständig erwerbstätige Organmitglieder von dieser Regelung zu erfassen. Organmitglieder die hingehen eine unselbstständige Erwerbstätigkeit ausüben, wären dagegen unter den Begriff des Arbeitnehmers i. S. d. § 6 Abs. 1 Nr. 1 AGG zu subsumieren.[264] Die Anwendung des AGG auf diese Organmitglieder würde dann unmittelbar aus § 6 Abs. 1 Nr. 1 i. V. m. § 2 Abs. 1 AGG resultieren.[265]

Eine solche teleologische Reduktion des § 6 Abs. 3 AGG setzt eine sogenannte „verdeckte Regelungslücke“[266] voraus. Fehlt es für einen bestimmten Fall zwar nicht an einer anwendbaren Regelung, jedoch an einer Einschränkung in dieser

---

262 *Weller*, AnwBl 2007, 320, 322; *Bauer/Krieger*, AGG, § 6, Rn. 35a; *Bauer/Arnold*, ZIP 2008, 993, 996; *Bauer*, GWR 2010, 586; *Oberthür*, NZA 2010, 253, 257

263 BGH, Urt. v. 23.4.2012 – Az. II ZR 163/10 = NJW 2012, 2346, 2348

264 *Wilsing/Meyer*, DB 2011, 341, 342; *Eßer/Baluch*, NZG 2007, 321, 322 ff.; BGH, Urt. v. 26.3.2019 – Az. II ZR 244/17 = NJW 2019, 2086, 2087 f.; offengelassen BGH, Urt. v. 23.4.2012 – Az. II ZR 163/10 = NJW 2012, 2346, 2347; ebenso *Hildebrand*, Arbeitnehmerschutz von geschäftsführenden Gesellschaftsorganen, S. 186, 188; a.A. mit Annahme eines Umsetzungsdefizits *Bauer/Krieger*, AGG, § 6, Rn. 35a; *dies.* DB 2005, 597; *Lingemann* in Prütting/Wegen/Weinreich, BGB, § 6 AGG, Rn. 7

265 *Reufels/Molle*, NZA-RR 2011, 281, 283; *Stagat*, NZA-RR 2011, 617, 623; *Eßer/Baluch*, NZG 2007, 321, 323 f.; *Reufels/Molle*, NZA-RR 2011, 281, 283; BGH, Urt. v. 26.3.2019 – Az. II ZR 244/17 = NJW 2019, 2086, 2087 f.; a. A. *Bauer/Arnold*, ZIP 2008, 993, 996; irreführend BGH, Urt. v. 26.3.2019 – Az. II ZR 244/17 = NJW 2019, 2086, 2089 f., der den § 6 Abs. 3 AGG als „Erweiterung“ ansieht und Organmitglieder, jedenfalls dann als Arbeitnehmer ansieht, wenn bei einer Kündigung der sachliche Anwendungsbereich des AGG über dessen § 2 Abs. 1 Nr. 2 AGG gegeben ist.

266 BGH, Urt. v. 26.11.2008 – Az. VIII ZR 200/05 = NJW 2009, 427, 429 m.w.N.; BGH, Urt. v. 21.12.2011 – Az. VIII ZR 70/08 (zitiert nach Juris Rn. 31)

Vorschrift für jenen, liegt eine solche Lücke grundsätzlich vor. Zur Feststellung dessen ist der Regelungszweck des § 6 Abs. 3 AGG ausschlaggebend.[267]

aa) Gesetzeswortlaut

Stellt der Regelungswortlaut jedoch eine Grenze für eine solche Auslegung dar,[268] ist an dieser Stelle zunächst zu untersuchen, ob der Wortlaut des § 6 Abs. 3 AGG einer solchen Auslegung entgegensteht.

Der Wortlaut des § 6 Abs. 3 AGG differenziert lediglich zwischen dem Personenkreis der Selbstständigen und dem der Organmitglieder. Daraus könnte geschlossen werden, eine weitere Unterscheidung zwischen unselbstständig und selbstständig erwerbstätigen Organmitgliedern sei nicht vorzunehmen.[269]

Die Problematik, dass einige Organmitglieder als unselbstständig Erwerbstätige verstanden werden, ist insbesondere dem Arbeitsrecht nicht fremd. Ein Vergleich mit beispielsweise der Regelung des § 5 Abs. 1 S. 3 ArbGG zeigt jedoch, dass – im Gegensatz zum ArbGG – dem AGG keine Anhaltspunkte zu entnehmen, wonach sämtliche Organmitglieder rechtlich einheitlich zu beurteilen sind. Nach der in § 5 Abs. 1 S. 3 ArbGG enthaltenen Fiktion sind Organmitglieder, unabhängig ihrer materiell-rechtlichen Rechtsstellung, keine Arbeitnehmer i.S. d. ArbGG.[270] Es bedarf dieser Fiktion, da einige Organmitglieder ihre Tätigkeit – trotz ihrer gesellschaftsrechtlichen Stellung – dem einen Arbeitnehmer entsprechend ausüben. Damit wären diese dann unter den Arbeitnehmerbegriff zu subsumieren. Diese Regelung führt dazu, dass das ArbGG auf sämtliche Organmitglieder nicht anwendbar ist. Das AGG wiederum normiert eine solche Fiktion nicht. Der Wortlaut des § 6 Abs. 3 AGG ist folglich dahin gehend mehrdeutig, dass sämtliche Organmitglieder oder auch nur selbstständig erwerbstätige Organmitglieder erfasst sein könnten. Eine teleologische Reduktion des § 6 Abs. 3 AGG hätte demnach zur Folge, dass diese Regelung nur auf selbstständig erwerbstätige Organmitglieder anzuwenden ist.

Hingegen verweisen *Eßer/Baluch* darauf, dass zwar der Wortlaut des § 6 Abs. 3 AGG zu erkennen gibt, dass für sämtliche Organmitglieder die

---

267 Dazu ausführlich *Larenz/Canaris*, Methodenlehre der Rechtswissenschaft, 199, 210 fff.

268 *Bauer/Göpfert/Krieger*, DB, 2005, 505, 596; a.A. BGH, Urt. v. 26.11.2008 – Az. VIII ZR 200/05, Rn. 20,21 = NJW 2009, 427, 428 f.; dazu *Larenz/Canaris*, Methodenlehre der Rechtswissenschaft, 143, 161

269 *Bauer/Arnold*, ZIP 2008, 993, 996

270 BAG, Beschl. v. 17.12.2008 – 5 AZB 69/08 = NZA-RR 2009, 330, 331; *Koch* in ErfK, § 5 ArbGG, Rn. 6

Anwendungsbereiche des AGG hinsichtlich des Zugangs und beruflichen Aufstieges anwendbar sind. Inwiefern für einige Organmitglieder ein vollumfänglicher Geltungsbereich eröffnet ist, sei dieser Regelung jedoch nicht zu entnehmen.[271] Dem folgend resultiert die Anwendung des Benachteiligungsverbotes des AGG im Zusammenhang mit dem Zugang zur Erwerbstätigkeit aus § 6 Abs. 3 i. V. m. § 2 Abs. 1 Nr. 1 AGG. Parallel dazu wäre die Anwendung des Benachteiligungsverbotes im Zusammenhang mit der Beendigung der Erwerbstätigkeit nach § 6 Abs. 1 i. V. m. § 2 Abs. 1 Nr. 2 AGG eröffnet.[272] Eine solche kumulative Subsumtion der unselbstständig erwerbstätigen Organmitglieder unter den Organmitglieder- und Arbeitnehmerbegriff verringert jedoch die Rechtssicherheit bei der Anwendung dieses Gesetzes. Ferner würde bereits die Subsumtion der unselbstständig erwerbstätigen Organmitglieder allein unter den Arbeitnehmerbegriff zum selbigen Ergebnis einer uneingeschränkten Anwendung des AGG führen, wodurch es einer solchen doppelten Subsumtion nicht bedarf.

bb) Regelungssystematik

Ist zwar dem Wortlaut des § 6 Abs. 3 AGG nicht eine zwingende Subsumtion selbstständiger wie unselbstständiger Organmitglieder unter den Organmitgliederbegriff i. S. dieser Norm zu entnehmen, könnte jedoch der Regelungszusammenhang des persönlichen Anwendungsbereiches für die Erfassung sämtlicher Organmitglieder von der Regelung in § 6 Abs. 3 AGG sprechen.

Im Gegensatz zu § 6 Abs. 3 AGG, welcher eine entsprechende Anwendung des zweiten Abschnittes für Selbstständige und Organmitglieder anordnet, bestimmt § 6 Abs. 1 AGG den Personenkreis der Beschäftigten. Indem der Gesetzgeber nicht nur die Arbeitnehmer als Beschäftigte i. S. d. AGG versteht, sondern ebenfalls nach § 6 Abs. 1 Nr. 2 AGG Personen, die an einer Maßnahme zur Berufsbildung teilnehmen, und nach Nr. 3 arbeitnehmerähnliche Personen und Heimarbeiter, entnimmt *Rupp*, dass der Gesetzgeber von einem nationalen Verständnis des Arbeitnehmerbegriffes in § 6 Abs. 1 Nr. 1 AGG ausgeht.[273] Sind Organmitglieder daher keine Arbeitnehmer nach deutschem Verständnis, würde dies die ausdrückliche Aufnahme in § 6 Abs. 3 AGG erklären. Bei dieser

---

271 *Eßer/Baluch*, NZG 2007, 321 323

272 So *Eßer/Baluch*, NZG 2007, 321, 323

273 *Rupp* in Henssler/Willemsen/Kalb, ArbeitsR, § 6 AGG, Rn. 3; wohl ebenso *Lingemann* in Prütting/Wegen/Weinreich, BGB, § 6 AGG, Rn. 6, der die nationale Rechtsprechung heranzieht; a.A. *Hoentzsch*, Die Anwendung der Benachteiligungsverbote, S. 37, 69 ff.

Ablehnung der Subsumtion der Organmitglieder unter den nationalen Arbeitnehmerbegriff handelt es sich jedoch lediglich um eine grundsätzliche Ansicht.[274] Über Ausnahmen diesbezüglich wurde bereits von deutschen Gerichten entschieden.[275] Orientierte sich der Gesetzgeber bei dem Beschäftigtenbegriff des § 6 Abs. 1 Nr. 1 AGG an der rechtlichen Qualifikation nach deutschem Recht, wären dennoch Ausnahmen und damit eine Subsumtion eines Organmitgliedes unter den Arbeitnehmerbegriff möglich.

Ist die Aufzählung in § 6 Abs. 1 AGG ferner der Regelung des § 5 Abs. 1 ArbGG nachgebildet,[276] spricht dies eher für die Möglichkeit Organmitglieder unter den Arbeitnehmerbegriff zu subsumieren. § 5 Abs. 1 S. 3 ArbGG enthält jedoch eine Fiktion, nach welcher bestimmte Organmitglieder keine Arbeitnehmer i. S. d. ArbGG sind. Fehlt in § 6 AGG eine in der Regelung des § 5 Abs. 1 S. 3 ArbGG enthaltene vergleichbare Fiktion, könnte daraus geschlussfolgert werden, dass die Systematik des § 6 AGG und damit der persönliche Anwendungsbereich des AGG nicht ausdrücklich eine Qualifizierung einiger Organmitglieder als Arbeitnehmer ausschließt.

Die Systematik des § 6 AGG spricht nicht zwingend gegen eine Subsumtion von Organmitgliedern ebenfalls unter den Arbeitnehmerbegriff i. S. d. § 6 Abs. 1 Nr. 1 AGG.

cc) Gesetzgeberischer Wille

Lassen der Wortlaut wie auch der Bedeutungszusammenhang des Gesetzes Raum für verschiedene Auslegungen, ist diejenige vorzuziehen, die der Regelungsabsicht des Gesetzgebers und damit dem Zweck der betreffenden Vorschrift gerecht wird.[277] Eine Pflicht zur richtlinienkonformen Auslegung darf nicht als Grundlage für eine Auslegung contra legem des nationalen Rechtes dienen,[278] sodass der Wille des nationalen Gesetzgebers ebenfalls eine Grenze für die richtlinienkonforme Anwendung darstellen kann. Dies ist bei der oben dargestellten

---

274 A.A. *Hoentzsch*, Die Anwendung der Benachteiligungsverbote, S. 58.

275 Vgl. BAG, Urt. v. 26.5.1999 – Az. 5 AZR 664/98 = NJW 1999, 3731, 3732; BSG, Urt. v. 14.12.1999 – Az. B 2 U 38/98 R = NZA-RR 2000, 434, 435; vgl. zum Vorstand eines Vereins BSG, Urt. v. 19.6.2001 – Az. B 12 KR 44/00 R = NZS 2002, 199, 200; BGH, Urt. v. 24.7.2003 – Az. IX ZR 143/02 = NJW-RR 2003, 1474, 1477; BGH, Urt. v. 23.1.2003 – Az. IX ZR 39/02 = NZA 2003, 439, 441

276 *Bauer/Krieger*, AGG, § 6, Rn. 8

277 *Larenz/Canaris*, Methodenlehre der Rechtswissenschaft, 149

278 EuGH, Urt. v. 4.7.2006 –Rs. C-212/04 („*Adeneler*") Rn. 110 ff., Slg. 2006, I-6057, 6131 ff

teleologischen Reduktion der Fall, wenn der gesetzgeberische Wille sich klar für eine bestimmte Auslegung positionieren würde und damit die Voraussetzung einer Planwidrigkeit abzulehnen wäre.

Während des Gesetzgebungsverfahrens wurde vonseiten der Literatur darauf aufmerksam gemacht, Organmitglieder seien ebenfalls vom Anwendungsbereich der Gleichbehandlungsrichtlinien erfasst. Deswegen bedürfe eine richtlinienkonforme Umsetzung ebenfalls eine Erfassung dieses Personenkreises vom Anwendungsbereich des ADG-E.[279] Nach § 20 Abs. 3 S. 2 ADG-E galten für andere zivilrechtliche Sachverhalte die Bestimmungen des zweiten Abschnittes entsprechend.[280] Mit diesen Sachverhalten waren insbesondere Rechtsverhältnisse gemeint, „die [zwar] nicht dem deutschen Arbeitsrecht zuzuordnen sind, [jedoch] bei richtlinienkonformer Auslegung des § 2 Abs. 1 Nr. 1 bis 4 als Erwerbstätigkeit bzw. Beschäftigungsverhältnis i. S. d. Art. 3 Abs. 1 lit. a bis d der Richtlinien 2000/43/EG, 2000/78/EG und 76/207/EWG zu qualifizieren sein [könnten]".[281] Hinsichtlich der Auslegung der Organtätigkeit als selbstständige oder unselbstständige Erwerbstätigkeit i. S. d. Gleichbehandlungsrichtlinien wurde seitens der Literatur die Tätigkeit von Vorstandsmitgliedern exemplarisch für eine selbstständige und die von Geschäftsführern für eine unselbstständige Erwerbstätigkeit benannt.[282] In dem Bewusstsein der europarechtlichen Problematik über die Erfassung der Organmitglieder von den Gleichbehandlungsrichtlinien[283] nahm der Gesetzgeber die Organmitglieder als weiteren Personenkreis neben den der Selbstständigen in § 6 Abs. 3 AGG auf. Er differenzierte dabei jedoch nicht zwischen selbstständig und unselbstständig erwerbstätigen Organmitgliedern. Damit könnte dieser seinen Willen dahin bekundet haben, die Anwendung des Benachteiligungsschutzes auf sämtliche Organmitglieder lediglich eingeschränkt anordnen zu wollen.[284]

Ist *Bauer/Arnold* auch dahin zuzustimmen, dass diese europarechtliche Problematik für den Gesetzgeber erkennbar war,[285] ist dennoch fraglich, inwiefern dieses Bewusstsein die Auslegung der Organtätigkeit als selbstständige oder unselbstständige Erwerbstätigkeit i. S. d. Gleichbehandlungsrichtlinien

279 S. dazu Teil A, I. 3. c)

280 BT-Drs. 15/4538, S. 8

281 BT-Drs. 15/4538, S. 40

282 S. dazu oben Teil A, I. 3.

283 *Bauer/Arnold*, ZIP 2008, 993, 996

284 *Bauer/Krieger*, AGG, § 6, Rn. 35a; *Bauer/Arnold*, ZIP 2008, 993, 996; *Weller*, AnwBl. 2007, 320, 322

285 *Bauer/Arnold*, ZIP 2008, 993, 996

und weniger den Anwendungsumfang des sachlichen Geltungsbereiches dieser Richtlinien auf Organmitglieder erfasste. Zweifelhaft erscheint Letzteres aufgrund der Regelung des § 20 Abs. 3 S. 2 ADG-E wie auch der Gesetzesbegründung zu dieser Norm. Danach sollte der zweite Abschnitt auf Sachverhalte i. S. d. § 2 Abs. 1 Nr. 1 „bis" 4 ADG-E entsprechend Anwendung finden.[286] Es wurde folglich nicht ausschließlich auf den Geltungsbereich des § 2 Abs. 1 Nr. 1 ADG-E verwiesen. Daraus kann gefolgert werden, dass zumindest zum Zeitpunkt dieses Entwurfes keine Beschränkung des sachlichen Geltungsbereiches auf den von dieser Regelung erfassten Personenkreis seitens des Gesetzgebers beabsichtigt war. Wollte der Gesetzgeber mit dieser Regelung ebenfalls Organverhältnisse erfassen,[287] war – zumindest für Organmitglieder derer Tätigkeiten als Erwerbstätigkeit i. S. d. Richtlinien 2000/43/EG, 2000/78/EG und 76/207/EWG zu qualifizieren waren[288] – somit kein beschränkter Geltungsbereich seitens des Gesetzgebers beabsichtigt.

Wie bereits oben dargelegt, ist die Streichung dieser Regelung in § 20 Abs. 3 ADG-E wie auch die Aufnahme eines weiteren Absatzes in § 6 AGG auf einen Vorschlag *Thüsings* zurückzuführen.[289] Diese Empfehlung hatte, neben der Streichung des § 20 Abs. 3 ADG-E, auch die Erweiterung des in § 6 ADG-E enthaltenen persönlichen Anwendungsbereiches zum Inhalt. Durch die Einfügung einer weiteren Nummer in § 6 Abs. 1 ADG-E sollten „Selbstständige, soweit es die Bedingungen für den Zugang zur Erwerbstätigkeit sowie den beruflichen Aufstieg betrifft", ebenfalls Beschäftigte i. S. d. § 6 Abs. 1 ADG-E sein.[290] Diese Erweiterung würde zu einer klaren Regelung dahin gehend führen, dass eine eindeutigere Differenzierung zwischen selbstständig und unselbstständig erwerbstätigen Organmitgliedern möglich wäre. Organmitglieder, die eine selbstständige Erwerbstätigkeit ausüben, wären entsprechend *Thüsings* Vorschlag unter den Selbstständigenbegriff des § 6 Abs. 1 Nr. 4 ADG-E und unselbstständig erwerbstätige Organmitglieder unter den Arbeitnehmerbegriff i. S. d. § 6 Abs. 1 Nr. 1 ADG-E zu subsumieren. Der Geltungsbereich wäre damit dann für unselbstständig erwerbstätige Organmitglieder unbeschränkt anzuwenden. Diesem Vorschlag folgte der Gesetzgeber nicht vollumfänglich. Zwar wurde in § 6 Abs. 3 AGG eine solche Regelung für Selbstständige aufgenommen, allerdings

286 BT-Drs. 15/4538, S. 8, 40
287 S. dazu oben Teil A, I. 3.
288 S. Fn. 2861
289 S. Fn. 81
290 S. Fn 81

erfasst dessen Wortlaut neben den Selbstständigen auch ausdrücklich Organmitglieder. Folgte der Gesetzgeber also *Thüsings* Vorschlag nicht vollumfänglich, könnte dies für die gesetzgeberische Absicht sprechen, diese Beschränkung des Geltungsbereiches des AGG in § 6 Abs. 3 AGG gerade nicht ausschließlich für die selbstständig erwerbstätigen Organmitglieder zu normieren.[291]

Eine solche Auslegung ist jedoch nicht zwingend. Der Grund für die ausdrückliche Aufnahme der Organmitglieder in den Wortlaut des § 6 Abs. 3 AGG könnte auch auf eine andere Absicht des Gesetzgebers zurückgeführt werden. Bei der Auslegung des gesetzgeberischen Willens ist nämlich ebenso zu berücksichtigen, dass die Kritik seitens des Schrifttums über die Einbeziehung der Organmitglieder weniger auf die Regelung des § 20 Abs. 3 S. 2 ADG-E als auf die des § 20 Abs. 5 ADG-E Bezug nahm.[292] Nach der darin enthaltenen Ausnahmeregelung war auf Schuldverhältnisse mit besonderem Nähe- und Vertrauensverhältnis die Vorschrift des § 20 Abs. 3 S. 2 ADG-E nicht anzuwenden. Strittig war, inwiefern in einem Organverhältnis ein solches Nähe- und Vertrauensverhältnis zu sehen und deswegen die Vorschrift des § 20 Abs. 3 S. 2 ADG-E und folglich das Benachteiligungsverbot des ADG-E auf Organmitglieder nicht anzuwenden war.[293] Wären in § 20 Abs. 3 S. 2 ADG-E nicht lediglich „andere zivilrechtliche Sachverhalte" genannt, sondern ausdrücklich auch Organmitglieder, könnte das Organverhältnis nicht mehr unter das Merkmal des Nähe- und Vertrauensverhältnisses i. S. d. § 20 Abs. 5 ADG-E subsumiert werden. Die ausdrückliche Einbeziehung der Organmitglieder in den Wortlaut des § 6 Abs. 3 AGG neben den Selbstständigen beseitigte demzufolge die Grundlage für diese Kontroverse.[294] Für diese Intention des Gesetzgebers spricht auch die Gesetzesbegründung zu § 6 Abs. 3 AGG, nach der dieser Absatz „klarstellt",[295] dass sich Organmitglieder auf den Schutz gegen Benachteiligungen berufen können.

Gegen die Absicht des Gesetzgebers lediglich einen beschränkten Geltungsbereich für selbstständig erwerbstätige Organmitglieder durch die ausdrückliche Einbeziehung der Organmitglieder in den Wortlaut des § 6 Abs. 3 AGG normieren zu wollen, sprechen zwei Aspekte: Zum einen war – wie bereits oben

---

291 So *Bauer/Krieger*, AGG, § 6, Rn. 35a

292 S. dazu oben s. dazu oben Teil A, I. 3. b) cc)

293 S. dazu oben Teil A, I. 3. b) bb)

294 Wohl a.A. *Oetker*, FS Otto, 2008, S. 361, 372, wonach für die gleichfalls vorgenommene Einbeziehung der „Selbstständigen" eine Begründung fehle; *Hoentzsch*, Die Anwendung der Benachteiligungsverbote, S. 57

295 BT. Drs. 16/1780, S. 34

dargestellt – nach den Regelungen des ADG-E keine Beschränkung des sachlichen Anwendungsbereiches für Organmitglieder vorzunehmen. Und zum anderen wollte der Gesetzgeber mit der ausdrücklichen Aufnahme lediglich klarstellen, dass Organmitglieder nicht vom Benachteiligungsschutz des AGG ausgenommen sind. Die Subsumtion von wiederum unselbstständig erwerbstätigen Organmitgliedern unter den Beschäftigtenbegriff des § 6 Abs. 1 AGG widerspricht folglich nicht einem klaren gesetzgeberischen Willen.

b) Zwischenergebnis

Die nationale Auslegung steht daher mit der richtlinienkonformen Auslegung, nach welcher der Geltungsbereich des AGG nicht auf unselbstständig erwerbstätige Organmitglieder beschränkt anzuwenden ist, nicht im Widerspruch. Entsprechend der nationalen Auslegung sind als unselbstständig erwerbstätig zu qualifizierende Organmitglieder unter den Arbeitnehmerbegriff i. S. d. § 6 Abs. 1 Nr. 1 AGG und die als selbstständig erwerbstätig zu qualifizierenden Organmitglieder unter den Organmitgliederbegriff i. S. d. § 6 Abs. 3 AGG zu subsumieren. Soweit es darum geht, Organmitglieder, welche als unselbstständig zu qualifizieren sind, vor Benachteiligungen zu schützen, sind die Gleichbehandlungsrichtlinien korrekt umgesetzt worden.

Wird seitens der Literatur die Richtlinienkonformität einer eingeschränkten Anwendung des AGG auf unselbstständig erwerbstätige Organmitglieder problematisiert, wird in diesem Zusammenhang von einer „Beschränkung" durch § 6 Abs. 3 AGG gesprochen.[296] Der Zweck dieser Beschränkung wird darin gesehen, „den für die Entscheidung über Beschäftigungs- und Entlassungsbedingungen zuständigen Gesellschaftsorganen eine weitgehend freie, nur am Unternehmenswohl orientierte und allein an der Grenze der Sittenwidrigkeit und des Verstoßes gegen Treu und Glauben zu messende Entscheidung zu ermöglichen. Wollen die Gesellschafterversammlung oder der Aufsichtsrat das Anstellungsverhältnis eines Geschäftsführers der Gesellschaft durch Entlassung beenden und seine Bestellung zum Geschäftsführer widerrufen, sollen sie dabei nicht eine Abwägung nach dem AGG vornehmen müssen"[297]. Diese Aussage ist jedoch zu konkretisieren. Entsprechend dem oben Dargestellten ist eine solche Abwägung sehr wohl vorzunehmen, wenn es sich um eine Benachteiligung eines

---

296 *Bauer/Krieger*, AGG, § 6, Rn. 33; 35a; *Lutter*, BB 2007, 725, 726; *Krause*, AG 2007, 392, 393; *Roetteken*, AGG, § 6, Rn. 37a.; BGH, Urt. v. 23.4.2012 – Az. II ZR 163/10 = NJW 2012, 2346, 2348

297 BGH, Urt. v. 23.4. 2012 – Az. II ZR 163/10 = NJW 2012, 2346, 2348

als unselbstständig erwerbstätig zu qualifizierenden Organmitgliedes handelt. Für dieses gilt ein unbeschränkter sachlicher Anwendungsbereich.

2. Umsetzungsdefizit hinsichtlich selbstständig erwerbstätiger Organmitglieder

Kann jedoch nichts eingeschränkt werden, was bereits eingeschränkt ist,[298] weist *Hoentzsch* auf die Auslegung des § 2 Abs. 1 AGG hin. Eine Beschränkung des Anwendungsbereiches auf selbstständig Erwerbstätige könne danach nicht in § 6 Abs. 3 AGG gesehen werden, wenn der sachliche Geltungsbereich des AGG für diesen Personenkreis bereits durch § 2 Abs. 1 AGG eingeschränkt einschlägig ist.[299] Fraglich ist demnach, welche Regelung bei der Auslegung des sachlichen Geltungsbereiches heranzuziehen ist. In Betracht kommt die Regelung in § 2 Abs. 1 oder die in § 6 Abs. 3 AGG. Wird lediglich die Auslegung auf den § 2 Abs. 1 AGG beschränkt[300] und würde diese zu dem Ergebnis führen, dass der sachliche Anwendungsbereich nach § 2 Abs. 1 AGG auf selbstständig Erwerbstätige nicht beschränkt ist, bliebe weiterhin unbeantwortet, inwiefern dennoch aufgrund des § 6 Abs. 3 AGG ein beschränkter Geltungsbereich des AGG anzunehmen wäre.[301] Ferner ist zu beachten, dass – im Gegensatz zu den Richtlinien – der Geltungsbereich des AGG in zwei Regelungen enthalten ist: Der sachliche in § 2 und der persönliche in § 6 AGG. Ist demnach fraglich, inwiefern ein nur eingeschränkter Geltungsbereich des AGG auf selbstständig erwerbstätige Organmitglieder richtlinienkonform ist, ist der Anwendungsbereich nach § 2 Abs. 1 i. V. m. § 6 Abs. 3 AGG auszulegen und nicht lediglich die Regelung des § 2 Abs. 1 AGG.[302]

Der Gesetzgeber sah sich aufgrund der Gleichbehandlungsrichtlinien gezwungen, den Schutz des AGG auch auf selbstständig erwerbstätige Organmitglieder auszudehnen.[303] Die Literatur und Rechtsprechung sind sich noch uneinig inwiefern der sachliche Bereich des AGG und damit auch des § 2 Abs. 1 Nr. 2 AGG auf unselbstständig erwerbstätige Organmitglieder eingeschränkt anzuwenden ist.[304] Dagegen kann von einer herrschenden Ansicht gesprochen werden, wenn

298 *Hoentzsch*, Die Anwendung der Benachteiligungsverbote, S. 55

299 *Hoentzsch*, Die Anwendung der Benachteiligungsverbote, S. 38 f.

300 So *Hoentzsch*, Die Anwendung der Benachteiligungsverbote, S. 38 ff.

301 A.A. *Hoentzsch*, Die Anwendung der Benachteiligungsverbote, S. 38 f.

302 A.A. *Hoentzsch*, Die Anwendung der Benachteiligungsverbote, S. 38 ff.

303 *Willemsen/Schweibert*, NJW 2006, 2583, 2584; *Schrader/Schubert* in Däubler/Bertzbach, AGG, § 6, Rn. 75

304 So dazu oben Teil B, I. 1. a)

es um die Ablehnung eines unbeschränkten Anwendungsbereiches für selbstständig erwerbstätige Organmitglieder geht. Fraglich ist jedoch, ob ein lediglich beschränkter sachlicher Anwendungsbereich für selbstständig Erwerbstätige einer richtlinienkonformen Umsetzung entspricht oder die Regelungen des AGG ebenfalls hinsichtlich dieses Personenkreises einer richtlinienkonformen Auslegung zugänglich sind.

Zurückzuführen ist § 6 Abs. 3 AGG, wie die Regelung des sachlichen Anwendungsbereiches in § 2 Abs. 1 AGG,[305] auf die Art. 3 Abs. 1 der Gleichbehandlungsrichtlinien. Die folgende Darstellung beschränkt sich auf die in Art. 3 Abs. 1 benannten Bereiche der Bedingungen des Zugangs und der Beendigung. Nach den Art. 3 Abs. 1 lit. a der Gleichbehandlungsrichtlinien darf es in Bezug auf die Bedingungen für den Zugang zu unselbstständiger oder selbstständiger Erwerbstätigkeit, einschließlich des beruflichen Aufstieges, aufgrund eines in der jeweiligen Richtlinie benannten Merkmals keinerlei Diskriminierung geben. Der Geltungsbereich der Beschäftigungs- und Arbeitsbedingungen, einschließlich der Entlassungsbedingungen, ist wiederum in den Art. 3 Abs. 1 lit. c der Gleichbehandlungsrichtlinien enthalten. Der Personenkreis der unselbstständig Erwerbstätigen ist in beiden sachlichen Geltungsbereichen vor Diskriminierung zu schützen. Indem jedoch lediglich der Wortlaut der Art. 3 Abs. 1 lit. a der Gleichbehandlungsrichtlinien ausdrücklich die selbstständige Erwerbstätigkeit benennt, erkennt der überwiegende Teil der Literatur nur die dort aufgezählten Anwendungsbereiche für den Personenkreis der selbstständig Erwerbstätigen anwendbar.[306] Selbstständige seien folglich hinsichtlich ihrer Arbeits- und Entlassungsbedingungen i.S.d. Art. 3 Abs. 1 lit. c nicht vor Benachteiligungen durch die Richtlinien geschützt. Dieser Ansicht folgend würde die Anwendung eines lediglich beschränkten Geltungsbereiches des AGG auf selbstständig Erwerbstätige einer richtlinienkonformen Umsetzung entsprechen.

In Bezug auf diese Beschränkung wirft *Annuß* mit Blick auf Art. 3 Abs. 1 der Richtlinie 2000/78/EG[307] jedoch die Frage nach einem möglichen

305 BT.-Drs. 16/1780, S. 31

306 *Bauer/Göpfert/Krieger*, DB 2005, 595, 597; *Boecken*, NZS 2005, 393, 394; *Willemsen/Schweibert*, NJW 2006, 2583, 2584; *Krause*, AG 2007, 392, 394; *Thüsing* in MüKo-BGB, § 2 AGG, Rn. 4; *Reufels/Molle*, NZA-RR 2011, 281, 282; *Schrader/Schubert* in Däubler/Bertzbach, AGG, § 6, Rn. 74; zweifelnd *Annuß*, BB 2006, 1629, 1630, Fn. 15; a.A. *Rust* in Rust/Falke, § 6, Rn. 23, jedoch nur hinsichtlich der selbstständigen Erwerbstätigkeit nicht jedoch in Bezug auf die Organtätigkeit, siehe dazu Rn. 25; im Ergebnis *Roetteken*, AGG, § 6, Rn. 37; *Willemsen/Schweibert*, NJW 2006, 2583, 2584

307 Vgl. dazu auch oben Teil A, II. 2. b)

Umsetzungsdefizit auf.[308] Eine weitere Begründung dafür legt dieser jedoch nicht vor. *Annuß´* Verdacht könnte auf den Einleitungssatz des Art. 3 Abs. 1 dieser Richtlinie zurückzuführen sein. Nach dem Einleitungssatz des Art. 3 Abs. 1 gilt diese Richtlinie für alle Personen in öffentlichen und privaten Bereichen. Ohne daraus den persönlichen Anwendungsbereich der Richtlinien zu entnehmen, wird der Einleitungssatz dessen ungeachtet nur als „Einleitung für die Darstellung des sachlichen Geltungsbereiches" verstanden.[309] Ferner weist *Schmidt* zu Recht darauf hin, dass bei einer Erfassung der selbstständig und unselbstständig Erwerbstätigen bereits durch diesen Einleitungssatz die ausdrückliche Nennung der Selbstständigen in Art. 3 Abs. 1 lit. a deklaratorische Bedeutung hätte.[310] Dem Einleitungssatz allein kann folglich nicht zwingend entnommen werden, ob die Richtlinien unbeschränkt auf selbstständig erwerbstätige Organmitglieder anzuwenden sind.

Ein lediglich beschränkter sachlicher Anwendungsbereich der Richtlinien könnte jedoch ferner mit Blick auf deren Entwicklung anzuzweifeln sein. Die Struktur der Artikel 3 der Gleichbehandlungsrichtlinien ist auf die Richtlinie 76/207/EWG zurückzuführen.[311] Dies kann ebenfalls der Begründung zum Kommissionsvorschlag zur Richtlinie 2000/43/EG entnommen werden. Danach ist unter den Buchstaben a), b) und c) des Artikels 3 festgelegt, „welche Aspekte des Bereichs Beschäftigung abgedeckt sind [und es handelt sich dabei] um dieselben Aspekte, die auch Gegenstand der Richtlinie 76/207/EWG [waren]"[312]. Auch ohne gesonderte Definition des personellen Geltungsbereiches enthielt die Richtlinie 76/207/EWG lediglich Regelungen für Arbeitnehmer.[313] Anders als in den Gleichbehandlungsrichtlinien war der sachliche Anwendungsbereich der Richtlinie 76/207/EWG jedoch auf mehrere Artikel verteilt. Art. 3 Abs. 1 der Richtlinie 76/207/EWG enthielt das Benachteiligungsverbot aufgrund des Geschlechtes hinsichtlich der Bedingungen des Zugangs, einschließlich der

---

308 *Annuß*, BB 2006, 1629, 1630, Fn. 15

309 *Liebhäuser*, Bedeutung des AGG für Organmitglieder, S.69

310 *Schmidt* in Schiek, AGG, § 6, Rn. 12

311 *Schmidt* in Schiek, AGG, § 6, Rn. 12

312 KOM(1999) 566 endg., S. 8

313 *Schmidt* in Schiek, AGG, § 6, Rn. 12, EuGH Urt. v. 6.4.2000 – Rs. C-226/98 („*Jørgensen*"), Rn. 26, Slg. I 2000, 2447, 2478; a.A. *Kyriazis*, Die Sozialpolitik der europäischen Wirtschaftsgemeinschaft, S. 60; *Rust* in Groeben/Schwarze, Kommentar zum EU-/EG-Vertrag, PROTOKOLL (Nr. 17) zu Artikel 141 (ex-Artikel 119) des EGV, Rn. 261; *Liebhäuser*, Bedeutung des AGG für Organmitglieder, S. 21 f.; *Hoentzsch*, Die Anwendung der Benachteiligungsverbote, S. 40 ff.; siehe dazu ausführlich oben Teil A, II. 2. c)

Auswahlkriterien zu den Beschäftigungen oder Arbeitsplätzen und zu allen Stufen der beruflichen Rangordnung. Das Benachteiligungsverbot in Bezug auf die Arbeitsbedingungen, einschließlich der Entlassungsbedingungen, war wiederum in Artikel 5 der Richtlinie 76/207/EWG enthalten. Fassen die Gleichbehandlungsrichtlinien in deren Artikel 3 den sachlichen Anwendungsbereich der Richtlinie 76/207/EWG in einem Artikel zusammen – enthalten jedoch lediglich die Art. 3 Abs. 1 lit. a der Gleichbehandlungsrichtlinien die Selbstständigen dem Wortlaut nach – könnte gefolgert werden, dass auch der Gemeinschaftsgesetzgeber lediglich den in Artikel 3 der Richtlinie 76/207/EWG benannten Anwendungsbereich durch die Gleichbehandlungsrichtlinien auf Selbstständige ausdehnen wollte.

Ein anderes Ergebnis zeigt sich, wenn die Entscheidung des EuGH zur Rechtssache *Jørgensen*[314] zur Auslegung des sachlichen Anwendungsbereiches der Gleichbehandlungsrichtlinien herangezogen wird.[315] Ebenfalls der Ansicht folgend, dass die Richtlinie 76/207/EWG lediglich auf Arbeitnehmer anzuwenden ist,[316] judizierte der EuGH in dieser Entscheidung, dass auch Selbstständige aufgrund der Richtlinie 86/613/EWG sich dennoch auf den Schutz durch die Richtlinie 76/207/EWG berufen können.[317] In dieser Rechtssache hatte der EuGH auch über die Auslegung des fünften Artikels der Richtlinie 76/207/EWG zu entscheiden. Eine Beschränkung nur auf den dritten Artikel der Richtlinie 76/207/EWG nahm der EuGH nicht vor. Dieser Entscheidung kann folglich entnommen werden, dass der EuGH Selbstständige auch in Bezug auf den Geltungsbereich in Artikel 5 der Richtlinie 76/207/EWG vor Benachteiligung wegen des Geschlechtes als geschützt ansah.[318]

Ein solch vollumfänglicher Schutz resultiert ebenfalls aus dem Kommissionsvorschlag zur Änderung der Richtlinie 76/207/EWG.[319] Obwohl dieser Vorschlag keine Wortlautänderung der Artikel 3 bis 6 der Richtlinie 76/207/EWG

---

314 S. Fn. 153

315 So auch *Rust* in Rust/Falke, § 6, Rn. 23, für Selbstständige, nicht jedoch in Bezug auf die Organtätigkeit, siehe dazu Rn. 25; *Roetteken*, AGG, §§ 6, Rn. 38

316 EuGH, Urt. v. 6.4.2000 – Rs. C-226/98 („*Jørgensen*"), Rn. 26, Slg. I 2000, 2447, 2478

317 S. Fn. 316; *Thüsing* in MüKo-BGB, § 2 AGG, Rn. 4; *ders.* NZA 2004, Sonderbeilage zu Heft 22, 3; *ders.* Arbeitsrechtlicher Diskriminierungsschutz, Rn. 95; a.A. *Hoentzsch*, Die Anwendung der Benachteiligungsverbote, S. 41 ff.

318 So auch EuGH Urt. v. 11.11.2010 – Rs. C-232/09 ("*Danosa*"), Rn. 64-72, 3, Slg. 2010, I-1140 = EuZW 2011, 74, 78 f.

319 KOM(2000) 334 endg.

dahin enthielt, die selbstständig Erwerbstätigen ausdrücklich aufzunehmen,[320] konnte dennoch davon ausgegangen werden, dass von dieser Richtlinie auch der Personenkreis der Selbstständigen erfasst ist.[321] Erst mit der Abänderung des Vorschlages durch das Europäische Parlament wurde Artikel 3 dieser Änderungsrichtlinie an den Artikel 3 der Richtlinie 2000/78/EG angepasst,[322] welcher bereits die selbstständig Erwerbstätigen dem Wortlaut nach enthielt und auch den sachlichen Anwendungsbereich in einem Artikel zusammenfasste.[323]

Der Grund für die Anwendung des Benachteiligungsschutzes der Richtlinie 76/207/EWG auf selbstständig Erwerbstätige ist in Artikel 4 der Richtlinie 86/613/EWG zu sehen.[324] Dieser bestimmte, dass die Mitgliedstaaten „namentlich was die Gründung, Ausrüstung oder Erweiterung eines Unternehmens bzw. die Aufnahme oder Ausweitung jeder sonstigen Tätigkeitsform der selbstständigen Erwerbstätigen und auch die finanziellen Fazilitäten betrifft" die erforderlichen Maßnahmen zur Beseitigung aller Bestimmungen, die dem Gleichbehandlungsgrundsatz i. S. d. Richtlinie 76/207/EWG zuwiderlaufen, zu ergreifen haben. Bei dieser exemplarischen Aufzählung der sachlichen Anwendungsbereiche, die mit der Formulierung „namentlich" eingeleitet wurde, handelt es sich um keine abschließende.[325] Dies kann insbesondere der englischen, polnischen und französischen Fassung dieser Richtlinie entnommen werden. Diese Fassungen leiten den Anwendungsbereich mit den Wörtern „especially" „szczególnie" oder „notamment" ein, welche mit „vor allem" oder „im Besonderen" zu übersetzen sind. Damit war für Selbstständige i. S. d. Richtlinie 86/613/EWG nicht nur der Benachteiligungsschutz im Zusammenhang mit dem Anwendungsbereich des Art. 3 Abs. 1 der Richtlinie 76/207/EWG, der den Bereich des Zugangs zur Erwerbstätigkeit enthielt, einschlägig. Das Verbot von Benachteiligungen dieses Personenkreises bezog sich i. V. m. mit der Richtlinie 86/613/EWG vielmehr auch auf die in Art. 5 Abs. 1 der Richtlinie 76/207/EWG enthaltene Bereiche.[326]

---

320 In Bezug auf Art. 3 war lediglich eine Erweiterung um einen Unterabsatz d im 2. Absatz vorgeschlagen vgl. KOM(2000) 334 endg., S. 19

321 KOM(2000) 334 endg., S. 24

322 Änderungsvorschläge des Europäischen Parlaments, Änderungsvorschlag 29, ABl. EU Nr. C 47 E vom 21.2.2002, S. 158, 167; Bericht des Ausschusses für die Rechte der Frau und Chancengleichheit, Dokument A5-0173/2001 endg., S. 28 f.

323 S. dazu oben Teil A, I. 6. b) cc)

324 S. Fn. 316

325 Wohl a.A. *Hoentzsch*, Die Anwendung der Benachteiligungsverbote, S. 53

326 Schlussanträge des Generalanwalts *Saggio* vom 13.1.2000, zur Rs. C-226/98 ("*Jørgensen*"), Slg. 2000 I, 2447, 2456, Rn. 15

Die Mitgliedstaaten hatten demnach bereits zu diesem Zeitpunkt Maßnahmen zum Schutz von Selbstständigen vor Benachteiligungen wegen des Geschlechtes auch bei Arbeits- einschließlich der Entlassungsbedingungen zu treffen. Somit war der Geltungsbereich ebenso für selbstständig Erwerbstätige vor der Änderung der Richtlinie 76/207/EWG nicht beschränkt einschlägig.

In Ermangelung einer Klarstellung innerhalb der Gleichbehandlungsrichtlinien, „dass bei Selbstständigen ein Diskriminierungsschutz auch bei Beschäftigungs- und Arbeitsbedingungen besteht", folgert *Hoentzsch* jedoch, dass die Gleichbehandlungsrichtlinien Selbstständige nur im Bereich des Zugangs zur Erwerbstätigkeit vor Benachteiligungen schützen.[327] Dem ist entgegenzuhalten, dass – gleich welcher Ansicht folgend – das Verbot von Benachteiligungen aufgrund des Geschlechtes in Bezug auf die Arbeits- und Entlassungsbedingungen Selbstständige entweder allein aufgrund der Richtlinie 76/207/EWG [328] oder i. V. m. Richtlinie 86/613/EWG[329] erfasste. Waren die Mitgliedstaaten bereits vor der Änderungsrichtlinie 2002/73/EG gehalten, erforderliche Maßnahmen sicherzustellen, um Benachteiligungen wegen des Geschlechtes in Bezug auf die Beendigung der selbstständigen Erwerbstätigkeit zu beseitigen, bedurfte es demnach keiner Erklärung des Gemeinschaftsgesetzgebers, diesen Personenkreis weiterhin in selbigem Umfang schützen zu wollen. Hätte lediglich der Geltungsbereich nach Art. 3 Abs. 1 lit. a und nicht auch der nach Art. 3 Abs. 1 lit c der Änderungsrichtlinie 2002/73/EG Selbstständige erfassen sollen, würde dies vielmehr eine ausdrückliche Absicht des Gemeinschaftsgesetzgebers voraussetzen, den ursprünglichen Schutzumfang mit der Änderungsrichtlinie für Selbstständige kürzen zu wollen. Ein Wille zur Verringerung des Benachteiligungsschutzes für Selbstständige ist dem Gesetzgebungsverfahren zur Änderungsrichtlinie jedoch nicht zu entnehmen. Benennt der Wortlaut der Gleichbehandlungsrichtlinien die selbstständig Erwerbstätigen auch nur in einer Regelung ausdrücklich, spricht die Genese der Richtlinie 2002/73/EG folglich für die Anwendung sämtlicher Regelungen auf diesen Personenkreis.

Nach *Hoentzsch* soll gegen eine solche Ansicht ein Vergleich des sachlichen Anwendungsbereiches der Richtlinie 76/207/EWG mit dem der Richtlinie 86/613/EWG sprechen.[330] Schützte der Geltungsbereich der Richtlinie 76/207/

---

327 *Hoentzsch*, Die Anwendung der Benachteiligungsverbote, S. 54

328 So *Kyriazis*, Die Sozialpolitik der europäischen Wirtschaftsgemeinschaft, S. 60; *Hoentzsch*, Die Anwendung der Benachteiligungsverbote, S. 40 f.

329 S. dazu oben Teil A, II. 2. c)

330 *Hoentzsch*, Die Anwendung der Benachteiligungsverbote, S. 52 ff.

EWG den Zugang zur Erwerbstätigkeit wie auch dessen Beendigung, benennt die Richtlinie 86/613/EWG vornehmlich Bereiche, „welche typischerweise die Grundlage der Tätigkeit bilden: die Aufnahme und Erweiterung der Tätigkeit“[331]. Daraus wird ein geringeres Schutzerfordernis für Selbstständige gefolgert und ein eingeschränkter Geltungsbereich der Gleichbehandlungsrichtlinien angenommen.[332] Gegen eine solche Argumentation spricht jedoch, dass es sich bei dem in Artikel 4 der Richtlinie 86/613/EWG enthaltenen Anwendungsbereich lediglich um eine exemplarische Aufzählung handelt. Die Anwendung des Benachteiligungsverbotes auf weitere Tatbestände ist daher nicht ausgeschlossen. Ferner bleibt bei einer solchen Gegenüberstellung unbeachtet, dass der Umfang des Benachteiligungsschutzes für Selbstständige im Vergleich zu Arbeitnehmern bereits zum Zeitpunkt vor der Änderungsrichtlinie 2002/73/EG kein anderer war. Selbstständige konnten sich ebenfalls auf den Benachteiligungsschutz der Richtlinie 76/207/EWG berufen. Gleich welcher Ansicht folgend, erfasste entweder die Richtlinie 76/207/EWG den Personenkreis der Selbstständigen[333] oder diese konnten sich aufgrund des in Artikel 4 der Richtlinie 86/613/EWG enthaltenen Verweises auf die Richtlinie 76/207/EWG ebenfalls auf dessen Benachteiligungsschutz vollumfänglich berufen.[334] Selbstständige und Arbeitnehmer waren demnach im gleichen Umfang vor Benachteiligungen aufgrund des Geschlechtes geschützt. Somit kann aus dem Vergleich des Anwendungsbereiches der Richtlinie 86/613/EWG mit dem der Richtlinie 76/207/EWG kein geringerer Schutzumfang in Bezug auf selbstständig Erwerbstätige gefolgert werden.

a) Keine Änderung des sachlichen Geltungsbereiches durch die Richtlinie 2006/54/EG

Selbstständig Erwerbstätige sind ebenfalls vom sachlichen Anwendungsbereich des Art. 3 Abs. 1 lit. c der Gleichbehandlungsrichtlinien erfasst.[335] Diese

331 *Hoentzsch*, Die Anwendung der Benachteiligungsverbote, S. 54

332 *Hoentzsch*, Die Anwendung der Benachteiligungsverbote, S. 53 f.

333 so *Hoentzsch*, Die Anwendung der Benachteiligungsverbote, S. 40 ff.; *Liebhäuser*, Bedeutung des AGG für Organmitglieder, 21 f.

334 So auch s. Fn. 318

335 So im Ergebnis auch *Rust* in Rust/Falke, § 6, Rn. 23; *Roetteken*, AGG, § 6, Rn. 38f.; a.A. *Hoentzsch*, Die Anwendung der Benachteiligungsverbote, S. 54; *Bauer/Göpfert/Krieger*, DB 2005, 595, 597; *Boecken*, NZS 2005, 393, 394; *Willemsen/Schweibert*, NJW 2006, 2583, 2584; *Krause*, AG 2007, 392, 394; *Thüsing* in MüKo-BGB, § 2 AGG, Rn. 4; *Reufels/Molle*, NZA-RR 2011, 281, 282

enthalten die Anwendungsbereiche der Beschäftigungs- und Arbeitsbedingungen, einschließlich der Entlassungsbedingungen. Die Mitgliedstaaten sind daher gehalten, Maßnahmen zur Beseitigung von Benachteiligungen aufgrund des Geschlechtes für selbstständig Erwerbstätige, auch in den Bereichen mit Bezug auf die Vertragsgestaltung[336] und Beendigungsbedingungen zu ergreifen.

Auch sprechen weder die Systematik noch der Wortlaut der Richtlinie 2006/54/EG, welche die durch die Richtlinie 2002/73/EG geänderte Richtlinie 76/207/EWG aufhebt, für eine Beschränkung dieser Geltungsbereiche.[337] Zwar sind Selbstständige hinsichtlich des Diskriminierungsverbotes in Bezug auf betriebliche Systeme der sozialen Sicherheiten in der Richtlinie 2006/54/EG ausdrücklich in Artikel 6 benannt und in Kapitel 3 nur in Art. 14 Abs. 1 lit. a hinsichtlich des Zugangs zur Erwerbstätigkeit und zum beruflichen Aufstieg erwähnt. Jedoch wurden in dieser Richtlinie Regelungen aus anderen Richtlinien zusammengefasst und wortgleich übernommen. Der Wortlaut des Artikels 6 entspricht nämlich dem Artikel 3 der durch die Richtlinie 96/97/EG[338] geänderten Richtlinie 86/378/EWG[339]. Und Artikel 14 entspricht wiederum dem Wortlaut des Artikels 3 der Änderungsrichtlinie 2002/73/EG.[340] Handelt es sich demnach lediglich um eine Zusammenfassung mehrerer Richtlinienregelungen, kann allein aus einer partiellen Erwähnung der Selbstständigen keine Verringerung des Schutzes für Selbstständige entnommen werden.[341]

Zwar enthält die Begründung zu dieser Richtlinie den Hinweis, dass mit Art. 14 Abs. 1 der Richtlinie 2006/54/EG, welcher wortgleich die Bestimmung des Artikels 3 der Richtlinie 2002/73/EG enthält, lediglich Art. 2 Abs. 1 und

---

336 A.A. *Willemsen/Schweibert*, NJW 2006, 2583, 2584; *Reufels/Molle*, NZA-RR 2011, 281, 282

337 A.A. *Schmidt* in Schiek, AGG, § 6, Rn. 12; ihr folgend *Hoentzsch*, Die Anwendung der Benachteiligungsverbote, S. 54; ebenfalls folgend *Hildebrand*, Arbeitnehmerschutz von geschäftsführenden Gesellschaftsorganen, S. 175 ff.

338 Richtlinie 96/97/EG des Rates vom 20. Dezember 1996 zur Änderung der Richtlinie 86/378/EWG zur Verwirklichung des Grundsatzes der Gleichbehandlung von Männern und Frauen bei den betrieblichen Systemen der sozialen Sicherheit, ABl. EG Nr. L 046 vom 17.2.1997, S. 20

339 Richtlinie 86/378/EWG des Rates vom 24. Juli 1986 zur Verwirklichung des Grundsatzes der Gleichbehandlung von Männern und Frauen bei den betrieblichen Systemen der sozialen Sicherheit, ABl EG Nr. L 225 vom 12.8.1986, S.40

340 KOM(2004) 279 endg., S. 30, 54, 62; *Schmidt* in Schiek, AGG, § 6, Rn. 12

341 A.A. *Hildebrand*, Arbeitnehmerschutz von geschäftsführenden Gesellschaftsorganen, S. 176

Art. 3 Abs. 1 der Richtlinie 76/207/EWG entsprochen werden soll.[342] Dieser Klarstellung ist jedoch nicht zu entnehmen, dass Artikel 5 der Richtlinie 76/207/EWG nicht einbezogen werden soll. Wurde auch auf die Regelungen der Richtlinie 76/207/EWG verwiesen, war die Richtlinie 76/207/EWG in der durch die Richtlinie 2002/73/EG geänderten Fassung gemeint.[343] Diese wiederum enthielt in ihrem Artikel 3 auch die Bereiche der Beschäftigungs- und Arbeitsbedingungen, einschließlich der Entlassungsbedingungen.

Einer Klarstellung über den Anwendungsumfang für selbstständig Erwerbstätige bedürfte es seitens des Gemeinschaftsgesetzgebers demnach – wie bereits bei der Richtlinie 2002/73/EG – nur bei einer Absicht die Anwendung des Geltungsbereiches für Selbstständige einschränken zu wollen.[344] Eine solche Absicht ist zudem auch nicht den Gesetzgebungsmaterialien zu der Richtlinie 2006/54/EG zu entnehmen. Der in Kraft getretenen Richtlinie 2006/54/EG sind folglich keine Absenkung des Schutzumfanges und kein beschränkter Geltungsbereich für selbstständig Erwerbstätige abzuleiten.

Der Einwand *Hildebrands* auf die fehlende Übertragung der Artikel 15 und 16 dieser Richtlinie auf selbstständig Erwerbstätige ist zwar überzeugend, da zurecht auf das fehlende Eingreifen von Schutzvorschriften zum Mutterschutzurlaub oder Vaterschafts- und Adoptionsurlaub für Selbstständige hingewiesen wird.[345] Eine solch fehlende Übertragbarkeit sämtlicher Artikel dieser Richtlinie auf selbstständig Erwerbstätige führt jedoch nicht zwingend zu einer beschränkten Anwendung des Artikels 14 auf diesen Personenkreis. Der Hinweis führt zwar zum Erfordernis einer Untersuchung des Sinnes und Zweckes des jeweilig anzuwendenden Artikels, jedoch spricht der Einwand der grundsätzlich fehlenden Angewiesenheit auf Rechtsverhältnisse zu Dritten nicht zwingend für einen beschränkten Anwendungsbereich. Bereits der Umfang des Rechtsgeschäftes kann zu einer wirtschaftlichen Abhängigkeit des selbstständig Erwerbstätigen führen. Eine Anwendung dieser Regelung nur bei gewisser wirtschaftlicher Unabhängigkeit ist dieser Richtlinie nicht zu entnehmen und würde wohl auch zu Abgrenzungsschwierigkeiten führen.

---

342 ABl. EU Nr. L 204 vom 26.7.2006, S. 23, 35, Anhang II, Entsprechungstabelle

343 ABl. EU Nr. L 204 vom 26.7.2006, S. 23, Fn. 3; KOM(2004) 279 endg., S. 30

344 A.A. *Schmidt* in Schiek, AGG, § 6, Rn. 12; *Hoentzsch*, Die Anwendung der Benachteiligungsverbote, S. 54

345 *Hildebrand*, Arbeitnehmerschutz von geschäftsführenden Gesellschaftsorganen, S. 177

b) *Keine Änderung des sachlichen Geltungsbereiches durch die Richtlinie 2010/41/EU*

Auch das Bestehen der Richtlinie 2010/41/EU führt nicht zu dem Ergebnis eines beschränkten Geltungsbereiches für selbstständig Erwerbstätige.[346] Zu Recht weist *Hildebrand* zwar auf den nur eingeschränkten Anwendungsbereich dieser Richtlinie hin. Entsprechend ihrem in Artikel 1 festgelegten Gegenstand legt diese Richtlinie lediglich für die nicht von den Richtlinien 2006/54/EG und 79/7/EWG erfassten Bereiche einen Rahmen für die Verwirklichung des Grundsatzes der Gleichbehandlung von Männern und Frauen, die eine selbstständige Erwerbstätigkeit ausüben oder zur Ausübung einer solchen beitragen, in den Mitgliedstaaten fest. Die Richtlinie 2010/41/EU ist folglich nur auf Bereiche anwendbar, welche nicht bereits von der Richtlinie 2006/54/EG erfasst sind. *Hildebrand* schlussfolgert daraus einen eingeschränkten Anwendungsbereich der Richtlinie 2006/54/EG auf die Bereiche, die nicht schon von der Richtlinie 2010/41/EU geschützt sind. Begründet wird dies damit, dass keine zusätzliche Richtlinie erforderlich sei, wenn bereits die Richtlinie 2006/54/EG sämtliche Bereiche erfasse.[347] Bei einer solchen Schlussfolgerung ist allerdings auf den Zweck der Richtlinie 86/613/EWG hinzuweisen, die durch die Richtlinie 2010/41/EU ersetzt wird. Auch diese Richtlinie enthielt fast wortgleich selbiges Ziel. Nach Artikel 1 der Richtlinie 86/613/EWG bezweckte diese, den Grundsatz der Gleichbehandlung von Männern und Frauen, die eine selbstständige Erwerbstätigkeit ausüben oder zur Ausübung einer solchen beitragen, entsprechend den folgenden Bestimmungen in allen von den Richtlinien 76/207/EWG und 79/7/EWG nicht erfassten Bereichen in den Mitgliedstaaten zu verwirklichen. Anders als die Richtlinie 2006/54/EG war die Richtlinie 76/207/EWG jedoch tatsächlich ausschließlich auf unselbstständig Erwerbstätige anwendbar. Für den Schutz vor Benachteiligungen selbstständig Erwerbstätiger bedurfte es folglich einer weiteren Richtlinie. Durch die Richtlinie 86/613/EWG wurde der Geltungsbereich der Richtlinie 76/207/EWG auf selbstständig Erwerbstätige erweitert.

Hildebrand folgert allein aus der Verfolgung selbigen Zweckes eine Einschränkung des Geltungsbereiches der Richtlinie 2006/54/EG, wodurch Letztere nicht auf die Beendigung von selbstständig ausgeübten Tätigkeiten anzuwenden

346 A.A. *Hildebrand*, Arbeitnehmerschutz von geschäftsführenden Gesellschaftsorganen, S. 176

347 *Hildebrand*, Arbeitnehmerschutz von geschäftsführenden Gesellschaftsorganen, S. 176; wohl a.A. im Ergebnis *Liebhäuser*, Bedeutung des AGG für Organmitglieder, S. 54

ist. Der Erlass einer „speziellen Richtlinie mit ausdrücklich Lücken füllender Funktion“[348] spreche gegen eine Anwendung des gesamten Geltungsbereiches der Richtlinie 2006/54/EG auf selbstständig Erwerbstätige. Dieser Argumentation folgend wären sämtliche von der Richtlinie 2010/41/EU geschützten Bereiche von der Richtlinie 2006/54/EG nicht geschützt. Allein dies spricht jedoch bereits gegen das Ziel, dass die Richtlinie 2006/54/EG gerade nicht nur Lücken füllend sein sollte. Ferner weist auch der Blick auf die ausdrücklich benannten Geltungsbereiche der Richtlinie 2010/41/EU auf Überschneidungen mit denen der Richtlinie 2006/54/EG hin. Die Regelung in Artikel 4 der Richtlinie 2010/41/EU erfasst beispielsweise die Aufnahme der selbstständigen Tätigkeit. Dieser Tatbestand kann ebenfalls als Zugang zur selbstständigen Erwerbstätigkeit i. S. d. Richtlinie 2006/54/EG verstanden werden und wäre folglich von beiden Richtlinien geschützt.

Zudem ist auch der Hinweis auf die Begründung der Europäischen Kommission zu dieser Richtlinie wenig hilfreich. Erwähnt diese in Bezug auf die Richtlinien 2002/73/EG und 2006/54/EG lediglich den Bereich der Bedingungen für den Zugang zur selbstständigen Erwerbstätigkeit und nicht auch den Bereich der Beendigung, so leitet sie dies mit den Worten ein: „Für die selbstständig Erwerbstätigen gelten in bestimmten Bereichen auch andere Rechtsvorschriften“[349]. Die Verwendung des Begriffes „auch“ spricht für die Möglichkeit einer Überschneidung der Schutzbereiche.[350]

c) Vergleich mit Art. 157 Abs. 3 AEUV

Dagegen sprechen auch nicht die Formulierungen in den Artikel 3 der Gleichbehandlungsrichtlinien. Einer ausdrücklichen Aufnahme der selbstständig Erwerbstätigen in den Wortlaut der Art. 3 Abs. 1 lit. c bedarf es nicht. Dies zeigt ein Vergleich dieser Regelung mit der des Art. 157 Abs. 3 AEUV (Art. 141 Abs. 3 EGV). Art. 157 Abs. 3 AEUV betrifft die Arbeits- und Beschäftigungsfragen, worunter, auch ohne weitere Klarstellung des Personenkreises, selbstständig Erwerbstätige erfasst sind.[351] Der Anwendungsbereich der

---

348 *Hildebrand*, Arbeitnehmerschutz von geschäftsführenden Gesellschaftsorganen, S. 176

349 KOM(2008) 601/3, S. 3

350 A.A. *Hildebrand*, Arbeitnehmerschutz von geschäftsführenden Gesellschaftsorganen, S. 177

351 KOM(2008) 636 endg., S. 7; *Rust* in Groeben/Schwarze, Kommentar zum EU-/EG-Vertrag, PROTOKOLL (Nr. 17) zu Artikel 141 (ex-Artikel 119) des EGV, Rn. 258 f.; *U. Theiss* in Hümmerich/Boecken/Düwell, AnwK-ArbeitsR, EG-Recht Art. 141, Rn. 8;

Gleichbehandlungsrichtlinien enthält in deren Art. 3 Abs. 1 lit. c Beschäftigungs- und Arbeitsbedingungen. Ohne dass die Selbstständigen ausdrücklich Erwähnung finden, spricht die Vergleichbarkeit dieser beiden Wortlaute für die Anwendung ebenso auf Selbstständige.

d) *Kein klarer Hinweis auf einen beschränkten Geltungsbereich durch den EuGH in der Entscheidung zur Rechtssache* Danosa

Zur Klärung des Anwendungsumfanges der Gleichbehandlungsrichtlinien auf als selbstständig erwerbstätig zu qualifizierende Organmitglieder ist dagegen die Entscheidung des EuGH zur Rechtssache *Danosa*[352] weniger hilfreich. Wesentlich für die Auslegung des sachlichen Geltungsbereiches der Richtlinie 2002/73/EG im Hinblick auf seinen Umfang war, dass der EuGH sich in dieser Entscheidung auf die Beendigung einer Organtätigkeit bezog. Der Geltungsbereich der Beendigung ist in Art. 3 Abs. 1 lit. c der Richtlinie 2002/73/EG normiert. Die Frage, inwiefern Organmitglieder ebenfalls bei Beendigung von Diskiminierungen zu schützen sind, steht folglich im Zusammenhang mit der Frage, inwiefern Art. 3 Abs. 1 lit. c der Richtlinie 2002/73/EG auch auf selbstständig erwerbstätige Organmitglieder anzuwenden ist.

Bezug nehmend auf die Richtlinie 2002/73/EG führt der EuGH zunächst aus, eine Abberufung wegen einer Schwangerschaft treffe nur Frauen und sei daher als unmittelbare Diskriminierung anzusehen.[353] Zudem erklärt der EuGH, dass ein fehlender Verstoß gegen die Mutterschutzrichtlinie nicht automatisch zu einer Ablehnung einer Verletzung der Richtlinie 2002/73/EG führt. Denn wenn es sich im jeweiligen Fall auch um keine „schwangere Arbeitnehmerin" i. S. d. Mutterschutzrichtlinie handele und damit eine Abberufung wegen einer Schwangerschaft nicht gegen diese Richtlinie verstoße, sei dennoch weiter zu prüfen, ob sich das betreffende Organmitglied auf den mit der Richtlinie 2002/73/EG gewährten Schutz vor geschlechtsbedingter Diskriminierung berufen kann.[354] Ein solcher Verweis des EuGH auf die Änderungsrichtlinie 2002/73/EG könnte in zweifacher Weise zu verstehen sein. Einerseits kann dieser Verweis

---

a.A. *Thüsing*, BB 2007, Heft 8, Die erste Seite; wohl auch a.A. *Schillig*, Konkretisierungskompetenz und Konkretisierungsmethoden, S. 35 und Fn. 97

352 S. Fn. 23

353 EuGH, Urt. v. 11.11.2010 – Rs. C-232/09 („*Danosa*"), Rn. 74, Slg. 2010, I-1140 = EuZW 2011, 74, 79

354 EuGH, Urt. v. 11.11.2010 – Rs. C-232/09 („*Danosa*"), Rn. 64, Slg. 2010, I-1140 = EuZW 2011, 74, 78

dahin gehend zu verstehen sein, dass das betroffene Organmitglied vor Diskriminierungen wegen des Geschlechtes von der Richtlinie 2002/74/EG geschützt sei, da es sich bei diesem um keine schwangere Arbeitnehmerin, sondern um eine schwangere Selbstständige handelt. Eine solche Schlussfolgerung setzt eine unbeschränkte Anwendung des Geltungsbereiches der Richtlinie 2002/73/EG auf selbstständig Erwerbstätige voraus. Andererseits könnte dieser Verweis auch als Verneinung einer „schwangeren" Arbeitnehmerin i. S. d. Mutterschutzrichtlinie und Annahme einer Arbeitnehmerin i. S. d. Richtlinie 2002/73/EG verstanden werden. Letztere Auslegung des Verweises des EuGH verlangt wiederum keinen unbeschränkten Anwendungsbereich für selbstständig Erwerbstätige, da es die selbstständig Erwerbstätigen nicht tangieren würde.

Das Fehlen einer klaren Abgrenzung durch den EuGH ist wohl der Intention dieses Gerichtes geschuldet, sämtliche Organmitglieder in Bezug auf die Beendigung ihrer Organtätigkeit vor Benachteiligungen wegen des Geschlechtes als vom Unionsrecht geschützt anzusehen. Diese Intention ist insbesondere der Feststellung des EuGH zu entnehmen, wonach im Fall der Einstufung der Tätigkeit des betroffenen Organmitgliedes als selbstständige Erwerbstätigkeit durch das nationale Gericht weiter eine Verletzung der Richtlinie 76/207/EWG i.V.m. der Richtlinie 86/613/EWG zu prüfen ist. Diese Richtlinie ergänze nämlich die Richtlinie 76/207/EWG „in Bezug auf die Anwendung des Grundsatzes der Gleichbehandlung auf solche Erwerbstätigen [...], indem sie wie die Richtlinie 76/207/EWG jede Diskriminierung aufgrund des Geschlechtes, ob unmittelbar oder mittelbar, verbietet".[355] Schützt das Unionsrecht gleich durch welche der vom EuGH herangezogenen Richtlinien das betreffende Organmitglied auch vor Benachteiligungen in Bezug auf dessen Beendigung, bedarf es grundsätzlich keiner konkreten Festlegung des persönlichen Geltungsbereiches.

Ein solcher Verweis des EuGH auf die Richtlinie 86/613/EWG kann jedoch auch für eine beschränkte Anwendung des Geltungsbereiches der Richtlinie 2002/73/EG auf selbstständig Erwerbstätige sprechen. Würde der EuGH selbstständig Erwerbstätige vom Benachteiligungsschutz in Bezug auf die Beendigungsbedingungen von der Richtlinie 2002/73/EG erfasst ansehen, wäre ein weiterer Verweis auf die Richtlinie 86/613/EWG nicht erforderlich.

Eine endgültige Klarheit bringt dieser Verweis des EuGH auf die Richtlinie 86/613/EWG dennoch nicht. Wie bereits oben dargelegt[356] kann dieser Verweis darauf zurückzuführen sein, dass der EuGH damit lediglich *Bots*

355 S. Fn. 179
356 S. dazu oben Teil A, II. 2. e)

Ansicht zu dieser Entscheidung folgte. Letzterer verwies jedoch deswegen auf die Richtlinie 86/613/EWG, da er seinen Schlussanträgen die Richtlinie 76/207/EWG zugrunde legte und nicht dessen Änderungsrichtlinie 2002/73/EG.[357] Der Ansicht folgend, der persönliche Geltungsbereich der Richtlinie 76/207/EWG sei nur auf unselbstständig Erwerbstätige einschlägig, sah *Bot* für den Schutz von selbstständig Erwerbstätigen den Verweis auf die Richtlinie 86/613/EWG für erforderlich an.[358]

e) Stellungnahme

So unklar der Entscheidung des EuGH die Auffassung eines eingeschränkten Geltungsbereiches der Richtlinie 2002/73/EG zu entnehmen ist, so klar spricht die Entscheidung für das Bestreben, ebenfalls selbstständig erwerbstätige Organmitglieder hinsichtlich ihrer Entlassungsbedingungen von dem Schutz des Unionsrechtes vor Benachteiligungen wegen des Geschlechtes als erfasst anzusehen. Der EuGH stellt fest, dass „unabhängig davon, welche Richtlinie Anwendung findet, es darauf ankommt, der Betroffenen den Schutz zu gewährleisten, den das Unionsrecht Schwangeren für den Fall gewährt, dass das Rechtsverhältnis, das sie mit einer anderen Person verbindet, wegen ihrer Schwangerschaft beendet wurde“[359]. Sind Organmitglieder vor Benachteiligungen in diesem Bereich jedoch nicht durch die Richtlinie 2002/73/EG geschützt, hilft auch der Hinweis auf die Richtlinie 86/613/EWG dem Bestreben nicht weiter, wenn eine Subsumtion dieser unter den Begriff der Selbstständigen i. S. dieser Richtlinie abzulehnen ist. Entgegen der Intention des EuGH wären dann nicht alle Organmitglieder vor Benachteiligungen bei der Beendigung ihrer Tätigkeit geschützt. Es bedarf daher einer weiteren Klarstellung zur rechtlichen Qualifizierung der Organtätigkeit seitens des EuGH.

Entspricht die Ansicht, wonach selbstständig Erwerbstätige von einem lediglich beschränkten Geltungsbereich der Gleichbehandlungsrichtlinien erfasst wären, dem Willen des Gemeinschaftsgesetzgebers, wäre zweifelhaft, inwiefern dann eine solche Intention des EuGH nicht auch gegen diesen Willen des Gemeinschaftsgesetzgebers verstoßen würde. Ein solcher Verstoß ist jedoch wiederum abzulehnen, wenn die Gleichbehandlungsrichtlinien Selbstständige in diesem Bereich ebenfalls gegen Benachteiligungen schützen. Wie oben dargestellt spricht dafür, dass bereits vor dem Inkrafttreten der Änderungsrichtlinie 2002/

357 S. Fn. 185

358 S. dazu oben Teil A, II. 2. e)

359 S. Fn. 179

73/EG die Mitgliedstaaten nach Art. 5 der Richtlinie 76/207/EWG gehalten waren, erforderliche Maßnahmen zum Schutz vor Benachteiligungen wegen des Geschlechtes – auch in den Bereichen der Beschäftigungs- und Arbeitsbedingungen, einschließlich der Entlassungsbedingungen – für Selbstständige zu treffen. Gleich welcher Ansicht man folgt gehören Selbstständige ebenso zu dem von der Richtlinie 76/207/EWG erfassten Personenkreis oder konnten sich aufgrund des in der Richtlinie 86/613/EWG enthaltenen Verweises auf den Schutz der Richtlinie 76/207/EWG berufen.[360] Ein lediglich eingeschränkter Geltungsbereich der Änderungsrichtlinie 2002/73/EG und der diese ersetzende Richtlinie 2006/54/EG setzt demnach den Willen des Gemeinschaftsgesetzgebers voraus, diesen bereits vor der Änderungsrichtlinie vorhandenen Schutz für den Personenkreis der Selbstständigen einschränken zu wollen. Wird ein solcher Wille angenommen, würde der EuGH mit einem vollumfänglichen Schutz sämtlicher Erwerbstätiger diesem widersprechen.

In Ermangelung einer Klarstellung des Gemeinschaftsgesetzgebers, den Umfang des Geltungsbereiches der Richtlinie 76/207/EWG durch die Änderungsrichtlinie verändern zu wollen,[361] ist der Geltungsbereich der Änderungsrichtlinie 2002/73/EG, wie auch der der Richtlinie 2006/54/EG, für selbstständig Erwerbstätige nicht zu beschränken. Jedoch ist aufgrund dieses Ergebnisses auch darauf hinzuweisen, dass es dann, entgegen den Verweisen des EuGH in der Rechtssache *Danosa*, auch nicht der Heranziehung der Richtlinie 86/613/EWG oder der diese mit Wirkung vom 5. August 2012 ersetzenden Richtlinie 2010/41/EU[362] bedarf.

f) Richtlinienkonforme Rechtsfortbildung oder Annahme eines Umsetzungsdefizits?

Unionsrechtliche Richtlinien bedürfen der Transformation in nationales Recht und sind auch bei fehlerhafter Umsetzung grundsätzlich nicht unmittelbar anwendbar.[363] Verlangt eine richtlinienkonforme Umsetzung einen vollumfänglichen Schutz auch für den Personenkreis der selbstständig Erwerbstätigen, stellt sich die Frage, inwiefern § 6 Abs. 3 AGG einer richtlinienkonformen Auslegung

---

360 S. dazu ausführlich oben Teil A, II. 2. c)

361 A.A. *Hoentzsch*, Die Anwendung der Benachteiligungsverbote, wonach es einer Klarstellung bedarf, dass selbstständig Erwerbstätige vollumfänglich geschützt sind

362 S. Fn. 192

363 EuGH, Urt. v. 14.7.1994 – Rs. C-91/92 („*FacciniDori*"), Rn. 27, Slg. 1994, I-3325, 3357 = NJW 1994, 2473, 2474

zugänglich ist. Eine solche ist nur vorzunehmen, wenn diese möglich ist.[364] Die Voraussetzung dieser Möglichkeit schränkt die richtlinienkonforme Auslegung dahin gehend ein, dass es sich bei dieser um keine Rechtsfindung abseits des Willens des Gesetzgebers handelt.[365]

Sollen in Entsprechung zur Gesetzesbegründung zum AGG mit der Regelung des § 6 Abs. 3 AGG Sachverhalte „wie etwa“[366] der Zugang zur Organtätigkeit vom Benachteiligungsschutz umfasst sein, erkennt *Roetteken* darin einen Hinweis auf die Auslegungsfähigkeit des Wortlautes dieser Regelung. Es handle sich bei den benannten Anwendungsbereichen des Zugangs und Aufstieges lediglich um eine exemplarische Aufzählung.[367] Danach würde der Wortlaut des § 6 Abs. 3 AGG die Anwendung des Benachteiligungsverbotes auf die in § 2 Abs. 1 Nr. 2 AGG enthaltenen Bereiche der Beschäftigungs- und Arbeitsbedingungen einschließlich Arbeitsentgelt und Entlassungsbedingungen nicht ausschließen.[368] Dagegen spricht jedoch, dass – im Gegensatz zur Gesetzesbegründung – der sachliche Anwendungsbereich dem Wortlaut des § 6 Abs. 3 AGG nach nicht beispielhaft eingeleitet wird. Zweifelhaft ist ferner, inwiefern der Gesetzgeber dabei an eine Erweiterung des sachlichen Anwendungsbereiches für sämtliche Organmitglieder dachte. Er benennt an dieser Stelle lediglich den Geschäftsführer. Der Geschäftsführer wurde seitens der Literatur während des Gesetzgebungsverfahrens zum AGG exemplarisch für einen unselbstständig Erwerbstätigen i. S. d. Gleichbehandlungsrichtlinien benannt. Es wurde darauf hingewiesen, dass eine richtlinienkonforme Umsetzung einen vollumfänglichen sachlichen Geltungsbereich des AGG für diesen Personenkreis erfordere.[369] Daraus kann gefolgert werden, dass mit den in der Gesetzesbegründung enthaltenen einleitenden Worten „wie etwa“ lediglich auf unselbstständig erwerbstätige Organmitglieder Bezug genommen wurde. Diese Gesetzesbegründung spricht nicht klar gegen eine in § 6 Abs. 3 AGG abschließende Enumeration des sachlichen Anwendungsbereiches für selbstständig Erwerbstätige.

---

364 EuGH Urt. v. 13.11.1990 – Rs. C-106/89 („*Marleasing*“), Rn. 8, Slg. I 1990, 4135, 4185; EuGH, Urt. v. 16.12.1993 – Rs. C-334/92 („*Wagner Miret*“), Rn. 20, Slg. I 1993, 6911, 6932 = NJW 1994, 921, 922; EuGH, Urt. v. 14.7.1994 – Rs. C-91/92 („*FacciniDori*“), Rn. 26, Slg. 1994, I-3325, 3357 = NJW 1994, 2473, 2474

365 *Marly* in Grabitz/Hilf, Das Recht der EU, 2009, Art. 22, Rn. 10; *Grosche/Höft*, NJOZ 2009, 2294, 2307

366 BT-Drs. 16/1780, S 34

367 *Roetteken*, AGG, § 6, Rn. 39.; a.A. *Willemsen/Schweibert*, NJW 2006, 2583, 2584

368 *Roetteken*, AGG, § 6, Rn. 38b f.

369 S. dazu oben Teil A, I. 3. b) aa)

Wird auch der Wortlaut des § 2 Abs. 1 AGG für auslegungsfähig gehalten,[370] so spricht die Verwendung der Konjunktion „soweit“ in § 6 Abs. 3 AGG klar für einen abschließenden sachlichen Geltungsbereich. Der Genese des § 6 Abs. 3 AGG ist ferner zu entnehmen, dass der Gesetzgeber der Literaturansicht folgte, nach der der Geltungsbereich für selbstständig erwerbstätige Organmitglieder lediglich mit beschränktem Umfang gilt.[371] Ist demnach eine richtlinienkonforme Auslegung aufgrund des klaren gesetzgeberischen Willens nicht möglich,[372] führt dies – ohne Gesetzesänderung – zur Annahme eines Umsetzungsdefizits, wenn nach der Richtlinie 2006/54/EG auch selbstständig erwerbstätige Organmitglieder vollumfänglich vor Diskriminierungen wegen des Geschlechtes geschützt sind.

Auch die Beachtung der jüngeren Entscheidung des BGH vom 21. November 2011[373] führt zu keinem anderen Ergebnis. Danach ist im Wege einer richtlinienkonformen Rechtsfortbildung die Auslegung einer Regelung auch abseits des Wortlautes und des gesetzgeberischen Willens vorzunehmen.[374] Eine solche Auslegung bedarf einer planwidrigen Regelungslücke. Diese Planwidrigkeit soll nach Ansicht des BGH in der Fehleinschätzung und in der Annahme einer richtlinienkonformen Umsetzungsabsicht seitens des Gesetzgebers liegen.[375] Diesem folgend muss die Regelungsabsicht des Gesetzgebers demnach im Widerspruch zu dessen richtlinienkonformem Umsetzungswillen stehen.[376]

Ein solcher zugrunde liegender richtlinienkonformer Umsetzungswille des Gesetzgebers liegt auch dem AGG unproblematisch zugrunde.[377] Ein generell zu unterstellender Wille, eine Richtlinie richtig umsetzen zu wollen, genügt jedoch allein nicht.[378] Geht der Gesetzgeber zudem davon aus, dass mit dem nationalen Recht der Richtlinienanforderung entsprochen wurde, verlangt *Pfeiffer* für die Planwidrigkeit einer Regelungslücke, dass der Gesetzgeber die rechtliche Problematik erkannt hat.[379] Diese Voraussetzung für einen richtlinienkonformen Umsetzungswillen in Form eines Erkennens der Problematik über den Umfang

---

370 Dazu *Hoentzsch*, Die Anwendung der Benachteiligungsverbote, S. 38 f.

371 S. dazu Teil A, I. 3.

372 A.A. *Roetteken*, AGG, § 6, Rn. 39

373 BGH, Urt. v. 21.12.2011 – Az. VIII ZR 70/08

374 BGH, Urt. v. 21.12.2011 – Az. VIII ZR 70/08 (zitiert nach Juris Rn. 28, 34)

375 BGH, Urt. v. 21.12.2011 – Az. VIII ZR 70/08 (zitiert nach Juris Rn. 32 ff.)

376 *Grosche/Höft*, NJOZ 2009, 2294, 2296

377 BT-Drs. 16/1780, S. 2

378 *Pfeiffer*, NJW 2009, 412, 412; *Grosche/Höft*, NJOZ 2009, 2294, 2296

379 *Pfeiffer*, NJW 2009, 412, 412

des sachlichen Anwendungsbereiches des AGG kann angenommen werden. Hinsichtlich des ADG-E hielt der Gesetzgeber Rechtsverhältnisse, die zwar nicht dem deutschen Arbeitsrecht zuzuordnen sind, jedoch als Beschäftigungsverhältnis i. S. d. Art. 3 Abs. 1 lit. a bis d der Gleichbehandlungsrichtlinien zu qualifizieren wären, für möglich.[380] Wohl deswegen hatte die Regelung in § 20 Abs. 3 S. 2 ADG-E auch uneingeschränkt auf den gesamten Geltungsbereich des § 2 Abs. 1 ADG-E verwiesen.[381] Ein beschränkter Geltungsbereich war folglich zu diesem Zeitpunkt im Entwurf nicht enthalten. Mit der Vorschrift des § 6. Abs. 3 AGG hat der Gesetzgeber auf die Vorschläge seitens der Literatur reagiert[382] und lediglich einen beschränkten Geltungsbereich normiert. Damit kann davon ausgegangen werden, dass der Gesetzgeber sich zumindest mit der Problematik des Anwendungsumfanges der Gleichbehandlungsrichtlinien auf selbstständig Erwerbstätige auseinandergesetzt hatte.

Die Anwendung einer richtlinienkonformen Rechtsfortbildung der §§ 6 Abs. 3 i. V. m. 2 Abs. 1 AGG abseits des Regelungswortlautes und des gesetzgeberischen Willens setzt ferner die Beachtung des Prinzips der Rechtssicherheit voraus.[383] Die Rechtssicherheit ist ein dem Art. 20 GG zugrunde liegendes dem Rechtsstaatsprinzip zugeordnetes Element.[384] Enthalten ist darin auch der Schutz des Vertrauens in die Kontinuität von Recht im Sinne individueller Erwartungssicherheit.[385] Eine solche Auslegungssicherheit ist bei einer Regelung jedoch nicht zu erwarten, wenn „ihre Richtlinienkonformität von zahlreichen Stimmen im Schrifttum zumindest problematisiert wurde“.[386] Anders gewendet: Für richtlinienkonforme Rechtsfortbildung ist kein Raum, wenn durch sie sowohl die Aussage des Gesetzeswortlauts selbst, als auch des gesetzgeberischen Willens und die Interpretation durch die Gemeinschaft der nationalen Rechtsgelehrten pervertiert würden. In Bezug auf die Auslegung des Umfanges des sachlichen Geltungsbereiches des AGG auf selbstständig erwerbstätige Organmitglieder kann jedoch von einer herrschenden Ansicht gesprochen werden. Zwar wird die Richtlinienkonformität bereits von einigen wenigen Stimmen der Literatur in Zweifel gezogen,[387] jedoch nur vereinzelt tatsächlich

380 BT-Drs. 15/4538, S. 40

381 BT-Drs. 15/4538, S. 8

382 S. dazu oben Teil A, I. 3. b) aa)

383 BGH, Urt. v. 21.12.2011 – Az. VIII ZR 70/08 (zitiert nach Juris Rn. 46 f.)

384 *Grzeszick* in Maunz/Düring, GG, Art. 20 GG, Rn. 49

385 *Grzeszick* in Maunz/Düring, GG, Art. 20 GG, Rn. 69

386 BGH, Urt. v. 21.12.2011 – Az. VIII ZR 70/08 (zitiert nach Juris Rn. 47)

387 *Annuß*, BB 2006, 1629, 1630, Fn. 15; *Rust* in Rust/Falke, § 6, Rn. 23

abgelehnt.[388] Bisher ist daher die Ansicht eines nur beschränkten Geltungsbereiches für selbstständig Erwerbstätige als sicher i. S. d. oben zitierte Entscheidung des BGH anzusehen. Das Prinzip der Rechtssicherheit steht folglich einer Rechtsfortbildung entgegen. Weder eine richtlinienkonforme Auslegung noch eine Rechtsfortbildung sind möglich.[389] Der Regelungsinhalt des AGG steht zu dem der Gleichbehandlungsrichtlinien im Widerspruch. Ein Umsetzungsdefizit ist anzunehmen.

3. Fazit

Obwohl die Richtlinie 2006/54/EG in ihrem Artikel 14 von selbstständig und unselbstständig Erwerbstätigen spricht, ist deren Geltungsbereich nicht auf einen dieser Personenkreise einzuschränken. Der Entwicklung der Gleichbehandlungsrichtlinien kann entnommen werden, dass deren persönlicher Geltungsbereich und damit die Aufnahme der selbstständig Erwerbstätigen dem Wortlaut nach auf den Anwendungsbereich der Richtlinie 76/207/EWG zurückzuführen sind.[390] Gleich, ob der Ansicht gefolgt wird, nach der das Benachteiligungsverbot der Richtlinie 76/207/EWG lediglich i. V. m. Richtlinie 86/613/EWG auf Selbstständige anzuwenden ist oder derjenigen, welche kein Erfordernis der Hinzuziehung der Richtlinie 86/613/EWG verlangt,[391] kann festgehalten werden, dass dieses Benachteiligungsverbot nicht nur hinsichtlich des Zugangs zur Erwerbstätigkeit und den beruflichen Aufstieg auf Selbstständige anzuwenden war. Demnach bedarf es keiner Klarstellung, nach der die Änderungsrichtlinie 2002/73/EG und die Richtlinie 2006/54/EG geschlechtsbezogene Diskriminierungen auch in Bezug auf die Beschäftigungs- und Arbeitsbedingungen einschließlich der Entlassungsbedingungen verbieten. Vielmehr bedürfte es einer Klarstellung, wenn der Benachteiligungsschutz der Richtlinie 76/207/EG mit der Änderungsrichtlinie 2002/73/EG oder der Richtlinie 2006/54/EG für selbstständig Erwerbstätige dahin gehend geändert werden soll, dass diese nicht mehr in sämtlichen Bereichen vor geschlechtsbezogenen Diskriminierungen geschützt sind. Handelt es sich folglich bei sämtlichen Organmitgliedern um selbstständig oder unselbstständig Erwerbstätige i. S. d. Gleichbehandlungsrichtlinien, gilt das Diskriminierungsverbot der Richtlinie 2006/54/EG ebenso

388 *Rust* in Rust/Falke, § 6, Rn. 23; a.A. *Hoentzsch*, Die Anwendung der Benachteiligungsverbote, S. 55
389 Ebenso im Ergebnis *Schubert*, ZIP 2013, 289, 292
390 S. dazu oben Teil A, II. 2. b)
391 S. dazu oben Teil A, II. 2. b)

in Bezug auf die Beschäftigungs- und Arbeitsbedingungen einschließlich der Entlassungsbedingungen.

Die Geltungsbereiche der Gleichbehandlungsrichtlinien sind im AGG getrennt nach sachlichem und persönlichem Anwendungsbereich in § 2 Abs. 1 AGG und § 6 AGG aufgenommen worden. Der Anwendungsumfang des AGG auf Organmitglieder resultiert folglich aus § 6 i. V. m. § 2 Abs. 1 AGG. Dem Wortlaut des § 6 Abs. 3 AGG nach gilt das Benachteiligungsverbot aus § 7 Abs. 1 AGG für Organmitglieder lediglich für die Bereiche des Zugangs zur Erwerbstätigkeit und zum beruflichen Aufstieg. Verwiesen wird damit auf den sachlichen Bereich in § 2 Abs. 1 Nr. 1 AGG. Erfasst der Geltungsbereich der Änderungsrichtlinie 2002/73/EG und der Richtlinie 2006/54/EG unbeschränkt Organmitglieder, der des AGG jedoch nicht, entspricht die in § 6 Abs. 3 AGG enthaltene Beschränkung folglich keiner richtlinienkonformen Umsetzung.

Dabei ist bei dieser Untersuchung des Anwendungsumfanges des AGG zwischen selbstständigen und unselbstständigen Organmitgliedern zu unterscheiden.[392] Besteht in der Literatur zwar Einigkeit darüber, dass die Gleichbehandlungsrichtlinien auf als unselbstständig erwerbstätig zu qualifizierende Organmitglieder unbeschränkt anzuwenden sind,[393] wird dennoch über die genaue Auslegung des AGG gestritten. Hinsichtlich der Annahme, dass die beschränkte Anwendung des AGG auf selbstständig erwerbstätige Organmitglieder unionskonform ist, kann hingegen von einer herrschenden Ansicht gesprochen werden.

Nach der überwiegenden Ansicht sind unselbstständig erwerbstätige Organmitglieder auch hinsichtlich ihrer Beschäftigungs-, Arbeits- und Entlassungsbedingungen i. S. d. § 2 Abs. 1 Nr. 2 AGG vor Benachteiligungen aufgrund eines in § 1 AGG genannten Grundes geschützt. Weder die Wortlautauslegung noch die systematische Auslegung des § 6 Abs. 3 AGG sprechen gegen diese Auslegung. Auch handelt es sich dabei nicht um eine Rechtsfindung außerhalb des gesetzgeberischen Willens. Ein Umsetzungsdefizit ist demnach für diesen Personenkreis abzulehnen. Es liegen zwei Ansichten vor, die zwar zum selben Ergebnis führen, jedoch sich hinsichtlich der Auslegung unterscheiden. Einerseits besteht die Ansicht, welche sämtliche Organmitglieder unter den Organmitgliederbegriff i. S. d. § 6 Abs. 3 AGG subsumiert und anhand der Auslegung des sachlichen Anwendungsbereiches in § 2 Abs. 1 AGG untersucht, inwiefern

392 S. Teil B, II.

393 S. dazu ausführlich oben Teil B, I. 1.

das AGG eingeschränkt auf diesen Personenkreis anzuwenden ist.[394] Nach dieser Auslegung können sich selbstständig Erwerbstätige lediglich auf die Bereiche des § 2 Abs. 1 Nr. 1 AGG berufen und unselbstständig Erwerbstätige auf sämtliche Anwendungsbereiche des AGG.[395] Eine solche Auslegung vermeidet die Subsumtion von unselbstständig erwerbstätigen Organmitgliedern unter den Arbeitnehmerbegriff. Diese Ansicht übersieht jedoch, dass § 2 AGG nur den sachlichen Geltungsbereich enthält. Wird nur dieser ausgelegt, fehlt die Betrachtung des in § 6 AGG enthaltenen persönlichen Geltungsbereiches des AGG. Auch setzt sich eine solche Auslegung nicht mit der klar zum Ausdruck gebrachten Beschränkung auf Zugang zur Erwerbstätigkeit und beruflichen Aufstieg auseinander. Andererseits gibt es noch eine Auslegung mit identischem Ergebnis: die Subsumtion der unselbstständig erwerbstätigen Organmitglieder unter den Arbeitnehmerbegriff des § 6 Abs. 1 Nr. 1 AGG.[396] Damit würde die in § 6 Abs. 3 AGG enthaltene Beschränkung nur selbstständig erwerbstätige Organmitglieder erfassen. Mit dieser Auslegung wird die Trennung zwischen sachlichem und persönlichem Geltungsbereich beachtet. Diese Auslegung führt zudem zu keiner faktischen Derogation des § 6 Abs. 3 AGG. Wird zwar unstreitig eine teleologische Reduktion des Anwendungsbereiches nach § 6 Abs. 3 AGG auf unselbstständig erwerbstätige Organmitglieder abgelehnt,[397] darf die teleologische Reduktion nur zur Rückführung des Normtextes und nicht zu einer vollständigen Nichtanwendung einer Regelung eingesetzt werden.[398] Indem § 6 Abs. 3 AGG weiterhin auf (lediglich) selbstständig erwerbstätige Organmitglieder anzuwenden ist, führt dies zu keiner Nichtanwendung dieser Regelung. Eine solche Auslegung entspricht der überwiegenden Ansicht, nach welcher der

---

394 So wohl OLG Köln, Urt. v. 29.7.2010 – Az. 18 U 196/09 = NZA 2011, 211, 212; *Hoentzsch*, Die Anwendung der Benachteiligungsverbote, S. 36 ff.;

395 *Hoentzsch*, Die Anwendung der Benachteiligungsverbote, S. 55

396 *Löw*, GmbHR 2010, R305, R305f.; im Ergebnis ebenso *Hoentzsch*, die Anwendung der Benachteiligungsverbote, S. 70 f.; inkonsequent BGH, Urt. v. 23.4.2012 – Az. II ZR 163/10 = NJW 2012, 2346, 2347, der die Frage der Subsumtion einiger Organmitglieder unter § 6 Abs. 1 AGG offenlässt und dabei die Beschränkung des § 6 Abs. 3 AGG für Organmitglieder jedoch feststellt

397 S. dazu oben Teil B, I. 1. a)

398 *Canaris* in: FS Bydlinski, 2002,47, 94; offengelassen BGH, Urt. v. 26.11.2008 – Az. VIII ZR 200/05 = NJW 2009, 427, 430 und BGH, Urt. v. 21.12.2011 – Az. VIII ZR 70/08 (zitiert nach Juris Rn. 45)

sachliche Anwendungsbereich selbstständig Erwerbstätige lediglich beschränkt erfasst.[399]

Der Teil des Schrifttums wiederum, welcher zwar einen solch beschränkten Anwendungsbereich des AGG für sämtliche Organmitglieder, nicht jedoch den der Gleichbehandlungsrichtlinien für unselbstständig erwerbstätige Organmitglieder annimmt und letzterer Auslegung nicht folgt, bejaht konsequent ein Umsetzungsdefizit.[400]

Entgegen der herrschenden Ansicht führt die hier dargestellte Untersuchung nicht zu dem Ergebnis einer unionskonformen Umsetzung. Erfasst ebenfalls der Geltungsbereich in Art. 14 Abs. 1 lit. c der Richtlinie 2006/54/EG selbstständige Erwerbstätige,[401] ist aufgrund des beschränkt anzuwendenden Geltungsbereiches auf selbstständig Erwerbstätige ein Umsetzungsdefizit anzunehmen.

Auch der Entscheidung des EuGH zur Rechtssache *Danosa*[402] ist die Intention zu entnehmen, selbstständig erwerbstätige Organmitglieder auch hinsichtlich der Entlassungsbedingungen vor Benachteiligungen aufgrund des Geschlechtes schützen zu wollen. Diese Entscheidung ist jedoch hinsichtlich der Auslegung des sachlichen Anwendungsbereiches der Gleichbehandlungsrichtlinien aufgrund der Verweise auf die Richtlinie 2002/73/EG und 86/613/EWG weniger hilfreich als irreführend.

Einer richtlinienkonformen Auslegung der Regelungen des AGG auf selbstständig erwerbstätige Organmitglieder steht der eindeutige Wille des Gesetzgebers, wie auch der Wortlaut der Regelung des § 6 Abs. 3 AGG, entgegen. Wird auch der Ansicht des BGH in seiner jüngeren Entscheidung vom 21. November 2011 gefolgt und will man daher abseits des Wortlautes und gesetzgeberischen Willens eine richtlinienkonforme Rechtsfortbildung vornehmen,[403] führt dies ebenfalls nicht zur Annahme einer vollumfänglichen Anwendung des AGG auf selbstständig erwerbstätige Organmitglieder. Eine solche richtlinienkonforme Rechtsfortbildung des sachlichen Anwendungsbereiches hinsichtlich der selbstständig erwerbstätigen Organmitglieder steht im Widerspruch zu dem Grundsatz der Rechtssicherheit. Folglich ist der sachliche Anwendungsbereich des

---

399 So auch *Hoentzsch*, Die Anwendung der Benachteiligungsverbote, S. 55; wohl auch OLG Köln, Urt. v. 29.7.2010 – Az. 18 U 196/09 = NZA 2011, 211, 212

400 *Bauer/Krieger*, AGG, § 6, Rn. 35a

401 S. dazu oben Teil B, I. 2.

402 S. Fn. 353

403 BGH, Urt. v. 21.12.2011 – Az. VIII ZR 70/08 (zitiert nach Juris Rn. 28, 32 ff.)

AGG, bis zu einer eventuellen gesetzlichen Neuregelung,[404] lediglich beschränkt auf den sachlichen Anwendungsbereich in § 2 Abs. 1 Nr. 1 AGG auf selbstständig erwerbstätige Organmitglieder anzuwenden. Damit bleibt die in § 6 Abs. 3 AGG enthaltene Beschränkung des Geltungsbereiches des AGG auf selbstständig erwerbstätige Organmitglieder hinter dem durch die Richtlinien gegebenen Schutz zurück.

Ist bei der Prüfung eines Umsetzungsdefizites nicht lediglich das AGG, welches der spezifischen Umsetzung der Gleichbehandlungsrichtlinien dient, sondern das gesamte nationale Recht hinzuzuziehen,[405] bleibt festzuhalten, dass nach § 103 Abs. 1 und 2 AktG Aufsichtsratsmitglieder jederzeit ohne Grund abberufen werden können. Eine richtlinienkonforme Umsetzung betrifft damit ebenfalls diese Regelung. Eine unionskonforme Auslegung dieser Regelung, nach welcher nicht aus Gründen des Geschlechtes abberufen werden darf, ist jedoch mehr als zweifelhaft. Dagegen spricht nämlich zum einen der ausdrückliche Wille des Gesetzgebers, die Beendigung der Organtätigkeit nicht vom Benachteiligungsverbot erfassen zu wollen, wie auch der Grundsatz der Rechtsicherheit.

II. Rechtliche Qualifizierung der Aufsichtsratstätigkeit als unselbstständige oder selbstständige Erwerbstätigkeit i. S. d. AGG?

Ein unbeschränkt sachlicher Geltungsbereich des AGG gilt lediglich für solche Organmitglieder, die eine unselbstständige Erwerbstätigkeit i. S. d. Gleichbehandlungsrichtlinien ausüben,[406] indem diese unter den Beschäftigtenbegriff i. S. d. § 6 Abs. 1 AGG subsumiert werden.[407] Für die Frage, inwiefern Aufsichtsratsmitglieder ebenfalls von dem oben dargestellten Umsetzungsdefizit erfasst oder unter den Begriff der Beschäftigten zu subsumieren sind, bedarf es der rechtlichen Qualifizierung der Organtätigkeit als selbstständige oder unselbstständige Erwerbstätigkeit i. S. d. AGG.

---

404 Vgl. zur Frage einer eventuell beschränkten Gesetzgebungskompetenz des Bundes, *Roetteken*, AGG, § 6, Rn. 4 ff.

405 EuGH, Urt. v. 14.7.1994 – Rs. C-91/92 („*FacciniDori*"), Rn. 26, Slg. 1994, I-3325, 3357 = NJW 1994, 2473, 2474

406 S. dazu Teil B, I., a.A. *Bauer/Krieger*, AGG, § 6, Rn. 33, wonach ein unbeschränkter Geltungsbereich lediglich auf als abhängig beschäftigte Organmitglieder anzuwenden ist.

407 Offengelassen BGH, Urt. v. 23.4.2012 – Az. II ZR 163/10 = NJW 2012, 2346, 2347; dazu ausführlich s.o.

Ohne nähere Definition wurden die Begriffe der selbstständigen und der unselbstständigen Erwerbstätigkeit i. S. d. AGG aus den Gleichbehandlungsrichtlinien übernommen. Wohl aufgrund des arbeitsrechtlichen und weniger gesellschaftsrechtlichen Charakters des AGG wird von Teilen der Literatur daher zur rechtlichen Qualifikation der Organtätigkeit i. S. d. AGG insbesondere die Rechtsprechung des BAG herangezogen.[408] Die der älteren Rechtsprechung des BGH zu entnehmende grundsätzliche Ansicht, nach welcher Organmitglieder keine Arbeitnehmer sind, wird seitens *Schrader/Schubert* als „zu formalistisch" kritisiert.[409] Wie bereits oben dargelegt, wollte der Gesetzgeber mit der Aufnahme der Organmitglieder in das AGG den Richtlinien entsprechen. Dieser Wille könnte unbeachtet sein, wenn die nationale der unionsrechtlichen Auslegung widerspricht.

In Ermangelung einer in den Gleichbehandlungsrichtlinien enthaltenen Definition wird die Organtätigkeit von anderen Teilen des Schrifttums und der jüngeren Rechtsprechung des BGH unter Hinzuziehung der vom EuGH herausgearbeiteten Kriterien ausgelegt.[410] Bisher fehlt es an einer intensiven Auseinandersetzung zur rechtlichen Einordnung der Aufsichtsratstätigkeit. Unter Anwendung der vom EuGH herausgearbeiteten Kriterien zur Feststellung der Arbeitnehmereigenschaft bei einem Organmitglied findet sich im Schrifttum vornehmlich die Einordnung der Tätigkeit eines Geschäftsführers einer GmbH als unselbstständige und die eines Vorstandsmitgliedes als selbstständige Erwerbstätigkeit.[411] Lediglich das Tatbestandsmerkmal der Erwerbstätigkeit problematisierend wird die Aufsichtsratstätigkeit als selbstständige Erwerbstätigkeit qualifiziert.[412] Diese rechtliche Beurteilung erfolgt ohne Verwendung der durch den EuGH festgelegten Kriterien. Dabei ist die Annahme einer

---

408 *Thüsing*, NZA 2004, Sonderbeilage zu Heft 22, 3; *ders.* in MüKo-BGB, § 6 AGG, Rn. 11; *Schrader/Schubert* in Däubler/Bertzbach, AGG, § 6, Rn. 37f.; *Wilsing/Meyer*, DB 2011, 341, 341; *Schrader/Schubert*, BB 2005, 1457, 1459

409 *Schrader/Schubert* in Däubler/Bertzbach, AGG, § 6, Rn. 37

410 *Eßer/Baluch*, NZG 2007, 321, 323; *Reufels/Molle*, NZA-RR 2011, 281, 283 f.; *Bauer/Krieger*, AGG, § 6, Rn. 35; *Liebhäuser*, Bedeutung des AGG für Organmitglieder, 76 ff.; BGH, Urt. v. 26.3.2019 - Az. II ZR 244/17 = NJW 2019, 2086, 2088 f.

411 *Reufels/Molle*, NZA-RR 2011, 281, 282 ff.; *Bauer/Krieger*, AGG, § 6, Rn. 35a f; *Schelp*, GmbH-Steuerpraxis 2011, 265, 269; *Wilsing/Meyer*, DB, 2011, 341, 343; *Liebhäuser*, Bedeutung des AGG für Organmitglieder, S. 78 f.

412 *Lutter*, BB 2007, 725, 739, wonach sie als „Träger eines privaten Amtes" keine unselbstständige Erwerbstätigkeit ausüben; *Schlachter* in ErfK, § 6 AGG, Rn. 7; *Redenius-Hövermann*, ZIP 2010 660, 663 f.; *Wilsing/Meyer*, DB 2011, 341, 342

selbstständigen Erwerbstätigkeit insbesondere aufgrund der Entscheidungen des EuGH zur Rechtssache *Danosa,*[413] *Balkaya*[414] und *Badeck*[415] nicht zweifelsfrei anzunehmen.[416]

Vorwegzunehmen ist, dass die seitens der Literatur herangezogenen Entscheidungen des EuGH zudem nicht oder nur mittelbar Bezug zu den Gleichbehandlungsrichtlinien haben. Dabei ist fraglich, ob sämtliche dieser Entscheidungen des EuGH zur Auslegung der selbstständigen und unselbstständigen Erwerbstätigkeit i. S. d. Gleichbehandlungsrichtlinien dienlich sind. Im Schrifttum findet sich in diesem Zusammenhang der Verweis auf den „einheitlichen Arbeitnehmerbegriff des Gemeinschaftsrechts".[417] Wird darunter eine in gleiche Weise für sämtliche Richtlinien anzuwendende Definition verstanden, könnte darin der Grund für die fehlende Auseinandersetzung und unkritische Heranziehung sämtlicher Entscheidungen des EuGH zur Auslegung der Gleichbehandlungsrichtlinien gesehen werden. Ist ein einheitlich zu definierender Arbeitnehmerbegriff abzulehnen, bedarf es für die Heranziehung der vom EuGH herausgearbeiteten Kriterien zur Auslegung des vom AGG erfassten Personenkreises mehr als nur die Feststellung, es handle sich bei den Gleichbehandlungsrichtlinien um Unionsrecht. Vielmehr ist feststellungsbedürftig, welche dieser Entscheidungen des EuGH die Auslegung der Gleichbehandlungsrichtlinien tangieren und ob die darin enthaltenen Kriterien zur Auslegung übertragbar sind.

Auch ist anzumerken, dass die Heranziehung der nationalen Rechtsansicht nicht ausnahmslos einer unionskonformen Auslegung widerspricht. Nur deswegen, weil es sich bei dem AGG um eine Umsetzung von Unionsrecht handelt, führt dies nicht dazu, dass bei der rechtlichen Einordnung der Organtätigkeit die nationale Rechtsprechung unbeachtet bleibt.[418] Es bedarf vielmehr der Klärung, inwiefern die Rechtsbegriffe der selbstständigen und unselbstständigen Erwerbstätigkeit i. S. d. Gleichbehandlungsrichtlinien autonom auszulegen und dieserhalb nach unionsrechtlichen Kriterien zu bestimmen sind. Ist dies nicht

---

413 S. Fn. 353

414 EuGH, Urt. v. 9.7.2015 – Rs. C-229/14 („*Balkaya*") = NJW 2015, 2481

415 EuGH, Urt. v. 28.3.2000 – Rs. C-158/97 („*Badeck*"), Slg. 2000, I-1875 = EuZW 2000, 474

416 A.A. DAV, Stellungnahme 52/2014, S. 14

417 So *Bauer/Krieger*, AGG, § 6, Rn. 34; *dies*. DB, 2005, 595, 597; *Reufels/Molle*, NZA-RR 2011, 281, 282; *Reiserer*, DB 2011, 2262, 2266 f.; a.A. *Brinkmann* in Huber, Aufenthaltsgesetz,, FreizügG/EU § 2, Rn. 7; *Rebhahn,* RdA 2009, 154, 158; *Fischer*, NJW 2011, 2329, 2330; *Liebhäuser*, Bedeutung des AGG für Organmitglieder, S. 25

418 A.A. *Liebhäuser*, Bedeutung des AGG für Organmitglieder, S. 76

der Fall, hat die rechtliche Qualifikation nach nationalem Recht Berücksichtigung zu finden.

1. Autonome Auslegung der Rechtsbegriffe der Gleichbehandlungsrichtlinien

Das Unionsrecht kennt keine einheitliche Definition des Arbeitnehmerbegriffes.[419] Spricht auch der EuGH vom „Arbeitnehmerbegriff im Sinne des Unionsrechts",[420] ist keine einheitlich für sämtliche Richtlinien bindende Definition gemeint. Dieser Grundsatz eines nicht einheitlich auszulegenden Arbeitnehmerbegriffes im Unionsrecht wird durch die Verweise des EuGH unterstrichen, nach welchen die Bedeutung des Arbeitnehmerbegriffes von dem jeweiligen Anwendungsbereich abhängt.[421] Mit der Folge, dass die Arbeitnehmerbegriffe der Mitgliedstaaten unterschiedliche sind,[422] lassen die Arbeitnehmer betreffenden Richtlinien diesen Begriff zumeist offen oder überlassen die Auslegung ausdrücklich den Mitgliedstaaten.[423] Damit verbunden ist die Gefahr einer dermaßen engen Auslegung durch die Mitgliedsstaaten, wodurch die Richtlinien auf einen bestimmten Personenkreis keine Anwendung finden und damit dessen Umgehung ermöglicht wird.[424] Eine Erweiterung durch den nationalen Gesetzgeber zugunsten eines Personenkreises steht einer richtlinienkonformen

---

419 *Riesenhuber*, Europäisches Arbeitsrecht, § 1, Rn. 2; KOM(2006) 708 endg., S. 16, eines der zentralen Anliegen dieses Grünbuches war durch die Frage der Harmonisierung des Arbeitnehmerbegriffes für die EU-Richtlinien in Form einer einheitlichen Definition geprägt; zur Kompetenzfrage vgl. *Riesenhuber*, Europäisches Arbeitsrecht, § 1, Rn. 5; wohl a.A. *Schubert*, ZIP 2013, 289, 290

420 EuGH, Urt. v. 11.11.2010 – Rs. C-232/09 („*Danosa*"), Rn. 44, Slg. 2010, I-1140 = EuZW 2011, 76, 79

421 EuGH, Urt. v. 13.1.2004 – Rs. C-256/01 („*Allonby*"), Rn. 63, Slg. 2004, I-873, 927 = NZA 2004, 201, 204; EuGH, Urt. v. 12.5.1998 – Rs. C-85/96 („*Martínez Sala*"), Rn. 31 = EuZW 1998, 372, 374

422 *Riesenhuber*, Europäisches Arbeitsrecht, § 1, Rn. 2

423 Vgl. Art. 23 Art. 2 Nr. 1 lit. der Richtlinie 2001/23/EG vom 12.3.2001, ABl. EG Nr. L 82 vom 22.3.2001, S. 16 (Betriebsübergang); Art. 33 Art. 2 Abs. 1 der Richtlinie 94/33/EG vom 22.6.1994 ABl. EG Nr. L 216, vom 22.8.1994, S. 12 (Jugendarbeitsschutz); Art. 14 Art. 2d der Richtlinie 2002/14/EG vom 11.3.2002 ABl. EG Nr. L 80 vom 23.3.2002, S. 29 (Betriebsrat/„Renault-Richtlinie");

424 *Bayreuther*, NZA 2007, 371, 372 f.; EuGH, Urt. v. 23.3.1982 – Rs. 53/81 („*Levin*"), Rn. 11, Slg. 1982, 1035, 1049; EuGH, Urt. v. 21.6.1988 – Rs. 197/86 („*Brown*"), Rn. 22, Slg. 1988, 3205,3244;

Auslegung wiederum nicht entgegen. Allerdings ist der autonom auszulegende Arbeitnehmerbegriff im Hinblick auf die grundlegende Bedeutung der Grundfreiheit und der Vertragsziele ohnehin weit auszulegen.[425]

Ist alleiniges Ziel einer einheitlich unionsrechtlichen Definition die Verhinderung einer zu engen Auslegung durch die Mitgliedstaaten, so ist *Bayreuther* dahin gehend zuzustimmen, dass es genüge, wenn der sachliche Anwendungsbereich innerhalb der Richtlinien festgelegt wird.[426] Die Festlegung des sachlichen Geltungsbereiches genügt jedoch nicht, wenn dieser nicht für sämtliche Erwerbstätige im selben Umfang Anwendung findet. Dieses ist beim AGG der Fall. Der Geltungsbereich dieses Gesetzes ist auf selbstständig erwerbstätige Organmitglieder lediglich beschränkt anzuwenden.

Liegt weder ein einheitlicher Arbeitnehmerbegriff des Unionsrechtes vor noch eine in den Richtlinien selbst enthaltene Definition dieser Rechtsbegriffe, ist vorweg zu klären, inwiefern diese autonom unionsrechtlich auszulegen sind. Bei einer solchen autonom unionsrechtlichen Begriffsbestimmung handelt es sich um eine Definition, die den Mitgliedstaaten die Möglichkeit nimmt, diesen Begriff nach innerstaatlichem Recht unterschiedlich zu bestimmen.[427] Zur Gewährleistung einer effektiven Rechtsanwendung legt der EuGH dem Arbeitnehmerbegriff häufig eine solche autonome Auslegung zugrunde.[428] Die Entscheidung für eine autonome Auslegung liegt jedoch nicht im Ermessen des EuGH. Enthält eine Richtlinie selbst eine Definition eines Begriffes, haben sich die Mitgliedstaaten an diese zu halten. Verweist dagegen der Unionsgesetzgeber auf das Recht der Mitgliedsstaaten, ist eine unionsrechtliche Definition nicht gewollt,[429] wodurch die jeweilige nationale Rechtsansicht entscheidend ist. Ein Hinweis, nach welchem ein nationales Gesetz eine Richtlinie umsetzt, genügt folglich nicht allein, die nationale Rechtsansicht als unbedeutend zu deklarieren.[430]

---

425 EuGH, Urt. v. 30.3.2006 – Rs. C-10/05, Rn. 18, Slg. 2006, I-3145, 3169 = NVwZ 2006, 921; EuGH, Urt. v. 3.7.1986 – Rs. 66/85 („*Lawrie-Blum*"), Slg. 1986, 2121 = NVwZ 1987, 41; EuGH, Urt. v. 13.1.2004 – Rs. C-256/01 („*Allonby*"), Rn. 66, Slg. 2004, I-873, 927 = NZA 2004, 201, 204

426 *Bayreuther*, NZA 2007, 371, 373

427 KOM(2006) 708 endg., S. 16

428 EuGH, Urt. v. 13.1.2004 – Rs. C-256/01 („*Allonby*"), Rn. 66, Slg. 2004, I-873, 927 = NZA 2004, 201, 204; EuGH, Urt. v. 3.7.1986 – Rs. 66/85 („*Lawrie-Blum*"), Rn. 16, Slg. 1986, 2121, 2144 = NVwZ 1987, 41; *Hailbronner*, ZAR 2004, 259, 259

429 So auch *Reiserer*, DB 2011, 2262, 2266

430 So jedoch für das AGG *Liebhäuser*, Bedeutung des AGG für Organmitglieder, S. 76

Die Gleichbehandlungsrichtlinien enthalten weder eine Definition noch einen Verweis auf das Recht der Mitgliedsstaaten. Bei einem solch fehlenden Verweis ist es fraglich, wie die Richtlinien zu bewerten sind.[431] Angenommen werden könnte, dass damit die Definition ebenfalls den Mitgliedstaaten überlassen wurde.[432] Dieser Ansicht folgt der EuGH nicht. Mangelt es eines solchen Verweises, nimmt dieser eine autonome Auslegung vor. Deutlich wird diese Vorgehensweise insbesondere durch die Entscheidung des EuGH in der Rechtssache *Kiisik*[433]. In dieser hatte der EuGH über die Auslegung des Begriffes der „Arbeitnehmerin" i. S. d. Mutterschutzrichtlinie 92/85/EWG[434] zu entscheiden. Allein weil es eines ausdrücklichen Verweises auf das Recht der Mitgliedstaaten hinsichtlich der Auslegung des Begriffes der Arbeitnehmerin fehlt, folgert der EuGH, „dass der Gemeinschaftsgesetzgeber für die Anwendung der Mutterschutzrichtlinie den Begriff „schwangere Arbeitnehmerin" gemeinschaftsrechtlich definieren wollte"[435]. Demnach ist der Wille des Gemeinschaftsgesetzgebers so zu verstehen, dass einer Regelung eine autonome Begriffsbestimmung zugrunde liegt, wenn nicht ausdrücklich auf das Recht des Mitgliedstaates verwiesen wird.[436] Für die Begriffe der unselbstständigen und selbstständigen Erwerbstätigkeit i.S.d. Gleichbehandlungsrichtlinien liegt keine Definition und kein Verweis auf das Recht der Mitgliedstaaten vor. Für die Auslegung dieser Begriffe bedeutet dies, dass diese autonom anhand unionsrechtlicher Kriterien und nicht nach innerstaatlichem Recht auszulegen sind.

Bei der Auslegung der Begriffe der selbstständigen und unselbstständigen Erwerbstätigkeit i. S. d. Gleichbehandlungsrichtlinien sind, neben den Zielen

---

431 Vgl. *Riesenhuber* in Riesenhuber Europäische Methodenlehre, § 10, Rn. 5; a.A. *Hoentzsch*, Die Anwendung der Benachteiligungsverbote, S. 48, wonach daraus eindeutig zu schließen ist, dass dieser allein deswegen autonom i. S. d. unionsrechtlichen Regelung auszulegen ist

432 So wohl *Lingemann* in Prütting/Wegen/Weinreich, BGB, § 6 AGG, Rn. 6, der die nationale Rechtsprechung heranzieht

433 EuGH, Urt. v. 20.9.2007 – Rs. C-116/06 („*Kiiski*"), Slg. 2007, I-7643 = EuZW 2007, 741

434 Richtlinie 92/85/EWG des Rates vom 19. Oktober 1992 über die Durchführung von Maßnahmen zur Verbesserung der Sicherheit und des Gesundheitsschutzes von schwangeren Arbeitnehmerinnen, Wöchnerinnen und stillenden Arbeitnehmerinnen am Arbeitsplatz (zehnte Einzelrichtlinie im Sinne des Art. 16 Abs. 1 der Richtlinie 89/391/EWG)

435 EuGH, Urt. v. 20.9.2007 – Rs. C-116/06 („*Kiiski*"), Rn. 24, Slg. 2007, I-7643 = EuZW 2007, 741,742

436 So auch *Riesenhuber* in Riesenhuber Europäische Methodenlehre, § 10, Rn. 6

des europäischen Vertrages, dessen Regelungszusammenhänge zu beachten und unter Rückgriff auf die allgemein anerkannten Auslegungsgrundsätze zu ermitteln.[437] Indem der EuGH bei Annahme einer autonom unionsrechtlichen Auslegung eines Arbeitnehmerbegriffes in seiner Entscheidung zur Rechtssache *Danosa*[438] jedoch auf die Entscheidung in der Rechtssache *Lawrie-Blum*[439] verweist, könnte er sich die darin enthaltene Begründung zu dieser einheitlichen Auslegung zu eigen gemacht haben. Ein Fehlen einer Definition oder eines Verweises auf das innerstaatliche Recht innerhalb der Gleichbehandlungsrichtlinien könnte dem folgend nicht allein eine autonome unionsrechtliche Auslegung der Rechtsbegriffe rechtfertigen. Vielmehr werden in dieser Entscheidung die unionsrechtliche Bedeutung des Arbeitnehmerbegriffes und die daraus resultierende Erforderlichkeit einer einheitlich autonomen Auslegung damit begründet, dass es sich bei der Freizügigkeit der Arbeitnehmer um ein „Grundprinzip der Gemeinschaft“[440] handelt. Bedürfte es demnach für die Annahme einer autonomen Auslegung der Verwirklichung eines Grundprinzips der Europäischen Union, ist die betreffende Richtlinie auf eine solche zu untersuchen.

Diese Voraussetzung erfüllen die Gleichbehandlungsrichtlinien. Nach Art. 8 AEUV (Art. 3 Abs. 2 EGV) ist es Aufgabe der Europäischen Union, die Gleichstellung von Männern und Frauen zu fördern.[441] Art. 157 AEUV (Art. 141 EGV) stellt eine „spezifische Ausprägung des Grundsatzes der Gleichbehandlung von Männern und Frauen dar“[442], sodass dem Arbeitnehmerbegriff i.S. dieses Artikels eine unionsrechtliche Bedeutung zukommt und damit die Erforderlichkeit einer einheitlichen Auslegung dieses Begriffes. Ebenfalls gehört es nach Art. 10 AEUV zu den Grundsätzen der Europäischen Union Diskriminierungen aus Gründen des Geschlechtes, der Rasse, der ethnischen Herkunft, der Religion oder der Weltanschauung, einer Behinderung, des Alters oder der sexuellen Ausrichtung zu bekämpfen. Die Gleichbehandlungsrichtlinien dienen damit der

---

437 Zum Arbeitnehmerbegriff vgl. EuGH, Urt. v. 13.1.2004 – Rs. C-256/01 („*Allonby*“), Rn. 64, Slg. 2004, I-873, 927 = NZA 2004, 201, 204

438 EuGH, Urt. v. 11.11.2010 – Rs. C-232/09 („*Danosa*“), Rn. 39, Slg. 2010, I-1140 = EuZW 2011, 74, 76

439 EuGH, Urt. v. 3.7.1986 – Rs. 66/85 („*Lawrie-Blum*“), Slg. 1986, 2121 = NVwZ 1987, 41

440 EuGH, Urt. v. 3.7.1986 – Rs. 66/85 („*Lawrie-Blum*“), Rn. 16, Slg. 1986, 2121 = NVwZ 1987, 41

441 4. Erwägungsgrund der Richtlinie 2002/73/EG

442 EuGH, Urt. v. 13.1.2004 – Rs. C-256/01 („*Allonby*“), Rn. 65 f., Slg. 2004, I-873, 927 = NZA 2004, 201, 204

Verwirklichung von Grundprinzipien der Europäischen Union.[443] Die rechtliche Einordnung einer Aufsichtsratstätigkeit als unselbstständige oder unselbstständige Erwerbstätigkeit i. S. d. Gleichbehandlungsrichtlinien ist folglich autonom und nicht nach nationalem Recht zu bestimmen.[444]

2. Auslegungskriterien des EuGH zur rechtlichen Qualifikation der Organtätigkeit

Im Wege der Vorabentscheidung entscheidet der EuGH nach Art. 267 Abs. 1 lit. a AEUV über die Auslegung des Vertrags sowie nach Art. 267 Abs. 1 lit. b AEUV über die Auslegung der von den Organen der Europäischen Union erlassenen Rechtsvorschriften. Bedarf es einer autonomen Auslegung der in den Gleichbehandlungsrichtlinien enthaltenen Rechtsbegriffe, kann demnach dem EuGH auch die Auslegung der Organtätigkeit als selbstständige und unselbstständige Erwerbstätigkeit i. S. d. Gleichbehandlungsrichtlinien vorgelegt werden.

In bisher wenigen Fällen, vorwiegend zur Arbeitnehmerfreizügigkeit und Niederlassungsfreiheit, hatte der EuGH bereits über die rechtliche Qualifizierung eines Organmitgliedes zu entscheiden. Zur rechtlichen Feststellung der Organtätigkeit als selbstständige oder unselbstständige Erwerbstätigkeit i. S. d. Gleichbehandlungsrichtlinien werden seitens der Literatur vorwiegend Entscheidungen zur Arbeitnehmerfreizügigkeit und Niederlassungsfreiheit des EuGH und die darin enthaltenen festgelegten Kriterien herangezogen.[445] Liegen die vom EuGH herausgearbeiteten Kriterien zur Feststellung der Arbeitnehmereigenschaft vor, ist eine selbstständige Tätigkeit abzulehnen. Der Arbeitnehmerbegriff ist anhand objektiver Kriterien zu definieren und weit auszulegen.[446] Die

---

443 So auch *Fischer*, NJW 2011, 2329, 2331

444 So auch im Ergebnis *Rust* in Groeben/Schwarze, Kommentar zum EU-/EG-Vertrag, PROTOKOLL (Nr. 17) zu Artikel 141 (ex-Artikel 119) des EGV, Rn. 277 hinsichtlich sämtlicher Tätigkeiten, die von Richtlinien umfasst sind, die auf ex. Art. 141 Abs. 3 EGV gestützt sind; *Fischer*, NJW 2011, 2329, 2331; BGH, Urt. v. 26.3.2019 - Az. II ZR 244/17 = NJW 2019, 2086, 2087 f.

445 *Reufels/Molle*, NZA-RR 2011, 281, 283; *Bauer/Krieger*, AGG, § 6, Rn. 35; *Adomeit/Mohr*, AGG, § 6, Rn. 11; *Eßer/Baluch*, NZG 2007, 321, 324; *Schlachter* in ErfK, § 6, Rn. 1; *Thüsing*, Arbeitsrechtlicher Diskriminierungsschutz, Rn. 99; *ders.* NZA 2004, Sonderbeilage zu Heft 22, 3, 4; *Bauer/Göpfert/Krieger*, DB 2005, 595, 597; *Bauer/Arnold*, ZIP 2008,993, 995

446 EuGH, Urt. v. 13.1.2004 - Rs. C-256/01 („*Allonby*“), Rn. 66, Slg. 2004, I-873, 927 = NZA 2004, 201, 204; EuGH, Urt. v. 11.11.2010 - Rs. C-232/09 („*Danosa*“), Rn. 39, Slg. 2010, I-1140 = EuZW 2011, 74, 76; EuGH, Urt. v. 3.7.1986 - Rs. 66/85 („*Lawrie-Blum*“),

Arbeitnehmereigenschaft ist in jedem Einzelfall nach Maßgabe aller Gesichtspunkte und aller Umstände, die die Beziehung zwischen den Parteien kennzeichnet, zu beantworten.[447] Die Darstellung der Auslegungskriterien – und die daraus resultierenden Folgen für die rechtliche Qualifizierung der Aufsichtsratstätigkeit – konzentriert sich daher im Folgenden ebenfalls maßgeblich auf diese Entscheidungen.

a) Widersprüchliche Qualifizierung der Organtätigkeit durch den EuGH?

Der EuGH befasste sich bereits mehrfach mit Regelungen, wonach Organmitglieder jeweils ihren Aufenthaltsort und ihren Wohnort in einem bestimmten Mitgliedsstaat haben müssen. Wie bereits in der Rechtssache *Factortame*[448] entschied der EuGH in der Rechtssache *Kommission/Spanien*[449], dass eine solche Regelung die Niederlassungsfreiheit verletzt.[450] Der Anwendungsbereich der Niederlassungsfreiheit umfasst nach Art. 49 Abs. 2 AEUV die Aufnahme und Ausübung selbstständiger Erwerbstätigkeiten sowie die Gründung und Leitung von Unternehmen. Die Freizügigkeit der Arbeitnehmer wird hingegen von Art. 45 Abs. 1 AEUV gewährleistet. Die im Unterabsatz des Art. 54 AEUV benannten Gesellschaften werden den natürlichen Personen gleichstellt. Dies hat zur Folge, dass die juristische Person selbst Rechtsträger der Niederlassungsfreiheit sein kann. Somit bedarf es keiner zwingenden Entscheidung, inwiefern die betroffenen Organmitglieder Arbeitnehmer oder Selbstständige sind. Ist dieser Entscheidung jedoch zu entnehmen, dass das Rechtssubjekt der

---

Rn. 16, Slg. 1986, 2121, 2144 = NVwZ 1987, 41; EuGH, Urt. v. 20.9.2007 – Rs. C-116/06 („*Kiiski*"), Rn. 25, Slg. 2007, I-7643 = EuZW 2007, 741, 742

447 EuGH, Urt. v. 11.11.2010 – Rs. C-232/09 („*Danosa*"), Rn. 46, Slg. 2010, I-1140 = EuZW 2011, 74, 77; EuGH, Urt. v. 13.1.2004 – Rs. C-256/01 („*Allonby*"), Rn. 69, Slg. 2004, I-873, 927 = NZA 2004, 201, 204; Schlussanträge des Generalanwalts *Bot* vom 02.09.2010, zur Rs. C-232/09 („*Danosa*"), Slg. 2010 I, 11405, 11422 f., Rn. 68, 75

448 EuGH, Urt. v. 25.7.1991 – Rs. C-221/89 („*Factortame*"), Rn. 32, Slg. 1991, I 3905, 3967 = EuZW 1991, 764

449 EuGH, Urt. v. 29.10.1998 – Rs. C-114/97 („*Kommission/Spanien*"), Slg. 1998 Seite I 6717 = EuZW 1999, 125

450 Vgl. EuGH, Urt. v. 29.10.1998 – Rs. C-114/97 („*Kommission/Spanien*"), Rn. 44, Slg. 1998 Seite I-06717 = EuZW 1999, 125, 126, wonach dieser die Arbeitnehmerfreizügigkeit lediglich durch die Regelung beschränkt ansah, wenn eine erforderliche Zulassung des Sicherheitspersonals von dem Besitz der Staatsangehörigkeit des betreffenden Mitgliedstaates abhängig gemacht wurde.

Niederlassungsfreiheit das Organmitglied ist,[451] wird von Teilen der Literatur zu Recht dieser Entscheidung eine Ablehnung der Arbeitnehmereigenschaft der betroffenen Organmitglieder entnommen.[452]

In der Rechtssache *Clean Car*[453] hatte der EuGH ebenfalls über eine Verletzung der Freizügigkeit aufgrund einer mitgliedstaatlichen Regelung über ein Wohnsitzerfordernis eines Organmitgliedes zu entscheiden. Trotz der inhaltlichen Vergleichbarkeit dieser Regelung mit der in der Rechtssache *Kommission/Spanien* judizierte der EuGH in der Rechtssache *Clean Car* keine Verletzung der Niederlassungsfreiheit, sondern der Arbeitnehmerfreizügigkeit.[454] Dieses setzt jedoch die Annahme der Arbeitnehmereigenschaft bei dem betroffenen Organmitglied voraus. Diese unterschiedlichen Qualifizierungen seitens des EuGH wurden von Teilen der Literatur als Widerspruch gewertet.[455]

Frenz vertritt hingegen die Ansicht, dass kein Widerspruch in diesen Entscheidungen zu sehen ist, da sich der Geschäftsführer im Fall *Clean Car* nicht auf seine eigenen Rechte berufe, „sondern die des Arbeitgebers wegen dessen Verflechtungen mit den Arbeitnehmern geltend machte“.[456] Bei einer solchen Begründung bleibt allerdings der unmittelbare Rechtsträger unbeachtet. Die Arbeitnehmerfreizügigkeit nach Art. 45 AEUV steht den Arbeitnehmern zu. Für Gesellschaften fehlt es an einer normierten Gleichstellung mit natürlichen Personen. Die juristische Person kommt damit nur als sogenannte Korrelarberechtigte in Betracht.[457] Diese kann jedoch nur den Verstoß gegen die Freiheit

451 Schlussanträge des Generalanwalts *Alber* vom 07.05.1998 zur Rs. C-114/97, Slg. 1998 I, 6717, 6728, der die Regelung als einen Verstoß gegen die Niederlassungsfreiheit „der Organmitglieder“ ansieht.

452 *Bauer/Krieger*, AGG, § 6, Rn. 35; *Eßer/Baluch*, NZG 2007, 321, 324; *Randelzhofer/Forsthoff* in Grabitz/Hilf, Das Recht der EU, 2009, Art. 39 EGV, Rn. 13; *Reufels/Molle*, NZA-RR 2011, 281, 282; *Adomeit/Mohr*, AGG, § 6, Rn. 23; *Liebhäuser*, Bedeutung des AGG für Organmitglieder, S. 77; *Hildebrand*, Arbeitnehmerschutz von geschäftsführenden Gesellschaftsorganen, S. 41

453 EuGH, Urt. v. 7.5.1998 – Rs. C-350/96 („*CleanCar*“), Rn. 30, 38 = EuZW 1998, 601, 602 f.

454 EuGH, Urt. v. 7.5.1998 – Rs. C-350/96 („*CleanCar*“), Rn. 43 = EuZW 1998, 601, 603

455 *Bauer/Krieger*, AGG, § 6, Rn. 35; *Eßer/Baluch*, NZG 2007, 321, 324; *Randelzhofer/Forsthoff* in Grabitz/Hilf, Das Recht der EU, 2009, Art. 39 EGV, Rn. 13; *Adomeit/Mohr*, AGG, § 6, Rn. 35; *Reufels/Molle*, NZA-RR 2011, 281, 283

456 *Frenz*, Handbuch Europarecht, Kapitel 7, § 1, Rn. 1349

457 Vgl. zum Begriff des Korrelarberechtigten *Forsthoff* in Grabitz/Hilf/Nettesheim, Das Recht der EU, Art. 45 AUEV, Rn. 47-52; a.A. *Frenz*, Handbuch Europarecht, Kapitel

des originär Berechtigten rügen.[458] Sieht der EuGH demnach in der mitgliedschaftlichen Regelung eine Beeinträchtigung der Arbeitnehmerfreizügigkeit, beinhaltet diese eine inzidente Feststellung der Arbeitnehmereigenschaft des betreffenden Organmitgliedes.

Löst die Begründung von *Frenz* nicht den Widerspruch auf, so kann dies aber ein Blick auf den jeweiligen Rechtsträger beantworten. Zur Begründung einer Verletzung der Niederlassungsfreiheit enthält die Entscheidung des EuGH zur Rechtssache *Kommission/Spanien* lediglich einen Verweis auf die Entscheidung zur Rechtssache *Factortame.*[459] Ist der betroffene Rechtsträger in der Entscheidung des EuGH zur Rechtssache *Factortame* hingegen nicht das Organmitglied, sondern die Gesellschaft,[460] könnte daraus gefolgert werden, dass der Rechtsträger in der Entscheidung zur Rechtssache *Kommission/Spanien* ebenfalls die juristische Person und weniger das Organmitglied ist. Letztere Ansicht würde dazu führen, dass diese Entscheidung die rechtliche Qualifizierung der Organtätigkeit nicht enthielt. Diesem folgend könnte ein Widerspruch zur rechtlichen Beurteilung der Organtätigkeit in der Entscheidung des EuGH zur Rechtssache *Clean Car* nicht entnommen werden[461].

Eine Begründung für diese Annahme oder Ablehnung der Arbeitnehmereigenschaft ist in diesen Entscheidungen nicht enthalten. Trägt diese Entscheidung daher auch wenig Hilfreiches zur Auslegung der Organtätigkeit als selbstständige oder unselbstständige Erwerbstätigkeit bei, kann ihr zumindest entnommen werden, dass die Annahme der Arbeitnehmereigenschaft bei Organmitgliedern von Kapitalgesellschaften seitens des EuGH nicht generell ausgeschlossen ist.[462]

3, § 1, Rn. 311, wonach dieser Begriff abzulehnen und eine versteckte oder mittelbare Beeinträchtigung anzunehmen sei

458 *Forsthoff* in Grabitz/Hilf/Nettesheim, Das Recht der EU, Art. 45 AEUV, Rn. 126; EuGH, Urt. v. 11.1.2007 – Rs. C-208/05 („*ITC/Bundesagentur für Arbeit*") Rn. 2 = EuZW 2007, 220, 221; EuGH, Urt. v. 7.5.1998 – Rs. C-350/96 („*CleanCar*"), Rn. 20 = EuZW 1998, 601, 602

459 S. Fn. 448

460 *Altmeppen/Ego* in MüKo-AktG, B, 1. Kapitel. Überblick über die Niederlassungsfreiheit von Kapitalgesellschaften, Rn. 76; vgl. EuGH, Urt. v. 25.7.1991 – Rs. C-221/89 („*Factortame*"), Rn. 29 f., 32, Slg. 1991, I 3905, 3966 f.

461 Einen Widerspruch annehmend: s. Fn. 455

462 A.A. *Bittner*, Europäisches und internationales Betriebsrentenrecht, S. 109, wonach „der Arbeitnehmerbegriff des EuGH ‚Organmitglieder von Kapitalgesellschaften' vom persönlichen Schutzbereich des Art. 39 EGV generell" ausnimmt

b) *Entscheidung zur Rechtssache* Badeck – *Ist die Aufsichtsratstätigkeit eine unselbstständige Erwerbstätigkeit?*

Bedenken hinsichtlich einer zweifelsfreien Qualifizierung der Tätigkeit eines Aufsichtsratsmitgliedes als selbstständige Tätigkeit kann auch der Entscheidung des EuGH zur Rechtssache *Badeck*[463] entnommen werden. Darin hatte der EuGH über die Vereinbarkeit einer die Besetzung eines Aufsichtsrates betreffenden, geschlechtsspezifischen Quotenregelung mit der Richtlinie 76/207/EWG zu entscheiden.[464] Dieser Entscheidung lag die Prüfung der Vereinbarkeit des § 14 HGlG a. F. mit dem Unionsrecht zugrunde. Nach § 14 HGlG a. F. sollen bei der Besetzung von Kommissionen, Beiräten, Verwaltungs- und Aufsichtsräten sowie sonstigen Gremien mindestens die Hälfte der Mitglieder Frauen sein. Die Ablehnung eines Verstoßes der zu überprüfenden Quotenregelung in § 14 HGlG a. F.[465] gegen diese Richtlinie wurde seitens des EuGH nicht damit begründet, dass Aufsichtsratsmitglieder nicht von dieser Richtlinie erfasst sind. Ist diese Richtlinie ohne Heranziehung der Richtlinie 86/613/EWG jedoch lediglich auf Arbeitnehmer und damit unselbstständig Erwerbstätige anzuwenden[466] und wurde die betreffende Quotenregelung ausschließlich an der Richtlinie 76/207/EWG gemessen, spricht dies folglich für eine Auslegung der Aufsichtsratsmitglieder als unselbstständige Erwerbstätige durch den EuGH.

Die Schlussanträge zur Rechtssache *Badeck* sprechen wiederum von „internen Verwaltungsorganen", welche mindestens zur „Hälfte mit Arbeitnehmerinnen" besetzt sein sollen und von Positionen im Zusammenhang mit Dienstverhältnissen „abhängig Beschäftigter".[467] Jedoch auch wenn die Entscheidungen des zuständigen Generalanwaltes und des EuGH auf der Vorstellung ruhten, dass (auch) Arbeitnehmer den Zugang zu diesen Ämtern anstreben, ist für die Anwendung der Richtlinie nicht die rechtliche Qualifizierung des Bewerbers, sondern die der angestrebten Position erforderlich. Demnach wäre für die

---

463 S. Fn. 415

464 EuGH, Urt. v. 28.3.2000 – Rs. C-158/97 („*Badeck*"), Rn. 12, 64 ff., Slg. 2000, I-1875, 1930 f = EuZW 2000, 474, 478 f.

465 Nunmehr durch § 12 HGlG n. F. ersetzt

466 S. dazu oben Teil A, II. 2. c); so wohl auch Schlussanträge des Generalanwalts *Saggio* vom 13.1.2000, zur Rs. C-158/97 („*Badeck*"), Slg. 2000 I, 1875, 1899, Rn. 42, wenn im Zusammenhang mit der Richtlinie von einem „Recht der Arbeitnehmer auf Gleichbehandlung" gesprochen wird.

467 Schlussanträge des Generalanwalts *Saggio* vom 13.1.2000, zur Rs. C-158/97 („*Badeck*"), Slg. 2000 I, 1875, 1899, Rn. 42

Anwendung der Richtlinie 76/207/EWG festzustellen gewesen, ob § 14 HGlG a. F. eine Bedingung des Zugangs zur abhängigen und damit unselbstständigen Erwerbstätigkeit tangiert. Handelt es sich dagegen bei den darin enthaltenen Positionen um eine selbstständige Tätigkeit, wäre ein Verstoß gegen die Richtlinie 76/207/EWG i. V. m. der Richtlinie 86/613/EWG zu überprüfen gewesen. Es ist den Schlussanträgen nicht klar zu entnehmen, ob bei der Überprüfung eines Verstoßes gegen die Richtlinie 76/207/EWG lediglich auf die Stellung des Bewerbers abgestellt und damit diese Erforderlichkeit der Qualifizierung der von der Regelung betroffenen Position unbeachtet blieb oder die betroffenen Ämter als unselbstständige Erwerbstätigkeit qualifiziert wurden. Anders als in der Rechtssache *Jørgensen*[468] hatte der EuGH innerhalb dieser Entscheidung zur Rechtssache *Badeck* den persönlichen Anwendungsbereich der Richtlinie nicht problematisiert. Damit fehlte es zum einen an einer Auseinandersetzung über den persönlichen Anwendungsbereich der Richtlinie. Zum anderen wurde der EuGH einzig über die Auslegung von Art. 2 Abs. 1 und 4 der Richtlinie 76/207/EWG ersucht. Bei der Beurteilung des Falles nahm der EuGH zudem keinen Verstoß gegen diese Regelungen an. Aus diesen Gründen kann nicht zweifelsfrei davon ausgegangen werden, dass der EuGH die Tätigkeit innerhalb eines Aufsichtsratsamtes als unselbstständige Erwerbstätigkeit qualifiziert. Der Entscheidung zur Rechtssache *Badeck* kann damit für die Qualifizierung der Aufsichtsratstätigkeit als selbstständige oder unselbstständige Erwerbstätigkeit kein klares Ergebnis entnommen werden.

c) Das Abgrenzungsmerkmal der „Weisungsbefugnis“

Mit einem Sachverhalt im Anwendungsbereich der Arbeitnehmerfreizügigkeit nach Art. 45 AEUV (Art. 39 EGV) und der Niederlassungsfreiheit nach Art. 49 AEUV (Art. 43 EG) wurde der EuGH dagegen in der Rechtssache *Asscher*[469] mit der rechtlichen Qualifizierung der Organtätigkeit befasst. Gemäß dieser Entscheidung bestehe das wesentliche Merkmal des Arbeitsverhältnisses darin, „dass jemand während einer bestimmten Zeit für einen anderen nach dessen Weisung Leistungen erbringt, für die er als Gegenleistung eine Vergütung erhält“.[470] Ohne weitere Ausführungen folgert der EuGH daraus, dass bei einem geschäftsführenden Alleingesellschafter ein Unterordnungsverhältnis

---

468 S. Fn. 153

469 EuGH, Urt. v. 27.6.1996 – Rs. C-107/94 („*Asscher*“), Slg. 1996, I-3089 = NJW 1996, 2921

470 So bereits EuGH, Urt. v. 3.7.1986 – Rs. 66/85 = Slg. 1986, 2121 = NVwZ 1987, 41, 41

abzulehnen ist.[471] Aus der Ablehnung der Arbeitnehmereigenschaft geht die Annahme einer selbstständigen Erwerbstätigkeit i. S. d. Art. 49 AEUV (Art. 52 EGV) bei dem betroffenen Organmitglied hervor.[472] Der Begrifflichkeit der „Leitung von Unternehmen" i. S. d. Art. 49 AEUV wird bei einer solchen Schlussfolgerung wenig Beachtung geschenkt.

Entsprechend der obigen Feststellung durch den EuGH ist das Vorliegen eines Unterordnungsverhältnisses ausschlaggebend für die Annahme einer Arbeitnehmereigenschaft eines Organmitgliedes.[473] Eine Konkretisierung dieser Voraussetzung kann dieser Entscheidung des EuGH jedoch nicht entnommen werden.[474] Zur Feststellung dieses Unterordnungsverhältnisses bei Organmitgliedern wird daher seitens des Schrifttums die in den Schlussanträgen des Generalanwaltes *Léger* zur Rechtssache *Asscher* enthaltene Definition herangezogen.[475] Die Organtätigkeit ist danach als eine selbstständige Erwerbstätigkeit i. S. d. Niederlassungsfreiheit anzusehen, sofern das Organmitglied „nach der gesetzlichen oder satzungsmäßigen Verteilung der Befugnisse in der juristischen Person der Weisung keiner anderen Person oder keines Organs, das er selbst nicht kontrolliert, unterliegt"[476]. Dieser Auslegung folgend üben Aufsichtsratsmitglieder in Ermangelung von Weisungsbefugnissen anderer Organe eine selbstständige Tätigkeit aus.

Die Regelungen über die Autonomie des Aufsichtsrates resultieren aus dem Kompetenzgefüge in der Gesellschaft. Demnach steht auch eine Erklärung, die zu einer Änderung der Kompetenzen führt, weder dem einzelnen Aufsichtsratsmitglied noch der Hauptversammlung zur Disposition.[477] Die tatsächliche Weisungsfreiheit der Aufsichtsratsmitglieder wird hingegen in der Literatur kontrovers diskutiert. Zweifelhaft kann dessen Unabhängigkeit aufgrund der

---

471 EuGH, Urt. v. 27.6.1996 – Rs. C-107/94 („*Asscher*"), Rn. 25, 26, Slg. 1996, I-3089, 3121 = NJW 1996, 2921

472 S. Fn. 105

473 So auch BGH, Urt. v. 26.3.2019 – Az. II ZR 244/17 = NJW 2019, 2086, 2089

474 Schlussanträge des Generalanwalts *Bot* vom 2.9.2010, zur Rs. C-232/09 („*Danosa*"), Slg. 2010 I, 11405, 11422, Rn. 69

475 Zum Arbeitnehmerbegriff i. S. d. Art. 45 AEUV *Forsthoff* in Grabitz/Hilf/Nettesheim, Das Recht der EU, Art. 45 AEUV, Rn. 71; *Mankowski*, RIW 2004, 167, 169; *Adomeit/Mohr*, AGG, § 6, Rn. 35

476 Schlussanträge des Generalanwalts *Léger* vom 15.02.1996, zur Rs.C-107/94 („*Asscher*"), Slg. 1996 I, 3089, 3095 f., Rn. 29

477 Vgl. *Lutter* in FS Fleck, 1988, S. 169, 184 zu einer solchen Vereinbarung mit einem Vorstandsmitglied

Möglichkeit der Einflussnahme durch Dritte auf das Entscheidungsverhalten von Aufsichtsratsmitgliedern sein. *Tank* erkennt dabei sogar die Möglichkeit einer Verpflichtung des betroffenen Aufsichtsratsmitgliedes, den Willen des Vertragspartners auszuführen, mit der Konsequenz einer Amtsniederlegung im Fall von Interessenkollisionen.[478] Liegt eine solche Verpflichtung vor, könnte von einer persönlichen Unabhängigkeit und damit einer selbstständigen Erwerbstätigkeit nicht mehr ausgegangen werden. Diese Ansicht hat sich jedoch nicht durchgesetzt und wird heute (jedoch) als „verstummt" angesehen.[479] Gelten solche Vereinbarungen auch nicht ausnahmslos als unzulässig,[480] ist dennoch anzuerkennen, dass es sich bei dem Aufsichtsrat um ein Gremium handelt, in dem eine nicht von vornherein bestimmte Diskussion möglich sein muss. Eine Verpflichtung hinsichtlich eines bestimmten Abstimmungsverhaltens führt zu einer Behinderung in den gemeinsamen Prozess der Willensbildung und ist damit ein Eingriff in die gesellschaftliche Organisation.[481] Als Repräsentanten ihrer Wähler sei es zwar selbstverständlich, dass sie die Ansichten und Wünsche zur Kenntnis nehmen,[482] jedoch darf die Amtsausübung der Aufsichtsratsmitglieder nicht beeinträchtigt werden.[483] Dieser Grundsatz lässt sich aus der höchstpersönlichen Amtswahrnehmung nach § 111 Abs. 5 AktG ableiten.[484] Lediglich unverbindliche Empfehlungen sind damit legitim. Bei der Aufsichtsratsmitgliedschaft handelt es sich jedoch um kein gebundenes Mandat. Es ist das Interesse der Gesellschaft, welches Vorrang vor dem des Wählenden hat.[485] Gewählte und nach § 101 Abs. 2 AktG entsandte Mitglieder besitzen dabei dieselben Pflichten.[486]

Für die Annahme einer dem Arbeitnehmer entsprechenden persönlichen Abhängigkeit ist ferner der Umfang einer eventuellen Abhängigkeit in Bezug

---

478 *Tank*, AG 1977, 34, 39

479 *Habersack* in FS Ulmer, S. 151, 161

480 BGH, Urt. v. 29.5.1967 - Az. II ZR 105/66 = BGHZ 48, 163 = NJW 1967, 1963, 1965 f. zur Vollstreckbarkeit solcher Stimmrechtsbindungsvereinbarungen

481 *Mertens*, ZGR 1977, 268, 288; *Raiser*, ZGR 1978, 391, 397, 400

482 *Raiser*, ZGR 1978, 391, 396

483 *Mertens*, ZGR 1977, 268, 273, Fn.5

484 § 4 Abs. 3 S. 2 MonanmitbestG; *Raiser*, ZGR 1978, 391, 394; *Habersack* in FS Ulmer, 151, 161; *ders.* in MüKo-AktG, § 111 AktG, Rn. 160, m.w.N.

485 BGH, Urt. v. 29.1.1962 - Az. II ZR 1/61 = BGHZ 36, 296, 306 = NJW 1962, 864, 866; a.A. *Tank*, AG 1977, 34, 38

486 BGH, Urt. v. 29.1.1962 - Az. II ZR 1/61 = BGHZ 36, 296, 306 = NJW 1962, 864, 866; *Schneider*, ZGR 1977, 335, 341; *Raiser*, ZGR 1978, 391, 401; a.A. *Tank*, AG 1977, 34, 38

auf die Organtätigkeit ausschlaggebend. Die von Teilen der Literatur angezweifelte tatsächliche Weisungsabhängigkeit bezieht sich jedoch ausschließlich auf das Wahlverhalten, nicht auf die Ausübung der Aufsichtsratstätigkeit. Eine diesbezüglich umfangreiche, auf die Ausübung der Aufsichtsratstätigkeit bezogene Vereinbarung ist mit der gesellschaftsrechtlichen Weisungsfreiheit nicht vereinbar. Die seitens der Literatur angezweifelte Weisungsabhängigkeit eines Aufsichtsratsmitgliedes ist somit nicht tätigkeitsbezogen: Eine arbeitnehmerähnliche, persönliche (tatsächliche) Abhängigkeit eins Aufsichtsratsmitgliedes ist abzulehnen,[487] wenn man die Weisungsabhängigkeit als maßgebliches Kriterium heranzieht.[488]

Auch ein Beherrschungsvertrag i. S. d. § 291 Abs. 1 1. Alt. AktG kann keine Arbeitnehmereigenschaft bei Aufsichtsratsmitgliedern konzernabhängiger Aktiengesellschaften begründen. Zwar ist der Vorstand einer abhängigen Aktiengesellschaft aufgrund eines Beherrschungsvertrages nach § 308 Abs. 2 und 1 AktG verpflichtet, den Weisungen des herrschenden Unternehmens nachzukommen, wodurch die Arbeitnehmereigenschaft eines Vorstandmitgliedes fraglich sein kann.[489] Dieses hat jedoch für die Aufsichtsratsmitglieder keine vergleichbare Folgerung. Gegenstand des Weisungsrechtes ist lediglich die Leitungsfunktion des Vorstandes, durch die der Aufsichtsrat in seiner Funktion weisungsfrei bleibt.[490]

Der Entscheidung des EuGH zur Rechtssache *Asscher*[491] wird entnommen, dass für die Annahme eines Unterordnungsverhältnisses und damit der Arbeitnehmereigenschaft lediglich auf das Merkmal der Weisungsbefugnis abzustellen ist.[492] Ist allein dieses Abgrenzungsmerkmal wesentlich für die Auslegung der Organtätigkeit als selbstständige und unselbstständige Erwerbstätigkeit,[493] hat

---

487 Zum Vorstandsmitglied vgl. *Hueck*, FS Hilger/Stumpf, 1983, S. 365, 376

488 S. aber auch Teil B, II. 2. d)

489 *Wehrmeyer*, Die arbeitsrechtliche Einordnung der Organe juristischer Personen, 1988, S. 211; a.A. *Martens*, FS Hilger/Stumpf, 1983, S. 437, 441 f.; BGH, Beschl. v. 24.11.1980 - Az. II ZR 183/80 = NJW 1981, 2465, 2466

490 *Raiser*, ZGR 1978, 391, 401; *Deilmann* in Hölters, AktG, § 291 AktG, Rn. 16

491 S. Fn. 469

492 OLG Köln, Urt. v. 29.7.2010 - Az. 18 U 196/09 = NZG 2011, 187, 189; *Eßer/Baluch*, NZG 2007, 321, 322; *Schlachter* in ErfK, § 6 AGG, Rn. 1,6; *Thüsing* in MüKo-BGB, § 2 AGG, Rn. 8; *Reufels/Molle*, NZA-RR 2011, 281, 283

493 So wohl *Thüsing* in MüKo-BGB, § 2 AGG, Rn. 8; zum ADG-E *ders.* NZA 2004, Sonderbeilage zu Heft 22, 3, 4; zum ADG-E *Bauer/Göpfert/Krieger*, DB, 2005, 595, 597; *Bauer/Arnold*, ZIP 2008, 993, 995; *Adomeit/Mohr*, AGG, § 6, Rn. 23; *Liebhäuser*, Bedeutung des AGG für Organmitglieder, S. 26

die fehlende gesellschaftsrechtliche Weisungsgebundenheit von Aufsichtsratsmitgliedern die Annahme einer selbstständigen Erwerbstätigkeit zur Folge.[494] Führt bloß die Möglichkeit einer gesellschaftsrechtlichen Befugnis zur Erteilung von (Einzel-)Weisungen zur Ablehnung eines Unterordnungsverhältnisses,[495] haben weitere Merkmale wie beispielsweise unverbindliche Empfehlungen oder Rechenschaftspflichten bei dieser Abgrenzung weniger Relevanz.[496]

d) Das Abgrenzungsmerkmal der „Aufsicht und jederzeitigen Abberufung"

Raiser sieht unverbindliche Empfehlungen der Aktionäre an die Aufsichtsratsmitglieder durch die Regelungen über die Wahl oder Entsendung der Aufsichtsratsmitglieder, ihre Entlassung und die Abberufungsmöglichkeit als „hinreichend abgesichert".[497] Rein faktische Einflüsse bleiben damit in den Grenzen dieser Regelungen zwar grundsätzlich zulässig,[498] darüber hinaus kann jedoch mit rechtlichen Mitteln die Weisungsfreiheit nicht unterbunden werden. Ist auch eine solche Verpflichtung hinsichtlich bindender Weisungen an die Aufsichtsratsmitglieder auch abzulehnen, könnte jedoch gerade aufgrund der Regelungen über die Abberufung von Aufsichtsratsmitgliedern deren Unabhängigkeit angezweifelt werden. Aufsichtsratsmitglieder können ohne die Erforderlichkeit eines Grundes nach § 103 AktG jederzeit abberufen werden. *U. Schneider* nimmt die Weisungsgebundenheit und damit die fehlende Unabhängigkeit dadurch an, dass ein Aufsichtsratsmitglied bei Nichtgefallen seines Abstimmungsverhaltens abberufen werden kann.[499]

Im Gegensatz zu den obigen Entscheidungen enthalten die Entscheidung des EuGH zur Rechtssache *Danosa*[500] und *Balkaya*[501] eine genauere Feststellung, wann ein Unterordnungsverhältnis bei einem Organmitglied anzunehmen ist.

---

494 *Thüsing* in MüKo-BGB, § 2 AGG, Rn. 8; *Forsthoff* in Grabitz/Hilf/Nettesheim, Das Recht der EU, Art. 45 AEUV, Rn. 71; *Oberthür*, NZA 2011, 253, 254

495 *Forsthoff* in Grabitz/Hilf/Nettesheim, Das Recht der EU, Art. 45 AEUV, Rn. 71; *Bauer/Göpfert/Krieger*, DB, 2005, 595, 597; *Adomeit/Mohr*, AGG, § 6, Rn. 35

496 So *Bauer/Göpfert/Krieger*, DB, 2005, 595, 597; a.A. Schlussanträge des Generalanwalts *Bot* vom 2.9.2010, zur Rs. C-232/09 („*Danosa*"), Slg. 2010, I- 11405, 11423, Rn. 74

497 *Raiser*, ZGR 1978, 391, 404, 396

498 *Habersack* in MüKo-AktG, § 111 AktG, Rn. 162; *Raiser*, ZGR 1978, 391, 396

499 *Schneider*, ZGR 1977, 335, 338 f., so wohl auch Schlussanträge des Generalanwalts *Bot* vom 2.9.2010, zur Rs. C-232/09 („*Danosa*"), Slg. 2010 I, 11405, 11424, Rn. 82

500 S. Fn. 353

501 S. Fn. 414

Danach erfüllt ein Organmitglied, „das gegen Entgelt Leistungen gegenüber der Gesellschaft erbringt, die es bestellt hat und in die es eingegliedert ist, das seine Tätigkeit nach der Weisung oder unter der Aufsicht eines anderen Organs dieser Gesellschaft ausübt und das jederzeit ohne Einschränkung von seinem Amt abberufen werden kann, dem ersten Anschein nach die Voraussetzungen, um als Arbeitnehmer […] zu gelten“[502]. Indem die Definition *Légers* erweitert wird, ist gerade nicht ausschließlich auf die Weisungsbefugnis zur Auslegung abzustellen.[503] Der Verwendung der Konjunktion „oder“ in dieser Feststellung des EuGH ist zu entnehmen, dass es sich bei dem Merkmal der „Aufsicht durch ein anderes Organ“ um eine Alternative zum Merkmal der Weisungen handelt.[504] Für die Annahme einer solchen Alternative spricht auch, dass das in der Rechtssache *Danosa* betroffene Organmitglied seine Tätigkeit weisungsfrei ausübte und dennoch der EuGH die Arbeitnehmereigenschaft dem ersten Anschein nach annahm.[505] Allein ein Hinweis auf die nach nationalem Recht normierte Weisungsbefugnis oder fehlende Weisungsbindung führt demnach nicht zur Annahme oder Ablehnung der Arbeitnehmereigenschaft eines Organmitgliedes.[506]

aa) Aufsicht über den Aufsichtsrat

Das betroffene Organmitglied in der Rechtssache *Danosa* hatte einem anderen Organ Rechenschaft über seine Organtätigkeit abzulegen und mit diesem zusammenzuarbeiten.[507] Diese Pflichten wurden Regelungen des betroffenen

---

502 EuGH, Urt. v. 11.11.2010 – Rs. C-232/09 („*Danosa*“), Rn. 51, Slg. 2010, I-1140 = EuZW 2011, 74, 77; s. Fn. 414; diesem folgend BGH, Urt. v. 26. 3.2019 – Az. II ZR 244/17 = NJW 2019, 2086, 2089

503 A.A. *Hoentzsch*, Die Anwendung der Benachteiligungsverbote, S. 51

504 Ebenso im Ergebnis *Hildebrand*, Arbeitnehmerschutz von geschäftsführenden Gesellschaftsorganen, S. 53; irreführend *Reufels/Molle*, NZA-RR 2011, 281, 283 und *Forst*, EuZW 2015, 664, 665 wenn Weisungsgebundenheit „und“ jederzeitige Abberufung verlangt wird

505 EuGH, Urt. v. 11.11.2010 – Rs. C-232/09 („*Danosa*“), Rn. 51, Slg. 2010, I-1140 = EuZW 2011, 74, 77; Schlussanträge des Generalanwalts *Bot* vom 02.09.2010, zur Rs. C-232/09 („*Danosa*“), Slg. 2010, I- 11405, 11417, 11420, Rn. 41, 59

506 A.A. *Liebhäuser*, Bedeutung des AGG für Organmitglieder, S. 78; s. dazu ausführliche oben Teil B, II. 2. c)

507 EuGH, Urt. v. 11.11.2010 – Rs. C-232/09 („*Danosa*“), Rn. 49, Slg. 2010, I-1140 = EuZW 2011, 74, 77; Schlussanträge des Generalanwalts *Bot* vom 2.9.2010, zur Rs. C-232/09 („*Danosa*“), Slg. 2010 I, 11405, 11424, Rn. 79

Mitgliedstaates entnommen, gemäß welchen zum einen das Organmitglied ein anderes Organ über abgeschlossene Rechtsgeschäfte zwischen der Gesellschaft und einem Gesellschafter oder eines Organmitgliedes zu unterrichten und zum anderen Quartalsberichte zu erstatten hatte.[508] Ferner hatte das betroffene Organmitglied in der Rechtssache *Danosa* über seine Tätigkeit und die Finanzlage der Gesellschaft zu berichten.[509] Damit können solche Pflichten zur Annahme des Merkmals „Aufsicht" führen.[510]

Das betroffene Organmitglied in der Rechtssache *Danosa* hatte geschäftsführende Aufgaben, wodurch die Rechenschaftspflichten sich auf diese bezogen. Die Hauptaufgabe des Aufsichtsrates ist jedoch nicht geschäftsführender Natur. Vielmehr sind Fragen der Geschäftsführung nach § 111 Abs. 4 AktG ausdrücklich diesem Organ entzogen.[511] Wesentliche Funktion des Kontrollorgans ist nach § 111 Abs. 1 AktG die Überwachung des geschäftsführenden Organs. In Bezug auf seine Aufgaben treffen dieses Organ ebenfalls Berichts-, Informations- und Rechenschaftspflichten gegenüber einem anderen Organ. Der Aufsichtsrat hat zum einen nach § 171 Abs. 2 S. 1 AktG über die Ergebnisse seiner Prüfung des Jahresabschlusses, des Lageberichtes und des Vorschlages für die Verwendung des Bilanzgewinnes schriftlich der Hauptversammlung zu berichten. Zum anderen hat dieser Aufsichtsratsbericht nach § 171 Abs. 2 S. 2 HS. 1 AktG zu enthalten, in welcher Art und in welchem Umfang er die Geschäftsführung der Gesellschaft während des Geschäftsjahres geprüft hat. Ein Aufsichtsrat einer börsennotierten Gesellschaft hat nach § 171 Abs. 2 S. 2 HS. 2 AktG insbesondere anzugeben, welche Ausschüsse gebildet worden sind, sowie die Zahl seiner Sitzungen und die der Ausschüsse mitzuteilen. Die Berichterstattung des Aufsichtsrates umfasst auch die nach § 161 AktG von Vorstand und Aufsichtsrat abzugebende Entsprechenserklärung. Damit umfasst die Berichtspflicht die Prüfungsergebnisse in Bezug „auf die für die Beschlussfassung durch die Hauptversammlung wesentlichen Gesichtspunkte"[512]. Des Weiteren kommen diesem Bericht Informations- und Rechenschaftsfunktionen als Entscheidungsgrundlage für die Aktionäre zu, die nach § 120 AktG über die Entlastung des

---

508 Schlussanträge des Generalanwalts *Bot* vom 2.9.2010, zur Rs. C-232/09 („*Danosa*"), Slg. 2010 I, 11405, 11414, Rn. 30

509 S. Fn. 508

510 Vgl. auch BGH, Urt. v. 26. 3.2019 – Az. II ZR 244/17 = NJW 2019, 2086, 2089, der solch Prüf- und Überwachungsrechte von anderen Organen als Merkmal der Arbeitnehmereigenschaft annimmt

511 *Spindler* in Spindler/Stilz, AktG, § 111, Rn. 10

512 BGH, Urt. v. 21.6.2010 – Az. II ZR 24/09 = NJW-RR 2010, 1339, 1341

Aufsichtsrates zu beschließen und über dessen Wiederwahl oder Abberufung zu befinden haben und daher über die Erfüllung der Aufgaben und Leistungsfähigkeit des Aufsichtsrates erfahren wollen.[513] Die Pflichten des Aufsichtsrates einer Aktiengesellschaft sind vergleichbar mit den oben beschriebenen Pflichten des in der Rechtssache *Danosa* betroffenen Organmitgliedes. Die Berichts- und Rechenschaftspflicht des Aufsichtsrates einer Aktiengesellschaft kann folglich zur Annahme des Mermals Aufsicht führen.

In dem der Entscheidung zur Rechtssache *Danosa* zugrunde liegenden Fall hatte das Organmitglied mehrfache Berichte zu erstatten.[514] Bei der Berichtspflicht des Aufsichtsrates handelt es sich lediglich um eine jährliche. Inwiefern jedoch dieser Aspekt alleine zur Ablehnung des Merkmals „Aufsicht" führt, ist anzuzweifeln. Wesentlich für die tatsächliche Unabhängigkeit und damit Bejahung eines Unterordnungsverhältnisses in der Rechtssache *Danosa* war die Annahme, dass sich das betroffene Organmitglied gezwungen sah, sich nach den Erwartungen der Gesellschafter zu richten.[515] Die Aufsicht durch ein anderes Organ war dabei lediglich ein Aspekt, welcher zu dieser Annahme führte.

bb) Jederzeitige Abberufung eines Aufsichtsratsmitgliedes ohne Einschränkungen

Zur Annahme der Arbeitnehmereigenschaft bedarf es ferner einer jederzeitigen Abberufung ohne Einschränkungen.[516] Demnach sind neben der Aufsicht durch ein anderes Organ zusätzlich die Umstände, unter denen das Organmitglied abberufen werden kann, zu untersuchen.[517]

Nach deutschem Recht ist zwischen den Abberufungsmöglichkeiten aus wichtigem Grund und denen, die keinen solchen bedürfen, zu unterscheiden.

---

513 Vgl. Fn. 512; OLG Stuttgart, Urt. v. 15.3.2006 – 20 U 25/05 = NZG 2006, 472, 474

514 Schlussanträge des Generalanwalts *Bot* vom 2.9.2010, zur Rs. C-232/09 („*Danosa*"), Slg. 2010 I, 11405, 11415, Rn. 31

515 Schlussanträge des Generalanwalts *Bot* vom 02.09.2010, zur Rs. C-232/09 („*Danosa*"), Slg. 2010 I, 11405, 11424, Rn. 82

516 EuGH, Urt. v. 11.11.2010 – Rs. C-232/09 („*Danosa*"), Rn. 51, Slg. 2010, I-1140 = EuZW 2011, 74, 77; ohne weitere Begründung auch BGH, Urt. v. 26. 3.2019 – Az. II ZR 244/ 17 = NJW 2019, 2086, 2089; dabei sei jedoch auch angemerkt, dass Arbeitnehmer aufgrund des Kündigungsschutzes grundsätzlich ebenfalls nicht jederzeit gekündigt werden können.

517 Irreführend *Reufels/Molle*, NZA-RR 2011, 281, 283, wonach auch bei Annahme der Weisungsgebundenheit zusätzlich das Kriterium der jederzeitigen Abberufung verlangt wird.

Im Gegensatz zum Vorstand, dessen Bestellung nach § 84 Abs. 3 S.1 AktG nur aufgrund eines wichtigen Grundes widerrufen werden kann,[518] bedarf es für die Abberufung eines Aufsichtsratsmitgliedes weder eines wichtigen noch gar eines sachlichen Grundes. Damit sind auch keine in der Person des Aufsichtsratsmitgliedes liegende Gründe für die Abberufung erforderlich.[519] Bereits veränderte Beteiligungsverhältnisse können eine solche Abberufung veranlassen.[520] Wurde das Mehrheitserfordernis per Satzung nicht abgesenkt, können die Mitglieder des Aufsichtsrates nach § 103 Abs. 1 S. 1 AktG mit einer Mehrheit von mindestens drei Vierteln jederzeit von der Hauptversammlung abberufen werden, wenn diese nicht an einen Wahlvorschlag gebunden war.[521] Die Aufsichtsratsmitglieder auf Arbeitnehmerseite können ebenfalls mit einem Mehrheitserfordernis von drei Vierteln der wahlberechtigten Arbeitnehmer ohne Grund abberufen werden.[522] Der Personenkreis, der über die Bestellung entscheidet, kann anlassunabhängig jederzeit über die Abberufung eines Aufsichtsrates eine Entscheidung treffen.[523] Abweichende Satzungsregelungen sind zwar nach § 103 Abs. 1 S. 3 AktG zulässig, jedoch kann die Satzung keine materiellen Erfordernisse bestimmen. Auch bei Vorliegen weiterer Erfordernisse i. S. d. § 103 Abs. 1 S. 3 AktG kann die Hauptversammlung jederzeit ohne Nennung eines Grundes die Aufsichtsratsmitglieder abberufen.[524] Der Grund dafür wird darin gesehen, dass Aufsichtsratsmitglieder das Vertrauen des Wählenden haben sollen.[525]

Liegen die Merkmale der Aufsicht und jederzeitige Abberufungsmöglichkeit ohne wichtigen Grund hinsichtlich der Aufsichtsratsmitglieder vor, ist jedoch, entsprechend der in den Schlussanträgen *Légers* enthaltenen Definition,[526] die

---

518 Ist nach § 84 Abs. 3 S. 2 AktG der Vertrauensentzug durch die Hauptversammlung grundsätzlich ein solch wichtiger Grund, wird die Arbeitnehmereigenschaft von Vorstandsmitgliedern abgelehnt, *Bauer*, GWR 2010, 586, 586; *Fischer*, NJW 2011, 2329, 2331, jedoch nicht wg. der Weisungsgebundenheit, sondern der Rechenschaftspflicht des Vorstands.

519 KG Berlin, Beschl. v. 3.12.2002 – 1 W 363/02 = NZG 2003, 441, 446; *Habersack* in MüKo-AktG, §103 AktG, Rn.3, 12; *Koch* in in Hüffer/Koch, AktG, § 103, Rn. 3

520 *Habersack* in MüKo-AktG, § 103 AktG, Rn. 2

521 *Koch* in in Hüffer/Koch, AktG, § 103, Rn. 2

522 § 12 DrittelbG; § 23 Abs. 1 Nr. 1, 2 MitbestG

523 *Habersack* in MüKo-AktG, § 103 AktG, Rn.2

524 *Habersack* in MüKo-AktG, § 103 AktG, Rn. 18; KG Berlin, Beschl. v. 3.12.2002 – 1 W 363/02 = NZG 2003, 441, 446; *Spindler* in Spindler/Stilz, AktG, § 103, Rn. 5

525 KG Berlin, Beschl. v. 3.12.2002 – 1 W 363/02 = NZG 2003, 441, 446; *Habersack* in MüKo-AktG, § 103 AktG, Rn.3, 12; *Koch* in in Hüffer/Koch, AktG, § 103, Rn. 3

526 Vgl. Fn. 475

Arbeitnehmereigenschaft abzulehnen, wenn das betreffende Aufsichtsratsmitglied Alleingesellschafter ist. Bedarf ein Abberufungsbeschluss ein Mehrheitserfordernis von drei Vierteln, ist die Arbeitnehmereigenschaft auch abzulehnen, wenn die Mehrheitsbeteiligung bereits ein Viertel übersteigt.

e) Das Abgrenzungsmerkmal der „Eingliederung"

Als für die Arbeitnehmereigenschaft sprechendes Indiz wird als weiteres Merkmal die Eingliederung in das Unternehmen herangezogen.[527] Nach nationaler Rechtsprechung ist eine solche Eingliederung in eine fremde Arbeitsorganisation insbesondere dann anzunehmen, wenn die geschuldete Arbeitsleistung nur mithilfe des technischen und organisatorischen Apparates des Arbeitgebers erbracht werden kann oder auf die Zusammenarbeit anderer Dienstverpflichteter angewiesen ist.[528]

Das Vorliegen des Kriteriums der Eingliederung könnte bei einem Aufsichtsratsmitglied grundsätzlich abzulehnen sein, wenn eine Eingliederung bzw. die Arbeitsleistung an einen zeitlichen Aspekt knüpfen würde. Aufgrund des Charakters des Aufsichtsratsmandates als typisches Nebenamt[529] fehlt es an der Erforderlichkeit eines dauernden Einsatzes seiner Arbeitskraft.[530] In Ermangelung eines dauernden Einsatzes wäre dann auch die Eingliederung abzulehnen. Gegen einen solchen zeitlichen Anknüpfungspunkt spricht jedoch, dass in Teilzeit tätige Personen die Arbeitnehmereigenschaft grundsätzlich ebenfalls nicht abgesprochen werden kann.

Fraglich ist bereits, inwiefern dieses Kriterium tatsächlich ausreichend geeignet ist, die Arbeitnehmereigenschaft eines Organmitgliedes an- oder abzulehnen. Die Annahme einer Eingliederung als geeignetes Abgrenzungskriterium eines Organmitgliedes begegnet zumindest in der Literatur einer ablehnenden

---

527 EuGH, Urt. v. 11.11.2010 – Rs. C-232/09 („*Danosa*"), Rn. 51, Slg. 2010, I-1140 = EuZW 2011, 74, 77; ohne weitere Begründung auch BGH, Urt. v. 26.3.2019 – Az. II ZR 244/17 = NJW 2019, 2086, 2089; vgl. *Brinkmann* in Huber, AufenthG, § 2 FreizügG/EU, Rn. 10, wonach die Eingliederung zur Abgrenzung zum Selbstständigen i. S. d. Art. 49 AEUV herangezogen, dabei jedoch auf eine Entscheidung zur Mehrwertsteuerrichtlinie verwiesend wird

528 Vgl. BAG, Urt. v. 27.2.1991 – 5 AZR 107/90 = AfP 1992, 394, 395 zum Status eines freien Mitarbeiters als Reporter; vgl. zur Telearbeit *Koch* in ErfK, § 5 BetrVG, Rn. 11

529 *Habersack* in MüKo-AktG, § 116 AktG, Rn. 2, 36; kritisch dazu *Lutter*, NJW 1995, 1133, 1133; *Hüffer*, NZG 2007, 47, 52

530 *Spindler* in Spindler/Stilz, AktG, § 116, Rn. 37; *Habersack* in MüKo-AktG, § 116 AktG, Rn. 36

Haltung.[531] *Hueck* verneint die Eingliederung, da diese „als deren Organ die juristische Person in ihrem eigenen Betrieb [vertreten], dem sie ohne ihre Organstellung gar nicht angehören würden".[532] Erscheint die Geeignetheit dieses Kriteriums auch zweifelhaft, ist der Blick auf die Vertretungsbefugnis jedoch irreführend. Auch leitende Angestellte vertreten die Gesellschaft, wodurch allein aufgrund der Vertretung der Gesellschaft dessen Eingliederung in die fremde Arbeitsorganisation und damit ebenfalls dessen Arbeitnehmereigenschaft dennoch nicht abzulehnen ist.[533] Auch handelt es sich bei dem Merkmal der Eingliederung um ein tätigkeitsbezogenes, welches der Qualifizierung der Rechtsstellung des Aufsichtsratsmitgliedes dient. Die Fremdheit kann daher nicht bereits aufgrund des besonderen Rechtsverhältnisses des Organmitgliedes zur Gesellschaft verneint werden.[534]

Die oben benannten Zweifel an der Geeignetheit dieses Kriteriums zeigen sich insbesondere bei der Prüfung der Voraussetzung für die Annahme dieses Kriteriums. Die obige Definition der Eingliederung heranziehend bedarf es für die Beurteilung der Rechtsstellung von Aufsichtsratsmitgliedern einer Prüfung, inwiefern diese den technischen Apparat des Unternehmens verwenden, indem sie beispielsweise Sachleistungen zur Verfügung gestellt bekommen, um damit ihrer Tätigkeit nachgehen zu können. Zudem ist eine solche Eingliederung nicht räumlich zu verstehen und kann sich folglich bereits ebenfalls nach anderen Abgrenzungskriterien ergeben.[535] Diese Voraussetzungen zeigen wie wenig dieses Kriterium zur Begründung[536] und auch zur Ablehnung der Arbeitnehmereigenschaft eines Organmitgliedes tatsächlich geeignet ist.[537] Ein Aufsichtsrat ist im Hinblick auf seine Tätigkeit nicht örtlich gebunden. Ferner ist die Ausgestaltung der Tätigkeit eines Aufsichtsratsmitgliedes schwerlich vorstellbar, die

---

531 *Heyll*, Die Anwendung von Arbeitsrecht auf Organmitglieder, S. 65; *Hueck*, FS Hilger/Stumpf, 1983, S. 365, 378 f.; *Richardi* in MünchArbR I, 2009 § 16, Rn. 24 f.; vgl. auch *Schneider* in MünchArbR I, § 18, Rn. 35, wonach die Eingliederung die typische Unterfall der Fremdbestimmung ist

532 *Hueck*, FS Hilger/Stumpf, 1983, S. 365, 378 f.; BSG, Urt. v. 24.6.1982 – Az. 12 RK 43/81 = BB 1984, 1049, 1050

533 *Heyll*, Die Anwendung von Arbeitsrecht auf Organmitglieder, S. 64

534 So wohl auch BGH, Urt. v. 11.7.1953 – Az. II ZR 126/52 = NJW 1953, 1465, 1465, die Eingliederung ohne Problematisierung annehmend

535 *Koch* in ErfK, § 5 BetrVG, Rn. 11; BAG, Urt. v. 27.2.1991 – Az. 5 AZR 107/90 = AfP 1992, 394, 395

536 *Hueck*, FS Hilger/Stumpf, 1983, S. 365, 379

537 Ebenso im Ergebnis *Heyll*, Die Anwendung von Arbeitsrecht auf Organmitglieder, S. 65

ausschließlich nur unter Zurverfügungstellung von bestimmten Sachleistungen ausgeübt werden kann.

Zuletzt ist anzumerken, dass der EuGH in der Rechtssache *Danosa* dieses Merkmal zwar ebenso voraussetzt,[538] jedoch ist dieser Entscheidung nicht zu entnehmen, welche Voraussetzungen diese Eingliederung genau hat oder unter welchen Umständen ein Organmitglied nicht als in das Unternehmen eingegliedert anzusehen ist. Ein Vergleich mit der englischen und polnischen Fassung dieser Entscheidung, in der von „integral part" oder „integralnaczęśc" die Rede ist, weist darauf hin, dass dieses Merkmal erfüllt ist, wenn das betreffende Organmitglied als Bestandteil des Unternehmens diesem angehört und diesem nicht als Dritter gegenübersteht.[539] Eine Eingliederung einer Person, die (zeitgleich) Aufsichtsratsmitglied ist, wäre demnach dann abzulehnen, wenn es sich bei dem Rechtsverhältnis zu der Gesellschaft um einen Dienstvertrag oder Werkvertrag i. S. d. § 114 Abs. 1 AktG handelt, durch welchen sich das betreffende Mitglied zu einer Tätigkeit außerhalb seiner Tätigkeit im Aufsichtsrat verpflichtet. Im Rahmen der Aufsichtsratstätigkeit steht das Organmitglied folglich gerade nicht als Dritter dem Unternehmen gegenüber.

f) Abgrenzungskriterium des „Tragens eines Unternehmensrisikos"

Eine eventuelle Beteiligung an den geschäftlichen Risiken des Unternehmens und damit das Tragen eines unternehmerischen Risikos können ebenfalls als Indiz zur Ablehnung eines Unterordnungsverhältnisses herangezogen werden.[540] In der Entscheidung des EuGH zur Rechtssache *Asscher* lehnte der EuGH das Unterordnungsverhältnis bei einem geschäftsführenden Alleingesellschafter ab. Unter Hinzuziehung der in den Schlussanträgen zu dieser Rechtssache enthaltenen Definition wird dies vornehmlich mit der Weisungsunabhängigkeit begründet.[541] Die erforderlichen Umstände, die zur Annahme

538 EuGH, Urt. v. 11.11.2010 – Rs. C-232/09 („*Danosa*"), Rn. 51, Slg. 2010, I-1140 = EuZW 2011, 74, 77; vgl. *Brinkmann* in Huber, Aufenthaltsgesetz, 2 FreizügG/EU, Rn. 12, wonach die Eingliederung zur Abgrenzung zum Selbstständigen i. S. d. Art. 49 AEUV herangezogen, dabei jedoch auf eine Entscheidung zur Mehrwertsteuerrichtlinie verwiesen wird.

539 So auch Schlussanträge des Generalanwalts *Bot* vom 2.9.2010, zur Rs. C-232/09 („*Danosa*"), Slg. 2010 I, 11405, 11424, Rn. 78

540 EuGH, Urt. v. 14.12.1989 – Rs. C-3/87 („*Agegate*"), Rn. 36, Slg. 1989, 4459, 4505; *Brinkmann* in Huber, AufenthG, FreizügG/EU, § 2, Rn. 11

541 S. dazu oben Teil B, II. 2. c)

eines Unterordnungsverhältnisses führen, werden in dieser Entscheidung jedoch nicht ausgeführt,[542] wodurch offenbleibt, inwiefern ein solches auch deswegen bei einem Organmitglied abzulehnen ist, weil dieses als Alleingesellschafter an dem Unternehmensgewinn beteiligt ist und damit mittelbar ein Unternehmensrisiko trägt.

Allein dass die Entlohnung einer Person im Wege einer Ertragsbeteiligung erfolgt, führt zwar nicht zur Ablehnung der Arbeitnehmereigenschaft.[543] Anders als bei einem Arbeitnehmer, welcher gleichzeitig auch Gesellschafter ist, hält ein Mitglied eines geschäftsführenden Organs jedoch auch die Geschicke und die Leitung der Gesellschaft in der Hand. Inwiefern dieses Kriterium als Merkmal zur Ablehnung der Arbeitnehmereigenschaft eines Organmitgliedes tatsächlich dienlich ist, da die Verbindlichkeiten einer Kapitalgesellschaft die juristische Person trägt und damit auch das Verlustrisiko eines Organmitgliedes mit Gesellschafterstellung nicht vergleichbar mit einem Einzelunternehmer ist, hat der EuGH bisher nicht entschieden. Möchte man den Aufsichtsrat lediglich als Kontrollorgan betrachten und die Leitung der Gesellschaft damit ablehnen, könnte die Heranziehung dieses Kriteriums zur Annahme der Arbeitnehmereigenschaft führen. Dabei blieben jedoch Fälle unberücksichtigt bei denen eine Person zwar (nur) in einem Kontrollorgan tätig ist, jedoch tatsächliche Gegebenheiten leitende Wirkungen haben. Die Arbeitnehmereigenschaft wäre insbesondere dann abzulehnen, wenn die Entscheidungsmöglichkeit des betroffenen Aufsichtsratsmitgliedes aufgrund der Beteiligung an der Gesellschaft bzw. dem Stimmverhältnis innerhalb dieses Gremiums eine leitende Wirkung hat. Daraus kann geschlossen werden, dass auch wenn es sich bei dem Aufsichtsrat um ein Kontrollorgan handelt, allein dies nicht zur Annahme der Arbeitnehmereigenschaft eines Aufsichtsratsmitgliedes führt.

3. Keine Übertragung sämtlicher Auslegungskriterien des EuGH auf die Gleichbehandlungsrichtlinien

Zusammenfassend lässt sich festhalten, dass nach der Definition *Légers* die Arbeitnehmereigenschaft bei sämtlichen Aufsichtsratsmitgliedern einer Aktiengesellschaft unproblematisch abzulehnen wäre. Sind jedoch zusätzlich die in der Entscheidung zur Rechtssache *Danosa* enthaltenen Abgrenzungskriterien

---

542 Schlussanträge des Generalanwalts *Bot* vom 2.9.2010, zur Rs. C-232/09 („*Danosa*"), Slg. 2010 I, 11405, 11422, Rn. 69

543 EuGH, Urt. v. 14.12.1989 – Rs. C-3/87 („*Agegate*"), Rn. 36, Slg. 1989, 4459, 4505; EuGH, Urt. v. 10.12.1991 – Rs. C-179/90, Rn. 13, Slg. 1991, I-05889, 5927 f.

als Erweiterung dieser Definition auf die Auslegung der selbstständigen und unselbstständigen Erwerbstätigkeit i. S. d. Gleichbehandlungsrichtlinien zu übertragen, ist wiederum eine unselbstständige Erwerbstätigkeit im Grundsatz für alle Aufsichtsratsmitglieder anzunehmen.

Ausdrücklich wären diese in der Entscheidung zur Rechtssache *Danosa* enthaltenen Kriterien oder auch die in den Schlussanträgen zur Rechtssache *Asscher* enthaltene Definition zur Auslegung der Rechtsbegriffe der Gleichbehandlungsrichtlinien heranzuziehen, wenn eine unionsrechtlich einheitliche Definition des Arbeitnehmers anzunehmen wäre. Dies ist jedoch nicht der Fall.[544] Zum Arbeitnehmerbegriff betont der EuGH in ständiger Rechtsprechung dessen Bedeutung und damit, dessen Auslegung hänge vornehmlich vom Anwendungsbereich der jeweiligen Richtlinien oder Regelung ab.[545] Dies spiegelt sich insbesondere in der Entscheidung des EuGH in der Rechtssache *van* der *Steen*[546] wieder. In jener befasste sich der EuGH mit der rechtlichen Qualifikation der Organtätigkeit hinsichtlich der Richtlinie 77/388/EWG (Mehrwertsteuerrichtlinie)[547]. Kein Unterordnungsverhältnis i. S. d. Art. 4 Abs. 4 Mehrwertsteuerrichtlinie und damit eine selbstständige Tätigkeit ist danach anzunehmen, wenn die betroffene Person das wirtschaftliche Risiko ihrer Tätigkeit trägt.[548] Weil das betreffende Organmitglied „nicht im eigenen Namen, auf eigene Rechnung und auf eigene Verantwortung [...], sondern auf Rechnung und Verantwortung der Gesellschaft [handelte]“[549], ist für einen geschäftsführenden Alleingesellschafter ein Unterordnungsverhältnis anzunehmen.[550] Damit ist bei einem geschäftsführenden Alleingesellschafter zwar eine selbstständige Tätigkeit i. S. d. Art. 49 AEUV zu bejahen,[551]

---

544 S. dazu oben Teil B, II. 1.

545 EuGH, Urt. v. 12.5.1998 – Rs. C-85/96 („*Martínez Sala*“), Rn. 31 = EuZW 1998, 372, 374; EuGH, Urt. v. 13.1.2004 – Rs. C-256/01 („*Allonby*“), Rn. 63, Slg. 2004, I-873, 927 = NZA 2004, 201, 204

546 S. Fn. 162

547 Richtlinie 77/388/EWG des Rates vom 17. Mai 1977 zur Harmonisierung der Rechtsvorschriften der Mitgliedstaaten über die Umsatzsteuern – Gemeinsames Mehrwertsteuersystem: einheitliche steuerpflichtige Bemessungsgrundlage, ABl. EG Nr. L 145 vom 13.6.1977, S. 1

548 EuGH, Urt. v. 25.7.1991- Rs. C-202/90, („*Ayuntamiento de Sevilla*“), Rn. 13, Slg. 1991, I-4247, 4265; vgl. EuGH, Urt. v. 23.3.2006 – Rs. C-210/04, Rn. 35, Slg. 2006 I-2803 = DStRE 2006, 930, 932

549 S. Fn. 162

550 EuGH, Urt. v. 18.10.2007 – Rs. C-355/06 („*van der Stehen*“), Rn. 21 ff., Slg. 2007, I-8863 = DStR 2007, 1958, 1959

551 S. Fn. 105

jedoch i. S. d. Mehrwertsteuerrichtlinie abzulehnen. Die Kriterien zur Auslegung der selbstständigen und unselbstständigen Erwerbstätigkeit i. S. d. Mehrwertsteuerrichtlinie sind nicht der Auslegung des Arbeitnehmerbegriffes oder Selbstständigen i. S. d. Freizügigkeit dienlich.[552] Allgemein für alle Richtlinien zu verwendende Erwägungen und damit Kriterien zur Auslegung der selbstständigen oder unselbstständigen Erwerbstätigkeit liegen nicht vor. Folglich können nicht sämtliche Entscheidungen über die Auslegung des Arbeitnehmerbegriffes oder den Begriff des Selbstständigen zur Auslegung der selbstständigen und unselbstständigen Erwerbstätigkeit i. S. d. Gleichbehandlungsrichtlinien und damit auch i. S. d. AGG herangezogen werden. Zu beantworten bleibt daher, welche Entscheidungen des EuGH und welche darin enthaltenen Abgrenzungskriterien zur Auslegung der selbstständigen und unselbstständigen Erwerbstätigkeit i. S. d. Gleichbehandlungsrichtlinien zu berücksichtigen sind.

Sind die Gleichbehandlungsrichtlinien in Bezug auf die Ziele des europäischen Vertrages wie auch vor dem Hintergrund des Ziels der jeweiligen Richtlinien auszulegen,[553] ist die Verwendung der die Rechtsgrundlage der Richtlinien betreffenden Entscheidungen des EuGH zur Auslegung anzunehmen. Die Gleichbehandlungsrichtlinien 2002/73/EG und 2006/54/EG dienen der Verwirklichung des Grundsatzes der Chancengleichheit und der Gleichbehandlung von Männern und Frauen in Arbeits- und Beschäftigungsfragen.[554] Insbesondere auf Art. 141 Abs. 3 EGV (Art 157 Abs. 3 AEUV) gestützt gibt damit diese Rechtsgrundlage die Wertungslinie vor und liefert einen deutlichen Hinweis auf die Zielrichtung dieser Richtlinien.

Zur Auslegung des Arbeitnehmerbegriffes i. S. d. Art. 157 AEUV (Art. 141 EGV) verweist der EuGH in seiner Entscheidung zur Rechtssache *Allonby*[555] wiederum auf den Arbeitnehmerbegriff i. S. d. Arbeitnehmerfreizügigkeit nach Art. 45 AEUV (Art. 39 EGV).[556] Damit ist die rechtliche Qualifikation als Arbeitnehmer i. S. d. Art. 157 AUEV (Art. 141 EGV) ebenfalls in Anlehnung an die herausgearbeiteten Kriterien des EuGH zum Arbeitnehmerbegriff i. S. d. Arbeitnehmerfreizügigkeit festzustellen.[557] Betreffen die Gleichbehandlungsrichtlinien

---

552 EuGH, Urt. v. 18.10.2007 – Rs. C-355/06 („*van der Stehen*"), Rn. 31 = DStR 2007, 1960, 1959; a.A. *Brinkmann* in Huber, Aufenthaltsgesetz, FreizügG/EU § 2, Rn. 13

553 S. dazu oben Teil B, II. 1.

554 Erwägungsgrund 5, 6 der RL 2002/73/EG,

555 EuGH, Urt. v. 13.1.2004 – Rs. C-256/01 („*Allonby*"), Slg. 2004, I-873 = NZA 2004, 201

556 EuGH, Urt. v. 13.1.2004 – Rs. C-256/01 („*Allonby*"), Rn. 67, Slg. 2004, I-873, 927 = NZA 2004, 201, 204

557 *Bauer/Göpfert/Krieger*, DB 2005, 595, 596, *Krebber* in Calliess/Ruffert, EUV/AEUV, Art. 157 AEUV (ex-Art. 141 EGV), Rn. 17; *Eßer/Baluch*, NZA 2007, 321, 324

zwar nicht Regelungen der Freizügigkeit, ist dessen Auslegung dennoch für die Auslegung der Gleichbehandlungsrichtlinien prägend.[558] Folglich handelt es sich bei der Tätigkeit eines Aufsichtsratsmitgliedes, welches Alleingesellschafter ist, um eine selbstständige Erwerbstätigkeit.

Nicht unzweifelhaft können die in der Entscheidung des EuGH zur Rechtssache *Danosa* enthaltenen Abgrenzungskriterien zur Auslegung der Gleichbehandlungsrichtlinien herangezogen werden.[559] Hängt die Auslegung der Gleichbehandlungsrichtlinien vornehmlich vom Anwendungsbereich der jeweiligen Richtlinien ab,[560] kann daraus geschlossen werden, dass die Auslegung einer Richtlinie nicht vorbehaltslos auf die Auslegung einer anderen Richtlinie übertragbar ist.

Für eine Übertragung der Kriterien zur Auslegung der Gleichbehandlungsrichtlinien spricht der Hinweis des EuGH, nach welchem ein Organmitglied bei Vorliegen der in dieser Entscheidung zur Rechtssache *Danosa* herausgearbeiteten Kriterien „dem ersten Anschein nach die Voraussetzungen [erfüllt], um als Arbeitnehmer im Sinne der oben [in dieser Entscheidung] angeführten Rechtsprechung des Gerichtshofs zu gelten“[561]. Bei dieser ausgeführten Rechtsprechung handelt es sich um Entscheidungen in Bezug auf die Auslegung des Arbeitnehmerbegriffes i. S. d. Art. 157 AUEV und Art. 45 AEUV.[562] Diese Entscheidungen sind wiederum auch auf die Auslegung der Gleichbehandlungsrichtlinien übertragbar.[563] Dies spricht für eine Heranziehung der in der Entscheidung zur Rechtssache *Danosa* festgelegten Abgrenzungskriterien

558 *Thüsing*, NZA 2004, Sonderbeilage zu Heft 22, 3, 4; *Hoentzsch*, Die Anwendung der Benachteiligungsverbote, S. 47; im Ergebnis ebenso *Liebhäuser*, Bedeutung des AGG für Organmitglieder, S. 24 f., jedoch aufgrund der „europarechtlichen Systematik“. Eine solche Systematik widerspricht jedoch der fehlenden einheitlich auf alle unionsrechtliche Regelung zu übertragenden Definition des Arbeitnehmerbegriffs. s. dazu ausführlich oben Teil B, II. 1.

559 Nicht infrage stellend s. Fn. 411

560 EuGH, Urt. v. 12.5.1998 – Rs. C-85/96 („*Martínez Sala*“), Rn. 31 = EuZW 1998, 372, 374; EuGH, Urt. v. 13.1.2004 – Rs. C-256/01 („*Allonby*“), Rn. 63, Slg. 2004, I-873, 927 = NZA 2004, 201, 204

561 EuGH, Urt. v. 11.11.2010 – Rs. C-232/09 („*Danosa*“), Rn. 51, Slg. 2010, I-1140 = EuZW 2011, 74, 77

562 Vgl. EuGH, Urt. v. 11.11.2010 – Rs. C-232/09 („*Danosa*“), Rn. 39, Slg. 2010, I-1140 = EuZW 2011, 74, 76; EuGH, Urt. v. 20.9.2007 – Rs. C-116/06 („*Kiiski*“), Rn. 25, Slg. 2007, I-7643 = EuZW 2007, 741, 742

563 S. dazu oben Teil B, II. 3.

zur Auslegung der selbstständigen und unselbstständigen Tätigkeit i. S. d. Gleichbehandlungsrichtlinien.

Gegen die Heranziehung dieser Abgrenzungsmerkmale könnte jedoch der Verweis des EuGH in dieser Entscheidung auf die Richtlinie 2002/73/EG[564] sprechen. Der Verweis auf jene Richtlinie folgte der Ablehnung der Arbeitnehmerinneneigenschaft i. S. d. Mutterschutzrichtlinie. Sollte es sich bei dem betroffenen Organmitglied nicht um eine schwangere Arbeitnehmerin i. S. d. Mutterschutzrichtlinie handeln, „wäre zu prüfen, ob sich die Klägerin des Ausgangsverfahrens möglicherweise auf den mit der Richtlinie 76/207/EWG gewährten Schutz vor geschlechtsbedingter Diskriminierung berufen kann“[565]. Gemeint war die Richtlinie 2002/73/EG[566]. Dieser Verweis auf die Richtlinie 2002/73/EG könnte dahin zu verstehen sein, dass der Begriff der unselbstständigen Erwerbstätigkeit weiter auszulegen ist als der Arbeitnehmerinnenbegriff i. S. d. Mutterschutzrichtlinie. Demnach könnte das betreffende Organmitglied keine Arbeitnehmerin i. S. d. Mutterschutzrichtlinie sein, dennoch eine unselbstständige Erwerbstätigkeit i. S. d. Richtlinie 2002/73/EG ausüben.[567] Diesem folgend könnten die Kriterien zur Auslegung der Mutterschutzrichtlinie und damit die festgelegten Kriterien in der Entscheidung zur Rechtssache *Danosa* nicht zur Auslegung der unselbstständigen und selbstständigen Erwerbstätigkeit i. S. d. Gleichbehandlungsrichtlinien heranzuziehen sein.

Andererseits kann dieser Verweis auch dahin verstanden werden, dass lediglich auf die Umstände der Beendigung der Organtätigkeit Bezug genommen wurde und diese zwar nach der Mutterschutzrichtlinie, nicht jedoch nach der Richtlinie 2002/73/EG gerechtfertigt wären.[568] Die Regelung in Art. 10 Nr. 2 Mutterschutzrichtlinie gestattet nämlich eine „berechtigte Kündigung“ einer Schwangeren. Dieser Verweis könnte folglich für eine Aussage des EuGH sprechen, nach welcher solche die Beendigung betreffenden Umstände zwar nicht

564 Vgl. EuGH, Urt. v. 11.11.2010 – Rs. C-232/09 („*Danosa*“), Rn. 64 ff., 3, Slg. 2010, I-1140 = EuZW 2011, 74, 78

565 EuGH, Urt. v. 11.11.2010 – Rs. C-232/09 („*Danosa*“), Rn. 64, 3, Slg. 2010, I-1140 = EuZW 2011, 74, 78

566 Vgl. EuGH, Urt. v. 11.11.2010 – Rs. C-232/09 („*Danosa*“), Rn. 3, Slg. 2010, I-1140 = EuZW 2011, 74

567 Damit könnte sich ein schwangeres Organmitglied zwar nicht auf die Mutterschutzrichtlinie, jedoch auf den Diskriminierungsschutz der RL 2002/73/EG berufen

568 Art. 10 Nr. 2 Mutterschutzrichtlinie gestattet eine „berechtigte Kündigung“ einer Schwangeren.

gegen die Mutterschutzrichtlinie, jedoch gegen die Richtlinie 2002/73/EG verstoßen.

Diese alternativen Interpretationsmöglichkeiten zeigen auf, dass der Verweis des EuGH auf die Richtlinie 2002/73/EG[569] wenig hilfreich hinsichtlich der Qualifizierung der Organtätigkeit ist. Diese Entscheidung kann zwar Auswirkungen auf die Auslegung der Richtlinie 2002/73/EG haben, eine klare Aussage bezüglich der Auslegung der Organtätigkeit als selbstständige oder unselbstständige Erwerbstätigkeit i. S. d. Gleichbehandlungsrichtlinien ist dieser Entscheidung jedoch nicht zu entnehmen.

4. Stellungnahme

Wird der Ansicht gefolgt, dass der sachliche Geltungsbereich der Gleichbehandlungsrichtlinien respektive des AGG lediglich auf selbstständig erwerbstätige Organmitglieder beschränkt anzuwenden ist, bedarf es der rechtlichen Qualifizierung der Aufsichtsratstätigkeit.

Die rechtliche Qualifikation der Organtätigkeit ordnen die deutschen Arbeits- und Zivilgerichte nicht einheitlich ein.[570] Für die autonome unionskonforme Auslegung der Rechtsbegriffe i. S. d. Gleichbehandlungsrichtlinien ist diese rechtliche Beurteilung des Mitgliedstaates jedoch auch unbeachtlich.

Entsprechend der Auslegungsmethodik des EuGH ist die rechtliche Qualifikation einer Organtätigkeit als selbstständige oder unselbstständige Erwerbstätigkeit im Rahmen einer Abgrenzung zu bestimmen. Die Annahme einer unselbstständigen Erwerbstätigkeit führt tertium non datur zur Ablehnung einer selbstständigen.

Die von Teilen des Schrifttums und des BVerwG vertretene Definition, nach der Selbstständige (auch) auf eigene Rechnung und eigenes Risiko handelnde Personen sind,[571] wurde für die rechtliche Beurteilung einer Organtätigkeit

---

569 EuGH, Urt. v. 11.11.2010 – Rs. C-232/09 („*Danosa*"), Rn. 3, Slg. 2010, I-1140 = EuZW 2011, 74

570 So auch *Bauer/Arnold*, ZIP 2008, 993, 994; *Schroeder/Diller*, NZG 2006, 728, 729; a.A. *Liebhäuser*, Bedeutung des AGG für Organmitglieder, S. 76

571 *Everling*, Niederlassungsrecht, S. 16, wonach Geschäftsführer und Vorstandsmitglieder unternehmerische Entscheidungen fällen „und deshalb nach dem Sinn der Vertragsregelungen" Selbstständige sein müssen; *Schnichels*, Reichweite der Niederlassungsfreiheit, S. 31; *Tiedje* in Groeben/Schwarze/Hatje, Europäisches Unionsrecht, Art. 49 AEUV, Rn. 55; *Frenz*, Handbuch Europarecht, Kapitel 8, § 2, Rn. 1961; *Lackhoff*, Niederlassungsfreiheit, S. 43; *Hoentzsch*, Die Anwendung der Benachteiligungsverbote,

seitens des EuGH bisher lediglich zur Auslegung der Mehrwertsteuerrichtlinie herangezogen. Diese Entscheidung des EuGH ist jedoch nicht zur Auslegung der Gleichbehandlungsrichtlinien heranzuziehen.[572] Inwiefern ein Organmitglied auf eigene Rechnung tätig ist, wäre wiederum dann zu beurteilen, wenn der weitere Verweis des EuGH in seiner Entscheidung zur Richtlinie *Danosa* auf die Richtlinie 86/613/EWG dahin zu verstehen ist,[573] dass der Anwendungsumfang der Gleichbehandlungsrichtlinien beschränkt auf selbstständig Erwerbstätige anzuwenden ist. In eben diesen – für Selbstständige nicht geltenden – sachlichen Anwendungsbereichen der Richtlinie 2002/73/EG ist dieser Personenkreis dann durch die Richtlinie 86/613/EWG geschützt.

Die Definition der Selbstständigen i. S. d. Richtlinie 86/613/EWG wurde unverändert in die Änderungsrichtlinie 2010/41/EU[574] übertragen. Dem folgend wäre dann anhand des innerstaatlichen Rechtes zu beurteilen, inwiefern ein Organmitglied eine Erwerbstätigkeit auf eigene Rechnung ausübt.[575] Anzumerken ist hierbei jedoch zum einen, dass selbstständig Erwerbstätige ebenfalls von der Richtlinie 2006/54/EG – wie bereits von der Richtlinie 2002/73/EG – erfasst sind. Ist der Entscheidung des EuGH zur Rechtssache *Danosa* die Intention zu entnehmen, sämtliche Organmitglieder vor diskriminierenden Benachteiligungen schützen zu wollen, ist anzumerken, dass Organmitglieder keine Tätigkeit auf eigene Rechnung ausüben[576] und demnach entgegen dieser Intention nicht vor solchen Benachteiligungen geschützt wären. Auch dieser Verweis auf die Richtlinie 86/613/EWG ist damit eher irreführend als hilfreich.

Nach der Rechtsprechung des EuGH ist die Arbeitnehmereigenschaft anhand objektiver Kriterien zu definieren, die das Verhältnis im Hinblick auf die Rechte und Pflichten des betroffenen Organmitgliedes kennzeichnen. Zu diesen

---

S. 51 f.; BVerwG, Urt. v. 26.1.2011 – Az. 8 C 46/09, Rn.22 = BVerwGE 139,1 = NZA-RR 2011, 233, 234

572 A.A. *Brinkmann* in Huber, Aufenthaltsgesetz, FreizügG/EU § 2, Rn. 13

573 S. Fn. 179: „Bejahendenfalls kann dahingestellt bleiben, ob Letztere von der Richtlinie 92/85, der Richtlinie 76/207 oder, soweit das vorlegende Gericht sie als „selbstständige Erwerbstätige" einstufen sollte, der Richtlinie 86/613 erfasst wird, die für die letztgenannten Erwerbstätigen gilt"

574 Richtlinie 2010/41/EU des Europäischen Parlament und des Rates vom 7. Juli 2010 zur Verwirklichung des Grundsatzes der Gleichbehandlung von Männern und Frauen, die eine selbstständige Erwerbstätigkeit ausüben, und zur Aufhebung der RL 86/613/EWG des Rates

575 S. dazu ausführlich oben Teil A, II. 2. f)

576 S. dazu ausführlich oben Teil B, II. 2. f)

objektiven Kriterien gehört die für die Gesellschaft erbrachte entgeltliche Leistung, die nach Weisungen eines Organs ausgeübt wurde, welches nicht von dem betroffenen Organmitglied kontrolliert wird oder der Aufsicht unterliegt und dessen Rechtsverhältnis jederzeit beendet werden kann.

Bei der Qualifizierung eines Organmitgliedes als selbstständig oder unselbstständig Erwerbstätiger wird seitens der Literatur vorwiegend auf die Weisungsgebundenheit abgestellt.[577] Dem folgend wären sämtliche Aufsichtsratsmitglieder selbstständig Erwerbstätige i. S. d. Gleichbehandlungsrichtlinien. Die Prüfung einer Weisungsgebundenheit ist zwar ein wesentliches, jedoch nicht ausschlaggebendes Kriterium zur Feststellung eines Unterordnungsverhältnisses, wenn die in der Entscheidung des EuGH zur Rechtssache *Danosa* herausgearbeiteten Abgrenzungskriterien zur Auslegung der Gleichbehandlungsrichtlinien herangezogen werden. Der Entscheidung des EuGH zur Rechtssache *Danosa* ist zu entnehmen, dass gerade auch bei Annahme einer weisungsfreien Ausübung der Organtätigkeit die Arbeitnehmereigenschaft dennoch angenommen werden kann, wenn das betreffende Organmitglied der Aufsicht durch ein anderes Organ unterliegt und jederzeit abberufen werden kann. Danach wäre die Arbeitnehmereigenschaft von Aufsichtsratsmitgliedern anzunehmen, welche nicht oder nur bis zu 25 Prozent am Gesellschaftskapital beteiligt sind. Ein solches Ergebnis widerspricht dem deutschen Rechtsverständnis. Inwiefern dabei, entgegen der Rechtsprechung des BAG und teils auch des neunten Senates des BGH,[578] lediglich auf gesellschaftsrechtliche Regelungen abzustellen ist und wenige auf die konkrete Ausgestaltung der Weisungsbefugnis, kann der Entscheidung des EuGH zur Rechtssache *Asscher* nicht entnommen werden. Für eine solche Auslegungsmethode spricht allerdings die Entscheidung des EuGH zur Rechtssache *Danosa*, in welcher vornehmlich gesellschaftsrechtliche Regelungen betrachtet werden. Die für die Arbeitnehmereigenschaft sprechenden Merkmale resultieren grundsätzlich aus gesellschaftsrechtlichen, nicht abdingbaren Regelungen, wodurch eine solche Qualifizierung Auswirkungen auf das Organisationsrecht von Kapitalgesellschaften hat.[579] Die im Einzelfall vorzunehmende Feststellung des Unterordnungsverhältnisses[580] würde sich in Bezug auf

---

577 *Krause*, AG 2007, 392, 394; s. dazu oben Teil B, II. 2. c)

578 BAG, Urt. v. 26.5.1999 - Az. 5 AZR 664-98 = NJW 1999, 3731, 3732; BAG, Urt. v. 24.11.2005 - Az. 2 AZR 614/04 = NZA 2006, 366, 367 = NJW 2006, 1899, 1900; BGH, Urt. v. 23.1.2003 - Az. IX ZR 39/02 = NZA 2003, 439, 441 f.

579 Kritisch *Bauer*, GWR 2010, 586, 568

580 EuGH, Urt. v. 11.11.2010 - Rs. C-232/09 („*Danosa*"), Rn. 46, Slg. 2010, I-1140 = EuZW 2011, 74, 77; EuGH, Urt. v. 13.1.2004 - Rs. C-256/01 („*Allonby*"), Rn. 69, Slg.

ein Aufsichtsratsmitglied ferner nur auf die Prüfung der Kapitalbeteiligung als auf ein für die Selbstständigkeit sprechendes Kriterium beschränken.

Können der Entscheidung des EuGH zur Rechtssache *Danosa* Auswirkungen auf die Auslegung der Gleichbehandlungsrichtlinien entnommen werden, ist dieser Entscheidung keine eindeutige und zweifelsfreie Antwort hinsichtlich der Auslegung der Organtätigkeit als selbstständige oder unselbstständige Erwerbstätigkeit i. S. d. Gleichbehandlungsrichtlinien zu entnehmen. Die Verweise auf den Schutz durch die Richtlinien 2002/73/EG und 86/613/EWG sind dabei wenig dienlich. Entgegen der Intention des EuGH, sämtliche Organmitglieder vor Diskriminierungen in Bezug auf ihre Abberufung schützen zu wollen,[581] führt ein beschränkter Anwendungsbereich der Gleichbehandlungsrichtlinien zum gegenteiligen Ergebnis, da Organmitglieder keine Tätigkeit auf eigene Rechnung i. S. d. Änderungsrichtlinie 2010/41/EU ausüben.[582]

Die Entscheidungen des EuGH zur rechtlichen Qualifikation der Organtätigkeit als selbstständige oder unselbstständige Erwerbstätigkeit betrafen bisher allein Mitglieder von Leitungsorganen. Inwiefern diese Kriterien ebenfalls auf Mitglieder von Kontrollorgangen zu übertragen sind, ist noch nicht durch den EuGH entschieden worden. Die bisherig herausgearbeiteten Abgrenzungskriterien sind nicht unzweifelhaft auf Aufsichtsratsmitglieder zu übertragen. Vornehmlich die für die Arbeitnehmereigenschaft sprechenden Merkmale aus der Entscheidung zur Rechtssache *Danosa* sind nicht dienlich zur Feststellung eines arbeitnehmertypischen Unterordnungsverhältnisses bei Aufsichtsratsmitgliedern. Zur Feststellung eines solchen Unterordnungsverhältnisses sind die spezifischen Aufgaben des Organmitgliedes, die Art und Weise der Ausübung dieser wie auch der Rahmen der Organtätigkeit zu untersuchen.[583] Sind unionsrechtliche Richtlinien gleichwohl vor dem Hintergrund ihrer eigenen Ziele auszulegen,[584] ist jedoch auch anzumerken, dass der Rechtsprechung des EuGH eine weitgehende Übereinstimmung der Arbeitnehmerbegriffe zu entnehmen ist. Sofern innerhalb der betreffenden Richtlinie selbst keine Auslegungskriterien oder ein Verweis auf das Recht des Mitgliedstaates enthalten sind,

2004, I-873, 927 = EuZW 2004, 210, 212; Schlussanträge des Generalanwalts *Bot* vom 2.9.2010, zur Rs. C-232/09 („*Danosa*"), Slg. 2010 I, 11405, 11422, 11423, Rn. 68, 75

581 S. Fn. 179

582 S. dazu oben Teil A, II. 2. f)

583 EuGH, Urt. v. 11.11.2010 – Rs. C-232/09 („*Danosa*"), Rn. 51, Slg. 2010, I-1140 = EuZW 2011, 74, 77; *Fischer*, NJW 2011, 2329, 2331

584 S. dazu oben Teil B, II. 1.

zieht der EuGH in seinen Entscheidungen von ihm bereits herausgearbeitete Abgrenzungsmerkmale heran. Und sind die bisherigen Auslegungskriterien zur rechtlichen Qualifizierung der Aufsichtsratstätigkeit wenig hilfreich, kann aus dieser einstigen Auslegungsmethodik des EuGH geschlussfolgert werden, dass dieser auch bei der Auslegung der Aufsichtsratstätigkeit als selbstständige oder unselbstständige Erwerbstätigkeit i. S. d. Gleichbehandlungsrichtlinien ebenfalls Abgrenzungskriterien aus seinen bisherigen Entscheidungen und damit auch die wenig dienlichen aus der Entscheidung zur Rechtssache *Danosa* heranzieht.

Die vom EuGH in der Entscheidung zur Rechtssache *Danosa* festgestellten Kriterien führen „dem ersten Anschein nach"[585] zur Annahme einer Arbeitnehmereigenschaft bei einem Organmitglied, welches seine Tätigkeit unter der Aufsicht eines anderen Organs ausführt und jederzeit abberufen werden kann. Damit kann zwar die Unabhängigkeit eines Aufsichtsratsmitgliedes angezweifelt werden, jedoch ist diese nicht mit einem Unterordnungsverhältnis zu verwechseln. Die dadurch angezweifelte Unabhängigkeit bezieht sich auf die Entschlussfreiheit der Aufsichtsratsmitglieder. Auch wenn Aufsichtsratsmitglieder ihre Entscheidungen hinsichtlich der Aufsichtsratsbeschlüsse nach den Erwartungen bestimmter Aktionäre richten, hat diese Abhängigkeit weniger Einfluss auf die Art und Weise der Ausübung der Aufsichtsratstätigkeit selbst. Lediglich Letzteres ist jedoch ausschlaggebend für die Überprüfung eines Unterordnungsverhältnisses.[586]

Ist nach der Entscheidung des EuGH zur Rechtssache *Danosa* die Arbeitnehmereigenschaft zwar nur dem „ersten Anschein" nach anzunehmen, schließt dieser nicht aus, dass Organmitglieder „in Anbetracht ihrer spezifischen Aufgaben und des Rahmens sowie der Art und Weise der Ausübung dieser Aufgaben nicht unter den Arbeitnehmerbegriff fallen".[587] Eine solche Feststellung entspricht der Herangehensweise des BAG, nach der die tatsächliche Ausübung der Organtätigkeit zu betrachten ist und nicht lediglich gesellschaftsrechtliche Regelungen ausschlaggebend sein sollen.[588] Dies führt dazu, dass neben der Beteiligung am Gesellschaftskapital die jeweiligen Umstände, unter denen die Aufsichtstätigkeit ausgeübt wird, im Einzelfall zu beurteilen wären.

---

585 EuGH, Urt. v. 11.11.2010 - Rs. C-232/09 („*Danosa*"), Rn. 51, Slg. 2010, I-1140 = EuZW 2011, 74, 77

586 Wohl noch a.A. Fn. 515; dagegen in diese Richtung wohl Fn. 510

587 S. Fn. 585

588 BAG, Urt. v. 26.5.1999 - Az. 5 AZR 664-98 = NJW 1999, 3731, 3732; BAG, Urt. v. 24.11.2005 - Az. 2 AZR 614/0 = NJW 2006, 1899, 1900

Eine solche Qualifizierung der Aufsichtsratstätigkeit und solcher Abgrenzungskriterien bedarf es wegen des beschränkten Geltungsbereiches des AGG. Würde man den EuGH mit der rechtlichen Qualifizierung eines deutschen Aufsichtsrates als unselbstständige und selbstständige Erwerbstätigkeit i. S. d. Gleichbehandlungsrichtlinien befassen wollen, wäre zunächst (wiederholt) zu fragen, inwiefern der Geltungsbereich der Gleichbehandlungsrichtlinien für selbstständig Erwerbstätige ein anderer als für unselbstständig Erwerbstätige ist. Wird der in dieser Arbeit herausgearbeiteten Ansicht gefolgt, sind die Gleichbehandlungsrichtlinien unbeschränkt auf sämtliche Erwerbstätige anzuwenden. Demnach bedarf es der Qualifizierung der Aufsichtsratstätigkeit als selbstständige oder unselbstständige Erwerbstätigkeit lediglich wegen des AGG und nicht wegen der Gleichbehandlungsrichtlinien, wenn von den Gleichbehandlungsrichtlinien sämtliche Erwerbstätigen erfasst sind.

III. Der Begriff des Zugangs i. S. d. §§ 6 Abs. 3 und § 2 Abs. 1 Nr. 1 AGG

Vom Begriff des Zugangs zur Erwerbstätigkeit i. S. d. §§ 6 Abs. 3 und § 2 Abs. 1 Nr. 1 AGG ist lediglich die Tätigkeit, die das Organmitglied innerhalb seines Amtes tätigt, erfasst. Damit ist zu unterscheiden, ob sie eine Tätigkeit für die Gesellschaft ausüben oder sich in eigener Person gegenüber der Aktiengesellschaft verpflichten und berechtigen wollen. Geschäfte, die ein Organmitglied außerhalb seines Amtes tätigt, fallen dann nicht unter die Tätigkeit als Organmitglied, sondern unter die Tätigkeit eines Selbstständigen, wenn die weiteren Voraussetzungen vorliegen.

1. Trennung zwischen Anstellungsvertrag und Bestellungsakt

Bei Organmitgliedern und dessen Schutz vor Benachteiligungen aufgrund eines in § 1 AGG genannten Grundes ist auf die Unterscheidung zwischen dem körperschaftlichen Akt der Bestellung und dem darauf bezogenen schuldrechtlichen Anstellungsvertrag hinzuweisen. Das korporationsrechtliche Verhältnis und das vertragliche Anstellungsverhältnis sind nach deutschem Recht zwei voneinander zu unterscheidende Rechtsverhältnisse.[589] Diese Trennung führt hinsichtlich des Anwendungsbereiches des AGG zu der in der Literatur kontrovers geführten Diskussion, inwiefern lediglich das Anstellungsverhältnis vom

---

589 *Krause*, AG 2007, 392, 394

Benachteiligungsverbot aus § 7 AGG erfasst und unter den Begriff des Zugangs zur Erwerbstätigkeit i. S. d. AGG zu subsumieren ist.[590]

Die Relevanz dieser Frage wird dabei vorwiegend für Organmitglieder gesehen, bei welchen die Möglichkeit besteht, vor der Bestellung bereits ein Anstellungsverhältnis zu begründen und die Bestellung jedoch aus diskriminierender Motivation ausbleibt.[591] Ist dies auch in der Praxis kein übliches Vorgehen,[592] kann festgehalten werden, dass die ausschließliche Anwendung des Diskriminierungsverbots nach § 7 AGG auf das Anstellungsverhältnis zur Ablehnung von Entschädigungs- und Schadensersatzansprüchen nach § 15 Abs. 1 und 2 AGG in einem solchen Fall führen kann.[593] Die Argumentation der Literatur, welche vornehmlich zu geschäftsführenden Organen geführt wird, ist hinsichtlich der Frage des Schutzes der Aufsichtsratstätigkeit nur bedingt übertragbar. Soll ausschließlich das Anstellungsverhältnis und nicht die Bestellung unter die Begrifflichkeit des Zugangs zu Erwerbstätigkeit i. S. d. AGG zu subsumieren sein,[594] hätte dies stärkere Auswirkungen auf den Diskriminierungsschutz von Aufsichtsratsmitgliedern als lediglich einen nicht vollumfänglichen Schutz.[595] Mit der Bestellung entsteht unproblematisch ein korporationsrechtliches Verhältnis zwischen Aufsichtsratsmitgliedern und der juristischen Person.[596] Uneinigkeit besteht jedoch, inwiefern neben dieser organschaftlichen Stellung

590 So *Bauer/Krieger*, AGG, § 6, Rn. 31; *Bauer/Arnold*, ZIP 2008, 993, 998; wohl auch *Steinau-Steinrück/Schneider*, NZA 2005, 28, 30; *Roetteken*, AGG, § 6, Rn. 40; *Schrader/Schubert*, in: *Däubler/Bertzbach*, AGG, § 6, Rn. 71; *Reufels/Molle*, NZA-RR 2011, 281, 283 f.; *Lingemann/Weingarth*, DB 2012, 2325, 2327; wohl auch *Horstmeier*, GmbHR 2007, 125, 126; a.A. *Lutter*, BB 2007, 725, 726; *Krause*, AG 2007, 392, 394; *Eßer/Baluch*, NZA 2007, 321, 328; *Weller*, AnwBl. 2007, 320, 322; *Rühl/Hoffmann*, Das AGG in der Unternehmenspraxis, S. 21; BGH, Urt. v. 23.4.2012 – Az. II ZR 163/10 = NJW 2012, 2346, 2347; wohl nur die Bestellung unter den Begriff des Zugangs subsumierend

591 Dazu der Beispielsfall von *Bauer/Arnold*, ZIP 2008, 993, 998; auf diesen ebenfalls verweisend *Hoentzsch*, Die Anwendung der Benachteiligungsverbote, S. 30

592 *Eßer/Baluch*, NZA 321, 328; *Hoentzsch*, Die Anwendung der Benachteiligungsverbote, S. 31; *Hildebrand*, Arbeitnehmerschutz von geschäftsführenden Gesellschaftsorganen, S. 191 ff.

593 So *Bauer/Arnold*, ZIP 2008, 993, 998; *Hildebrand*, Arbeitnehmerschutz von geschäftsführenden Gesellschaftsorganen, S. 194

594 *Bauer/Arnold*, ZIP 2008, 993, 997

595 So in Bezug auf Mitglieder von geschäftsführenden Organen *Hildebrand*, Arbeitnehmerschutz von geschäftsführenden Gesellschaftsorganen, S. 194

596 *Koch* in in Hüffer/Koch, AktG, § 101, Rn. 2

ein Anstellungsverhältnis besteht.[597] Wird ein solcher Anstellungsvertrag verneint[598] und ist nur dieser unter den Begriff des Zugangs zur Erwerbstätigkeit zu subsumieren, wäre der Zugang zum Aufsichtsratsamt nicht vom Diskriminierungsschutz des AGG erfasst.[599]

Wird wiederum der Ansicht gefolgt, nach der ein Anstellungsvertrag abgeschlossen wird, könnte lediglich dieser vor Benachteiligungen nach dem AGG geschützt sein. Die Ansicht, nur den Anstellungsvertrag vom Benachteiligungsverbot als erfasst anzusehen, obwohl dieser selbige Rechte und Pflichten zum Inhalt hat, die bereits durch Gesetz, Satzung und Hauptversammlungsbeschluss begründet werden[600] und damit dem Inhalt des Bestellungsverhältnisses diesbezüglich entsprechen, resultiert aus der Voraussetzung einer Erwerbstätigkeit i. S. d. AGG.[601] Dieses Tatbestandsmerkmal setzt eine Gegenleistung voraus.[602] Resultiert der Vergütungsanspruch einiger Organmitglieder gegen die Gesellschaft vornehmlich aus dessen Anstellungsvertrag,[603] wird gefolgert, allein darin sei eine Erwerbstätigkeit zu sehen und daher nur dieser vom Disskriminierungsschutz erfasst.[604] Überträgt man diesen Grundgedanken auf das Rechtsverhältnis eines Aufsichtsratsmitgliedes zur Gesellschaft, spricht dies für die Anwendbarkeit des AGG auf den Akt der Bestellung zum Aufsichtsrat. Einen Anspruch auf Vergütung haben die Aufsichtsratsmitglieder nach § 113 Abs. 1 S. 2 AktG ausschließlich dann, wenn die Vergütung in der Satzung festgesetzt oder von der Hauptversammlung durch Beschluss bewilligt wurde.[605] Eine dieser Regelung zuwiderlaufende Vereinbarung zwischen der Gesellschaft und dem Aufsichtsratsmitglied ist nichtig.[606] Damit ist der Rechtsgrund für

---

597 S. Fn. 594

598 *Habersack* in MüKo-AktG, § 101 AktG, Rn. 67; *Schilling*, FS Robert Fischer, 1979, 679, 691

599 *Wilsing/Meyer*, DB 2011, 341, 342

600 *Habersack* in MüKo-AktG, § 101 AktG, Rn. 67

601 So *Bauer/Arnold*, ZIP 2008, 993, 997

602 S. dazu oben Teil A, III. 2.

603 *Spindler* in MüKo-AktG, § 84 AktG, Rn. 90

604 *Bauer/Krieger*, AGG, § 6, Rn. 27; *Bauer/Arnold*, ZIP 2008, 993, 998, *Krause*, AG 2007, 329, 394; *Steinau-Steinrück/Schneider*, NZA 2005, 28, 30; a.A. *Wilsing/Meyer*, DB 2011, 341, 342; *Eßer/Baluch*, NZG 2007, 321, 328; *Horstmeier*, GmbHR 2007, 125, 126; *Krause*, AG 2007, 392, 394; *Lutter*, BB 2007, 725, 726; *Schlachter* in ErfK, § 6 AGG, Rn. 6 f.

605 *Habersack* im MüKo-AktG, § 113 AktG, Rn. 31

606 *Habersack* in MüKo-AktG, § 113 AktG, Rn. 2, 11

den Vergütungsanspruch eines Aufsichtsratsmitgliedes im Bestellungsakt zu sehen.[607] Resultiert die Gegenleistung aus der Bestellung, kann diese unter den Begriff der Erwerbstätigkeit subsumiert werden.

In Ermangelung einer Vergütungsregelung in der Satzung könnte zwar überlegt werden, inwiefern zwischen der Wahl zum Aufsichtsrat und dem späteren Beschluss über die Bewilligung einer Vergütung durch die Hauptversammlung zu differenzieren und lediglich Letzteres als Zugang zur Erwerbstätigkeit zu werten ist. Jedoch auch die Satzung oder der Bewilligungsbeschluss nach § 113 Abs. 1 S. 2 AktG gestalten und konkretisieren nicht mehr als das korporationsrechtliche Rechtsverhältnis.[608] Somit ist auch hier das korporationsrechtliche Rechtsverhältnis der Rechtsgrund für den Vergütungsanspruch. Für die Mitglieder des Aufsichtsrates bedeutet dies, bereits den Bestellungsakt zum Aufsichtsrat als Zugang zur Erwerbstätigkeit i. S. d. AGG zu qualifizieren.

Für die Subsumtion auch des Bestellvorganges unter den Begriff des Zugangs zur Erwerbstätigkeit wird ferner mit der Anknüpfung des § 6 Abs. 3 AGG an die „Tätigkeit" als Organmitglied argumentiert.[609] Diese Tätigkeit setzt den Bestellvorgang voraus.[610] Dem Gesetzesentwurf nach stellt § 6 Abs. 3 AGG klar, dass „Sachverhalte wie etwa der Zugang zur Tätigkeit als Organmitglied" vom Benachteiligungsverbot erfasst sind.[611] Lediglich das korporationsrechtliche Verhältnis führt zum Zugang zur Organtätigkeit, woraus – gegenteilig zur obigen Ansicht – gefolgert wird, dass das AGG allein auf das Bestellungsverhältnis anzuwenden sei.[612] Für diese Ansicht könnte auch die Rechtsprechung des EuGH sprechen. Für die Einstufung eines Organmitgliedes als Arbeitnehmer i.S. unionsrechtlicher Regelungen stützt sich dieser vornehmlich auf Regelungen, die das korporationsrechtliche Verhältnis betreffen.[613]

---

607 So wohl auch *Oetker* in ErfK, § 101 AktG, Rn. 2, wonach neben dem Bestellungsakt kein daneben bestehendes Anstellungsverhältnis zu bejahen ist; s. Fn. 601

608 S. Fn. 601

609 *Liebhäuser*, Bedeutung des AGG für Organmitglieder, S. 57; *Hoentzsch*, Die Anwendung der Benachteiligungsverbote, S. 32; *Stein* in Wendeling-Schröder/Stein, AGG, § 6, Rn. 28; BGH, Urt.v. 23.4.2012 – Az. II ZR 163/10 = NJW 2012, 2346, 2347

610 Im Ergebnis ebenso *Hildebrand*, Arbeitnehmerschutz von geschäftsführenden Gesellschaftsorganen, S. 193

611 BT-Drs. 16/1780, S. 34; diesem keine Bedeutung zusprechend *Hildebrand*, Arbeitnehmerschutz von geschäftsführenden Gesellschaftsorganen, S. 192

612 *Jaeger* in Festschrift Bauer, S. 495, 496; so wohl auch *Horstmeier*, GmbHR 2007, 125, 126; a.A. *Lutter*, BB 2007, 725, 730

613 EuGH, Urt. v. 11.11.2010 – Rs. C-232/09 („*Danosa*"), Rn. 18, 74, Slg. 2010, I-1140 = EuZW 2011, 74, 79, Art. 224 Abs. 4 des lettischen Handelsgesetzbuchs dessen

Eine zwingende Anwendung des AGG bereits auf den Bestellungsakt kann dagegen allein aus der Möglichkeit einer sogenannten Koppelungsklausel im Anstellungsvertrag nicht gefolgert werden.[614] Enthält der Anstellungsvertrag eine solche Koppelungsklausel,[615] nach der der Anstellungsvertrag unter der aufschiebenden Bedingung geschlossen wird, dass die Bestellung erfolgt,[616] wäre mit der Nichtbestellung wiederum der Anstellungsvertrag betroffen. Mangels eines Zustandekommens eines Anstellungsverhältnisses wäre der Bereich des Zugangs zur Erwerbstätigkeit tangiert und damit der Anwendungsbereich des AGG unproblematisch eröffnet. Damit genügt nur die Möglichkeit einer solchen Koppelungsklausel nicht aus. Es ist vielmehr die Existenz und die konkrete Ausgestaltung dieser zu betrachten.

Ferner wird eingewendet, es erscheine wenig sinnvoll, allein den Anstellungsvertrag vor Diskriminierungen schützen zu wollen, da dieser keine Auswirkungen auf den ausdrücklich in § 6 Abs. 3 AGG benannten beruflichen Aufstieg hat.[617] Allerdings kann sich zum einen der Aufstieg auf die Vergütungshöhe und damit auf die Ausgestaltung des Anstellungsvertrages auswirken. Zum anderen braucht es eine solche Auswirkung nicht, da es sich beim Zugang zur Erwerbstätigkeit und zum beruflichen Aufstieg um zwei unterschiedliche Tatbestandsmerkmale handelt.

Ist ein Anstellungsverhältnis zwischen einem Aufsichtsratsmitglied und der Gesellschaft abzulehnen und möchte man das AGG nicht auf korporationsrechtliche Verhältnisse anwenden, würde der Anwendung des AGG auf Aufsichtsratsmitglieder ins Leere gehen.[618] In seinen Entscheidungen betont der EuGH jedoch, es sei für die Auslegung eines Arbeitnehmerbegriffes i.S. unionsrechtlicher Regelungen ohne Bedeutung, dass das Verhältnis nach nationalem Recht

---

Überschrift mit «Bestellung» übersetzt wird. Auch die englische Fassung übersetzt dies mit «appointment“ und nicht mit employment.

614 *Oetker*, FS Otto, 2008, S. 361, 373; ihm folgend *Hildebrand*, Arbeitnehmerschutz von geschäftsführenden Gesellschaftsorganen, S. 193; a.A. *Lüttringhaus*, Grenzüberschreitender Diskriminierungsschutz, S.41

615 Vgl. BGH, Urt. v. 29.5.1989 – Az. II ZR 220/88 = NJW 1989, 2683, 2683 f.; vgl. zur Zulässigkeit einer solchen Klausel hinsichtlich des Widerrufs einer Bestellung BGH, Urt. v. 21.6.1999 – Az. II ZR 27/98 = NZG 1999, 1215, 1216

616 *Spindler* in MüKo-AktG, § 84 AktG, Rn. 83

617 *Hoentzsch*, Die Anwendung der Benachteiligungsverbote, S. 34

618 Im Ergebnis für geschäftsführende Organmitglieder auch *Reufels/Molle*, NZA-RR 2011, 281, 283, Fn. 33; wohl auch *Hoentzsch*, Die Anwendung der Benachteiligungsverbote, S. 32

ein Rechtsverhältnis sui generis ist.[619] Weder der EuGH[620] noch die dem AGG zugrunde liegenden Richtlinien differenzieren zwischen dem Anstellungs- und dem Bestellungsakt. Sind diese Richtlinien auch in Mitgliedstaaten anwendbar, welche zwischen Anstellung und Bestellung trennen, wird daraus geschlossen, dass europarechtliche Vorgaben nicht heranzuziehen seien.[621] Jedoch spricht die fehlende Differenzierung innerhalb der Richtlinien, wie auch insbesondere die Klarstellung des EuGH, es käme auf die Art des Verhältnisses nicht an, dafür, den Schutz des AGG nicht von der Art des Verhältnisses zwischen Organmitglied und Gesellschaft abhängig zu machen. Die Rechtsprechung des EuGH wie auch die Richtlinien zugrunde legend hat die im deutschen Recht relevante Differenzierung zwischen der schuldrechtlichen Anstellung und dem organschaftlichen Rechtsverhältnis demnach nicht zu erfolgen. Beide Rechtsverhältnisse sind daher geschützt.

2. Benachteiligung im Verfahren für den Wahlvorschlag des Aufsichtsrates (§ 124 Abs. 3 AktG)

Nach § 124 Abs. 3 S. 1, HS. 2 AktG hat der Aufsichtsrat für die Wahl von Aufsichtsratsmitgliedern der Hauptversammlung Vorschläge zur Beschlussfassung zu unterbreiten. Vergleichbar mit dem Bestellungsakt bei Vorstandsmitgliedern führt ein solcher Wahlvorschlag ebenfalls nicht unmittelbar zu einem Vergütungsanspruch. Wird jedoch lediglich der Rechtsakt erfasst, der Rechtsgrundlage für diesen Vergütungsanspruch ist,[622] ist zu beantworten, inwiefern bereits das Verfahren für die Wahlvorschläge des Aufsichtsrates vom Benachteiligungsverbot des AGG erfasst ist.

---

619 EuGH, Urt. v. 11.11.2010 – Rs. C-232/09 („*Danosa*"), Rn. 40 f, Slg. 2010, I-1140 = EuZW 2011, 74, 76; EuGH, Urt. v. 20.9.2007 – Rs. C-116/06 („*Kiiski*"), Rn. 26 m.w.N., Slg. 2007, I-7643 = EuZW 2007, 741, 742; EuGH, Urt. v. 10.12.1991 – Rs. C-179/90, Rn. 13, Slg. 1991, I-5889, 5927 f.

620 So auch *Bauer/Arnold,* ZIP 2008, 993, 998; *Liebhäuser*, Bedeutung des AGG für Organmitglieder, S. 58

621 *Hoentzsch*, Die Anwendung der Benachteiligungsverbote, S. 31 f, und *Hildebrand*, Arbeitnehmerschutz von geschäftsführenden Gesellschaftsorganen, S. 192 wonach dies lediglich aus Sicht des deutschen Rechts zu beantworten ist; wohl auch *Adomeit/Mohr*, AGG, § 6, Rn. 36, sieht es deswegen als zweifelhaft an, ob die in den Entscheidungen des EuGH enthaltene Sichtweise auf das deutsche Recht zu übertragen ist.

622 So *Bauer/Krieger*, AGG, § 6, Rn. 27; *Bauer/Arnold*, ZIP 2008 S. 993, 998; *Krause*, AG 2007, 329, 394; *Steinau-Steinrück/Schneider*, NZA 2005, 28, 30

Nach § 2 Abs. 1 Nr. 1 AGG erstreckt sich der sachliche Anwendungsbereich des AGG nicht nur auf den unmittelbar zur Erwerbstätigkeit führenden Rechtsakt. Ebenfalls sind Diskriminierungen hinsichtlich der Bedingungen, einschließlich der Auswahlkriterien und Einstellungsbedingungen, in Bezug auf den Zugang zur Erwerbstätigkeit verboten. Verweist § 6 Abs. 3 AGG auch lediglich auf die Bedingungen für den Zugang, so konkretisiert § 2 Abs. 1 Nr. 1 AGG diese Bedingungen.[623] Das Benachteiligungsverbot des AGG erstreckt sich damit auf das gesamte Einstellungsverfahren.[624] Dürfen nach dem AGG aber der gesamte Einstellungsprozess und damit auch die Durchführung des Auswahlverfahrens nicht aufgrund eines in § 1 AGG genannten Grundes benachteiligen,[625] kann eine Benachteiligung schon darin gesehen werden, dass der Kandidat nicht in die Auswahl einbezogen wurde.[626] Dem folgend ist auch die Auswahl eines Organmitgliedes bereits unter den sachlichen Anwendungsbereich des Zugangs zur Erwerbstätigkeit zu subsumieren.[627]

Die Auswahl eines Kandidaten für den Aufsichtsrat trifft hingegen nicht ausschließlich die Hauptversammlung. Wählt die Hauptversammlung nach § 119 Abs. 1 Nr. 1 AktG auch das Aufsichtsratsmitglied, ist es in der Praxis dennoch nicht unüblich, den Kandidaten zu wählen, welcher von dem Aufsichtsrat gemäß § 124 Abs. 3 S. 1, HS. 2 AktG vorab vorgeschlagen wurde. Bei diesen Wahlvorschlägen handelt es sich um eine Pflicht des Aufsichtsrates, diese der Hauptversammlung zu unterbreiten.[628] Die Wahlvorschläge des Aufsichtsrates gehören damit ebenfalls zum Auswahlverfahren potentieller Aufsichtsratskandidaten.

---

623 *Eßer/Baluch*, NZG 2007, 321, 326

624 *Bauer/Krieger*, AGG, § 2, Rn. 20; *Schlachter* in ErfK, § 6 AGG, Rn. 7, und § 2, Rn. 4; BVerfG, Beschl. v. 16.11.1993 – Az. 1 BvR258/86 = NJW 1994, 647, 647 m.w.N. (zu § 611a I BGB a. F.)

625 BAG, Urt. v. 27. 1. 2011 – 8 AZR 483/09 = NZA 2011, 689, 691; BAG, Urt. v. 22.7.2010 – Az. 8 AZR 1012/08 = NZA 2011, 93, 97; *Bauer/Krieger*, AGG, § 2, Rn. 20; *Eßer/Baluch*, NZG 2007, 321, 327

626 *Bauer/Arnold*, AG 2007, 807, 808; EuGH, Urt. v. 22.4.1997 – Rs. C-180/95 („*Draehmpaehl*"), Slg. 1997, I-2195 = NJW 1997, 1839; vgl. zu § 611a I BGB a. F. BVerfG, Beschl. v. 16.11.1993 – Az. 1 BvR258/86 = NJW 1994, 647, 647 f. m.w.N.

627 So auch im Ergebnis *Eßer/Baluch*, NZG 2007, 321, 322; *Liebhäuser*, Bedeutung des AGG für Organmitglieder, S. 51, da die Regelung des § 6 Abs. 3 AGG „sinnlos" wäre; wohl a.A. *Diller*, NZA 2007, 649, 650, weil lediglich die Letztentscheidung zum Schaden führt und nicht die Vorauswahl, s. dazu unten Teil D, III. 3. c)

628 *Koch* in in Hüffer/Koch, AktG, § 124; Rn. 16 f.; *Kubis* in MüKo-AktG, § 124 AktG, Rn. 34

Folglich wird das Verfahren für die Wahlvorschläge des Aufsichtsrates auch vom sachlichen Anwendungsbereich des AGG erfasst.

In der Nichtberücksichtigung durch den Aufsichtsrat ist eine Benachteiligung zu sehen. Die verbotene Benachteiligung nach § 7 Abs. 1 AGG und die daraus resultierenden Sekundäransprüche nach § 15 Abs. 1 und Abs. 2 AGG können somit bereits durch die Nichtberücksichtigung aufgrund eines in § 1 AGG genannten Grundes für die Wahlvorschläge des Aufsichtsrates verwirklicht werden. Es ist auch festzuhalten, dass die Wahlvorschläge im Interesse der Gesellschaft auszuüben sind.[629] Wird ein potentieller Kandidat ausschließlich aufgrund eines in § 1 genannten Grundes nicht vorgeschlagen, wäre zweifelhaft, inwiefern ein solcher Beschluss des Aufsichtsrates im zwingenden Interesse der Gesellschaft liegt.

3. Fazit

Der sachliche Anwendungsbereich des AGG erfasst bei den Aufsichtsratsmitgliedern den Bestellungsakt. Dafür spricht auch die Gesetzesbegründung, die lediglich auf „Sachverhalte wie etwa den Zugang zur Tätigkeit als Organmitglied" abstellt.[630] Indem Benachteiligungen aus einem in § 1 genannten Grund nach Maßgabe dieses Gesetzes in Bezug auf den Auswahlprozess unzulässig sind, sind ebenfalls die Wahlvorschläge durch den Aufsichtsrat nach § 124 Abs. 3 S. 1, 2. HS. AktG vom sachlichen Anwendungsbereich des AGG erfasst.

IV. Die Anwendung des AGG auf die Beendigung der Organtätigkeit

Nach § 7 Abs. 1 AGG dürfen Beschäftigte nicht wegen eines in § 1 AGG genannten Grundes benachteiligt werden. § 6 Abs. 3 AGG erweitert die Anwendung dieses Benachteiligungsverbotes auch auf selbstständig erwerbstätige Organmitglieder. Der Wortlaut des § 6 Abs. 3 AGG enthält lediglich den Geltungsbereich der Bedingungen für den Zugang zur Erwerbstätigkeit sowie den beruflichen Aufstieg. Damit weist der Wortlaut auf keinen Verstoß gegen das Benachteiligungsverbot des § 7 Abs. 1 AGG hin, wenn eine Abberufung auf einem in § 1 AGG genanntes Merkmal basiert.

Ist nur der Zugang zur Erwerbstätigkeit vor Benachteiligen geschützt, die Beendigung der Organtätigkeit jedoch nicht, stellt sich die Frage, wie es sich mit

629 *Habersack* in MüKo-AktG, § 101 AktG, Rn. 7
630 BT-Dr 16/1780, S. 34; BT-Dr. 16/297, S. 32

Bedingungen verhält, die beide Bereiche betreffen. Als Beispiel sei die Mindestanteilsregelung im AktG genannt, nach welcher bei der Zusammensetzung des Aufsichtsrates ab einem gewissen Zeitpunkt ein normiertes Geschlechterverhältnis einzuhalten ist. Eine solche Regelung würde beide Bereiche dann treffen, wenn zu dem festgesetzten Zeitpunkt zur Einhaltung des Geschlechterverhältnisses Abberufungen erforderlich werden.

Auch ist zu beantworten, inwiefern Regelungen, die automatisch zur Beendigung führen, jedoch zeitgleich einer Neubestellung entgegenstehen oder auch der sogenannte „erneute Zugang", welcher die Wiederbestellung betrifft, von dem Benachteiligungsschutz des AGG ebenfalls erfasst sind. Sind unselbstständig erwerbstätige Organmitglieder unter den Arbeitnehmerbegriff des § 6 Abs. 1 Nr. 1 AGG zu subsumieren und ist dadurch der gesamte Anwendungsbereich des AGG auf diese anzuwenden,[631] betrifft diese Frage einzig die selbstständig erwerbstätigen Organmitglieder.[632]

1. Beendigung der Organtätigkeit

Wie bereits oben aufgeführt legt § 2 AGG den sachlichen Geltungsbereich des Benachteiligungsverbotes fest. Nach § 2 Abs. 1 Nr. 1 AGG sind Benachteiligungen in Bezug auf die Bedingungen, einschließlich Auswahlkriterien und Einstellungsbedingungen, für den Zugang zu unselbstständiger und selbstständiger Erwerbstätigkeit, unabhängig von Tätigkeitsfeld und beruflicher Position sowie für den beruflichen Aufstieg unzulässig. § 2 Abs. 1 Nr. 2 AGG enthält dagegen den sachlichen Anwendungsbereich der Beschäftigungs- und Arbeitsbedingungen, einschließlich Arbeitsentgelt und Entlassungsbedingungen, insbesondere in individual- und kollektivrechtlichen Vereinbarungen und Maßnahmen bei der Durchführung und Beendigung eines Beschäftigungsverhältnisses sowie beim beruflichen Aufstieg. Damit differenziert diese Regelung zwischen dem Tatbestand des Zugangs zur Erwerbstätigkeit und dem Beendigungstatbestand. In Bezug auf die selbstständig erwerbstätigen Organmitglieder ist demnach zunächst festzuhalten, dass nach § 6 Abs. 3 i. V. m. § 2 Abs. 1 Nr. 1 AGG Benachteiligungen in Bezug auf die Bedingungen, einschließlich Auswahlkriterien und Einstellungsbedingungen, für den Zugang zur Erwerbstätigkeit, unabhängig von Tätigkeitsfeld und beruflicher Position, sowie für den beruflichen Aufstieg aus einem in § 1 AGG genannten Grund unzulässig sind.

---

631 S. dazu ausführlich oben Teil B, I. 1. a)

632 Im Ergebnis ebenso *Hoentzsch*, Die Anwendung der Benachteiligungsverbote, S. 98

Problematisch erscheint, inwiefern der in § 2 Abs. 1 Nr. 2 AGG festgelegte Beendigungstatbestand auf diesen Personenkreis anzuwenden ist. Indem die Anwendung des AGG zwar nach § 6 Abs. 3 AGG auch auf selbstständig erwerbstätige Organmitglieder erweitert wurde, jedoch darin lediglich die Bedingungen für den Zugang zur Erwerbstätigkeit sowie den beruflichen Aufstieg benannt sind, ist dem Wortlaut dieser Regelung eine Beschränkung in Bezug auf die Anwendbarkeit des AGG allein auf den sachlichen Geltungsbereich des § 2 Abs. 1 Nr. 1 AGG zu entnehmen. Aufgrund dieser Beschränkung wird in einigen Teilen der Literatur die Ansicht vertreten, das Benachteiligungsverbot sei nicht auf Tatbestände, welche in Verbindung mit der Abberufung eines Organmitgliedes oder Kündigung seines Anstellungsvertrages stehen, anzuwenden.[633] *Thüsing* spricht dabei von einem „sinnwidrigen Ergebnis", wenn zwar bei der Bewerbung auf den Diskriminierungsschutz zu achten ist, nicht jedoch bei der Entlassung.[634] Sind die Beendigung der Organtätigkeit und die Kündigung des Anstellungsvertrages nicht vom Benachteiligungsverbot erfasst, weist auch *Lutter* auf einen Wertungswiderspruch hin, welcher „unter Wahrung der gesetzgeberischen Ziele und Intentionen"[635] aufzulösen ist. Dem folgend vertritt *Oetker* die Ansicht, es sei im Wege einer Analogie ebenfalls die Beendigung der Organtätigkeit vom Benachteiligungsverbot erfasst, wenn eine Umgehung eines solchen Verbotes hinsichtlich des Zugangs naheliegt.[636] Hintergrund für eine solche Annahme einer Umgehung oder eines Wertungswiderspruches ist der Gedanke, dass sich das Organmitglied nach einer diskriminierend motivierten Abberufung wieder bewerben könnte und „erneut bestellt werden müsste – die Entlassungspapiere schon vorbereitet".[637] Dies entspräche einem „widersinnigen Hin und Her zwischen Bestellung und Abberufung".[638] Dem wird zum einen

633 *Oetker*, FS Otto, 2008, S. 361, 374; *Willemsen/Schweibert*, NJW 2006, 2583, 2584; *Eßer/Baluch*, NZG 2007, 321, 329; *Bauer/Arnold*, ZIP 2008, 993, 999, *Krause*, AG 2007, 392, 394; *Reufels/Molle*, NZA-RR 2011, 281, 282; *Falke* in Rust/Falke, AGG, § 6, Rn. 26; *Schmidt* in Schiek, AGG, § 6, Rn. 11; *Lutter*, BB 2007, 725, 728; *Mansel* in Jauernig, BGB 2014, § 6 AGG, Rn. 4; *Weller*, AnwBl. 2007, 320, 322; a.A. *Horstmeier*, GmbHR 2007, 125, 126; *Lüttringhaus*, Grenzüberschreitender Diskriminierungsschutz, S. 42 (auch Beendigung der Organstellung durch Abberufung); a.A. *Thüsing* in MüKo-BGB, § 2 AGG, Rn. 7, der ebenfalls die Nichtwiederbestellung darunter subsumiert

634 *Thüsing* in MüKo-BGB, § 2 AGG, Rn. 7

635 *Lutter*, BB 2007, 725, 728

636 *Oetker*, FS Otto, 2008, S. 361, 375

637 *Lutter*, BB 2007, 725, 728; *Thüsing* in MüKo-BGB, § 2 AGG, Rn. 7

638 *Lutter*, BB 2007, 725, 728; *Lüttringhaus*, Grenzüberschreitender Diskriminierungsschutz, S. 42

entgegengehalten, eine solche Abberufung verstoße bereits als missbräuchliche Rechtsausübung gegen § 138 Abs. 1 BGB.[639] Zum anderen wird zu Recht eingewendet, in Ermangelung eines Anspruches auf Bestellung müsse das abberufene Organmitglied gerade nicht wieder bestellt werden.[640] Das AGG kennt keinen Anspruch auf Beseitigung der Diskriminierung als Naturalrestitution.

Ferner sind Entlassungsbedingungen nicht als Zugang zur Erwerbstätigkeit i. S. d. § 6 Abs. 3 AGG zu verstehen.[641] Der Geltungsbereich der Entlassungsbedingungen nach § 2 Abs. 1 Nr. 2 AGG bezieht sich auf die Bedingungen, die zur Beendigung einer Erwerbstätigkeit führen. Eine Abberufung führt zu einer solchen Beendigung, wodurch diese Rechtshandlungen unter den Begriff der „Entlassungsbedingungen" i. S. d. § 2 Abs. 1 Nr. 2 AGG zu subsumieren ist. Ist die Abberufung bereits unter den Begriff der Entlassungsbedingungen zu subsumieren, kann diese nicht ebenfalls unter den Begriff des Zugangs i. S. d. §§ 2 Abs. 1 Nr. 1 und 6 Abs. 3 AGG subsumiert werden.

Eine Anwendung des Diskriminierungsschutzes auch auf die Abberufung des Anstellungsvertrages könnte im Ergebnis mit einer analogen Anwendung des § 2 Abs. 1 Nr. 2 AGG auf Organmitglieder zu erreichen sein. Voraussetzung hierfür ist jedoch ein planwidriger Verstoß dieser Regelung gegen den Grundsatz der Gleichbehandlung, nach welchem wesentlich Gleiches gleich und wesentlich Ungleiches ungleich zu behandeln ist.[642] Die Beschränkung für selbstständig erwerbstätige Organmitglieder auf den Zugang zur Erwerbstätigkeit entspricht allerdings der ausdrücklichen Normvorstellung des Gesetzgebers.[643] Die Planwidrigkeit und damit eine analoge Anwendung des § 2 Abs. 1 Nr. 2 AGG auf Organmitglieder sind demnach abzulehnen.[644]

2. Automatische Beendigungsregelungen

Fraglich ist, inwiefern Bedingungen, die automatisch zur Beendigung der Organtätigkeit führen, unter den Begriff des Zugangs i. S. d. § 6 Abs. 3 und

---

639 *Oetker*, FS Otto, 2008, S. 361, 375; *Bauer/Krieger*, AGG, § 6, Rn. 31; BGH, Urt. v. 23.4.2012 – Az. II ZR 163/10 = NJW 2012, 2346, 2348; aufgrund der Darlegungs- und Beweislast kritisch *Lingemann/Weingarth*, DB 2012, 2325, 2327

640 *Bauer/Arnold*, ZIP 2008, 993, 999; *Krause*, AG 2007, 392, 394

641 A.A. *Lüttringhaus*, Grenzüberschreitender Diskriminierungsschutz, S. 42

642 *Larenz/Canaris*, Methodenlehre der Rechtswissenschaft, 211, 237

643 *Eßer/Baluch*, NZG 2007, 321, 329; *Lutter*, BB 2007, 725, 728; *Liebhäuser*, Bedeutung des AGG für Organmitglieder, S. 60; s. dazu ausführlich dazu oben Teil B, I. 2.

644 A.A. *Oetker*, FS Otto, 2008, S. 361, 375; *Lutter*, BB 2007, 725, 728 f.

§ 2 Abs. 1 Nr. 1 AGG direkt[645] oder im Wege einer Analogie zu subsumieren sind.[646] Dabei wird seitens der Literatur vorwiegend auf Regelungen verwiesen, nach welchen beispielsweise allein das Erreichen eines gewissen Alters zur Beendigung der Tätigkeit führt. Sich auf die Entscheidungen der nationalen Bundesgerichte zu Art. 33 Abs. 2 GG stützend wird die Anwendung des AGG auf diese Fälle damit begründet, der Zugang zur Erwerbstätigkeit umfasse ebenfalls die Möglichkeit zur Beibehaltung.[647] Die Regelung in Art. 33 Abs. 2 GG ist jedoch nicht als Argument dienlich. Nach überwiegender Ansicht haben die in Art. 33 Abs. 2 GG benannten Merkmale Maßstab jeglicher Personalentscheidung zu sein.[648] Dagegen differenziert das AGG zwischen den Entscheidungen, die den Zugang und denen, die die Beendigung der Tätigkeit betreffen.[649] Damit unterscheidet sich die Systematik des sachlichen Anwendungsbereiches des AGG, wie die der Gleichbehandlungsrichtlinien, vom sachlichen Schutzbereich des Art. 33 Abs. 2 GG.

Horstmeier verweist dabei auf den Wortlaut der Regelung in § 2 Abs. 1 Nr. 2 AGG, der von Bedingungen spricht und sich damit nicht ausdrücklich auf den „Vorgang des Auswahlprozesses" bezieht.[650] Jedoch kann dagegen eingewendet werden, dass zumindest die Beendigung einer Tätigkeit ausdrücklich in § 2 Abs. 1 Nr. 2 AGG benannt ist, wodurch ausgeschlossen werden kann, dass der Vorgang des Beendigungsprozesses und die dafür erforderlichen Entscheidungen auch zugleich als Bedingung für den Zugang zu verstehen sind.[651]

Spricht die Gesetzesbegründung ferner ebenso von „Sachverhalten wie etwa den Zugang zur Tätigkeit als Organmitglied",[652] ist diesem nicht die Absicht des Gesetzgebers zu entnehmen, den Begriff des Zugangs i. S. d. § 6 Abs. 3 AGG anders definieren zu wollen als in § 2 Abs. 1 Nr. 1 AGG.[653] War mit § 6 Abs. 3 AGG zwar die Klarstellung beabsichtigt, nach der sich

---

645 So *Boecken*, NZS 2005, 393, 394; *Schmidt* in Schiek, AGG, § 6, Rn. 16; *Lüttringhaus*, Grenzüberschreitender Diskriminierungsschutz, S. 42

646 So *Oetker*, FS Otto, 2008, S. 361, 375

647 *Boecken*, NZS 2005, 393, 394; *Schmidt* in Schiek, AGG, § 6, Rn. 16

648 BVerwG, Beschl. v. 9.9.1999 – Az. 6 P 4/98 = NZA 2000, 443, 444; *Jarass* in Jarass/Pieroth, GG, Art. 33, Rn. 14 (ebenfalls der Entzug eines öffentlichen Amtes)

649 *Bauer/Arnold*, ZIP 2008, 993, 999

650 *Horstmeier*, GmbHR 2007,125, 126

651 *Bauer/Arnold*, ZIP 2008, 993, 999; *Krause*, AG 2007, 392, 394; *Liebhäuser*, Bedeutung des AGG für Organmitglieder, S. 66

652 BT-Drs. 16/1780, S. 34

653 *Lutter*, BB 2007 725, 728; a. A. *Horstmeier*, GmbHR 2007,125, 126

Organmitglieder auf das Benachteiligungsverbot berufen können, „soweit es um Sachverhalte wie etwa [...] das Fortkommen in dieser Tätigkeit geht",[654] ist jedoch anzumerken, dass der Begriff des Fortkommens nicht als fortlaufender Zugang zu verstehen ist.[655] Vielmehr handelt es sich um ein Synonym für das Vorwärtskommen in einer beruflichen Laufbahn und ist damit als beruflicher Aufstieg i. S. d. § 6 Abs. 3 AGG zu verstehen.

Verstößt eine Regelung, welche zwar nicht von Beginn an die Bestellung verhindert, aber zur automatischen Beendigung des Amtes führt, gegen das Benachteiligungsverbot des AGG, erkennt *Hoentzsch* darin einen Wertungswiderspruch.[656] Dieser Widerspruch solle im Wege der Rechtfertigung aufzulösen sein.[657] Vertritt man jedoch die Ansicht, dass der Anwendungsbereich des § 2 Abs. 1 Nr. 2 AGG auf selbstständig erwerbstätige Organmitglieder keine Anwendung findet,[658] ist eine solche Benachteiligung zulässig. Eine solche zulässige, weil nicht vom Benachteiligungsschutz des AGG erfasste, Benachteiligung bedarf demnach gerade keiner Rechtfertigung. Der Wertungswiderspruch, dass ein Organmitglied dadurch besser gestellt ist, wenn er wegen bspw. des Geschlechtes nicht genommen wird im Vergleich zu einer Person, die zwar erst bestellt wurde und dann wegen des Geschlechtes jedoch abberufen wird, ist – wenn man dieser Ansicht eines beschränkten Geltungsbereiches folgt – hinzunehmen und nicht durch das Argument einer Rechtfertigungsprüfung heilbar.

Die Subsumtion von Regelungen, die zur automatischen Beendigung der Organtätigkeit führen, unter den Begriff des Zugangs i. S. d. § 6 Abs. 3 AGG entspricht ferner nicht der Rechtsprechung des EuGH. Im Wege einer weiten Auslegung des Begriffes „Entlassung"[659] subsumiert dieser solche zu einer automatischen Beendigung eines Arbeitsverhältnisses führende Regelung unter den Begriff der Entlassungsbedingungen.[660] Dieses kann ebenfalls auf die Organmitgliedschaft übertragen werden. Damit handelt es sich bei Regelungen, die

---

654 BT-Drs. 16/1780, S. 34

655 A.A. *Schrader/Schubert* in Däubler/Bertzbach, AGG, § 6, Rn. 78

656 *Hoetzsch*, Die Anwendung der Benachteiligungsverbote, S. 97 f.

657 *Hoetzsch*, Die Anwendung der Benachteiligungsverbote, S. 99

658 S. dazu ausführlich oben Teil B, I. 2.; ebenso im Ergebnis *Hoetzsch*, Die Anwendung der Benachteiligungsverbote, S. 97

659 EuGH, Urt. v. 16.2.1982 – Rs 19/81, Rn. 9 = Slg. 1982, 554, 575 = NJW 1982, 2726, 2727; vgl. zur RL 72/207/EWG EuGH, Urt. v. 26.2.1986 – Rs. C151/84, Rn. 32, Slg. 1986, 703,720

660 EuGH, Urt. v. 26.2.1986 – Rs. 152/84, Rn. 34, Slg. 1986, 723, 745f. = NJW 1986, 2178, 2179; EuGH, Urt. v. 18.11.2010 – Rs. C-356/09, Rn. 26 = EuZW 2011, 67, 68

zu einer automatischen Beendigung der Organtätigkeit führen, ebenfalls um Entlassungsbedingungen i. S. d. § 2 Abs. 1 Nr. 2 AGG.[661] Von diesem Geltungsbereich sind selbstständig erwerbstätige Organmitglieder jedoch nicht erfasst[662] und damit vor diskriminierenden automatischen Entlassungsbedingungen nicht durch das AGG geschützt.

3. Wiederbestellung als sogenannter „erneuter Zugang"

Davon zu unterscheiden ist die in der Literatur und Rechtsprechung kontrovers diskutierte Frage, inwiefern unter den Begriff des „Zugangs" i.S.d. § 6 Abs. 3 AGG ebenfalls der sogenannte „erneute Zugang" zu subsumieren ist. Darunter werden insbesondere Entscheidungen oder Regelungen verstanden, die gleichzeitig der Nichtwiederbestellung eines Organmitgliedes oder der Nichtverlängerung von dessen Anstellungsverhältnis entgegenstehen.[663] Wie bereits oben dargestellt, hat ein lediglich beschränkter Geltungsbereich auf selbstständig erwerbstätige Organmitglieder die Sanktionslosigkeit einer der Berufung folgenden diskriminierend motivierten Abberufung zur Konsequenz.[664] Ein selbstständig erwerbstätiges Organmitglied hat folglich bei einer solchen Entscheidung der Gesellschaft, die zu einer Beendigung seiner Erwerbstätigkeit führt, keinen Anspruch auf Schadenersatz oder Entschädigung nach § 15 Abs. 1 und 2 AGG. Damit ist festzuhalten, allein die Subsumtion der Entscheidungen über die Nichtverlängerung eines Anstellungsvertrages oder die Nichtwiederbestellung eines Organmitgliedes ist unter der Begrifflichkeit „erneuter Zugang" zu problematisieren. Fraglich ist dabei, ob solche Entscheidungen die Beendigung der Organtätigkeit betreffen oder unter den Begriff des „Zugangs" i. S. d. § 2 Abs. 1 Nr. 1 AGG zu subsumieren sind.

Ein Teil der Literatur sieht in einer solchen Entscheidung, ein Organmitglied nicht wieder zu bestellen oder ein Anstellungsverhältnis nicht zu verlängern, eine Entlassungsentscheidung, die unter den sachlichen Anwendungsbereich i. S. d. § 2 Abs. 1 Nr. 2 AGG fällt, auf die sich Organmitglieder nicht berufen können, und demnach vom Benachteiligungsschutz des AGG nicht erfasst

661 *Lutter*, BB 2007, 725, 726

662 S. dazu ausführlich oben Teil B, I. 2.

663 *Eßer/Baluch*, NZG 2007, 321, 329; OLG Köln, Urt. v. 29.7.2010 – Az. 18 U 196/09 = NZA 2011, 211, 212; a.A. *Lüttringhaus*, Grenzüberschreitender Diskriminierungsschutz, S. 42; *Thüsing* in MüKo-BGB, § 2 AGG, Rn. 7

664 S. dazu oben Teil B, IV.

sind.[665] Für diese Ansicht spricht der gesetzgeberische Wille, den sachlichen Anwendungsbereich der Entlassungsbedingungen nicht auf Organmitglieder erweitern zu wollen. Eine Umgehung dieses gesetzgeberischen Willens wäre jedoch wiederum abzulehnen, wenn solche Entscheidungen in Bezug auf den „erneuten Zugang" gerade nicht unter den Begriff der Entlassungsbedingungen zu subsumieren wären.

Für die Subsumtion der Wiederbestellung unter den Begriff des Zugangs spricht die Tatsache, dass wie die Bestellung auch die Wiederbestellung Voraussetzung für die Erwerbstätigkeit der Organmitglieder ist. Aufsichtsratsmitglieder können nur für die in § 102 Abs. 1 AktG normierte Höchstdauer bestellt werden. Eine automatische Verlängerung über diese Amtszeit hinaus kann nicht vereinbart werden. Für die Verlängerung dieser Amtstätigkeit bedarf es folglich eines erneuten Bestellungsverfahrens.[666] Soll ferner eine Wiederbestellung nicht unter der Begrifflichkeit „Zugang zur Erwerbstätigkeit" i. S. d. §§ 2 Abs. 1 Nr. 1 und 6 Abs. 3 AGG zu subsumieren sein, hätte dies zur Konsequenz, dass lediglich die erste Bestellung vom Diskriminierungsschutz des AGG erfasst wäre, nicht aber jede weitere Wiederbestellung. Eine Absicht, zwischen der Wiederbestellung innerhalb der Höchstdauer und einer solchen nach der Höchstdauer differenzieren zu wollen, ist den Gesetzgebungsmaterialien zum AGG nicht zu entnehmen.

Eine Wiederbestellung unter „Bedingungen für den Zugang" zu subsumieren, entspricht ferner der Rechtsprechung des EuGH. In seiner Entscheidung zur Rechtssache *Jiménez Melgar* erklärte dieser, eine Nichterneuerung eines befristeten Vertrages komme einer Einstellungsverweigerung gleich.[667] Ist der Grund für diese Nichterneuerung eines befristeten Arbeitsvertrages das Geschlecht, judiziert der EuGH einen Verstoß gegen Art. 3 Abs. 1 Richtlinie 76/207/EWG.[668] Die Regelung in Art. 3 Abs. 1 dieser Richtlinie regelt den Anwendungsbereich der Bedingungen des Zugangs. Der Anwendungsbereich

---

665 *Eßer/Baluch*, NZG 2007, 321, 329; *Brauer* in Bormann/Kauka/Ockelmann, Handbuch GmbH-Recht, Kapitel 8, G, Rn. 90; *Liebhäuser*, Bedeutung des AGG für Organmitglieder, S. 60 f.; a.A. *Thüsing* in MüKo-BGB, § 2 AGG, Rn. 7; BVerwG, Urt. v. 26. 1. 2011 – 8 C 46/09 = NZA-RR 2011, 233, 235; BGH, Urt. v. 23. 4. 2012 – Az. II ZR 163/ 10 = NJW 2012, 2346, 2348

666 *Simons* in Hölters, AktG, § 102, Rn. 10

667 EuGH Urt. v. 4.10.2001 – Rs. C-438/99 („*Jiménez Melgar*"), Rn. 41, Slg. 2001, I-6915, 6953 = EuZW 2001, 719, 721

668 EuGH Urt. v. 4.10.2001 – Rs. C-438/99 („*Jiménez Melgar*"), Rn. 41, Slg. 2001, I-6915, 6954 = EuZW 2001, 719, 722

der Entlassungsbedingungen ist dagegen in Art. 5 Richtlinie 76/207/EWG normiert. Hat der EuGH demnach in dieser Nichterneuerung keinen Verstoß gegen Art. 5 Abs. 1, sondern gegen Art. 3 Abs. 1 Richtlinie 76/207/EWG gesehen, kann daraus die Subsumtion einer Nichtverlängerung unter den Begriff des Zugangs durch den EuGH gefolgert werden. Diese Entscheidung auf das AGG übertragend wäre die Nichtverlängerung und damit die Wiederbestellung vom Anwendungsbereich des § 2 Abs. 1 Nr. 1 AGG erfasst, welcher ebenfalls den Anwendungsbereich der Bedingungen des Zugangs enthält.

Wird dies auf Organmitglieder übertragen, ist nicht nur die Wiederbestellung, sondern ferner auch die Verlängerung eines Anstellungsvertrages unter die Begrifflichkeit der Bedingungen für den Zugang zur Erwerbstätigkeit i. S. d. §§ 2 Abs. 1 Nr. 2, 6 Abs. 3 AGG zu subsumieren.[669] Allein die Folge der automatischen Beendigung führt nicht zum Verstoß gegen das Benachteiligungsverbot des AGG. Steht diese Regelung jedoch zeitgleich einer erneuten Bestellung entgegen, hat dies zwar die Möglichkeit einer Abberufung eines Organmitgliedes zur Folge. Die Ablehnung einer (erneuten) Bestellung darf jedoch nicht auf diese Regelung zurückgeführt werden.

4. Fazit

Der Geltungsbereich des AGG wurde zwar auf Organmitglieder erweitert, jedoch für selbstständig erwerbstätige Organmitglieder auf den Zugang zur Erwerbstätigkeit und den beruflichen Aufstieg beschränkt. Dies entspricht dem ausdrücklichen Willen des Gesetzgebers und ermöglicht damit keine erweiterte analoge Auslegung des Begriffes „Zugang" i. S. d. §§ 6 Abs. 3 und 2 Abs. 1 Nr. 1 AGG. Entscheidungen, die zur Beendigung der Organtätigkeit führen, betreffen die Entlassungsbedingungen, welche in § 2 Abs. 1 Nr. 2 AGG normiert sind. Solche Entscheidungen können daher nicht unter den Begriff des „Zugangs" i. S. d. § 6 Abs. 3 AGG subsumiert werden. Ein selbstständig erwerbstätiges Organmitglied hat demnach keinen Schadenersatz- oder Entschädigungsanspruch, wenn es aufgrund eines in § 1 AGG genannten Grundes abberufen wurde.

Auch Regelungen, die zu einer automatischen Beendigung führen und auf einem in § 1 AGG genannten Grund basieren, sind nicht als „Zugang" zu verstehen. Steht diese Regelung allerdings zeitgleich einer Wiederbestellung

---

669 OLG Köln, Urt. v. 29.7.2010 – Az. 18 U 196/09 = NZA 2011, 211, 212; *Thüsing* in MüKo-BGB, § 2 AGG, Rn. 7; *Bauer/Krieger*, AGG, § 6, Rn. 31; a.A. *Eßer/Baluch*, NZG 2007, 321, 329; *Bauer/Arnold*, ZIP 2008, 993, 999; *Liebhäuser*, Bedeutung des AGG für Organmitglieder, S. 59 f. und 65

entgegen, verstößt eine aufgrund dieser Regelung getroffene Entscheidung, das Organmitglied nicht zu bestellen, gegen das Benachteiligungsverbot aus § 7 Abs. 1 AGG.

Soll in der Aufsichtsratstätigkeit eine selbstständige Erwerbstätigkeit gesehen werden,[670] greift für Aufsichtsratsmitglieder die Beschränkung des § 6 Abs. 3 AGG. Damit verstößt eine Abberufung aufgrund einer Regelung, welche eine Abberufung wegen eines in § 1 AGG genannten Grundes ermöglicht, nicht gegen das Benachteiligungsverbot aus § 7 Abs. 1 AGG. Wird ein Aufsichtsratsmitglied jedoch wegen ebendieser Regelung nicht von der Hauptversammlung erneut gewählt, betrifft der Beschluss den sogenannten „erneuten Zugang". Die Rechtsfolge eines Anspruches auf Schadenersatz oder Entschädigung wäre daher zu prüfen.

V. Beruflicher Aufstieg i. S. d. § 6 Abs. 3 und § 2 Abs. 1 Nr. 1 AGG

Neben dem Zugang zur Erwerbstätigkeit erfasst das Benachteiligungsverbot des AGG auch den beruflichen Aufstieg. Fraglich ist insbesondere für die von den Arbeitnehmern gewählten Aufsichtsratsmitglieder, ob ein solcher beruflicher Aufstieg i.S. d. §§ 6 Abs. 3 und § 2 Abs. 1 Nr. 1 AGG anzunehmen ist, wenn ein Arbeitnehmer zum Mitglied eines Aufsichtsrates bestellt wird.

Die Begrifflichkeit des beruflichen Aufstiegs hat das AGG unverändert aus den Richtlinien übernommen. Eine Definition findet sich weder im AGG selbst noch in den das AGG betreffenden Richtlinien. Die englische, französische und polnische Fassung der Richtlinien verwenden die Begriffe „promotion", „promotion" und „awans". Diese Termini stehen typischerweise für eine Beförderung i.S. eines beruflichen Avancements.[671] Daraus resultiert, dass der Wechsel eines Arbeitnehmers zum Gesellschafter nicht als beruflicher Aufstieg angesehen werden kann.[672] Wenn ein Arbeitnehmer nach den Regelungen der Unternehmensmitbestimmung Mitglied des Aufsichtsrates wird, behält er seine Position in dem Unternehmen und damit auch seine Eigenschaft als Arbeitnehmer.[673] Damit fällt die Bestellung eines Arbeitnehmers zum Aufsichtsrat nicht unter die

670 Dazu ausführlich Teil B, II.

671 So *Schroeder/Diller*, NZG 2006, 728, 731; *Krause*, AG 2007, 392, 394

672 Ausführlich dazu *Schroeder/Diller*, NZG 2006, 728 ff.

673 *Brauer* in Bormann/Kauka/Ockelmann, Handbuch GmbH-Recht, Kapitel 8, G, Rn. 90

Begrifflichkeit des beruflichen Aufstieges, sondern unter den des Zugangs zur Erwerbstätigkeit.

Der berufliche Aufstieg betrifft die Beförderung innerhalb des Organs, wodurch die Wahl zum Aufsichtsratsvorsitzenden oder auch stellvertretenden Vorsitzenden unter diesen Begriff zu subsumieren ist.[674] Verfügt ein Aufsichtsrat über Ausschüsse, ist die Mitgliedschaft in diesen Ausschüssen ebenfalls als beruflicher Aufstieg i.S. d. §§ 6 Abs. 3 und § 2 Abs. 1 Nr. 1 AGG zu werten.

674 So *Bauer/Krieger*, AGG, § 6, Rd. 32 zum Vorstandsvorsitzenden; *Brauer* in Bormann/Kauka/Ockelmann, Handbuch GmbH-Recht, Kapitel 8, G, Rn. 90

Teil C Rechtfertigung einer Benachteiligung von Aufsichtsratsmitgliedern aufgrund des Geschlechtes

Gegen das Benachteiligungsverbot aus § 7 Abs. 1 AGG wird nicht verstoßen, wenn ein rechtfertigender Grund für die unterschiedliche Behandlung und damit auch für die Berücksichtigung des Geschlechtes vorliegt. Soll eine Benachteiligung wegen des Geschlechtes bei der Besetzung des Aufsichtsrates vermieden werden, wird die Lösung darin gesehen, dass das Geschlecht „schlicht keine Rolle spielen" darf, indem „im Entscheidungsgremium [dieses Merkmal] nicht diskutiert" wird.[675] Im Hinblick auf die Wahl der Aufsichtsratskandidaten ist jedoch von diesem Lösungsvorschlag abzuraten, denn Regelungen de lege lata normieren explizit die Beachtung des Geschlechtes. Durch eine solche Beachtung wird die Einbeziehung dieses Merkmals in eine Diskussion folglich erforderlich.

Nach § 5 AGG können geschlechtsspezifische Benachteiligungen zulässig sein, wenn es sich dabei um geeignete und angemessene Maßnahmen handelt, die bestehende Nachteile wegen des Geschlechtes verhindern oder ausgleichen. Nachfolgend werden die Voraussetzungen einer solchen positiven Maßnahme für nationale Regelungen aufgezeigt.

Eine unterschiedliche Behandlung ist wegen des Geschlechtes ferner nach § 8 Abs. 1 AGG zulässig, wenn das Geschlecht aufgrund der Art der auszuübenden Tätigkeit oder der Bedingungen ihrer Ausübung eine wesentliche und entscheidende berufliche Anforderung darstellt, sofern der Zweck rechtmäßig und die Anforderung angemessen ist. Für eine geschlechtsbezogene Benachteiligung hinsichtlich des Zugangs zu einem Aufsichtsratsamt ist ferner zu beantworten, inwiefern die Vertrauensstellung zwischen Organmitglied und Gesellschaft eine solche Ausübungsbedingung i. S. d. § 8 Abs. 1 AGG darstellt. Verknüpft ist dies mit der Frage, ob Vorbehalte Dritter als entscheidende berufliche Anforderung zu verstehen sein können und dadurch diese eine Bevorzugung von Kandidaten eines Geschlechtes nach § 8 Abs. 1 AGG rechtfertigen können.

---

675 *Miras*, GWR 2012, 311, 314

Zum einen die Beziehung zwischen dem Organ und der Gesellschaft und zum anderen die Kompetenzen und die Möglichkeit der Abberufung eines Organmitgliedes werden ebenfalls als Begründung für eine erweiterte Rechtfertigungsmöglichkeit herangezogen. Dieses könnte sich in der Formulierung des § 6 Abs. 3 AGG widerspiegeln. Danach sind die Regelungen für Beschäftigte „entsprechend" auf Organmitglieder anzuwenden. Einige Stimmen aus der Literatur meinen dadurch eine Verringerung des Schutzniveaus für diese annehmen zu können,[676] indem insbesondere die Rechtsfertigungsmöglichkeiten als erleichtert anzusehen seien.[677] Zu beantworten ist auch, inwiefern die Unternehmensverfassung und das Gesellschaftsrecht Benachteiligungen aufgrund des Geschlechtes i. S. d. AGG rechtfertigen können.

Ist die Rechtfertigung einer ungleichen Behandlung wegen des Geschlechtes für ein Aufsichtsratsmitglied hinsichtlich des Zugangs zum Organamt und den Aufstieg innerhalb dessen von Relevanz, hat folgende Darstellung für bereits bestellte Aufsichtsratsmitglieder insbesondere Auswirkungen auf ihre Entscheidungsfreiheit hinsichtlich ihrer Wahlvorschläge nach § 124 Abs. 3 S. 1 AktG.

I. Erleichterte Rechtfertigung aufgrund der „entsprechenden" Anordnung in § 6 Abs. 3 AGG?

Stimmen aus dem Schrifttum erkennen aufgrund der lediglich entsprechenden Anordnung in § 6 Abs. 3 AGG die Möglichkeit an, durch eine Verhältnismäßigkeitsprüfung der besonderen Vertrauensbindung zwischen Organmitglied und Gesellschaft Rechnung zu tragen.[678] Bei einer Benachteiligung sei diese Vertrauensbindung zu berücksichtigen, wodurch die Rechtfertigung einer Benachteiligung erleichtert wird.[679] *Hoentzsch* sieht es als obsolet an, wenn die besondere Vertrauensstellung bereits auf Tatbestandsebene geprüft wird, und schließt daraus, dass diese Vertrauensbindung im Wege einer Verhältnismäßigkeitsprüfung auf Rechtfertigungsebene zu erfolgen hat.[680] Jedoch alleine die Ablehnung einer

---

676 Zu § 20 Abs. 3 ADG-E Bauer/Thüsing/Schunder (*Bauer),* NZA 2005, 32, 33; *Bauer/Krieger*, AGG, § 6, Rn. 36; *Adomeit/Mohr*, AGG, § 6, Rn. 43; a. A. *Schlachter* in ErfK, § 6 AGG, Rn. 8; *Schmidt* in Schiek, AGG, § 6; Rn. 17

677 *Thüsing/Stiebert*, NZG 2011, 641, 644

678 *Adomeit/Mohr*, AGG, § 6, Rn. 43; *Bauer/Arnold,* ZIP 2008, 993, 996, *Hoentzsch*, Die Anwendung der Benachteiligungsverbote, S. 26 f.; *Lingemann* in Prütting/Wegen/Weinreich, BGB, § 6 AGG, Rn. 7; a.A. *Schlachter* in ErfK, § 6 AGG, Rn. 7

679 *Adomeit/Mohr*, AGG, § 6, Rn. 43; a.A. *Reufels/Molle* NZA-RR 2011, 281, 284

680 *Hoentzsch*, Die Anwendung der Benachteiligungsverbote, S. 27

solchen Prüfung schon auf Tatbestandsebene kann nicht beantworten, ob generell großzügigere Maßstäbe anzuwenden sind.

Die Heranziehung der besonderen Vertrauensstellung zwischen Organmitglied und Gesellschaft erinnert an die kontroverse Diskussion im Schrifttum im Zusammenhang mit der Regelung in § 20 Abs. 5 Abs. 1 ADG-E. Danach habe der Diskriminierungsschutz des ADG- E auf zivilrechtliche Schuldverhältnisse, bei denen ein besonderes „Nähe- oder Vertrauensverhältnis" der Parteien oder ihrer Angehörigen begründet wird, keine Anwendung zu finden.[681] Indem das Organverhältnis als ein solches Nähe- oder Vertrauensverhältnis angesehen wurde, konnten Organmitglieder nicht vom Anwendungsbereich des ADG-E als erfasst angesehen werden. Diesem ist der Gesetzgeber entgegengetreten und stellte mit § 6 Abs. 3 AGG klar, auch Organmitglieder dürfen nicht aufgrund eines in § 1 AGG genannten Grundes benachteiligt werden.[682] Die Regelung aus § 20 Abs. 5 ADG-E wurde in § 19 Abs. 5 AGG aufgenommen. Der Wortlaut des § 19 Abs. 5 AGG enthält keinen Verweis auf die Berücksichtigung eines solchen Nähe- oder Vertrauensverhältnisses zwischen Organ (-mitglied) und Gesellschaft. Dadurch erscheint es zweifelhaft, ob der Gesetzgeber, trotz Kenntnis der Diskussion in der Literatur, dennoch dieses Vertrauensverhältnis mit einbeziehen wollte. In § 6 Abs. 3 AGG ist lediglich eine Klarstellung zu entnehmen, wonach Organmitglieder ausdrücklich vom Diskriminierungsschutz des AGG erfasst sind. Aufgrund dessen ist die Ausnahmeregelung des § 19 Abs. 5 AGG nicht analog heranzuziehen.

Thüsing verweist bei seiner Annahme, großzügigere Rechtfertigungsmaßstäbe anlegen zu können als im Verhältnis zu Arbeitnehmern, auf den Richtliniengeber, der offenbar „Arbeitnehmer als in besonderem Maße benachteiligungsgefährdet" angesehen hat.[683] Auch wenn *Thüsing* zuzustimmen ist, dass die Richtlinien vornehmlich zum Schutz von Arbeitnehmern konzipiert wurden, kann den Richtlinien keine einschränkende oder lediglich entsprechende Anwendung für selbstständig Erwerbstätige entnommen werden. Anders als das AGG, welches den persönlichen getrennt vom sachlichen Anwendungsbereich in zwei Normen enthält, sind der persönliche und sachliche Geltungsbereich der Richtlinien lediglich in einer Norm geregelt. Sollen Organmitglieder als selbstständige Erwerbstätige i. S. d. Richtlinien zu verstehen sein, ist darauf hinzuweisen, dass diese Richtlinien auch für diesen Personenkreis, im Widerspruch zum

---

681 S. dazu oben Teil A, I. 3. b) cc)

682 S. dazu oben Teil A, I. 3. b)

683 Zu § 20 Abs. 3 ADG-E Bauer/Thüsing/Schunder (*Thüsing*) NZA 2005, 32, 33

AGG, keine (nur) entsprechende Anordnung vorsehen. Damit kann eine solche Annahme, Benachteiligungen von Organmitgliedern leichter rechtfertigen zu können, nicht auf die Gleichbehandlungsrichtlinien gestützt werden. Vielmehr widerspricht eine solche Ansicht diesen sogar.[684]

Auf dieses Ergebnis weist auch das OLG Köln in seiner Entscheidung vom 29. Juni 2010 hin, nach der eine solche Verringerung des Schutzniveaus „jedenfalls" für weisungsabhängige Fremdgeschäftsführer abzulehnen sei.[685] Indem dies mit einer richtlinienkonformen Auslegung begründet wird, weist das OLG Köln auf die Auslegungsproblematik über die rechtliche Qualifizierung der Organtätigkeit als selbstständige oder unselbstständige Erwerbstätigkeit i. S. d. AGG und der Frage nach einem lediglich beschränkten Anwendungsbereich auf die zuletzt genannten Erwerbstätigen hin. So eine Feststellung ist jedoch nur dann konsequent, wenn weisungsabhängige Organmitglieder aufgrund der gebotenen richtlinienkonformen Auslegung bereits unter den Begriff der Beschäftigten i. S. d. § 6 Abs. 1 AGG subsumiert werden,[686] wodurch die (nur) entsprechende Anordnung des § 6 Abs. 3 AGG diese Organmitglieder dann nicht tangieren würde. Dem folgend würde die Frage nach einer erleichterten Rechtfertigung nur Organmitglieder betreffen, welche eine selbstständige Erwerbstätigkeit i. S. d. AGG ausüben. Subsumiert das OLG Köln unselbstständig erwerbstätige Organmitglieder allerdings ebenfalls unter den Begriff der Organmitglieder i. S. d. § 6 Abs. 3 AGG,[687] erfasst die Frage, inwiefern eine entsprechende Anordnung des § 6 Abs. 3 AGG zu einem weiteren Ermessensspielraum hinsichtlich der Rechtfertigungsmöglichkeiten führt, nicht nur weisungsunabhängige Organmitglieder. Durch die Subsumtion selbstständiger wie auch unselbstständiger Organmitglieder unter § 6 Abs. 3 AGG versäumt das OLG Köln methodisch darzustellen, wie genau eine Verringerung des Schutzniveaus für unselbstständig erwerbstätige Organmitglieder abzulehnen ist. Allein auf eine richtlinienkonforme Auslegung hinzuweisen genügt dabei nicht, denn – wie oben dargestellt – unterscheiden die Richtlinien bei der Rechtfertigung von Benachteiligungen nicht zwischen selbstständig und unselbstständig Erwerbstätigen.

---

684 A.A. *Bauer/Arnold* ZIP 2008, 993, 996, Fn. 38

685 OLG Köln, Urt. v. 29.7.2010 – Az. 18 U 196/09 (zitiert nach Juris Rn. 76) = NZG 2011, 187, 189; ebenso ebenfalls nur für unselbstständig erwerbstätige Organmitglieder *Hildebrand*, Arbeitnehmerschutz von geschäftsführenden Gesellschaftsorganen, S. 195

686 S. dazu ausführlich oben Teil B, I. 1. a)

687 OLG Köln, Urt. v. 29.7.2010 – Az. 18 U 196/09 = NZG 2011, 187, 189

Auch dem Gesetzgebungsverfahren kann keine erleichterte Rechtfertigung entnommen werden. In seiner Stellungnahme zum ADG-E schlug *Thüsing* die Einfügung einer neuen Nummer in § 6 Abs. 1 ADG-E vor, wodurch „Selbstständige, soweit es die Bedingungen für den Zugang zur Erwerbstätigkeit sowie den beruflichen Aufstieg betrifft“ ebenfalls unter den Beschäftigtenbegriff des ADG-E fallen würden.[688] Damit wäre eine erleichterte Differenzierung zwischen selbstständig und unselbstständig erwerbstätigen Organmitgliedern gegeben. Der Gesetzgeber folgte diesem Vorschlag nicht und ordnete stattdessen die entsprechende Anwendung der Regelungen auf sämtliche Organmitglieder des AGG an. Die Frage, weshalb der Gesetzgeber eine lediglich entsprechende Anwendung aufnahm, anstatt dem Normvorschlag *Thüsings* zu folgen, kann mit Blick auf § 20 Abs. 3 S. 2 ADG-E erklärt werden. Die Formulierung des § 6 Abs. 3 AGG entspricht der in § 20 Abs. 3 S.2 ADG-E, nach welcher für „andere zivilrechtliche Sachverhalte“ die Bestimmungen des ADG-E „entsprechend“ galten. Diese Regelung im ADG-E sorgte im Schrifttum für Streit, inwiefern das Organverhältnis ebenfalls als ein solch anderer zivilrechtlicher Sachverhalt zu verstehen ist.[689] Der zweite Abschnitt des ADG-E regelte, „abgestimmt auf die besonderen Anforderungen des Arbeitsrechts, den Diskriminierungsschutz insbesondere für Arbeitnehmerinnen und Arbeitnehmer“.[690] Demzufolge konnten diese Regelungen des § 20 Abs. 3 S. 2 ADG-E lediglich entsprechend auf Sachverhalte anzuwenden sein, die zwar nicht unter den persönlichen Anwendungsbereich des § 6 ADG-E fielen, jedoch eine vergleichbare Interessenslage aufwiesen. Dies galt „insbesondere für solche Verträge, die bei richtlinienkonformer Auslegung des § 2 Abs. 1 Nr. 1. bis 4 ADG-E als Erwerbstätigkeit [...] zu qualifizieren waren“.[691] Diese Gesetzesbegründung ist aber nicht dahin zu verstehen, dass eine vergleichbare Interessenslage zu prüfen ist,[692] sondern der Gesetzgeber diese bereits dann annahm, wenn es sich um eine Erwerbstätigkeit i.S. der dem ADG-E zugrunde liegenden Richtlinien handelt. Der Gesetzgeber beabsichtigte damit keine Abschwächung des Schutzniveaus, sondern eine Anpassung sämtlicher Normen arbeitsrechtlicher Natur auch auf das Organverhältnis.[693] Wie

688 S. Fn. 81
689 S. dazu oben Teil A, I. 3. b) bb)
690 BT-Drs. 15/4539, S. 40
691 BT-Drs. 15/4539, S. 40
692 *Schmidt* in Schiek, AGG, § 6; Rn.17
693 *Schmidt* in Schiek, AGG, § 6. Rn. 17; so wohl auch jedoch einschränkend auf die Rechtfertigungsgründe *Schlachter* in ErfK, § 6 AGG, Rn. 8

oben dargestellt, hat der Gesetzgeber diese Regelung des § 20 Abs. 2 S. 2 ADG klarstellend durch die ausdrückliche Aufnahme der Organmitglieder in den Wortlaut sowie in den persönlichen Anwendungsbereich nach § 6 AGG aufgenommen und dabei die entsprechende Anwendung – wenig hilfreich – ebenfalls übertragen. Demnach ist die entsprechende Anordnung dem Aufbau des AGG[694] wie auch dem Gesetzgebungsverfahren hinsichtlich der Aufnahme der Organmitglieder in den Wortlaut des § 6 Abs. 3 AGG geschuldet.[695]

II. Die Unternehmensverfassung als Rechtfertigung?

Die Rechtfertigung einer Benachteiligung könnte ferner in der Gesellschaftsverfassung selbst gesehen werden. In Teilen der Literatur werden in diesem Zusammenhang zum einen die erleichterte Abberufung eines Organmitgliedes im Gegensatz zu einem Arbeitnehmer und zum anderen die grundsätzliche Entscheidungsfreiheit von Organen bei der Auswahl eines Organmitgliedes angeführt.[696] Dies sei auch bei der Rechtfertigung einer Benachteiligung zu beachten, wodurch die Voraussetzungen eines Rechtfertigungsgrundes weiter auszugestalten seien als bei einem Arbeitnehmer.[697]

Die Annahme einer Rechtfertigung einer Benachteiligung aufgrund des im Vergleich zu Arbeitnehmern erleichterten Austausches der Aufsichtsratsmitglieder erscheint jedoch zweifelhaft. Dass insbesondere die Möglichkeit der Abberufung eines Organmitgliedes ohne wichtigen Grund keine Rechtfertigung sein kann, ist der Entscheidung des EuGH zu der Rechtssache *Danosa* zu entnehmen. In dieser Entscheidung wurde in einer solchen erleichterten Abberufungsmöglichkeit eines Organmitgliedes ein Kriterium zur Annahme eines Unterordnungsverhältnisses gesehen mit der Folge, dass das betroffene Organmitglied dem ersten Anschein nach als Arbeitnehmer i. S. d. im Streitfall betreffende Richtlinie anzusehen war.[698] Die Tatsache, dass es nach § 103 Abs. 1 S. 1 AktG keinen wichtigen Grund zur Abberufung eines Aufsichtsratsmitgliedes bedarf, erleichtert nicht eine Rechtfertigung einer Benachteiligung hinsichtlich des Zugangs zum Aufsichtsratsamt. Dieses Merkmal dient eher der rechtlichen

694 So im Ergebnis auch *Reufels/Molle* NZA-RR 2011, 281, 284

695 S. dazu bereits ausführlich oben Teil A, I. 3.

696 *Thüsing/Stiebert*, NZG 2011, 641, 645; zu § 20 Abs. 3 S. 2 ADG-E *Bauer/Göpfert/Krieger*, DB 2005, 595, 598, *Adomeit/Mohr*, AGG, § 6, Rn. 43

697 Vgl. zu § 10 AGG *Thüsing/Stiebert*, NZG 2011, 641, 645; *Bauer/Arnold*, ZIP 2008, 993, 996

698 S. dazu Teil B, II. 2. d)

Qualifizierung der Organtätigkeit als selbstständige oder unselbstständige Erwerbstätigkeit.

Auch die Autonomie des Aufsichtsrates bei der Bestellung des Vorstandes oder bei dessen Wahlvorschlägen zum Aufsichtsrat nach § 124 Abs. 3 S. 1 AktG kann keine Benachteiligung per se rechtfertigen. Die Entscheidungen des Aufsichtsrates über die Berufung und Abberufung des Vorstandes wie auch dessen Beschlüsse über die Wahlvorschläge zum Aufsichtsrat oder über den Vorsitz haben sich nach §§ 116 Abs. 1 i. V. m. 93 Abs. 1 AktG ausschließlich am Wohl der Gesellschaft zu orientieren. Damit umfasst diese Entscheidungsfreiheit gerade nicht den Ausschluss eines Geschlechtes. Vielmehr verletzt das Organ seine Sorgfaltspflicht, wenn es Kandidaten alleine wegen des Geschlechtes ausschließt, ohne gesetzlich dazu verpflichtet zu sein.

Die Besonderheiten des Organverhältnisses nach dem Kapitalgesellschaftsrecht sind bei einer Geschlechterdiskriminierung damit zwar zu berücksichtigen, jedoch ist ihnen nicht aufgrund der (nur) entsprechenden Anordnung nach dem AGG generell Vorrang zu geben. Eine gesetzliche Anordnung einer entsprechenden Anwendung ist vielmehr dahin zu verstehen, dass die „Elemente des durch die Verweisung geregelten und desjenigen Tatbestandes, auf [den] verwiesen wird [...] miteinander so in Beziehung zu setzten sind, dass den jeweils nach ihrer Funktion, ihrer Stellung im Sinnzusammenhang des Tatbestandes gleich zu erachtende Elemente die gleiche Rechtsfolge zugeordnet wird“[699]. Dies führt folglich lediglich zur Übertragung der betreffenden Normen des AGG arbeitsrechtlicher Natur auf gesellschaftsrechtliche Gegebenheiten. Exemplarisch ist dabei auf den Begriff des Arbeitgebers zu verweisen. Gerade hinsichtlich der weisungsunabhängigen Organmitglieder spricht die überwiegende Ansicht nicht von Arbeitnehmern, dennoch wird vonseiten der Literatur bisher unstreitig ein Anspruch dieser Organmitglieder gegen die juristische Person geprüft, obwohl nach § 15 Abs. 1 AGG der Arbeitgeber verpflichtet wird. Damit dürfen zwar nicht sachgemäße Differenzierungen ausgeschlossen werden, doch ist die Möglichkeit, eine Benachteiligung zu rechtfertigen, allein wegen dieser Differenzierungen nicht dermaßen zu erweitern, dass kein Benachteiligungsschutz durch das AGG vorliegt. Dies wäre der Fall, wenn beispielsweise nur aufgrund der Entscheidungsfreiheit des Aufsichtsrates und seiner besonderen Vertrauensbindung zur Gesellschaft dieser bei seiner Entscheidung ein Geschlecht unberücksichtigt lassen darf.[700] Seine Autonomie bleibt auch nicht unberücksichtigt,

699 *Larenz/Canaris,* Methodenlehre der Rechtswissenschaft, 82

700 A.A. wohl *Adomeit/Mohr,* AGG, § 6, Rn. 4 und § 8, Rn. 48

ist jedoch lediglich innerhalb der Grenzen des Diskriminierungsschutzes des AGG gewährleistet.[701]

III. Rechtfertigung nach § 8 Abs. 1 AGG

Das Erfordernis der Berücksichtigung einer Vertrauensstellung zwischen Organmitglied und Gesellschaft könnte durch den Wortlaut des § 8 Abs. 1 AGG bestätigt sein. Nach dieser Regelung ist eine unterschiedliche Behandlung wegen eines in § 1 AGG genannten Grundes zulässig, wenn dieser Grund wegen der Art der auszuübenden Tätigkeit oder der Bedingungen ihrer Ausübung eine wesentliche und entscheidende berufliche Anforderung darstellt, sofern der Zweck rechtmäßig und die Anforderung angemessen ist. In Teilen der Literatur wird in der besonderen Vertrauensstellung zwischen Organ und Gesellschaft eine solche Bedingung der Ausübung i. S. d. § 8 Abs. 1 AGG gesehen.[702] Soll eine solche Vertrauensbindung als eine solche Bedingung einer Tätigkeitsausübung i. S. d. § 8 Abs. 1 AGG zu verstehen sein, ist zu beantworten, inwiefern das Geschlecht eine solche wesentliche und entscheidende berufliche Anforderung hinsichtlich dieser Bedingung darstellen kann.

1. Enge Auslegung der Voraussetzung einer „wesentlichen und entscheidenden Anforderung"

In seiner Entscheidung vom 23. April 2012 stellt der BGH mit einem Verweis auf die ständige Rechtsprechung des EuGH fest, dass die Regelung des § 8 Abs. 1 AGG eng auszulegen ist.[703] In der Literatur wird diesbezüglich kontrovers diskutiert, in welchem Maße dieses Erfordernis der wesentlichen und entscheidenden Anforderung i. S. d. § 8 Abs. 1 AGG restriktiv auszulegen ist. In diesem Zusammenhang steht die Frage nach der Übertragung der bisherigen Rechtsprechung zu § 611a BGB a. F. auf § 8 Abs. 1 AGG wie auch eine entsprechende Anwendung dieser Rechtsprechung auf Sachverhalte im Zusammenhang mit Aufsichtsratsmitgliedern. Nach § 611a Abs. 1 S. 2 BGB a. F., welcher mit Inkrafttreten des AGG gestrichen wurde,[704] war eine unterschiedliche Behandlung wegen des

---

701 Zur Rechtfertigung nach § 10 AGG so auch *Lutter*, BB 2007, 725, 727

702 *Adomeit/Mohr*, AGG, § 6, Rn. 43; *Bauer/Arnold*, ZIP 2008, 993, 996; a.A. *Schmidt* in Schiek, AGG, § 6, Rn. 17

703 BGH, Urt. v. 23.4.2012 – Az. II ZR 163/10 = NJW 2012, 2346, 2349

704 Art. 3 Abs. 14 Gesetz zur Umsetzung europäischer Richtlinien zur Verwirklichung des Grundsatzes der Gleichbehandlung vom 14.08.2006, s. Fn. 7 S. 1909

Geschlechtes zulässig, soweit ein bestimmtes Geschlecht „unverzichtbare" Voraussetzung für diese Tätigkeit ist. Dagegen verlangt § 8 Abs. 1 AGG, dass die Bedingungen ihrer Ausübung eine „wesentliche und entscheidende" berufliche Anforderung darstellen. *Adomeit* folgert aus dieser Änderung eine weniger hohe Anforderung an die Rechtfertigungsmöglichkeit. In überwiegenden Teilen der Literatur werden dagegen in diesen Begriffen Synonyme gesehen, sodass trotz des unterschiedlichen Wortlautes der ursprüngliche Prüfungsmaßstab gelten soll.[705]

Die erste Modifikation der Formulierung trat durch die Richtlinie 2002/73/EG ein, welche die Richtlinie 76/207/EWG ersetzte. Enthielt der Wortlaut des Art. 2 Abs. 2 der Richtlinie 76/207/EWG das Erfordernis, dass das Geschlecht aufgrund der Art oder der Bedingungen der Ausübung eine „unabdingbare" Voraussetzung darstellt, änderte die Richtlinie 2002/73/EG dies dahin, dass das Geschlecht aufgrund der Art einer bestimmten beruflichen Tätigkeit oder der Bedingungen der Ausübung eine „wesentliche und entscheidende berufliche Anforderung" darzustellen hat.[706] *Adomeit/Kaehler* folgern bereits aus dieser Änderung, dass darunter eine unverzichtbare Voraussetzung, wie es noch § 611a BGB a. F. forderte, nicht mehr zu verstehen ist.[707] Dieser Ansicht im Ergebnis folgend verweist *Worzalla* auf die Formulierungsunterschiede innerhalb der Regelung des § 8 Abs. 1 ADG-E.[708] Das Erfordernis an eine Rechtfertigung einer Benachteiligung wegen des Geschlechtes verlangt nach § 8 Abs. 1 Nr. 1 ADG-E, dass es sich dabei um eine „unverzichtbare Voraussetzung" handelte. Dagegen ist eine Benachteiligung wegen der sonstigen in § 1 ADG-E genannten Gründe nach § 8 Abs. 1 Nr. 2 ADG-E gerechtfertigt, wenn es sich um eine „wesentliche und entscheidende berufliche Anforderung" handelt.[709] Dem könnte entnommen werden, dass die Anforderung der „unverzichtbaren Voraussetzung" enger zu verstehen ist als die der „wesentlichen und entscheidenden beruflichen Anforderung".[710]

Dazu verweist *Schmidt* jedoch zu Recht auf die Richtlinienbegründung, woraus zu entnehmen ist, dass keine Absenkung des Schutzstandards beabsichtigt

705 *Bauer/Krieger*, AGG, § 8, Rn. 8; *Schmidt M.* in Schiek, AGG, § 8, Rn. 2; *Brors* in Däubler/Betzbach, AGG, § 8, Rn. 18

706 Art. 2 Abs. 6 RL 2002/73/EG

707 *Adomeit/Kaehler*, DB 2005, Editorial, 1

708 *Worzalla*, Das neue Allgemeine Gleichbehandlungsgesetz, S. 97

709 BT-Drs. 15/4538, S. 6

710 So *Worzalla*, Das neue Allgemeine Gleichbehandlungsgesetz, S. 97

war.[711] Der ursprüngliche Vorschlag der Kommission zu der Änderungsrichtlinie 2002/73/EG enthielt noch die Möglichkeit, eine Benachteiligung wegen des Geschlechtes zu rechtfertigen, wenn es sich als eine „echte Voraussetzung für die Ausübung der Tätigkeit darstellte".[712] Das Erfordernis einer wesentlichen und entscheidenden Anforderung enthielt erst der Gemeinsame Standpunkt des Rates vom 23. Juli 2001.[713] Damit war jedoch lediglich eine Anpassung an den Wortlaut der Richtlinien 2000/43/EG und 2000/78/EG beabsichtigt.[714] Zur Voraussetzung der wesentlichen und entscheidenden beruflichen Anforderung i. S. d. Art. 4 Richtlinie 2000/43/EG stellte die Kommission klar, dass diese „spezifischen beruflichen Anforderungen" im engen Sinne zu verstehen sind, sodass sie „nur solche beruflichen Anforderungen abdecken, die unbedingt notwendig zur Ausführung der betreffenden Tätigkeiten sind".[715] Die Änderung des Wortlautes bedeutete damit keine Änderung des Schutzniveaus. *Bauer/Göpfert/Krieger* verweisen dabei auf die englische Fassung der Art. 2 Abs. 2 der Richtlinie 76/207/EWG und Art. 4 Abs.1 der Richtlinien 2000/43/EG und 2000/78/EG, welche jeweils den Begriff „determing" verwenden. Die Übersetzung dieses Begriffes mit „unverzichtbar" soll gegen eine inhaltliche Änderung sprechen.[716]

Auch der Wille des nationalen Gesetzgebers spricht für eine enge Auslegung. Dieser erklärte zu der Möglichkeit einer Rechtfertigung einer Benachteiligung wegen des Geschlechtes, dass durch Umsetzung der Richtlinien die bereits bestehenden Vorschriften nicht verschlechtert werden dürfen, und verweist dabei auf die Regelung des § 611a Abs. 1 S. 2 BGB a. F.,[717] welche ebenfalls eine „unverzichtbare Voraussetzung" verlangt. Er stellt damit ausdrücklich klar, dass durch § 8 AGG keine Absenkung des Schutzstandards hinsichtlich des Merkmals „Geschlecht" verbunden ist.[718] Der Auslegungsmaßstab, welcher an die unverzichtbare Voraussetzung knüpft, gilt auch für die Voraussetzung einer wesentlichen und entscheidenden beruflichen Anforderung. Die Voraussetzung an eine wesentliche und eine entscheidende berufliche Anforderung i. S. d. § 8 Abs. 1 AGG ist entsprechend den Voraussetzungen des § 611a Abs. 1 S. 2 BGB a. F. restriktiv auszulegen.

---

711 *Schmidt* in Schiek, AGG, § 8, Rn. 2
712 KOM(2000) 334 endg., S. 18
713 ABl. EG Nr. C 307 vom 31.10.2001, S. 5,8
714 S. Fn. 712 S. 13
715 KOM(1999) 566 endg., S. 9
716 *Bauer/Krieger*, AGG, 8, Rn. 8; a.A. *Adomeit/Kaehler*, DB 2005, Editorial, 1
717 BT-Drs. 15/4538, S. 32
718 BT-Drs. 16/1780, S. 35

Sind die Voraussetzungen des § 8 Abs. 1 AGG entsprechend den Voraussetzungen in § 611a Abs. 1 S. 2 BGB a. F. auszulegen, ist auch die Rechtsprechung zur Auslegung des § 611a Abs. 1 S. 2 BGB a. F. auf Benachteiligungen von Aufsichtsratsmitgliedern zu übertragen. Die bisherige Rechtsprechung heranziehend liegt folglich eine solche wesentliche und entscheidende berufliche Anforderung i. S. d. 8 Abs. 1 AGG vor, wenn ein Angehöriger des jeweils anderen Geschlechtes die vertragsgemäße Leistung nicht erbringen kann und dieses Unvermögen auf Gründen beruht, die ihrerseits der gesetzlichen Wertentscheidung der Gleichberechtigung beider Geschlechter genügen.[719] Demnach genügt es nicht, wenn lediglich ein bestimmtes Unternehmensinteresse das Gleichbehandlungsinteresse überwiegt.[720]

Die gesetzlich festgeschriebenen spezifischen Kenntnisse oder Erfahrungen hinsichtlich des Sachverstandes eines Aufsichtsratsmitgliedes auf den Gebieten der Rechnungslegung oder Abschlussprüfung nach § 100 Abs. 5 AktG wie auch die ansonsten erforderten Kenntnisse und Erfahrungen zur Erfüllung der Aufsichtsratstätigkeit können nicht allein von den Angehörigen eines bestimmten Geschlechtes erfüllt werden. Soll die Vertrauensstellung zwischen Aufsichtsratsmitglied und Gesellschaft als Bedingung der Tätigkeitsausübung gesehen und diese daher im Rahmen der Prüfung einer Rechtfertigung einer Benachteiligung wegen des Geschlechtes berücksichtigt werden,[721] kann diese ebenfalls allein keine Benachteiligung rechtfertigen.[722] Bezieht sich die Rechtfertigung zwar auf die Art und die „Rahmenbedingungen", in der respektive unter denen die betreffenden Tätigkeiten ausgeübt werden,[723] führt dies jedoch nicht dazu, dass diese Art der Tätigkeit oder dessen Rahmenbedingung selbst bereits eine Rechtfertigung darstellt. Vielmehr muss ein Zusammenhang zwischen der Art der Tätigkeit oder dessen Rahmenbedingung und dem Geschlecht bestehen. Dieser Zusammenhang ist nur dann zu sehen, wenn das Geschlecht für diese Art der Tätigkeit oder dessen Rahmenbedingung eine wesentliche und entscheidende Anforderung darstellt. Wird nun obige Rechtsprechung herangezogen und die Vertrauensstellung zwischen Organmitglied und Gesellschaft unter die

719 So zu § 6 11 a BGB a. F. BAG, Urt. v. 12.11.1998 – Az. 8 AZR 365/97 = NZA 1999, 371, 372; vgl. auch den von der Bundesregierung der EG-Kommission übermittelten Ausnahmekatalog, BArbBl. 1987, 40 f., der Tätigkeiten die an bestimmte Geschlechterzugehörigkeit knüpfen kann

720 A.A. *Annuß*, NZA 1999, 738, 739

721 *Adomeit/Mohr*, AGG, § 6, Rn. 43, 45

722 *Lutter*, BB 2007, 725, 727

723 KOM(1999) 565 endg., S. 11, *Schmidt* in Schiek, AGG, § 8, Rn. 3

Bedingung der Tätigkeitsausübung i. S. d. § 8 Abs. 1 AGG subsumiert, müsste ein Angehöriger des jeweils anderen Geschlechtes diese Vertrauensbindung nicht erbringen können. Dass die Vertrauensstellung zwischen Aufsichtsratsmitglied und Gesellschaft an ein Geschlecht anknüpft und damit eine wesentliche und entscheidende berufliche Anforderung darstellt, ist jedoch schwerlich vorstellbar.

2. Vorbehalte Dritter als Rechtfertigungsgrund

Bauer/Arnold berücksichtigen die Vertrauensstellung innerhalb einer Verhältnismäßigkeitsprüfung.[724] Voraussetzung wäre dabei dennoch wieder das Vorliegen einer an das Geschlecht knüpfenden wesentlichen und entscheidenden beruflichen Anforderung. Hinsichtlich einer Benachteiligung beim Zugang zum Organamt werden Vorbehalte Dritter als eine solche eine Benachteiligung rechtfertigende Anforderung verstanden.[725] Als Dritte kommen Vertragspartner in Betracht. In Teilen der Literatur wird in Bezug auf die Organmitglieder die Ansicht vertreten, dass Kundenwünsche in Form von Vorbehalten gegenüber dem weiblichen Geschlecht die Berücksichtigung ausschließlich männlicher Bewerber für ein vakantes Organamt rechtfertigen können.[726]

Solche ein Geschlecht benachteiligenden Vorbehalte sieht *Brors* mit Verweisen auf die Rechtsprechung als gerechtfertigt an, wenn ohne die Differenzierung die vertraglich versprochene Tätigkeit nicht erbracht werden kann und kumulativ dafür in Anbetracht des Benachteiligungsverbotes ein legitimer Grund besteht.[727] Entscheidend für den ersten Grund soll lediglich die Qualifikation der betreffenden Person sein. *Brors* lässt jedoch eine Ausnahme zu, wenn die Tätigkeit „ein besonderes Vertrauensverhältnis" zwischen der im Streitfall betroffenen Person und dem Dritten erfordert und diesem Vertrauen nur dann entsprochen werden kann, wenn die betroffene Person ein bestimmtes Diskriminierungsmerkmal nicht hat.[728] Anzumerken ist an dieser Stelle, dass die oben dargestellte Ansicht der Literatur zwar auch die Vertrauensstellung als

---

724 *Bauer/Arnold*, ZIP 2008, 993, 996

725 *Bauer/Göpfert/Krieger*, DB 2005, 595, 598; *Adomeit/Mohr*, AGG, § 6, Rn. 45 und § 8, Rn. 43, 48; *Thüsing* in MüKo-BGB, § 8 AGG, Rn. 2

726 *Bauer/Göpfert/Krieger*, DB 2005, 595, 598; *Adomeit/Mohr*, AGG, § 6, Rn. 45 und § 8, Rn. 43, 48, exemplarisch werden dabei Kunden aus dem arabischem Raum genannt

727 *Brors* in Däubler/Betzbach, AGG, § 8, Rn. 10

728 *Brors* in Däubler/Betzbach, AGG, § 8, Rn. 13

Rechtfertigungsgrund heranzieht, aber nur die zwischen dem Organwalter und der Gesellschaft und nicht gegenüber einem Dritten.

Brors Ansicht im Ergebnis vertretend wird eine solche Berücksichtigung von Vorbehalten Dritter damit begründet, dass für einen ausländischen Personenkreis das deutsche Diskriminierungsverbot nicht gelte. Indem die Bekämpfung derartiger Vorurteile ein „dortiges Problem“ ist,[729] sollte „gar nicht versucht werden“, diesen fremden Kulturkreis durch das deutsche Diskriminierungsrecht zu „einem Umdenken zu zwingen“[730].

Gegen eine Berücksichtigung von Vorbehalten Dritter spricht die Begründung der Kommission zu Art. 4 der Richtlinie 2000/43/EG. Zur Klarstellung der Begrifflichkeit der beruflichen Anforderung wurde exemplarisch der Fall genannt, dass „im Rahmen einer Tätigkeit persönliche Dienstleistungen für Angehörige einer bestimmten ethnischen Gruppe zu erbringen sind und dies am effektivsten von einem Angehörigen dieser Gruppe geleistet werden kann“.[731] Diese Begründung ist jedoch nicht dahin gehend zu verstehen, dass die Bevorzugung eines bestimmten Geschlechtes gerechtfertigt sein kann, wenn aufgrund des Kundenvorbehaltes lediglich mit einer Person dieses Geschlechtes Verträge abgeschlossen werden, wodurch die Tätigkeit als effektiver von einer Person dieses Geschlechtes erbracht angesehen werden kann. Dies zeigt ein Blick in die englische Fassung,[732] wenn in diesem Zusammenhang zumeist Fälle erfasst werden, welche aufgrund eines gewissen „Schamgefühls“ gerechtfertigt sein mögen.[733]

Steht und fällt jedoch auch das Vertrauensverhältnis zu dem Dritten mit der Zugehörigkeit zu einem Geschlecht und soll dadurch eine Benachteiligung als gerechtfertigt angesehen werden,[734] ist eine solche dennoch nicht auf eine Rechtfertigung einer Benachteiligung hinsichtlich des Zugangs zur Aufsichtsratstätigkeit übertragbar. Zum einen vertritt der Aufsichtsrat die Gesellschaft nicht gegenüber Vertragspartnern. Würde beim Zugang zum Aufsichtsratsamt bereits eine Benachteiligung aufgrund solcher Kundenvorbehalte gerechtfertigt werden können, hätte dies bei konsequenter Anwendung zum anderen die Folge einer Rechtfertigung von Benachteiligungen hinsichtlich des Zugangs zu sämtlichen

729 *Adomeit/Mohr*, AGG, § 8, Rn. 48
730 *Thüsing*, Arbeitsrechtlicher Diskriminierungsschutz, Rn. 332
731 KOM(1999) 566 endg., S. 9
732 KOM(1999) 566 endg., S. 8
733 S. dazu die Beispiele in *Bauer/Krieger*, AGG, § 8, Rn. 30
734 So *Brors* in Däubler/Betzbach, AGG, § 8, Rn. 14

Erwerbstätigkeiten, ohne dass die benachteiligte Person im Kontakt zu dem Dritten steht. Es ist jedoch eindeutig abzulehnen, dass ein solch diskriminierender Kundenvorbehalt dazu führen kann, dass generell im gesamten Unternehmen ein bestimmtes Geschlecht gerechtfertigt unberücksichtigt und damit benachteiligt werden darf.

Auch die Vorbehalte eines Mehrheitsaktionärs können eine Benachteiligung bei der Besetzung des Aufsichtsrates nicht rechtfertigen. Und wird entsprechend der oben dargestellten Ansicht darin ein Zwang gegenüber einem eventuell fremden Kulturkreis gesehen, ist anzumerken, dass die Bestellung eines Aufsichtsratsmitgliedes nun mal durch nationales Recht geregelt wird. Dazu gehört auch das AGG, welches bei der Bestellung zu beachten ist.

3. Unternehmenskonzept als Rechtfertigung

Hoentzsch verweist auf die Rechtfertigungsmöglichkeit durch das Unternehmenskonzept.[735] Der Ansicht folgend schränkt *Hildebrand* diese Ansicht lediglich auf die Geschäftspartner der Gesellschaft oder der Öffentlichkeit näher bekannte Organmitglieder ein.[736] Nach der dieser Ansicht zugrunde liegenden These kann das unternehmerische Konzept nach § 8 AGG eine Benachteiligung rechtfertigen. Es sei ein Ausdruck der Angemessenheitsprüfung, die besondere Funktion des jeweiligen Organmitgliedes einzubeziehen. Zugunsten des Unternehmens sei zu berücksichtigen, wenn ein in § 1 AGG vorhandenes Merkmal eine wesentliche Relevanz für den wirtschaftlichen Erfolg des Unternehmens hat.[737] Als Beispiel wird ein Hersteller von nicht behindertengerechten Sportwagen genannt, dessen Geschäftsführer das Unternehmen in der Öffentlichkeit mittels dieser Sportwagen repräsentiert.[738] Die grundrechtlich geschützte Unternehmensfreiheit könne folglich eine Ungleichbehandlung rechtfertigen, wenn ein in § 1 AGG genanntes Merkmal dem unternehmerischen Erfolg diene. Es handle sich dann um eine entscheidende berufliche Anforderung i. S. d. § 8 AGG. Für diese Ansicht spreche auch die Entscheidung des BGH vom 23. April 2012,[739] nach der auf die konkrete Tätigkeit abzustellen ist.

---

735 *Hoentzsch*, Die Anwendung der Benachteiligungsverbote, S. 112 ff.

736 *Hildebrand*, Arbeitnehmerschutz von geschäftsführenden Gesellschaftsorganen, S. 202 f.

737 *Hildebrand*, Arbeitnehmerschutz von geschäftsführenden Gesellschaftsorganen, S. 202

738 *Hoentzsch*, Die Anwendung der Benachteiligungsverbote, S. 113; dieses ebenfalls heranziehend *Hildebrand*, Arbeitnehmerschutz von geschäftsführenden Gesellschaftsorganen, S. 203, Fn. 985

739 S. Fn. 7034

Inwiefern ein Unternehmenskonzept oder der wirtschaftliche Erfolg eines Unternehmens zur Annahme einer wesentlichen und entscheidenden beruflichen Anforderung heranzuziehen ist, ist dieser Entscheidung jedoch nicht zu entnehmen. Ferner bleibt bei dieser Ansicht zum einen die Möglichkeit einer mittelbaren Benachteiligung durch das Unternehmenskonzept selbst unberücksichtigt. Ein mittelbar benachteiligendes Unternehmenskonzept kann keine Benachteiligung rechtfertigen. Zum anderen haben diese beruflichen Anforderungen wesentlich zu sein. Dieses Wesentlichkeitskriterium hängt entsprechend der Entscheidung des BGH von der konkreten Tätigkeit ab. Die berufliche Anforderung muss sich am Verhältnismäßigkeitsgrundsatz messen lassen. Ist dafür auch der Unternehmenszweck zu berücksichtigen, müssen die Mittel zur Erreichung des Zieles angemessen und erforderlich sein. Eine Benachteiligung kommt nur als letztes geeignetes Mittel in Betracht.[740] Nach *Thüsing* sei folglich die „Testfrage" zu stellen, inwiefern die betreffende „Stelle dauerhaft unbesetzt geblieben [wäre], wenn sich nur Arbeitnehmer ohne das geforderte Differenzierungsmerkmal beworben hätten."[741]

Dieses übertragen auf Aufsichtsratsmitglieder käme eine Benachteiligung wegen insbesondere des Geschlechts grundsätzlich als Ultima Ratio nicht in Betracht. Egal, welches Unternehmenskonzept gewählt wurde, kann daraus keine wesentliche Anforderung an das Organmitglied gestellt werden, nach der ein bestimmtes Geschlecht erforderlich ist. Das Merkmal „Geschlecht" steht dem Erfolg der Gesellschaft nicht entgegen.

IV. Zwischenergebnis

Die in § 6 Abs. 3 AGG normierte entsprechende Anordnung ist wenig hilfreich und irreführend. Hintergrund für diese Formulierung ist in der Genese des § 6 Abs. 3 AGG zu finden, indem diese entsprechende Anordnung auf die Übertragung des Wortlautes des § 20 Abs. 3 S. 2 ADG-E zurückzuführen ist. Ein verringertes Schutzniveau kann dieser Regelung nicht entnommen werden.

Die aus dem Gesellschaftsrecht resultierende Autonomie bei der Auswahlentscheidung findet ihre Grenze im Diskriminierungsverbot nach § 7 Abs. 1 AGG. Eine Benachteiligung wegen des Geschlechtes kann diese nicht rechtfertigen.

740 *Thüsing*, MüKo-BGB, § 8 AGG, Rn. 7; ebenso VG Kassel, Urt. v. 6.9.2007 - Az. 1 E 723/07 (nach Jurist zitiert, Rn. 32)

741 *Thüsing*, MüKo-BGB, § 8 AGG, Rn. 7

Die von der bisherigen Rechtsprechung herausgearbeitete Auslegung zu § 611a BGB a. F. ist auf § 8 Abs. 1 AGG übertragbar. Sie ist ebenfalls entsprechend bei der Prüfung einer Rechtfertigung einer Benachteiligung eines Organmitgliedes heranzuziehen. Ist demnach die Voraussetzung der wesentlichen und entsprechenden Anforderung i. S. d. § 8 Abs. 1 AGG eng auszulegen, kann die Vertrauensbindung zwischen dem Organwalter und der Gesellschaft allein keine Benachteiligung rechtfertigen. Auch Vorbehalte Dritter können die Benachteiligung eines Aufsichtsratsmitgliedes nicht rechtfertigen.

V. Geschlechtsbezogene Regelungen für den Aufsichtsrat als positive Maßnahme i. S. d. § 5 AGG?

Ungeachtet einer Rechtfertigung einer geschlechtsspezifischen Benachteiligung nach § 8 Abs. 1 AGG kann eine unterschiedliche Behandlung wegen des Geschlechtes ebenfalls nach § 5 AGG zulässig sein. Voraussetzung dafür ist eine geeignete und angemessene Maßnahme, durch die bestehende Nachteile wegen des Geschlechtes verhindert oder ausgeglichen werden sollen. Für die Besetzung des Aufsichtsrates stand eine solche positive Maßnahme in Form einer das Geschlechterverhältnis in diesem Gremium betreffende Regelung bereits seit Jahren zu Diskussion und ist im Jahr 2015 mit dem Gesetz für die gleichberechtigte Teilhabe von Frauen und Männern an Führungspositionen in der Privatwirtschaft und im öffentlichen Dienst in Kraft getreten. Auf eine geschlechtsspezifische die Organbesetzung betreffende norwegische Gesetzesänderung verweisend wurden in Deutschland in diesem Bezug bereits zahlreiche Anträge zur Gesetzesänderung in den Bundestag eingebracht.[742] Zum Inhalt

---

742 Antrag der Fraktion Bündnis 90/Die Grünen v. 9.5.2007: Quote für Aufsichtsratsgremien börsennotierter Unternehmen einführen, BT-Drs. 16/5279, S. 1; Antrag der Fraktion Bündnis 90/Die Grünen v. 4.3.2009, Quote für Aufsichtsgremienbörsennotierter Unternehmen einführen, BT-Drs. 16/12108, S. 1; Antrag der Fraktion der SPD v. 25.2.2010: Mit gesetzlichen Regelungen die Gleichstellung von Frauen im Erwerbsleben umgehend durchsetzen, BT-Drs. 17/821 S. 6; Entwurf eines Gesetzes zur geschlechtergerechten Besetzung von Aufsichtsräten v. 13.10.2010, BT-Drs. 17/3296, S. 6 f.; Antrag der Fraktion der SPD v. 9.2.2011, Quotenregelung für Aufsichtsräte und Vorstände gesetzlich festschreiben, BT-Drs. 17/4683, S. 2; Entwurf eines Gesetzes zur Förderung der Gleichberechtigung von Frauen und Männernin Aufsichtsräten börsennotierter Unternehmen (FöGAbUG) v. 11.2.2011, BR-Drs. 87/11, S. 18; Antrag der Freien Hansestadt Bremen v. 21.2.2011, Entschließung des Bundesrates zur Gleichstellung von Frauen und Männern in der Privatwirtschaft, BR-Drs. 94/11; Antrag der Fraktion Die Linke v. 22.2.2011, Geschlechtergerechte Besetzung

hatten diese die Änderung des AktG wie auch die die Unternehmensmitbestimmung betreffenden Regelungen.[743] Das zu erreichende Ziel ist die Erhöhung des Frauenanteils durch einen durch den Gesetzgeber festgelegten Mindestanteil von Frauen und Männern in diesem Gremium.[744]

Dabei sind Bestimmungen zur Förderung des weiblichen Geschlechtes bei der Besetzung des Aufsichtsrates bereits vor 2015 dem deutschen Recht nicht fremd. Diese die Wahl der Aufsichtsratsmitglieder betreffenden Regelungen sind von staatlichen wie auch börsennotierten Gesellschaften zu beachten.

Untersuchungen über das Geschlechterverhältnis in Aufsichtsräten verweisen darauf, dass weibliche Aufsichtsratsmitglieder zumeist von den Arbeitnehmern gewählt werden.[745] Daraus wird gefolgert, die hohe Anzahl der weiblichen Aufsichtsratsmitglieder sei auf die das Unternehmensmitbestimmungsrecht betreffenden Regelungen zurückzuführen.[746] Zweifelhaft erscheint diese Feststellung, wenn bedacht wird, dass zum Zeitpunkt dieser Untersuchungen lediglich eine Regelung ausdrücklich auf das Geschlechterverhältnis Bezug nimmt. Zudem handelt es sich bei dieser Regelung in § 4 Abs. 4 DrittelbG um eine sogenannte Soll-Regelung, deren Einhaltung folglich nicht zwingend ist. Neben der unmittelbaren Auswirkung der das Unternehmensmitbestimmungsrecht betreffenden Gesetze kommt daher eine mittelbare Auswirkung von weiteren Regelungen auf das Geschlechterverhältnis in Aufsichtsräten in Betracht.

War das Geschlecht im Jahr 1952 bei der Wahl der Arbeitnehmervertreter auch in Unternehmen mit mehr als 2000 Mitarbeitern zu berücksichtigen,[747] ist nach der Rechtslage bis zum Jahr 2015 nach dem Unternehmensmitbestimmungsrecht dieses nur grundsätzlich in Unternehmen mit mindestens 500 bis

---

von Führungspositionen der Wirtschaft, BT-Drs. 17/4842, S. 1 Antrag der Fraktion Bündnis 90/Die Grünen v. 24.2.2012: Quote für Aufsichtsratsgremien börsennotierter Unternehmen einführen, BT-Drs. 17/797, S. 2; Entwurf eines Gesetzes zur Förderung der Chancengleichheit von Männern und Frauen in Wirtschaftsunternehmen (ChGlFöG) v. 6.3.2012, BT-Drs. 17/8878, S. 7 f.; BT-Drs. 17/11139; dazu sogleich ausführlich unter Teil C, V. 1. f)

743 BT-Drs. 17/3296, S. 4f.; BT-Drs. 17/8878, S. 4f.

744 BT-Drs.17/8878, S. 1; BR-Drs. 87/11, S. 1 f.

745 *Holst/Schimeta*, DIW Wochenbericht 3/2011, 2 ff.; *Holst/Wiemer*, DIW Wochenbericht 4/2010, 2 ff.; *Holst/Schimeta*, DIW Wochenbericht 18/2009, 302 ff.; *Holst*, DIW Wochenbereicht 35/2005, 505 ff.

746 *Holst/Schimeta*, DIW Wochenbericht 3/2011, 2, 4; *Raasch*, ZfRV 2009, 216, 216; *Holst/Wiemer*, DIW Wochenbericht 4/2010, 2, 4

747 § 76 Abs. 2 Satz 4 BetrVG 1952; s. dazu sogleich ausführlicher unten Teil C, V. 1. a) cc)

2000 Mitarbeitern der Fall. Mit einem Blick in die Historie des Unternehmensmitbestimmungsrechtes wird dieser der aktuellen Diskussion nach einer Erhöhung des weiblichen Anteils in diesem Gremium widersprechenden Änderung nachgegangen.

Eine norwegische Regelung regte die Diskussion nach einer vergleichbaren Regelung für deutsche Unternehmen an. Zu Recht verweist *Bachmann* darauf, es müsse sich hinsichtlich der rechtlichen Umsetzung einer solchen Regelung beizeiten Gedanken gemacht werden.[748] Indem diese Regelungen explizit die Berücksichtigung eines Geschlechtes normieren, liegt eine unmittelbare Benachteiligung des anderen Geschlechtes nahe. Daher ist zuletzt zu beantworten, inwiefern diese die geschlechtsspezifische Besetzung des Aufsichtsrates betreffenden Normen als positive Maßnahme i. S. d. § 5 AGG zu werten sind oder gegen das Diskriminierungsverbot des AGG verstoßen. Liegt ein Verstoß vor, wäre weiter zu untersuchen, inwiefern eine solche Normenkollision aufzulösen ist.[749] Zwar käme entsprechend dem lex-posterior-Grundsatz[750] eine Verdrängung der Regelung im AGG durch die später in Kraft tretende Mindestanteilsregelung in Betracht. Jedoch transformiert das AGG Unionsrecht. Handelt es sich demnach bei dem AGG im Vergleich zur Mindestanteilsregelung auch nicht um höherrangiges Recht, wäre dennoch eine rechtliche Auflösung dessen auf nationaler Ebene erforderlich. Zudem bedarf es auch deshalb einer Auseinandersetzung mit der Frage der Vereinbarkeit einer solchen Mindestanteilsregelung mit dem Unionsrecht. Ein Schwerpunkt dieser Auseinandersetzung liegt daher insbesondere darin, die bisherigen Entscheidungen des EuGH zu geschlechtsspezifischen Regelungen bei der Ausgestaltung der oben genannten Mindestanteilsregelung für den Aufsichtsrat einer Aktiengesellschaft zu beachten.

1. Positive Maßnahmen

Hinsichtlich der Zusammensetzung des Aufsichtsrates nach aktueller Rechtslage ist bei der Beachtung des Geschlechterverhältnisses vornehmlich zwischen den von den Arbeitnehmern und den von der Hauptversammlung gewählten Aufsichtsratsmitgliedern zu unterscheiden. In Bezug auf das Geschlechterverhältnis des Aufsichtsrates aufseiten der Anteilseigner hat sich die Regierungskommission

748 *Bachmann*, ZIP, 2011, 1131, 1132

749 Wohl a.A. *Hildebrand*, Arbeitnehmerschutz von geschäftsführenden Gesellschaftsorganen, S. 197, wonach wegen der Gleichrangigkeit der Regelungen die Mindestanteilsregelung nicht an dem AGG zu messen sei

750 Lex posterior derogat legi priori (lat.: „Das jüngere Gesetz hebt das ältere Gesetz auf“)

Deutscher Corporate Governance Kodex ein klares Ziel zur Erhöhung des Frauenanteiles in ihren Aufsichtsräten gesetzt.[751] Aufgrund der Änderungen des Deutscher Corporate Governance Kodex (DCGK) seit dem Jahr 2009 haben sich börsennotierte Aktiengesellschaften bei der Besetzung ihrer Aufsichtsräte mit dem Merkmal „Geschlecht" stärker zu befassen. Unternehmen, welche das Unternehmensmitbestimmungsrecht zu beachten haben, weisen wiederum einen höheren Anteil weiblicher Aufsichtsratsmitglieder aufseiten der von den Arbeitnehmern im Vergleich zu den von den Anteilseignern gewählten Mitgliedern auf.[752] Zurückgeführt wird dies zumeist auf die Regelung in § 4 Abs. 4 DrittelbG,[753] wonach unter den Aufsichtsratsmitgliedern der Arbeitnehmer Frauen und Männer entsprechend ihrem zahlenmäßigen Verhältnis im Unternehmen vertreten sein sollen. Die geschlechtsspezifische Besetzung des Aufsichtsrates ist ebenfalls für Unternehmen mit Bundes- oder Landesbeteiligung normiert. Nachfolgend wird der Frage nachgegangen, inwiefern diese Gesetze und andere Regelungen unmittelbar respektive mittelbar Einfluss auf das Geschlechterverhältnis im Aufsichtsrat haben. Eine unmittelbare Wirkung wird seit dem 1. Januar 2016 wohl das im Jahr 2015 in Kraft getretene Gesetz für die gleichberechtigte Teilhabe von Frauen und Männern an Führungspositionen in der Privatwirtschaft und im öffentlichen Dienst haben. Dieses enthält eine starre Mindestanteilsregelung für die Besetzung des Aufsichtsrates.

a) Einfluss der Unternehmensmitbestimmung auf das Geschlechterverhältnis im Aufsichtsrat

Die Zusammensetzung des Aufsichtsrates bestimmt sich zum einen nach dem Aktiengesetz und zum anderen nach den die Unternehmensmitbestimmung betreffenden Gesetzen. Die Mitbestimmung der Arbeitnehmer soll durch die Entsendung von Arbeitnehmervertretern in das Überwachungsorgan der Aktiengesellschaft gesichert werden. Die genaue Zusammensetzung normieren §§ 96 und 95 AktG i. V. m. dem einschlägigen Mitbestimmungsgesetz. Diese seit 1922 entwickelten Gesetze stehen bis heute in Diskussion. Betrifft dieser Diskurs auch

---

751 Vgl. *Regierungskommission DCGK*, Pressemitteilung v. 27.5.2010, wonach ebendies das Regelungsziel der Ziff. 5.4.1 DCGK ist

752 *Holst/Schimeta*, DIW Wochenbericht 3/2011, 2 ff.; *Holst/Wiemer*, DIW Wochenbericht 4/2010, 2 ff.; *Holst/Schimeta*, DIW Wochenbericht 18/2009, 302 ff.; *Holst*, DIW Wochenbericht 35/2005, 505 ff.

753 *Schladebach/Stefanopoulou*, BB 2010, 1042, 1044; *Holst*, DIW Wochenbericht 35/2005, 505, 507

vornehmlich die Beteiligung der Arbeitnehmer an sich, die Höhe der Beteiligung wie auch die Wahlbestimmungen,[754] sollen die Änderungen diesbezüglich ebenfalls zur Erhöhung des unterrepräsentierten Geschlechtes im Aufsichtsrat dienen.[755]

Das zumeist vom Deutschen Institut für Wirtschaftsforschung (DIW) erhobene Zahlenmaterial über die Geschlechterverteilung im Aufsichtsrat zeigt auf,[756] dass – im Vergleich mit den von der Hauptversammlung gewählten oder nach § 101 Abs. 2 AktG entsandten Aufsichtsratsmitgliedern – die Anzahl der weiblichen Aufsichtsratsmitglieder aufseiten der Arbeitnehmervertreter höher ist.[757] Zurückgeführt wird dies vornehmlich auf die Regelungen über die Unternehmensmitbestimmung.[758] Dabei normierte bis zum Jahr 2015 lediglich § 4 Abs. 4 DrittelbG unmittelbar die Berücksichtigung des Geschlechtes bei der Aufsichtsratsbesetzung. Könnte der aktuelle Anteil weiblicher Aufsichtsratsmitglieder auf gerade diese eine Regelung zurückgeführt werden, wäre zur Erreichung des Zieles einer geschlechtergerechten Besetzung der Aufsichtsräte Genüge getan, die restlichen Mitbestimmungsgesetze entsprechend zu ändern. Jedoch sind nicht sämtliche in den oben genannten Zahlenmaterialien aufgenommenen Gesellschaften von dieser Regelung erfasst. Bereits dadurch erscheint die Ansicht zweifelhaft, vorwiegend diese Regelung sei ausschlaggebend für die Anzahl der weiblichen Aufsichtsratsmitglieder.[759]

---

754 Dazu *Hirdina*, NZA 2010, 683 ff.; *Baums*, NJW-Spezial 2009, 410; *Henssler*, RdA 2005, 330

755 Vgl. BT-Drs 17/3296, S. 4; BT-Drs. 17/8878, S. 4f.; BR-Drs. 87/11, S. 3 ff.; BT-Drs. 17/8878, S. 4f.

756 *Holst/Schimeta*, DIW Wochenbericht 3/2011, 2 ff.; *Holst/Wiemer*, DIW Wochenbericht 4/2010, 2 ff.; *Holst/Schimeta*, DIW Wochenbericht 18/2009, 302 ff.; *Holst*, DIW Wochenbericht 35/2005, 505 ff.; *Holst/Busch/Kröger*, Führungskräfte-Monitor, DIW, 2012, S. 101

757 Dabei hängt die Anzahl davon ab, welche Unternehmen in das Zahlenmaterial aufgenommen werden: *Weckes*, Geschlechterverteilung in Vorständen und Aufsichtsräten, 2011, S. 8, wonach 71,3% der Frauen im Aufsichtsrat Arbeitnehmervertreter sind; *Holst*, DIW Wochenbericht 35/2005, 505, 507, wonach 80% der Frauen im Aufsichtsrat Arbeitnehmervertreter sind

758 *Holst/Busch/Kröger*, Führungskräfte-Monitor, DIW, 2012, S. 97, Fn. 24; *Holst/Schimeta*, DIW Wochenbericht 3/2011, 2, 4; *Raasch*, ZfRV 2009, 216, 216; *Holst/Wiemer*, DIW Wochenbericht. 4/2010, 2, 4; vgl. *Oehmichen/Rapp/Wolff*, zfbf 2010, 503, 519

759 So jedoch *Schladebach/Stefanopoulou*, BB 2010, 1042, 1044; *Holst*, DIW Wochenbericht 35/2005, 505, 507

Diese Zweifel werden zudem durch dieses Zahlenmaterial auch deswegen erhöht, weil diesem ebenfalls zu entnehmen ist, dass zum Zeitpunkt der Erhebungen der Anteil weiblicher Aufsichtsratsmitglieder in Aufsichtsräten von Unternehmen mit mindestens 2000 Arbeitnehmern aufseiten der Arbeitnehmervertreter im Vergleich zu dem der Vertreter der Anteilseigner höher ist.

aa) Entwicklung der Mitbestimmungsgesetze – Regelungen das Geschlecht betreffend

Bereits im Jahr 1952 enthielt das Betriebsverfassungsgesetz[760] (BetrVG 1952) eine Regelung, nach der in Aktiengesellschaften mit mindestens 500 Mitarbeitern bei der Aufsichtsratswahl das Geschlecht zu berücksichtigen war.[761] Eine entsprechende Regelung liegt nach geltendem Recht für Aktiengesellschaften mit mindestens 2000 Mitarbeitern nicht vor. Der Grund, weshalb bis zum Jahr 2015 nicht sämtliche Mitbestimmungsgesetze die Geschlechterverteilung im Aufsichtsrat betreffen, ist im geschichtlichen Kontext dieser Gesetze zu suchen.

Im Jahr 1922 bestimmte das Betriebsrätegesetz von 1920[762] (BRG) in Verbindung mit dem Gesetz über die Entsendung von Betriebsratsmitgliedern in den Aufsichtsrat[763] eine Unternehmensmitbestimmung.[764] Die in den Aufsichtsrat einer Kapitalgesellschaft entsandten Betriebsräte wurden von selbigen rechtlichen Regelungen, die für die Vertreter der Anteilseigner in diesem Gremium galten, erfasst. War zu dieser Zeit auch nicht an eine Mindestbeteiligungsregelung für weibliche Aufsichtsratsmitglieder zu denken, ist dennoch anzumerken, dass bereits dieses Gesetz eine Vorschrift zum Schutz gegen Kündigungen enthielt, bei denen der begründete Verdacht bestand, dass sie wegen der Zugehörigkeit zu einem bestimmten Geschlecht erfolgten.[765] Darin kann einer von vielen Schritten zur Chancengleichheit gesehen werden.

Mit dem Aufstieg des Nationalsozialismus wurde dieses Gesetz außer Kraft gesetzt und durch das Gesetz zur Ordnung der nationalen Arbeit vom 20. Januar

---

760 BGBl. I 1952 S. 681

761 § 76 Abs. 6 i. V. m. 2 S. 4 BetrVG 1952; s. dazu sogleich ausführlicher unten Teil C, V. 1. a) cc)

762 RGBl. I 1920, S. 147

763 RGBl. I 1922, S. 209

764 Dazu *Spindler* in Aktienrecht im Wandel, Band 1, Kapitel 13, Rn. 8

765 Vgl. §84 Abs. 1 Nr. 1 BRG 1920 = RGBl. I 1920, S. 147, 167 („Arbeitnehmer können im Falle der Kündigung seitens des Arbeitgebers binnen fünf Tagen nach der Kündigung Einspruch erheben […], wenn der begründete Verdacht vorliegt, dass die Kündigung wegen der Zugehörigkeit zu einem bestimmten Geschlechte […] erfolgt ist“)

1934[766] ersetzt. Damit fand auch in diesem Bereich das sogenannte Führerprinzip Anwendung,[767] wodurch jede Form von unternehmerischer Mitbestimmung beseitigt wurde.

Nach dem Jahr 1945 wurde dieses Gesetz zur Ordnung der nationalen Arbeit von den Alliierten durch die Kontrollratsgesetze Nr. 40[768] und 56[769] aufgehoben. Durch das sogenannte Betriebsrätegesetz vom 10. April 1946 (Kontrollratsgesetz Nr. 22[770]) wurden Rahmenbestimmungen über eine Betriebsverfassung erlassen, die zunächst durch eine Reihe von Ländergesetzen ausgefüllt und ergänzt wurden.[771] Die Normierungen nach dem Kontrollratsgesetz Nr. 22 der Alliierten wie auch die nach einigen der deutschen Landesverfassungen[772] über die Mitbestimmungs- und Mitwirkungsrechte der Arbeitnehmer orientierten sich dabei zwar am BRG, enthielten jedoch keine ausdrücklichen Regelungen über die Entsendung von Arbeitnehmern in den Aufsichtsrat.[773]

bb) Montanmitbestimmungsgesetz

Ihr besonderes Augenmerk richteten die Westalliierten auf die Kohle- und Stahlunternehmen im Ruhrgebiet. Mit dem erlassenen Gesetz Nr. 75[774] über die Umgestaltung der westdeutschen Kohle-, Eisen- und Stahlindustrie beschlagnahmte und bestimmte die Besatzungsmacht die Entflechtung bestimmter Ruhrkonzerne.[775] Das Gesetz Nr. 75 war ein Befehl zur Dekonzentrierung der 26 größten Konzerne der Montanindustrie einschließlich der vier größten

---

766 § 65 Nr. 3 Gesetz zur Ordnung der nationalen Arbeit, RGBl. I 1934 I S. 45

767 Dazu *Fitting*, BertVG, Einleitung, Rn. 2

768 Amtsblatt des Kontrollrats in Deutschland, S. 229

769 Amtsblatt des Kontrollrats in Deutschland, S. 287

770 Amtsblatt des Kontrollrats in Deutschland, S. 133

771 Dazu *Fitting*, BertVG, Einleitung, Rn. 3

772 Vgl. Art. 37 Abs. 2 und 38 Verfassung des Landes Hessen von 1947, GVBl. für Hessen 1946 S. 229, 231 f., wonach die Betriebsvertretungen dazu berufen waren, „im Benehmen mit den Gewerkschaften gleichberechtigt mit den Unternehmern in sozialen, personellen und wirtschaftlichen Fragen des Betriebes mitzubestimmen".

773 Dazu BVerfG, Urt. v. 1.3.1979 – Az. 1 BvR 532/77; 533/77; 419/77; 1 BvL 21/78 = BVerfGE 50, 290, 290 = NJW 1979, 699

774 Amtsblatt der Militärregierung Deutschland, Amerikanisches Kontrollgebiet, Ausgabe L, S. 22 = Bayerisches Gesetz- und Verordnungsblatt, 1948, Nr. 26, S. 263

775 *Erker/Pierenkemper,* Deutsche Unternehmer zwischen Kriegswirtschaft und Wiederaufbau, S. 311

Elektrizitätswerke,[776] um „die übermäßige Konzentration von Wirtschaftskraft zu beseitigen und das Entstehen der Fähigkeit zur Kriegsführung zu verhindern".[777] Die einzelnen Betriebe unterlagen vorläufig der Beschlagnahme. Die großen Unternehmen sollten parzelliert werden, indem kleinere Unternehmen gegründet werden, auf die die Aktiva dieser Industrien übertragen werden sollten.[778] Ferner sollte die Deutsche Kohlenbergbauverwaltung und ihre Tochtergesellschaft Deutscher Kohlenverkauf in eine Aktiengesellschaft umgewandelt werden mit der Militärregierung als Besitzer der Aktien dieser Aktiengesellschaft.[779]

Es bestand die Hoffnung, mithilfe der Gewerkschaften die befürchtete und durch die Entflechtungspläne der Alliierten entwickelnde Praxis einer dauerhaften ausländischen Kontrolle über die Montanindustrie abwehren zu können.[780] In dieser Hoffnung interessierten sich nun, neben den Gewerkschaften, auch die Unternehmer der Eisen- und Stahlindustrie für die Idee, Arbeitnehmer stärker an die Planung und Leitung der Unternehmen zu partizipieren.[781] Mit dem Gesetz Nr. 27 und Nr. 75 sollten die Aktiva auf zu bildende Gesellschaften „deutschen Rechts" übertragen werden.[782] Jedoch kannte in dieser Zeit das deutsche Unternehmensrecht keine paritätische Mitbestimmung. Damit fehlte die rechtliche Legitimation für die Anwendung eines Mitbestimmungsmodells auf die gegründeten Unternehmen nach diesen Gesetzen der Alliierten.

Am 22. Mai 1950 legte der Deutsche Gewerkschaftsbund (DGB) einen Gesetzesvorschlag[783] zur Neuorganisation der deutschen Wirtschaft in Hinsicht einer unternehmerischen Mitbestimmung vor.[784] Als Ergebnis der Verhandlungen

776 Anhang A und B zum Gesetz Nr. 75 der Militärregierung (abrufbar: http://deposit.d-nb.de/online/vdr/rechtsq.htm, Zugriff: 14.1.2016)

777 S. Fn. 774, Gesetz Nr. 75

778 Vgl. Artikel II und III i. V. m. Art. 5 Gesetz Nr. 75

779 Vgl. Artikel II und III Gesetz Nr. 75

780 *Oetker* in ErfK, Einleitung zum Montan-Mitbestimmungsgesetz, Rn. 1

781 *Erker/Pierenkemper*, Deutsche Unternehmer zwischen Kriegswirtschaft und Wiederaufbau, S. 312 f.

782 Artikel II Nr. 3 Gesetz Nr. 75

783 Gesetzesvorschlag des DGB zur Neuordnung der deutschen Wirtschaft, abgedruckt in RdA 1950, 227 ff.

784 BGH, Beschl. v. 28.2.1983 – Az. II ZB 10/82 = NJW 1983, 1617, 1618, dabei führte eine Androhung eines Streiks seitens der IG Metall und IG Bergbau dazu, dass der Bundeskanzler sich persönlich in die Verhandlungen zwischen Unternehmens- und Gewerkschaftsvertretern einschaltete.

erhielt die Unternehmensmitbestimmung 1951 mit dem Montanmitbestimmungsgesetz[785] (MontanMitbestG) eine gesetzliche Grundlage in Bergbau, Eisen- und Stahlindustrie.[786]

Dieses Gesetz umfasst nach § 1 Abs. 1 MontanMitbestG Unternehmen der Montanindustrie mit in der Regel mehr als 1000 Arbeitnehmern und normiert eine paritätische Mitbestimmung der Arbeitnehmer.[787] Anteilseigner und Arbeitnehmer sind dabei gleichberechtigte Vertreter im Aufsichtsrat.[788] Die aktienrechtlichen Wählbarkeitsvoraussetzungen nach § 100 AktG gelten nach § 3 Abs. 2 MontanMitbestG auch für Aufsichtsratsmitglieder der Arbeitnehmerseite. Für die „weiteren Mitglieder" i. S. d. § 4 Abs. 1 lit. c MontanMitbestG stellt § 4 Abs. 2 MontanMitbestG zusätzliche Voraussetzungen auf, die zu einer gewissen Souveränität vom Unternehmen und der Anteilseigner sowie der Arbeitnehmerseite führen sollen.[789] Diese Wählbarkeitsvoraussetzungen knüpften bis zum Jahr 2015 nicht an das Kriterium Geschlecht an.

Durch das Gesetz für die gleichberechtigte Teilhabe von Frauen und Männern an Führungspositionen in der Privatwirtschaft änderte sich dies. Seit dem 1. Januar 2016 haben einige der vom MontanMitbestG erfassten Unternehmen bei der Wahl der Arbeitnehmervertreter das Geschlecht zu beachten. Der Betriebsrat hat der Hauptversammlung Wahlvorschläge zu unterbreiten, an diese die Versammlung nach § 6 Abs. 6 Montan-Mitbestimmungsgesetz gebunden ist. Nach der Änderung dieses Gesetzes hat ein solcher Vorschlag nur zu erfolgen, wenn gemäß § 5a MontanMitbestGErG Frauen und Männer jeweils mit einem Anteil von mindestens 30 Prozent vertreten sind.

cc) Betriebsverfassungsgesetz 1952

Die Unternehmensmitbestimmungen für Arbeitnehmer außerhalb der Montanindustrie regelten seit 1952 Passagen im Betriebsverfassungsgesetz[790] (BetrVG 1952). Dieses Gesetz enthielt neben Regelungen zur betrieblichen Beteiligung der Arbeitnehmer auch Regelungen zur Unternehmensmitbestimmung.[791] Nach

---

785 BGBl. I vom 21.5.1951, S. 347

786 Gegen dieses heute noch verfassungsrechtliche Bedenken erhoben werden, ausführlich dazu *Oetker* in ErfK, Einleitung zum Montan-Mitbestimmungsgesetz, Rn. 4 f.

787 Vgl. § 4 Abs. 1 MontanMitbestG

788 Vgl. § 4 Abs. 3 Satz 1 MontanMitbestG

789 *Oetker* in ErfK 2017, § 4 Montan-Mitbestimmungsgesetz, Rn. 3

790 BGBl. I 1952 S. 681

791 Zur Entstehungsgeschichte *Fitting*, BertVG, Einleitung, Rn. 7 ff.

§ 76 Abs. 1 BetrVG 1952 hatte der Aufsichtsrat einer Aktiengesellschaft zu einem Drittel aus Arbeitnehmervertretern zu bestehen.

Bereits dieses Gesetz enthielt eine Regelung, wonach das weibliche Geschlecht bei der Wahl für den Aufsichtsrat berücksichtigt werden musste. Waren in den Betrieben des Unternehmens mehr als die Hälfte der Arbeitnehmer Frauen, so sollte nach § 76 Abs. 2 Satz 4 BetrVG 1952 mindestens eine von ihnen in den Aufsichtsrat gewählt werden. Diese Regelung ist auf den schriftlichen Bericht des Ausschusses für Arbeit zurückzuführen.[792] Weder der Entwurf eines Betriebsverfassungsgesetzes der Bundesregierung,[793] der Grundlage für das spätere Mitbestimmungsrecht innerhalb des Betriebsverfassungsgesetzes war, noch die vorherigen Entwürfe[794] hatten eine solche Regelung beinhaltet. Vielmehr ging der Gesetzgeber davon aus, dass als Arbeitnehmervertreter in erster Linie Männer in den Aufsichtsrat gewählt werden.[795] Dieses zeigt sich auch durch die ausdrückliche Aufnahme des weiblichen Geschlechtes im Wortlaut dieser Regelung.

dd) Betriebsverfassungsgesetz 1972

Im Jahre 1972 wurde das BetrVG 1952 grundlegend novelliert und trat in der neuen Fassung am 18. Januar 1972 in Kraft. Nach § 129 Abs. 1 S. 1 Betriebsverfassungsgesetz 1972 (BetrVG 1972) gelten die §§ 76 bis 77a und 81, 85, 87 des BetrVG 1952 weiter. Damit war auch die Voraussetzung der Wählbarkeit zum Aufsichtsrat wie auch die Berücksichtigung der Geschlechterverteilung nach der Sollvorschrift des § 76 Abs. 2 Satz 4 BetrVG 1952 weiter anwendbar.

ee) Mitbestimmungsgesetz

Aufgrund der geringen Einflussmöglichkeiten durch die Drittelbeteiligung setzten sich die Gewerkschaften dafür ein, das Montanmodell auf alle Wirtschaftsbereiche zu übertragen. Das erklärte Ziel *Brandts,* „mehr Demokratie wagen“,[796] umfasste auch die Wirtschaft. Die dadurch gestützte Forderung des DGB nach einer paritätischen Unternehmensmitbestimmung[797] konnte mit

---

792 BT-Drs. 1/3585, S. 17

793 BT-Drs. 1/1546

794 BT-Drs. 1/970 und BT-Drs. 1/1229

795 *Galperin/Siebert*, Kommentar zum BetrVG, § 78, Rn. 40

796 *Brandt,* Regierungserklärung vom 28. Oktober 1969 (abrufbar: http://ghdi.ghi-dc.org/pdf/deu/Chapter7Doc1Intro.pdf, Zugriff: 14.1.2016)

797 *Raiser* in Raiser/Veil/Jacobs, MitbestG, Einleitung, Rn. 5

dem Mitbestimmungsgesetz (MitbestG)[798] durchgesetzt werden, indem nach § 7 Abs. 1 MitbestG der Aufsichtsrat hälftig mit Arbeitnehmervertretern zu besetzen ist.

Der Geltungsbereich des MitbestG umfasst nach § 1 Abs. 1 MitbestG Unternehmen mit mindestens 2000 Arbeitnehmern und basiert auf den Erkenntnissen einer Kommission, welche sich mit den bisherigen Mitbestimmungserfahrungen auseinandersetzte.[799] Für die Forderung nach einer „Übertragung der sogenannten paritätischen Mitbestimmung auf alle Wirtschaftsbereiche und Unternehmen ab einer bestimmten Größe“[800] wurden daher vornehmlich die Erfahrungen mit dem MontanMitbestG herangezogen, welches bereits eine paritätische Mitbestimmung enthielt.

Eine der Regelung in § 76 Abs. 2 Satz 4 BetrVG 1952 entsprechende Norm wurde in das MitbestG nicht eingefügt. Die in § 7 Abs. 3 MitbestG enthaltenen Wählbarkeitsvoraussetzungen für die Arbeitnehmervertreter betrafen vor dem Jahr 2015 nicht das Geschlecht. Anders dagegen die Änderungen durch das Gesetz für die gleichberechtigte Teilhabe von Frauen und Männern an Führungspositionen in der Privatwirtschaft; Durch das im Jahr 2015 in Kraft getretene Gesetz haben Arbeitnehmer von börsennotierten und vom MitbestG erfassten Unternehmen bei der Wahl der Arbeitnehmervertreter ebenfalls eine Mindestanteilsregelung einzuhalten. Danach sind nach § 7 Abs. 3 MitbestG Frauen und Männer jeweils mit einem Anteil von mindestens 30 Prozent zu vertreten.

ff) Drittelbeteiligungsgesetz

Das Drittelbeteiligungsgesetz (DrittelbG)[801] von 2004 löst neben den Mitbestimmungsregelungen des BetrVG 1972 auch die nach dem BetrVG 1972 noch gültigen Teile des BetrVG 1952 ab.[802] Die Regelungen des Gesetzes normieren die Drittelbeteiligung der Arbeitnehmer in Aufsichtsräten von Aktiengesellschaften mit grundsätzlich 500 bis 2000 Beschäftigten.[803] Diese sogenannte kleine Unternehmensmitbestimmung enthält eine Ausnahmeregelung für Familiengesellschaften i. S. d. § 1. Abs. 1 Nr. 1 S. 3 DrittelbG.[804] Ein Mitbestimmungsrecht im

798 BGBl. I vom 4.5.1976, S. 1153
799 *Mitbestimmungskommission*, Bericht von 1970, S. 51
800 *Mitbestimmungskommission*, Bericht von 1970, S. 12
801 BGBl. I vom 18.5.2004, S. 974
802 *Huke/Prinz*, BB 2004, 2633, 2633
803 Zu den erfassten Unternehmen s. *Huke/Prinz*, BB 2004, 2633, 2633 ff.
804 *Huke/Prinz*, BB 2004, 2633, 2633; § 1 Abs. 3 MitbestG i. V. m. § 1 Abs. 1 oder Abs. 2 MitbestG

Aufsichtsrat besteht nach § 1 Abs. 1 Nr. 1 S. 2 DrittelbG darüber hinaus auch in Aktiengesellschaften, die vor dem 10. August 1994 eingetragen worden sind und weniger als 500 Arbeitnehmer haben.[805]

Im Vergleich zu § 76 Abs. 2 S. 4 BetrVG 1952 sieht die Regelung in § 4 Abs. 4 DrittelbG nicht lediglich die Vertretung eines weiblichen Aufsichtsratsmitgliedes, sondern die proportionale Repräsentanz beider Geschlechter unabhängig einer Mindestrepräsentation weiblicher Beschäftigter vor. Das Regelungsziel ist folglich, dass sich das Geschlechterverhältnis in der Belegschaft eines Unternehmens auch bei den Arbeitnehmern im Aufsichtsrat widerspiegelt.[806] Den Verwendern sollte mit dieser Regelung „eine praktikable Sollvorschrift an die Hand gegeben“ werden.[807] Entsprechend der Vorgängerregelung führt die Nichteinhaltung dieser Vorschrift zu keiner Rechtsfolge.[808]

b) Mittelbare Wirkung von Regelungen hinsichtlich des Geschlechterverhältnisses im Aufsichtsrat auf Arbeitnehmerseite

Schladebach/Stefanopoulou sehen die Regelung des DrittelbG als ausschlaggebend für die bisherige Anzahl der weiblichen Arbeitnehmervertreter im Aufsichtsrat.[809] Ist diese Vorschrift auch „ernst zu nehmen“,[810] kann dennoch bezweifelt werden, dass die bisherige Anzahl der weiblichen Aufsichtsratsmitglieder allein auf diese Sollvorschrift zurückzuführen ist. Gegenteiliges kann bereits aus dem Anteil weiblicher Aufsichtsratsmitglieder in Unternehmen mit mindestens 2000 Arbeitnehmern resultieren.[811]

Bei den Arbeitnehmervertretern im Aufsichtsrat handelt es sich zumeist um Mitglieder des (Gesamt-)Betriebsrates oder um Gewerkschaftsvertreter.[812] Daraus kann gefolgert werden, dass die Arbeitnehmervertreter aus dem Kreis

---

805 S. dazu OLG Jena, Beschl. v. 14. 6. 2011 – 6 W 47/11 = NZG 2011, 906, 906 f. (weniger als 500, jedoch mehr als 5 Mitarbeiter)

806 *Oetker* in ErfK, § 4 DrittelbG, Rn. 11

807 BT-Drs. 15/2542, S.12

808 *Prinz* in Hümmerich/Boecken/Düwell, AnwK-ArbeitsR, § 4 DrittelbG, Rn. 4; *Oetker* in ErfK, § 4 DrittelbG, Rn. 11; vgl. auch §6 Abs. 2 S. 2 Gesetz zur Einführung der Europäischen Gesellschaft (SEEG)

809 *Schladebach/Stefanopoulou*, BB 2010, 1042, 1044; ebenfalls *Holst*, DIW Wochenbericht 35/2005, 505, 507; a.A. *Raasch*, ZfRV 2009, 216, 217

810 s. Fn. 808

811 vgl. dazu *Holst* DIW Wochenbericht 35/2005, 505, 508

812 *Annuß* in MüKo-AktG, § 7 MitbestG, Rn. 10; Mitbestimmungskommission, Bericht von 1970, S. 51, 58, 60 f.; § 7 Abs. 3 MitbestG; § 6 Abs. 3 MontanMitbestG

der (Gesamt-) Betriebsratsmitglieder oder der Gewerkschaftsvertreter rekrutiert werden. Dies macht es wahrscheinlicher, dass die Anzahl der weiblichen Arbeitnehmervertreter im Aufsichtsrat auf Normen zur Besetzung des (Gesamt-) Betriebsrates wie auch Regelungen hinsichtlich der Entsendung der Gewerkschaftsvertreter zurückgeführt werden.[813]

Die Besetzung des Betriebsrates richtet sich nach dem Betriebsverfassungsgesetz[814] (BetrVG). Nach § 15 Abs. 2 BetrVG muss das Geschlecht, das in der Belegschaft in der Minderheit ist, mindestens entsprechend seinem zahlenmäßigen Verhältnis im Betriebsrat vertreten sein, wenn dieser aus mindestens drei Mitgliedern besteht. Dies ist nach § 9 BetrVG bereits ab 21 wahlberechtigten Arbeitnehmern der Fall. Ist folglich bei der Besetzung des Betriebsrates auf das Geschlecht zu achten und werden die von den Arbeitnehmern zu wählenden Kandidaten für den Aufsichtsrat aus diesem Kreis gewählt, spricht dies für eine mittelbare Wirkung der zwingend einzuhaltenden Regelungen in § 15 Abs. 2 BetrVG auf das Geschlechterverhältnis im Aufsichtsrat.

Nach §§ 47 Abs. 2 S. 2, 55 Abs. 1 S. 2 BetrVG sollen die Geschlechter ferner auch bei der Besetzung des Gesamt- und Konzernbetriebsrates angemessen berücksichtigt werden. Handelt es sich dabei zwar ebenfalls lediglich um eine Sollvorschrift, ist dennoch die personelle Zusammensetzung dieser Gremien zu beachten. Der Konzernbetriebsrat besteht nach § 55 Abs. 1 BetrVG aus Mitgliedern des Gesamtbetriebsrates. Der Gesamtbetriebsrat wird nach § 47 Abs. 2 BetrVG wiederum aus entsandten Mitgliedern der Betriebsräte gebildet. Dadurch wirkt sich die Geschlechterregelung in § 15 Abs. 2 BetrVG über die Zusammensetzung der Betriebsräte mittelbar auf das Geschlechterverhältnis im Gesamt- und Konzernbetriebsrat und damit wiederum ebenso mittelbar auf das Geschlechterverhältnis in Aufsichtsräten aus.

Hinsichtlich der sich im Aufsichtsrat befindenden Gewerkschaftsvertreter sind die freiwillig auferlegten Selbstverpflichtungen der Gewerkschaften über die Auswahl der Kandidaten zu beachten. Legen sich die Gewerkschaften freiwillige Selbstverpflichtungen hinsichtlich der Geschlechterverteilung in ihren Organen auf,[815] wirken sich diese Selbstverpflichtungen auch auf das Geschlechterverhältnis im Aufsichtsrat aus.

---

813 So ebenfalls *Raasch*, ZfRV 2009, 216, 217; Bündnis 90/Die Grünen, BT-Drs. 16/5279, S. 1 (hinsichtlich der Gewerkschaftsvertreter im Aufsichtsrat)

814 BGBl. I vom 25.9.2001, S. 2518

815 Vgl. Satzung der ver.di, § 20 Nr. 3 (abrufbar: https://www.verdi.de/++file++5073a207deb5011af9001810/download/ver.di-Satzung.pdf, Zugriff: 30.11.2015); *DGB*, Punkt 4 der Grundsätze für die Auswahl der Kandidaten/innen für die Listen vom

c) DCGK als Vorstufe für die gesetzliche Regelung?

Eine Steigerung des Frauenanteiles in Aufsichtsräten unter den Anteilseignervertretern wird auch mit freiwilligen Selbstverpflichtungen verfolgt. Eine dieser Selbstverpflichtungen war die vom 30. März 2011. In ihrer gemeinsamen Erklärung „Frauen in Führungsfunktionen" haben die 30-DAX Unternehmen zugesagt ihre „Anstrengungen" zur Erhöhung des Frauenanteils in Führungspositionen zu intensivieren.[816] Im Gegensatz zu der Selbstverpflichtung aus dem Jahr 2011[817] enthält der DCGK[818] eine ausformulierte Selbstverpflichtung, die nicht zwingend einzuhalten ist und demnach ebenfalls als freiwillig verstanden werden kann.[819] Hinsichtlich der geschlechtsspezifischen Zusammensetzung des Aufsichtsrates enthält der DCGK bereits in der Fassung vom 18. Juni 2009 eine Empfehlung in Ziff. 5.4.1 DCGK, wonach der Aufsichtsrat bei seinen Vorschlägen zur Wahl von Aufsichtsratsmitgliedern ebenfalls auf Vielfalt (Diversity) zu achten hat. Seitens des Schrifttums wird dabei nicht nur problematisiert, welches Maß an Erwägungen der DCGK voraussetzt,[820] sondern auch, inwiefern das in dieser Empfehlung enthaltene Kriterium der Vielfalt das Geschlecht oder auch andere Merkmale wesentlich erfasst.[821]

Unter diesem „schillernden Begriff"[822] Diversity subsumiert die Regierungskommission DCGK sowohl größere Internationalität als auch eine angemessene

---

DGB zu den Sozialwahlen 2011, abrufbar sozialwahl.dgb.de/++co++f446f21a-5967-11df-7067-00188b4dc422, Zugriff: 21.10.2016); Satzung der *IGM* , § 13 Satzung (abrufbar: https://www.igmetall.de/docs_4257762_IGM_Satzung_screen_e1588f09eddcc914462821a9a3ef6c00aaa6136d.pdf, Zugriff 20.10.2016); vgl. zur Verfassungsmäßigkeit solch Regelungen, *Fuchsloch*, ArbuR 1997, 354, 355 ff.

816 Gemeinsame Erklärung der DAX 30-Unternehmen „Frauen in Führungspositionen" (abrufbar: https://www.bmwgroup.com/content/dam/bmw-group-websites/bmwgroup_com/responsibility/downloads/de/2011/Frauen_in_Fuehrungspositionen.pdf, Zugriff: 20.10.2016)

817 S. auch für das Jahr 2010: BMFSFJ, „Frauen in Führungspositionen" – Status quo und Zielsetzungen der DAX-30-Unternehmen

818 Deutscher Corporate Governance Kodex i. d. F. v. 15.5.2012

819 A.A. *Grünberger*, RW 2012, 1, 30, der diese Regelung als „regulierte Selbstregulierung" bezeichnet

820 Vgl. OLG München, Urt. v. 6.8.2008 – Az. 7 U 5628/07 = NZG 2009, 508, 510 zur Auslegung des Begriffs „Berücksichtigung" i. S. d. Ziff. 5.4.1.S. 2 DCGK i. d. F. v. 12.6.2006, welcher als Abwägung zu verstehen ist.

821 Vgl. zu dem Begriff „Diversity": *Rieder/Holzmann*, AG 2010, 570, 572 f.; *Grünberger*, RW 2012, 1, 8 f.

822 *Rieder/Holzmann*, AG 2010, 570, 572

Beteiligung von Frauen[823] und konzentriert sich folglich auf lediglich zwei Merkmale.[824] Ist jedoch bereits nach Ziff. 5.4.1 Abs. 1 DCGK hinsichtlich der Kenntnisse, Fähigkeiten und fachlichen Erfahrungen der Aufsichtsratsmitglieder auf die internationale Tätigkeit des Unternehmens zu achten und wird dieser Empfehlung mit einem Wahlvorschlag „ausländische Manager“ oder Kandidaten „mit einer besonderen internationalen Erfahrung“ entsprochen,[825] ist eine Subsumierung einer größeren Internationalisierung zusätzlich unter den Begriff Diversity unnötig.

Bei Außerachtlassung der Vielfalt seitens des Aufsichtsrates ist diese Abweichung nach § 161 AktG offenzulegen. Auslegungsbedürftig erschien jedoch auch, inwiefern der Aufsichtsrat bereits durch das bloße Einfließen „dieses Kriteriums in seine Erwägungen“ auf die Vielfalt ausreichend geachtet hat.[826] Dagegen wurde eine Pflicht zur „Sicherstellung eines Erfolgs“ abgelehnt, weil nicht der Aufsichtsrat, sondern die Hauptversammlung für die Wahl der Aufsichtsratskandidaten zuständig ist.[827] Bei einer solchen Begründung bleibt zweierlei übersehen. Zum einen nimmt diese Regelung des DCGK nicht Bezug auf das Wahlergebnis und damit auch nicht auf die endgültige Besetzung des Aufsichtsrates, sondern auf den Wahlvorschlag i. S. d. § 124 Abs. 3 AktG. Auf diesen hat der Aufsichtsrat Einfluss. Zum anderen zeigt der Vergleich mit anderen Regelungen des DCGK,[828] dass es für die Einhaltung dieser Empfehlung nicht genügt, dieses Merkmal nur zu erwägen. Exemplarisch sei auf die Regelung in Ziff. 4.2.2 Abs. 3 DCGK verwiesen, wonach bei der Heranziehung eines externen Vergütungsexperten auf dessen Unabhängigkeit vom Vorstand und vom

823 Bericht der Regierungskommission Deutscher Corporate Governance Kodex an die Bundesregierung v. November 2010, S. 32 (abrufbar: http://www.corporate-governance-code.de/ger/download/16122010/Governance_Bericht_Nov_2010.pdf, Zugriff: 18.7.2012)

824 A.A. *Kocher*, BB 2010, 264, 264, wonach eine Orientierung an sämtlichen in § 1 AGG genannten Merkmalen in Betracht kommt; *Kremer* in Ringleb/Kremer/Lutter/Werder, DCGK 2014, Rn. 981, wonach bei der Definierung dieses Begriffes die Erfahrungen der Aufsichtsratsmitglieder heranzuziehen sind und weniger die in § 1 AGG enthaltenen Merkmale

825 *Kremer* in Ringleb/Kremer/Lutter/Werder, DCGK, Rn. 1320

826 So *Kocher*, BB 2010, 264, 265; ebenso *Rosenhäger/Mense*, GWR 2010, 311, 311; *Sünner*, CCZ 2009, 185, 190

827 So *Kocher*, BB 2010, 264, 265

828 Ziff. 4.2.2. Abs. 3, Ziff. 4.2.3. Abs. 4, Ziff. 3.8 Abs. 1 S. 1, Ziff. 5.4.1 S. 1, Ziff. 5.4.5 S. 1 DCGK i. d. F. 2009

Unternehmen ebenfalls zu achten ist. Zur Erfüllung dieser Regelung bedarf es einer Erklärung des vorgesehenen Vergütungsberaters über das Bestehen von „geschäftlichen, persönlichen oder sonstigen Beziehungen zwischen ihm und seiner Gesellschaft einerseits und der börsennotierten Gesellschaft, deren Vorstandsmitgliedern und verbundenen Unternehmen andererseits [...], die Zweifel an seiner Unabhängigkeit begründen können".[829] Liegen aber Tatsachen vor, die „die Besorgnis der Befangenheit" begründen, genügt dies bereits zur Verneinung der Unabhängigkeit.[830] Zur Einhaltung dieser Empfehlung genügt es demnach mitnichten, lediglich dieses Erfordernis der Unabhängigkeit in die Erwägung mit einfließen zu lassen. Ist auch allein im Unternehmensinteresse zu handeln,[831] erscheint es folglich zweifelhaft, den Begriff des Achtgebens innerhalb der Ziff. 5.4.1 S. 2 DCGK i. d. F. 2009 im Vergleich zu anderen im DCGK enthaltenen Empfehlungen weniger streng auszulegen. Diesem Beispiel ist das Bedürfnis einer erhöhten Anstrengung zu entnehmen, um das Kriterium der Vielfalt nach den DCGK-Regelungen zu erfüllen.

Bereits nach einem Jahr wurde diese Empfehlung „konkretisiert".[832] Mit der ausdrücklichen Aufnahme des Geschlechtes wurde die Verfolgung des Regelungszieles, die Repräsentanz von Frauen zu erhöhen, klargestellt. Ferner ist das Geschlecht nicht mehr nur zu beachten. Vielmehr soll nach Ziff. 5.4.1 Abs. 1 des DCGK der Aufsichtsrat nunmehr für seine Zusammensetzung konkrete Ziele benennen, die insbesondere eine angemessene Beteiligung von Frauen vorsehen. Nimmt diese Regelung entsprechend der Vorgängerregelung auch auf die Wahlvorschläge des Aufsichtsrates i. S. d. § 124 Abs. 3 AktG Bezug, kann dem Bericht der Regierungskommission DCGK ferner entnommen werden, dass ebenfalls die Hauptversammlung diese Ziele zu berücksichtigen hat.[833] Diese Benennung der konkreten Ziele soll nach Ziff. 5.4.1 Abs. 1 DCGK „unter Berücksichtigung der jeweiligen unternehmensspezifischen Situation zu mehr Vielfalt und hier insbesondere zu einer angemessenen Berücksichtigung von Frauen führen".[834] Inwiefern die Angemessenheit an dem Verhältnis von Frauen und Männern in

---

829 *Baums*, AG 2010, 53, 57

830 S. Fn. 829

831 *Weber-Rey*, WM 2009, 2255, 2262

832 *Regierungskommission DCGK*, Bericht an die Bundesregierung v. November 2010, S. 32 (abrufbar: http://www.corporate-governance-code.de/ger/download/16122010/Governance_Bericht_Nov_2010.pdf, Zugriff: 18.7.2012)

833 S. Fn. 832

834 *Regierungskommission DCGK*, Pressemitteilung v. 27.5.2010

der Gesamtbelegschaft,[835] den weiblichen Führungspositionen in der Gesellschaft[836] oder den Kunden[837] zu ermitteln ist, lässt der Kodex offen.

Die Unternehmen haben nach § 161 Abs. 1 AktG jährlich zu den Empfehlungen des DCGK eine Entsprechenserklärung abzugeben. In diesem Bericht sind nach Ziff. 5.4.1 DCGK die Zielsetzung des Aufsichtsrates und der Stand der Umsetzung zu veröffentlichen oder gemäß § 161 Abs. 1 S. 1 AktG explizit Abweichungen von dieser Regelung zu erklären und zu begründen. In Teilen des Schrifttums wird die Ansicht vertreten, dass für die Einhaltung dieser Regelung dieser Bericht quantitative und zeitliche Vorgaben seitens des Aufsichtsrates zu enthalten hat.[838] Dieser Ansicht folgend haben Aktiengesellschaften, die eine solche Quote nicht festsetzen oder die in deren Berichten benannte Quote nicht erreicht haben, somit eine Abweichung von dieser Empfehlung des DCGK zu erklären.[839]

Der Vorschlag einer sogenannten Flexiquote seitens des BMFSFJ, welche den Unternehmen eine flexibel wählbare Quote als Selbstverpflichtung auferlegt, entsprach inhaltlich der Empfehlung in Ziff. 5.4.1. DCGK. Handelte es sich jedoch bei der Flexiquotenregelung um eine zwingende Regelung, indem diese die Möglichkeit einer Nichtverfolgung ausschließt, ist *Langenbucher* zuzustimmen, dass eine solche gesetzlich festgelegte Selbstverpflichtung über die Kodexempfehlung hinaus wirken würde.[840]

d) Gleichberechtigte Teilhabe in Aktiengesellschaften mit Bundes- oder Länderbeteiligung

Der Anteil weiblicher Aufsichtsratsmitglieder in Unternehmen mit Bundesbeteiligung oder Beteiligung eines Landes wird im Vergleich zu solchen ohne eine Beteiligung höher deklariert.[841] Der Grund für diesen höheren Anteil weiblicher

---

835 *Ringleb/Kremer/Lutter/Werder*, NZG 2010, 1161, 1165

836 *Deilmann/Albrecht*, AG 2010, 727, 730; *Ringleb/Kremer/Lutter/Werder*, NZG 2010, 1161, 1165; *Weber-Rey/Handt*, NZG 2011, 1, 3

837 *Weber-Rey/Handt*, NZG 2011, 1, 3

838 *Deilmann/Albrecht*, AG 2010, 727, 729 f.; *Grünberger*, RW 2012, 1, 35f; *Rosenhäger/Mense*, GWR 2010, 311, 311; a.A. *Kocher*, BB 2010, 264, 265

839 *Langenbucher*, JZ 2011,1038, 1043; *Grünberger*, RW 2012, 1, 42

840 *Langenbucher*, ZGR 2012, 314, 341 f.

841 Vgl. BT-Drs. 17/6790, 17/S. 17/7239, S. 11 wonach der Frauenanteil in den Aufsichts- und Verwaltungsräten der Unternehmen mit Bundesbeteiligung bei rd. 17 % liegt; *Bericht der Länderarbeitsgruppe*, Teilhabe von Frauen in Führungs- und Kontrollgremien der Wirtschaft, S. 236 ff.; wonach der Frauenanteil in den Aufsichtsräten der

Kandidaten kann auf Regelungen zurückgeführt werden, nach denen der Bund oder das Land die gleichberechtigte Teilhabe von Frauen und Männer hinsichtlich der Besetzung von Aufsichtsräten zu beachten hat. Die Rede ist dabei von strikteren Regelungen.[842]

aa) Bundesgremienbesetzungsgesetz

Ist der Bund an einer Aktiengesellschaft beteiligt, ist das Bundesgremienbesetzungsgesetz (BGremBG) bei der Wahl des zu entsendenden Aufsichtsratskandidaten zu beachten. Anlass für dieses Gesetz waren die Ergebnisse des ersten Berichtes der Bundesregierung über die Berufung von Frauen in Gremien im Einflussbereich des Bundes.[843] Dieser Bericht stellt fest, dass Frauen „erheblich unterrepräsentiert sind" und über die Hälfte der untersuchten Gremien kein weibliches Mitglied hat.[844] Daher wird seitdem in § 1 BGremBG das Gesetzesziel der gleichberechtigten Teilhabe von Frauen und Männern in Gremien im Einflussbereich des Bundes festgehalten. Gremien i.S. dieses Gesetzes sind nach § 3 Nr. 1 BGremBG auch Aufsichtsräte.

Jenes Ziel sollte bis zum Jahr 2016 durch ein vorgeschriebenes Verfahren in Form einer Doppelbenennung erreicht werden. Gemäß diesem Vorschlagsverfahren der Doppelbenennung nach § 4 Abs. 1 BGremBG a. F. hat grundsätzlich für jedes vakant gewordene Aufsichtsratsmandat jeweils eine Frau und ein Mann vorgeschlagen zu werden, wenn Personen verschiedenen Geschlechtes mit der besonderen persönlichen und fachlichen Eignung und Qualifikation zur Verfügung stehen. Entsprechendes gilt nach § 7 Abs. 2 BGremBG a. F. für den Bund, wenn er Mitglieder in Aufsichtsräte außerhalb des Bundes entsendet. Bei der Entsendung der Mitglieder selbst hat die entsendende Stelle i. S. d. § 6 BGremBG a. F. ferner nach § 7 Abs. 3 BGremBG a. F. Frauen und Männer angemessen zu berücksichtigen.

Diese Doppelbenennung kann nach §§ 7 Abs. 2 i. V. m. 4 Abs. 2 Nr. 1 bis 3 BGremBG a. F. in nur wenigen Ausnahmefällen entfallen. Ist eine Doppelbenennung aus rechtlichen oder tatsächlichen Gründen nicht möglich oder unzumutbar, so sind die Gründe nach §§ 7 Abs. 2 i. V. m. 4 Abs. 2 Nr. 2 BGremBG a. F. schriftlich darzulegen. In der einer Entscheidung zugrunde liegenden

Unternehmen mit Landesbeteiligung bei ca. 11% (Mecklenburg-Vorpommern) bis 42 % (Berlin) lag.

842 BT-Drs. 17/4308, S. 28

843 BT-Drs. 12/594

844 BT-Drs. 12/594, S. 3

Kabinettsvorlage ist nach § 22 Abs. 3 der gemeinsamen Geschäftsordnung der Bundesministerien ferner mitzuteilen, ob darauf hingewirkt wurde, eine gleichberechtigte Teilhabe von Frauen und Männern in Gremien zu schaffen oder zu erhalten.

Das BGremBG erstreckt sich nach § 2 Abs. 2 BGremBG a. F. jedoch nicht auf Aufsichtsratsmitglieder, bei denen die Begründung ihrer Mitgliedschaft auf einem Wahlverfahren beruht. Damit betrifft das oben dargestellte Vorschlagsverfahren nicht die Aufsichtsratsmitglieder, welche nach § 101 Abs. 1 AktG von der Hauptversammlung gewählt werden. Das Doppelbenennungsverfahren i. S. d. BGremBG a. F. ist folglich lediglich vorzunehmen, wenn ein Entsendungsrecht des Bundes im Rahmen des § 101 Abs. 2 AktG begründet ist. Der Bund als Aktionär ist demnach nicht verpflichtet, einen Kandidaten zur Wahl zu stellen, damit ein angemessenes Geschlechterverhältnis im betreffenden Aufsichtsrat vorliegt.

Hinsichtlich des Frauenanteiles in Aufsichts- und Verwaltungsräten in Unternehmen mit Bundesbeteiligung wird darauf verwiesen, dass dieser Anteil höher ist als in Unternehmen ohne eine solche Beteiligung.[845] Dazu ist jedoch anzumerken, dass sich das Geschlechterverhältnis in Aufsichtsräten von Unternehmen in der Rechtsform der Aktiengesellschaft mit Bundesbeteiligung nicht von anderen Unternehmen der Privatwirtschaft unterscheidet.[846] Dies schien auch der Gesetzgeber zu bemerken und novellierte das Gesetz. Die wesentliche Änderung des Gesetzes für die gleichberechtigte Teilhabe von Frauen und Männern an Führungspositionen und im öffentlichen Dienst zielt nicht mehr auf das Verfahren, sondern auf das Ergebnis ab. Das Doppelbenennungsverfahren wurde folglich abgeschafft und das in § 1 BGremBG enthaltene Ziel soll dadurch erreicht werden, das nach § 4 BGremBG ab dem 1. Januar 2016 mindestens 30 Prozent der durch den Bund zu bestimmenden Mitglieder Frauen und mindestens 30 Prozent Männer sein müssen. Hintergrund dieser Änderung war die Erfahrung, „dass Verfahrensregelungen nicht zu einer schnellen und signifikanten Erhöhung des Frauenanteils im Bereich der Gremien des Bundes führen".[847]

---

845 BT-Drs. 17/4308, S. 30 f.

846 *BMF*, Beteiligungsbericht 2011, S. 11, 32, 35, 62, wonach vorwiegend männliche Kandidaten sich in den Unternehmen befinden, Deutsche Telekom AG, Duisburger Hafen AG (ein weibliches Aufsichtsratsmitglied mit einem jedoch ruhenden Mandat), ÖPP Deutschland AG (ein weibliches Aufsichtsratsmitglied), Deutsche Bahn AG, Stand 2010)

847 *BMFSFJ/BMJV*, Fragen und Antworten zu dem Gesetz für die gleichberechtigte Teilhabe von Frauen und. Männern an Führungspositionen in der Privatwirtschaft, S. 15

bb) Public Corporate Governance Kodex

Ähnlich dem DCGK enthält der Public Corporate Governance Kodex des Bundes (PCGK) Empfehlungen, Anregungen und Regelungen zur Leitung und Überwachung von Unternehmen.[848] Nach Ziff. 1.3 Abs. 4 S. 1 richtet sich der PCGK an Unternehmen in der Rechtsform einer juristischen Person des Privatrechtes. Anwendbar ist dieser Kodex nach Ziff. 1.3 Abs. 3 PCGK jedoch nur auf Unternehmen, an denen der Bund beteiligt ist und die nicht aufgrund einer Börsennotierung dem DCGK unterfallen.

Zielt ebenfalls dieser Kodex vorwiegend darauf ab, die Unternehmensführung und Überwachung transparenter und nachvollziehbarer zu machen, widmet er sich auch der Gleichstellung von Frauen und Männern bei der Aufsichtsratsbesetzung. Hinsichtlich des Geschlechterverhältnisses bei der Zusammensetzung dieses Überwachungsorgans ist nach Ziff. 5.2.1 PCGK auf eine gleichberechtigte Teilhabe von Frauen hinzuwirken. Geschäftsleitung und Überwachungsorgan sollen jährlich über die Corporate Governance des Unternehmens berichten.

Im Vergleich zu Ziff. 5.4.1 DCGK in der Fassung vom 18. Juni 2009 wird diese Regelung in Ziff. 5.2.1 PCGK als strenger erachtet.[849] Dabei wird auf die Formulierung hingewiesen, nach der auf ein gleichberechtigtes Geschlechterverhältnis hinzuwirken und nicht „weniger fest umrissen" auf eine angemessene Berücksichtigung von Frauen zu achten ist.[850] Der nach dem PCGK zu erstellende Corporate-Governance-Bericht hat zwar nach Ziff. 6.1 S. 2 PCGK eine Darstellung zum Anteil von Frauen in Überwachungsorganen zum Inhalt. Jedoch zeigt der Vergleich mit dem DCGK, dass eine nach Ziff. 5.4.1 des DCGK entsprechende Zielvorgabe der Bericht nicht zu enthalten hat. Auch sind diesem Bericht keine Anhaltspunkte zu entnehmen, in welcher Weise i. S. d. Ziff. 5.2.1 PCGK auf eine gleichberechtigte Teilhabe von Frauen hingewirkt wurde oder wird. Folglich kann daher eher der Ansicht zugestimmt werden, nach der die Empfehlungen des PCGK hinter denen des DCGK zurückbleiben.[851]

cc) Landesgleichstellungsgesetze

Die Beteiligungen der Bundesländer an Aktiengesellschaften sind im Vergleich zur Bundesbeteiligung höher.[852] Hat ein Bundesland ein Entsenderecht

---

848 Ziff. 1.2 PCGK i. d. F. v. 30.06. 2009

849 *Ellerich/Schulte/Radde,* ZCG 2009, 201, 205; s. Fn. 843

850 S. Fn. 843

851 S. Fn. 843

852 *Bericht der Länderarbeitsgruppe,* Teilhabe von Frauen in Führungs- und Kontrollgremien der Wirtschaft, S. 236 ff.

als Aktionär einer Aktiengesellschaft, greifen in einigen Bundesländern dem BGremBG a. F. vergleichbare Regelungen hinsichtlich der gleichberechtigten Teilhabe beider Geschlechter im Aufsichtsrat. Nach den Landesgleichstellungsgesetzen haben die Dienststellen, die ein Entsendungsrecht haben, teils ein Hinwirken auf eine gleiche Beteiligung von Frauen und Männern festgeschrieben.[853] Unter der Voraussetzung der gleichen Eignung und Qualifikation der Bewerber enthalten wiederum andere Landesgesetze eine ausdrückliche Bevorzugung des unterrepräsentierten Geschlechtes.[854] Dabei ist nicht lediglich eine angemessene, sondern eine hälftige Besetzung zu berücksichtigen. Einige dieser Gesetze enthalten ein dem BGremBG a. F. entsprechendes Verfahren der Doppelbenennung.[855]

e) *Zusammenfassendes Zwischenfazit*

Eine geschlechtsspezifische Wählbarkeitsvoraussetzung für die Besetzung des Aufsichtsrates war bereits im Jahr 1952 zu beachten und erfasste ebenfalls Aktiengesellschaften mit mindestens 2000 Mitarbeitern. Für Aktiengesellschaften mit 500 bis 2000 Mitarbeitern erfuhr diese Voraussetzung durch das DrittelbG eine geringe Verschärfung, indem das Geschlecht zum einen nicht erst ab einer Mehrheit von weiblichen Arbeitnehmern und zum anderen eine proportionale Repräsentanz beider Geschlechter im Verhältnis der Geschlechterverteilung in der Belegschaft zu beachten war. Eine entsprechende Regelung für Aktiengesellschaften mit mindestens 2000 Mitarbeitern besteht nach aktueller Rechtslage nicht.

Weshalb bis zum Jahr 2015 keine entsprechende Regelung in den anderen Unternehmensmitbestimmungsgesetzen enthalten war, kann zurückgeführt werden auf die Historie des MitbestG. Für die Entwürfe zum MitbestG wurden

---

853 § 15 Abs. 1 Gesetz zur Förderung von Frauen und der Vereinbarkeit von Familie und Beruf im öffentlichen Dienst im Freistaat Sachsen (SächsFFG), SächsGVBl. 1994, 684; § 10 Frauenfördergesetz des Landes Sachsen-Anhalt (FrFG), GVBl. LSA 1997, 516; § 12 Abs. 1 Thüringer Gleichstellungsgesetz (ThürGleichG), GVBl 1998, 309; Art. 21 Bayerisches Gesetz zur Gleichstellung von Frauen und Männern (BayGlG), GVBl. 1996, 186; § 12 Gesetz zur Verwirklichung der Chancengleichheit von Frauen und Männern im öffentlichen Dienst des Landes Baden-Württemberg (ChancenG)

854 §§ 8 i. V. m. 12 Niedersächsisches Gleichberechtigungsgesetz (NGG), Nds.GVBl. 1994, 246; § 15 Abs. 3 Landesgleichstellungsgesetz Berlin (LGG), GVBl. 2002, 280; § 29 Abs. 1 LGG Saarland

855 § 12 Abs. 2 ThürGleichG, GVBl 1998, 309; §12 FrFG; § 29 Abs. 3 und 2 LGG Saarland

die bereits in Kraft getretenen Regelungen des MontanMitbestG exemplarisch herangezogen.[856] Das MontanMitbestG umfasst Unternehmen des Bergbaus und der Eisen und Stahl erzeugende Industrie und enthielt (ebenfalls) keine Regelung über eine geschlechtsspezifische Wählbarkeitsvoraussetzung für den Aufsichtsrat. In diesen Unternehmen waren weibliche Mitarbeiter in der Belegschaft eher selten. Die mangelnde Präsenz von Frauen in den Montanindustrien kann wiederum auf tatsächliche wie auch rechtliche Gründe zurückgeführt werden.[857] Für diese Branchen sind beispielsweise mehrschichtige Betriebe unerlässlich. Bis zur Außerkraftsetzung der Arbeitszeitordnung (AZO) war die Nachtarbeit von Arbeiterinnen jedoch nur eingeschränkt gestattet.[858] Die Anzahl weiblicher Arbeitnehmer in diesen Unternehmen war „naturgemäß" gering.[859] Aufgrund des Erfordernisses einer Mindestvertretung des unterrepräsentierten Geschlechtes in der Belegschaft nach § 76 Abs. 2 S. 4 BetrVG 1952 würde eine solche Regelung für die Montanindustrien den Anteil weiblicher Mitglieder im Aufsichtsrat demnach nicht erhöhen. Sind gegenwärtig Frauen im Ingenieursegment weiterhin unterrepräsentiert,[860] ist auch anzumerken, dass mit einer Zunahme des Frauenanteiles gerechnet wird.[861]

Enthält das DrittelbG auch eine Regelung, nach der auf das Geschlecht bei der Wahl der Arbeitnehmervertreter zu achten ist, ist dieses Gesetz für den Frauenanteil in Aufsichtsräten aus Seiten der Arbeitnehmervertreter bis zum Jahr 2016 nicht vornehmlich ausschlaggebend.[862]

---

856 S. dazu oben Teil C, V. 1. a) ee)

857 Vgl. EuGH, Urt. v. 1.2.2005 – Rs. C-203/03, Slg. 2005, I-935, wonach das Verbot der Beschäftigung von Frauen im untertägigen Bergbau ein Verstoß gegen Art. 2 und 3 RL 76/207/EWG ist

858 Vgl. zur Verfassungswidrigkeit des § 19 AZO BVerfG, Urt. v. 28.1.1992 – Az. 1 BvR 1025/82, 1 BvL 16/83, 1 BvL 10/91 = NJW 1992, 964, 965 f.; vgl. zum Nachtarbeitsverbot für Frauen als Verstoß geg. Art. 5 der RL 76/207/EWG EuGH, Urt. v. 25.7.1991 – Rs. C-345/89, Slg. 1991, I-4047, 4062 ff.

859 Zur Bergbauindustrie *Windisch*, Gewerkschaftliche Monatshefte, 1978, 668, 671; siehe zur Metallindustrie *Fuchsloch*, ArbuR 1997, 354, 356

860 *IW Köln*, Ingenieurarbeitsmarkt 2009/10, S. 10

861 *IW Köln*, Ingenieurarbeitsmarkt 2009/10, S. 11, wonach im Jahr 2008 der Frauenanteil bei den bestandenen Prüfungen ingenieurwissenschaftlicher Studiengänge bei 23 Prozent lag.

862 A.A. *Schladebach/Stefanopoulou*, BB 2010, 1042, 1044; *Holst*, DIW Wochenbericht 35/2005, 505, 507

In Aktiengesellschaften, die von anderen die Unternehmensmitbestimmung betreffenden Regelungen erfasst werden, wirken sich zudem Regelungen hinsichtlich der Zusammensetzung des Betriebsrates wie auch die Selbstverpflichtungen der Gewerkschaften mittelbar auf das Geschlechterverhältnis im Aufsichtsrat auf Arbeitnehmerseite aus.[863]

In vom DrittelbG erfassten Unternehmen ist eine solche mittelbare Wirkung dieser Selbstverpflichtungen als gering einzuschätzen. Nach § 4 Abs. 2 S. 2 DrittelbG ist allein die Möglichkeit und damit keine zwingende Wahl von Gewerkschaftsvertretern im Aufsichtsrat vorgesehen.[864] Bei der Wahl zwischen unternehmensinternen und -externen Kandidaten entscheiden sich die Arbeitnehmer eher für die unternehmensinternen und damit gerade nicht für einen Gewerkschaftsvertreter.[865]

Auswirkungen auf das Geschlechterverhältnis im Aufsichtsrat aufseiten der Anteilseignervertreter kann die Empfehlung in Ziff. 5.4.1 DCGK haben. Diese Regelung wurde im Jahr 2009 insbesondere aufgrund der Diskussionen über eine gesetzlich festgelegte Mindestanteilsregelung eingefügt. Hinsichtlich der Erfüllung dieser Regelung erklärte die Bundesministerin der Justiz auf der neunten Konferenz Deutscher Corporate Governance Kodex in Berlin, dass mit dieser Regelung „verbindliche Berichtspflichten und transparente Selbstverpflichtung" verfolgt werden. Im Gegensatz dazu sei eine gesetzliche Quotenregelung „starr und würden ohne Beachtung der Branche oder des Industriezweiges einheitliche Vorgaben machen".[866] Ist auch fraglich, inwiefern diese Empfehlung dem Erfordernis nach einer gleichberechtigten Teilhabe von Frauen und Männern an Aufsichtsratsämtern nachkommt, ist dennoch festzuhalten, dass sich durch diese Empfehlung die zuständigen Gremien mit dieser Thematik intensiver auseinanderzusetzen haben. Als weitere begleitende positive Maßnahme und eventuell weiteren Zwischenschritten kann demnach *Grünberger* zugestimmt werden, nach dessen Ansicht der DCGK vorsehen könnte, dass in den für Personalfragen zuständigen Ausschüssen des Aufsichtsrates Frauen in einem angemessenen Verhältnis zu beteiligen sind.[867]

---

863 S. dazu Teil C, V. 1. a) ee)

864 Anders dagegen § 7 Abs. 3 MitbestG und § 6 Abs. 3 MontanMitbestG

865 *Mitbestimmungskommission*, Bericht von 1970, S. 60

866 *Leutheusser-Schnarrenberger*, Grußwort der Bundesministerin für Justiz: „Potentiale besser nutzen! Aufsichtsräte müssen professioneller und weiblicher werden" vom 16.6.2010; *Ringleb/Kremer/Lutter/Werder*, NZG 2010, 1161, 1163

867 *Grünberger*, RW 2012, 1, 43

Haben Aktiengesellschaften nicht die Regelungen des DCGK zu beachten, finden die Regelungen des PCGK Anwendung, wenn der Bund an diesen Unternehmen beteiligt ist. Die Änderung des DCGK kann zunächst als erster Schritt angesehen werden. Zu befürworten ist zudem, dass entsprechend der Präambel des PCGK dieser Kodex regelmäßig vor dem Hintergrund nationaler und internationaler Entwicklungen hinsichtlich seines Inhaltes überprüft und bei Bedarf angepasst wird.[868] Unklar bleibt jedoch, warum bis zum in Kraft treten der gesetzlichen Mindestanteilsquote als weiterer Schritt keine der Ziff. 5.4.1 DCGK entsprechende Empfehlung in den PCGK aufgenommen wurde. Diese Frage bleibt insbesondere vor dem Hintergrund des erklärten Zieles der Bundesregierung den Frauenanteil insbesondere in Aufsichtsräten zu erhöhen offen.[869]

Dem Koalitionsvertrag zwischen CDU, CSU und FDP für die 17. Legislaturperiode ist ferner zu entnehmen, dass die Ziele des BGremBG „mit Nachdruck verfolgt" werden.[870] Dieses Gesetz zielt auf eine gleichberechtigte Teilhabe von Frauen und Männern auch hinsichtlich des Zugangs zu einem Aufsichtsrat einer Aktiengesellschaft mit Bundesbeteiligung ab.[871] Das Geschlechterverhältnis der Aufsichtsräte in Aktiengesellschaften mit einer Bundes- oder Landesbeteiligung zeigte jedoch lediglich eine marginale Auswirkung des BGremBG a. F. auf.[872] Betrafen die Regelungen dieses Gesetzes vor der Änderung nur die Wahlvorschläge, betreffen diese nach geltendem Recht unmittelbar die Geschlechterverteilung dem Wahlergebnis nach.

---

868 *Grünberger*, RW 2012, 1, 42

869 Koalitionsvertrag der zwischen CDU, CSU und FDP, 17. Legislaturperiode, S. 74, BT-Drs. 17/4308, S. 38

870 Koalitionsvertrag der zwischen CDU, CSU und FDP, 17. Legislaturperiode, S. 74,

871 S. dazu ausführlich oben Teil C, V. 1. d) aa)

872 Vgl. Sächsischer Landtag Drs. 5/4720, S. 2 ff., Besetzung i. S. d. §15 Abs. 1 SächsFFG für die Jahre 2005-2009 12 Frauen und 108 Männer.; Landtag von Sachsen-Anhalt Drs. 6/313; die unter Beachtung des NGG sind die gewählten Aufsichtsratsmitglieder einer AG mit einer Beteiligung Landes Niedersachsen sämtliche Aufsichtsratsmitglieder männlich (Beteiligungsbericht des Landes Niedersachsen 2011: Deutsche Messe AG, Salzgitter AG, Volkswagen AG); Auch die Aufsichtsratsmitglieder in Aktiengesellschaften mit Bundesbeteiligung, welche unter Beachtung des BGremBG a. F. gewählt wurden, sind vorwiegend männlich *BMF*, Beteiligungsbericht 2011, S. 11, 32, 35, 62: Deutsche Telekom AG, Duisburger Hafen AG (ein weibliches Aufsichtsratsmitglied mit einem jedoch ruhenden Mandat), ÖPP Deutschland AG (ein weibliches Aufsichtsratsmitglied), Deutsche Bahn AG, Stand 2010)

Lehnte die Bundesministerin der Justiz in der 17. Legislaturperiode noch eine gesetzliche Quotenregelung ab, betonte sie dennoch, dass sich bei nicht befriedigender Umsetzung der neuen Empfehlung in Ziff. 5.4.1 DCGK in angemessener Zeit eine „rechtlich mögliche“ Regelung nicht vermeiden ließe.[873] Damit handelte es sich bei der Kodexempfehlung um eine „Vorstufe einer gesetzlichen Regelung“[874] und die gesetzliche Mindestanteilsregelung kann als Möglichkeit des Gesetzgebers, „die Sache wieder an sich zu ziehen [...] wo er den Kodex für nicht ausreichend hält“[875], angesehen werden.

f) Entwicklung der das Geschlecht betreffenden Mindestanteilsregelung im AktG

Am 30. März 2011 haben die 30 DAX-Unternehmen in der gemeinsamen Erklärung „Frauen in Führungsfunktionen“ zugesagt, ihre Maßnahmen zur Erhöhung des Frauenanteils in Führungspositionen zu intensivieren. Darin festgehalten ist ein weiter Ausbau der Frauenförderung in den Unternehmen, jeweils individuell nach den Rahmenbedingungen des Unternehmens.[876] Führen diese Selbstverpflichtungen nicht zur Erhöhung des Frauenanteiles, kündigte das BMFSFJ eine gesetzliche Regelung an.[877] Eine Grundlage für eine solche Mindestanteilsregelung war der sogenannte Stufenplan des BMFSFJ. Inhalt dieses Stufenplans war eine sogenannte „Flexiquote“, die „börsennotierte und voll mitbestimmte Unternehmen gesetzlich verpflichtet, eine selbstbestimmte und betriebsspezifische Frauenquote festzulegen und zu veröffentlichen, die innerhalb einer bestimmten Frist erreicht werden soll“.[878] Eine solche Regelung entsprach inhaltlich den Empfehlungen des DCGK,[879] nach der ebenfalls die „unternehmensspezifischen Bedürfnisse“ zu berücksichtigen sind.[880] Ohne genauere Festsetzung enthielt dieser Stufenplan ferner einen Hinweis auf Publizitätspflichten und Sanktionen bei Nichteinhaltung.[881]

---

873 S. Fn. 867

874 *Grünberger*, RW 2012, 1, 42

875 *Seibert*, BB 2002, 581, 582

876 S. Fn. 819

877 *BMFSFJ*, Schematische Darstellung des Stufenplans; *Bachmann*, ZIP, 2011, 1131, 1132

878 *BMFSFJ*, Stufenplan „Frauen und Männer in Führungspositionen“

879 Ebenso *Bachmann*, ZIP, 2011, 1131, 1132; s. dazu ausführlich oben Teil C, V. 1. c)

880 *Regierungskommission Deutscher Corporate Governance Kodex*, Stellungnahme vom 25. Mai 2012, S. 2

881 *BMFSFJ*, Schematische Darstellung des Stufenplans

Bereits vor diesen Zusagen zur Selbstverpflichtung lagen dem Bundestag zahlreiche ausformulierte Gesetzesentwürfe zur Einführung einer rechtlich verbindlichen Geschlechterregelung hinsichtlich der Besetzung des Aufsichtsrates von Aktiengesellschaften vor.[882] Am 13. Oktober 2010 hat die Bundestagsfraktion Bündnis 90/Die Grünen einen Gesetzesentwurf zur geschlechtergerechten Besetzung von Aufsichtsräten in den Deutschen Bundestag eingebracht.[883] Die darin enthaltenen geschlechtsneutral formulierten Regelungen bezweckten die Erhöhung des Frauenanteiles in Aufsichtsräten.[884] Betraf der Mindestanteil in Höhe von 40 Prozent vornehmlich die Wahl der Aufsichtsratsmitglieder durch die Hauptversammlung, enthielt dieser Entwurf auch Regelungen für die von den Arbeitnehmern zu wählenden Aufsichtsratsmitglieder. Selbigen Mindestanteil verfolgt der Entwurf eines Gesetzes zur Förderung der Gleichberechtigung von Frauen und Männern in Aufsichtsräten börsennotierter Unternehmen (FöGAbUG) des Landes Nordrhein-Westfalen vom 11. Februar 2011[885] wie auch der Entwurf eines Gesetzes zur Förderung der Chancengleichheit von Männern und Frauen in Wirtschaftsunternehmen (ChGlFöG) vom 6. März 2012.[886]

Ferner wurde ein Gesetzesantrag der Freien und Hansestadt Hamburg und Brandenburg vom 29. Mai 2012 dem Bundestag zugeleitet.[887] Dieser Entwurf eines Gesetzes zur Förderung gleichberechtigter Teilhabe von Frauen und Männern in Führungsgremien (GlTeilhG) entspricht dem Gesetzesentwurf der Fraktion SPD und BÜNDNIS 90/DIE GRÜNEN vom 23. Oktober 2012.[888]

aa) *Gesetzesentwürfe zum Mindestanteil beider Geschlechter im Aufsichtsrat*

Die in diesen Gesetzesentwürfen enthaltene Mindestanteilsregelung, gemäß der eine gesetzlich festgelegte Mindestanzahl von weiblichen und männlichen Mitgliedern im Aufsichtsrat nicht zu unterschreiten ist,[889] erfasst Aufsichtsräte von

882 S. auch zur Gesetzgebungskompetenz des Bundes *Papier/Heidebach*, ZGR 2011, 305, 313

883 BT-Drs.17/3296

884 BT-Drs.17/3296, S. 1

885 BR-Drs. 87/11

886 BT-Drs.17/8878

887 BR-Drs. 330/12 = BT-Drs. 17/11270

888 BT-Drs. 17/11139

889 BT-Drs.17/3296, S. 2, Art. 1 (§ 101 Abs. 4 AktG-E); BR-Drs. 87/11, S. 8, 16, Art. 1 und 11FöGAbUG (§ 96a AktG-E); BT-Drs 17/8878, S. 3, Art. 1 ChGlFöG (§ 96 Abs. 4 AktG-E)

börsennotierten Aktiengesellschaften und Gesellschaften, die den Vorschriften über die Unternehmensmitbestimmung unterliegen.[890] Für Letztere werden Regelungen zur Unternehmensmitbestimmung hinsichtlich der geschlechtergerechten Besetzung „ausgeweitet und strenger gefasst".[891]

Durch eine Änderung der Regelung über die Bestellung der Aufsichtsratsmitglieder nach § 101 AktG oder die Zusammensetzung des Aufsichtsrates nach § 96 AktG soll diese sogenannte Quoten- oder Mindestanteilsregelung in das AktG eingefügt werden.[892] Indem ein geschlechtsspezifischer Mindestanteil gesetzlich festgelegt wird, unterscheiden sich diese Regelungen von der vom BMFSFJ vertretenen Flexiquotenregelung. Nach Letzterer können die Unternehmen sich unterschiedlich hohe Mindestanteile auferlegen. Die Höhe des festgesetzten Mindestanteiles ist je Gesetzesentwurf verschieden. Zumeist verfolgen diese Gesetzesentwürfe jedoch eine mindestens 40- oder 50-prozentige Vertretung beider Geschlechter.[893] Vorgesehen ist ferner eine stufenweise Erreichung dieses Mindestanteiles, indem auf erster Stufe ein Gesetz mit einem geringeren Mindestanteilserfordernis in Kraft tritt und zu einem späteren Zeitpunkt dieses Gesetz durch ein Gesetz mit einem höheren Mindestanteilserfordernis ersetzt wird. Die Höhe des jeweils auf der ersten Stufe einzuhaltenden Mindestanteiles beträgt je nach Gesetzesentwurf zumeist zwischen 20 und 30 Prozent.[894]

---

890 BT-Drs. 16/5279, S. 2; BT-Drs.17/3296, S. 3, Art. 1 (§ 101 Abs. 4 S. 2 Nr. 1 und Nr. 5 AktG-E); BT-Drs. 17/8878, S. 3, Art. 1 ChGlFöG (§ 96 Abs. 5 AktG-E); BR-Drs. 87/11, S. 8, Art. 1 FöGAbUG (§ 96a AktG-E)

891 BT-Drs.17/3296, S. 1; BR-Drs. 87/11, S. 9, Art. 2 FöGAbUG und § 5a S. 1 MontanMitbestG-E, § 7a S. 1 MitbestG und § 4 Abs. 4 S. 1 DrittelbG n. F.: „Der Aufsichtsrat börsennotierter Gesellschaften setzt sich auch hinsichtlich der Aufsichtsratsmitglieder der Arbeitnehmer zu jeweils mindestens 30 Prozent aus Angehörigen beider Geschlechter zusammen."

892 BT-Drs.17/3296, S. 3, Art. 1 (§ 101 Abs. 4 AktG-E); BT-Drs. 17/8878, S. 3 (Art. 1 ChGlFöG: § 96 Abs. 3 bis 5 AktG-E); BR-Drs. 87/11, S. 8, 16 (Art. 1 und 11 FöGAbUG: § 96a S. 1 AktG-E)

893 BT-Drs.17/3296, S. 3 (Art. 1: § 101 Abs. 4 S. 2 Nr. 1 AktG-E); BR-Drs. 87/11, S. 8, 16 (Art. 1 und 11 FöGAbUG: § 96a S. 1 AktG-E); BT-Drs. 17/8878, S. 4, Art.2 ChGlFöG, (§ 96 Abs. 4 S. 1 AktG-E); BT-Drs. 17/4842, S. 2 (50 %)

894 BT-Drs. 17/11139, S. 4 (Art. 1 GlTeilhG: § 96 Abs. 3 Nr. 3 AktG-E); BT-Drs. 17/8878, S. 3, (Art.1 ChGlFöG: § 96 Abs. 4 S. 1 AktG-E); BT-Drs. 17/4842, S. 2 (33,33%); BT-Drs. 17/11139, S. 4 (Art. 1 GlTeilhG: § 96 Abs. 3 Nr. 1 AktG-E); BT-Drs. 17/8878, S. 3, (Art.1 ChGlFöG: § 96 Abs. 4 S. 1 AktG-E); BR-Drs. 87/11, S. 16 f., Art. 11 FöGAbUG; BT-Drs.17/3296, S. 4, Art. 1 (Art. 1: §§ 409 AktG-E)

Ist der Aufsichtsrat mit von der Hauptversammlung wie auch von Arbeitnehmern zu wählenden Mitgliedern besetzt, soll der Anteil des jeweiligen Geschlechtes der von den Arbeitnehmern gewählten Aufsichtsratsmitglieder bei der Erfüllung des gesetzlich festgelegten Mindestanteiles unberücksichtigt bleiben.[895] Enthielt der Gesetzesentwurf der Grünen für die von den Arbeitnehmern gewählten Aufsichtsratsmitglieder lediglich das Erfordernis, dass unter den Aufsichtsratsmitgliedern Frauen und Männer „entsprechend ihrem zahlenmäßigen Verhältnis im Unternehmen vertreten sein [müssen]“[896], enthalten die jüngeren Entwürfe einen starr festgesetzten Mindestanteil unabhängig vom Geschlechterverhältnis in der Belegschaft des jeweiligen Unternehmens.[897] Ebenfalls davon unabhängig, jedoch abhängig von der Anzahl der Arbeitnehmervertreter, enthält der Entwurf des Gesetzes zur Förderung gleichberechtigter Teilhabe von Frauen und Männern in Führungsgremien (GlTeilhG) für die von dem MitbestG und MontanMitbestG erfassten Unternehmen ebenfalls einen festgeschriebenen Mindestanteil.[898]

Nicht nach jedem Gesetzentwurf ist ein ausnahmsloses Erfordernis der Einhaltung dieses geschlechtsspezifischen Mindestanteiles geregelt. Der Entwurf des Gesetzes zur Förderung der Gleichberechtigung von Frauen und Männern in Aufsichtsräten börsennotierter Unternehmen (FöGAbUG) wie auch der des GlTeilhG sehen eine Ausnahme für den Fall vor, dass geeignete Kandidaten des jeweilig unterrepräsentativen Geschlechtes, trotz der ergriffenen Mittel seitens der Gesellschaft, nicht zur Auswahl standen.[899] Der Entwurf des FöGAbUG setzt für diese sogenannte „Härteklausel“[900] oder „Härtefallklausel“[901] einen

895 BT-Drs. 17/8878, S. 4, Art.1ChGlFöG, (§ 96 Abs. 3 S. 2 AktG-E); BT-Drs. 87/11, S. 8, Art. 1 FöGAbUG (§ 96a S. 2 AktG-E)

896 BT-Drs.17/3296, S. 4, Art. 2-5 (§ 4 Abs. 4 DrittelbG-E, aus der Soll-Regelung wird eine Muss-Regelung; § 7 Abs. 5 MitbestG; § 4 Abs. 4 MontanMitbestG, 250 Abs. 1 Nr. 5 AktG-E)

897 BT-Drs. 17/8878, S. 4 f. (Art.5-7 ChGlFöG); BR-Drs. 87/11, S. 9 ff, (Art.3,5 und 6 FöGAbUG: § 5a S. 1 MontanMitbestG-E, § 7a S. 1 MitbestG-E und § 4 Abs. 4 S. 1DrittelbG-E)

898 BR-Drs. 330/12, S. 7 ff. (Art. 1 und 2 GlTeilhG: § 96 Abs. 3 AktG-E) = BT-Drs. 17/11270, S. 7f.; BT-Drs. 17/11139, S. 4

899 BR-Drs. 87/11, S. 7 (Art. 1 FöGAbUG: § 96a S. 1 Nr. 2 AktG-E); BR-Drs. 330/12, S. 7 ff., (Art. 1 und 2 GlTeilhG: § 96 Abs. 4 AktG-E) = BT-Drs. 17/11270, S. 7; BT-Drs. 17/11139, S. 4

900 BR-Drs. 87/11, S. 2

901 BR-Drs. 330/12, S. 2 = BT-Drs. 17/11270, S. 2; BT-Drs. 17/11139, S. 2

Hauptversammlungsbeschluss voraus. Dieser hat dann die Feststellung zu erhalten, dass trotz rechtzeitig ergriffenen Fördermaßnahmen das jeweilig unterbesetzte Geschlecht nicht zur Verfügung stand. Zusätzlich zu dieser Feststellung sind Angaben zu machen, „welche lang- und mittelfristigen Maßnahmen zur Gewinnung von Angehörigen des jeweils anderen Geschlechtes [...] ergriffen wurden“[902]. Die Überprüfbarkeit dieser Angaben und damit deren Richtigkeit soll durch die Möglichkeit einer Anfechtung des Hauptversammlungsbeschlusses i. S. d. § 251 Abs. 1 S. 1 AktG gewährleistet werden.[903] Eine entsprechende Ausnahmeregelung ist ebenfalls für die von den Arbeitnehmern zu wählenden Aufsichtsratsmitglieder vorgesehen.[904] Erwartet wird durch eine solche Gesetzesänderung ein „Rechtfertigungsdiskurs“.[905]

Eine andere Ausnahmeregelung enthält der Entwurf des GlTeilhG. Ein geschlechtsspezifischer Mindestanteil ist von den Arbeitnehmern bei ihrer Wahl der Aufsichtsratsmitglieder entsprechend diesem Entwurf nicht zu beachten, wenn die Gesellschaft „in der Regel zu einem Anteil von mindestens 90 Prozent Arbeitnehmer desselben Geschlechts“ beschäftigt.[906]

Die Nichteinhaltung der Mindestanteilsregelungen ist mit Sanktionen belegt. Die in den Gesetzesentwürfen enthaltenen Sanktionen sind vielfältig. Erfassten die ersteren Entschließungsanträge noch die Sanktion in Form der Entziehung der Börsenzulassung,[907] beinhalten die jüngeren Anträge die Nichtigkeit der Wahl von Aufsichtsratsmitgliedern oder dessen Beschlüssen[908] wie auch Auswirkungen auf die Abziehbarkeit der Vergütungsaufwendungen an die Aufsichtsratsmitglieder nach dem Körperschaftssteuergesetz (KStG).[909]

---

902 BR-Drs. 87/11, S. 8, Art. 1 FöGAbUG (§ 101 Abs. 1a S. 3 und 4 AktG-E)

903 BR-Drs. 87/11, S. 44

904 BR-Drs. 87/11, S. 8 ff, Art. 2 FöGAbUG (§ 5a S. 1 Nr. 2 MontanMitbestG-E, § 7a S. 1 Nr. 2 MitbestG und § 4 Abs. 4 S. 1 Nr. 2 DrittelbG)

905 *Grünberger*, RW 2012, 1, 29

906 BR-Drs. 330/12, S. 1 ff. (Art. 1 und 2 GlTeilhG: § 96 Abs. 3 S. 7AktG-E) = BT-Drs. 17/11270, S. 7; BT-Drs. 17/11139, S. 4

907 BT-Drs. 16/5279, S. 2; BT-Drs. 16/12108, S. 2; BT-Drs. 17/797, S. 2

908 BT-Drs. 17/3296, S. 3, Art. 1 (§ 250 Abs. 1 Nr. 5 AktG-E); BT-Drs. 17/4842, S.3, wobei die Aufsichtsratsmitglieder nicht ins Handelsregister eingetragen werden können; BT-Drs.17/3296, S. 3, Art. 1 (§ 255a AktG-E, wonach der Beschluss eines entgegen der Mindestanteilsregelung besetzten Aufsichtsrates nichtig sind.)

909 BT-Drs. 17/11139, S. 10 f. (Art. 13 GlTeilhG: §10 Nr. 5 KstG); so ebenfalls BR-Drs. 330/12, S. 17 (Art. 13 GlTeilhG) = BT-Drs. 17/11270, S. 10

Ist ein Aufsichtsrat unter Verstoß gegen § 96 Abs. 2 AktG zusammengesetzt oder kann die gewählte Person nach § 100 Abs. 1 und 2 AktG bei Beginn ihrer Amtszeit nicht Aufsichtsratsmitglied sein, ist die Wahl eines Aufsichtsmitgliedes gem. § 250 Abs. 1 Nr. 1 oder 4 AktG nichtig. An diese Rechtsfolge knüpfte ebenfalls bereits einer der ersten Gesetzesentwürfe aus dem Jahr 2010 an, indem diese Wahl auch bei Nichteinhaltung der Mindestanteilsregelung nichtig ist.[910]

Entsprechend dem ChGlFöG wie auch dem FöGAbUG sollen dagegen die für den Aufsichtsrat einer Gesellschaft zur Wahl vorgeschlagenen Kandidaten nur dann gewählt werden können, wenn durch die Wahl nicht die gesetzlich festgelegte Mindestanzahl von Frauen oder Männern unterschritten wird.[911] Dadurch kann ein Aufsichtsratsamt unbesetzt bleiben. Wohl auch weil bei einem vakant bleibenden Aufsichtsratsamt in einer unternehmensmitbestimmten Aktiengesellschaft die Zahl der Arbeitnehmer- oder Anteilseignervertreter dadurch überwiegen würde, wird von dieser Rechtsfolge eine „selbstregulierende" Wirkung erwartet.[912]

Bleibt ein Aufsichtsratsamt vakant und gehören dadurch dem Aufsichtsrat die zur Beschlussfähigkeit nötige Zahl von Mitgliedern nicht an, hat nach aktueller Rechtslage gemäß § 104 Abs. 1 S. 1 AktG das Gericht auf Antrag des Vorstandes, eines Aufsichtsratsmitgliedes oder eines Aktionärs den Aufsichtsrat auf die erforderliche Mitgliederanzahl zu ergänzen. Ist die Beschlussfähigkeit nicht durch die Satzung bestimmt, so ist der Aufsichtsrat nach § 108 Abs. 2 S. 2 AktG nur beschlussfähig, wenn mindestens die Hälfte der Mitglieder, aus denen er nach Gesetz oder Satzung insgesamt zu bestehen hat, an der Beschlussfassung teilnimmt. Nehmen mindestens drei Mitglieder an der Beschlussfassung teil, steht nach § 108 Abs. 2 S. 2 und 3 AktG der Beschlussfähigkeit wiederum nicht entgegen, wenn dem Aufsichtsrat weniger Mitglieder als die durch Gesetz oder Satzung festgesetzte Zahl angehören. Eine diesbezügliche Änderung sieht der Entwurf des ChGlFöG vor, indem bereits das aufgrund der Unterschreitung des Mindestanteiles vakant bleibende Amt zur Handlungsunfähigkeit des Aufsichtsrates führt. Allerdings ist danach der Aufsichtsrat erst dann beschlussunfähig, wenn diesem Organ länger als zwölf Monate weniger Mitglieder als die durch Gesetz oder Satzung festgelegte Zahl angehören.[913]

---

910 BT-Drs.17/3296, S. 3, Art. 1 (§ 250 Abs. 1 Nr. 5 AktG-E)

911 BT-Drs. 17/8878, S. 3, Art. 1 ChGlFöG (§ 96 Abs. 3 S. 4 und § 101 Abs. 1a AktG-E); BR-Drs. 87/11, S. 8, Art. 1 FöGAbUG (§ 101 Abs. 1a S. 1 AktG-E)

912 BT-Drs. 17/8878, S. 2

913 BT-Drs. 17/8878, S. 3Art. 1 ChGlFöG (§ 108 Abs.2 S. 5 AktG-E)

Ferner ist das Organ nicht erst bei Beschlussunfähigkeit zu ergänzen. Nach dieser Mindestanteilsregelung ist die Anzahl der Aufsichtsratsmitglieder auf Antrag des Vorstandes, eines Aufsichtsratsmitgliedes oder eines Aktionärs auch dann bereits zu ergänzen, wenn das Aufsichtsratsamt aufgrund einer Unterschreitung des gesetzlich festgelegten Mindestanteiles von Frauen und Männern vakant ist.[914] Diese Änderung des Ergänzungserfordernisses erfasst lediglich die von der Hauptversammlung zu wählenden Mitglieder.[915]

Der Entschließungsantrag der Fraktion Die Linke sieht zusätzlich für neu gegründete Unternehmen, dessen Aufsichtsräte nicht den gesetzlich festgelegten Geschlechteranteil haben, die Ablehnung der Handelsregistereintragung vor.[916]

Keine gesellschaftsrechtliche, sondern eine steuerrechtliche Sanktion sieht wiederum der Entwurf des GlTeilhG vor, indem dieser eine Änderung des KStG enthält. Nach aktueller Rechtslage handelt es sich gemäß § 9 Abs. 1 Nr. 1 i. V. m. § 10 Nr. 4 KStG bei der Hälfte der Vergütungen jeder Art an Aufsichtsratsmitglieder um abziehbare Aufwendungen. Nach diesem Gesetzesentwurf soll es sich bei Vergütungen an einen Aufsichtsrat, welcher nicht entsprechend der Mindestanteilsregelung besetzt ist, de lege ferenda vollständig um nichtabziehbare Aufwendungen i. S. d. § 10 KStG handeln.[917] Auf Antrag der von den Mindestquoten betroffenen Unternehmen soll das Bundesamt für Justiz ferner einen Bescheid über die Einhaltung der Quoten erlassen.[918] Entsprechend diesem Entwurf führen Verstöße gegen die Mindestanteilsregelung bei dem mit Arbeitnehmervertretern besetzten Teilgremium nicht zu einem negativen Bescheid. Damit erfassen die in diesem Entwurf normierten Sanktionen nur die Nichteinhaltung der Mindestanteilsregelung durch die von der Hauptversammlung gewählten Mitglieder. Anderenfalls sei zu befürchten, dass „ein von Arbeitnehmerseite zu vertretendes Fehlverhalten beim Unternehmen sanktioniert [würde], ohne dass dieses auf die Besetzung der Arbeitnehmerseite hätte Einfluss nehmen können“.[919]

---

914 BT-Drs.17/3296, S. 3, Art. 1 (§ 104 Abs. 3a AktG-E); BT-Drs. 17/8878, S. 3, Art. 1 ChGlFöG (§ 104 Abs. 1 S. 1 und Abs. 2 S. 1 AktG-E)

915 BT-Drs. 17/8878, S. 3, Art. 1 ChGlFöG (§ 104 Abs. 3 AktG-E)

916 BT-Drs. 17/4842, S.3

917 BT-Drs. 17/11139, S. 10 f. (Art. 13 GlTeilhG: §10 Nr. 5 KStG); so ebenfalls BR-Drs. 330/12, S. 17 (Art. 13 GlTeilhG) = BT-Drs. 17/11270, S. 10

918 BT-Drs. 17/11139, S. 4 (Art. 1 GlTeilhG: § 96 Abs. 6 AktG-E); Grundlagenbescheid i. S. d. § 171 Abs. 10 AO

919 BT-Drs. 17/11139, S. 49

bb) Gesetz für die gleichberechtigte Teilhabe von Frauen und Männern an Führungspositionen in der Privatwirtschaft

Neben zahlreichen anderen Ländern wurde im Jahr 2015 eine Mindestanteilsregelung nun ebenfalls in Deutschland gesetzlich normiert. Das im Jahr 2015 in Kraft getretene Gesetz für die gleichberechtigte Teilhabe von Frauen und Männern an Führungspositionen in der Privatwirtschaft und im öffentlichen Dienst enthält eine starre Mindestquote von 30 Prozent Frauen und Männer in Aufsichtsräten von Unternehmen, die zwei kumulativ vorliegende Voraussetzungen erfüllen: Sie müssen börsennotiert und der paritätischen Mitbestimmung nach dem Mitbestimmungsgesetz, dem Montanmitbestimmungsgesetz oder dem Montan-Mitbestimmungsergänzungsgesetz unterliegen. Zum Zeitpunkt des Inkrafttretens des Gesetzes waren circa 100 Gesellschaften von diesem Gesetz erfasst.[920]

Unternehmen, die alternativ börsennotiert sind oder Unternehmensmitbestimmungsregelungen unterliegen – dabei sind Letztere nicht auf die oben genannte Unternehmensmitbestimmung beschränkt – haben nach § 111 Abs. 4 AktG Zielgrößen festzulegen. Bei dieser Festlegung ist jedoch zu beachten, dass bei einem Frauenanteil bereits unter 30 Prozent, dieser erreichte Anteil nicht unterschritten werden darf. Ferner dürfen die Fristen einen Zeitraum von fünf Jahren nicht überschreiten.

Die Einhaltung dieses normierten Mindestanteiles erfordert grundsätzlich keine differenzierte Betrachtung der von den Arbeitnehmern und der von den Anteilseignern gewählten Aufsichtsratsmitglieder. Wird einer sogenannten Gesamterfüllung vor der jeweiligen Wahl von den Arbeitnehmern oder den Anteilseignern nicht widersprochen, ist das Geschlechterverhältnis im gesamten Aufsichtsrat zu betrachten. Liegt dagegen ein solcher Widerspruch vor, führt dies nach § 96 Abs. 2 Satz 3 AktG zu einer sogenannten Getrennterfüllung, wonach der Mindestanteil von jeder dieser beiden Seiten zu erfüllen ist. Der Widerspruch hat in Form eines Hauptversammlungsbeschlusses zu erfolgen und bedarf der Mehrheit der Stimmen. Dies hätte eigentlich zur Folge, dass vor jeder Wahl durch die Hauptversammlung zunächst über den Punkt des Widerspruches abzustimmen wäre. Obwohl dies eigentlich zu dem Erfordernis eines wesentlichen Punktes auf der Tagesordnung führen müsste, ordnet das Gesetz in § 124 Abs. 2 Nr. 1 AktG nur an, dass die Bekanntmachung lediglich Angaben über das Vorliegen eines solchen Widerspruches zu enthalten hat.

---

920 *BMFSFJ/BMJV*, Fragen und Antworten zu dem Gesetz für die gleichberechtigte Teilhabe von Frauen und Männern an Führungspositionen in der Privatwirtschaft, S. 3

Die Nichteinhaltung des normierten Mindestanteiles führt zur Nichtigkeit der Wahl respektive der Entsendung des jeweiligen Aufsichtsratsmitgliedes mit der Folge des sogenannten „leeren Stuhls".[921] Bereits der Gesetzesentwurf vom 13. Oktober 2010 der Bundestagsfraktion Bündnis 90/Die Grünen hatte die Nichtigkeit der Aufsichtsratswahl als Sanktion enthalten. Die Sanktion in Form eines „unbesetzten Stuhls" sah auch schon das ChGlFöG wie auch das FöGAbUG vor. Die daran knüpfende strengere Folge der zwingenden Beschlussunfähigkeit wurde in das im Jahr 2015 in Kraft getretene Gesetz nicht übernommen. Die Nichtigkeit sollte sich jedoch an den Gesetzesentwürfen nach § 250 AktG orientieren. Damit wäre eine Nichtigkeitsklage erforderlich. Anders dagegen zeigt es sich bei der Änderung des AktG im Jahr 2015. Für die Feststellung dieser Nichtigkeit bedarf es danach keiner Nichtigkeitsklage. Eine solche Rechtswirkung kann wiederum Auswirkungen auf die Beschlüsse des Aufsichtsrates haben. Welche Person unwirksam gewählt wurde, hängt davon ab, ob einzelne Personen nacheinander gewählt wurden oder mehrere Personen gleichzeitig. Im letzteren Fall ist lediglich die Wahl der Person wirksam, die dem unterrepräsentierten Geschlecht angehört. Werden Personen nacheinander gewählt, sind die Wahlen bis zu der Person wirksam, bis eine Verletzung der Mindestanteilsregelung eintritt.

cc) Fazit

Durch die oben dargestellten deutschen Gesetzesentwürfe nahmen die Forderungen nach einer die Besetzung der Aufsichtsräte einer Aktiengesellschaft betreffenden geschlechtsspezifischen Mindestanteilsregelung Gestalt an.[922] Positiv zu bemerken ist die Formulierung der Mindestanteilsregelungen, welche im Gegensatz zu den bisherigen die Berücksichtigung des Geschlechtes bei der Besetzung des Aufsichtsrates betreffenden Regelungen geschlechtsneutral formuliert sind.[923] Dagegen ist das im Jahr 2015 in Kraft getretene Gesetz nur partiell neutral formuliert, als es bezüglich der Mindestanteilsregelung nach § 96 Abs. 2 AktG mindestens 30 Prozent Frauen und Männer bei der Besetzung des Aufsichtsrates verlangt wird. Hinsichtlich der festzulegenden Zielgröße nach § 111 Abs. 5 AktG nimmt das Gesetz dagegen lediglich Bezug auf

921 *BMFSFJ/BMJV*, Fragen und Antworten zu dem Gesetz für die gleichberechtigte Teilhabe von Frauen und Männern an Führungspositionen in der Privatwirtschaft, S. 5
922 *Bachmann*, ZIP 2011, 1131, 1131
923 So auch *Bachmann*, ZIP 2011, 1131, 1135

den Frauenanteil im Aufsichtsrat. Weshalb an dieser Stelle nicht ebenfalls neutral formuliert wurde, bleibt offen.

Zu beachten ist, dass eine Mindestanteilsregelung nicht unmittelbar ab dem Zeitpunkt des Inkrafttretens des Gesetzes umsetzbar ist. Zunächst ist die Entscheidung der Hauptversammlung abzuwarten. Diesem dienlich sind die Gesetzesentwürfe, die zum einen eine Übergangsfrist setzten und zum anderen eine stufenweise Umsetzung vorsehen. Die Gewährung eines ausreichenden Zeitrahmens ist erforderlich, wenn das Gesetz keine vollständige Neuwahl des Aufsichtsrates beabsichtigt. Die Zeitspanne zwischen der ersten Stufe, auf der lediglich ein geringerer Mindestanteil zu erfüllen ist, und der Zweiten mit einem höheren Mindestanteil beträgt nach den Gesetzesentwürfen zumeist fünf Jahre.[924] Wird ein Aufsichtsratsmitglied auch für die Amtszeit von fünf Jahren bestellt, werden nicht alle Mitglieder eines Aufsichtsrates zwingend zum selbigen Zeitpunkt gewählt. Die Erfüllung einer solchen Mindestanteilsregelung bedarf daher nicht zwingend eines solchen fünfjährigen Zeitrahmens. Aufgrund der Möglichkeit der Bestellung des gesamten Aufsichtsrates kurz vor Inkrafttreten einer solchen Regelung erscheint ein solcher Zeitrahmen dennoch sinnvoll. Der sogenannten gestreckten Erfüllung bedarf es nicht, wenn der einzuhaltende Mindestanteil gering ist und bereits mit der nächsten Aufsichtsratswahl umgesetzt werden kann. Darin kann wohl auch der Grund gesehen werden, weshalb der Gesetzgeber die Einhaltung der Selbstverpflichtungen aus dem Jahr 2011 nicht abwartete und der Mindestanteil gemäß § 25 AktgEG bereits ab dem Jahr 2016 einzuhalten ist. Dies führt jedoch nicht zu einem plötzlichen Auswechseln. Vielmehr ist bei Neuwahlen die Mindestanteilsregelung dahin gehend zu beachten, dass die Sitze solange mit dem unterrepräsentierten Geschlecht zu besetzen sind, bis der gesetzlich normierte Mindestanteil erfüllt ist. Dies kann bei einigen Aktiengesellschaften dazu führen, dass zur Wahl vorgeschlagene Personen aufgrund ihres Geschlechtes nicht zu wählen sind.

(1) Erfasste Unternehmen

Nach den Gesetzesentwürfen über die Zusammensetzung des Aufsichtsrates sollen insbesondere börsennotierte Aktiengesellschaften betroffen sein. Begründet wird dies damit, dass solche Unternehmen aufgrund „ihrer wirtschaftlichen

---

924 So wohl jedoch BT-Drs.17/3296, S. 3, Art. 1 (§ 409 AktG-E); BR-Drs. 87/11, S. 16 f., Art. 11 und 12 FöGAbUG (ab dem Jahr 2017 30 % und 2. Stufe 2022 40 %; BT-Drs. 17/8878, S. 3, Art. 1 und 2 ChGlFöG (§ 96 Abs. 4 S. 1 AktG-E): 1. Stufe 2013 30 % und 2015 40 %.

Bedeutung und ihres hohen Bekanntheitsgrades Maßstäbe für den gesamten privaten Sektor setzen".[925] Auf nationaler Ebene wird dieser Fokus auf vorwiegend börsennotierte, von der unternehmerischen Mitbestimmung erfasste Gesellschaften mit deren „einhergehenden Kapitalmarktorientierung", oder weil diese aufgrund ihrer Größe „einer besonders starken Sozialbindung unterliegen", begründet.[926] Hinsichtlich der erforderlichen Verhältnismäßigkeit einer Mindestanteilsregelung verweisen *Papier/Heidebach* zu Recht darauf, dass bei kleineren Gesellschaften der Bezug zur unternehmerischen Beteiligung der Aktionäre ausgeprägter ist.[927] Die Voraussetzung der Börsennotierung ist eine rechtspolitische Prioritätensetzung. Es hätten auch die Unternehmensgröße, der Unternehmensumsatz oder die bilanziellen Kennzahlen in § 267 HGB Berücksichtigung finden können.[928]

Eine Ausnahmeregelung für Familienunternehmen findet sich in dem deutschen Gesetz nicht. Eine solche Ausnahmeregelung könnte sich de lege ferenda an § 1 Abs. 1 Nr. 1 S. 1 und 2 DrittelbG orientieren. Für die Definition des Familienunternehmens kämen die Merkmale der Stimmenrechte, des Kapitalbesitzes, des Einflusses auf das Unternehmen, indem Familienmitglieder eine Führungstätigkeit ausüben oder die Aufgaben im Aufsichtsrat wahrnehmen, des Vorhandenseins einer durch die Familie geprägten Unternehmenskultur und eines bestehenden Fortführungswillens des Unternehmens in Betracht.[929] Kann auch vertreten werden, dass eine solche Ausnahme für Familienunternehmen nicht erforderlich ist,[930] könnte insbesondere mit Blick auf das Erfordernis der Verhältnismäßigkeit einer solchen Regelung und aufgrund des personellen Bezuges des Anteilseigentums zumindest berücksichtigt werden, wenn ein Familienmitglied in den Aufsichtsrat gewählt werden soll. Im Wege einer Ausnahmeregelung könnte dieser Wahl Vorrang vor der Erfüllung der Mindestanteilsregelung gewährt werden, indem die jeweilige Mindestanzahl von Frauen und Männern nicht eingehalten werden muss, wenn das vakante Amt mit einem Familienmitglied besetzt werden soll.

---

925 KOM(2012) 614 endg., S. 7

926 BT-Drs. 17/11139, S. 23

927 *Papier/Heidebach*, ZGR 2011, 305, 326

928 So *Papier/Heidebach*, ZGR 2011, 305, 326 (Unternehmensgröße, der Unternehmensumsatz); *Bachmann*, ZIP 2011 1131, 1136 (bilanziellen Kennzahlen)

929 So zur Definition des Familienunternehmens *Woywode/Keese/Tänzler*, ZGR 2012, 418, 420 ff.

930 Dafür *Henssler/Seidensticker*, KSzW 2012, 10, 16 f.; *Bachmann*, ZIP 2011, 1131, 1136

Die im Gesetz für die gleichberechtigte Teilhabe von Frauen und Männern an Führungspositionen in der Privatwirtschaft und im öffentlichen Dienst enthaltene starre Mindestanteilsregelung erfasst börsennotierte Aktiengesellschaften. Diese Unternehmen seien „aufgrund ihrer wirtschaftlichen Bedeutung und wegen ihrer Eigenschaft als börsennotierte Publikumsgesellschaften in der Öffentlichkeit besonders wahrgenommen. Eine repräsentative Teilhabe von Frauen in diesen Unternehmen setzt Maßstäbe für die gesamte Privatwirtschaft".[931] Inwiefern die Erfüllung einer vom Gesetzgeber verlangte Mindestanteilsregelung tatsächlich als Leitbild für andere Unternehmen fungieren soll, bleibt dabei offen. Mit einem Nachahmen ist wohl erst zu rechnen, wenn der dadurch erreichte positive Einfluss tatsächlich auf diese Besetzung zurückgeführt wird. Dies ist mit Blick auf die sogenannte Gesamterfüllung, wonach bereits lediglich die Besetzung der Arbeitnehmerseite zur Erfüllung dieser Mindestanteilsregelung führt, zweifelhaft. Insbesondere weil keine Ausnahmeregelungen für Unternehmen, bei denen ein Geschlecht wesentlich unterrepräsentiert ist, vorliegen. Das kann bei Unternehmen mit einem unausgewogenen Geschlechterverhältnis unter den Arbeitnehmern dazu führen, dass keine Frau auf Anteilseignerseite zu wählen ist, weil das Unternehmen vorwiegend Arbeitnehmerinnen hat und daher die Arbeitnehmerseite hinreichend mit weiblichen Aufsichtsratsmitgliedern besetzt ist.[932] Werden ferner potentielle Kandidaten für die Anteilseignerseite im Aufsichtsrat vornehmlich nicht aus dem Unternehmen rekrutiert, sondern zumeist unternehmensextern gesucht, ist nicht mit einer Auswirkung auf die Belegschaft durch die die Anteilseignerseite betreffenden Regelungen, wonach das Geschlecht Berücksichtigung findet, zu rechnen.

(2) Sanktion

Ist der Aufsichtsrat einer deutschen Aktiengesellschaft nicht entsprechend den gesetzlichen Regelungen besetzt, indem beispielsweise die gewählte Person nach § 100 Abs. 1 oder 2 AktG nicht Aufsichtsratsmitglied sein kann, ist die Wahl des Aufsichtsratsmitgliedes durch die Hauptversammlung nach § 250 Abs. 1 Nr. 4 AktG nichtig.[933] Die Wahl der Arbeitnehmervertreter betreffend ist diese nach § 241 Nr. 3 AktG ebenfalls nichtig, wenn die Zusammensetzung nach § 96 Abs. 1 AktG nicht eingehalten wird. Jedoch machte der Gesetzgeber die Wahl nicht

---

931 S. Fn. 921 920

932 Bspw. DOUGLAS HOLDING AG, noch 2015 sind 8 der weiblichen Aufsichtsratsmitglieder 7 auf Arbeitnehmerseite

933 Vgl. BT-Drs.17/3296, S. 3, (Art. 1: § 250 Abs. 1 Nr. 5 AktG-E)

von der Erhebung einer Nichtigkeitsklage abhängig.[934] Verweist *Bachmann* ferner darauf, dass sich eine Mindestanteilsregelung nicht ohne materielle Eingriffe in das Aktienrecht direkt durchsetzen lässt,[935] qualifiziert er diese bereits in den Gesetzesentwürfen enthaltenen Sanktionen dennoch als „zu scharf".[936] Dazu ist anzumerken, dass die Europäische Kommission eine solche Rechtsfolge zwar nicht als zwingend sieht, jedoch eine wirksame, verhältnismäßige und abschreckende Sanktion als erforderlich hält.[937] Dabei erachtet sie eine solche auch auf Arbeitnehmerseite für sinnvoll.[938]

Die weitere Rechtsfolge für ein vakantes Aufsichtsratsamt ist nach aktueller Rechtslage für einen Aufsichtsrat mit lediglich drei Mitgliedern gemäß § 108 Abs. 2 S. 2 und 3 AktG dessen Beschlussunfähigkeit. Diese Rechtsfolge erweitert der Entwurf des ChGlFöG auch auf einen Aufsichtsrat mit mehr als drei Mitgliedern, wenn das betroffene Aufsichtsratsamt zwölf Monate vakant bleibt.[939] Die Beschlussunfähigkeit für einen nicht entsprechend der Mindestanteilsregelung besetzten Aufsichtsrat steht nicht im Widerspruch zur Lehre vom fehlerhaften Organ.[940] Ist die Wahl eines Aufsichtsratsmitgliedes durch die Hauptversammlung i. S. d. § 250 Abs. 1 AktG nichtig, erlangt das nichtig bestellte Aufsichtsratsmitglied keine organschaftliche Stellung, auch nicht nach den sonst geltenden Grundsätzen für fehlerhafte, aber in Vollzug gesetzte Organverhältnisse.[941] Ist die Wahl sämtlicher Aufsichtsratsmitglieder nichtig, sind auch seine Beschlüsse nichtig.[942] Ist lediglich die Wahl eines Aufsichtsratsmitgliedes nichtig, kommt es für die Wirksamkeit des Aufsichtsratsbeschlusses darauf an, ob der Aufsichtsrat auch ohne das nichtig bestellte Aufsichtsratsmitglied beschlussfähig war, da auch nach Abzug des nichtig bestellten Mitgliedes die erforderliche Mehrheit vorlag.[943]

---

934 So bereits auch das ChGlFöG und FöGAbUG, kritisch dazu *Bachmann*, ZIP, 2011, 1131, 1138, Fn. 93

935 *Bachmann*, ZIP, 2011, 1131, 1134

936 *Bachmann*, ZIP, 2011, 1131, 1138

937 Vgl. KOM(2012) 614, S.30

938 Vgl. KOM(2012) 614, S. 28

939 S. dazu Teil C, V. 1. f) cc) (2)

940 A.A. *Bachmann*, ZIP 2011, 1131, 1138

941 *J. Koch* in MüKo-AktG, § 250 AktG, Rn. 22

942 *J. Koch* in MüKo-AktG, § 250 AktG, Rn. 23

943 BGH, Urt. v. 17.2.1954 – Az. II ZR 63/53 = NJW 1954, 797; BGH, Urt. v. 17.4.1967 – Az. II ZR 157/64 = NJW 1967, 1711, 1713; *J. Koch* in MüKo-AktG, § 250 AktG, Rn. 22; *Koch* in in Hüffer/Koch, AktG, § 101 AktG, Rn. 20

(3) Mittelbare Auswirkungen das Wahlverfahren betreffend?

Der Aufsichtsrat hat die Pflicht, Kandidaten für die Aufsichtsratswahl vorzuschlagen. Soll der Aufsichtsrat sich zu einem bestimmten Mindestanteil aus beiden Geschlechtern zusammensetzen, könnte bereits bei den Wahlvorschlägen darauf achtzugeben sein.[944] Dafür könnte die Vorschlagspflicht des Aufsichtsrates i. S. d. § 124 Abs. 3 AktG dahin de lege ferenda zu ändern sein, wonach dieser bei seinen Wahlvorschlägen das Geschlechterverhältnis zu beachten hat, indem er beispielsweise lediglich das unterrepräsentierte Geschlecht zur Wahl vorzuschlagen hat. Eine solche Änderung des § 124 AktG betrifft nur das Wahlverfahren. Jedoch auch ohne eine eindeutige Gesetzesänderung oder dahin gehende Klarstellung wird vertreten, dass der Aufsichtsrat ebenfalls verpflichtet ist, mit seinen Wahlvorschlägen der Hauptversammlung die Möglichkeit sicherzustellen, gemäß der im Aktiengesetz enthaltenen Mindestanteilsregelung entsprechende Kandidaten zu wählen.[945]

Auch hat das Gesetz mittelbare Auswirkungen auf die Wahlvorschläge eines Aktionärs. Ein Antrag gegen einen Wahlvorschlag des Aufsichtsrates braucht nach § 126 Abs. 2 S. 1 Nr. 2 AktG nicht zugänglich gemacht werden, wenn dieser zu einem gesetzwidrigen Hauptversammlungsbeschluss führen würde. In Bezug auf einen im Widerspruch zur Mindestanteilsregelung stehenden Antrag eines Aktionärs schlägt *Bachmann* daher vor, dass bei Unterschreitung des Mindestanteiles und der daraus resultierenden Gesetzwidrigkeit die Pflicht zur Zugänglichmachung gemäß § 126 Abs. 2 S. 1 Nr. 2 AktG ebenfalls entfällt. Ein Gegenantrag eines Aktionärs führt zudem zur Gesetzwidrigkeit i. S. d. § 126 Abs. 2 S. 1 Nr. 2 AktG, wenn der Hauptversammlungsbeschluss im Falle seines Zustandekommens nichtig oder anfechtbar wäre.[946] Führt die Nichteinhaltung der Mindestanteilsregelung folglich zu der Rechtsfolge der Nichtigkeit eines Hauptversammlungsbeschlusses,[947] sind quotenwidrige Anträge von Aktionären ebenfalls gesetzwidrig i. S. d. § 126 Abs. 2 S. 1 Nr. 2 AktG.

Ein Aufsichtsrat einer börsennotierten oder von den Regelungen über die Unternehmensmitbestimmung erfassten Aktiengesellschaft hat nach § 111 Abs. 4

---

944 Vgl. BT-Drs. 17/8878, S. 4 f., Art. 5-8 ChGlFöG, jedoch lediglich in Bezug auf die von den Arbeitnehmern zu wählenden Aufsichtsratsmitglieder

945 *Grünberger*, RW 2012, 1, 26, vgl. *Nowak*, BB 2010, 2423, 2425 zu § 100 Abs. 5 AktG

946 *Koch* in in Hüffer/Koch, AktG, § 126, Rn. 8

947 So auch BT-Drs. 17/3296, S. 3, Art. 1 (§ 250 Abs. 1 Nr. 5 AktG-E); BT-Drs. 17/4842, S.3, wobei die Aufsichtsratsmitglieder nicht ins Handelsregister eingetragen werden können

AktG das Geschlecht betreffende Zielgrößen zu benennen. Unberücksichtigt bleibt dabei, dass der Aufsichtsrat keinen Einfluss auf das Wahlergebnis hat. Die Wahl fällt in die Kompetenz der Arbeitnehmer oder der Hauptversammlung. Nach § 289a HGB sollen bei Nichterreichung die Gründe dafür benannt werden. Kein solcher Grund ist jedoch allein in der Kompetenzverteilung zu sehen.

Auch stellen sich Fragen nach der Haftung eines Organs bei Nichterfüllung dieser Zielgrößen. Abzulehnen wäre eine Haftung des Aufsichtsrates, wenn das durch den Aufsichtsrat selbst auferlegte Geschlechterverhältnis allein durch die Wahlentscheidung der Hauptversammlung nicht eingehalten wird. Anders kann dies beurteilt werden, wenn bereits die Wahlvorschläge des Aufsichtsrates nach § 124 Abs. 3 AktG diesem selbst auferlegten Geschlechteranteil nicht dienlich ist und die Aufsichtsratswahl durch die Hauptversammlung deswegen nicht den gesetzlich festgelegenen Mindestanteil erfüllt.

Ebenso könnte die Festlegung einer solchen Zielgröße seitens ehemaliger Aufsichtsratsmitglieder die Haftung neuer Aufsichtsratsmitglieder auslösen, wenn über Jahre hinweg nichts für die Erreichung getan wurde. Bei einer solchen Pflichtenkollision und der daraus eventuell hervorgehenden Haftung kann schon gegenwärtig davon ausgegangen werden, dass zur Vermeidung eines eventuellen Haftungsrisikos ein nur niedriger Mindestanteil festgelegt wird. Hat eine Nichteinhaltung einer selbst auferlegten Geschlechterquote nachteilige Rechtsfolgen für die Gesellschaft, wäre dem Aufsichtsrat sogar zu raten, keine zu hohe Quote festzusetzen. Insbesondere wenn bedacht wird, dass der Aufsichtsrat sich vom Interesse der Gesellschaft leiten zu lassen hat.[948]

Bei Verpflichtung zur Festlegung einer Zielgröße ist zudem mit Streitigkeiten über die Wirksamkeit der Bestellung zu rechnen, welche einer gerichtlichen Klärung bedürfen könnten. Zu Recht weißt *Bachmann* diesbezüglich darauf hin, dass das Organ bis zur gerichtlichen Klärung handlungsfähig bleiben muss.[949]

Im Hinblick auf die Durchsetzung einer effektiven Chancengleichheit ist außerdem *Henssler/Seidensticker* zuzustimmen, die eine Offenlegung der Anforderungsprofile für die zu wählenden Aufsichtsratsämter für erforderlich halten.[950] Eine solche Offenlegung könnte vom Aufsichtsrat in seinem Beschluss über die Wahlvorschläge enthalten sein.

948 *Jabersack* in MüKo-AktG, § 116 AktG, Rn. 11
949 *Bachmann*, ZIP 2011, 1131, 1138
950 *Henssler/Seidensticker*, KSzW 2012, 10, 15

(4) *Höhe der Mindestanteilsregelung abhängig von der Anzahl der Aufsichtsratsmitglieder*

Bei der Ausgestaltung einer solchen Mindestanteilsregelung ist neben der rechtlichen Frage nach deren Verhältnismäßigkeit auch zu fragen, inwiefern das darin enthaltene Geschlechterverhältnis rechnerisch tatsächlich umsetzbar ist. Für diese rechnerische Umsetzbarkeit ist die Größe des betroffenen (Teil-)Gremiums zu betrachten. Nach § 95 S. 3 AktG hat die Zahl der Aufsichtsratsmitglieder durch drei teilbar zu sein. Alleine dadurch ist bereits ein Mindestanteil von 50 Prozent abzulehnen,[951] weil dieses – wie auch ein Geschlechterverhältnis von mindestens 40 Prozent – bei einem Aufsichtsrat mit drei Mitgliedern nicht umgesetzt werden kann.[952]

Für die durch den Aufsichtsrat festzulegende Zielgröße ist die Betrachtung der Größe des Aufsichtsrates erforderlich. Die Höchstzahl der Aufsichtsratsmitglieder beträgt gemäß § 95 S. 4 AktG je nach Grundkapital neun, 15 oder 21 Mitglieder. Nach § 95 S. 5 AktG werden jedoch die Regelungen der Gesetze über die Unternehmensmitbestimmung nicht berührt. Werden nun die von der Unternehmensmitbestimmung erfassten Aktiengesellschaften betrachtet, ist bei einer genauen Festlegung auch die Anzahl der Aufsichtsratsmitglieder nach dem MitbestG, MontanMitbestG und DrittelbG zu beachten. Abhängig von der Einhaltung und den jeweiligen Regelungen der Unternehmensmitbestimmung hat ein (Teil-)Gremium ein bis vier, sechs, acht bis zehn, zwölf, 14, 15, 18 und 21 Aufsichtsratsmitglieder. Wird die Anzahl der von Anteilseigner- und Arbeitnehmerseiten zu wählenden Aufsichtsratsmitglieder zusammen in Augenschein genommen, kann das Teil- respektive das Gesamtgremium folglich ein bis zehn, zwölf, 14, 15, 18 oder 21 Mitglieder haben. Ein exakt, abhängig von der Mitgliederanzahl des Aufsichtsrates, festgelegter Mindestanteil kann mehr Rechtssicherheit bieten, indem dieser insbesondere eine Nichtumsetzbarkeit vermeidet.[953] Eine solche Differenzierung, abhängig von der Größe des von der Hauptversammlung zu wählenden Teilgremiums, sieht der Entwurf des GlTeilhG vor.[954]

---

951 So jedoch BT-Drs. 17/4842, S. 2, wonach die Unternehmen verpflichtet sein sollen einen Anteil von mindestens 50 % Frauen nachzuweisen.

952 Ebenso *Henssler/Seidensticker*, KSzW 2012, 10, 13; BT-Drs. 17/3296, S. 7; so jedoch BR-Drs. 87/11, S. 16, Art. 11 FöGAbUG

953 Ebenso *Bachmann*, ZIP 2011, 1131, 1137, exakte Fixierung jedoch entsprechend § 7 MitbestG

954 BR-Drs. 330/12, S. 1f., Art. 1 und 2 GlTeilhG (§ 96 Abs. 3 AktG-E) = BT-Drs. 17/11270, S. 7; BT-Drs. 17/11139, S. 4; eine solche Differenzierung lediglich für den Vorstand

Danach soll ein Teilgremium eines Aufsichtsrates mit zwei bis vier Mitgliedern mit jeweils mindestens einer Frau und einem Mann zu besetzen sein. Ein Aufsichtsrat mit fünf oder sechs Mitgliedern ist mit mindestens jeweils zwei Frauen und Männern, einer mit sieben oder acht Mitgliedern mit mindestens jeweils drei Frauen und Männern und einer mit mindestens neun Mitgliedern mit einem Anteil von 40 Prozent des jeweiligen Geschlechtes zu besetzen.[955]

Das Erfordernis konkreter Vorgaben bedarf es neben den eventuell vorkommenden rechnerischen Schwierigkeiten auch für die Einhaltung der Verhältnismäßigkeit. Wird die Einhaltung einer paritätischen Geschlechterbesetzung als unverhältnismäßig angesehen,[956] könnte eine lediglich prozentuale Mindestvorgabe eben dieses Ergebnis einer Parität haben. Dies betrifft beispielsweise bei einer Festlegung einer Zielgröße von mindestens 40 Prozent Gremien mit zwei, vier, sechs oder acht Mitgliedern.[957] Dieser Ansicht folgend hätte demnach ein Teilgremium mit nur zwei Mitgliedern keinen geschlechtsspezifischen Mindestanteil zu erfüllen.

Entsprechend den ersten Gesetzesentwürfen sind die durch die Arbeitnehmer gewählten Aufsichtsratsmitglieder bei der Einhaltung der Mindestanteilsregelung durch die Hauptversammlung nicht anzurechnen.[958] Die Entwürfe sehen dennoch für die Arbeitnehmerseite entweder ebenfalls einen starr festgelegten oder einen an das Geschlechterverhältnis in der Belegschaft knüpfenden Mindestanteil vor.[959] Mit der Anknüpfung der Mindestanteilshöhe an das Geschlechterverhältnis in der Belegschaft wurde das „Repräsentationsprinzip der Arbeitnehmermitbestimmung“ verfolgt, welches als „bewährt“ und „erfolgreich praktiziert“ qualifiziert wurde.[960]

---

enthält ebenfalls das ChGlFöG, BT-Drs. 17/8878, S. 4 , Art. 1 ChGlFöG (§ 76 Abs. 4 S. 1 AktG-E)

955 BR-Drs. 330/12, S. 3f. (Art. 2 GlTeilhG: § 96 Abs. 3 AktG-E); BT-Drs. 17/11139, S. 4

956 BT-Drs. 17/11139, S. 25; BT-Drs. 17/8878, S. 10

957 Dabei jedoch das Teilgremium mit zwei Mitgliedern übersehen: BT-Drs. 17/11139, S. 25; BT-Drs. 17/8878, S. 10; *Henssler/Seidensticker*, KSzW 2012, 10, 14

958 BT-Drs. 17/8878, S. 4, Art.1ChGlFöG, (§ 96 Abs. 3 S. 2 AktG-E); BR-Drs. 87/11, S. 8, Art. 1 FöGAbUG (§ 96a S. 2 AktG-E)

959 Vgl. BT-Drs. 17/3296, S. 4, (Art. 2-5: § 4 Abs. 4 DrittelbG-E, aus der Soll-Regelung wird eine Muss-Regelung; § 7 Abs. 5 MitbestG; § 4 Abs. 4 MontanMitbestG, 250 Abs. 1 Nr. 5 AktG-E); dafür *Bachmann*, ZIP 2011, 1131, 1137; ebenfalls *Weckes*, Geschlechterverteilung in Vorständen und Aufsichtsräten, 2011, S. 14

960 BT-Drs.17/3296, S. 7

Das Geschlechterverhältnis in der Belegschaft wird durch den Entwurf des GlTeilhG berücksichtigt. Die Einhaltung des gesetzlich festgelegten Mindestanteiles aufseiten der Arbeitnehmervertreter setzt eine Mindestrepräsentanz von mindestens zehn Prozent des unterrepräsentierten Geschlechtes voraus.[961] Dies führt zur ausreichenden Rücksichtnahme auf das Geschlechterverhältnis in der Belegschaft.

Ein von dem geschlechtsspezifischen Verhältnis der Beschäftigten des jeweiligen Unternehmens anknüpfender Mindestanteil ist für die von der Hauptversammlung zu wählenden Aufsichtsratsmitglieder abzulehnen. Berücksichtigt die vom BMFSFJ vertretene Regelung einer Flexiquote die branchenspezifischen Gegebenheiten,[962] kann diesem nicht dahin gefolgt werden, dass die Höhe des geschlechtsspezifischen Mindestanteiles im Aufsichtsrat davon abhängig zu machen ist, ob in diesen Gesellschaften eine männlich oder weiblich geprägte Unternehmenskultur vorliegt.[963] Die aktuelle Besetzung des Aufsichtsrates zeigt, dass das Anforderungsprofil eines Aufsichtsratsmitgliedes nicht an die Branche des Unternehmens knüpft.

Das Gesetz für die gleichberechtigte Teilhabe von Frauen und Männern an Führungspositionen in der Privatwirtschaft unterscheidet grundsätzlich nicht zwischen Arbeitnehmer- und Anteilseignervertretern, wenn der Mindestanteil vom Gesamtaufsichtsrat zu erfüllen ist. Eine klarstellende Regelung entsprechend dem GlTeilhG enthält das Gesetz selbst nicht. Lediglich einer gemeinsamen Mitteilung des BMFSFJ und des Bundesministeriums der Justiz und für Verbraucherschutz (BMJV) ist eine solche Tabelle zu entnehmen.[964] Eine fehlende vollumfängliche Klarstellung ist wohl dem Umfang der zu überblickenden Regelungen geschuldet. Wird noch erklärt, die Berechnung käme „durch mathematische Auf- bzw. Abrundung" zustande,[965] enthalten die gesetzlichen Regelungen bei fünf Personen dennoch das Erfordernis mal einer, mal zweier Personen des unterrepräsentierten Geschlechtes.[966]

---

961 BR-Drs. 330/12, S. 1 ff. (Art. 1 und 2 GlTeilhG: § 96 Abs. 3 S. 7 AktG-E) = BT-Drs. 17/11270, S. 7; BT-Drs. 17/11139, S. 4

962 *BMFSFJ*, Flexi-Quote

963 So jedoch s. Fn. 962

964 *BMFSFJ/BMJV*, Fragen und Antworten zu dem Gesetz für die gleichberechtigte Teilhabe von Frauen und Männern an Führungspositionen in der Privatwirtschaft, S. 4 u. 7

965 S. Fn. 921

966 Vgl. dazu *BMFSFJ/BMJV*, Fragen und Antworten zu dem Gesetz für die gleichberechtigte Teilhabe von Frauen und Männern an Führungspositionen in der Privatwirtschaft, S. 3 und S. 7

2. Geschlechtsspezifische Besetzungsregelungen als positive Maßnahme i. S. d. § 5 AGG – eine unionsrechtliche Bewertung

Die eingangs dargestellten Regelungen über die geschlechtsspezifische Besetzung differenzieren zwischen sogenannten freiwilligen Selbstverpflichtungen, nicht zwingend auszuführenden Sollregelungen und einer starren Mindestanteilsregelung.[967] Ist der Aufsichtsrat von dem Schutz des Diskriminierungsverbotes des AGG erfasst,[968] benachteiligen diese Regelungen zugunsten des unterrepräsentierten Geschlechtes unmittelbar das andere, nicht unterrepräsentierte Geschlecht i. S. d. § 3 Abs. 1 AGG.[969] Es ist daher zu beantworten, ob eine die geschlechtsspezifische Besetzung eines Aufsichtsrates betreffende Regelung gegen das Diskriminierungsverbot aus § 7 Abs. 1 AGG verstößt.[970]

Nach § 5 AGG ist eine unterschiedliche Behandlung über die in den §§ 8 bis 10 sowie § 20 AGG genannten Fällen hinaus jedoch zulässig, wenn durch geeignete und angemessene Maßnahmen bestehende Nachteile wegen eines in § 1 genannten Grundes verhindert oder ausgeglichen werden sollen. Die Regelung des § 5 AGG enthält einen Rechtfertigungsgrund.[971] Liegen dessen Voraussetzungen vor, verstößt die unterschiedliche Behandlung nicht gegen das Benachteiligungsverbot des § 7 Abs. 1 AGG. Mit § 5 AGG beabsichtigt der Gesetzgeber die Umsetzung der Regelung des Art. 2 Abs. 8 der Richtlinie 76/207/EWG in der Fassung der Richtlinie 2002/73/EG.[972] Art. 2 Abs. 8 der Richtlinie 2002/73/EG ist wortgleich in Art. 3 der Richtlinie 2006/54/EG enthalten. Dieser richtet sich an die Mitgliedstaaten, wodurch diese zur Gewährleistung der vollen Gleichstellung von Männern und Frauen Maßnahmen i.S.v. Art. 141 Abs. 4 EGV (Art 157 Abs. 4 AEUV) beibehalten oder beschließen können. Soll der Aufsichtsrat auch nicht von der Richtlinie 2006/54/EG als erfasst angesehen werden, steht die Frage nach der Vereinbarkeit solcher die Besetzung des Aufsichtsrates betreffenden geschlechtsspezifischen Regelungen mit dem AGG dennoch in einem engen Zusammenhang mit der nach der Vereinbarkeit solch

---

967 Zu den unterschiedlichen Arten von geschlechtsspezifischen Regelungen s. Teil C, V. 1.

968 S. dazu ausführlich oben Teil A

969 Ebenso zur unmittelbaren Benachteiligung i. S. d. Richtlinie 2006/54/EG: *Bericht der Länderarbeitsgruppe*, Teilhabe von Frauen in Führungs- und Kontrollgremien der Wirtschaft, S. 123

970 So *Sünner*, CCZ 2009, 185, 186 hinsichtlich der Regelung 5.4.1. DCGK i. d. F. 2009

971 *Bauer/Krieger*, AGG, §, 8, Rn. 5

972 BT.-Drs. 16/1780, S. 33

nationaler Regelungen mit dem Unionsrecht. Widersprechen diese Regelungen dem Unionsrecht, so handelt es sich auch nicht um eine positive Maßnahme i. S. d. § 5 AGG.

Bei der Untersuchung der Vereinbarkeit einer Mindestanteilsregelung für den Aufsichtsrat mit dem Unionsrecht wird auf Entscheidungen des EuGH verwiesen, in denen dieser bereits über geschlechtsbezogene, sogenannte starre Quotenregelungen zu entscheiden hatte.[973] Solche Quotenregelungen enthalten die vorrangige Gewährung des unterrepräsentierten Geschlechtes unabhängig einer gleichen Qualifikation der Bewerber.[974] Der EuGH judizierte diese starren Quotenregelungen als Verstoß gegen die Richtlinie 76/207/EWG. Daraus wird die Unvereinbarkeit einer Quotenregelung hinsichtlich der Besetzung des Aufsichtsrates mit dem Unionsrecht geschlussfolgert.[975] Andere Stimmen vertreten wiederum die Ansicht, dass diese Entscheidungen auf „Regelungen für die Privatwirtschaft nicht ohne Weiteres übertragen werden können, denn hier gibt es grundsätzlich keinen Anspruch des Einzelnen aufgrund seiner Qualifikation, eine bestimmte Position zu erhalten".[976] Die Frage, inwiefern diese Entscheidungen des EuGH auf die Besetzung des Aufsichtsrates übertragbar sind, ist nicht nur wesentlich für die Vereinbarkeit einer geschlechtsbezogenen Besetzungsregelung für den Aufsichtsrat mit dem Unionsrecht, sondern kann auch Auswirkungen haben auf dessen Ausgestaltung. Die Unionswidrigkeit resultiert beispielsweise für den *DAV* insbesondere aus der fehlenden Berücksichtigung der besonderen persönlichen Lage der potentiellen Kandidaten.[977] Diese persönliche Lage sei vornehmlich die Qualifikation der zu wählenden Aufsichtsratsmitglieder.[978]

---

973 *Ossenbühl*, NJW 2012, 417, 421 f.; *Henssler/Seidensticker*, KSzW 2012, 10, 18; *Birnbaum*, AuA 2011, 148, 150; *Papier/Heidebach*, ZGR 2011, 305, 320 f.; *BDI/DIHK*, gemeinsame Stellungnahme zum Gesetzesantrag des Landes Nordrhein-Westfalen (BR-Drs. 87/11), S. 9 f.; DAV, Stellungnahme 52/2014, S. 12, 18

974 *Papier/Heidebach*, ZGR 2011, 305, 320 f.

975 *Birnbaum*, AuA 2011, 148, 150

976 BT-Drs. 17/11139, S. 29; *Frost/Linnainmaa*, AG 2007, 601, 610; *Brandt/Thiele*, AG 2011, 580, 581, 584 f.; *DAV*, Stellungnahme 52/2014, S. 23 ff.

977 *DAV*, Stellungnahme 52/2014, S. 23

978 *DAV*, Stellungnahme 52/2014, S. 18, 23 f.

a) *Unionsrechtliche Bewertung einer den Aufsichtsrat betreffenden geschlechtsspezifischen Besetzungsregelung*

Positive Maßnahmen können nach Art. 3 der Richtlinie 2006/54/EG das Ziel der „vollen Gleichstellung von Männern und Frauen" verfolgen. Seit Inkrafttreten des Vertrages von Amsterdam befindet sich ein entsprechendes Ziel im Primärrecht. Nach Art. 157 Abs. 4 AEUV (Art. 141 Abs. 4 EG) hindert der Grundsatz der Gleichbehandlung die Mitgliedstaaten im Hinblick auf die effektive Gewährleistung der vollen Gleichstellung von Männern und Frauen im Arbeitsleben nicht daran, zur Erleichterung der Berufstätigkeit des unterrepräsentierten Geschlechtes oder auch zur Verhinderung oder zum Ausgleich von Benachteiligungen in der beruflichen Laufbahn spezifische Vergünstigungen beizubehalten oder zu beschließen. Bezweckt wird mit diesen Regelungen die zukunftsbezogene Durchsetzung der Gleichberechtigung der Geschlechter.

Werden Entscheidungen des EuGH zur Ablehnung der Vereinbarkeit von starren Quotenregelungen herangezogen,[979] ist bereits an dieser Stelle zweierlei vorwegzunehmen; Zum einen betreffen diese Entscheidungen vorwiegend den Zugang zu Erwerbstätigkeiten, welche keine Wahlämter waren, und zum anderen die Prüfung der Vereinbarkeit mit der Richtlinie 76/207/EWG in der Fassung vor der Novellierung durch die Richtlinie 2002/73/EG. Während nach Art. 2 Abs. 1 der Richtlinie 76/207/EWG Diskriminierungen aufgrund des Geschlechtes grundsätzlich verboten waren, verlieh Art. 2 Abs. 4 der Richtlinie 76/207/EWG den Mitgliedstaaten die Befugnis, positive Maßnahmen zur Verwirklichung der Chancengleichheit der Frauen in der Arbeitswelt vorzusehen. In seinen Entscheidungen zur Vereinbarung einer Quotenregelung mit der Richtlinie 76/207/EWG erklärt der EuGH, solch positive Maßnahmen seien nur mit dem Gemeinschaftsrecht vereinbar, wenn diese keinem Geschlecht einen absoluten und unbedingten Vorrang einräumen.[980] Personen des unterrepräsentierten Geschlechtes dürfen danach nur bei gleicher Qualifikation, und wenn die

---

979 *Langenbucher*, ZGR 2012, 314, 329; *DAV*, Stellungnahme 52/2014, S.12, 14, 23; *Hildebrand*, Arbeitnehmerschutz von geschäftsführenden Gesellschaftsorganen, S. 197 ff.

980 EuGH, Urt. v. 17.10.1995 – Rs. C-450/93 („*Kalanke*"), Rn. 22, Slg. 1995, I-3051, 3078 = NJW 1995, 3109, 3110; EuGH, Urt. v. 28.3.2000 – Rs. C-158/97 („*Badeck*"), Rn. 23, Slg. 2000, I-1875, 1919 = EuZW 2000, 474, 476; EuGH, Urt. v. 30.9.2004 – Rs. C-319/03, Rn. 23, Slg. 2004, I-8807, 8831; EuGH, Urt. v. 11.11.1997 – Rs. C–409/95 („*Marshall*"), Rn. 32, Slg. 1997, I-6363 6392 = NJW 1997, 3429, 3430; darauf ebenfalls verweisend BT-Drs. 16/1780, S. 34

Bewerbung Gegenstand einer objektiven Beurteilung ist, bei der die besondere persönliche Lage aller Bewerber berücksichtigt wird, Vorrang erhalten.[981]

Stellt der EuGH zu der Regelung des Art. 2 Abs. 4 der Richtlinie 76/207/EWG in der Rechtssache *Kalanke* noch fest, diese sei als Ausnahmeregelung eng auszulegen,[982] verweist *Rebhan* darauf, dass bei der Prüfung eines Diskriminierungsverbotes und damit auch bei der Auslegung des Art. 157 Abs. 4 AEUV anstelle dieser Feststellung die Beachtung des Grundsatzes der Verhältnismäßigkeit getreten ist.[983] Nach diesem Grundsatz dürfen Ausnahmen nicht darüber hinausgehen, „was zur Erreichung des verfolgten Ziels angemessen und erforderlich ist, und der Grundsatz der Gleichbehandlung soweit wie möglich mit den Erfordernissen des auf diese Weise angestrebten Ziels im Einklang gebracht werden muss".[984] Letzteres betrifft die Prüfung der Angemessenheit einer Regelung. „Dabei ist, wenn mehrere geeignete Maßnahmen zur Auswahl stehen, die am wenigsten belastende zu wählen; ferner müssen die auferlegten Belastungen in angemessenem Verhältnis zu den angestrebten Zielen stehen".[985] *Kingreen* verweist dagegen darauf, dass in den Entscheidungen des EuGH die Angemessenheit selten als eigenständiger Prüfungspunkt aufgewiesen wird und nach der Prüfung der Legitimität des Zieles zumeist abgebrochen wird.[986] Ist ein solcher Abbruch auch den Entscheidungen des EuGH zur Quotenregelung zu entnehmen, zeigt dies zwar, wie wesentlich die Betrachtung des legitimen Zieles bei der Untersuchung einer solchen Regelung mit dem Unionsrecht ist. Die Prüfung der Angemessenheit darf dennoch nicht unbeachtet bleiben.

---

981 EuGH, Urt. v. 28. 3. 000 – Rs. C-158/97 („*Badeck*"), Rn. 23, Slg. 2000, I-1875, 1919, 1921 = EuZW 2000, 474, 476 f.; EuGH, Urt. v. 30.09.2004 – Rs. C-319/03, Rn. 23, Slg. 2004, I-8807, 8831; EuGH, Urt. v. 11.11.1997 – Rs. C–409/95 („*Marshall*"), Rn. 33, Slg. 1997, I-6363 6392 = NJW 1997, 3429, 3430

982 EuGH, Urt. v. 17.10.1995 – Rs. C-450/93 („*Kalanke*"), Rn. 21, Slg. 1995, I-3051, 3078 = NJW 1995, 3109, 3110

983 *Rebhan* in Riesenhuber, Europäische Methodenlehre 2006, § 18, Rn. 20; EuGH, Urt. v. 30.9.2004 – Rs. C-319/03, Rn. 31, Slg. 2004 I, 8823, 8833

984 EuGH, Urt. v. 19.3.2002 – Rs. C-476/99 („*Lommers*"), Rn. 39, Slg. 2002 I, 2891, 2936 = EuZW 2002, 346, 349

985 EuGH, Urt. v. 11.7.1989 – Rs. 265/87, Rn. 21 = Slg. 1989, 2237, 2269; EuGH, Urt. v. 30.9.2004 – Rs. C-319/03, Rn. 31, Slg. I 2004, 8823, 8833

986 *Kingreen* in Calliess/Ruffert, EUV/AEUV, EU-GRCharta Art. 52, Rn. 71

aa) Förderung der Chancengleichheit oder effektive Gewährleistung der vollen Gleichstellung?

Nach Art. 2 Abs. 4 der Richtlinie 76/207/EWG stand diese Richtlinie Maßnahmen zur Förderung der Chancengleichheit für Männer und Frauen nicht entgegen. Zweck der Vorschrift war „die Zulassung von Maßnahmen, die zwar nach der äußeren Erscheinung diskriminierend sind, tatsächlich aber in der sozialen Wirklichkeit bestehende faktische Ungleichheiten beseitigen oder verringern sollen".[987] Demnach waren nationale Maßnahmen, „die Frauen spezifisch begünstigen und darauf ausgerichtet sind, deren Fähigkeiten zu verbessern, auf dem Arbeitsmarkt mit anderen zu konkurrieren und unter den gleichen Bedingungen wie die Männer eine berufliche Laufbahn verwirklichen" , zulässig. [988] Wesentlich ist die der Entscheidung zur Rechtssache *Kalanke* zu entnehmende Feststellung, dass eine Regelung jedoch, welche dem unterrepräsentierten Geschlecht absolut und unbedingt den Vorrang einräumt, über das Ziel der Förderung der Chancengleichheit dieser Richtlinie hinausgeht und damit die Grenzen der in Art. 2 Abs. 4 der Richtlinie 76/207/EWG überschreitet.[989] Daraus wird abgeleitet, dass Regelungen über diese Förderung der Chancengleichheit hinausgehen, wenn mit diesen die Durchsetzung des gewünschten Ergebnisses zahlenmäßiger Gleichheit anstrebt wird.[990] Hat eine geschlechtsspezifische Maßnahme in einem angemessenen Verhältnis zu den Zielen zu stehen[991] und führt eine starre Quotenregelung zu dem Ergebnis einer zahlenmäßigen Gleichheit, würde eine solche Norm folglich gegen die Richtlinie 76/207/EWG verstoßen. In den bisherigen Entscheidungen des EuGH zu mitgliedstaatlichen Quotenregelungen

---

987 EuGH, Urt. v. 25.10.1988 – Rs. 312/86 („*Kommission/Frankreich*"), Rn. 15, Slg. 1988, 6315, 6336 = NJW 1989, 3086; EuGH, Urt. v. 17.10.1995 – Rs. C-450/93 („*Kalanke*"), Rn. 18, Slg. 1995, I-3051, 3077 = NJW 1995, 3109, 3110; EuGH, Urt. v. 11.11.1997 – Rs. C–409/95 („*Marshall*"), Rn. 26, Slg. 1997, I-6363 6391 = NJW 1997, 3429, 3430

988 EuGH, Urt. v. 17.10.1995 – Rs. C-450/93 („*Kalanke*"), Rn. 19, Slg. 1995, I-3051, 3077 = NJW 1995, 3109, 3110

989 EuGH, Urt. v. 17.10.1995 – Rs. C-450/93 („*Kalanke*"), Rn. 22, Slg. 1995, I-3051, 3077 = NJW 1995, 3109, 3110

990 Schlussanträge des Generalanwalts *Jacobs* vom 15.05.1997, zur Rs. C-409/95 („Marschall"), Slg. 1997 I-6363, 6374, 6377, Rn. 32, 42; Schlussanträge des Generalanwalts *Saggio* vom 13.01.2000, zur Rs. C-158/97 („*Badeck*"), Slg. 2000 I, 1875, 1887, 1897, Rn. 24, Fn. 10 und Rn. 40

991 Schlussanträge des Generalanwalts *Jacobs* vom 15.05.1997, zur Rs. C-409/95 („Marschall"), Slg. 1997 I, 6363, 6377, Rn. 42; EuGH, Urt. v. 19.3.2002 – Rs. C-476/99 („*Lommers*"), Rn. 39, Slg. 2002, I-2891, 2936 = EuZW 2002, 346, 349

waren diese folglich vorwiegend wegen des eng auszulegenden Zieles der Richtlinie 76/207/EWG als unverhältnismäßig zu qualifizieren und daher mit dieser Richtlinie nicht vereinbar.

Mit Inkrafttreten des Vertrages von Amsterdam enthielt Art. 141 Abs. 4 EG, welcher wortgleich in Art. 157 Abs. 4 AEUV enthalten ist, ebenfalls einen Rechtfertigungsgrund. Danach hindert der Grundsatz der Gleichbehandlung die Mitgliedstaaten, insbesondere im Hinblick auf die effektive Gewährleistung der vollen Gleichstellung von Männern und Frauen im Arbeitsleben, nicht daran spezifische Vergünstigungen beizubehalten oder zu beschließen. Auch der Wortlaut der Ausnahmevorschrift des Art. 3 der Richtlinie 2006/54/EG enthält nicht mehr die Zulässigkeit von Maßnahmen zur „Förderung der Chancengleichheit", sondern die von Maßnahmen im Hinblick auf die „Gewährleistung der vollen Gleichstellung von Männern und Frauen". Durch die darin ebenfalls enthaltene Bezugnahme auf Art. 141 Abs. 4 EGV (Art. 157 Abs. 4 AEUV) ist auch die Regelung in diesem Artikel Maßstab für die Beurteilung der Zulässigkeit von Mindestanteilsregelungen.[992] Bereits aufgrund des unterschiedlichen Wortlautes ist fraglich, inwiefern Art. 157 Abs. 4 AEUV im Vergleich zur Richtlinie 76/207/EWG ein weiter gefasstes Ziel verfolgt. Ist dessen verfolgtes Ziel weiter gefasst als das der Richtlinie 76/207/EWG, sind die bisherigen Entscheidungen des EuGH über die Unvereinbarkeit einer Quotenregelung mit dieser Richtlinie nicht zwingend zur Untersuchung der Vereinbarkeit einer Mindestanteilsregelung mit dem Unionsrecht heranzuziehen.

Allein wegen der unterschiedlichen Wortlaute der Richtlinienvorschriften und der des AEUV weitreichenderen Maßnahmen als vom EuGH bisher entschieden zuzulassen, zweifelt *Schmidt* an.[993] Für eine Möglichkeit intensiverer Maßnahmen spricht jedoch die Feststellung des EuGH, nach der die Zulässigkeit einer Ausnahme nach Art. 141 Abs. 4 EGV nur zu prüfen war, wenn die betreffende nationale Regelung Art. 2 Abs. 4 der Richtlinie 76/207/EWG

---

992 *Langenfeld* in Grabitz/Hilf, Das Recht der EU, 2009, Art. 141 EGV, Rn. 82

993 *Schmidt*, Quotenorientierte Einstellungs- und Beförderungsentscheidungen nach § 5 AGG, S. 158 ff.; im Ergebnis ebenso *Krebber* in Calliess/Ruffert, EUV/AEUV, Art. 157 AEUV (ex-Art. 141 EGV), Rn. 75; a.A. *Pirstner*, Anmerkung zu EuGH, Urt. v. 28.3.2000 – Rs. C-158/97 („Badeck"), EuZW 2000, 474, 479; *Schlachter* in ErfK 2015, Art. 157 AEUV, Rn. 30; *Rolfs*, Gleichberechtigte Vertretung der Geschlechter in Aufsichtsräten, S. 20; *Bericht der Länderarbeitsgruppe*, Teilhabe von Frauen in Führungs- und Kontrollgremien der Wirtschaft, S. 128, 132 f.

entgegenstand.[994] Daraus ist zu folgern, dass eine mit der Richtlinie 76/207/EWG unvereinbare Regelung durch Art. 141 Abs. 4 EGV gerechtfertigt sein konnte.[995] Diese vom EuGH festgestellte Prüfungsreihenfolge führt zum Verständnis einer weiter gefassten Reichweite der Ausnahmeregelung des Art. 141 Abs. 4 EGV im Vergleich zu der des Art. 2 Abs. 4 der Richtlinie 76/207/EWG. *Pirstner* stellt zudem fest, dass „im Konkurrenzfalle die Vertragsbestimmung der Richtlinienbestimmung vorgehen würde".[996] Einer solchen Feststellung bedarf es für die Richtlinie 2006/54/EG nicht. Diese verweist in ihrem Artikel 3 direkt auf Art. 141 Abs. 4 EGV (Art. 157 Abs. 4 AEUV). Durch diesen Verweis ist das Ziel des Art. 3 der Richtlinie 2006/54/EG im Vergleich zu dem der Richtlinie 76/207/EWG weiter auszulegen.

Für die Heranziehung der bisherigen Entscheidungen des EuGH zu Quotenregelungen bedeutet es dem Ergebnis nach, dass zwar die vom EuGH mit der Richtlinie 76/207/EWG für vereinbar gehaltenen nationalen Regelungen ebenfalls nach Art. 157 Abs. 4 AEUV gerechtfertigt wären. Jedoch führt die vom EuGH festgestellte Unvereinbarkeit einer mitgliedstaatlichen Regelung mit dieser Richtlinie wiederum nicht zwingend zur Unvereinbarkeit mit Art. 157 Abs. 4 AEUV. Hat der EuGH demnach in einigen Entscheidungen Quotenregelungen für nicht europarechtskonform gehalten, weil diese nicht mit dem Ziel der Richtlinie 76/207/EWG vereinbar waren, führt dies nicht zu der Schlussfolgerung, dass aufgrund dieser Entscheidungen eine die Besetzung des Aufsichtsrates betreffende Quotenregelung ebenfalls aufgrund selbiger Gründe unionswidrig ist.[997]

---

994 EuGH, Urt. v. 28. 3. 000 – Rs. C-158/97 („*Badeck*"), Rn. 14, Slg. 2000, I-1875, 1917, 1921; EuGH, Urt. v. 6.7.2000 – Rs. C-407/98 („*Abrahamsson*"), Rn. 54 f., Slg. 2000, I-5539, 5583 = NJW 2000, 2653, 2656

995 Offen gelassen EuGH, Urt. v. 30.09.2004 – Rs. C-319/03, Rn. 31, Slg. I 2004, 8823, 8833; so auch *Rolfs*, Gleichberechtigte Vertretung der Geschlechter in Aufsichtsräten, S. 20

996 *Pirstner*, Anmerkung zum EuGH, Urt. v. 28. 3.2000 – Rs. C-158/97 („Badeck"), EuZW 2000, 474, 479

997 Im Ergebnis ebenfalls *Schlachter* in ErfK 2015, Art. 157 AEUV, Rn. 30; wohl im Ergebnis auch *Krebber* in Calliess/Ruffert, EUV/AEUV, Art. 157 AEUV (ex-Art. 141 EGV), Rn. 75; a.A. *Birnbaum*, AuA 2011, 148, 150; *DAV*, Stellungnahme 52/2014, S. 23

bb) Auswirkungen der Entscheidung des EuGH zur Rechtssache Abrahamsson[998]

Wie oben dargestellt wäre eine Mindestanteilsregelung, welche dem unterrepräsentierten Geschlecht absolut und unbedingt den Vorrang gewährt, mit dem Ziel der Richtlinie 76/207/EWG unvereinbar. Aufgrund des weiter auszulegenden Zieles der Richtlinie 2006/54/EG und des Art. 157 Abs. 4 AEUV ist folgend zu beantworten, inwiefern nach aktuellem Recht bei der Ausgestaltung einer Mindestanteilsregelung auch darauf zu achten wäre, einen solch absoluten und unbedingten Vorrang zu vermeiden.

Dafür sei auf die Entscheidung des EuGH zur Rechtssache *Abrahamsson* verwiesen.[999] Darin hat der EuGH über die Verhältnismäßigkeit einer Regelung judiziert, wonach dem unterrepräsentierten Geschlecht automatisch Vorrang zu gewähren ist, auch wenn dieses zwar nicht gleich, jedoch hinreichend qualifiziert ist.[1000] Hinreichend qualifiziert ist eine Person, „sofern der Unterschied zwischen den jeweiligen Qualifikationen nicht so groß ist, dass die Anwendung dieser Regelung gegen das Erfordernis der Sachgerechtigkeit bei der Einstellung verstieße".[1001] Diesbezüglich stellt der EuGH lediglich fest, ein solches Auswahlverfahren stehe zum Art. 141 Abs. 4 EGV verfolgten Ziel nicht außer Verhältnis.[1002] Offengelassen hat der EuGH jedoch, ob für die Einhaltung der Verhältnismäßigkeit zwingend auch die besondere persönliche Lage sämtlicher Bewerber zu berücksichtigen ist.[1003] Dieses kann den Schlussanträgen zu dieser

---

998 EuGH, Urt. v. 6.7.2000 – Rs. C-407/98 („*Abrahamsson*"), Slg. 2000, I-5539 = NJW 2000, 2653

999 s. Fn. 998

1000 EuGH, Urt. v. 6.7.2000 – Rs. C-407/98 („*Abrahamsson*"), Rn. 54, Slg. 2000, I-5539, 5583

1001 EuGH, Urt. v. 6.7.2000 – Rs. C-407/98 („*Abrahamsson*"), Rn. 44, Slg. 2000, I-5539, 5581

1002 EuGH, Urt. v. 6.7.2000 – Rs. C-407/98 („*Abrahamsson*"), Rn. 55 f., Slg. 2000, I-5539, 5583

1003 Die besondere persönliche Lage für erforderlich haltend: *Jarass*, Charta EU-Grundrechte, Art. 23, Rn. 20; *BDI/DIHK*, gemeinsame Stellungnahme zum Gesetzesantrag des Landes Nordrhein-Westfalen (BR-Drs. 87/11), S. 9; a.A. *Bericht der Länderarbeitsgruppe*, Teilhabe von Frauen in Führungs- und Kontrollgremien der Wirtschaft, S. 131, wonach eine gleiche Qualifikation erforderlich ist; ebenso wohl auch *Birnbaum*, AuA 2011, 148, 150; wohl auch *Rolfs*, Gleichberechtigte Vertretung der Geschlechter in Aufsichtsräten, S. 44; *Hildebrand*, Arbeitnehmerschutz von geschäftsführenden Gesellschaftsorganen, S. 199

Rechtssache entnommen werden. Darin stellt *Saggio* fest, für die Vereinbarkeit einer positiven Maßnahme mit dem Gemeinschaftsrecht sei erforderlich, dass die betreffende Regelung die Berücksichtigung der besonderen persönlichen Umstände und die Situation auch der „nicht in den Genuss der positiven Maßnahmen kommenden Bewerber" vorsehen muss.[1004] Wird allerdings diese persönliche Situation berücksichtigt, wird ferner klargestellt, das Gemeinschaftsrecht stehe einer mitgliedstaatlichen Einstellungsregelung, „nach der ein Bewerber des unterrepräsentierten Geschlechts vorgezogen werden kann, wenn die Qualifikationen der Bewerber als gleichwertig oder fast gleichwertig anzusehen sind", nicht entgegen.[1005] Auch weil der EuGH bei seinen Entscheidungen vorwiegend nicht von den Schlussanträgen abweicht, führt dies zu dem Ergebnis, dass die dem EuGH vorgelegte Regelung lediglich aufgrund der Nichtberücksichtigung der persönlichen Lage als unverhältnismäßig anzusehen ist.

Hinsichtlich der Ausgestaltung einer geschlechtsspezifischen Mindestanteilsregelung hat die Entscheidung zur Folge, dass sie zwar die persönliche Situation sämtlicher Bewerber zu berücksichtigen hat.[1006] Eine hinreichend qualifizierte Person des unterrepräsentierten Geschlechtes kann jedoch auch bei geringerer Qualifikation im Vergleich zu den Bewerbern vorgezogen werden.[1007]

cc) Auswirkungen der Entscheidung des EuGH zur Rechtssache Badeck[1008]

Hatte der EuGH vornehmlich auch über Mindestanteilsregelungen hinsichtlich des Zuganges zu Arbeitsplätzen zu entscheiden, umfasst die Rechtssache *Badeck* auch eine Regelung, wonach bei der Besetzung von Wahlämtern, wie beispielsweise Beiräten, Verwaltungs- und Aufsichtsräten, mindestens die Hälfte der Mitglieder Frauen sein sollen.[1009] Diese Regelung ließ weder Abweichungen zu, noch

---

1004 Schlussanträge des Generalanwalts *Saggio* vom 16.11.1999, zur Rs. C- 407/98 („*Abrahamsson*"), Slg. 2000 I, 5542, 5557, Rn. 30

1005 Schlussanträge des Generalanwalts *Saggio* vom 16.11.1999, zur Rs. C- 407/98 („*Abrahamsson*"), Slg. 2000 I, 5542, 5558, Rn. 31

1006 Ebenso im Ergebnis *Rolfs*, Gleichberechtigte Vertretung der Geschlechter in Aufsichtsräten, S. 36

1007 Ebenso im Ergebnis *Papier/Heidebach*, ZGR 2011, 305, 332, Fn. 133; a.A. *DAV*, Stellungnahme 52/2014, S. 18; *Hildebrand*, Arbeitnehmerschutz von geschäftsführenden Gesellschaftsorganen, S. 199

1008 S. Fn. 415

1009 EuGH, Urt. v. 28. 3. 000 – Rs. C-158/97 („*Badeck*"), Rn. 64, Slg. 2000, I-1875, 1917, 1930

setzte diese eine gleiche Qualifikation voraus und gewährte damit Personen des unterrepräsentierten Geschlechtes absolut und unbedingt den Vorrang ein.[1010] Dennoch sieht der EuGH diese Regelung bereits mit dem Ziel der Richtlinie 76/207/EWG für vereinbar.[1011] In Anbetracht des oben herausgearbeiteten Ergebnisses ist folglich eine solche Regelung ebenfalls mit Art. 157 Abs. 4 AEUV und der Richtlinie 2006/54/EG vereinbar. Jedoch weist der EuGH auch darauf hin, dass dessen „volle Durchsetzung der gleichberechtigten Mitwirkung von Frauen in diesen Gremien" weitere Gesetzesänderungen bedürfe.[1012] Zu Recht wird in einem Teil der Literatur darauf hingewiesen, die Annahme des EuGH über die Vereinbarkeit mit dem Europarecht sei vorwiegend darauf zurückzuführen, dass es sich mit der vorgelegten Regelung um eine Sollvorschrift handle.[1013] Diese gab „nicht notwendigerweise ohne weiteres – automatisch – das Ergebnis jeder einzelnen Auswahlentscheidung in einer, qualifikatorischen Pattsituation' zugunsten der Bewerberin zwingend vor".[1014] In diesem Bezug weist der EuGH darauf hin, dass eine solche Sollvorschrift auch deswegen mit dem Unionsrecht vereinbar ist, weil „Raum für die Einbeziehung sonstiger Gesichtspunkte" bestehe.[1015] Dieses führt jedoch nicht zwingend zu dem Ergebnis, dass ein vom Gesetzgeber einzuhaltender Mindestanteil bei der Besetzung des Aufsichtsrates lediglich als Sollregelung zulässig ist. Diese „sonstigen Gesichtspunkte" sind, entsprechend dem oben Dargestellten,[1016] einbezogen, wenn eine Mindestanteilsregelung für die Besetzung des Aufsichtsrates die persönlichen Umstände sämtlicher Bewerber berücksichtigt. Hatte der EuGH damit folglich noch nicht über eine Regelung, welche eine zwingende Einhaltung eines geschlechtsbezogenen Mindestanteiles vorschreibt, zu entscheiden,[1017] kann dieser Entscheidung gleichwohl klar die grundsätzliche Zulässigkeit einer geschlechtsbezogenen Besetzungsregelung entnommen werden. Als Beispiel für einen in der Person des Mitbewerbers

1010 Schlussanträge des Generalanwalts *Saggio* vom 13.01.2000, zur Rs. C-158/97 („*Badeck*"), Slg. 2000 I, 1875, 1899, Rn. 42

1011 EuGH, Urt. v. 28. 3. 000 – Rs. C-158/97 („*Badeck*"), Rn. 65, Slg. 2000, I-1875, 1930; a.A. s. Fn. 1010

1012 S. Fn. 1011

1013 *Papier/Heidebach*, ZGR 2011, 305, 332; *Bericht der Länderarbeitsgruppe*, Teilhabe von Frauen in Führungs- und Kontrollgremien der Wirtschaft, S. 130

1014 EuGH, Urt. v. 28. 3. 000 – Rs. C-158/97 („*Badeck*"), Rn. 65, Slg. 2000, I-1875, 1920

1015 S. Fn. 1011

1016 S. oben Teil C, V. 2. a) bb)

1017 *Körner*, FS Pfarr, 2010, S. 218, 228; *Papier/Heidebach*, ZGR 2011, 305, 332; a.A. *Wieland*, NJW 2010, 2408, 2410

liegenden Grund sei der Umstand, dass „der Bewerber eine Familie zu versorgen hat",[1018] zu nennen. Bei diesen Umständen sei ferner darauf zu achten, dass sie sich „nicht diskriminierend auf die Auswahl der Frau auswirken".[1019]

dd) Auswirkungen des Art. 23 Charta der Grundrechte der Europäischen Union

Bei der Prüfung der Verhältnismäßigkeit einer solchen Mindestanteilsregelung wird ebenfalls auf die Charta der Grundrechte der Europäischen Union[1020] (EU-GRCharta) verwiesen.[1021] Nach Art. 6 Abs. 1 S. 2 EU-Vertrag ist diese mit den Verträgen rechtlich gleichrangig, damit für die Mitgliedstaaten verbindlich und folglich dessen Bestimmungen bei der Angemessenheitsprüfung zu berücksichtigen.[1022] Nach Art. 23 Abs. 1 EU-GRCharta ist die Gleichheit von Männern in sämtlichen Bereichen sicherzustellen. In Art. 23 Abs. 2 EU-GRCharta ist ferner festgehalten, dass diesem Grundsatz der Gleichheit die Einführung spezifischer Vergünstigungen für das unterrepräsentierte Geschlecht nicht entgegensteht. Die Vergünstigungen können sich auf die Erleichterung der Berufstätigkeit, die Verhinderung oder den Ausgleich von Benachteiligungen beziehen,[1023] wodurch auch Quotenregelungen erfasst sind.[1024] Auch weil die Richtlinie 2006/54/EG in ihrem fünften Erwägungsgrund ausdrücklich auf Art. 23 EU-GRCharta Bezug nimmt, ist ebenfalls Art. 6 dieser Richtlinie mit Blick auf diese Bestimmung zu beurteilen.[1025] Ist in den Erläuterungen zur EU-GRCharta aber festgehalten, dass diese Regelung Art. 157 Abs. 4 AEUV nicht ändert,[1026] ist daraus zu schließen, dass nach Art. 23 Abs. 2 EU-GRCharta lediglich solche positiven Maßnahmen zulässig sind, die mit Art. 157 Abs. 4 AEUV vereinbar sind. Damit führt Art. 23 Abs. 2 EU-GRCharta nicht zu weitergehenden Rechtfertigungsmöglichkeiten.

1018 S. Fn. 1010

1019 S. Fn. 1010

1020 ABl. EG Nr. C 364 vom 18.12.2000, S. 13

1021 *Langenbucher*, JZ 2011, 1039; *dies.* ZGR 2012, 329; *Wieland*, NJW 2010, 2408, 2410; *Ossenbühl*, NJW 2012, 417, 420; *DAV*, Stellungnahme 52/2014, S. 25f.

1022 *Jarass*, Charta EU-Grundrechte, Einleitung, Rn. 10 und Art. 23, Rn. 7

1023 ABl. EU Nr. C 303 vom 14.12.2007, S. 17, 25

1024 *Jarass*, Charta EU-Grundrechte, Art. 23, Rn. 20

1025 Vgl. EuGH, Urt. v. 1.3.2011 – Rs. C-236/09, Rn. 18, zur Richtlinie 2004/113/EG

1026 S. Fn. 1023

b) Fazit

Zumeist werden sogenannte starre Quotenregelungen, wonach die vorrangige Gewährung des unterrepräsentierten Geschlechtes nicht von der absolut gleichen Qualifikation abhängig gemacht wird,[1027] für mit dem Unionsrecht unvereinbar gehalten.[1028] Die für diese Ansicht herangezogenen Entscheidungen des EuGH führen jedoch nicht zwingend zur Unvereinbarkeit der im Jahr 2015 in Kraft getretenen Mindestanteilsregelung.[1029] Die Ansichten, welche zwingend eine gleiche Qualifikation für die Vereinbarkeit mit dem Unionsrecht voraussetzen, ziehen zumeist Entscheidungen des EuGH heran, welche vornehmlich die Auslegung der Richtlinie 76/207/EWG zum Gegenstand haben. Hatte diese Richtlinie lediglich das Ziel der Förderung der Chancengleichheit, ist das Ziel des Art. 157 Abs. 4 AEUV und der Richtlinie 2006/54/EG weiter gefasst. Daraus kann wiederum gefolgert werden, dass eine mit der Richtlinie 76/207/EWG vereinbarte Mindestanteilsregelung ebenfalls mit Art. 157 Abs. 4 AEUV vereinbar ist. Wiederum führt die Unvereinbarkeit einer Mindestanteilsregelung mit der Richtlinie 76/207/EWG nicht zwingend dazu, dass die mitgliedstaatlichen Mindestanteilsregelung mit dem Unionsrecht unvereinbar ist. Vielmehr ist diese auf ihre Verhältnismäßigkeit zu untersuchen.

Im Hinblick auf den Zugang zu einem Aufsichtsratsamt handelt es sich bei einer gesetzlichen Mindestanteilsregelung um ein geeignetes Mittel, das Ziel der effektiven Gewährleistung der vollen Gleichstellung von Männern und Frauen zu erreichen.[1030] Eine nicht das Wahlergebnis durch die Hauptversammlung, sondern die Wahlvorschläge durch den Aufsichtsrat betreffende Regelung[1031] wäre zwar ein gelinderes, jedoch wohl ein weniger effektives Mittel. Weder bei den milderen Mitteln in Form freiwilliger Selbstverpflichtungen noch bei den Regelungen des DCGK kann die Verwirklichung des verfolgten Zieles in gleicher Weise oder besser gewährleistet werden.[1032] Ferner ist diesbezüglich zu

---

1027 *Papier/Heidebach*, ZGR 2011, 305, 320 f.

1028 *Birnbaum*, AuA 2011, 148, 150; *Rolfs*, Gleichberechtigte Vertretung der Geschlechter in Aufsichtsräten, S. 44; *Hildebrand*, Arbeitnehmerschutz von geschäftsführenden Gesellschaftsorganen, S. 199

1029 so im Ergebnis auch *Langenbucher*, JZ 2011, 1039; *dies.* ZGR 2012, 314, 329, 333; ebenso im Ergebnis *Ossenbühl*, NJW 2012, 417, 419

1030 ebenso *Rolfs*, Gleichberechtigte Vertretung der Geschlechter in Aufsichtsräten, S. 38; *Schlachter* in ErfK 2015, Art. 157 AEUV, Rn. 31

1031 Vgl. *Spindler/Brandt*, NZG 2011, 401, 403

1032 Ebenso *Papier/Heidebach*, ZGR 2011, 305, 315; *Rolfs*, Gleichberechtigte Vertretung der Geschlechter in Aufsichtsräten, S. 41

beachten, dass eine Mindestanteilsregelung nur solange erforderlich ist, bis dieses Ziel der vollen Gleichstellung erreicht ist. Bei Erreichung dieses Zieles ist die Mindestanteilsregelung daher wieder aufzuheben.[1033] Jenes Ziel ist allerdings nur dann erreicht, wenn der Mindestanteil nachhaltig erhalten ist.

Hinsichtlich des Erfordernisses der Angemessenheit weisen *Brandt/Thiele* darauf hin, dass solch eine in den Gesetzesanträgen enthaltene starre Quotenregelung für die Besetzung des Aufsichtsrates lediglich die Wahlmodalitäten verändert, indem „alle aufgestellten Kandidaten [...] von vornherein die gleichen Chancen, bis zu einer bestimmten Quote in den Aufsichtsrat zu gelangen" (weiterhin) haben.[1034] Als Argument für diese Auslegung der Zugangschancen sei auf die Entscheidung des EuGH zu Quotenregelungen für die vom Staat angebotenen Ausbildungs- und Kindertagesstättenplätze verwiesen.[1035] Diese Regelungen gaben Personen weiblichen Geschlechtes Vorrang. Der EuGH judizierte in beiden Fällen diese Regelungen mit der Richtlinie 76/207/EWG für vereinbar, weil sie lediglich die vom Staat angebotenen Plätze betreffen und daher nicht bewirken, dass männlichen Kandidaten – außerhalb dieses staatlichen Angebotes – sämtliche Plätze (im Privatsektor) verschlossen bleiben.[1036] Betreffen diese Maßnahmen nicht den Zugang zu Arbeitsplätzen oder Wahlämtern, sondern nur die Zugangschancen,[1037] könnte hinsichtlich einer die Besetzung des Aufsichtsrates betreffenden Mindestanteilsregelung argumentiert werden, dass diese auch zulässig ist, weil eine solche Regelung ebenfalls nicht bewirke, dass der Zugang zu sämtlichen Aufsichtsratsämtern für das nicht unterrepräsentierte Geschlecht verschlossen bleibt.[1038] Zudem erfasst die im Jahr 2015 in Kraft getretene starre Mindestanteilsregelung börsennotierte und von den Unternehmensmitbestimmungsregelungen betroffene Unternehmen. Damit bleibt der Zugang zu Aufsichtsratsämtern nicht börsennotierter und unternehmensmitbestimmter Gesellschaften ebenfalls nicht verschlossen. Ein solcher Gedanke kann auch in die Verhältnismäßigkeitsprüfung mit einzubeziehen sein.[1039] Dazu sei jedoch

---

1033 *Rolfs*, Gleichberechtigte Vertretung der Geschlechter in Aufsichtsräten, S. 39

1034 *Brandt/Thiele*, AG 2011, 580, 585

1035 EuGH, Urt. v. 19.3.2002 – Rs. C-476/99 („*Lommers*"), Slg. 2002, I-2891 = EuZW 2002, 346; s. Fn. 415

1036 EuGH, Urt. v. 19.3.2002 – Rs. C-476/99 („*Lommers*"), Rn. 44, Slg. 2002, I-2891, 2938 = EuZW 2002, 346, 349; EuGH, Urt. v. 28. 3. 000 – Rs. C-158/97 („*Badeck*"), Rn. 53, Slg. 2000, I-1875, 1927

1037 EuGH, Urt. v. 28. 3. 000 – Rs. C-158/97 („*Badeck*"), Rn. 52, 54, Slg. 2000, I-1875, 1927

1038 So *Brandt/Thiele*, AG 2011, 580, 585

1039 Ebenso *Papier/Heidebach*, ZGR 2011, 305, 326

auch anzumerken, dass eine solche Argumentation des EuGH bisher lediglich flankierende Maßnahmen und den Zugang zu Ausbildungsplätzen betraf und nicht auf den Zugang zu Arbeitsplätzen übertragen wurde. Die Übertragung einer solchen Begründung auf den Zugang zu einem Aufsichtsratsamt durch den EuGH erscheint demnach zweifelhaft.

Verlangt der EuGH auch lediglich eine hinreichend und keine absolut gleiche Qualifizierung der Bewerber für eine unionskonforme positive Maßnahme,[1040] sehen *Brandt/Thiele* eine solche Qualifikationsvoraussetzung nicht als auf eine die Zusammensetzung des Aufsichtsrates betreffende Mindestanteilsregelung übertragbar an.[1041] Begründet wird dies mit der fehlenden Vergleichbarkeit des in den Entscheidungen des EuGH betroffenen Zugangsverfahrens mit dem Bestellungsakt eines Aufsichtsratsmitgliedes.[1042] Es fehle an einer sogenannten „Einzelfallentscheidungssituation", bei der mehrere Bewerber gegenübergestellt werden.[1043] Dem könnte jedoch entgegengehalten werden, dass für ein vakantes Aufsichtsratsamt auch mehrere Kandidaten vorgeschlagen werden können. In einer solchen Situation wäre auch eine „Eins-zu-eins-Auswahlentscheidung" vorzunehmen, welche mit jener Entscheidung für einen Bewerber auf einen Arbeitsplatz vergleichbar ist.[1044] Ist dadurch zwar eine Gegenüberstellung der Qualifikationen mehrerer Kandidaten möglich, ist der Ansicht *Brandts/Thiels* dennoch im Ergebnis zuzustimmen. Für Aufsichtsratsämter fehlt es an einem Bewerbungsverfahren, wodurch das Zugangsverfahren zu einem Arbeitsplatz im Vergleich zum Aufsichtsratsamt ein anderes ist.[1045] Können sich Kandidaten zwar der Hauptversammlung vor der Wahl vorstellen, sind diese zumeist bereits vom Aufsichtsrat vorgeschlagen und werden vornehmlich auch gewählt. Inwiefern dort ein dem Bewerbungsverfahren für einen Arbeitsplatz vergleichbares Verfahren vorgelagert ist, ist insbesondere weder der Hauptversammlung von Publikumsgesellschaften noch für Dritte ausreichend transparent. Werden

---

1040 S. dazu oben Teil C, V. 2. a) bb)

1041 *Brandt/Thiele*, AG 2011, 580, 581, 584 f.; a.A. *DAV*, Stellungnahme 52/2014, S. 18

1042 *Brandt/Thiele*, AG 2011, 580, 581, 584 f.; so wohl auch *Rolfs*, Gleichberechtigte Vertretung der Geschlechter in Aufsichtsräten, S. 36; im Ergebnis auch *Wieland*, NJW 2010, 2408, 2410

1043 *Brandt/Thiele*, AG 2011, 580, 585; ebenso *Bericht der Länderarbeitsgruppe*, Teilhabe von Frauen in Führungs- und Kontrollgremien der Wirtschaft, S. 132

1044 Wohl a.A. *Brandt/Thiele*, AG 2011, 580, 585; *Bericht der Länderarbeitsgruppe*, Teilhabe von Frauen in Führungs- und Kontrollgremien der Wirtschaft, S. 132

1045 So wohl auch *Papier/Heidebach*, ZGR 2011, 305, 321; im Ergebnis *Brandt/Thiele*, AG 2011, 580, 585; *Ossenbühl*, NJW 2012, 417, 420

absolut gleiche Qualifikationen der Aufsichtsratskandidaten für eine Wahlentscheidung erwartet, ist anzumerken, dass es wegen fehlender klar festgelegter Qualifikationsprofile an der erforderlichen Transparenz fehlen würde.[1046] Daher wird eine solche leistungsbezogene Mindestanteilsregelung zu Recht „weder [als] sinnvoll noch praktikabel“[1047] angesehen.

Angemessen ist eine solche geschlechtsbezogene Mindestanteilsregelung ferner jedoch nur dann, wenn diese eine besondere in der Person liegende Härte berücksichtigt.[1048] Bei der persönlichen Situation sind solche Umstände zu beachten, „die ein Indiz für soziale Schwierigkeiten sein können, die in ihrer Bedeutung denjenigen nicht nachstehen, denen sich Frauen üblicherweise gegenübersehen“.[1049] Erscheint eine solche Übertragung dieser Voraussetzung auf eine die Zusammensetzung des Aufsichtsrates betreffende Quotenregelung auch in tatsächlicher Hinsicht zweifelhaft, kann das Fehlen einer solchen Erwägung dazu führen, dass eine Quotenregelung als unverhältnismäßig und damit als nicht vereinbar mit Art. 157 Abs. 4 AEUV und der Richtlinie 2006/54/EG angesehen wird. Die Zweifel über die Übertragbarkeit einer solchen Voraussetzung rühren vor allem aus der fehlenden Vergleichbarkeit der Bewerbungssituation eines Arbeitnehmers mit der Wahl eines Aufsichtsratskandidaten. Auch entspricht die Ausübung der Aufsichtsratstätigkeit nicht der eines Arbeitnehmers. Wird dennoch die Beachtung einer besonderen in der Person liegenden Härte für erforderlich gehalten, wäre weiter eine gewisse Transparenz erforderlich. In Betracht kommt, dass eine solche Wahlentscheidung, die auf einer solchen Härte basiert, nach außen getragen wird, indem eine derartige Entscheidung der Hauptversammlung mitgeteilt wird. Enthalten die das Geschlecht betreffenden Besetzungsregelungen eine solche sogenannte „Öffnungsklausel“[1050] nicht ausdrücklich, sind diese Regelungen unionskonform auszulegen. Diese Regelungen

---

1046 *Papier/Heidebach*, ZGR 2011, 305, 315; *Ossenbühl*, NJW 2012, 417, 420; vgl. dazu das Anforderungsprofil für Aufsichtsratsmitglieder der Commerzbank AG, (abrufbar: https://www.commerzbank.de/media/konzern_1/konzerninfo/aufsicht/Anforderungsprofil_Aufsichtsrat.pdf, Zugriff: 14.1.2016)

1047 *Papier/Heidebach*, ZGR 2011, 305, 332; a.A. *DAV*, Stellungnahme 52/2014, S. 18

1048 S. dazu oben Teil C, V. 2. a) bb)

1049 Schlussanträge des Generalanwalts *Saggio* vom 16.11.1999, zur Rs. C- 407/98 („*Abrahamsson*“), Slg. 2000 I, 5542, 5557, Rn. 30

1050 Schlussanträge des Generalanwalts *Saggio* vom 13.01.2000, zur Rs. C-158/97 („*Badeck*“), Slg. 2000 I, 1875, 1891, Rn. 31

sind folglich dahin gehend auszulegen, dass eine persönliche Situation sämtlicher potentieller Kandidaten zu beachten ist.[1051]

Hinsichtlich der Förderung der Chancengleichheit ist an dieser Stelle weiter zu bemerken, dass der EuGH zur Rechtssache *Badeck* erklärt, dass eine Regelung, die zu einem Vorstellungstermin einzuladende Anzahl von Frauen vorsieht, kein bestimmtes Resultat in Form der Einstellung oder Beförderung anstrebt.[1052] Eine solche Regelung erleichtert lediglich den Eintritt in die Arbeitswelt und den Aufstieg, wodurch es sich (nur) um eine Maßnahme zur Förderung der Chancengleichheit handelt und folglich mit der Richtlinie 76/207/EWG vereinbar ist.[1053] Dies hat für die Besetzung des Aufsichtsrates zur Folge, dass eine die Vorschlagspflicht des Aufsichtsrates betreffende geschlechtsspezifische Regelung de lege ferenda wie auch die mittelbaren Auswirkungen auf diese Pflicht durch die Mindestanteilsregelung de lege lata[1054] unproblematisch mit der Richtlinie 76/207/EWG und demnach ebenfalls mit Art. 157 Abs. 4 AEUV vereinbar sind. Folglich verstoßen ebenso die im DCGK wie auch die in dem BGremBG a. F. enthaltenen, das Vorschlagsverfahren betreffenden Regelungen nicht gegen das Unionsrecht.[1055] Diese Regelungen sind folglich als positive Maßnahme i. S. d. § 5 AGG auch ohne eine sogenannte Öffnungsklausel unionskonform.

Zuletzt sei noch auf die in den Gesetzesanträgen enthaltenen Änderungen hinsichtlich der Besetzung der Aufsichtsratsmitglieder mit Arbeitnehmern einzugehen. Im Vergleich zu der im Jahr 2015 in Kraft getretenen Mindestanteilsregelung knüpfen einige der vorangegangenen Gesetzesentwürfe an die Geschlechterverteilung in der Belegschaft an.[1056] *Rolfs* verweist darauf, dass eine solche Anknüpfung dahin wirken kann, dass Personen bevorteilt werden, deren Geschlecht in der Belegschaft mehrheitlich vertreten ist.[1057] In diesem Bezug ist auf die Entscheidung des EuGH zur Rechtssache *Roca Álvarez* hinzuweisen.[1058]

1051 Im Ergebnis ebenso *Rolfs*, Gleichberechtigte Vertretung der Geschlechter in Aufsichtsräten, S. 41

1052 EuGH, Urt. v. 28.3.2000 – Rs. C-158/97 („*Badeck*"), Rn. 59 f., Slg. 2000, I-1875, 1928 f. = EuZW 2000, 474, 478

1053 S. Fn. 1052

1054 s. dazu Teil C, V. 1. f) cc) (3)

1055 So im Ergebnis ebenfalls *Ossenbühl*, NJW 2012, 417, 422; a.A. *Sünner*, CCZ 2009, 185, 186

1056 S. dazu Teil C, V. 1. f) cc) (4)

1057 *Rolfs*, Gleichberechtigte Vertretung der Geschlechter in Aufsichtsräten, S. 45

1058 EuGH, Urt. v. 30.9.2010 – C-104/09 („*Roca Álvarez*"), Slg. 2010 I-8661 = EuZW 2010, 874

Darin entschied dieser über die Vereinbarkeit einer Regelung mit dem Unionsrecht, wonach abhängig beschäftigten Vätern die Arbeitszeitbefreiung zur Kinderbetreuung allein deswegen verweigert werden konnte, weil die Mutter des Kindes nicht abhängig beschäftigt ist.[1059] Indem eine solche Regelung jedoch der Verhinderung von Benachteiligungen zum einen nicht dienlich war und zum anderen sogar bestehende Nachteile verstärkt,[1060] ist diese mit der Richtlinie 2002/73/EG i. V. m. Art. 141 EGV (Art. 157 AEUV) unvereinbar.[1061] Würde eine mitgliedstattliche Quotenregelung für die Besetzung des Aufsichtsrates demnach die Schwierigkeiten einer Person des unterrepräsentierten Geschlechtes hinsichtlich der Verteilung der Aufsichtsratssitze erhöhen, wäre deren Verhältnismäßigkeit und damit die Vereinbarkeit mit dem Unionsrecht abzulehnen.[1062] *Rolfs* Ansicht folgend dürfte eine geschlechtsspezifische, die Besetzung mit von Arbeitnehmern zu wählenden Aufsichtsratsmitgliedern betreffende Regelung nicht an das Geschlechterverhältnis in der Belegschaft anknüpfen.[1063]

Nimmt die im Jahr 2015 in Kraft getretene Mindestanteilsregelung nicht Bezug auf das Geschlechterverhältnis in der Belegschaft, erscheint wiederum fraglich, inwiefern ein festgelegtes Geschlechterverhältnis zum einen angemessen und zum anderen tatsächlich durchsetzbar ist. Rekrutieren sich die betroffenen Aufsichtsratsmitglieder aus der Mitte der Arbeitnehmer, könnte ein gesetzlich festgelegter Mindestanteil allein dadurch nicht erreicht werden, weil zahlenmäßig nicht genügend Personen des unterrepräsentierten Geschlechtes in dem Unternehmen vorhanden sind. Diese Problematik kann dadurch zu lösen sein, dass ein gesetzlich festgelegter Mindestanteil erst ab einem bestimmten Geschlechterverhältnis in der Belegschaft erreicht werden muss. Dabei muss der Mindestanteil nicht zwingend dem Geschlechterverhältnis entsprechen.

Zu Bedenken Anlass gibt die Entscheidung des Gesetzgebers für die sogenannte Gesamterfüllung Anlass.[1064] Diese kann zur Folge haben, dass ein Unternehmen mit einem vorwiegend einseitigen Geschlechterverhältnis in der

---

1059 EuGH, Urt. v. 30.9.2010 – C-104/09 („*Roca Álvarez*“), Rn. 37, Slg. 2010 I-8661 = EuZW 2010, 874, 876

1060 EuGH, Urt. v. 30.9.2010 – C-104/09 („*Roca Álvarez*“), Rn. 38, Slg. 2010 I-8661 = EuZW 2010, 874, 876; Schlussanträge des Generalanwalts *Kokott* vom 06.05.2010, zur Rs. C-104/09 („*Roca Álvarez*“), Slg. 2010 I, 8661, Rn. 47

1061 EuGH, Urt. v. 30. 9. 2010 – C-104/09 („*Roca Álvarez*“), Rn. 40], Slg. 2010 I-8661 = EuZW 2010, 874, 876

1062 So *Rolfs*, Gleichberechtigte Vertretung der Geschlechter in Aufsichtsräten, S. 45

1063 So *Rolfs*, Gleichberechtigte Vertretung der Geschlechter in Aufsichtsräten, S. 45

1064 S. dazu Teil C, V. 1. f) cc) (1)

Belegschaft auf Anteilseignerseite keinerlei Vertreter des nicht unterrepräsentierten Geschlechtes in der Belegschaft haben wird. Das Ziel eines ausgewogenen Geschlechterverhältnisses auch auf Anteilseignerseite wird damit nicht erreicht. Unionswidrig ist eine solche Gesamtlösung jedoch nur dann, wenn diese bestehende Nachteile verstärken würde. Indem aber nicht zwingend die Gesamtlösung vorgegeben wird, ist dies nicht der Fall. Bei Annahme einer solchen Intensivierung von Benachteiligungen ist Unternehmen mit einem nicht ausgewogenen Geschlechterverhältnis in der Belegschaft von der Gesamtlösung abzuraten.

Teil D Die Folgen einer Benachteiligung

Bei der Bearbeitung der Rechtsfolgen einer Benachteiligung stellt sich zunächst die Frage nach der Beweislast: Kann die Problematik im Zusammenhang mit der Beweislast für Organmitglieder allgemein dargestellt werden, ergeben sich hinsichtlich der Rechtsfolgen in Form des Entschädigungs- oder Schadenersatzes für Aufsichtsratsmitglieder Besonderheiten, denen im folgenden Teil nachgegangen wird.

I. Beweislast bei Streitigkeiten mit Aufsichtsratsmitgliedern

Hat im Streitfall die benachteiligte Partei Indizien bewiesen, die eine Benachteiligung wegen eines in § 1 AGG genannten Grundes vermuten lassen, so trägt nach § 22 AGG die andere Partei die Beweislast dafür, dass kein Verstoß gegen die Bestimmungen zum Schutz vor Benachteiligung vorgelegen hat. Im Zusammenhang mit dieser Regelung kann von einer Beweislasterleichterung gesprochen werden.

Sie dient insbesondere der Umsetzung des Art. 4 der Richtlinie 97/80/EG (Beweislastrichtlinie).[1065] Diese fand nach deren Art. 3 Abs. 1 lit. a auf die geschlechtsbezogenen Benachteiligungen i. S. d. Richtlinie 76/207/EWG Anwendung. Mit Wirkung vom 15. August 2009 wurde die Beweislastrichtlinie durch die Richtlinie 2006/54/EG ersetzt.[1066] Der Inhalt des Art. 4 der Beweislastrichtlinie wurde wortgleich in Art. 19 Abs. 1 bis 3 der Richtlinie 2006/54/EG aufgenommen.[1067] Gemäß der deutschen Fassung der Richtlinie 2006/54/EG haben die Mitgliedstaaten nach Art. 19 Abs. 1 dieser Richtlinie im Einklang mit dem System ihrer nationalen Gerichtsbarkeit die erforderlichen Maßnahmen zu ergreifen, nach denen dann, wenn Personen, die sich durch die Verletzung des Gleichbehandlungsgrundsatzes für beschwert halten und bei einem Gericht bzw. einer anderen zuständigen Stelle Tatsachen glaubhaft machen, die das Vorliegen einer unmittelbaren oder mittelbaren Diskriminierung vermuten lassen, es dem

---

1065 Richtlinie 97/80/EG des Rates vom 15.12.1997 über die Beweislast bei Diskriminierung aufgrund des Geschlechts, ABl. EG Nr. L 14 vom 20.1.1998, S. 6

1066 Art. 34 Abs. 1 der Richtlinie 2006/54/EG

1067 Vgl. ebenfalls Wortlaut des Art. 8 der Richtlinie 2000/43/EG; Art. 10 der Richtlinie 2000/78/EG

Beklagten obliegt zu beweisen, dass keine Verletzung des Gleichbehandlungsgrundsatzes vorgelegen hat.

Doch schon die Beibringung von konkreten Indizien, die auf eine Diskriminierung hindeuten, kann der betroffenen Person in der Praxis Schwierigkeiten bereiten. In diesem Zusammenhang ist zu beantworten, inwiefern die vorzulegenden Tatsachen tatsächlich zu beweisen sind. Eine Beweislasterleichterung hinsichtlich einer geschlechtsspezifischen Benachteiligung bei der Besetzung des Aufsichtsrates einer Aktiengesellschaft kann jedoch dann anzunehmen sein, wenn das betroffene Organmitglied, welches sich durch die Verletzung des Gleichbehandlungsgrundsatzes für beschwert hält, Indizien lediglich vorzulegen hat, die eine Benachteiligung vermuten lassen.

Eine Beweislasterleichterung tritt umso mehr ein, als Statistiken als Indiz i. S. d. § 22 AGG anerkennt werden. Ist eine dauerhafte Ergebnisungleichheit immer auch als Folge einer fehlenden Chancengleichheit anzusehen,[1068] kann dies für die Heranziehung von Zahlenmaterialien als Indiz für eine Benachteiligung sprechen. Mit Blick auf die umfassend erhobenen Zahlenmaterialien zur Geschlechterverteilung im Aufsichtsrat[1069] wird teils vertreten, diese Materialien seien als Indiz i. S. d. § 22 AGG zu werten, die eine Benachteiligung vermuten lassen und folglich bereits zur Feststellung einer Benachteiligung ausreichen.[1070]

Genügt schon ein Zahlenmaterial über das aktuelle Geschlechterverhältnis im Aufsichtsrat als Indiz, kann eine Benachteiligung nur vermieden werden, indem ein gewisses Geschlechterverhältnis bei der Aufsichtsratswahl beachtet wird. Dieses hätte die Wirkung einer Geschlechterquote. Mit der Frage, welche Voraussetzungen eine Statistik erfordert, um als Indiz i. S. d. § 22 AGG eine Benachteiligung vermuten zu lassen, haben sich bereits die nationalen Gerichte befasst. Diese Rechtsprechung zur Feststellung der Voraussetzungen bezog sich jedoch auf Führungspositionen unterhalb des Vorstandes. Inwiefern die darin herausgearbeiteten Voraussetzungen an eine aussagekräftige Statistik hinsichtlich der

---

1068 So *Klose/Merx*, Positive Maßnahmen, S. 8

1069 *Holst/Schimeta*, DIW Wochenbericht 3/2011, 2 ff.; *Holst/Wiemer*, DIW Wochenbericht 4/2010, 2 ff.; *Holst/Schimeta*, DIW Wochenbericht 18/2009, 302 ff.; *Holst*, DIW Wochenbericht 35/2005, 505 ff.; *Holst/Busch/Kröger*, Führungskräfte-Monitor, DIW, 2012, S. 101

1070 So BT-Drs. 17/11139, S. 29; wohl ebenso *Rolfs*, Gleichberechtigte Vertretung der Geschlechter in Aufsichtsräten, S. 22 ff., Annahme einer „hohen Wahrscheinlichkeit"; so auch *Bericht der Länderarbeitsgruppe*, Teilhabe von Frauen in Führungs- und Kontrollgremien der Wirtschaft, S. 126

Zusammensetzung eines Aufsichtsrates unverändert zu übertragen sind, bedarf folglich der Klärung.

Genügt eine Aufstellung der aktuellen Aufsichtsratsbesetzung nicht zur Feststellung einer geschlechtsspezifischen Benachteiligung, sind weitere Tatsachen erforderlich. Als eine weitere Tatsache kann mit Blick auf § 11 AGG ein nicht geschlechtsneutrales Anforderungsprofil herangezogen werden.[1071] Hinsichtlich des Organs eines Geschäftsführers einer GmbH hat das OLG Karlsruhe festgestellt, dass die Überschrift „ Geschäftsführer" nicht geschlechtsneutral ist, sondern zusätzlich des Begriffes der Geschäftsführerin bedarf.[1072] Eine solche Feststellung kann Auswirkungen auf das Anforderungsprofil für ein Aufsichtsratsamt haben.

Handelt es sich bei dem Auswahlverfahren des Aufsichtsrates für die Wahlvorschläge eines Kandidaten nach § 124 Abs. 3 S. 1 AktG um kein öffentliches, kann auch ein eventueller Auskunftsanspruch über den diesem Vorschlag zugrunde liegenden Beschlussinhalt die Beweislast erleichtern. Ein solcher Anspruch könnte mittelbar wiederum zu einer Dokumentationspflicht des Aufsichtsrates über den Beratungsablauf für seine Wahlvorschläge i. S. d. § 124 Abs. 3 S. 1 AktG führen.

1. Anwendung des § 22 AGG auf Aufsichtsratsmitglieder

Einer Prüfung der Voraussetzungen der Beweislasterleichterung nach § 22 AGG geht die Prämisse voraus, diese Regelung sei auf Fälle, in denen es um die Diskriminierung von Aufsichtsratsmitgliedern geht, anwendbar.[1073] Nach § 6 Abs. 3 AGG gelten, soweit es die Bedingungen für den Zugang zur Erwerbstätigkeit sowie den beruflichen Aufstieg betrifft, die „Vorschriften dieses Abschnitts" für Organmitglieder entsprechend. Damit hat der Gesetzgeber den Diskriminierungsschutz unstrittig auch auf selbstständig erwerbstätige Organmitglieder erweitert. Der Wortlaut des § 6 Abs. 3 AGG führt jedoch in Bezug auf die Anwendbarkeit des § 22 AGG auf Organmitglieder zu unterschiedlichen Ansichten – weniger wegen der entsprechenden Anwendung als vielmehr wegen gesetzessystematischer Gründen.

1071 S. dazu unten Teil D, I. 5.

1072 OLG Karlsruhe, Urt. v. 13.9.2011 – Az. 17 U 99/10 = DB 2011, 2256, 2256 f.

1073 So BGH, Urt. v. 23.4.2012 – Az. II ZR 163/10 = NJW 2012, 2346, 2348; a.A. *Eßer/ Baluch,* NZG 2007, 321, 325 f.

a) *Anwendung der Beweislastregelung der dem AGG zugrunde liegenden Richtlinien auf selbstständig Erwerbstätige*

Lehnen *Eßer/Baluch* die Anwendung der Beweislastregelung des § 22 AGG auf Organmitglieder und Selbstständige ab, besteht zumindest dahin gehend mit anderen Stimmen in der Literatur Einigkeit, dass dies nicht richtlinienkonform ist und folglich ein Umsetzungsdefizit anzunehmen wäre.[1074] Die fehlende Richtlinienkonformität dieser Ansicht resultiert aus dem Widerspruch zu den europarechtlichen Regelungen des Art. 8 der Richtlinie 2000/43/EG,[1075] Art. 9 der Richtlinie 2004/113/EG und Art. 10 der Richtlinie 2000/78/EG,[1076] die auf die Richtlinie 97/80/EG über die Beweislast bei Diskriminierung aufgrund des Geschlechtes zurückgehen.[1077] Die Beweisregelung in § 22 AGG dient der Umsetzung dieser Bestimmungen.[1078]

Nach Art. 4 der Richtlinie 97/80/EG ergreifen die Mitgliedstaaten im Einklang mit dem System ihrer nationalen Gerichtsbarkeit die erforderlichen Maßnahmen, nach denen dann es dem Beklagten obliegt zu beweisen, dass keine Verletzung des Gleichbehandlungsgrundsatzes vorgelegen hat. Voraussetzung ist dabei, dass die sich durch die Verletzung des Gleichbehandlungsgrundsatzes für beschwert haltende Person bei einem Gericht Tatsachen glaubhaft macht, die das Vorliegen einer unmittelbaren oder mittelbaren Diskriminierung vermuten lassen. Die dem AGG zugrunde liegenden Richtlinien habe diese Beweislasterleichterung aufgenommen, ohne die selbstständig Erwerbstätigen von dieser Regelung auszuschließen. Damit verlangt eine zutreffende Richtlinientransformation die Anwendung dieser Beweislasterleichterung ebenfalls auf selbstständig Erwerbstätige. Würde das AGG eine solche Anwendung nicht enthalten, wäre ein Umsetzungsdefizit anzunehmen.[1079]

Vor der Annahme eines Umsetzungsdefizites ist jedoch der Auftrag an die nationalen Gerichte und Behörden zu berücksichtigen, ihr gesamtes nationales Recht im Sinne der Vorgaben des Unionsrechtes auszulegen, soweit dies zur zutreffenden Richtlinientransformation erforderlich und methodisch nach ihrer nationalen Rechtsordnung möglich ist.[1080] Die richtlinienkonforme Auslegung

---

1074 *Eßer/Baluch,* NZG 2007, 321, 326

1075 ABl. EG Nr. L 180 vom 19.7.2000, S. 22

1076 S. Fn. 9

1077 S. Fn. 1067 1065Art. 4 RL 97/80/EG (Beweislastrichtlinie)

1078 *Kocher* in Schiek, AGG, § 22, Rn. 2m

1079 so *Eßer/Baluch,* NZG 2007, 321, 326

1080 EuGH, Urt. v. 10.4.1984 – Rs. 14/83, Rn. 15, Slg. 1984, 1891, 1906; EuGH Urt. v. 5.10.2004 – Rs. C-397/01 bis C-403/01 („*Pfeiffer*"), Rn. 113 f., Slg. 2004, I-8878 = NJW

ist ein Instrument, um die Maxime der möglichst effektiven Anwendung und Durchsetzung des Unionsrechtes sicherzustellen. Sie tritt zu den bekannten Auslegungsformen nach Wortlaut, Systematik und Sinn und Zweck hinzu und dient damit auch der Vermeidung von Widersprüchen zum Unionsrecht. Ein solcher Widerspruch kann aber nicht vermieden werden, wenn er auf dem klaren Willen des Gesetzgebers beruht. Eine gemeinschaftskonforme Auslegung contra legem ist damit nicht möglich. Demnach kann bei einer Norm mit einer klaren Formulierung und dem klar erkennbaren Willen des Gesetzgebers durch diese Auslegungsform kein gemeinschaftskonformes Ergebnis erzielt werden.[1081] Wird die Grenze einer richtlinienkonformen Auslegung bereits im Wortlaut der Regelung gesehen, ist zunächst die Anwendbarkeit des § 22 AGG auf Organmitglieder anhand des Wortlautes zu interpretieren und nur bei einer Vieldeutigkeit des Wortlautes vorzunehmen.

b) Grammatikalische und systematische Auslegung

Das AGG beinhaltet sieben Abschnitte. Die Regelung des § 6 AGG befindet sich in dessen zweitem Abschnitt. Der im Wortlaut des § 6 Abs. 3 AGG enthaltene Verweis auf die Vorschriften „dieses Abschnittes" erfasst unstrittig die Normen des zweiten Abschnittes. Dieser zweite Abschnitt beinhaltet die §§ 6 bis 18 AGG. Die Regelung über die Beweislast wiederum befindet sich im vierten Abschnitt des AGG. Ausdrücklich auf diesen vierten Abschnitt verweist § 6 Abs. 3 AGG jedoch nicht. Dem Wortlaut des § 6 Abs. 3 AGG könnte damit zu entnehmen sein, dass diese Regelung ausschließlich die Vorschriften des zweiten Abschnittes und gerade nicht die Rechtsschutzvorschriften des vierten Abschnittes für entsprechend anwendbar erklärt.[1082] Keine ausreichende Berücksichtigung findet bei einer solchen Annahme der grundsätzliche Anwendungsbereich des zweiten Abschnittes. Bei der Frage des Ausschlusses des § 22 AGG auf Fälle der Diskriminierung von Organmitgliedern und Selbstständigen und der Auslegung

2004, 3547,3549 f.; EuGH Urtl. v. 4.7.2006 – Rs. C-212/04, Rn. 96, Slg. 2006, I-6057, 6127 f.; EuGH, Urt. v. 15.4. 2008 – Rs. C-268/06, Rn. 40, Slg. 2008, I-2483 m.w.V.

1081 BAG, Urt. v. 14.3.1989 – Az. 8 AZR 447/87 = NJW 1990, 65, 66; *Pfeiffer*, NJW 2009, 412, 412

1082 So *Eßer/Baluch*, NZG 2007, 321, 326; *Horstmeier*, GmbHR 2007, 125, 127; anzweifelnd wohl *Wilsing/Meyer*, DB 2011 342, 342; a.A *Bauer/Krieger*, AGG, § 6, Rn. 37; ohne Begründung OLG Köln, Urt. v. 9.7.2010 – Az. 18 U 196/09 = NZA 2011, 211, 212; *Bauer/Arnold*, ZIP 2008 993, 997; *Lingemann* in Prütting/Wegen/Weinreich, § 6 AGG Rn. 8

des § 6 Abs. 3 AGG ist zu beachten, dass der erste, vierte, sechste und siebte Abschnitt des AGG vorwiegend Regelungen enthalten, die nicht speziell für einen bestimmten Personenkreis konzipiert sind. Dagegen beinhaltet der gesamte zweite Abschnitt des AGG hauptsächlich Regelungen zum Benachteiligungsschutz von Beschäftigten.

Die Regelung des § 6 Abs. 1 AGG enthält die Definition des Begriffes der Beschäftigten. Handelt es sich bei Organmitgliedern nicht um Beschäftigte, können die Regelungen dieses zweiten Abschnittes folglich nicht auf diesen Personenkreis direkt Anwendung finden. Die Entwicklung der Regelung in § 6 Abs. 3 AGG zeigt jedoch auf, dass der Gesetzgeber sich gezwungen sah, Organmitglieder ebenfalls in den Schutzbereich des AGG aufzunehmen.[1083] Indem diese Regelungen des zweiten Abschnittes folglich nicht direkt anzuwenden sind, hat der Gesetzgeber mit der Regelung des § 6 Abs. 3 AGG eine entsprechende Anwendung angeordnet. Damit kann § 6 Abs. 3 AGG dahin verstanden werden, dass die Vorschriften dieses zweiten Abschnittes neben den Vorschriften der anderen Abschnitte zusätzlich ebenfalls für Organmitglieder und Selbstständige entsprechend gelten.

Die oben dargestellte Interpretation des Wortlautes des § 6 Abs. 3 AGG, wonach sich Organmitglieder nicht auf die Beweislasterleichterung des § 22 AGG berufen können, versteht die Formulierung dahin, dass ausschließlich die Vorschriften des zweiten Abschnittes auf Organmitglieder und Selbstständige anzuwenden sind. Die hier dargestellte Interpretation versteht den Wortlaut wiederum dahin gehend, dass die Vorschriften des zweiten Abschnittes zusätzlich auf Organmitglieder entsprechend gelten. Letztere Auslegung lässt eine zweite Interpretationsmöglichkeit des Wortlautes des § 6 Abs. 3 AGG erkennen. Diese Auslegungsvarianten zeigen auf, dass der Wortlaut des § 6 Abs. 3 AGG nicht klar ist und damit einer richtlinienkonformen Auslegung offen steht.[1084]

Es besteht ein konkretes Verlangen, der dem AGG zugrunde liegenden Richtlinien Beweislasterleichterung auch auf selbstständig Erwerbstätige anzuwenden. Der Wortlaut des § 6 Abs. 3 AGG ist folglich dahin gehend richtlinienkonform auszulegen, dass die Vorschriften des zweiten Abschnittes des AGG gerade nicht ausschließlich, sondern auch entsprechend anwendbar sind. Damit wäre der vierte Abschnitt des AGG mit der Beweislastregelung des § 22 AGG nicht ausgeschlossen und auf Fälle, in denen Selbstständige und Organmitglieder Diskriminierungen erfahren, anwendbar.[1085]

1083 S. oben Teil A, I. 3.

1084 A.A. *Eßer/Baluch,* NZG 2007, 321, 326

1085 A.A. *Eßer/Baluch,* NZG 2007, 321, 326; *Horstmeier*, GmbHR 2007, 125

c) Dogmengeschichtliche und genetische Auslegung

Eine richtlinienkonforme Auslegung darf ferner nicht zu einem Widerspruch zum gesetzgeberischen Willen führen. Spricht indes der Wille des Gesetzgebers für die Anwendung des § 22 AGG auf Organmitglieder,[1086] kommt dies einer richtlinienkonformen Auslegung sogar entgegen.

Der BGH hat in seiner Entscheidung vom 23. April 2012 festgestellt, es seien „keine Anhaltspunkte dafür ersichtlich, dass der Gesetzgeber bewusst die Nichtanwendbarkeit des § 22 AGG auf Organmitglieder angeordnet hätte".[1087] Bei einer solchen Aussage bleibt jedoch unberücksichtigt, dass vielmehr sogar Anhaltspunkte vorliegen, dass der Gesetzgeber die Anwendbarkeit des § 22 AGG anordnet. Solche Anhaltspunkte sind in der Begründung für die Wahl des Gesetzgebers für den Wortlaut des § 6 Abs. 3 AGG zu sehen. Der Gesetzgeber hat sich bewusst für eine entsprechende Anwendung des zweiten Abschnittes innerhalb des § 6 Abs. 3 AGG entschieden. Eine Erklärung für diesen Wortlaut kann in dem Entwurf eines Gesetzes zur Umsetzung europäischer Antidiskriminierungsrichtlinien (ADG-E[1088]) und insbesondere in den Regelungen des § 20 und 23 ADG-E wie auch in dem Grund für die Einfügung des dritten Absatzes in § 6 AGG gesehen werden. Die Beweislastregelung des § 23 ADG-E wurde der Regelung des § 611a Abs. 1 S. 3 BGB a. F. nachgebildet.[1089] Die Regelung des § 611a Abs. 1 BGB a. F. enthält im ersten Satz das Verbot der Benachteiligung wegen des Geschlechtes und im dritten Satz die Beweiserleichterungsregelung für Arbeitnehmer. Die Beweislasterleichterung nach § 23 ADG-E ist demnach unzweifelhaft auf Beschäftigte anwendbar.

Für andere zivilrechtliche Sachverhalte im Sinne des § 2 Abs. 1 Nr. 1 bis 4 ADG-E gelten die Bestimmungen des zweiten Abschnittes nach § 20 Abs. 3 S. 2 ADG-E wiederum lediglich entsprechend. Der Ansicht folgend, nach der von diesen „anderen zivilrechtlichen Sachverhalten" auch Sachverhalte im Zusammenhang mit Organmitgliedschaften erfasst sind,[1090] wurde der zweite Abschnitt des ADG-E mit § 20 Abs. 3 S. 2 ADG-E folglich auch auf Organmitglieder für (nur) entsprechend anwendbar erklärt.

1086 *Bauer/Krieger*, AGG, § 6, Rn. 37; BGH, Urt. v. 23. 4. 2012 – Az. II ZR 163/10 = NJW 2012, 2346, 2348; a.A. *Eßer/Baluch*, NZG 2007, 321, 326

1087 BGH, Urt. v. 23. 4. 2012 – Az. II ZR 163/10 = NJW 2012, 2346, 2348

1088 BT-Drs 15/4538

1089 BT-Drs. 15/4538, S. 45

1090 *Bauer/Göpfert/Krieger*, DB 2005, 595, 596

Gemäß der Systematik des AGG befindet sich § 23 ADG-E mit seiner Beweislasterleichterung im vierten Abschnitt des ADG-E. Soll der Wortlaut des § 6 Abs. 3 AGG dahin zu verstehen sein, dass nur der zweite Abschnitt anzuwenden ist, hätte eine solche Auslegung konsequenterweise auch in Bezug auf das ADG-E stattfinden müssen, da dieser ebenfalls einen solchen Verweis auf die Anwendbarkeit des zweiten Abschnittes enthielt. Eine solche Auslegung würde jedoch auch die Beschäftigten erfassen. Zu letzterer Folgerung kommt es mit einem Blick auf § 20 Abs. 3 S. 1 und S. 2 ADG-E. Im Gegensatz zu § 20 Abs. 3 S. 2 ADG-E, wonach der zweite Abschnitt nur entsprechend anzuwenden ist, bestimmt § 20 Abs. 3 S. 1 ADG-E für Beschäftigte nämlich ebenfalls, dass „für Benachteiligungen Beschäftigter [...] die Bestimmungen des Abschnitts 2" anzuwenden sind. Zur Auslegung des § 6 Abs. 3 AGG kann dieser Verweis entweder dahin zu verstehen sein, dass einzig der zweite Abschnitt anzuwenden ist oder dieser zweite Abschnitt auch anzuwenden ist. Aufgrund der kongruenten Formulierung der Verweise in den Regelungen des § 20 Abs. 3 S. 2 und S. 1 ADG-E kann der Verweis in § 20 Abs. 3 S. 1 und 2 ADG-E auf den zweiten Abschnitt nur einheitlich ausgelegt werden. Würde aus der Formulierung des § 20 Abs. 3 S. 2 ADG-E die ausschließliche Anwendung des zweiten Abschnittes geschlossen werden, müsste dies folglich konsequenterweise auch für § 20 Abs. 3 S. 1 ADG-E gelten, welcher ebenfalls einen (direkten) Verweis auf den zweiten Abschnitt enthält. Eine solche Auslegung ist jedoch für Beschäftigte unhaltbar. Dies widerspricht dem oben Herausgearbeiteten, wonach § 23 ADG-E unzweifelhaft auf den Personenkreis der Beschäftigten anzuwenden ist. Zudem hätte eine solche Auslegung die Nichtanwendbarkeit auf selbstständig und unselbstständig Erwerbstätige zur Folge.

Die Regelung des § 20 Abs. 3 S. 1 ADG-E kann somit nur als Klarstellung verstanden werden. Der zweite Satz dient wiederum der Erweiterung des Diskriminierungsschutzes für Beschäftigte auf Sachverhalte, „die nicht unter den persönlichen Anwendungsbereich des § 6 [ADG-E] fallen, aber eine diesen Sachverhalten vergleichbare Interessenlage aufweisen".[1091] Wie der zweite Abschnitt des AGG bezieht sich der zweite Abschnitt des ADG-E auf den Schutz von Beschäftigten, wodurch dieser auf nicht Beschäftigte nur entsprechend angewendet werden konnte. Durch diese Formulierung erfasst die Beweislastregelung des § 23 ADG-E auch „andere zivilrechtliche Sachverhalte" i. S. d. § 20 Abs. 3 S. 2 ADG-E.

1091 BT-Drs. 15/4538 S. 40

Aufgrund des Streites im Schrifttum, inwiefern Organmitglieder von der Regelung des § 20 Abs. 3 S. 3 ADG-E erfasst werden,[1092] wurde § 20 Abs. 3 S. 2 ADG-E gestrichen und ein neuer dritter Absatz in § 6 AGG eingefügt. Damit wurden die Organmitglieder in den persönlichen Anwendungsbereich des AGG aufgenommen. Durch die Streichung des § 20 Abs. 3 S. 3 ADG-E und die Einfügung des dritten Absatzes in § 6 AGG wollte der Gesetzgeber die Organmitglieder aus den Regelungen über das zivilrechtliche Benachteiligungsverbot, welche sich im dritten Abschnitt des ADG-E befanden, herausnehmen und klarstellen, dass Organmitglieder vom Schutzbereich des AGG erfasst sind.[1093] Übertragen wurde ebenfalls die Formulierung in Form der entsprechenden Anwendung des zweiten Abschnittes. Diesem ist zu entnehmen, dass die Genese des Wortlauts des § 6 Abs. 3 AGG, welcher seinen Ursprung im ADG-E findet, gegen eine Anwendung lediglich des zweiten Abschnitts spricht.

2. Zwischenergebnis

Die Beweislastregelung des § 22 AGG ist auf Organmitglieder anzuwenden. Dies entspricht auch der Feststellung des BGH in seiner Entscheidung vom 23. April 2012, wonach nicht nur die Gruppe der Beschäftigten, sondern auch die der Organmitglieder „für die Durchsetzbarkeit ihrer Ansprüche typischerweise gleichermaßen auf Erleichterungen bei der Darlegungs- und Beweislast angewiesen [sind]", wodurch der Schutzzweck der Norm ebenfalls für die Anwendbarkeit des § 22 AGG auf Organmitglieder spricht.[1094]

Unabhängig vom Schutzzweck der Norm zeigt auch die Auslegung des § 20 Abs. 3 ADG-E wie auch die vergleichbare Formulierung in § 6 Abs. 3 AGG hinsichtlich der entsprechenden Anwendung des zweiten Abschnitts auf, dass eine Einschränkung der Beweislastregelung des § 22 AGG nur auf Beschäftigte nicht dem gesetzgeberischen Willen entspricht.

3. Das Beweismaß

Die Richtlinien 2000/43/EG, 2000/78/EG und 2004/113/EG, die mit dem AGG ins nationale Recht transformiert wurden, enthalten Vorgaben zur Beweislast. Nach diesen haben die Mitgliedstaaten die erforderlichen Maßnahmen zu ergreifen, um zu gewährleisten, dass immer dann, wenn Personen, die sich durch die

---

1092 S. dazu oben Teil A, I. 3. b)

1093 So auch *Bauer/Krieger*, AGG, § 6, Rn. 37

1094 BGH, Urt. v. 23.4.2012 – Az. II ZR 163/10 = NJW 2012, 2346, 2348

Verletzung des Gleichbehandlungsgrundsatzes für verletzt halten und bei einem Gericht Tatsachen glaubhaft machen, die das Vorliegen einer unmittelbaren oder mittelbaren Diskriminierung vermuten lassen, es der anderen Partei obliegt zu beweisen, dass keine Verletzung des Gleichbehandlungsgrundsatzes vorgelegen hat.[1095] Zurückzuführen sind diese Regelungen auf Art. 4 Abs. 1 der Richtlinie 97/80/EG.[1096] Der Umsetzung dieser Richtlinienvorgaben ins nationale Recht dient § 22 AGG. Nach dieser Regelung hat im Streitfall die Person, der die Darlegung einer Benachteiligung obliegt, Indizien zu beweisen, die eine Benachteiligung wegen eines in § 1 AGG genannten Grundes vermuten lassen. Die andere Partei trägt wiederum die Beweislast dafür, dass kein Verstoß gegen die Bestimmungen zum Schutz vor Benachteiligungen vorgelegen hat. *Thüsing* spricht hinsichtlich dieser Richtlinienumsetzung von einer „schlechten Gesetzgebung".[1097] Nach *Kocher* bleibt diese Regelung hinter den Anforderungen der Richtlinien zurück.[1098] Der Grund für diese Kritik ist das Beweismaß in Bezug auf die Vorlage von Indizien nach § 22 AGG.

Bei der Motivation für eine diskriminierende Entscheidung handelt es sich um eine innere, häufig schwerlich zu belegende Tatsache.[1099] Der Zweck des § 22 AGG ist in der Erleichterung des vom Benachteiligten zu erbringenden Beweises dieser Tatsache zu sehen. *Maier-Reimer* zweifelt dagegen die Forderung der Richtlinien nach einem geringeren Beweismaß an und hält aufgrund der englischen und französischen Richtlinienfassung eher den Vollbeweis für erforderlich.[1100] Diese Fassungen verwenden die Wörter „establish" und „établir" und seien mit „feststehende Tatsachen" und „beweisen, nachweisen" zu übersetzen.[1101] Die polnische Fassung, in der von „przedstawiac fakty" die Rede ist und mit Fakten vorlegen oder beibringen zu übersetzen ist, weist wiederum nicht zwingend auf einen Vollbeweis hin. Aber auch die englische, wie die französische Fassung dieser Richtlinien sprechen nicht zwingend gegen ein geringeres

1095 Art. 8 der RL 2000/43/EG, Art. 10 der RL 2000/78/EG und Art. 9 der RL 2004/113/EG

1096 S. Fn. 1066

1097 *Thüsing* in MüKo-BGB, § 22 AGG, Rn. 2

1098 *Kocher* in Schiek, AGG, § 22, Rn. 16

1099 *Hoentzsch*, DB 2006, 2631, 2631; *Boesche*, EuZW 2005, 264, 265; *Kocher* in Schiek AGG, § 22, Rn. 14

1100 *Maier-Reimer*, NJW 2006, 2577, 2582, wonach die in der englischen und französischen Fassung verwendeten Wörter „establish" und „établir" mit „feststehende Tatsachen" und „beweisen, nachweisen" zu übersetzen sind.

1101 *Maier-Reimer*, NJW 2006, 2577, 2582

Beweismaß.[1102] Welche Fassung man auch heranzieht, differenzieren Regelungen, die die Beweislast betreffen, sprachlich zwischen dem Beweismaß der Partei, die die für die Diskriminierung sprechenden Indizien vorzulegen hat, und dem der Partei, die das Fehlen einer Benachteiligung zu beweisen hat.[1103] Eine solche sprachliche Differenzierung hinsichtlich der Beibringung der Indizien und des Gegenbeweises wäre nicht erforderlich, wenn beide Parteien selbiges Beweismaß treffen würde. Eine solche Beweislaständerung ist zuletzt auch den Erwägungsgründen zu den oben erwähnten Richtlinien zu entnehmen. Danach ist eine „Änderung der Regeln für die Beweislast geboten, wenn ein glaubhafter Anschein einer Diskriminierung besteht".[1104]

Gemäß einem Teil der Literatur wird dieses geringere Beweismaß bereits beim Vorbringen der Indizien angesetzt, indem danach diese lediglich glaubhaft zu machen sind.[1105] Auch *Mengozzi* spricht in seinen Schlussanträgen zur Rechtssache *Meister/Speech Design* von einer Glaubhaftmachung des Anscheins einer Diskriminierung.[1106] Abzulehnen ist dabei jedoch eine unionskonforme Auslegung des § 22 AGG, wonach die Glaubhaftmachung der Indizien i. S. d. § 294 ZPO genügt.[1107] Soll in dem Erfordernis des Vollbeweises von Indizien auch die Richtlinienkonformität anzuzweifeln sein, ist dennoch zu berücksichtigen, dass die Grenze einer unionskonformen Auslegung der Wille des Gesetzgebers ist. Ein solcher Wille, das Erfordernis des Beweises von Indizien anordnen zu wollen, kann der Änderung des Entwurfes des § 22 AGG in der Fassung vom

---

1102 A.A. *Maier-Reimer*, NJW 2006, 2577, 2582

1103 Anforderungen an das Beweismaß nach der englischen, französischen und polnischen Fassung: Hinsichtlich der diskriminierten Partei, spricht die englische Fassung von „establish", französische Fassung: „établir" und polnische Fassung: „przedstawiac fakty" und für den Beklagten: englische Fassung: „to prove"; französische Fassung: „prouver", polnische Fassung: „udowodnienie".

1104 Erwägungsgrund Nr. 21 RL 2000/43/EG und Erwägungsgrund Nr. 31 RL 2000/78/EG (Änderung der Regeln für die Beweislastverteilung und glaubhafter Anschein einer Diskriminierung), Erwägungsgrund Nr. 22 (Anschein einer Diskriminierung); vgl. auch EuGH, Urt. v. 19.4.2012 – Rs. C-415/10, Rn. 34, 36, 39 = NZA 2012, 493 f., welcher ebenfalls von einer Glaubhaftmachung spricht.

1105 *Kocher* in Schiek, AGG, § 22, Rn. 16; *Windel*, RdA 2011, 193, 196; wohl auch Bauer/Thüsing/Schunder *(Thüsing)*, NZA 2006, 774, 774; wohl auch *Bauer/Evers*, NZA 2006, 893, 896

1106 So Schlussanträge des Generalanwalts *Mengozzi* vom 12.1.2012, zur Rs. C-415/10 („*Meister*"), Rn. 22

1107 A.A. *Windel*, RdA 2011, 193, 196; offengelassen BGH, Urt. v. 23.4.2012 – Az. II ZR 163/10 = NJW 2012, 2346, 2349

8. Juni 2006 entnommen werden. Der Wortlaut dieses Entwurfes des § 22 AGG verlangt, dass im Streitfall eine Partei Tatsachen lediglich „glaubhaft“ zu machen hat.[1108] Mit der Neufassung der Beweislastregelung und der Einfügung der Voraussetzung eines Beweises in den Wortlaut des § 22 AGG folgte der Gesetzgeber der in einer Stellungnahme des Bundesrates vom 19. Juni 2006 enthaltenen Forderung.[1109] Danach war eine Änderung des Wortlautes erforderlich, da dieser ansonsten die Auslegung ermöglicht, dass es zum Nachweis von Diskriminierungen bereits ausreicht, Tatsachen, die eine Benachteiligung vermuten lassen, „glaubhaft“ zu machen.[1110] Der aktuelle Wortlaut des § 22 AGG ist auf diese Forderung zurückzuführen.[1111] Es entspricht folglich dem Willen des Gesetzgebers, das Erfordernis einer Glaubhaftmachung von Indizien mit dieser Wortlautänderung des § 22 AGG vermeiden zu wollen.

Mit der Neufassung des § 22 AGG und der Streichung des Wortes „Glaubhaftmachung“ wurde seitens des Gesetzgebers eine Klarstellung verfolgt, wonach lediglich die Regelung nicht dahin missverstanden werden soll, sie beziehe sich auf § 294 ZPO und lasse die eidesstattliche Versicherung als Beweis zu. Auch eine Rechtsänderung zu § 611a BGB a. F., dessen Wortlaut nur die Glaubhaftmachung enthielt, wurde damit nicht verfolgt.[1112] Vielmehr ging der Gesetzgeber davon aus, dass die Vorgaben der einschlägigen Richtlinien auch mit der Änderung des Wortlautes des § 22 AGG nach wie vor erfüllt werden.[1113] Auch wenn diesem entnommen werden kann, dass eine materielle Änderung durch den Gesetzgeber nicht erfolgen sollte, ist eine europarechtskonforme Auslegung hin zum ursprünglichen Wortlaut abzulehnen, da der Gesetzgeber die Glaubhaftmachung eindeutig nicht wollte.[1114]

Das Erfordernis der Beweislasterleichterung kann aber darin gesehen werden, dass der Gesetzgeber anstelle der im Entwurf enthaltenen Voraussetzung einer Darlegung von Tatsachen nach der Änderung des § 22 AGG allein die Darlegung von Indizien normierte. War die Voraussetzung des § 611a BGB a. F. lediglich die Glaubhaftmachung, so erfasste diese entsprechend diesem AGG-Entwurf ebenfalls die Voraussetzung von Tatsachen. Auch die Richtlinien enthalten den

1108 BT-Drs. 16/1780, S. 11
1109 BT-Drs. 16/2022, S. 6
1110 BT-Drs. 16/1852, S. 2
1111 So *Thüsing* in MüKo-BGB, § 22 AGG, Rn. 2
1112 BT-Drs. 16/2022, S. 13, zu Nummer 7
1113 BT-Drs. 16/2022, S. 30
1114 A.A. *Thüsing* in MüKo-BGB, § 22 AGG, Rn. 2

Begriff der Tatsachen.[1115] Der Beweis von Indizien wäre als ein Weniger zum Beweis der Hauptsache zu verstehen. Dieses Weniger an Beweismaß wäre dann die von den Richtlinien verlangte Beweislasterleichterung.

Das Tragen der Beweislast für die rechtsbegründenden Tatbestandsmerkmale durch den Anspruchssteller und das der rechtshindernden, rechtsvernichtenden und rechtshemmenden Merkmale durch den Anspruchsgegner entspricht den Grundregeln der Beweislastverteilung nach der ZPO.[1116] Hat die benachteiligte Person die volle Beweislast zur Darlegung der für die Diskriminierung sprechenden Indizien zu tragen, könnte jedoch eine Erleichterung der Beweislast verneint werden, wenn die Darlegung von Indizien schwer zu belegende subjektive Tatsachen betrifft. Ein solcher Rückschluss kann jedoch entkräftet werden, wenn die zu beweisenden Indizien lediglich zu einer Vermutung der Diskriminierung führen müssen. Dabei ist klarstellend festzuhalten, § 22 AGG selbst enthält keine Vermutung, die den Tatbestand der Diskriminierung begründet.[1117] Es handelt sich bei dieser Regelung um keine gesetzliche Vermutung i. S. d. § 292 ZPO.[1118] Für eine solche Auslegung hinsichtlich des geringeren Beweismaßes sprechen auch *Mengozzis* Schlussanträge zur Rechtssache *Meister/Speech Design*[1119] und die Erwägungsgründe zu den Richtlinien, die ebenfalls lediglich den „Anschein einer Diskriminierung“ verlangen.[1120] Für einen solchen Anschein genügt bereits die Überzeugung des Gerichtes von der überwiegenden Wahrscheinlichkeit einer Kausalität zwischen Geschlechtszugehörigkeit und Nachteil.[1121] Weniger hilfreich ist dagegen *Boesches* Hinweis, wonach Tatsachen, die wegen einer bestimmten Lebenserfahrung mit hoher Wahrscheinlichkeit für einen gewissen Ablauf sprechen, genügen sollen.[1122] So eine Annahme entspricht den Regeln des Anscheinsbeweises.[1123] Beim Anscheinsbeweis müssen die Tatsachen, aus

---

1115 Art. 8 der RL 2000/43/EG, Art. 10 der RL 2000/78/EG und Art. 9 der RL 2004/113/EG

1116 *Prütting* in MüKo-ZPO, § 286 ZPO, Rn. 110 ff.

1117 *Kocher* in Schiek, AGG, § 22, Rn. 19

1118 *Kocher* in Schiek, AGG, § 22, Rn. 19; wohl a.A. *Boesche*, EuZW 2005, 264, 266 f.

1119 S. Fn. 1107

1120 S. Fn. 1105

1121 BAG, Urt. v. 24.4.2008 – Az. 8 AZR 257/07 = NZA 2008, 1351, 1353; BAG, Beschl. v. 20.5.2010 – Az. 8 AZR 287/08 (A) = NZA 2010, 1006, 1007; *Hoentzsch*, DB 2006, 2631, 2633; *Adomeit/Mohr*, AGG, § 22, Rn. 14; *Bayreuther*, NJW 2009, 806, 808; *Armbrüster* in Erman BGB, § 22 AGG, Rn. 1

1122 A.A. *Boesche*, EuZW 2005, 264, 267

1123 BGH, Urt. v. 24.10.2002 – Az. I ZR 104/00 = NJW-RR 2003, 754, 756

denen der erste Anschein abgeleitet werden soll, zur vollen richterlichen Überzeugung bewiesen werden.[1124] Danach genügt es nicht, wenn von mehreren denkbaren Möglichkeiten die eine wahrscheinlicher als die anderen ist.[1125] Das geringere Beweismaß durch § 22 AGG resultiert jedoch auch daraus, das Gericht aufgrund der Darlegung der Indizien lediglich von der (überwiegenden) Wahrscheinlichkeit einer Diskriminierung zu überzeugen.[1126]

4. Statistiken als Indizien

Eine Person, die der Ansicht ist, der Gleichbehandlungsgrundsatz sei zu ihrem Nachteil verletzt worden, hat nach § 22 AGG Indizien vorzulegen, die eine Benachteiligung wegen eines in § 1 AGG genannten Grundes vermuten lassen. Indizien sind Nachweise, die wegen einer bestimmten Lebenserfahrung mit überwiegender Wahrscheinlichkeit für eine Diskriminierung sprechen. Anders als für den Beweis der Hauptsache kann es sich bei Indizien um tatbestandsfremde Nachweise handeln, die den richterlichen Schluss auf die überwiegende Wahrscheinlichkeit einer Diskriminierung rechtfertigen.[1127] Können Fälle vorliegen, in denen die einzelnen von der betroffenen Person dargelegten Umstände des Einzelfalles oder Äußerungen des Arbeitgebers für sich allein betrachtet noch keine Benachteiligung wegen des Geschlechtes vermuten lassen, kann die Gesamtschau der einzelnen Umstände des Einzelfalles oder der Handlungsweise bzw. der Äußerung des Arbeitgebers aber die überwiegende Wahrscheinlichkeit einer geschlechtsbezogenen Benachteiligung begründen.[1128]

Zum Nachweis einer unterschiedlichen Behandlung von Angehörigen verschiedener Gruppen können Statistiken alleine oder als weitere Nachweise herangezogen werden.[1129] Diese Ansicht spiegelt sich auch in der Richtlinie 2002/

1124 *Prütting* in MüKo-ZPO, § 286 ZPO, Rn. 50, 64; irreführende Formulierung BGH, Urt. v. 24.10.2002 – Az. I ZR 104/00 = NJW-RR 2003, 754, 756, wonach für § 292 ZPO lediglich der volle Gegenbeweis vorausgesetzt wird.

1125 BGH, Urt. v. 27.5.1957 – Az. II ZR 132/56 = NJW 1957, 1230, 1231; *Prütting* in MüKo-ZPO, § 286 ZPO, Rn. 50

1126 *Kocher* in Schiek, AGG, § 22, Rn. 16 ff.; *Bayreuther*, NJW 2009, 806, 808; BAG, Urt. v. 24.4.2008 – Az. 8 AZR 257/07 = NJW 2008, 3658, 3660; LAG Berlin-Brandenburg, Urt. v. 26.11.2008 – Az. 15 Sa 517/08 = NJOZ 2008, 5205, 5215

1127 Vgl. zum Indizienbeweis *Prütting* in MüKo-ZPO, § 284 ZPO, Rn. 24 f.

1128 BAG, Urt. v. 24.4.2008 – Az. 8 AZR 257/07 = NZA 2008, 1351, 1354

1129 BT-Drs. 16/1780, S.47; *Windel*, RdA 2011, 193, 197; *Boesche*, EuZW 2005, 264, 266; *Kocher* in Schiek, § 22, Rn. 30; *Annuß*, BB 2006, 1629, 1635; *Grobys*, NZA 2006, 898, 901

73/EG wieder,[1130] nach der einzelstaatliche Vorschriften die Feststellung einer mittelbaren Diskriminierung mit allen Mitteln einschließlich statistischer Beweise vorsehen können. Die diese Richtlinie aufhebende Richtlinie 2006/54/EG enthält lediglich die Pflicht, „zum besseren Verständnis der Ursachen der unterschiedlichen Behandlung von Männern und Frauen in Arbeits- und Beschäftigungsfragen [...] vergleichbare, nach Geschlechtern aufgeschlüsselte Statistiken weiterhin [zu erstellen], [auszuwerten] und auf den geeigneten Ebenen zur Verfügung [zu stellen]".[1131] Diese Erwägung bezieht sich wie auch der die Beweislast betreffende Erwägungsgrund 30 dieser Richtlinie nicht auf den Statistikbeweis. Dennoch erklärt der EuGH, dass „nationale Rechtsvorschriften oder Gepflogenheiten der Mitgliedstaaten insbesondere vorsehen können, dass eine mittelbare Diskriminierung mit allen Mitteln, einschließlich statistischer Beweise, festzustellen ist".[1132] Dabei zieht er ebendiesen Erwägungsgrund heran. Ein solcher Statistikbeweis kann demnach als Indiz für eine mittelbare und unmittelbare Geschlechterdiskriminierung dienlich sein.[1133]

Im Hinblick auf die aktuellen Übersichten über das Geschlechterverhältnis in Aufsichtsräten von Aktiengesellschaften[1134] ist zu beantworten, welche Beschaffenheit eine Statistik nach der nationalen Rechtsprechung erfordert, um als Indiz i. S. d. § 22 AGG eine überwiegend wahrscheinliche Diskriminierung darlegen zu können. Dabei kann die Übertragung der von den nationalen Gerichten herausgearbeiteten Kriterien auf eine Statistik in Bezug auf eine Benachteiligung hinsichtlich des Zugangs zum Aufsichtsratsamt zu erheblichen Auswirkungen in der Praxis führen, wenn dies zu einer Quotenwirkung führt.

Ein Blick auf die jüngere Rechtsprechung zeigt, dass ein einfacher statistischer Nachweis in Form einer Auslistung der aktuell besetzen Aufsichtsratsmandate für sich allein nicht für die Überzeugung des Gerichtes von der überwiegenden

---

1130 Erwägungsgrund 10 der Richtlinie 2002/73/EG

1131 Erwägungsgrund 37 der Richtlinie 2006/54/EG

1132 EuGH, Urt. v. 19.4.2012 – Rs. C-415/10, Rn. 43 = NZA 2012, 493, 494

1133 *Peick*, Darlegungs- und Beweislast nach § 22 AGG, S. 239 ff.; *Dahm*, BB 2010, 1792, 1793; einschränkend auf die Geschlechterdiskriminierung *Benecke*, DB 2011, 934, 935; einschränkend auf Diskriminierungen wg. des Geschlechts und Behinderung *Bayreuther*, NJW 2009, 806, 808; BAG, Urt. v. 27. 1. 2011 – 8 AZR 483/09 = NZA 2011, 689, 691; LAG Berlin-Brandenburg, Urt. v. 26.11.2008 – Az. 15 Sa 517/08 = NJOZ 2008, 5205, 5216 f. m.w.N.; a.A. LAG Köln, Urt. v. 13.6.2006 – Az. 9 Sa 1508/05 (zitiert nach Juris Rn. 68); kritisch *Heyn/Meinel*, NZA 2009, 20, 21 f.

1134 Vgl. *Holst/Schimeta*, DIW Berlin Wochenbericht 3/2011, 4 ff.; *dies.* DIW Berlin Wochenbericht 3/2011, 12 ff.

Wahrscheinlichkeit einer Diskriminierung ausreicht. Es handelt sich dabei um keine aussagekräftige Statistik. Erkennt der EuGH die Beweiseignung von Statistiken grundsätzlich an,[1135] erklärt dieser auch, es sei zu berücksichtigen, ob sich die statistischen Angaben auf eine ausreichende Zahl von Personen beziehen, nicht rein zufällige oder konjunkturelle Erscheinungen widerspiegeln und ob sie generell gesehen als aussagekräftig erscheinen.[1136] Dieses zuletzt genannte Merkmal der Aussagekraft wird von der nationalen Rechtsprechung aufgegriffen und wurde in jüngeren Rechtsprechungen konkretisiert.[1137]

Die in diesen nationalen Rechtsprechungen herausgearbeiteten Voraussetzungen für die Aussagekraft einer Statistik sind jedoch nur bedingt auf die Erfordernisse für eine Statistik übertragbar, die eine Diskriminierung hinsichtlich der Besetzung eines Aufsichtsratsmandates vermuten lässt. Dabei ist *Beneckes* Ansicht zu folgend, wonach bei der Betrachtung der von der nationalen Rechtsprechung herausgearbeiteten Voraussetzungen an eine solche Statistik zu schauen ist, ob diese das Unternehmen im Allgemeinen oder eine konkrete Personenentscheidung betrifft.[1138] Betrifft die Statistik eine konkrete Personenentscheidung oder eine eingrenzbare Personengruppe ist dessen Aussagekraft eher anzunehmen.

a) Das Erfordernis eines branchenbezogenen Zahlenmaterials wegen der Qualifikation des Mitgliedes?

Das BAG lehnt in seiner Entscheidung vom 22. Juli 2010 die Aussagekraft eines die Geschlechterbesetzung in der betroffenen und den unteren Hierarchiestufen eines Unternehmens erfassten Zahlenmaterials ab. Der Grund dafür war das Fehlen „rechtlicher Vorgaben dafür, dass auf allen Hierarchieebenen eines Unternehmens eine annähernd gleiche Verteilung der Geschlechter vorliegen

---

1135 EuGH, Urt. v. 27.10.1993 – Rs. C-127/92 („*Enderby*“), Rn 16, 17,19, Slg. 1993, I-5535, 5572 f. = NZA 1994, 797, 798; EuGH, Urt. v. 13.1.2004 – Rs. C-256/01 („*Allonby*“), Rn. 75, Slg. 2004, I-873, 930 f. = NZA 1996, 319, 321, EuGH, Urt. v. 6.2.1996 – Rs. C-457/93, Rn 29, Slg. 1996, I-243, 268 = NZA 1996, 319, 321

1136 EuGH, Urt. v. 27.10.1993 – Rs. C-127/92 („*Enderby*“), Rn 17, Slg. 1993, I-5535, 5573 = NZA 1994, 797, 798; EuGH, Urt. v. 9.2.1999 – Rs. C-167/97, Rn. 62, Slg. 1999, I-623, 683; EuGH, Urt. v. 31.5.95, – Rs. C-400/93, Rn. 24, Slg 1995, I-1275, 1306

1137 BAG, Urt. v. 22.7.2010 – Az. 8 AZR 1012/08 = NZA 2011, 93, 96 ff.; LAG Berlin-Brandenburg, Urt. v. 26.11.2008 – Az. 15 Sa 517/08 = NJOZ 2008, 5205, 5215 ff. m.w.N.

1138 *Benecke*, DB 2011, 934, 935

muss. Dazu sind die Tätigkeiten in Führungspositionen und solche in unteren Ebenen [...] zu unterschiedlich. Dies gilt vor allem auch hinsichtlich des Anforderungsprofils, das an die Stelleninhaber zu stellen ist".[1139] Diese Feststellung kann zur Prüfung der Anforderungen an eine aussagekräftige Statistik zur Darlegung einer Benachteiligung beim Zugang zum Aufsichtsratsamt übernommen werden. Das Geschlechterverhältnis in der Belegschaft hat keine Auswirkungen auf das Geschlechterverhältnis bei den von den Anteilseignern gewählten Aufsichtsratsmitgliedern.

Ferner sei „in der Regel [...] nach Vergleichszahlen in der jeweils vergleichbaren Branche und Berufsgruppe [zu fragen]".[1140] Grund für diese Feststellung ist das Erfordernis vergleichbarer Anforderungsprofile. Ein solcher Aspekt der fehlenden Vergleichbarkeit der Branchen ist jedoch für eine den Aufsichtsrat betreffende Statistik nicht relevant.[1141] Mehrfachmandatsträger in Aufsichtsräten respektive Vorständen unterschiedlicher Branchen sind nicht unüblich. In der Literatur wird in diesem Bezug sogar kritisch diskutiert, inwiefern Mehrfachmandate in Wettbewerbsunternehmen und damit gleicher Branche bedenklich sein können.[1142] Das Anforderungsprofil an einen Aufsichtsratskandidaten fällt somit nicht dermaßen abhängig vom Unternehmen verschieden aus, wie es das BAG für die Tätigkeit von Führungspositionen annimmt.

Dennoch ist der Gedanke über die vergleichbaren Anforderungsprofile als Erfordernis für eine aussagekräftige Statistik in Bezug auf den Aufsichtsrat nicht vollständig zu verwerfen. Verlangt das Gesetz lediglich eine Mindestanforderung an die Kenntnisse eines Aufsichtsratsmitgliedes, ist dabei auch der Besitz der unterschiedlichen Fachqualifikationen unter den Organwaltern in Aufsichtsräten zu berücksichtigen.[1143] Ist es demnach üblich, ein vakant gewordenes Mandat mit einem bestimmten Anforderungsprofil zu besetzten, ist nur der Geschlechteranteil der Organwalter heranzuziehen, die ebenfalls über ein

---

1139 BAG, Urt. v. 22.7.2010 - Az. 8 AZR 1012/08 = NZA 2011, 93, 100

1140 BAG, Urt. v. 22.7.2010 - Az. 8 AZR 1012/08 = NZA 2011, 93, 100; so auch bereits Bayreuther, NJW 2009, 806, 809

1141 So auch *Henssler/Seidensticker*, KSzW 2012, 10, 15 f.; a.A. *Papier/Heidebach*, ZGR 2011, 305, 320

1142 Zur Nichtigkeit einer Wahl eines Kandidaten mit einem Doppelmandat in einem Aufsichtsrat eines konkurrierenden Unternehmens vgl. dazu *Lutter*, FS Beusch, 1993, S. 509, 520; so ebenfalls *Scheffler*, DB 1994, 793, 795; *Roth/Wörle*, ZGR 2004, 565, 587 ff.

1143 Vgl. *Lutter*, DB 2009, 775, 778 zur „Idealbesetzung" eines Aufsichtsrats; vgl. die Auflistung in *Roth/Wörle*, ZGR 2004, 565, 585

vergleichbares Anforderungsprofil verfügen. Einem Zahlenmaterial, welches lediglich den Geschlechteranteil in anderen Aufsichtsräten aufzeigt, ohne auf die Fachkenntnisse der Aufsichtsratsmitglieder einzugehen, fehlt die Vergleichbarkeit. Ein solches Zahlenwerk erfüllt nicht die Voraussetzungen an eine aussagekräftige Statistik. Es kann aber auch nicht pauschal davon ausgegangen werden, für Aufsichtsräte von Unternehmen in technischen Branchen würden beispielsweise ausschließlich Ingenieure gesucht. Wird jedoch ein vakant gewordenes Mandat in der Vergangenheit beispielsweise mit einem Ingenieur besetzt,[1144] hat das Zahlenmaterial allein den Geschlechteranteil bei den Amtsträgern aufzuweisen, welche ebenfalls Ingenieure sind oder eine vergleichbare Qualifikation besitzen.

b) Das Erfordernis einer Bezugsgruppe

Wesentlicher für die Aussagekraft einer Statistik ist die Frage, welche konkreten Personen bei der Festlegung der Vergleichsgruppen zu berücksichtigen sind. Ist auf eine bestimmte Branche nicht abzustellen, kommt es dennoch zu unterschiedlichen Ergebnissen, wenn lediglich die Anzahl der konkreten Bewerber anstelle der der potentiellen Kandidaten einzubeziehen ist. Ebenfalls zu unterschiedlichen Ergebnissen führt die Betrachtung der aktuellen Besetzung im Vergleich zu einer Statistik, welche die Zahlen der Vergangenheit miteinbezieht.

aa) Anzahl der Personen aus der Vergangenheit

Bei der Bildung von statistischen Vergleichsgruppen ist auch zu beantworten, auf welchen Zeitraum sich das Zahlenmaterial beziehen muss. *Bayreuther* unterscheidet dabei zwischen einem Horizontal- oder Vertikalvergleich.[1145] Mit dem Horizontalvergleich seien Beschäftigte erfasst, die gleiche respektive gleichwertige Arbeiten erbringen oder in derselben Betriebsabteilung tätig sind. Der vertikale Abgleich betrifft dagegen Diskriminierungen über die gesamte Betriebshierarchie hinweg. Kann für Erstere lediglich der gegenwärtige Zustand als Bezugspunkt herangezogen werden, seien für letzteren Vergleich Zahlen in der Vergangenheit zu berücksichtigen.[1146] Hinsichtlich der Frage, wann ein horizontaler Vergleich vorzunehmen ist, wird exemplarisch auf eine Maßnahme verwiesen, die ein Geschlecht weitaus häufiger trifft als ein anderes.[1147] Dabei wird

---

1144 Vgl. *Roth/Wörle*, ZGR 2004 565, 585, wonach in Aufsichtsräte der Chemieindustrie vor allem Chemiker und Biologen zu bestellen sind.

1145 *Bayreuther*, NJW 2009, 806, 807

1146 S. Fn. 1145

1147 S. Fn. 1145

jedoch übersehen, dass auch Maßnahmen, die ein Geschlecht weitaus häufiger treffen als ein anderes, denkbar sind, diese jedoch auch Auswirkungen auf vertikaler Ebene haben können. Als Beispiel dafür sei eine klare Diskriminierung genannt, wonach Personen, die vom Mutterschutz erfasst sind, keine Beförderung erhalten. Daher ist weniger zwischen einem Horizontal- oder einem Vertikalvergleich zu unterscheiden als vielmehr zwischen den Anforderungen an eine Statistik, die eine mittelbare und der, die eine unmittelbare Diskriminierung verdeutlichen soll.

Eine mittelbare Diskriminierung liegt nach § 3 Abs. 2 AGG vor, wenn dem Anschein nach neutrale Vorschriften, Kriterien oder Verfahren eine Personengruppe gegenüber einer anderen benachteiligt. Soll eine Statistik eine solche Diskriminierung darstellen, kann es bereits genügen, wenn diese auf aktuelle Verhältnisse abstellt.[1148] Trifft eine bestimmte Maßnahme ein Geschlecht weitaus häufiger als ein anderes, bedarf es nicht zwingend eines Vergleiches in der Vergangenheit, wenn die Maßnahme bereits aktuell solche Auswirkungen hat.

Von einer Statistik, die wiederum als Nachweis einer unmittelbaren Diskriminierung einer Person dienen soll, verlangt das BAG ein Hervorgehen einer Benachteiligungstendenz des Arbeitsgebers.[1149] Soll eine mittelbare Quotenwirkung vermieden und eine Benachteiligungstendenz nachgewiesen werden, kann lediglich eine Häufung von Ereignissen eine aktuell vorliegende unmittelbare Diskriminierung überwiegend wahrscheinlich machen. Damit bedarf eine Statistik Vergleichszahlen aus der Vergangenheit.[1150] Nur eine Auflistung aktueller Zahlen ist folglich keine aussagekräftige Statistik. Diese gibt lediglich eine aktuelle Unterrepräsentanz eines Geschlechtes wieder.

Kann eine Unterrepräsentanz eines bestimmten Geschlechtes auf das Fehlen von geeigneten Kandidaten dieses Geschlechtes zurückgeführt werden oder hängt die jeweilige Geschlechterverteilung von zufälligen Gegebenheiten ab,[1151] kann ein Zahlenwerk, welches eine solche seit Jahren vorliegende Unterrepräsentanz darstellt, allein ebenfalls keine aussagekräftige Statistik darstellen.[1152] Die

1148 S. Fn. 1145

1149 LAG Berlin-Brandenburg, Urt. v. 12.2.2009 – Az. 2 Sa 2070/08 = NZA-RR 2009, 357, 361

1150 So auch s. Fn. 1145

1151 S. Fn. 1145, eine solche Annahme als „euphemistisch" bezeichnend; vgl. *Weber-Rey/Handt*, NZG 2011, 1, 4, wonach bereits wg. des DCGK ein solches Argument, wonach zur Zielumsetzung geeignete Kandidaten nicht zur Verfügung stünden, die Unternehmen nicht exkulpiert

1152 BAG, Urt. v. 22.7.2010 – Az. 8 AZR 1012/08 = NZA 2011, 93, 100

Auflistung einer seit Jahren vorliegenden Unterrepräsentanz eines Geschlechtes bedarf vielmehr einer Bezugsgröße. Für eine solche Bezugsgröße könnte die Geschlechterverteilung in der Gesamtbelegschaft – beschränkt auf den Teil, der dem Anforderungsprofil entspricht – in Betracht kommen. Für eine Statistik in Bezug auf den Aufsichtsrat kommt dies jedoch lediglich für die Arbeitnehmervertreter in Betracht. Hinsichtlich der von den Anteilseignern gewählten Aufsichtsratsmitglieder ist zudem zu beantworten, ob das Zahlenmaterial die Anzahl aller geeigneten potentiellen Kandidaten oder nur die der konkreten Bewerber zu enthalten hat.

bb) Die Bezugsgruppe der geeigneten Kandidaten

Aus der Entscheidung des BAG vom 22. Juli 2010 geht hervor, dass sich die Statistik lediglich auf die Personenzahl zu beschränken hat, die sich auf einer Position befinden, von der eine Beförderung auf die begehrte Position „denkbar" ist.[1153] Damit ist nicht die unmittelbar darunterliegende Position heranzuziehen, sondern sämtliche Ebenen, von denen eine Beförderung auf die im Streitfall betreffende Position möglich ist.

Indem nicht jede Person aus der Gesamtbelegschaft geeignet für ein Aufsichtsratsmandat ist, kann die Geschlechterverteilung in der Gesamtbelegschaft keine geeignete Bezugsgröße darstellen.[1154] Diese Beschränkung der Anzahl auf die geeigneten Kandidaten ist damit auf die Wahlentscheidungen für den Aufsichtsrat und eine dahin gehende Darstellung einer Diskriminierung zu übertragen. Neben der Auflistung der aktuellen Geschlechterverteilung im Aufsichtsrat hat die Statistik die Anzahl der geeigneten Kandidaten des unterrepräsentierten Geschlechtes aufzuzeigen. Werden Aufsichtsratsmitglieder nicht zwingend unternehmensintern rekrutiert, ist diese Bezugsgröße um die Anzahl unternehmensexterner Kandidaten zu erweitern.

Kann allein aus dem Verhältnis zwischen dem Geschlechteranteil in der Gesamtbelegschaft im Vergleich zu dem in den Führungspositionen allein kein Rückschluss auf die Ungleichbehandlung hinsichtlich der Personalentscheidung für eine höhere Hierarchieebene eines Unternehmens gezogen werden, ist anzumerken, dass eine Begründung für die Unterrepräsentanz eines Geschlechtes im

---

1153 BAG, Urt. v. 22.7.2010 – Az. 8 AZR 1012/08 = NZA 2011, 93, 99

1154 So auch *Henssler/Seidensticker*, KSzW 2012, 10, 15 f.; vgl. LAG Berlin-Brandenburg, Urt. v. 12.2.2009 – Az. 2 Sa 2070/08 = NZA-RR 2009, 357, 361, das auf Führungsebenen unter dem Vorstand abstellt

Aufsichtsrat ebenfalls nicht auf die Unterrepräsentanz in der Gesamtbelegschaft gestützt werden kann.[1155]

cc) Bezugsgruppe der konkreten Bewerber

Nach der Entscheidung des LAG Berlin-Brandenburg vom 12. Februar 2009 sei ein Geschlecht „per se nicht besser" ist als ein anderes.[1156] Nach dieser Feststellung weist das LAG Berlin-Brandenburg dennoch darauf hin, dass ein Zahlenmaterial, welches das Verhältnis von männlichen Bewerbern bzw. weiblichen Bewerberinnen auf eine gewisse Position aufzeigt, und aus dem eine überproportionale Berücksichtigung von Bewerbern lediglich eines Geschlechtes hervorgeht, einen Schluss auf geschlechtsspezifische Benachteiligungen des anderen Geschlechtes zulässt.[1157] Müssen dabei auch nicht alle konkreten bisherigen Bewerbersituationen dargelegt werden,[1158] kann daraus gefolgert werden, dass die nationalen Gerichte dazu neigen, für die Annahme einer aussagekräftigen Statistik als Bezugsgröße nur die Anzahl der konkreten Bewerber und nicht die aller potentiell geeigneten Kandidaten für erforderlich zu halten.[1159]

Zur Darstellung der Auswirkungen einer solchen Einschränkung sei auf das Rechenbeispiel von *Dahm* zu verweisen.[1160] Dieses stellt exemplarisch auf einen Fall ab, nachdem es in einem Unternehmen mit zwölf zu besetzenden Führungspositionen unternehmensintern 28 geeignete Kandidaten, von denen acht weiblich sind, gibt. Bei einer Besetzung mit zwei Frauen erscheine eine Diskriminierung überwiegend wahrscheinlich.[1161] Der Grund liegt in dem Verhältnis

---

1155 So auch *Wendeling-Schröder*, FS Pfarr, 2010, S. 158, 165; vgl. jedoch *Baumann* in Frankfurter Rundschau vom 10.2.2011 (abrufbar: http://www.fr-online.de/wirtschaft/dax-firmen-wehren-sich-gegen-vorgaben-argumente-gegen-die-quote,1472780,7177620.html, Zuletzt: 20.10.2016), wonach die Unternehmen mit wenig weiblichen Beschäftigten eine Quote fürchten, weil dann prozentual gesehen mehr Frauen in Führungspositionen als in der Gesamtbelegschaft arbeiten würden

1156 LAG Berlin-Brandenburg, Urt. v. 12.2.2009 – Az. 2 Sa 2070/08 = NZA-RR 2009, 357, 361

1157 LAG Berlin-Brandenburg, Urt. v. 12.2.2009 – Az. 2 Sa 2070/08 = NZA-RR 2009, 357, 361

1158 BAG, Urt. v. 22.7.2010 – Az. 8 AZR 1012/08 = NZA 2011, 93, 99

1159 So wohl BAG, Urt. v. 22.7.2010 – Az. 8 AZR 1012/08 = NZA 2011, 93, 100; LAG Berlin-Brandenburg, Urt. v. 12.2.2009 – Az. 2 Sa 2070/08 = NZA-RR 2009, 357, 361; *Grobys*, NZA 2006, 898, 902; a.A. *Benecke*, DB 2011, 934, 935; *Dahm*, BB 2010, 1792, 1795

1160 *Dahm*, BB 2010, 1792, 1795

1161 S. Fn. 1160

der potentiellen Kandidaten des jeweiligen Geschlechtes zu der tatsächlichen Besetzung in den Führungspositionen, welches bei beispielsweise einer Besetzung mit nur zwei Frauen bei 25 zu 50 Prozent besteht.[1162] Wird jedoch der Ansicht des BAG gefolgt, wonach nicht lediglich auf die geeigneten Kandidaten, sondern auf das Geschlechterverhältnis bei den konkreten Bewerbern abzustellen ist, dann wäre weiter zu fragen, wie viele von diesen 28 geeigneten Kandidaten sich beworben haben. Haben sich beispielsweise 20 beworben und sind darunter zwei Frauen, erscheint eine Diskriminierung bei selbigem Ergebnis nicht wahrscheinlich.

Bei der Prüfung der Aussagekraft einer Statistik verweist *Benecke* zu Recht auf die Ablehnung einer Rechtfertigung wegen allgemeiner Lebenserfahrung,[1163] wonach „ein beruflicher Aufstieg häufig eine nicht unerhebliche Flexibilität voraussetzt (z. B. Bereitschaft zur Leistung von Überstunden, Teilnahme an Fortbildungsmaßnahmen und Tagungen, Durchführung von Dienstreisen und Versetzungsbereitschaft an andere Standorte), welche sich mit der häufig von Frauen ausschließlich oder überwiegend wahrgenommenen Kindererziehung nicht oder nur schlecht vereinbaren lässt, und die auf niedrigeren Hierarchiestufen nicht in gleichem Maße gefordert wird. Auch wirken sich längere Unterbrechungen der Erwerbstätigkeit wegen Arbeitsfreistellungen in Folge von Schwangerschaft, Mutterschutz und (bislang überwiegend von Frauen in Anspruch genommener) Elternzeit negativ auf die Chancen zum beruflichen Aufstieg aus“.[1164] Solche Unternehmensstrukturen können eine mittelbare Benachteiligung enthalten. Eine mittelbare Diskriminierung rechtfertigt jedoch keine unmittelbare Diskriminierung. So eine grundlegende Annahme führt ferner zu einer Benachteiligung von Unternehmen mit einer familienfreundlichen Personalpolitik, da diese sich zur Begründung für die fehlenden Bewerber gerade nicht auf eine solche „allgemeine Lebenserfahrung“ stützen können. Die Übertragung einer solchen Lebenserfahrung auf die Besetzung des Aufsichtsrates einer Aktiengesellschaft ist folglich abzulehnen.

1162 Zwei besetzte Positionen mit Frauen zu acht potentiellen weiblichen Kandidaten entsprechen 25 % und zehn besetzte Positionen mit Männern zu 20 potentiellen männlichen Kandidaten entsprechen 50%.

1163 *Benecke*, DB 2011, 934, 935

1164 So jedoch BAG, Urt. v. 22.7.2010 – Az. 8 AZR 1012/08 = NZA 2011, 93, 100; wie auch LAG München, Urt. v. 7.8.2008 – Az. 3 Sa 1112/07 (zitiert nach Juris Rn. 52); zweifelnd s. Fn. 1145

Für die Darlegung einer überwiegenden Wahrscheinlichkeit einer Diskriminierung ist ferner ein „auffälliges Ungleichgewicht" erforderlich.[1165] Ein Zahlenwerk bedarf jedoch kein durchgehend auffälliges Ungleichgewicht. Die Zahlen sind im Ganzen zu betrachten. Eine Diskriminierung ist nicht bereits deswegen unwahrscheinlich, weil ein einmaliges, weniger auffälliges Ungleichgewicht vorliegt.

c) *Stellungnahme*

Die von der Rechtsprechung herausgearbeiteten Kriterien für die Annahme einer aussagekräftigen Statistik sind schwerlich auf eine Statistik übertragbar, die als Indiz für eine Diskriminierung bei der Aufsichtsratswahl dienen soll. Allein die Ausgangslage ist bereits nicht vergleichbar. Die Kandidaten für den Aufsichtsrat werden zumeist zur Wahl vorgeschlagen, wodurch es an einem klassischen Bewerbungsverfahren fehlt.

Werden die von der Rechtsprechung herausgearbeiteten Voraussetzungen an eine aussagekräftige Statistik auf ein in Bezug auf eine Diskriminierung eines Kandidaten bei der Aufsichtsratswahl übertragen, kann *Bayreuther* zugestimmt werden, dass die juristischen Personen eine solche Statistik „zu fürchten" hätten.[1166] Der Grund hierfür ist die Quotenwirkung einer solchen Übertragung.

Hat das Zahlenmaterial die Anzahl der konkreten Bewerber zu enthalten, könnte diese Voraussetzung mit der zur Wahl gestellten Kandidaten gleichgesetzt werden. Über die Bestellung der Mitglieder des Aufsichtsrates beschließt gemäß § 119 Abs. 1 Nr. 1 AktG die Hauptversammlung, soweit diese nicht von den Arbeitnehmern zu wählen sind oder nach § 101 Abs. 1 AktG entsandt werden. Zu dieser Wahl von Aufsichtsratsmitgliedern hat der Aufsichtsrat gemäß § 124 Abs. 3 S. 1 AktG Kandidaten vorzuschlagen. Weiter kommt es auch vor, dass ein Aktionär sich selbst oder einen Dritten zur Wahl aufstellt.[1167] Zumindest die Anzahl der Kandidaten, über deren Vorschlag gemäß §§ 137 i. V. m. 127 AktG vor dem Wahlvorschlag des Aufsichtsrates zu beschließen ist, sind für die Anforderungen an eine ausreichend aussagekräftige Statistik in diese einzubeziehen.

Eine Statistik, die jedoch lediglich eine Auflistung der Geschlechterverteilung im Aufsichtsrat und nur die Anzahl der aktuell zur Wahl gestellten Kandidaten

1165 BAG, Urt. v. 22.7.2010 – Az. 8 AZR 1012/08 = NZA 2011, 93, 100; vgl. EuGH, Urt. v. 9.2.1999 – Rs. C-167/97, Rn. 63 f., Slg. I 1999, 623, 638 f., wonach 68,9 % zu 77,4 % kein erheblich geringerer Prozentsatz ist; *Windel*, RdA 2011, 193, 198

1166 Vgl. zu Führungspositionen unter dem Vorstand *Bayreuther*, NJW 2009 806, 808

1167 *Ramm*, NJW 1991, 2753, 2753; *Roth/Wörle*, ZGR 2004, 565, 577

heranzieht, wäre als zufällig i. S. d. Rechtsprechung des EuGH zu qualifizieren. Daher wäre das weiter vom BAG aufgestellte Erfordernis zu übertragen, wonach die Statistik die Anzahl der geeigneten zur Wahl gestellten Kandidaten für die Vergangenheit zu enthalten hat.

Wird für ein vakantes Mandat lediglich jeweils ein Kandidat vom Aufsichtsrat und ein Kandidat von einem Aktionär vorgeschlagen, welches dem im betreffenden Aufsichtsrat unterrepräsentierten Geschlecht angehört, macht eine solche Statistik in kürzerer Zeit eine hinreichend wahrscheinliche Diskriminierung deutlich und hat ab einem gewissen Zeitpunkt die Wirkung einer Quote. Der Zeitpunkt, wann die mittelbare Quotenwirkung eintrifft, ist davon abhängig, wie weit das Zahlenmaterial zurückzugehen hat. Es bleibt abzuwarten, wie weit die Angaben zu den konkreten Bewerbern in die Vergangenheit zurückreichen müssen, damit nach der Rechtsprechung eine solche Diskriminierung für überwiegend wahrscheinlich gehalten werden kann. Je weiter in die Vergangenheit das Zahlenmaterial zurückzugehen hat und je weniger Bewerbungen des unterrepräsentierten Geschlechtes vorliegen, desto später tritt diese Quotenwirkung ein.

Von den durch die Aktionäre vorgeschlagenen Kandidaten sind lediglich die heranzuziehen, bei denen die Wahlvorschläge der Aktionäre die Voraussetzung des § 127 AktG erfüllen. Zur Vermeidung von Rechtsmissbrauch verlangt das BAG subjektiv ernsthafte Bewerbungen.[1168] Ein Rechtsmissbrauch ist auch anzunehmen, wenn Kandidaten entgegen den Vorschriften des Aktiengesetzes vorgeschlagen werden. Sind damit lediglich ernst gemeinte Wahlvorschläge zu berücksichtigen, wären auch Kandidaten bei einer Statistik unberücksichtigt zu lassen, die die persönlichen Voraussetzungen nach § 100 AktG nicht erfüllen. Kandidaten, die entgegen der Mindestanteilsregelung nach § 96 Abs. 2 AktG zur Wahl gestellt wurden, können dagegen miteinbezogen werden. Die fehlende Zugehörigkeit zu einem bestimmten Geschlecht führt nämlich nicht zwingend zur Ablehnung der subjektiven Ernsthaftigkeit einer Bewerbung.

Mit der Feststellung des BAG, wonach es „für die Annahme einer geschlechtsbezogenen Diskriminierung von Frauen bei Beförderungsentscheidungen [...] über die bloße Statistik hinaus weiterer Anhaltspunkte [bedarf]“[1169], wurde dem Statistikbeweis eine generell ausreichende Indizwirkung nicht abgesprochen.[1170]

1168 Dazu *Thüsing* in MüKo-BGB, § 15 AGG, Rn. 16 f.; *Thüsing/Stiebert,* NZG 2011, 641, 645

1169 BAG, Urt. v. 22.7.2010 – Az. 8 AZR 1012/08 = NZA 2011, 93, 100

1170 A.A. *Bonanni/Mückl,* ArbRB, 2011, 80, 82

Mit dieser Feststellung bezog sich das BAG nur auf Zahlenmaterialien, welche „lediglich ‚auffällige Ungleichgewichte' beim Frauenanteil in verschiedenen Hierarchieebenen eines Unternehmens vom Anspruchssteller anhand von Statistiken"[1171] aufzeigte. Enthält die Statistik dagegen Zahlenmaterialien über Personen auf selbiger oder vergleichbarer Ebene und kann sie eine Diskriminierung aussagekräftig darlegen, genügt eine solche bereits allein als Indiz. Weitere Anhaltspunkte wären nicht erforderlich. Eine Statistik kann demnach eine Quotenwirkung haben. Möchte man diese Wirkung vermeiden, kann man mit Transparenz den Gegenbeweis antreten.

5. Erfordernis eines geschlechtsneutralen Anforderungsprofils: die Suche nach der Aufsichtsrätin?

Nach § 11 AGG verstößt eine Ausschreibung gegen § 7 Abs. 1 AGG, wenn sie nach einem in § 1 AGG enthaltenen Merkmal differenziert und dadurch Personen, die ein solches Merkmal aufweisen, vom Kreis der für die zu besetzende Stelle in Betracht kommenden Personen dem Wortlaut nach ausschließt.[1172] Geschlechtsneutral hingegen ist eine Ausschreibung formuliert, wenn sie sich in ihrer gesamten Ausdrucksweise sowohl an Frauen als auch an Männer richtet.[1173] Dem ist jedenfalls dann Rechnung getragen, wenn die Berufsbezeichnung in männlicher und weiblicher Form verwendet oder ein geschlechtsneutraler Oberbegriff gewählt wird.[1174] Mit einer solchen unter Verstoß gegen § 11 AGG ausgeschriebenen Position werden Tatsachen vorgetragen, die eine Benachteiligung wegen des Geschlechtes vermuten lassen. Aufgrund der damit verbundenen Indizwirkung trägt die juristische Person nach § 22 AGG die Beweislast für das Fehlen eines Verstoßes gegen die Bestimmungen zum Schutz vor Benachteiligung.[1175]

Das OLG Karlsruhe hatte über einen Verstoß gegen das Benachteiligungsverbot des AGG aufgrund einer Stellenausschreibung zu entscheiden, die in ihrer Überschrift nur den Begriff des Geschäftsführers enthielt.[1176] Eine solche

---

1171 S. Fn. 1171

1172 *Schlachter* in ErfKom, § 11 AGG, Rn. 2 f. m.w.N.

1173 Zu § 611b BGB a. F. BT-Drs. 8/4259, S. 9; OLG Karlsruhe, Urt. v. 13.9.2011 - Az. 17 U 99/10 = DB 2011, 2256, 2257

1174 *Thüsing* in MüKo-BGB, § 11 AGG, Rn. 5; *Schlachter* in ErfKom, § 11 AGG, Rn. 2 f. m.w.N.; OLG Karlsruhe, Urt. v. 13.9.2011 - Az. 17 U 99/10 = DB 2011, 2256, 2257

1175 BAG, Urt. v. 19. 8. 2010 - Az. 8 AZR 530/09 = NZA 2010, 1412, 1415

1176 OLG Karlsruhe, Urt. v. 13.9.2011 - Az. 17 U 99/10 = DB 2011, 2256, 2256

Stellenausschreibung sei unter Verstoß gegen §§ 11, 7 Abs. 1 AGG erfolgt, da sie nicht geschlechtsneutral formuliert war. Die Vorgaben der geschlechterneutralen Formulierung seien deswegen nicht erfüllt, „da der Begriff ‚Geschäftsführer' eindeutig männlich ist und weder durch den Zusatz, /-in' noch durch die Ergänzung ‚m/w'"[1177] erweitert wurde. Demnach wird in dem Begriff „Geschäftsführer" kein geschlechtsneutraler Oberbegriff gesehen. Nicht entscheidend war dabei ferner, ob im allgemeinen Sprachgebrauch häufig noch die männliche Bezeichnung als Oberbegriff verwendet wird. Dazu erklärt das OLG Karlsruhe „die Anforderungen an die Begrifflichkeiten im Alltag oder in Gesetzestexten [seien] andere als bei einer Stellenausschreibung".[1178] Selbst wenn im allgemeinen Sprachgebrauch oder teilweise auch noch in der Gesetzessprache der männliche Begriff wie ein Oberbegriff verwendet wird, so wird er dadurch im Rahmen einer Stellenanzeige nicht geschlechtsneutral. Im Übrigen spricht etwa § 6 Abs. 3 AGG ausdrücklich von „Geschäftsführern und Geschäftsführerinnen".[1179]

Thüsing meint wiederum, „wenn allein die prima facie männliche Bezeichnung verwandt wird, kann der Gesamtkontext der Ausschreibung ergeben, dass eine Geschlechtsdiskriminierung nicht beabsichtigt wird".[1180] Eine solche Relativierung der Anzeige kann durch das explizierte Eingehen auf beide Geschlechter an anderer Stelle erfolgen. Dies entspricht ebenso der oben dargestellten Entscheidung des OLG Karlsruhe, welches auch die Nennung „typischerweise ‚weiblich' empfundener Fähigkeiten oder Tätigkeitsfelder" genügen lässt.[1181] In diesem Bezug ist jedoch anzumerken, dass eine grundsätzliche Benachteiligung nur vermieden werden kann, wenn bereits bestimmte Tätigkeitsfelder nicht mehr lediglich einem Geschlecht zugeschrieben werden würden.

Wird die Suche nach einem geeigneten Kandidaten durch externe Personalberater unterstützt,[1182] genügt es, wenn das genannte Anforderungsprofil den Begriff des Aufsichtsrates ohne Nennung der weiblichen Form oder eines weiteren Zusatzes enthält. Ist das Genus auch maskulin, handelt es sich dennoch um einen geschlechtsneutralen Begriff. Entgegen der Entscheidung des OLG Karlsruhe zum Begriff des Geschäftsführers[1183] handelt es sich bei dem Begriff

1177 S. Fn. 1176
1178 S. Fn. 1176
1179 S. Fn. 1176
1180 *Thüsing* in MüKo-BGB, § 11 AGG, Rn. 5
1181 OLG Karlsruhe, Urt. v. 13.9.2011 – Az. 17 U 99/10 = DB 2011, 2256, 2257
1182 *Weber-Rey/Handt,* NZG 2011, 1, 4
1183 S. Fn. 1181

„Aufsichtsrat" nicht lediglich um eine im allgemeinen Sprachgebrauch übliche Bezeichnung. Vielmehr ist sogar der Begriff der Aufsichtsrätin, als weibliche Form zum Begriff des Aufsichtsrates,[1184] zu vermeiden.[1185] Auch wenn der Gesetzestext allein nicht als ausschlaggebend erachtet werden soll, wenn dieser allein die männliche Bezeichnung enthält,[1186] ist es dennoch nicht das Organ „Aufsichtsrat", welches ein Geschlecht besitzt. Es sind die Mitglieder dieses Organs, die männlich oder weiblich sind.

Die Möglichkeit, eine Überschrift mit dem Inhalt eines Anforderungsprofils für den Aufsichtsrat durch den als Beispiel zu nennenden Zusatz „m/w" zu erweitern, ist folglich nicht notwendig. Diese Entbehrlichkeit liegt in der Verwendung des Begriffes „Aufsichtsrat" im allgemeinen Sprachgebrauch als geschlechtsneutralen Oberbegriff, der es nicht erforderlich macht, die weiteren Angaben zu relativieren.

Anders verhält es sich, wenn lediglich nach einem Aufsichtsratskandidaten gesucht wird. Dieser Begriff ist durch den ebenfalls exemplarischen weiblichen Zusatz oder einen Hinweis, dass damit auch das weibliche Geschlecht mitumfasst wird,[1187] zu erweitern. Fehlt ein solcher Zusatz, führt dies zur Verletzung des § 11 AGG und ein Indiz i. S. d. § 22 AGG ist anzunehmen.[1188] Es ist *Bauer/Krieger* zuzustimmen, dass der dann erforderliche Gegenbeweis, dass keine Diskriminierung vorliegt, seitens der Aktiengesellschaft schwerlich darzulegen sein wird.[1189]

Zudem darf ein Anforderungsprofil eines Aufsichtsratsmitgliedes nicht mittelbar diskriminieren. Ist das weibliche Geschlecht in Aufsichtsräten unterrepräsentiert, weisen *Papier/Heidebach* auf eine mittelbare Diskriminierung hin, wenn ein Anforderungsprofil „spezifische Erfahrungen in obersten Leitungsfunktionen" voraussetzt.[1190] Diesem ist insbesondere dann zuzustimmen,

---

1184 Duden „Aufsichtsrätin"

1185 A.A. BGH, Urt. v. 21.9.2009 – Az. II ZR 174/08 = DB 2009, 2422, 2423, der den Begriff der Aufsichtsrätin für einen weiblichen Aufsichtsratskandidaten verwendet.

1186 S. Fn. 1181

1187 Vgl. Fn. 1 des Anforderungsprofils für Aufsichtsratsmitglieder der Commerzbank AG (abrufbar: https://www.commerzbank.de/media/konzern_1/konzerninfo/aufsicht/Anforderungsprofil_Aufsichtsrat.pdf, Zugriff: 14.1.2016)

1188 *Schmidt* in Schiek, AGG, § 11, Rn. 6

1189 *Bauer/Krieger*, AGG, § 11, Rn. 8

1190 *Papier/Heidebach*, ZGR 2011, 305, 322, Fn. 81; vgl. auch dazu das Anforderungsprofil für Aufsichtsratsmitglieder der Commerzbank AG, wonach ein Aufsichtsratsmitglied die Voraussetzungen erfüllen sollte in Form von „kaufmännische Erfahrungen aus der Tätigkeit in Unternehmensleitungen respektive als leitender Angestellter

wenn in den obersten Leistungsfunktionen ebenfalls das weibliche Geschlecht unterrepräsentiert ist.

6. Beweislast bei der haftungsausfüllenden Kausalität zwischen Benachteiligung und Schaden

Ist die Hauptversammlung auch nicht an die Wahlvorschläge des Aufsichtsrates gebunden, ist die Wahl der durch den Aufsichtsrat vorgeschlagenen Kandidaten nicht unüblich. Wird nun der Ansicht des OLG Köln gefolgt, wonach lediglich eine hinreichende Wahrscheinlichkeit für den Eintritt des Schadens erforderlich ist,[1191] wäre zu untersuchen, inwiefern die Benachteiligung während des Auswahlverfahrens durch den Aufsichtsrat mit hinreichender Wahrscheinlichkeit für die Nichtwahl war. Es sei dafür der Gedanke festzuhalten, wonach die vorgeschlagenen Kandidaten zumeist von der Hauptversammlung gewählt werden. Dann würde eine überwiegende Wahrscheinlichkeit einer Benachteiligung bereits durch die Wahlvorschläge einen Schadenersatzanspruch begründen können. Eine zusätzliche Prüfung einer Benachteiligung durch die Wahl wäre demzufolge nicht vorzunehmen.

Thüsing/Stiebert halten eine solche Prüfung einer nur hinreichenden Wahrscheinlichkeit zwischen Benachteiligung und Schaden jedoch für „grob fehlerhaft".[1192] Zu Recht wird darauf hingewiesen, die benachteiligte Person trage die Darlegungs- und Beweislast für den Eintritt des Schadens[1193] und habe damit die eigene Wahl als bestqualifizierte darzulegen und zu beweisen.[1194] Dabei darf jedoch hinsichtlich des Erfordernisses der haftungsausfüllenden Kausalität[1195] zwischen Benachteiligung und Schaden i. S. d. § 15 Abs. 1 S. 1 AGG die geminderte Beweislast nicht unberücksichtigt bleiben. Ist auch die Beweiserleichterung

---

und/oder als Mitglied eines Aufsichtsrats bzw. eines vergleichbaren Gremiums" (abrufbar: https://www.commerzbank.de/media/konzern_1/konzerninfo/aufsicht/Anforderungsprofil_Aufsichtsrat.pdf, Zugriff: 14.1.2016)

1191 OLG Köln, Urt. v. 29.7.2010 – Az. 18 U 196/0 = NZG 2011, 187, 190

1192 *Thüsing/Stiebert*, NZG 2011, 641, 645; so ebenfalls *Arnold*, ArbRAktuell 2010, 536; *Raif*, GWR 2010, 537

1193 BAG, Urt. v. 19.8.2010 – Az. 8 AZR 530/09 = NZA 2010, 1412, 1417; *Kocher* in Schiek, AGG, § 15, Rn. 24; *Thüsing/Stiebert*, NZG 2011, 641, 645

1194 *Arnold*, ArbRAktuell 2010, 536; *Raif*, GWR 2010, 537; *Armbrüster* in: Erman BGB, § 22 AGG, Rn. 2; BGH, Urt. v. 23.4.2012 – Az. II ZR 163/10 = NJW 2012, 2346, 2350

1195 *Kocher* in Schiek, § 15, Rn. 16; *Mansel* in Jauernig, BGB 2014, § 15, Rn. 3; BAG, Urt. v. 19.8.2010 – Az. 8 AZR 530/09 = NZA 2010, 1412, 1417; *Diller*, NZA 2007, 649, 650

nach § 22 AGG nicht anzuwenden,[1196] so doch die Regelung in § 287 ZPO.[1197] Demnach müssen lediglich Tatsachen vorgetragen und unter Beweis gestellt werden, die „ausreichend greifbare Anhaltspunkte bieten".[1198] Diese Minderung des Beweismaßes gestattet dem Gericht, sich „je nach Lage des Falles an Stelle einer an Sicherheit grenzenden, mit einer mehr oder minder hohen, mindestens aber überwiegenden Wahrscheinlichkeit zu begnügen".[1199]

Dass ein Schaden in Form der Nichtwahl mit einem ausreichenden Grad an Wahrscheinlichkeit allein deswegen anzunehmen ist, weil die Wahl der Hauptversammlung nicht unüblich auf einen vom Aufsichtsrat zur Wahl vorgeschlagenen Kandidaten fällt, ist zweifelhaft. Eine solch pauschal geltende Annahme für sämtliche Aktiengesellschaften ist abzulehnen. Vielmehr ist auf den Einzelfall Rücksicht zu nehmen, indem beispielsweise das Abstimmungsverhalten der Organmitglieder zu betrachten ist. Würde danach der Kandidat bereits aufgrund der nicht diskriminierend motivierten Stimmen nicht zur Wahl gestellt werden, wäre der Kausalzusammenhang zwischen Benachteiligung und Schaden abzulehnen. Als Zwischenergebnis kann damit festgehalten werden, dass allein die Feststellung einer Chancenverschlechterung während des Auswahlverfahrens nicht die Kausalität zwischen Benachteiligung und Schaden zwingend begründet. Und ist auch die Beweislasterleichterung nach § 22 AGG nicht anwendbar, genügt dagegen dennoch eine hinreichende Wahrscheinlichkeit für die Annahme der haftungsausfüllenden Kausalität. Das kann insbesondere bei Publikumsgesellschaften, bei denen die Hauptversammlung zumeist den von dem Aufsichtsrat vorgeschlagenen Kandidaten wählt, zu der Annahme einer solchen Kausalität zwischen Benachteiligung und Schaden führen.

1196 *Kocher* in Schiek, § 15, Rn. 23; *Diller*, NZA 2007, 649, 650; *Raif*, GWR 2010, 537; BGH, Urt. v. 23.4.2012 – Az. II ZR 163/10 = NJW 2012, 2346, 2350

1197 *Kocher* in Schiek, § 15, Rn. 24; *Simon/Greßlin*, BB 2007, 1782, 1784, wonach der Erfolg „praktisch" sicher sein muss; BGH, Urt. v. 6.4.1995 – Az. III ZR 183/94 = NJW 1995, 2344, 2345; irreführend BGH, Urt. v. 23.4.2012 – Az. II ZR 163/10 = NJW 2012, 2346, 2350, worin auf die „Grundsätze entsprechend, die der BGH in Fällen der Nichtberücksichtigung eines Stellenbewerbers infolge einer Amtspflichtverletzung einer Behörde aufgestellt hat" verwiesen und dabei das Urteil des BGH, v. 6.4.1995 – Az. III ZR 183/94 zitiert wird. Denn in diesem zitierten Urteil stellt der BGH ebenfalls lediglich fest, dass die „Beweiserleichterungen des § 287 ZPO zugute" kommt.

1198 BGH, Urt. v. 23.11.2006 – Az. IX ZR 21/03 = NJW-RR 2007, 569, 571

1199 BGH, Urt. v. 7.6.2006 – Az. XII ZR 47/04 = NJW-RR 2006, 1238, 1239 m.w.N.

7. Auskunftsanspruch oder Dokumentationsobliegenheit?

Die Wahl des Aufsichtsrates ist zwar kein öffentliches, jedoch – gerade im Hinblick auf börsennotierte Aktiengesellschaften – ein zahlreichen Personen zugängliches Ereignis. Ein der Öffentlichkeit nicht zugängliches Verfahren ist dagegen die Sitzung des Aufsichtsrates, in der seine Wahlvorschläge i. S. d. § 124 Abs. 3 S. 1 und 2 AktG thematisiert werden. Nach § 107 Abs. 2 AktG ist über die Sitzungen des Aufsichtsrates eine Niederschrift anzufertigen. In dieser sind die Gegenstände der Tagesordnung wie auch der wesentliche Inhalt der Verhandlungen und die Beschlüsse des Aufsichtsrates anzugeben. Eine geschlechtsspezifische Benachteiligung i. S. d. § 3 AGG kann bereits während dieses Verfahrens vorliegen. Damit könnte ferner gegen das Benachteiligungsverbot aus § 7 Abs. 1 AGG verstoßen worden sein. Konkrete Anhanhaltspunkte hat die sich benachteiligende Person vorzutragen. Zu beantworten ist daher, inwiefern Personen, die sich durch die Verletzung des Gleichbehandlungsgrundsatzes für beschwert halten, einen Anspruch auf Einsicht in diese Inhalte der Aufsichtsratsbeschlüsse haben, um eine eventuelle Benachteiligung nachweisen zu können.

Nach § 116 S. 2 AktG sind Aufsichtsratsmitglieder insbesondere zur Verschwiegenheit über erhaltene vertrauliche Berichte und vertrauliche Beratungen verpflichtet. Von dieser Verschwiegenheitspflicht kann sich der Aufsichtsrat als Organ in gewissen Grenzen selbst befreien.[1200] Aus diesem Grund verstößt eine eventuelle „Dokumentations- und Offenlegungspflicht des Inhaltes der Beratungen in den Aufsichtsratssitzungen und sogar der Gespräche im Vorfeld [nicht] gegen die gesetzliche Verschwiegenheitspflicht aus § 116 S. 2 AktG“, wodurch die Möglichkeit der Erörterung von Personalfragen im Aufsichtsrat besteht.[1201] Sind die „Auffassungen, Überlegungen und Motive einzelner Aufsichtsratsmitglieder [zwar nicht] als Angelegenheiten der Gesellschaft [i.S.d § 131 Abs. 1 S. 1 AktG] einzustufen“[1202], ist bei der Beurteilung dieser subjektiven Entscheidungen der Organwalter dennoch auch das Interesse der Gesellschaft an der Geheimhaltung der Aufsichtsinterna zu beachten.[1203]

Hinsichtlich der Frage nach einem Anspruch auf Auskunft entschied der EuGH, dass § 19 Abs. 1 der Richtlinie 2006/54/EG dahin gehend auszulegen ist,

---

1200 *Habersack* in MüKo-AktG, § 116 AktG, Rn. 66; BGH, Urt. v. 23.4.2012 – Az. II ZR 163/10 = NJW 2012, 2346, 2349 m.w.N.

1201 BGH, Urt. v. 23.4.2012 – Az. II ZR 163/10 = NJW 2012, 2346, 2349

1202 BVerfG, Beschl. v. 20.9.1999 – Az. 1 BvR 636/95 = NJW 2000, 349, 351

1203 Vgl. *Habersack* in MüKo-AktG, § 107 AktG, Rn. 91, hinsichtlich der Ablehnung eines Einsichtsrechts eines Aktionärs

„dass [die Richtlinie] für einen Arbeitnehmer, der schlüssig darlegt, dass er die in einer Stellenausschreibung genannten Voraussetzungen erfüllt, und dessen Bewerbung nicht berücksichtigt wurde, keinen Anspruch auf Auskunft darüber vorsehen, ob der Arbeitgeber am Ende des Einstellungsverfahrens einen anderen Bewerber eingestellt hat“.[1204] Der dieser Entscheidung zugrunde liegende Streitfall betraf eine sich durch die Verletzung des Gleichbehandlungsgrundsatzes für beschwert haltende Person, welche gerichtlich die Vorlage der Bewerbungsunterlagen des eingestellten Bewerbers beantragte. Diese sollten dem Nachweis der besseren Qualifikation im Vergleich zu der gewählten Person dienen.[1205] Entgegen dem Vorschlag der Kommission zu dieser Regelung[1206] enthält weder der Wortlaut des Art. 19 Abs. 1 der Richtlinie 2006/54/EG eine Gewährung eines Auskunftsanspruches,[1207] noch kann ein solcher der Systematik oder dem Sinn dieser Regelung entnommen werden.[1208]

Wird die Auskunft über die Aufsichtsratswahl bei börsennotierten Unternehmen verweigert, sind die Auswirkungen auf die Frage, ob eine andere Person gewählt wurde, unwesentlich. Die Wahlvorschläge des Aufsichtsrates sind als Bestandteil der Tagesordnung in die Einberufung aufzunehmen.[1209] Nach § 124a Nr. 1 AktG ist der Inhalt der Einberufung auf der Internetseite der börsennotierten Gesellschaft zugänglich zu machen. Sämtliche Gesellschaften haben ferner nach § 124 Abs. 4 S. 1 AktG die Einberufung in den Gesellschaftsblättern bekannt zu machen, wenn die Hauptversammlung nicht nach § 121 Abs. 4 S. 2 AktG per eingeschriebenen Brief einberufen wird. Ferner ist gemäß § 106 AktG jede personelle Veränderung des Aufsichtsrates und damit auch jede Änderung der Aufsichtsratszusammensetzung zum Handelsregister einzureichen. Damit bedarf es für die Feststellung einer Änderung bei der Zusammensetzung des Aufsichtsrates keines Auskunftsanspruches.

1204 EuGH, Urt. v. 19.4.2012 – Rs. C-415/10, Rn. 46 = NZA 2012, 493, 494

1205 BAG, Beschluss vom 20.5. 2010 – 8 AZR 287/08 (A) = NZA 2010, 1006, 1007

1206 Vgl. Art. 4 lit. b S. 1 des Vorschlags der Kommission vom 27. Mai 1988 für eine Richtlinie des Rates zur Beweislast im Bereich des gleichen Entgelts und der Gleichbehandlung von Frauen und Männern KOM(88) 269 endg. = ABl. EG Nr. C 176 vom 5.7.1988, S. 5, 6, welcher von der Kommission 1998 zurückgenommen wurde, ABl. EG Nr. C 40 vom 7.2.1998, S. 4, 7

1207 EuGH Urt. v. 24.2.2010 – Rs. C-104/10 („*Kelly*“), Rn. 34, zu Art. 4 Abs. 1 der Vorgängerrichtlinie 97/80/EWG

1208 Schlussanträge des Generalanwalts *Mengozzi* vom 12.1.2012, zur Rs. C-415/10 („*Meister*“), Rn. 21, 22

1209 *Koch* in in Hüffer/Koch, AktG, § 124, Rn. 16 f.

Die dem EuGH vorgelegte Frage bei der oben benannten Entscheidung erfasste keinen Auskunftsanspruch über die Frage, ob der Arbeitgeber sich für eine andere Person entschieden hatte. Mit der Vorlage zum EuGH wollte das nationale Gericht vielmehr auch wissen, ob Art. 19 Abs. 1 der Richtlinie 2006/54/EG im Falle einer Nichtberücksichtigung einen Anspruch auf Auskunft der Auswahlkriterien vorsieht.[1210] Hat der EuGH lediglich über die erste Frage entschieden, beantwortete die Entscheidung ebenso die Frage nach einem Auskunftsverlangen über die Entscheidungsgründe. Damit wurde auch der Anspruch auf Einsicht in die Bewerbungsunterlagen abgelehnt. Dieser Entscheidung des EuGH kann entnommen werden, dass in Bezug auf die Wahl eines Aufsichtsratskandidaten kein Anspruch auf Auskunft über die Motive für die Wahl einer Person besteht. Auch ein Anspruch auf Einsicht in die die Wahlvorschläge des Aufsichtsrates nach § 124 Abs. 3 S. 1 AktG betreffenden und protokollierten Beschlussinhalte des Aufsichtsrates ist entsprechend dieser Entscheidung wohl abzulehnen.

Besteht kein Auskunftsanspruch, hat eine völlige Auskunftsverweigerung dennoch Auswirkungen auf den Beweis einer Benachteiligung. Bereits in der Entscheidung zur Rechtssache *Kelly* stellt der EuGH nämlich fest, es sei „nicht ausgeschlossen [...], dass eine Verweigerung von Informationen durch den Beklagten im Rahmen des Nachweises [von Tatsachen, die das Vorliegen einer Diskriminierung vermuten lassen], die Verwirklichung des [mit diesen Richtlinien bezüglich der Gleichbehandlung] verfolgten Ziels beeinträchtigen und auf diese Weise dieser Bestimmung [des Art. 4 Abs. 1 der Beweislastrichtlinie] ihre praktische Wirksamkeit nehmen kann".[1211] Laut dem EuGH besteht demnach zwar kein Anskunftsanspruch im Hinblick auf das ob oder warum eine Entscheidung zugunsten einer anderen Person getroffen wurde. Jedoch stellt der EuGH in seiner Entscheidung zur Rechtssache *Meister* auch fest, es sei „nicht ausgeschlossen [...], dass die Verweigerung jedes Zugangs zu Informationen durch einen Beklagten ein Gesichtspunkt sein kann, der im Rahmen des Nachweises von Tatsachen, die das Vorliegen einer unmittelbaren oder mittelbaren Diskriminierung vermuten lassen, heranzuziehen ist. Es ist Sache des vorlegenden Gerichts, unter Berücksichtigung aller Umstände des bei ihm anhängigen Rechtsstreits zu prüfen, ob dies im Ausgangsverfahren der Fall ist".[1212] Diese Feststellung

---

1210 EuGH, Urt. v. 19.4.2012 – Rs. C-415/10, Rn. 32 = NZA 2012, 493, 493; BAG, Beschluss vom 20.5.2010 – 8 AZR 287/08 (A) = NZA 2010, 1006, 1006

1211 EuGH Urt. v. 24.2.2010 – Rs. C-104/10 („*Kelly*"), Rn. 34, 39, 54

1212 EuGH, Urt. v. 19.4.2012 – Rs. C-415/10, Rn. 47 = NZA 2012, 494

hat praktische Auswirkungen auf die Klärung der Frage, ob genügend Indizien i. S. d. § 22 AGG vorgelegt wurden, die eine Benachteiligung vermuten lassen. Eine Auskunftsverweigerung hat alleine zwar keine ausreichende Indizwirkung. Liegen jedoch weitere Tatsachen vor, kann dies im Zusammenhang mit einer Auskunftsverweigerung die Vermutung einer Benachteiligung wegen eines in § 1 AGG genannten Grundes darlegen. Die Beurteilung über die hinreichende Darlegung von Tatsachen, die eine geschlechtsspezifische Benachteiligung vermuten lassen, ist Sache des nationalen Gerichtes. Als eine solche weitere Tatsache kann das Nichtbestreiten einer Übereinstimmung der Qualifikation der betreffenden Person mit den Anforderungen einer vakanten Stelle herangezogen werden.[1213] Auch der Umstand über die Nichteinladung dieser Person zu einem Vorstellungsgespräch kann als eine solche Tatsache heranzuziehen sein.[1214]

Wegen der Beweislast nach § 22 AGG wird eine „Dokumentationspflicht" angenommen.[1215] Eine solche Pflicht bzw. Obliegenheit kann jedoch weder den Regelungen des AGG noch den mit diesem Gesetz umgesetzten Richtlinien entnommen werden. Ebenso macht eine fehlende Dokumentation den jeweiligen Beschluss nach § 107 Abs. 2 S. 3 AktG nicht unwirksam. Dennoch kann das Haftungsrisiko im Wege einer ausreichenden schriftlichen Dokumentation erheblich gesenkt werden. Die Regelung des § 107 Abs. 2 S. 2 AktG bestimmt den Mindestinhalt einer Sitzungsniederschrift.[1216] Hat diese Niederschrift danach die wesentlichen Inhalte der Verhandlungen wiederzugeben, wird zwar keine detaillierte Wiedergabe jeder dort geführten Diskussion vorausgesetzt, jedoch eine Zusammenfassung „der tragenden, das Verständnis der Beschlüsse beitragenden Gesichtspunkte".[1217] Enthalten sein soll auch das Stimmenverhältnis bei Beschlüssen.[1218] Dieser Dokumentation bedarf es für die Einwendung nach § 15 Abs. 2 S. 2 AGG für den Nachweis der Nichtwahl einer Person auch bei benachteiligungsfreien Auswahlverfahren. Dies könnte dann

---

1213 Vgl. Anforderungsprofil für Aufsichtsratsmitglieder der Commerzbank AG (abrufbar https://www.commerzbank.de/media/konzern/konzerninfo/aufsicht/Anforderungsprofil_AR.pdf, Zugriff: 26.4.2012)

1214 EuGH, Urt. v. 19.4.2012 – Rs. C-415/10, Rn. 47 = NZA 2012, 494

1215 So *Bauer/Göpfert/Krieger*, DB 2005, 595, 596; *Reufels/Molle*, NZA-RR 2011, 281, 286; hinsichtlich Benachteiligungen von Beschäftigten *Willemsen/Schweibert*, NJW 2006, 2583, 2591

1216 *Habersack* in MüKo-AktG, § 107 AktG, Rn. 80

1217 S. Fn. 1216; *Koch* in in Hüffer/Koch, AktG, § 107, Rn. 13

1218 *Koch* in in Hüffer/Koch, AktG, § 107, Rn. 13

dem dokumentierten Stimmenverhältnis hinsichtlich des Beschlusses über den Wahlvorschlag i. S. d. § 124 Abs. 3 S. 1 AktG entnommen werden.[1219]

Hinsichtlich des Auskunftsanspruches kann auf die Berichtspflicht des § 289a HGB im Rahmen des Lageberichtes hingewiesen werden. Nach § 289a Abs. 2 Nr. 2 HGB sind relevante Angaben zu Unternehmensführungspraktiken aufzunehmen. *Bachmann* vertritt, es sei damit auch die Besetzungspolitik des Aufsichtsrates zu publizieren.[1220] Dabei ist auf eine benachteiligungsfreie Politik und die Vermeidung von Tatsachen, die die Vermutung einer Benachteiligung darlegen können, zu achten.

8. Die Widerlegung der Vermutung

Wurden Indizien für eine Benachteiligung dargelegt, ist die Rechtsfolge eine andere als bei dem Anscheinsbeweis.[1221] Ist eine Tatsache prima facie anzunehmen, obliegt es der anderen Partei, diesen Anscheinsbeweis durch einen substanziierten Vortrag zu erschüttern. Die Rechtsfolge des § 22 AGG entspricht der Rechtsfolge der gesetzlichen Vermutung im Sinne des § 292 ZPO.[1222] Hält das Gericht aufgrund der vorgelegten Indizien eine Diskriminierung für wahrscheinlich, ist hier nur der Beweis des Gegenteiles zulässig.[1223]

Indem die Statistik zur Darlegung einer Benachteiligung auf Bewerberzahlen in der Vergangenheit zurückgreift und es jedoch „keinem Arbeitgeber möglich sein wird, im Nachhinein einen Nachweis für die diskriminierungsfreie Besetzung der Stellen in den vergangenen Jahren zu führen“, weisen *Heyn/Meinel* darauf hin, eine solche Statistik stelle „unwiderleglich“ fest, dass im Unternehmen generell eine Diskriminierung von Kandidaten eines bestimmten Geschlechtes stattfindet.[1224] Eine solche Feststellung berücksichtigt allerdings nicht die Beweislastverteilung. Der Arbeitgeber hat nicht das Fehlen eines Verstoßes gegen das Benachteiligungsverbot in der Vergangenheit nachzuweisen. Vielmehr hat er darzulegen, dass die im Streitfall betroffene Maßnahme oder Wahl in keinerlei Zusammenhang mit einem in § 1 AGG genannten Grund steht.[1225]

1219 Vgl. dazu ausführlich unten Teil D, I. 6.

1220 *Bachmann*, ZIP 2011, 1131, 1133

1221 *Windel*, RdA, 2007, 1, 6; *ders.* RdA 2011, 193, 198

1222 *Kocher* in Schiek, AGG, § 22, Rn. 20

1223 *Windel*, RdA, 2007, 1, 6; *ders.* RdA 2011, 193, 198; *Kocher* in Riesenhuber, Das allgemeine Gleichbehandlungsgesetz, S. 64; a.A. *Maier-Reime*, NJW 2006, 2577, 2582, lässt auch eine Entkräftung der Wahrscheinlichkeit als Möglichkeit zu.

1224 *Heyn/Meinel*, NZA 2009, 20, 21

1225 So auch *Dahm*, BB 2010, 1792, 1795 f.

a) *Vermutungswiderlegung hinsichtlich des Beschlusses über die Wahlvorschläge*

Greift die Vermutungswirkung und sollen gegen eine Befragung des Aufsichtsrates über seine Auswahlentscheidung sprechende Gründe der Vertraulichkeit angenommen werden,[1226] ist dennoch die vermutete Diskriminierung nicht unwiderleglich. Den Beweis des Gegenteiles hat die juristische Person zu führen.[1227] Wurde die Suche nach einem geeigneten Kandidaten an externe Personalberater delegiert,[1228] sind für einen solchen Beweis des Gegenteiles exemplarisch die für diesen Personalberater definierten Anforderungen an das zukünftige Aufsichtsratsmitglied zu nennen.

b) *Vermutungswiderlegung hinsichtlich einer nicht geschlechtsneutralen Ausschreibung*

Bei der Regelung des § 11 AGG handelt es sich um eine lex imperfecta ohne eigene Rechtsfolge.[1229] Eine Stelle, die unter Verstoß gegen §§ 11 i. V. m. 7 Abs. 1 AGG ausgeschrieben ist, ist als Tatsache i. S. d. § 22 AGG zu werten, die eine Benachteiligung wegen des Geschlechtes vermuten lässt.[1230] *Schlachter* sieht diese Vermutung etwa durch die Einstellung eines Bewerbers, der einer durch die Formulierung der Ausschreibung an sich ausgeschlossenen Gruppe angehört, als widerlegt an.[1231]

Allein die Einladungen von Bewerbern, die nach der Ausschreibungsformulierung der ausgeschlossenen Gruppe angehören, genügen wiederum weniger zur Widerlegung der Annahme einer Benachteiligung.[1232] In einem dem OLG Karlsruhe vorgelegten Fall bewarben sich auf eine die Frauen benachteiligende Anzeige 85 Interessenten, worunter vier weiblich waren. In der geringen Anzahl weiblicher Bewerber sah das OLG Karlsruhe den Nachweis, dass sich Frauen von dieser Anzeige tatsächlich weniger angesprochen fühlten.[1233] Das LAG Berlin

---

1226 *Weber-Rey/Handt*, NZG 2011, 1, 4

1227 *Grobys*, NZA 2006, 898, 901

1228 *Weber-Rey/Handt*, NZG 2011, 1, 4; *Spies/Wieduwilt/Friederichs*, Der Aufsichtsrat, 2008, 138, 139

1229 *Thüsing* in MüKo-BGB, § 11 AGG, Rn. 8

1230 S. dazu oben Teil D, I. 5.; *Schlachter* in ErfKom, § 11 AGG, Rn. 2 f. m.w.N.; *Thüsing* in MüKo-BGB, § 11 AGG, Rn. 8

1231 *Schlachter* in ErfKom, § 11 AGG, Rn. 3, welcher sich auf das LAG Berlin, Urt. v. 16.5.2001 – Az. 13 Sa 393/01 beruft (zitiert nach Juris Rn. 27)

1232 OLG Karlsruhe, Urt. v. 13.9.2011 – Az. 17 U 99/10 = DB 2011, 2256, 2258

1233 S. Fn. 1232

scheint dieser Argumentation nicht zu folgen, wenn es für die Ablehnung einer Benachteiligung ein Geschlechterverhältnis von zwei zu vier genügen lässt.[1234] Es kommt jedoch weniger auf das Geschlechterverhältnis unter den Bewerbern an. Nach § 11 AGG ist ein Anforderungsprofil geschlechtsneutral zu formulieren. Die Bewerbung einer durch dieses Profil benachteiligten Person ändert das Profil selbst nicht.

Hinsichtlich einer Aufsichtsratswahl kann eine Benachteiligung eines Geschlechts durch den Wahlvorschlag des Aufsichtsrates nicht durch einen anderen Wahlvorschlag eines Aktionärs neutralisiert werden. Fand bei der Suche nach einem geeigneten Kandidaten lediglich ein Geschlecht Berücksichtigung, ist eine Benachteiligung auch dann anzunehmen, wenn ein Aktionär eine Person des anderen Geschlechtes zur Wahl stellt. Die Entscheidung für einen Kandidaten wurde von Organwaltern unterschiedlicher Organe getroffen. Die Benachteiligung durch ein Organ genügt jedoch bereits.

Auch wenn die Suche nach einem geeigneten Aufsichtsratsmitglied extern unterstützt wird, ist im Vergleich zu einer öffentlich gemachten Stellenanzeige nicht mit einem allgemein zugänglichen Anforderungsprofil zu rechnen. Damit wird dem Schutz des § 11 AGG kaum Bedeutung zukommen, solange keine Anforderungsprofile von den Unternehmen veröffentlicht werden oder eine Pflicht zur Veröffentlichung besteht.

II. Zwischenergebnis

Der Wortlaut des § 6 Abs. 3 AGG ist nicht klar in seiner Formulierung. Eine richtlinienkonforme Umsetzung erfordert die Anwendbarkeit des § 22 AGG auf selbstständig Erwerbstätige. Die Ansicht, wonach dieser dahin zu verstehen sei, ausschließlich der zweite Abschnitt des AGG sei auf Organmitglieder und Selbstständige anzuwenden und folglich nicht die Beweislastregelung des § 22 AGG, führt zu einem Umsetzungsdefizit.

Wird die Grenze der richtlinienkonformen Auslegung bereits im Wortlaut gesehen, setzt eine solche Auslegung die Vieldeutigkeit des § 6 Abs. 3 AGG voraus. Es entspricht einer richtlinienkonformen Auslegung die Regelung des § 6 Abs. 3 AGG dahin gehend zu verstehen, wonach nicht nur der zweite Abschnitt, sondern auch der vierte Abschnitt auf Organmitglieder und Selbstständige entsprechend anzuwenden ist.

1234 LAG Berlin, Urt.v. 16.5.2001 – Az. 13 Sa 393/01 (zitiert nach Juris Rn. 27)

Der gesetzgeberische Wille steht einer solchen richtlinienkonformen Auslegung nicht entgegen. Vielmehr macht dieser eine richtlinienkonforme Auslegung sogar entbehrlich. Indem der Gesetzgeber die Regelung des § 20 Abs. 3 AGG-E gestrichen hat und mit selbiger Formulierung den Schutzbereich des AGG auf Organmitglieder ausdrücklich mit § 6 Abs. 3 AGG erweiterte, ist keine beschränkte Anwendbarkeit des vierten Abschnittes nur auf Beschäftigte beabsichtigt gewesen.

Die Voraussetzung des § 22 AGG, nach der Indizien zu beweisen sind, die eine Diskriminierung vermuten lassen, ist dahin auszulegen, dass zwar keine Versicherung an Eides statt genügt, eine Diskriminierung aufgrund der vorgelegten Indizien jedoch (nur) als überwiegend wahrscheinlich erscheinen muss.[1235] Dabei ist bereits an das Beibringen der Indizien ein geringeres Beweismaß anzusetzen.

Statistiken haben durchaus Gewicht bei der Darlegung einer hinreichend wahrscheinlichen Diskriminierung, solange diese aussagekräftig ist.[1236] Je mehr Bezug das Zahlenmaterial zu der im Streitfall betreffenden Diskriminierung aufweist, desto aussagekräftiger ist dieses.[1237] Von einer mittelbaren Quotenwirkung ist erst auszugehen, wenn die Statistik über einen längeren Zeitraum hinweg eine gewisse Bewerberanzahl enthält. Dieses Zahlenmaterial ist für die Annahme einer Aussagekraft erforderlich. Dabei kann die Berücksichtigung von Statistiken als Indiz i. S. d. § 22 AGG mittelbar auch zu einer transparenteren Gestaltung der Auswahlentscheidung führen.

Genügt das vorliegende Zahlenmaterial allein nicht zur Begründung der Vermutungswirkung, sind weitere Hilfstatsachen vorzulegen und eine Gesamtbetrachtung dieser ist vorzunehmen.[1238] Solch weitere Hilfstatsachen können abhängig vom Einzelfall unterschiedliche Aussagen in der Hauptversammlung sein. Hinsichtlich der Frage, inwiefern es sich bei solchen Aussagen um geschlechtsneutrale Bemerkungen handelt oder um Äußerungen, die auf eine im Unternehmen übliche Geschlechterdiskriminierung hinweisen, weist *Benecke*

1235 BAG, Urt. v. 22. 7. 2010 – Az. 8 AZR 1012/08 = NZA 2011, 93, 100; *Kocher* in Schiek, § 22, Rn. 43; *Windel*, RdA 2011, 193, 196 f.; *Steinau-Steinrück/Schneider/Wagner*, NZA 2005, 28, 31; *Adomeit/Mohr*, AGG, § 22, Rn. 14

1236 *Peick*, Darlegungs- und Beweislast nach § 22 AGG, S. 240; a.A. *Lingemann* in Prütting/Wegen/Weinreich: BGB Kommentar, § 22 AGG, Rn. 5, wonach weitere Indizien erforderlich sind

1237 *Peick*, Darlegungs- und Beweislast nach § 22 AGG, S. 240

1238 BAG, Urt. v. 22.7.2010 – Az. 8 AZR 1012/08 = NZA 2011, 93, 101 ff.; BAG, Urt. v. 27.1.2011 – Az. 8 AZR 483/09 = NZA 2011, 689, 691; *Bayreuther*, NJW 2009, 806, 809

zu Recht darauf hin, diese seien dahin gehend zu untersuchen, inwiefern sie ebenfalls einem männlichen respektive weiblichen Kandidaten zuteilgeworden wären.[1239]

Durch vor der Wahl offengelegte konkrete Anforderungsprofile für ein vakant gewordenes Aufsichtsratsmandat kann die juristische Person eine überwiegende Wahrscheinlichkeit einer Diskriminierung widerlegen. Auch die Dokumentation der Beschlussfassung, wie die des Suchauftrages an einen externen Personalberater, kann zur Widerlegung einer Diskriminierung dienlich sein.

Die Beweislast des § 22 AGG wird durch eine Protokollierung des wesentlichen Beratungsablaufes in Bezug auf die Wahlvorschläge des Aufsichtsrates erleichtert. Einen Anspruch auf Einsicht in diese dokumentierten Beschlüsse und Niederschriften hat die sich durch die Verletzung des Gleichbehandlungsgrundsatzes für beschwert haltende Person jedoch nicht. Auch hat allein die Verweigerung der Einsicht keine Indizwirkung. Kommen jedoch weitere Tatsachen hinzu, ist die völlige Einsichtsverweigerung als ein weiterer für die Annahme einer Benachteiligung sprechender Gesichtspunkt heranzuziehen.

Führt die fehlende Niederschrift nicht zur Unwirksamkeit der Aufsichtsrats- oder Hauptversammlungsbeschlüsse, ist es dennoch ratsam, den wesentlichen Inhalt zu dokumentieren. Im Hinblick auf die Wirkungen einer völligen Einsichtsverweigerung und insbesondere auf die Möglichkeit der Geltendmachung einer Einwendung nach § 15 Abs. 2 S. 2 AGG ist eine Dokumentationsobliegenheit anzunehmen.[1240] Der Nachweis über die Nichtwahl einer Person auch bei benachteiligungsfreiem Auswahlverfahren kann durch eine Dokumentation der Beiträge der Aufsichtsratsmitglieder erfolgen. Dafür sind neben dem Stimmenverhältnis auch die Erwägungen, die sich auf die Wahlvorschläge beziehen, in die Niederschrift i. S. d. § 107 Abs. 2 AktG aufzunehmen.

1239 *Benecke*, DB 2011, 934, 935 f. zu der Aussage eines Vorgesetzten an die abgelehnten Kandidaten solle sich auf ihr Kind freuen; vgl. LAG Berlin-Brandenburg, Urt. v. 12.2.2009 – Az. 2 Sa 2070/08 = NZA-RR 2009, 357, 359 (qualifiziert diese Aussage als „bloßes Trösten"); BAG, Urt. v. 24.4.2008 – Az. 8 AZR 257/07 = NJW 2008, 3658, 3661 (qualifiziert diese Aussage als nicht geschlechtsneutrale Bemerkung)

1240 Wegen der Beweislast so im Ergebnis auch *Eßer/Baluch*, NZG 2007, 321, 332; ebenso *Redenius-Hövermann*, ZIP 2010, 660, 664; *Armbrüster* in: Erman BGB, § 22 AGG, Rn. 2

III. Rechtsfolgen einer geschlechtsbezogenen Benachteiligung

Zumeist überlassen die mit dem AGG umgesetzten Gleichbehandlungsrichtlinien die Festlegung der Sanktionsform den Mitgliedstaaten.[1241] Damit hätten die Mitgliedstaaten nicht zwingend die Rechtsfolge eines Schadenersatz- und Entschädigungsanspruches normieren müssen.[1242] Diese Wahlfreiheit haben die Mitgliedstaaten jedoch nicht in Bezug auf eine Benachteiligung wegen des Geschlechtes.[1243] Die Richtlinie 2002/73/EG schreibt die Erforderlichkeit einer Sanktion in Form eines Schadenersatz- und Entschädigungsanspruches vor. Nach Art. 6 Abs. 2 der Richtlinie 2002/73/EG haben die Mitgliedstaaten „die erforderlichen Maßnahmen [zu treffen], um sicherzustellen, dass der einer Person durch eine Diskriminierung in Form eines Verstoßes gegen Artikel 3 entstandene Schaden […] tatsächlich und wirksam ausgeglichen oder ersetzt wird, wobei dies auf eine abschreckende und dem erlittenen Schaden angemessene Art und Weise geschehen muss". Diese Regelung wurde mit Artikel 18 auch in die Richtlinie 2006/54/EG aufgenommen. Die Umsetzung dieser Regelung verfolgt der Gesetzgeber mit § 15 AGG. Wurde gegen das Benachteiligungsverbot aus § 7 Abs. 1 AGG verstoßen, kann jede „durch eine erlittene Zurücksetzung in seiner Persönlichkeit"[1244] verletzte Person die in § 15 AGG normierten Ansprüche geltend machen. Nach § 15 Abs. 1 S. 1 AGG kann Ersatz für die durch die Benachteiligung entstandenen materiellen Schäden verlangt werden. Wiederum

---

1241 *Kocher* in Schiek, AGG, § 15, Rn. 1; ausführlich dazu *Kossak*, Rechtsfolge eines Verstoßes gegen das Benachteiligungsverbot, S. 13 ff.

1242 *Kocher* in Schiek, AGG, § 15, Rn. 1; ausführlich dazu *Kossak*, Rechtsfolge eines Verstoßes gegen das Benachteiligungsverbot, S. 13 ff.

1243 Vgl. Art. 6 Abs. 2 der RL 2002/73/EG und Art. 18 der Richtlinie 2006/54/EG; dazu ausführlich *Kossak*, Rechtsfolge eines Verstoßes gegen das Benachteiligungsverbot, S. 17, 25; *Wagner/Potsch*, JZ 2006, 1085, 1087; wobei als „verstärkende" Maßnahmen Festsetzung zusätzlicher Sanktionen im Recht der Ordnungswidrigkeiten oder die Rechtsfolge eines Kontrahierungszwangs in Betracht käme, EuGH, Urt. v. 10.4.1984 – Rs. 14/1983, Rn. 18, Slg. 1984, 1891, 1907; EuGH, Urt. v. 10.4.1984 – Rs. 79/83 („*Harz*"), Rn. 18, Slg. 1984, 1921, 1940; EuGH, Urt. v. 2.8.1993 – Rs. C-271/91 („*Marshall*"), Rn. 25, Slg. 1993, I-04376, 4408; vgl. auch *Annuß*, NZA, 1999, 738, 740, wonach ohne diese zusätzliche Komponente für geschlechterspezifische Benachteiligungen die Voraussetzung der Richtlinien sich nicht systemkonform umsetzen lassen

1244 *Schalchter* in ErfK, § 15 AGG, Rn. 9; *Thüsing/Stiebert*, NZG 2011, 641, 645

sei nach der Entwurfsbegründung eine Entschädigung nach § 15 Abs. 2 AGG „ausschließlich für immaterielle Schäden" zu gewähren.[1245]

Setzt ein Schadenersatzanspruch nach § 15 Abs. 1 S. 1 AGG, anders als der diskriminierungsrechtliche Entschädigungsanspruch nach § 15 Abs. 2 S. 1 AGG,[1246] ein Verschulden voraus,[1247] wird die Exkulpation einer juristischen Person wohl kaum möglich sein, wenn dieser eine seitens einer ihrer Organe begangene Benachteiligung zugerechnet wird.

Mögen die Rechtsfolgen einer Benachteiligung auch klar formuliert sein, so führt es zu einer weniger klaren Wirkung dieser bei einer Benachteiligung einer Person durch Aufsichtsratswahlen. Dabei ist bereits die Auswirkung einer Benachteiligung auf die Beschlüsse über die Aufsichtsratswahl fraglich.

Voraussetzung für diese sekundärrechtlichen Ansprüche ist ein Verstoß gegen das Benachteiligungsverbot aus § 7 Abs. 1 AGG. Ein solcher Verstoß liegt vor, wenn eine Benachteiligung wegen eines in § 1 AGG genannten Grundes erfolgte. Das Vorliegen dieses sogenannten „Motivationszusammenhanges"[1248] zwischen Benachteiligung und Benachteiligungsgrund wird bei Entscheidungen durch ein Gremium kontrovers diskutiert und ist damit ebenfalls nicht unproblematisch bei Entscheidungen in Bezug auf die Aufsichtsratswahl.

Die Differenzhypothese heranziehend ist bei der Anspruchshöhe des Schadenersatzes zu fragen, wie die benachteiligte Person bei diskriminierungsfreiem Verhalten stünde.[1249] Entsprechend der Vorgaben der oben genannten Richtlinien sollen Schadenersatz und Entschädigung wirksam, verhältnismäßig und abschreckend sein. Vor diesem Hintergrund und auch weil in dem Entschädigungsanspruch eine „besonders wirksame Sanktionsmöglichkeit"[1250] gesehen wird, wird folgend insbesondere die Ansicht untersucht, wonach der aufgrund

---

1245 BT-Drs. 16/1780 S. 38

1246 BT-Drs. 16/1780 S. 38

1247 Zur Frage nach der Unionswidrigkeit dieser Voraussetzung vgl. EuGH, Urt. v. 8.11.1990 – Rs C 177/88 („*Dekker*"), Rn. 22, Slg. 1990, I-3941, 3975 = NJW 1991, 628, 629; EuGH, Urt. v. 22.4.1997, Rs. C 180/95 („*Draehmpaehl*"), Rn. 17, Slg. 1997, I-2212, 2219 = NJW 1997, 1839, 1840; *Kocher* in Schiek, AGG, § 15, Rn. 19; zur Frage nach der Verfassungsmäßigkeit dieser Voraussetzung, *Annuß*, NZA 1999, 738, 742

1248 *Kossak*, Rechtsfolge eines Verstoßes gegen das Benachteiligungsverbot, S. 177; *Hildebrand*, Arbeitnehmerschutz von geschäftsführenden Gesellschaftsorganen, S. 235

1249 *Kossak*, Rechtsfolge eines Verstoßes gegen das Benachteiligungsverbot, S. 188 f., 190

1250 So *Armbrüster*, VersR 2006, 1297, 1300 hinsichtlich des Anspruches aus § 21 Abs. 2 S. 3 AGG

dieser Ansprüche zu zahlende Betrag bei einer Benachteiligung in Bezug auf die Aufsichtsratswahl auf null reduziert werden kann.[1251]

Die Verpflichtung zur Leistung eines Schadenersatzes und einer Entschädigung trifft nach § 15 AGG den Arbeitgeber. Die Annahme, bei einer Benachteiligung bei der Aufsichtsratswahl sei die juristische Person als verpflichtet anzusehen, ist nicht zweifelsfrei. Kann bereits in der Entscheidung eines Aufsichtsratsmitgliedes für den Wahlvorschlag i. S. d. § 124 Abs. 3 S. 1 AktG eine Benachteiligung gesehen werden,[1252] sei vorweg festgehalten, der Wortlaut des § 31 BGB erfasse einen solchen Fall nicht direkt und folglich kann die Zurechnung einer Benachteiligung problematisch erscheinen.

1. Kein Kontrahierungszwang

Ein Verstoß des Arbeitgebers gegen das Benachteiligungsverbot des § 7 Abs. 1 AGG begründet nach § 15 Abs. 6 AGG keinen Anspruch auf ein Beschäftigungsverhältnis oder einen beruflichen Aufstieg. Diese Regelung des § 15 Abs. 6 AGG ist zurückzuführen auf die Bestimmungen der §§ 611 a Abs. 2 und 5 BGB a. F. und das darin enthaltene Verbot der geschlechtsbezogenen Benachteiligung in Bezug auf Arbeitsverhältnisse.[1253] Handelt es sich bei der Bestellung auch nicht um ein Arbeitsverhältnis, ist diese Regelung dennoch nach § 6 Abs. 3 AGG entsprechend auf selbstständig erwerbstätige Organmitglieder anzuwenden. Ein diskriminierungsrechtlicher Kontrahierungszwang besteht folglich hinsichtlich der Bestellung zum Aufsichtsrat nicht.[1254]

Führt eine Benachteiligung aufgrund eines in § 1 AGG genannten Grundes ferner nicht zur Anfechtbarkeit der Aufsichtsratswahl[1255] oder wird dieses eventuelle Anfechtungsrecht nicht in Anspruch genommen, würde ein solcher Kontrahierungszwang überdies zur Überschreitung der nach § 95 AktG gesetzlich

---

1251 So *Brauer* in Bormann/Kauka/Ockelmann, Handbuch GmbH-Recht, Kapitel 8, G, Rn. 95

1252 S. dazu oben Teil B, III. 2.

1253 *Bauer/Krieger*, AGG, § 15, Rn. 68

1254 *Lutter*, BB 2007, 725, 725; *Reufels/Molle*, NZA-RR 2011, 281, 285 f.; diesen folgend *Hildebrand*, Arbeitnehmerschutz von geschäftsführenden Gesellschaftsorganen; S. 224 f.; aufgrund des Schadenersatzanspruches jedoch von einem „mittelbar wirkenden Kontrahierungszwang“ sprechend *Herrmann*, ZfA 1996, 19, 32 zu § 611 a BGB a. F.

1255 S. dazu sogleich unten Teil D. III. 2.

oder satzungsmäßig festgesetzten Höchstzahl von Aufsichtsratsmitgliedern führen und ist auch deshalb abzulehnen.

2. Auswirkung einer Benachteiligung auf die Beschlüsse über die Aufsichtsratswahl?

Die Bestellung der Aufsichtsratsmitglieder erfolgt nach § 119 Abs. 1 Nr. 1 AktG durch die Hauptversammlung. Dieses Recht übt die Hauptversammlung durch Beschlussfassung aus. Eine Auswahlentscheidung, welche an einem in § 1 AGG genannten Merkmal festgemacht wird, kann gegen das Diskriminierungsverbot verstoßen. Für die Aufsichtsratswahl stellt sich demnach die Frage, ob sich eine Benachteiligung aufgrund des Geschlechtes auf die Wirksamkeit der Hauptversammlungsbeschlüsse über die Wahl eines Aufsichtsratsmitgliedes auswirkt.

Die Nichtigkeit des Beschlusses über die Wahl eines Aufsichtsratsmitgliedes richtet sich nach § 250 AktG.[1256] Mangels eines Verweises in § 250 AktG auf § 241 Nr. 3 AktG[1257] kann es dahinstehen, inwiefern es sich bei den Regelungen des AGG um im öffentlichen Interesse liegende Vorschriften i. S. d. § 241 Nr. 3 3 Alt. AktG handelt.[1258] Auch erfüllt ein Verstoß gegen das Benachteiligungsverbot i. S. d. AGG nicht die Voraussetzungen des § 250 AktG. Die Geltendmachung der Nichtigkeit des Beschlusses über die Aufsichtsratswahl aufgrund einer Verletzung des Benachteiligungsverbotes aus § 7 Abs. 1 AGG kommt daher nicht in Betracht.

Die Möglichkeit der Anfechtung eines Beschlusses nach § 251 Abs. 1 S. 1 AktG aufgrund einer Verletzung des Benachteiligungsverbotes aus § 7 Abs. 1 AGG wird seitens der Literatur kontrovers diskutiert.[1259] *Reufels/Molle* sehen eine solche Möglichkeit aufgrund der „gravierenden Unsicherheit" als „verfehlt" an.[1260] Bisher unbeantwortet blieb in diesem Zusammenhang die Frage, inwiefern

---

1256 Vgl. RBegr. bei *Kropff*, AktG 1965, S. 336

1257 Dies unberücksichtigt lassend und eine Nichtigkeit nach § 241 Nr. 3, 4 AktG annehmend *Schubert*, ZIP 2013, 289, 292

1258 Dies annehmend *Hoentzsch*, Die Anwendung der Benachteiligungsverbote, S. 163 f.; *Hildebrand*, Arbeitnehmerschutz von geschäftsführenden Gesellschaftsorganen, S. 222, jedoch eine teleologische Reduktion dieser Norm wegen der Kapitalverkehrsfreiheit annehmend

1259 Ablehnend: hinsichtlich eines Aufsichtsratsbeschlusses über die Bestellung des Vorstands *Bauer/Arnold*, AG 2007, 207, 208; *Reufels/Molle*, NZA-RR 2011, 281, 285; annehmend: *Krause*, AG 2007, 392, 395; *Liebhäuser*, Bedeutung des AGG für Organmitglieder, S. 138 f., hinsichtlich des Hauptversammlungsbeschlusses über die Wahl des Aufsichtsrats

1260 *Reufels/Molle*, NZA-RR 2011, 281, 285 f.

ein Hauptversammlungsbeschluss in diesem Bezug nach § 243 Abs. 1 AktG anfechtbar sei.

a) *Anfechtbarkeit des Hauptversammlungsbeschlusses über die Wahl eines Aufsichtsratsmitgliedes nach § 251 Abs. 1 S. 1 AktG?*

Die Wahl eines Aufsichtsratsmitgliedes durch die Hauptversammlung kann nach § 251 Abs. 1 S. 1 AktG wegen der Verletzung eines Gesetzes angefochten werden. Ausschlaggebend ist der materielle Gesetzesbegriff des Art. 2 EGBGB.[1261] Die Regelung des § 7 Abs. 1 AGG ist unproblematisch ein Gesetz i.S. dieses Artikels. Weiter wird eine bestimmte Qualität an ein Gesetz i. S. d. § 251 Abs. 1 S. 1 AktG geknüpft, wodurch nicht sämtliche Gesetzesverletzungen zur Anfechtbarkeit führen sollen. Indem diese Voraussetzung dem Anfechtungsgrund nach § 243 Abs. 1 AktG entspricht,[1262] ist ebenfalls für § 251 Abs. 1 S. 1 AktG zwischen besonders schweren Gesetzesverletzungen und bloßen Ordnungsvorschriften zu unterscheiden.[1263] Letztere berühren die Wirksamkeit des Beschlusses nicht.[1264] Dem folgend führt lediglich eine lex perfecta – mithin eine Norm, die ein Ver- oder Gebot im Hinblick auf den von der Hauptversammlung gefassten Beschluss zum Inhalt hat – zur Anfechtbarkeit.[1265] Dabei ist ein solches Ver- oder Gebot nicht nur in aktienrechtlichen Vorschriften zu suchen.[1266] Auch Verletzungen von Regelungen aus dem AGG kommen als Verletzung eines Gesetzes i. S. d. § 251 Abs. 1 S. 1 AktG in Betracht. Die Bestimmung des § 7 Abs. 1 AGG enthält das Verbot einer Benachteiligung wegen eines in § 1 AGG genannten Grundes. Enthält diese Regelung kein ausdrückliches Ver- oder Gebot in Bezug auf Hauptversammlungsbeschlüsse, ist bei der Prüfung einer richtlinienkonformen Umsetzung das gesamte nationale Recht heranzuziehen,[1267] wodurch diese

---

1261 *Koch* in in Hüffer/Koch, AktG, § 243, Rn. 5; *Englisch* in Hölters, AktG, § 243, Rn. 5

1262 *Koch* in in Hüffer/Koch, AktG, § 251, Rn. 2; vgl. RBegr. bei *Kropff*, AktG 1965, S. 337; *Rummel*, Mangelhaftigkeit von Aufsichtsratswahlen, S. 48

1263 *Rummel*, Mangelhaftigkeit von Aufsichtsratswahlen, S. 49; *Englisch* in Hölters, AktG, § 243, Rn. 5; RG, Urt. v. 24.9.1942 – Az. II 50/42 = RGZ 170, 83, 97, *Koch* in in Hüffer/Koch, AktG, § 243, Rn. 6

1264 *Rummel*, Mangelhaftigkeit von Aufsichtsratswahlen, S. 49; *Koch* in in Hüffer/Koch, AktG, § 243, Rn. 6

1265 *Schmidt* in Großkomm AktG, § 243, Rn. 11; ebenso *Drescher* in Spindler/Stilz, AktG, § 243, Rn. 43

1266 *Englisch* in Hölters, AktG, § 243, Rn. 5; *Koch* in in Hüffer/Koch, AktG, § 243, Rn. 5

1267 *Basedow* in MüKo-BGB, Vorbemerkung zu § 305, Rn. 35; EuGH, Urt. v. 14.7.1994 – Rs. C-91/92 („*Faccini Dori*"), Rn. 26, Slg. 1994, I-3325, 3357 = NJW 1994, 2473, 2474

Regelung ebenfalls auf gesellschaftsrechtliche Handlungen anzuwenden ist. Bei dem Benachteiligungsverbot nach § 7 Abs. 1 AGG handelt es sich folglich um ein Gesetz i. S. d. § 251 Abs. 1 S. 1 AktG.

In Teilen der Literatur wird bei Vorliegen eines Verstoßes gegen das Benachteiligungsverbot aus § 7 Abs. 1 AGG ein Gesetzesverstoß und damit eine Anfechtung der Wahl eines Aufsichtsratsmitgliedes durch die Hauptversammlung nach § 251 Abs. 1 S. 1 AktG angenommen.[1268] Nach § 7 Abs. 1 AGG sind Benachteiligungen einer Person aufgrund eines in § 1 AGG genannten Grundes zu vermeiden. Im Gegensatz zur Abberufung eines Aufsichtsratsmitgliedes infolge eines in § 1 AGG genannten Grundes betrifft der Beschluss hinsichtlich der Aufsichtsratswahl jedoch nicht unmittelbar die benachteiligte Person. Dies macht ein Vergleich mit einer Entscheidung eines Arbeitgebers über den Vertragsschluss mit einem Arbeitnehmer deutlich. Enthält eine für einen Kandidaten positive Entscheidung gleichzeitige eine Ablehnung einer anderen Person, benachteiligt der dieser Entscheidung folgende Arbeitsvertrag selbst die nicht gewählte Person nicht. Eine mit einhergehende Benachteiligung führt nicht zur Unwirksamkeit dieses geschlossenen Arbeitsvertrages. Die Übertragung dieses Gedankens auf einen Hauptversammlungsbeschluss führt zur Ablehnung einer Verletzung des Benachteiligungsverbotes aus § 7 Abs. 1 AGG durch diesen Beschluss. Die Entscheidung der Hauptversammlung für einen Kandidaten beinhaltet zwar ebenfalls die Ablehnung der benachteiligten Person, jedoch bezieht sich der Hauptversammlungsbeschluss lediglich auf die Wahl und nicht auf die Ablehnung eines Kandidaten.[1269] Allein durch die Wahl eines Kandidaten zum Aufsichtsrat wird der nicht gewählte Kandidat folglich nicht benachteiligt.

Wird jedoch obiger Ansicht gefolgt, wonach der Hauptversammlungsbeschluss über die Wahl jedes anderen nicht benachteiligten Kandidaten nach § 251 Abs. 1 S. 1 AktG anfechtbar ist, wäre diese Anfechtung nur durch die Wahl der benachteiligten Person vermeidbar. Soll das Aufsichtsratsamt nicht vakant bleiben, führt diese Ansicht folglich mittelbar zur Annahme eines Kontrahierungszwanges. Dies jedoch widerspricht § 15 Abs. 6 AGG, wonach eine Verletzung des Benachteiligungsverbotes ausdrücklich keinen Anspruch auf ein Organamt begründet.[1270]

1268 So *Krause*, AG 2007, 392, 395; *Liebhäuser*, Bedeutung des AGG für Organmitglieder, S. 139; a.A. *Bauer/Arnold*, AG 2007, 207, 208; *Reufels/Molle*, NZA-RR 2011, 281, 285

1269 Im Ergebnis ebenso *Schubert*, ZIP 2013, 289, 294

1270 S. dazu Teil D, III. 1.; a.A. *Hildebrand*, Arbeitnehmerschutz von geschäftsführenden Gesellschaftsorganen, S. 223

b) *Anfechtung des Hauptversammlungsbeschlusses aufgrund eines fehlerhaften Aufsichtsratsbeschlusses nach § 243 Abs. 1 AktG?*

Der Aufsichtsrat hat nach § 124 Abs. 3 S. 1 AktG die Pflicht, einen Kandidaten zur Wahl der Hauptversammlung vorzuschlagen. Der Aufsichtsrat handelt grundsätzlich durch Beschluss.[1271] Das Unterbreiten dieses Wahlvorschlages bedarf damit ebenfalls eines Aufsichtsratsbeschlusses. Die Rechtmäßigkeit dieses Gremienbeschlusses kann materiell fraglich sein, wenn der Aufsichtsrat einen potentiellen Kandidaten wegen eines in § 1 AGG genannten Grundes nicht zur Wahl vorschlägt und darin eine Benachteiligung i. S. d. § 7 Abs. 1 AGG zu sehen ist.[1272]

Die Anfechtbarkeit nach § 251 AktG erfasst die Wahl von Aufsichtsratsmitgliedern durch die Hauptversammlungen.[1273] Nicht einschlägig ist diese Regelung daher bei einer Benachteiligung durch den Aufsichtsrat hinsichtlich seiner Wahlvorschläge. Der Aufsichtsratsbeschluss, als Rechtsgeschäft eigener Art,[1274] kann jedoch nichtig sein.[1275] Diese Nichtigkeit wäre mit der Feststellungsklage nach § 256 ZPO geltend zu machen und führt zum Nichteintritt der Rechtswirkung.[1276] Der Aufsichtsrat wäre demnach seiner Vorschlagspflicht aus § 124 Abs. 3 S. 1 AktG nicht nachgekommen und eine ordnungsgemäße Bekanntmachung i. S. d. § 124 Abs. 4 S. 1 AktG wäre folglich abzulehnen.[1277] Über solch nicht ordnungsgemäß bekannt gemachte Gegenstände der Tagesordnung darf die Hauptversammlung nach § 124 Abs. 4 S. 1 AktG, vorbehaltlich des Falles des § 121 Abs. 6 AktG, nicht Beschluss fassen. Ein Verstoß dagegen führt zur Anfechtbarkeit des Hauptversammlungsbeschlusses nach § 243 Abs. 1 AktG.[1278] Ist demnach ein Hauptversammlungsbeschluss nach § 243 Abs. 1 AktG anfechtbar, wenn der Hauptversammlung ein Beschlussvorschlag zur Wahl von Aufsichtsratsmitgliedern vorliegt, der gegen gesetzliche Bestimmungen verstößt,[1279]

1271 *Kalss* in MüKo-AktG, § 107 AktG, Rn. 203

1272 S. dazu oben Teil B, III. 2.

1273 Vgl. RBegr. bei *Kropff*, AktG 1965, S. 337 f.

1274 BGH, Urt. v. 15.11.1993 – Az. II ZR 235/92 = NJW 1994, 520, 521

1275 *Koch* in in Hüffer/Koch, AktG, § 108, Rn. 26; *Habersack* in MüKo-AktG, § 108 AktG, Rn. 82

1276 BGH, Urt. v. 17.5.1993 – Az. II ZR 89/92 mwN. = BGHZ 122, 342, 344 f. = NJW 1993, 2307, 2307 f.; *Spindler* in Spindler/Stilz, AktG, § 108, Rn. 69

1277 *Kubis* in MüKo-AktG, § 124 AktG, Rn. 59

1278 BGH, Urt. v. 25.11.2002 – Az. II ZR 49/01 = NJW 2003, 970, 971

1279 *Vetter*, NZG 2008, 121, 124, zur Verletzung des DCGK

könnte ein Verstoß des Aufsichtsrates gegen das Benachteiligungsverbot aus § 7 Abs. 1 AGG zu einem solchen fehlerhaften und damit nichtigen Beschlussvorschlag führen.

Fehlerhafte Beschlüsse des Aufsichtsrates können nichtig sein, wenn die Voraussetzungen des § 134 BGB vorliegen.[1280] Wird in der Bestimmung des § 7 Abs. 1 AGG auch ein Verbotsgesetz i. S. d. § 134 BGB gesehen[1281] und erklärt § 134 BGB ein Rechtsgeschäft, das gegen ein gesetzliches Verbot verstößt, grundsätzlich für nichtig, könnte die Rechtsfolge der Nichtigkeit aufgrund einer Verletzung des Benachteiligungsverbots nach § 7 Abs. 1 AGG dennoch zweifelhaft sein. Ein Aufsichtsratsbeschluss ist zwar ein Rechtsgeschäft eigener Art,[1282] allerdings ordnet § 134 BGB nicht ausnahmslos die Nichtigkeit an. Die Rechtsfolge der Nichtigkeit hängt nach § 134 BGB davon ab, inwiefern sich aus dem betroffenen Gesetz etwas anderes ergibt.[1283] Anders als bei einem Verstoß gegen § 611a Abs. 1 S. 1 BGB a. F., der Vorgängerregelung des § 7 Abs. 1 AGG, welcher nicht ausgeführt hatte, welche Rechtsfolge dieser Verstoß hatte, und daher § 134 BGB heranzuziehen war,[1284] sind die Rechtsfolgen eines Verstoßes gegen das Benachteiligungsverbot aus § 7 Abs. 1 AGG im AGG selbst enthalten. Nach § 15 Abs. 1 und 2 AGG ist der Schaden zu ersetzen respektive eine Entschädigung zu leisten. Damit gibt das AGG eine andere Rechtsfolge als die Nichtigkeit nach dem BGB vor. Eine Nichtigkeit nach § 134 BGB ist damit nicht anzunehmen.[1285]

Die Frage, inwiefern die Regelungen des AGG und auch deren Rechtsfolgen als lex specialis Vorrang vor den Rechtsfolgen des § 134 BGB haben,[1286] kann

1280 *Hüffer/Schäfer* in MüKo-AktG, § 243 AktG, Rn. 10

1281 BT-DrS. 16/1780, S. 47; *Annuß*, BB 2006, 1629, 1634; *Schmidt* in Schiek, AGG, § 7 AGG, Rn. 2; *Thüsing* in MüKo-BGB, § 7 AGG, Rn. 11 und § 21 AGG, Rn. 77; *Oetker* in MünchArbR I, 2009, § 14, Rn. 94

1282 *Koch* in in Hüffer/Koch, AktG, § 133 Rn. 3 f.; *Schröer* in MüKo-AktG, § 133 AktG, Rn. 3

1283 *Armbrüster*, MüKo-BGB, § 134 BGB, Rn. 3; BGH, Urt. v. 17.10.2003 – Az. V ZR 429/02 = NJW 2003, 3692, 3692

1284 LAG Köln, Urt. v. 11.8.2011 – Az. 6 Sa 1561/10 (zitiert nach Juris, Rn. 34); LAG Hamburg, Urt. v. 28.3.2001 – Az. 8 Sa 115/00 (zitiert nach Juris, Rn. 45) *Schiek/Horstkötter*, NZA 1998, 863, 867

1285 A.A. *Thüsing* in MüKo-BGB, § 7 AGG, Rn. 11; ihm folgend *Hildebrand*, Arbeitnehmerschutz von geschäftsführenden Gesellschaftsorganen, S. 223 f., jedoch wegen des Schutzzweckes des AGG und dem rechtsgedanken des § 7 Abs. 2 AGG die Nichtigkeit der Bestellung dennoch ablehnend

1286 So *Armbrüster*, VersR 2006, 1297 ff. zu § 19 AGG; a.A. *Annuß*, BB 2006, 1629, 1634; *Budde*, BB 2007, 731, 734; *Lingemann/Müller*, BB 2007, 2006, 2012

unbeantwortet bleiben. Der Aufsichtsratsbeschluss verstößt bereits aus anderen Gründen nicht gegen das Benachteiligungsverbot aus § 7 Abs. 1 AGG und ist damit nicht fehlerhaft. Fehlerhaft ist ein Aufsichtsratsbeschluss, dessen Inhalt gegen eine Gesetzesvorschrift verstößt.[1287] Der Beschluss über den Wahlvorschlag ist das Ergebnis einer gremieninternen Willensbildung. In dieser Gremienentscheidung eine Person wegen eines in § 1 AGG genannten Grundes nicht zur Wahl zu stellen, ist zwar eine Benachteiligung hinsichtlich des Zugangs zur Erwerbstätigkeit zu sehen.[1288] Der Aufsichtsratsbeschluss selbst verstößt dagegen jedoch seinem Inhalt nach nicht gegen das Benachteiligungsverbot. Inhaltlich enthält dieser Beschluss nur den Vorschlag an die Hauptversammlung, eine Person zu wählen. Das gesetzwidrige Verhalten des Aufsichtsrates bestand jedoch nicht in dem Wahlvorschlag, sondern in der „Nicht-Berücksichtigung"[1289] oder der nicht zur Wahl gestellten Person wegen eines in § 1 AGG genannten Grundes.[1290] Enthält der Aufsichtsratsbeschluss über den Wahlvorschlag i. S. d. § 124 Abs. 3 AktG demnach nicht diese Benachteiligung, verstößt damit dessen Inhalt nicht gegen das Benachteiligungsverbot aus § 7 Abs. 1 AGG. Die Benachteiligung eines Kandidaten bei der Auswahl für den Wahlvorschlag i. S. d. § 124 Abs. 3 AktG führt demnach nicht zur Fehlerhaftigkeit des Aufsichtsratsbeschlusses und folglich auch nicht zur Anfechtung des Hauptversammlungsbeschlusses nach § 243 Abs. 1 AktG.

Für ein solches Ergebnis spricht auch die Entscheidung des Gesetzgebers für den Schadenersatz als Sanktion. Ebenso widerspricht eine solche Ansicht nicht den mit dem AGG umgesetzten Regelungen der Richtlinien. Bei geschlechtsspezifischen Benachteiligungen wird das Sanktionsmittel in Form eines Schadenersatzanspruches benannt.[1291] Hinsichtlich der Rechtsfolge der Nichtigkeit verlangen die Richtlinien lediglich, dass „mit dem Gleichbehandlungsgrundsatz nicht zu vereinbarende Bestimmungen in Arbeits- und Tarifverträgen, Betriebsordnungen und Statuten der freien Berufe und der Arbeitgeber- und Arbeitnehmerorganisationen und allen sonstigen Vereinbarungen und Regelungen nichtig sind, für nichtig erklärt werden können oder geändert werden".[1292] Diese

---

1287 *Koch* in in Hüffer/Koch, AktG, § 108, Rn. 25; *Habersack* in Müko-AktG, § 108 AktG, Rn. 80

1288 S. dazu ausführlich oben Teil B, III. 2.

1289 *Bauer/Arnold*, AG 2007, 2007, 808

1290 Vgl. dazu oben Teil D, III. 2. a)

1291 Art. 18 der Richtlinie 2006/54/EG (wortgleich mit Art. 6 Abs. 2 der Richtlinie 2002/76/EG)

1292 Art. 23 Abs. b) der Richtlinie 2006/54/EG; Art. 14. Abs. b) der Richtlinie 2000/43/EG; Art. 16 Abs. b), der Richtlinie 2000/78/EG

Regelungen können zwar Auswirkungen auf eine diskriminierende Satzungsbestimmung haben, jedoch in Ermangelung eines Widerspruches zum Gleichbehandlungsgrundsatz nicht auf einen Beschluss über eine Person, welche durch den jeweiligen Beschluss nicht benachteiligt wird.

3. Das Erfordernis der Kausalität bei Gremienentscheidungen

Nach § 15 Abs. 1 S. 1 AGG ist bei einem Verstoß gegen das Benachteiligungsverbot der hierdurch entstandene Schaden zu ersetzen. Wegen eines Schadens, der nicht Vermögensschaden ist, kann wiederum nach § 15 Abs. 2 S. 1 AGG eine angemessene Entschädigung in Geld verlangt werden. Die in diesen Regelungen enthaltene Rechtsgrundverweisung auf § 7 Abs. 1 AGG bedarf für diese Rechtsfolgen folglich einen Verstoß gegen das Benachteiligungsverbot aus § 7 Abs. 1 AGG.[1293] Die Annahme eines solchen Verstoßes setzt entsprechend dem Wortlaut des § 7 Abs. 1 AGG eine Benachteiligung wegen eines in § 1 AGG genannten Grundes voraus. Aufgrund der Präposition „wegen“ wird ein Kausalzusammenhang zwischen Benachteiligung und einem in § 1 AGG genannten Grund verlangt.[1294] Die Ermittlung eines solchen Kausalzusammenhanges wird bei Gremienentscheidungen als „schwierig“ erachtet.[1295] Hintergrund für diese Bewertung ist die Frage, inwiefern bereits die diskriminierend motivierte Entscheidung eines Gremienmitgliedes für die Annahme eines solchen Zusammenhanges genüge.

Bei einer diskriminierend motivierten Auswahlentscheidung durch den Aufsichtsrat hinsichtlich seiner Wahlvorschläge i. S. d. § 124 Abs. 3 AktG kann es sich um eine Benachteiligung hinsichtlich des Zugangs zur Erwerbstätigkeit i. S. d. §§ 2 Abs. 1 Nr. 1 und 6 Abs. 3 AGG handeln.[1296] In diesem Zusammenhang ist folglich nicht nur problematisch, dass es sich bei dieser Wahl um eine Gremienentscheidung handelt, sondern auch, inwiefern dieses vorangestellte

---

1293 *E. Kocher* in Schiek, AGG, § 15, Rn 29, *Jacobs*, RdA 2009, 193, 195; *Bauer/Krieger*, AGG, § 15, Rn. 14; so auch *Kossak*, Rechtsfolge eines Verstoßes gegen das Benachteiligungsverbot, S. 210, hinsichtlich § 21 Abs. 2 S. 3 AGG BAG, Urt. v. 22.1.2009 – Az. 8 AZR 906/07 = NZA 2009, 945, 947

1294 *Bauer/Krieger*, AGG, § 7 Rn. 13; *Schlachter* in ErfK, § 7 AGG, Rn. 3; *Thüsing* in MüKo-BGB, § 7 AGG, Rn. 5, *Plum* in Schleusener/Suckow/Plum, AGG, § 3, Rn. 14; BAG, Urt. v. 17.12.2009 – Az. 8 AZR 670/08 = NZA 2010, 383, 385; BAG, Urt. v. 22.1.2009 – Az. 8 AZR 906/07 = NZA 2009, 945, 947

1295 *Thüsing* in MüKo-BGB, § 7 AGG, Rn. 7

1296 S. dazu oben Teil B, III. 2.

Verfahren für einen Schaden in Form der Nichtwahl durch die Hauptversammlung kausal ist.

a) *Kausalität zwischen Benachteiligungsgrund und Benachteiligung nur bei einer Diskriminierung durch die Gremienmehrheit?*

Auch wenn keine Diskriminierungsabsicht erforderlich ist,[1297] handelt es sich bei dem Kausalzusammenhang zwischen einem in § 1 AGG genannten Grund und einer Benachteiligung um ein subjektives Merkmal.[1298] Ohne sich mit den Theorien zur Willens- und Handlungsfähigkeit einer juristischen Person auseinandersetzen zu müssen, ist -gleich, ob es sich bei dem Willen der Organe um den Willen der juristischen Person selbst handelt oder der Wille der Organe dieser zugerechnet wird,[1299] - bei dieser subjektiven Komponente auf die Motivation und Handlung der Organmitglieder abzustellen.[1300] Unproblematisch kann demnach ein in § 1 AGG genannter Grund kausal für eine Benachteiligung sein, wenn sämtliche Organmitglieder ihre Entscheidung an einen in § 1 AGG genannten Grund anknüpfen. Anders kann ein solcher Kausalzusammenhang jedoch zu bewerten sein, wenn die Entscheidung von lediglich einem Teil der Mitglieder oder auch nur eines einzelnen Mitgliedes von einem in § 1 AGG genannten Grund beeinflusst war.

Ist bei der Feststellung des Kausalzusammenhanges zwischen Benachteiligung und einem in § 1 AGG genannten Grund auf die Äquivalenztheorie zurückzugreifen,[1301] könnte eine solche Kausalität bei Entscheidungen eines Gremiums wie die eines Aufsichtsrates oder der einer Hauptversammlung einer Aktiengesellschaft nur bedingt angenommen werden. Nach der Äquivalenztheorie hat ein Kausalzusammenhang so vorzuliegen, dass die durch ein in § 1 AGG genannten Grund motivierte Handlung nicht hinweggedacht werden kann,

---

1297 *Annuß*, NZA 1999, 738, 739

1298 *Adomeit/Mohr*, NZA 2007, 179, 181

1299 Vgl. *Gierke*, Die Genossenschaftstheorie, S. 624, wonach es die Person selbst ist, „welche durch ihr Organ will und handelt"; *Savigny*, System des heutigen Römischen Rechts, Bd. II, § 94, S. 312, wonach das „reale Dasein [der jur. Pers] auf dem vertretenden Willen bestimmter einzelner Menschen [beruht], der ihr, in Folge einer Fiktion, als ihr eigener Wille angerechnet wird"

1300 *Thüsing/Siebert*, NZG 2011, 641, 642

1301 *Adomeit/Mohr*, NZA 2007, 179, 181; *Thüsing/Stiebert*, NZG 2011, 641, 643; a.A. *Windel*, RdA 2007, 1, 3; *ders.* RdA 2011, 193, 193; BGH, Urt. v. 23.4.2012 – Az. II ZR 163/10 = NJW 2012, 2346, 2349

ohne dass die Benachteiligung entfiele. Ein Teil der Literatur verneint daher die Kausalität, wenn nicht die Mehrheit der Stimmen den im Streitfall betreffenden Kandidaten wegen eines in § 1 AGG genannten Grundes benachteiligt hat.[1302] Diese Ablehnung ruht in der Annahme, eine Kausalität sei abzulehnen, wenn aufgrund der Stimmenverteilung die Benachteiligung gemäß der Äquivalenztheorie auch ohne die diskriminierenden Organmitglieder eintreffen würde. Hat die Mehrheit der Organmitglieder ihre Entscheidung nicht an einen in § 1 AGG genannten Grund angeknüpft und den Kandidaten dennoch abgelehnt, wären die Motive der restlichen Organmitglieder dem folgend unbeachtlich.

aa) Beachtung der Mehrheitsverhältnisse

Bei der Prüfung der Mehrheitsverhältnisse ist aber nicht pauschal auf eine einfache Mehrheit abzustellen. Ist ein Kausalitätserfordernis nur dann anzunehmen, wenn die auf einem Benachteiligungsgrund ruhende Entscheidung nicht hinweggedacht werden kann, ohne dass der Erfolg in Form einer Benachteiligung entfiele, sind die jeweilig einschlägigen Mehrheitserfordernisse zu beachten.[1303] Diese differenzierte Betrachtung führt jedoch nicht dazu, dass gerade diese entsprechende Mehrheit diskriminierend motiviert sein muss.[1304] Die erforderliche Anzahl der diskriminiert motivierten Personen ist vielmehr auf die Anzahl zu beschränken, durch die das jeweilige Mehrheitserfordernis nicht erreicht wird. Besteht für einen Beschluss über die Annahme eines Kandidaten beispielsweise ein Einstimmigkeitserfordernis, genügt für die Annahme der Kausalität bereits die Entscheidung von lediglich einem Organmitglied, die auf einen in § 1 AGG genannten Grund zurückzuführen ist.[1305] Denn wenn eine Entscheidung wegen eines einzelnen Mitgliedes nicht zustande kam und dessen Stimmabgabe auf einem in § 1 AGG genannten Grund ruht, kann diese Stimmabgabe nicht hinweggedacht werden, ohne dass die Benachteiligung entfiele.[1306] Dieser

---

1302 *Bauer/Krieger*, AGG, § 7 Rn. 16; *Bauer/Göpfert/Krieger*, DB 2005, 595, 596; *Krause*, AG 2007, 392, 396; *Thüsing*, Arbeitsrechtlicher Diskriminierungsschutz, Rn. 232; *ders.* in MüKo-BGB, § 7 AGG, Rn. 7; *Däubler* in Däubler/Betzbach, AGG, § 1, Rn. 20; *Thüsing/Stiebert*, NZG 2011, 641, 642; *Plum* in Schleusener/Suckow/Plum, AGG, § 3, Rn. 16; a.A. *Eßer/Baluch*, NZG 2007, 321, 327

1303 So auch *Bauer/Arnold*, ZIP 2008, 993, 1001; *Brauer* in Bormann/Kauka/Ockelmann, Handbuch GmbH-Recht, Kapitel 8, G, Rn. 91; *Reufels/Molle*, NZA-RR 2011, 281, 285

1304 A.A. *Bauer/Arnold*, ZIP 2008, 993, 1001

1305 A.A. *Bauer/Arnold*, ZIP 2008, 993, 1001, welche verlangen, dass sämtliche Mitglieder diskriminierend motiviert sind

1306 So auch *Reufels/Molle*, NZA-RR 2011, 281, 285

Ansicht folgend würde wiederum lediglich auch nur ein weiteres Mitglied genügen, welches seine Entscheidung nicht von einem in § 1 AGG genannten Grund beeinflussen ließ, um diese Kausalität abzulehnen, denn auch ohne das diskriminierende Organmitglied würde keine Einstimmigkeit vorliegen. Diesen Gedanken ebenfalls auf die qualifizierten wie auch einfachen Mehrheitserfordernisse übertragend würde zur Annahme einer Kausalität eine geringere Anzahl diskriminierender Stimmabgaben genügen, je strenger das Mehrheitserfordernis ist.

Hat der Aufsichtsrat einen Nominierungsausschuss, ist dessen zentrale Aufgabe, dem Aufsichtsrat für dessen Wahlvorschlag an die Hauptversammlung geeignete Kandidaten vorzuschlagen.[1307] Wenn die Auswahl jedoch von diesem Teil des Gesamtgremiums bestimmt wird,[1308] ist allein die Anzahl der dort vertretenen Aufsichtsratsmitglieder relevant und nicht die des gesamten Gremiums.

bb) Die einzelnen Motive der Organmitglieder als Motivbündel des Organs

Der BGH erklärte, dass die Vermutungswirkung des § 22 AGG anzunehmen ist, wenn lediglich der Aufsichtsratsvorsitzende in seiner Position als Repräsentant des gesamten Gremiums die Gründe, aus denen die Entscheidung getroffen worden ist, wiedergibt.[1309] Fraglich ist jedoch weiter, ob generell lediglich die diskriminierend motivierte Entscheidung eines Organmitgliedes für die Annahme des Kausalzusammenhanges genügt.

Die Ansicht, wonach der kausale Zusammenhang zwischen Benachteiligung und einem in § 1 AGG genannten Grund nur dann anzunehmen ist, wenn eine gewisse Anzahl von Organmitgliedern diskriminiert, findet ihre Begründung darin, dass ansonsten auch ohne die diskriminierenden Organmitglieder eine Benachteiligung erfolgen würde.[1310] Aufgrund eines diskriminierenden Aufsichtsratsmitgliedes kann natürlich nicht pauschal auf eine Diskriminierung durch alle Mitglieder geschlossen werden.[1311] Das Erfordernis einer gewissen Anzahl diskriminierender Gremienmitglieder für die Annahme eines Zusammenhanges zwischen Benachteiligung und Grund kann jedoch aufgrund eines Vergleiches mit einem sogenannten Motivbündel bei einer Einzelperson zweifelhaft sein.

1307 Vgl. Ziff. 5.3.3. DCGK

1308 *Roth/Wörle,* ZGR 2004, 565, 578

1309 So BGH, Urt. v. 23.4.2012 – Az. II ZR 163/10 = NJW 2012, 2346, 2349

1310 S. dazu unten Teil D, III. 3. a)

1311 *Thüsing/Stiebert,* NZG 2011, 641, 642

Eine Einzelperson muss nicht ausschließlich aufgrund eines in § 1 AGG genannten Diskriminierungsgrundes benachteiligen, um gegen das Benachteiligungsverbot aus § 7 Abs. 1 AGG zu verstoßen. Vielmehr liegt auch ein Verstoß gegen das Benachteiligungsverbot vor, wenn die diskriminierende Person aus einem sogenannten Motivbündel gehandelt hat.[1312] Dies ist der Fall, wenn nicht nur aufgrund eines einzelnen diskriminierenden Motives benachteiligt wurde, sondern daneben ebenfalls sonstige nicht in § 1 AGG genannte Gründe die Entscheidung beeinflussten.[1313] Diese Ansicht basiert auf der Annahme, für eine weniger günstige Behandlung wegen eines in § 1 AGG genannten Grundes genüge es bereits, wenn die Benachteiligung an einen in § 1 AGG genannten Grund lediglich „anknüpft".[1314] Liegt nun bei jedem einzelnen Organwalter zwar kein solches Motivbündel vor, könnte dennoch jedes diskriminierende wie auch nicht diskriminierende Motiv der Organmitglieder dem Organ zuzurechnen sein, wodurch im Ergebnis ein Motivbündel beim Organ vorliegt. Der Beschluss des Organs „Aufsichtsrat" wäre demnach auch durch die Berücksichtigung eines Diskriminierungsgrundes beeinflusst worden. Ein Verstoß gegen das Benachteiligungsverbot des § 7 Abs. 1 AGG wäre anzunehmen.

In diese Richtung weist die Entscheidung des OLG Köln vom 29. Juli 2010 hin.[1315] Die mit dieser Thematik kurz befasste Entscheidung betraf die Benachteiligung eines Organmitgliedes, welche einen Beschluss eines Organs voraussetzte.[1316] Das OLG Köln judizierte, ein in § 1 AGG genannter Grund dürfe keine „keine Rolle" bei der Benachteiligung spielen, und lehnt eine Entlastungsmöglichkeit auch dann ab, wenn zusätzlich „nicht diskriminierende Aspekte im Sinne eines Motivbündels die Benachteiligung veranlasst haben können".[1317] Aus dieser Entscheidung schlussfolgern Thüsing/Stiebert jedoch, dass die anderen nicht diskriminierenden Entscheidungen „auch nicht allein aus sich heraus eine Unterscheidung bewirkt hätten", wodurch nur dann eine Diskriminierung anzunehmen sei, wenn ein in § 1 AGG genannter Grund „maßgeblich" zu einer Benachteiligung geführt hat.[1318] Dies wiederum sei nur dann der Fall, wenn die

---

1312 *Bauer/Krieger*, AGG, § 7 Rn. 14

1313 *Thüsing* in MüKo-BGB, § 7 AGG, Rn. 5

1314 BT-Dr 16/1780, S. 32; BAG, Urt. v. 22.1.2009 – Az. 8 AZR 906/07 = NZA 2009, 945, 947

1315 OLG Köln, Urt.v. 29.7.2010 – Az. 18 U 196/09 = NZG 2011, 187

1316 OLG Köln, Urt.v. 29.7.2010 – Az. 18 U 196/09 (zitiert nach Juris Rn. 57)]

1317 OLG Köln, Urt.v. 29.7.2010 – Az. 18 U 196/09 (zitiert nach Juris Rn. 57) wonach von „auch" und nicht „nur" gesprochen wird; daher missverständlich *Thüsing/Stiebert,* NZG 2011, 641, 642

1318 *Thüsing/Stiebert,* NZG 2011, 641, 642 f.

Mehrheit der Mitglieder sich von einem in § 1 AGG genannten Grund leiten ließ. Diese Schlussfolgerung auf eine Einzelperson übertragen führt zum Erfordernis einer Befragung dieser, welches ihrer Motive maßgeblich zu ihrer Entscheidung geführt hat und ob die nicht diskriminierenden Motive nicht bereits aus sich heraus zu dieser Benachteiligung geführt hätten.[1319] Der Rechtsprechung des BVerfG folgend ist eine solche Gewichtung der Gründe jedoch gerade nicht erforderlich. Danach genüge ein in § 1 AGG genannter Grund als Bestandteil eines Motivbündels. Es komme gerade nicht auf die Frage an, ob daneben andere Gründe maßgeblich für diese Entscheidung waren.[1320] Eine Diskriminierung liegt bereits vor, wenn ein in § 1 AGG genannter Grund die Entscheidung beeinflusst hat, da es durch das AGG verwehrt sein soll, einen dieser Gründe bei einer Entscheidung überhaupt zulasten eines Bewerbers zu „berücksichtigen".[1321] Genügt es, wenn in dem für die Entscheidung zugrunde liegenden Motivbündel ein in § 1 AGG genannter Grund enthalten ist,[1322] ist bei mehreren Motiven gerade kein „conditio-sine-qua-non-Test" erforderlich.[1323] Reicht es demnach, wenn in dem Motivbündel einer Einzelperson ein in § 1 AGG genannter Grund lediglich enthalten ist, kann es auch bei Gremienentscheidungen nicht unberücksichtigt bleiben, wenn ein (auch nur geringer) Teil des Organs seine Entscheidung von einem solchen Grund abhängig macht. Auch in dieser Entscheidung fand ein Diskriminierungsmerkmal Berücksichtigung.

Unterstützt wird die Ansicht ebenfalls durch § 15 Abs. 2 S. 2 AGG. Danach ist ein Anspruch eines Bewerbers, der auch bei benachteiligungsfreier Auswahl nicht eingestellt worden wäre, nicht ausgeschlossen, sondern lediglich der Höhe

---

1319 So *Kossak*, Rechtsfolge eines Verstoßes gegen das Benachteiligungsverbot, S. 199 f, deshalb dieses bei der Schadenshöhe berücksichtigend; s. dazu Teil D, III. 4.

1320 BVerfG, Beschl. v. 16.11.1993 – Az. 1 BvR 258/86 = BVerfGE 89, 276 = NJW 1994, 647, 648 (noch zu § 611a Abs. 1 BGB a. F.); BAG, Urt. v. 27.1.2011 – Az. 8 AZR 483/09 = NZA 2011, 689, 691

1321 BVerfG, Beschl. 16.11.1993 – Az. 1 BvR 258/86 = BVerfGE 89, 276 = NJW 1994, 647, 648; BAG, Urt. v. 22.1.2009 – Az. 8 AZR 906/07 = NZA 2009, 945, 947; BAG, Urt. v. 28.4.2011 – Az. 8 AZR 515/10 = NJW 2011, 2458, 2460

1322 BAG, Urt. v. 28. 4. 2011 – Az. 8 AZR 515/10 = NJW 2011, 2458, 2460; BVerfG, Beschl. v. 16.11.1993 – Az. 1 BvR 258/86 = BVerfGE 89, 276 = NJW 1994, 647, 648; *Thüsing* in MüKo-BGB, § 7 AGG, Rn. 5; *Schlachter* in ErfK, §, 7 AGG, Rn. 4; krit. ders. Anm. zu BVerfG Urt. v. 16.11.1993 – Az. 1 BvR 258/86, AP BGB §611 a Nr. 9

1323 *Windel*, RdA 2007, 1, 3; *ders*. RdA 2011, 193, 193; BGH, Urt. v. 23.4.2012 – Az. II ZR 163/10 = NJW 2012, 2346, 2349; a.A. *Adomeit/Mohr*, NZA 2007, 179, 181; *Thüsing/Stiebert*, NZG 2011, 641, 643

nach begrenzt.[1324] Folglich kann die Betrachtung, ob aufgrund des Stimmenverhältnisses auch ohne die diskriminierend motivierte Entscheidung des einzelnen Organmitgliedes die Entscheidung ebenfalls zum Nachteil der betroffenen Person ausfallen würde, keine Ablehnung eines Anspruches begründen.

Dem folgend kann ein Verstoß gegen das Benachteiligungsverbot bereits angenommen werden, wenn lediglich die Entscheidung eines einzelnen Organmitgliedes von einem in § 1 AGG genannten Grund beeinflusst ist. Diskriminierende Motive bedarf es folglich nicht bei der überwiegenden Anzahl von Organmitgliedern. Darin sehen jedoch Thüsing/Stiebert eine Missachtung der Entscheidungsfreiheit der anderen nicht diskriminierenden Organmitglieder, da das diskriminierende Motiv eines Mitgliedes den anderen Mitgliedern faktisch zugerechnet wird.[1325] Weshalb eine solche Missachtung nicht auch dann vorliegt, wenn die Mehrheit der Organmitglieder diskriminiert, bleibt bei einer solchen Feststellung unbeantwortet. Auch ist bei so einer Zurechnung zu berücksichtigen, dass eine Benachteiligung wegen eines in § 1 AGG genannten Grundes zulasten eines Kandidaten nicht den anderen Organmitgliedern, sondern dem Organ zugerechnet wird, wodurch die restlichen Mitglieder weiterhin in ihrer Entscheidung frei bleiben.

cc) Chancenverschlechterung als Benachteiligung

Zum selbigen Ergebnis führt die Ansicht, wonach eine Benachteiligung i. S. d. § 7 Abs. 1 AGG bereits im Fehlen von „fairen Chancen“ für den potentiellen Kandidaten zu sehen ist.[1326] Wird eine Benachteiligung aufgrund einer solchen Chancenverschlechterung bejaht, wäre die Kausalität lediglich zwischen einem in § 1 AGG genannten Grund und dieser Chancenverschlechterung als Benachteiligung zu prüfen.

Für eine solche Auslegung spricht die Definition der unmittelbaren Benachteiligung. Die Regelung in § 7 Abs. 1 AGG ist zurückzuführen auf die Art. 2 Abs. 1 der Gleichbehandlungsrichtlinien.[1327] Diese schreiben vor, es dürfe nach

---

1324 Vgl. zur Nichteinräumung von Bewerbungschancen BAG, Urt. v. 17.8.2010 – Az. 9 AZR 839/08 = NJW 2011, 550, 552; so wohl auch *Kamanabrou*, RdA 2006, 321, 325

1325 *Thüsing/Stiebert*, NZG 2011, 641, 642

1326 *Bauer/Krieger*, AGG, § 3 Rn. 13; BAG, Urt. v. 14.3.1989 – Az. 8 AZR 351/86 = NZA 1990, 24, 25; BAG, Urt.v. 14.3.1989 – Az. 8 AZR 447/87 = NZA 1990, 21 f.; BVerfG, Beschl. v. 16.11.1993 – Az. 1 BvR 258/86 = NZA 1994, 745, 746; a.A. *Adomeit/Mohr*, NZA 2007, 179, 180

1327 *Schmidt* in Schiek, AGG, § 7, S. 28

dem Gleichbehandlungsgrundsatz keine unmittelbare oder mittelbare Diskriminierung gegeben. Eine unmittelbare Diskriminierung liegt nach deren Art. 2 Abs. 2 vor, wenn eine Person wegen eines der in Art. 1 dieser Richtlinien genannten Grundes in einer vergleichbaren Situation eine weniger günstige Behandlung als eine andere Person erfährt. Diese Begriffsbestimmung ist ebenfalls in § 3 Abs. 1 AGG enthalten. Handelt es sich bei jeder zum Nachteil einer Person unterschiedlichen Behandlung um eine weniger günstige Behandlung und folglich um eine Benachteiligung,[1328] ist eine Benachteiligung auch dann anzunehmen, wenn die Chancen eines Kandidaten aufgrund eines diskriminierenden Auswahlverfahrens andere sind als bei einem anderen Kandidaten.[1329]

Sind Bewerber auch ausdrücklich in § 6 Abs. 1 S. 2 AGG genannt, handelt es sich dabei lediglich um eine Klarstellung. Das Bewerbungsverfahren ist unter den Begriff des Zugangs zu subsumieren und ebenfalls vom Benachteiligungsschutz erfasst.[1330] Auch das Verfahren zur Auswahl eines Kandidaten für den Aufsichtsrat ist somit unter den Begriff des Zugangs i. S. d. §§ 2 Abs. 1 Nr. 1 und 6 Abs. 3 AGG zu subsumieren.[1331] Damit darf eine Person während des Auswahlverfahrens keine weniger günstige Behandlung wegen eines in § 1 AGG genannten Grundes erfahren. Für das Vorliegen einer solchen ungünstigeren Behandlung werden objektiv nachteilige Folgen verlangt.[1332] Nun könnte eine solche nachteilige Folge abzulehnen sein, weil die diskriminierte wie auch die nicht diskriminierte Person die gleiche Mehrheit von Organmitgliedern von ihrer Qualifikation zu überzeugen hat. Jedoch kann der Anteil der nicht von einem in § 1 AGG genannten Grund motivierten Organmitglieder geringer sein. Die nachteilige Folge und damit die weniger günstige Behandlung i. S. d. §§ 3 Abs. 1 S. 1 und 7 Abs. 1 AGG sind demnach in dem Erfordernis der diskriminierten Person zu sehen, prozentual einen höheren Anteil, nämlich nur die nicht von einem in § 1 AGG genannten Grund motivierten Organmitglieder, zu überzeugen.[1333] Ist diese Chancenverschlechterung auf einen in § 1 AGG genannten Grund zurückzuführen, ist der oben dargestellte Zusammenhang zwischen Benachteiligung und Benachteiligungsmerkmal gegeben.

1328 *Schiek* in Schiek, AGG, § 3, Rn. 8

1329 BVerfG, Beschl. v. 16.11.1993 – Az. 1 BvR 258/86 = NZA 1994, 745, 746; BAG, Urt. v. 14.3.1989 – Az. 8 AZR 351/86 = NZA 1990, 24, 25

1330 *Diller*, NZA 2007, 649, 650

1331 S. dazu oben Teil B, III. 2.

1332 *Thüsing* in Müko-BGB, § 7 AGG, Rn. 5

1333 So auch *Eßer/Baluch*, NZG 2007, 321, 328

Eßer/Baluch weisen ebenfalls auf eine weniger günstige Behandlung bereits durch ein Organmitglied hin, welches wegen eines in § 1 AGG genannten Grundes gegen einen Kandidaten stimmt. Dieser Kandidat erfahre dadurch eine weniger günstigere Behandlung hinsichtlich der Bedingungen für den Zugang zur Erwerbstätigkeit i. S. d. § 6 Abs. 3 AGG. Die Benachteiligung in Bezug auf diese Bedingungen wird, entsprechend dem oben Dargestellten, ebenfalls in der Verschiebung der Chancen zulasten des Kandidaten gesehen.[1334]

Beide Ansichten führen jedoch zum selbigen Ergebnis. Gleich, ob die Chancenverschlechterung unter den Begriff der „Benachteiligung" i. S. d. §§ 3, 7 Abs. 1 AGG subsumiert wird oder diese als eine Benachteiligung hinsichtlich der „Bedingungen" i. S. d. §§ 6 Abs. 3 und 2 Abs. 1 Nr. 1 AGG verstanden wird, ist der Zusammenhang zwischen Chancenverschlechterung und damit einer Benachteiligung und einem Benachteiligungsmerkmal bereits dann anzunehmen, wenn die Entscheidung lediglich eines Organmitgliedes an einen in § 1 AGG genannten Grund knüpft.

dd) Teleologische Reduktion auf eine nicht zu geringe Einflussnahme

Wird die Aufsichtsratswahl durch die Hauptversammlung betrachtet, können letztere Ansichten zu unverhältnismäßigen Ergebnissen führen. Die diskriminierende Motivation eines einzelnen Aktionärs würde diesen Ansichten folgend genügen, um einen Entschädigungsanspruch nach § 15 Abs. 2 S. 1 AGG zu begründen. Die Abstimmung eines einzelnen Aktionärs ist jedoch – zumindest bei Publikumsgesellschaften – wohlmöglich von unbedeutender Natur für die Stimmabgaben der restlichen Aktionäre. Ist auch die Intensität der unterschiedlichen Behandlung von Relevanz, ist ein Nachteil abzulehnen, wenn eine Entschädigungszahlung nicht mehr in einem angemessenen Verhältnis zu der Benachteiligung steht.[1335] Dem folgend sind die Richtlinien, wie auch § 3 AGG, teleologisch dahin zu reduzieren, dass bei einer geringen Anzahl von diskriminierenden Aktionären die Voraussetzung der Benachteiligung nicht vorliegt. Demnach ist ein Anspruch auf Entschädigung abzulehnen, wenn lediglich ein einzelner Aktionär (auch) aufgrund eines in § 1 AGG genannten Grundes den potentiellen Kandidaten abgelehnt hat. Folglich ist nicht die Zahl der Aktionärsköpfe, sondern der prozentuale Stimmenanteil entscheidend. Damit ist folglich auch zwischen Klein- und Großaktionären zu unterscheiden.

1334 *Eßer/Baluch*, NZG 2007, 321, 327 f.

1335 BAG, Urt. v. 22.1.2009 – Az. 8 AZR 906/07 = NZA 2009, 945, 952; *Schiek* in Schiek, § 3, Rn. 9

Aber auch wenn man diese Ansicht nicht vertreten möchte, indem man die diskriminierend motivierte Abstimmung einer geringen Anzahl von Aktionären eine Benachteiligung für genügend hält, ist es nur konsequent, wenn eine geringe Einflussnahme dann bei der Höhe des Entschädigungsanspruches nach § 15 Abs. 2 AGG berücksichtigt wird.

b) Das Erfordernis des Kausalzusammenhanges zwischen Benachteiligung und Schaden

Fehlt ein Kausalzusammenhang zwischen Benachteiligungsgrund und Benachteiligung, ist der Tatbestand des § 7 Abs. 1 AGG und damit auch ein Anspruch aus § 15 Abs. 1 und Abs. 2 AGG abzulehnen. Dieser Kausalzusammenhang und dessen problematische Ermittlung bei Gremienentscheidungen wird von *Bauer/Krieger* lediglich als Voraussetzung für das Vorliegen eines Verstoßes gegen das Benachteiligungsverbot aus § 7 Abs. 1 AGG untersucht.[1336] Ein anderer Teil möchte beim Fehlen eines Kausalzusammenhanges zwischen Grund und Benachteiligung zwar einen Anspruch nach § 15 Abs. 1 S. 1 AGG mangels einer diskriminierend motivierten Mehrheit ablehnen,[1337] einen Entschädigungsanspruch nach § 15 Abs. 2 AGG dennoch bejahen.[1338] Setzen beide Ansprüche einen Verstoß gegen das Benachteiligungsverbot aus § 7 Abs. 1 AGG voraus,[1339] kann der Grund für ein solches Ergebnis darin zu sehen sein, dass die Kausalitätsfrage im Zusammenhang mit Gremienentscheidungen nicht innerhalb der Prüfung eines Kausalzusammenhanges zwischen Benachteiligungsmerkmal und Benachteiligung, sondern zwischen Benachteiligung und Schaden zu untersuchen ist. Diese Differenzierung führt zu unterschiedlichen Rechtsfolgen. Wenn die Problematik der Kausalität bei Gremienentscheidungen lediglich zwischen einem Benachteiligungsmerkmal und einer Benachteiligung zu untersuchen und nur bei einer gewissen Mehrheit diskriminierender Gremienstimmen anzunehmen wäre,[1340] würde eine Entscheidung nur eines diskriminierend motivierten

---

1336 So *Bauer/Krieger*, AGG, § 7 Rn. 13

1337 *Brauer* in Bormann/Kauka/Ockelmann, Handbuch GmbH-Recht, Kapitel 8, G, Rn. 91; *Hoentzsch*, DB 2006, 2631, 2631

1338 *Brauer* in Bormann/Kauka/Ockelmann, Handbuch GmbH-Recht, Kapitel 8, G, Rn. 92; *Thüsing/Stiebert*, NZG 2011, 641, 645

1339 *Kocher* in Schiek, AGG, § 15, Rn 29; *Jacobs*, RdA 2009, 193, 195; *Bauer/Krieger*, AGG, § 15 Rn. 31; BAG, Urt. v. 22.1.2009 – Az. 8 AZR 906/07 = NZA 2009, 945, 947

1340 So wohl *Thüsing* in MüKo-BGB, § 7 AGG, Rn. 7; *Bauer/Krieger*, AGG, § 7, Rn. 16; *Brauer* in Bormann/Kauka/Ockelmann, Handbuch GmbH-Recht, Kapitel 8, G,

Organmitgliedes mangels Kausalzusammenhanges nicht zur Annahme eines Verstoßes gegen das Benachteiligungsverbot aus § 7 Abs. 1 AGG führen. Die Voraussetzung beider Ansprüche nach § 15 Abs. 1 S. 1 AGG und § 15 Abs. 2 S. 1 AGG würden demzufolge nicht vorliegen. Dieses Verhalten wäre lediglich als „sanktionsloser Versuch" zu werten.[1341]

Ist dagegen das Abstimmungsverhältnis allein für die Kausalität zwischen der Benachteiligung und dem Schaden von Relevanz, kann trotz Ablehnung eines Kausalzusammenhanges zwischen Benachteiligung und Schaden ein Kausalzusammenhang zwischen Benachteiligungsgrund und Benachteiligung vorliegen. Dadurch kann bei Ablehnung eines Anspruches nach § 15 Abs. 1 AGG gleichwohl ein Anspruch nach § 15 Abs. 2 AGG in Betracht kommen, da Letzterer keinen Schaden verlangt.

Bei einer nicht einheitlichen Entscheidung der Gremienmitglieder besteht die Möglichkeit, dass eine benachteiligte Person mangels ausreichender Stimmen auch ohne die diskriminierend motivierten Organmitglieder nicht gewählt worden wäre. Aus diesem Grund wird der Kausalzusammenhang bei Gremienentscheidungen kontrovers diskutiert.[1342] Eine Entschädigung ist nach § 15 Abs. 2 S. 2 AGG (der Höhe nach begrenzt) jedoch auch dann zu leisten, wenn eine Person bei benachteiligungsfreier Auswahl nicht eingestellt worden wäre. Ein Entschädigungsanspruch setzt folglich nicht voraus, dass eine Bestellung des Kandidaten ohne die Benachteiligung tatsächlich erfolgt wäre.[1343] Demnach bedarf es für einen Entschädigungsanspruch keines Kausalzusammenhanges zwischen Benachteiligung und Schaden.

Einen Kausalitätszusammenhang zwischen der Benachteiligung und der Nichtbestellung als Schaden setzt dagegen ein Schadenersatzanspruch nach § 15 Abs. 1 S. 1 AGG voraus. Dies kann dem Wortlaut dieser Regelung entnommen werden, wonach der „hierdurch", nämlich durch den Verstoß des Benachteiligungsverbotes entstandene Schaden zu ersetzen ist. Kausal ist eine Benachteiligung für einen Schaden, wenn diese nicht hinweggedacht werden kann, ohne dass der Schaden entfiele.[1344] Hat lediglich ein Organmitglied jemanden wegen

---

Rn. 91; *Hoentzsch*, DB 2006, 2631, 2631; *dies.*, Die Anwendung der Benachteiligungsverbote, S. 189 ff., *Schlachter* in ErfK, § 7 AGG, Rn. 3

1341 So *Bauer/Krieger*, AGG, § 7, Rn. 16

1342 *Brauer* in Bormann/Kauka/Ockelmann, Handbuch GmbH-Recht, Kapitel 8, G, Rn. 91; *Thüsing/Stiebert*, NZG 2011, 641, 642; *Hoentzsch*, DB 2006, 2631, 2631; *dies.*, Die Anwendung der Benachteiligungsverbote, S. 189 ff.

1343 *Thüsing/Stiebert*, NZG 2011, 641, 646; zu § 611 a BGB a. F.: BT-Dr 12/5468, S. 44

1344 BAG, Urt. v. 19.8.2010 – Az. 8 AZR 530/09 = NZA 2010, 1412, 1417; *Thüsing/Stiebert*, NZG 2011, 641, 645

eines in § 1 AGG genannten Grundes benachteiligt und würde die benachteiligte Person auch ohne diese Entscheidung nicht zum Aufsichtsrat bestellt, ist die Entscheidung nicht kausal für den Eintritt des Schadens in Form der Nichtbestellung. Das Stimmenverhältnis bei einer Gremienentscheidung, welche eine Benachteiligung zur Folge hatte, ist somit lediglich für den Kausalzusammenhang zwischen Benachteiligung und Schaden von Relevanz.

Wie oben bereits dargestellt ist dem Wortlaut des § 7 Abs. 1 AGG die Erforderlichkeit einer Kausalitätsprüfung zu entnehmen. Zusammenfassend ist festzuhalten, es bedarf der Betrachtung der Entscheidungsgründe der Organmitglieder einerseits für die Prüfung der Kausalität zwischen Benachteiligungsgrund und Benachteiligung als Voraussetzung für einen Verstoß gegen das Benachteiligungsverbot aus § 7 Abs. 1 AGG, wie auch für die des Kausalzusammenhangs zwischen Benachteiligung und Schaden als Voraussetzung für einen Schadenersatzanspruch aus § 15 Abs. 1 AGG. Jedoch lediglich bei letzterem Kausalitätserfordernis ist zu untersuchen, ob die benachteiligte Person auch bei benachteiligungsfreier Auswahl bestellt worden wäre.

c) Kausalität zwischen Benachteiligung und Schaden nur in Bezug auf die Letztentscheidung?

Nach § 15 Abs. 1 S. 1 AGG ist der durch den Verstoß gegen das Benachteiligungsverbot aus § 7 Abs. 1 AGG entstandene Schaden zu ersetzen. Wie oben dargestellt ist für diesen kausalen Zusammenhang zwischen Benachteiligung und Schaden ebenfalls das Abstimmungsverhalten des jeweiligen Gremiums zu betrachten und zu untersuchen, inwiefern das Abstimmungsverhalten zum Ergebnis der Nichtbestellung führen würde. Ein Teil der Literatur stellt bei diesem Kausalzusammenhang zwischen Benachteiligung und Schaden jedoch lediglich auf die Letztentscheidung ab. Danach soll eine diskriminierend motivierte Vorauswahl keinen Schadenersatz nach § 15 Abs. 1 AGG begründen können.[1345] Hinsichtlich der Wahl eines Aufsichtsratsmitgliedes trifft nach § 119 Abs. 1 Nr. 1 AktG diese Letztentscheidung die Hauptversammlung. Fraglich ist demnach, inwiefern eine Benachteiligung bereits während des Auswahlverfahrens für die Wahlvorschläge des Aufsichtsrates nach § 124 Abs. 3 AktG ebenfalls zu einem Schaden führen

---

1345 Irreführend *Diller*, NZA 2007, 649, 650, wonach für einen Anspruch nach § 15 Abs. 1 AGG auf die Letztentscheidung abzustellen ist, jedoch eine „haftungsbegründende Kausalität" geprüft wird.

kann und damit die Kausalität zwischen Benachteiligung und einem daraus fließenden Schaden durch eine eventuelle Nichtbestellung vorliegt.

Wird der Ansicht gefolgt, nach welcher eine Vorauswahl nicht für einen Schaden kausal sein kann, könnten hier die Kausalität zwischen der diskriminierend motivierten Vorauswahl durch den Aufsichtsrat und der Nichtbestellung durch die Hauptversammlung und folglich ein Schadenersatzanspruch nach § 15 Abs. 1 S. 1 AGG abzulehnen sein. Dafür könnte die Annahme sprechen, wonach in der Nichtberücksichtigung oder Chancenverschlechterung eines Kandidaten bereits die Benachteiligung zu sehen ist.[1346] Wurde dadurch das Tatbestandsmerkmal der Benachteiligung bejaht, könnte darin nicht auch der Schaden i. S. d. § 15 Abs. 1 S. 1 AGG gesehen werden. Eine solche Folgerung ist allerdings abzulehnen, da die Voraussetzungen nicht selbige sind. Wird ein Kandidat nicht zur Wahl vorgeschlagen, wird dieser nicht von der Hauptversammlung gewählt. Der Aufsichtsrat ist jedoch nicht für die Wahl des Aufsichtsratsmitgliedes zuständig. Die hier in Betracht kommende Chancenverschlechterung bezieht sich somit auf die Chance, gewählt und nicht auf die vom Aufsichtsrat vorgeschlagen zu werden. Folglich handelt es sich nicht um selbige, sondern um eine weitere Chancenverschlechterung.

Für die Ablehnung eines Kausalzusammenhanges spricht jedoch die fehlende Bindung der Hauptversammlung an die Vorschläge des Aufsichtsrates. Auch bei einer benachteiligungsfreien Vorauswahl des Aufsichtsrates kann nicht zwingend von einer Wahl des Kandidaten durch die Hauptversammlung ausgegangen werden. Die Benachteiligung in Form einer benachteiligungsfreien Vorauswahl ist jedoch nur dann kausal für den Schaden in Form der Nichtbestellung, wenn diese nicht hinweggedacht werden kann, ohne dass die Nichtbestellung entfiele. Eine benachteiligte Person hat folglich nur einen Anspruch nach § 15 Abs. 1 AGG, wenn sie bei benachteiligungsfreier Auswahl tatsächlich auch erwählt worden wäre.[1347] Für diese Kausalität zwischen der Benachteiligungshandlung und dem Schaden ist sie darlegungs- und beweispflichtig.[1348] Damit hat diese die Bestellung als bestqualifizierter Kandidat zu beweisen, wäre sie nicht wegen eines in § 1 AGG genannten Grundes benachteiligt worden. Dabei wäre insbesondere in Publikumsgesellschaften auch die Üblichkeit der

---

1346 S. dazu Teil D, III. 3. a) bb)

1347 So hinsichtlich der Einstellung eines Beschäftigten *Mansel* in Jauernig, BGB 2014, § 15 AGG, Rn. 3; BAG Urt. v. 19.8.2010 – Az. 8 AZR 530/09 = NZA 2010, 1412, 1417

1348 BAG, Urt. v. 19.8.2010 – Az. 8 AZR 530/09 = NZA 2010, 1412, 1417

Wahl durch die Hauptversammlung des durch den Aufsichtsrat zur Wahl gestellten Kandidaten zu berücksichtigen.

d) *Beschränkung der Entschädigungsleistung nach § 15 Abs. 2 S. 2 AGG*

Eine Benachteiligung, die für die Nichteinstellung oder -wahl nicht kausal wurde, weil die benachteiligte Person auch bei benachteiligungsfreier Auswahl im Bewerbungsverfahren nicht eingestellt worden wäre, bleibt dennoch nicht sanktionslos.[1349] Der Entschädigungsanspruch aus § 15 Abs. 2 S. 1 AGG setzt keinen kausalen Schaden, sondern nur einen Verstoß gegen das Benachteiligungsverbot aus § 7 Abs. 1 AGG voraus.[1350] Drei Monatsgehälter soll die Entschädigung nach § 15 Abs. 2 AGG nicht übersteigen, wenn der oder die Beschäftigte auch bei benachteiligungsfreier Auswahl nicht eingestellt worden wäre. Für einen Entschädigungsanspruch nach § 15 Abs. 2 S. 1 AGG ist folglich irrelevant, ob die durch den Aufsichtsrat benachteiligte Person tatsächlich von der Hauptversammlung gewählt worden wäre.

Die Beweislast für diese Nichteinstellung auch bei benachteiligungsfreier Auswahl trägt im Rahmen des § 15 Abs. 2 S. 2 AGG wiederum die juristische Person.[1351] Diese Beweislast bezieht sich lediglich auf die Beschränkung der Entschädigung und nicht auf die Kausalität zwischen Benachteiligung und Schaden. Ein solcher Nachweis kann in den Fällen erbracht werden, in denen zum einen die zum Aufsichtsrat bestellte Person aufgrund eines Wahlvorschlages durch einen Aktionär nach § 127 AktG und nicht entsprechend dem Vorschlag des Aufsichtsrates durch die Hauptversammlung gewählt wurde. Zum anderen ist das Abstimmungsverhalten im Aufsichtsrat zu betrachten. Würde der Kandidat aufgrund des Stimmverhältnisses auch bei einer nicht diskriminierend motivieren Abstimmung nicht zur Wahl vom Aufsichtsrat vorgeschlagen werden, wäre die Kausalität zwischen Benachteiligung und Schaden ebenfalls abzulehnen.

1349 A.A. *Bauer/Krieger*, AGG, § 7, Rn. 16

1350 *Diller*, NZA 2007, 649, 650; OLG Köln, Urt. v. 29.7.2010 – Az. 18 U 196/09 = NZG 2011, 187, 190; *Thüsing/Stiebert*, NZG 2011, 641, 645; *Zorn*, WuM 2006, 591, 593, hinsichtlich eines zivilrechtlichen Anspruchs auf immateriellen Schadenersatz nach § 21 AGG

1351 *Kocher* in Schiek, § 15, Rn. 48; *Diller*, NZA 2007, 649, 650; *Thüsing/Stiebert*, NZG 2011, 641, 642; EuGH, Urt. v. 22.4.1997, Rs. C-180/95 („*Draehmpaehl*"), Rn. 36, Slg. 1997, I-2212, 2224

4. Bemessung des Schadenersatzes und der Entschädigungsleistung

Bei der Bemessung des Schadenersatzes und der Entschädigungsleistung nach §§ 15 Abs. 1 und 2 AGG sind die Maßgaben der Richtlinie 2006/54/EG zu berücksichtigen. Diese bestimmt für geschlechtsspezifische Benachteiligungen eine Sanktion. Der durch die Diskriminierung entstandene Schaden ist nach Art. 18 der Richtlinie 2006/54/EG tatsächlich und wirksam auszugleichen oder zu ersetzen, „wobei dies auf abschreckende und dem erlittenen Schaden angemessene Art und Weise geschehen muss".[1352] Der Umsetzung dieser Richtlinienregelung dient § 15 AGG. Die Rechtsfolge einer geschlechtsbezogenen Benachteiligung nach § 611a BGB Abs. 2 und 3 BGB a. F.,[1353] der Vorgängerregelung des § 15 AGG, wurde in Teilen der Literatur erheblich kritisiert. *Herrmann* spricht in diesem Zusammenhang von einem „schadenersatzrechtlichen Monstrum" und dem „Rückfall in archaisches Rechtsdenken".[1354] Diese als ein „Fremdkörper im deutschen Schadensersatzrecht"[1355] angesehene Rechtsfolge einer geschlechtsspezifischen Benachteiligung wird ferner als ein „unter Euro-Diktat" nach amerikanischem Vorbild der „punitive damages" aufgenommener Strafschaden verstanden.[1356] Diese Kritiken bekommen einen fast zynischen Charakter, wenn der Ansicht gefolgt wird, es sei aufgrund der jederzeitigen Möglichkeit der Abberufung eines Aufsichtsratsmitgliedes möglich, einen Anspruch einer wegen des Geschlechtes benachteiligten Person auf null zu reduzieren.[1357] Wiederum wird die Berechnung der Entschädigungshöhe insbesondere wegen der Maßgaben durch die oben genannten Richtlinien als für „nicht annähernd möglich" gehalten.[1358]

1352 Wortgleich bereits in Art. 6 Abs. 2 der Richtlinie 2002/73/EG enthalten

1353 Zur Entstehungsgeschichte siehe *Wagner/Potsch*, JZ 2006,1085, 1086

1354 *Herrmann*, ZfA 1996, 19, 35, 39 zu § 611 a BGB a. F.

1355 *Volmer*, BB 1997, 1582, 1582; *Annuß*, NZA 1999, 738, 741; *Adomeit*, NJW 1997, 2295; a.A. Jacobs, RdA 2009, 193, 194; *Stoffels*, RdA, 2009, 204, 207

1356 *Adomeit*, NJW 1997, 2295; *Herrmann*, ZfA 1996, 19, 26, 37, 41; *Simon/Greßlin*, BB 2007, 1782, 1787

1357 So *Brauer* in Bormann/Kauka/Ockelmann, Handbuch GmbH-Recht, Kapitel 8, G, Rn. 95; a.A. *Wagner*/Potsch, JZ 2006,1085, 1096, für Arbeitsverhältnisse in der Probezeit

1358 *Annuß*, NZA 1999, 738, 742

a) Grundlegender Ansatz

In seinen Entscheidungen zur Auslegung des Erfordernisses an die Rechtsfolgen einer Benachteiligung erklärte der EuGH, die Sanktion müsse geeignet sein „einen tatsächlichen und wirksamen Rechtsschutz zu gewährleisten".[1359] Betrifft diese Voraussetzung des tatsächlichen und wirksamen Ausgleiches die prozessuale und materielle Ausgestaltung der Rechtsbehelfe und damit die tatsächliche Möglichkeit der benachteiligten Person, sich gerichtlich gegen die Benachteiligungen zu wehren,[1360] spricht diese Feststellung des EuGH zunächst nicht gegen die Herabsetzung des Schadenersatzes auf null.

aa) Bemessung nach der sogenannten „Drei-Schritt-Prüfung"

Zu den weiteren Voraussetzungen, wonach der Ausgleich oder Ersatz „auf eine abschreckende und dem erlittenen Schaden angemessene Art und Weise geschehen muss", erklärt der EuGH jedoch, auch diese Sanktion habe „eine wirklich abschreckende Wirkung gegenüber dem Arbeitgeber"[1361] zu haben. Die abschreckende Wirkung eines Schadenersatz- oder Entschädigungsanspruches soll „disziplinierend bzw. verhaltenssteuernd wirken".[1362] Diese Wirkung soll nicht lediglich die im jeweiligen Fall betroffenen Anspruchsgegner betreffen, sondern auch mit generalpräventiver Wirkung andere Personen von der Vornahme ähnlicher Benachteiligungen abhalten.[1363] Eine „rein symbolische Entschädigung",[1364] wie etwa die Erstattung von Bewerbungskosten, wird diesen Erfordernissen daher nicht gerecht.[1365]

Ist nun zwischen Schadenersatz und Entschädigung zu differenzieren, der Schadenersatz nach der Differenzhypothese zu beurteilen und sind dabei die Vorgaben des EuGH und der Richtlinien bei der Auslegung zu beachten, schlägt *Annuß* hinsichtlich der Berechnung der Schadenersatz- und Entschädigungshöhe eine sogenannte „Drei-Schritt-Prüfung" vor.[1366] Danach ist auf der ersten

---

1359 EuGH, Urt. v. 10.4.1984 –Rs. 79/83 („*Harz*"), Rn. 23, Slg. 1984, 1921, 1941; EuGH, Urt. v. 2.8.1993 – Rs. C-271/91 („*Marshall*"), Rn. 24, Slg. 1993, I-4376, 4407

1360 *Kossak*, Rechtsfolge eines Verstoßes gegen das Benachteiligungsverbot, S. 24

1361 S. Fn. 1359

1362 *Kossak*, Rechtsfolge eines Verstoßes gegen das Benachteiligungsverbot, S. 177, 33; *Kocher* in Schiek, § 15, AGG, Rn. 38; *Jacobs*, RdA 2009, 193, 203; *Simon/Greßlin*, BB 2007, 1782, 1782 f.

1363 *Kossak*, Rechtsfolge eines Verstoßes gegen das Benachteiligungsverbot, S. 25, 33

1364 EuGH, Urt. v. 10.4.1984 – Rs. 79/83 („*Harz*"), Rn. 24, Slg. 1984, 1921, 1941

1365 EuGH, Urt. v. 10.4.1984 – Rs. 14/1983, Rn. 23, 28, Slg. 1984, 1891, 1909

1366 *Annuß*, NZA 1999, 738, 742

Stufe die Kompensation im Wege der Differenzhypothese zu ermitteln.[1367] Als Nächstes sei die Höhe der Entschädigung festzulegen, um an dritter Stelle die Addition der Anteile der Kompensation und Sanktion vornehmen zu können.[1368] Ist bei der Rechtsfolge einer Entschädigungsleistung darauf zu achten, dass diese „jedenfalls in einem angemessenen Verhältnis zum erlittenen Schaden stehen“ muss,[1369] ist der Entschädigungsanspruch nicht generell und abstrakt vom jeweilig betreffenden Fall bestimmbar,[1370] sondern abhängig vom Einzelfall zu beurteilen.[1371] Der Berechnung entsprechend der Drei-Schritt-Prüfung wird der Vorteil entnommen, dem Erfordernis nach einer „wirklich abschreckenden“ [Präventions-]Wirkung, welche in einem angemessenen Verhältnis zum entstandenen Schaden steht, nachkommen zu können.[1372]

bb) *Höhe des Schadenersatzanspruches – Beachtung einer zeitlichen Beschränkung?*

Dieser sogenannten Drei-Schritt-Prüfung folgend ist bei jeder geschlechtsspezifischen Diskriminierung zunächst die Höhe des Schadenersatzanspruches aus § 15 Abs. 1 S. 1 AGG unter Heranziehung der Differenzhypothese zu ermitteln. Damit ist der Schaden einer nicht eingestellten Person wegen einer Verletzung des Benachteiligungsverbotes aus § 7 Abs. 1 AGG der Unterschied zwischen dem tatsächlichen Vermögen und dem Vermögen, das die betreffende Person gehabt hätte ohne diese Benachteiligung.[1373] Ist demnach ein Bewerber finanziell so zu stellen, als ob der Vertrag zustande gekommen wäre, könnte dies zu einem zeitlich unbeschränkten Nachteilsausgleich führen.[1374] An dieser Stelle wird in der Literatur kontrovers diskutiert, inwiefern bei dem bestqualifizierten Bewerber der Schadenersatz auf das Vermögen zu beschränken ist, welches die Person bis zum nächstmöglichen Kündigungstermin hätte.[1375] Diesem wird

---

1367 *Bauer/Krieger*, AGG, § 15, Rn. 24

1368 *Annuß*, NZA 1999, 738, 743

1369 EuGH, Urt. v. 10.4.1984 – Rs. 14/1983, Rn. 23, Slg. 1984, 1891, 1908; EuGH, Urt. v. 10.4.1984 – Rs. 79/83 („*Harz*“), Rn. 23, Slg. 1984, 1921, 1941

1370 A.A. *Zwanziger*, DB 1998, 1330, 1331 zu § 611a BGB a. F.

1371 *Kocher* in Schiek, AGG, § 15, Rn. 30; *Annuß*, NZA 1999, 738, 742

1372 *Annuß*, NZA 1999, 738, 743

1373 *Bauer/Krieger*, AGG, § 15, Rn. 24; *Willemsen/Schweibert*, NJW 2006, 2583, 2589; *Stoffels*, RdA 2009, 204, 212; *Simon/Greßlin*, BB 2007, 1782, 1787

1374 *Kocher* in Schiek, AGG, § 15, Rn. 14

1375 So *Annuß*, NZA 1999, 738, 743; *Stoffels*, RdA 2009, 204, 213; *Simon/Greßlin*, BB 2007, 1782, 1785; *Bauer/Krieger*, AGG, § 15, Rn. 27; *Kossak*, Rechtsfolge eines Verstoßes gegen das Benachteiligungsverbot, S. 199, hinsichtlich Benachteiligungen

entgegengehalten, eine „hypothetische" sofortige Kündigung stelle kein rechtmäßiges Alternativverhalten dar.[1376] Dagegen wiederum wird eingewendet, es handle sich nicht um eine hypothetische Kündigung, sondern um eine tatsächlich vorliegende Möglichkeit einer rechtmäßigen Kündigung.[1377]

Letzterer Ansicht folgend, wonach der Schadenersatz auf die Vergütung bis zum Zeitpunkt des nächstmöglichen Kündigungstermins zu begrenzen ist und dies auf den Aufsichtsrat übertragend, wird geschlussfolgert, der Schadenersatz könne aufgrund der jederzeitigen Abberufungsmöglichkeit eines Aufsichtsratsmitgliedes nach § 103 Abs. 1 S. 1 AktG[1378] auf null reduziert werden.[1379] Diese Ansicht ist bereits deswegen abzulehnen, da die Abberufung am Tag der Bestellung erfolgen müsste. Neben der jederzeitigen Abberufungsmöglichkeit ist jedoch auch der dafür erforderliche Beschluss der Hauptversammlung zu beachten. Dieses Organ ist nach § 123 Abs. 1 S. 1 AktG mindestens 30 Tage vor dem Tag der Versammlung einzuberufen. Wenn neben der Bestellung nicht die gleichzeitige Abbestellung auf der Tagesordnung steht, kann der Anspruch nicht auf null zu reduzieren sein.

Einer solchen Reduzierung ist weiter entgegenzuhalten, dass lediglich ein zeitlich unbeschränkter Schadenersatz nicht für eine „systemgerechte Lösung"[1380] gehalten wird. Diese Ansicht nimmt folglich auf Dauerschuldverhältnisse Bezug. Die Amtszeit eines Aufsichtsratsmitgliedes ist jedoch nach § 102 Abs. 1 AktG nicht länger als bis zur Beendigung der Hauptversammlung, die über die Entlastung für das vierte Geschäftsjahr nach dem Beginn der Amtszeit beschließt. Wobei nach § 102 Abs. 1 S. 1 AktG das Geschäftsjahr, in dem die Amtszeit beginnt, nicht mitgerechnet wird. Die Amtszeit ist folglich beschränkt. Die

---

im Zivilrechtsverkehr; Hildebrand, Arbeitnehmerschutz von geschäftsführenden Gesellschaftsorganen, S. 239; a.A. *Treber*, NZA 1998, 856, 585; *Kocher* in Schiek, AGG, § 15, Rn. 14, 17

1376 *Treber*, NZA 1998, 856, 585; *Kocher* in Schiek, AGG, § 15, Rn. 17; *Belling/Riesenhuber* in Erman BGB, § 15 AGG, Rn. 9; a.A. *Bauer/Krieger*, AGG, § 15, Rn. 28; *Stoffels*, RdA 2009, 204, 213

1377 *Annuß*, NZA 1999, 738, 743; *Hildebrand*, Arbeitnehmerschutz von geschäftsführenden Gesellschaftsorganen, S. 239

1378 Vgl. § 11 Abs. 1 MontanMitbG, § 23 Abs. 1 MitbestG oder § 12 Abs. 1 DrittelbG, für die von den Arbeitnehmern gewählten Aufsichtsratsmitglieder

1379 So *Brauer* in Bormann/Kauka/Ockelmann, Handbuch GmbH-Recht, Kapitel 8, G, Rn. 95; a.A. *Wagner/Potsch*, JZ 2006, 1085, 1096, für Arbeitsverhältnisse in der Probezeit

1380 *Annuß*, NZA 1999, 738, 743

Diskussion über die Beschränkung eines Schadenersatzanspruches bei Dauerschuldverhältnissen ist nicht vergleichbar und damit nicht übertragbar.[1381] Somit ist der Schaden nach der Differenzhypothese die Vergütung bis zur regulären Beendigung dieser Amtszeit.

Würde die benachteiligte Person bei benachteiligungsfreiem Auswahlverfahren zum Aufsichtsrat gewählt, sind folglich sämtliche Vermögenseinbußen zu ersetzen, die mit der Benachteiligung in Verbindung stehen.[1382] Die Höhe des Schadenersatzes ist durch einen „Vergleich des tatsächlichen Vermögens mit dem hypothetischen Vermögenszustand zu ermitteln, der ohne den Verbotsverstoß vorgelegen hätte".[1383] Die Schadenshöhe orientiert sich nach der in der Satzung festgelegten oder durch die Hauptversammlung bewilligten Vergütung für die gesamte Amtszeit von grundsätzlich 5 Jahren. Ist einerseits eine Festvergütung sowie eine am jährlichen Unternehmenserfolg und am langfristigen Unternehmenserfolg orientierte variable Vergütung festgelegt worden,[1384] sind diese wie auch weitere Leistungen wie beispielsweise Sitzungsgelder und Bezugsrechte zu berücksichtigen. Aufwandsentschädigungen sind nur dann zu beachten, soweit sie über den reinen Auslagenersatz hinausgehen. Dieser kann regelmäßig aus der Pflichtangabe im Geschäftsbericht errechnet werden.[1385] Versicherungsbeiträge sind lediglich zu beachten, soweit es sich um Lebensversicherung- oder Rentenversicherungsbeiträge handelt. Beträge für die Haftpflichtversicherung sind dagegen nicht zu ersetzen.

1381 Für befristete Anstellungsverträge im Ergebnis ebenso *Hoentzsch*, Die Anwendung der Benachteiligungsverbote, S. 151; ihr folgend *Hildebrand*, Arbeitnehmerschutz von geschäftsführenden Gesellschaftsorganen, S. 239 f.; für befristete Verträge im Ergebnis ebenso *Wagner/Potsch*, JZ 2006, 1085, 1095

1382 *Willemsen/Schweibert*, NJW 2006, 2583, 2589; *Belling/Riesenhuber* in Erman BGB, § 15 AGG, Rn. 8 f.

1383 *Kossak*, Rechtsfolge eines Verstoßes gegen das Benachteiligungsverbot, S. 190

1384 Vgl. Ziff. 5.4.6. Abs. 2 DCGK, wonach Aufsichtsratsmitglieder, neben einer festen, eine erfolgsorientierte Vergütung erhalten sollen; vgl. zum Auskunftsanspruch bei einem variablen Entgelt BAG, Urt. v. 22.7.2010 – Az. 8 AZR 1012/08 = NZA 2011, 93, 103, wobei die Gesamtbezüge im Anhang nach § 285 Nr. 9 lit. a HGB und bei börsennotierten AG nach §289 Abs. 2 Nr. 5 S. 1 HGB auch die Grundzüge des Vergütungssystems für diese Gesamtbezüge im Lagebericht anzugeben sind und damit die Form, die Struktur und die Höhe der Vergütung

1385 Lediglich diese gehören auch zu den Pflichtangaben nach § 285 HGB, *Kessler* in MüKo-Bilanzrecht, § 285, Rn. 93

cc) *Schadensminderung bei fehlender Monokausalität oder Schadenersatz aufgrund eines Chancenverlusts?*

Fraglich ist ferner, ob eine Benachteiligung weniger schwer wiegt, wenn ein nicht in § 1 AGG genanntes Merkmal ein zusätzlicher weiterer Grund für die Benachteiligung war.[1386] Dies wäre beispielsweise der Fall, wenn eine schlechte Leistung nicht auf ein in § 1 AGG genanntes Merkmal zurückgeführt wird, sondern diese schlechte Leistung und ein solches Merkmal für die Benachteiligung ausschlaggebend sind. Auf der Ansicht von *Wagner/Potsch* aufbauend[1387] mindert *Kossak* in einem solchen Fall die Höhe des Schadens.[1388] Begründet wird dies mit dem Eintritt eines Schadens „mit einer je nach Fallgestaltung unterschiedlich hohen Wahrscheinlichkeit".[1389] Abhängig vom Maß der Wahrscheinlichkeit ist dann die Höhe des Schadenersatzes auszurechnen.[1390] Diese Ansicht auf die Benachteiligung hinsichtlich der Aufsichtsratsbesetzung übertragend könnte eine Person, welche einerseits wegen des Geschlechtes und andererseits aus einem weiteren nicht in § 1 AGG genannten Grund benachteiligt wurde, einen geringeren Schadenersatz erhalten als eine Person, die ausschließlich wegen des Geschlechtes benachteiligt wurde. Eine solche Differenzierung findet sich jedoch weder im AGG noch in den Richtlinienvorgaben. In Bezug auf ein solches Motivbündel erklärt der BGH vielmehr, die „bloße Möglichkeit eines nicht diskriminierenden Motivs innerhalb eines Motivbündels ohne greifbare Anhaltspunkte [habe] auf die Höhe der Entschädigung keinen Einfluss".[1391]

Die Annahme, eine sogenannte fehlende „Monokausalität"[1392] führe zu dem Ergebnis einer geringeren Schadenersatzhöhe, verfolgt ferner weniger das Ziel der Schadenersatzminderung als vielmehr die Feststellung überhaupt eines Schadens. *Wagner/Potsch* nehmen bereits in dem Chancenverlust oder der -verschlechterung einen ausgleichsfähigen Vermögensschaden an.[1393] Dem folgend wird die „unsichere Kausalität"[1394] zwischen Benachteiligung und Schaden

1386 Wohl a.A. BGH, Urt. v. 23.4.2012 – Az. II ZR 163/10 = NJW 2012, 2346, 2351

1387 *Wagner/Potsch*, JZ 2006, 1085, 1095

1388 *Kossak*, Rechtsfolge eines Verstoßes gegen das Benachteiligungsverbot, S. 199 f.

1389 *Kossak*, Rechtsfolge eines Verstoßes gegen das Benachteiligungsverbot, S. 199

1390 S. dazu Beispielsberechnung *Kossak*, Rechtsfolge eines Verstoßes gegen das Benachteiligungsverbot, S. 200

1391 BGH, Urt. v. 23.4.2012 – Az. II ZR 163/10 = NJW 2012, 2346, 2351

1392 *Kossak*, Rechtsfolge eines Verstoßes gegen das Benachteiligungsverbot, S. 161 ff., 197, 199; *Derleder/Sabetta*, WuM 2005, 3, 6

1393 *Wagner/Potsch*, JZ 2006, 1085, 1095

1394 *Wagner/Potsch*, JZ 2006, 1085, 1095

bereits in der Benachteiligung einer Person aus mehreren Gründen gesehen[1395] und der „Erwartungswert der entgangenen Chancen“[1396] im Wege einer Wahrscheinlichkeitsberechnung beziffert. Die Betrachtung der Erfolgswahrscheinlichkeit dient folglich der Bezifferung des Schadenersatzanspruches nach § 15 Abs. 1 S. 1 AGG.[1397]

Bei einer solchen Berechnung wird jedoch nicht ausreichend zwischen der Frage nach der Kausalität und der Feststellung des Schadens differenziert. Für das Erfordernis der Kausalität zwischen Benachteiligung und Benachteiligungsgrund ist zu fragen, inwiefern einer der in § 1 AGG genannten Gründe kausal für die Benachteiligung war.[1398] Bei der haftungsausfüllenden Kausalität zwischen Benachteiligung und Schaden wird wiederum untersucht, inwiefern auch ohne die Benachteiligung der Schaden eintreten würde.[1399] Bei der Feststellung des Schadens ist jedoch nicht lediglich der Teil der Entscheidung wegzudenken, welcher von einem in § 1 AGG genannten Grund beeinflusst wurde,[1400] sondern die gesamte Benachteiligung. Wird ferner der Ansicht gefolgt, wonach in der Chancenverschlechterung bereits die Benachteiligung zu sehen ist,[1401] kann selbige nicht ebenfalls als Schaden angesehen werden.

Dieser Chancenverlust ist zudem im Rahmen der Entschädigungsleistung zu kompensieren[1402] und damit gerade nicht bei der Bemessung des Schadenersatzes. Damit kann festgehalten werden, dass eine Minderung des Schadenersatzes bei fehlender sogenannter „Monokausalität“ und folglich bei Vorliegen eines Motivbündels nicht vorzunehmen ist.

dd) Höhe der Entschädigung

Neben diesem Schadenersatz ist, entsprechend der oben genannten Drei-Schritt-Prüfung auf zweiter Stufe, gemäß den unionsrechtlichen Vorgaben die Entschädigung zu ermitteln. Ein Anspruch auf Entschädigung von

---

1395 *Kossak*, Rechtsfolge eines Verstoßes gegen das Benachteiligungsverbot, S. 199; *Wagner/Potsch*, JZ 2006, 1085, 1095

1396 *Wagner/Potsch*, JZ 2006, 1085, 1095

1397 *Wagner/Potsch*, JZ 2006, 1085, 1095; so auch *Kossak*, Rechtsfolge eines Verstoßes gegen das Benachteiligungsverbot, S. 199

1398 S. dazu ausführlich oben Teil D, III. 3.; wohl a.A. *Kossak*, Rechtsfolge eines Verstoßes gegen das Benachteiligungsverbot, S. 197, 199

1399 S. dazu oben Teil D, III. 3. b)

1400 A.A. *Kossak*, Rechtsfolge eines Verstoßes gegen das Benachteiligungsverbot, S. 199

1401 S. dazu bereits oben Teil D, III. 3. a) cc)

1402 *Kossak*, Rechtsfolge eines Verstoßes gegen das Benachteiligungsverbot, S. 200

Nichtvermögensschäden nach § 15 Abs. 2 AGG kann parallel zum Anspruch auf Ersatz der materiellen Schäden nach § 15 Abs. 1 AGG geltend gemacht werden.[1403] Würde demnach auch die Möglichkeit einer Reduzierung des Schadenersatzanspruches auf null bejaht werden, wäre dennoch eine Entschädigung nach § 15 Abs. 2 AGG zu leisten.

Eine Entschädigung von Nichtvermögensschäden nach § 15 Abs. 2 AGG ist auch dann zu leisten, wenn die Kausalität zwischen Benachteiligung und Schaden abzulehnen wäre.[1404] Fragt *Adomeit* diesbezüglich, wofür ein Kläger entschädigt werden soll, wenn eine Benachteiligung nicht kausal für die Nichteinstellung war,[1405] wodurch es sich nicht um ein Surrogat für den fehlenden Vertrag handeln kann,[1406] so könnte dies mit dem Ausgleich jener Nachteile, „die sich aus der durch die unzulässige Geschlechterdiskriminierung bewirkten Persönlichkeitsverletzung ergeben", zu beantworten sein.[1407] Dabei wird die Frage, ob entgegen der Gesetzesbegründung[1408] ein Entschädigungsanspruch nur bei einer „schwerwiegenden" Verletzung des Persönlichkeitsrechtes in Betracht kommt, weder von der Literatur noch der Rechtsprechung einheitlich beantwortet.[1409]

1403 BGH, Urt. v. 23.4.2012 - Az. II ZR 163/10 = NJW 2012, 2346, 2351

1404 S. dazu oben Teil D, III. 3. d); BGH, Urt. v. 23.4.2012 - Az. II ZR 163/10 = NJW 2012, 2346, 2351

1405 Zu § 611b BGB a. F. *Adomeit*, NJW 1997, 2295, 2295

1406 a.A. wohl *Herrmann*, ZfA 1996, 19, 31 zu § 611a BGB a. F.

1407 LAG Berlin-Brandenburg, Urt. v. 26.11.2008 - Az. 15 Sa 517/08 = NJOZ 2008, 5205, 5226; ebenso BAG, Urt. v. 14.3.1989 - Az. 8 AZR 447/87 = NZA 1990, 21, 22; *Annuß*, NZA 1999, 738, 741; *Wagner/Potsch*, JZ 2006, 1085, 1094; *Jacobs*, RdA 2009, 193, 195; *Walker*, NZA 2009, 5, 9; *Kossak*, Rechtsfolge eines Verstoßes gegen das Benachteiligungsverbot, S. 212; a.A. *Herrmann*, ZfA 1996, 19, 50 ff.; *Adomeit* , NJW 1996, 1710, 1712, wonach die Persönlichkeit nicht verletzt sein kann, „wenn dem Unternehmer weibliche Mitarbeiter zu teuer sind".

1408 BT-Drs. 16/1780 S. 46, zu § 21 Abs. 2 AGG, wonach der „Geldentschädigungsanspruch bei Verletzungen des allgemeinen Persönlichkeitsrechts nur schwerwiegende und anderweitig nicht auszugleichende Persönlichkeitsrechtsverletzungen kompensiert"

1409 Eine solche schwerwiegende Verletzung verlangend BAG, Urt. v. 24.9.2009 - Az. 8 AZR 636/08 = NJW 2010, 554, 557; BAG, Urt. v. 14.3.1989 - Az. 8 AZR 447/87 = NZA 1990, 21 f.; BAG, Urt. v. 14.3.1989 - Az. 8 AZR 351/86 = NZA 1990, 24, 25; *Thüsing* in MüKo-BGB, § 15 AGG, Rn. 9; a.A. *Schlachter* in ErfK, § 15 AGG, Rn. 9; *Kossak*, Rechtsfolge eines Verstoßes gegen das Benachteiligungsverbot, S. 210, zu § 21 Abs. 2. S. 3 AGG; BAG, Urt. v. 22.1.2009 - Az. 8 AZR 906/07 = NZA 2009, 945, 952; BAG, Urt. v. 18.3.2010 - Az. 8 AZR 1044/08 = NZA 2010, 1129, 1129; vgl. auch LAG Berlin-Brandenburg, Urt. v. 26.11.2008 - Az. 15 Sa 517/08 = NJOZ 2008,

Setzt ein Entschädigungsanspruch einen immateriellen Schaden ideeller Art voraus[1410] und wird dieser in der Persönlichkeitsverletzung gesehen, wird dabei auf die Rechtsprechung zu § 823 BGB zurückgegriffen.[1411] Diese hält eine schwerwiegende Persönlichkeitsverletzung für erforderlich.[1412] Zu Recht weist jedoch das BAG darauf hin, dass § 15 Abs. 2 AGG der Umsetzung unionsrechtlicher Richtlinien dient. Der Gesetzgeber hat daher eine eigenständige Anspruchsgrundlage für eine Entschädigung gegen das Benachteiligungsverbot geschaffen. Es bedarf dadurch „keiner zusätzlichen Feststellung oder Darlegung des Eintritts eines immateriellen Schadens für einen Entschädigungsanspruch des Arbeitnehmers nach § 15 Abs. 2 S. 2 AGG".[1413] Eine solche Sanktion entspricht ferner dem oben genannten Präventionsgedanken[1414] wie auch dem Ziel der Richtlinien, bereits auch im Vorfeld Benachteiligungen verhindern zu wollen.

Berücksichtigung findet die Art und Schwere des Verstoßes jedoch bei der Feststellung der Entschädigungshöhe.[1415] Diesem Entschädigungsanspruch wird in der Praxis wohl die "bedeutendste Rolle"[1416] zukommen. Dabei soll die Entschädigung „wirklich abschreckende Wirkung gegenüber dem Arbeitgeber haben"[1417] und „deshalb jedenfalls in einem angemessenen Verhältnis zum

---

5205, 5226, wonach eine geschlechtsspezifische Benachteiligung „regelmäßig" eine schwerwiegende Persönlichkeitsverletzung ist

1410 So *Kossak*, Rechtsfolge eines Verstoßes gegen das Benachteiligungsverbot, S. 212, zu § 21 Abs. 2. S. 3 AGG

1411 So BAG, Urt. v. 14.3.1989 – Az. 8 AZR 351/86 = NZA 1990, 24, 25; BAG, Urt. v. 24.9.2009 – Az. 8 AZR 636/08 = NJW 2010, 554, 557; BAG, Urt. v. 14.3.1989 – Az. 8 AZR 447/87 = NZA 1990, 21 f; a.A. *Belling/Riesenhuber* in Erman BGB, § 15 AGG, Rn. 13, der die für einen Anspruch nach § 823 Abs. 1 BGB i. V. m. Art. 1 Abs. 1 und 2 Abs. 1 GG geltenden Grundsätze nicht für erforderlich hält.

1412 BGH, Urt. v. 19.9.1961 – Az. VI ZR 259/60 = NJW 1961, 2059, 2060; a.A. *Jacobs*, RdA 2009, 193, 195

1413 BAG, Urt. v. 22.1.2009 – Az. 8 AZR 906/07 = NZA 2009, 945, 952; ebenso *Simon/Greßlin*, BB 2007, 1782, 1785, 1787; *Annuß*, NZA 1999, 738, 741, der darin eine „echte Strafrechtsnorm" sieht; *Belling/Riesenhuber* in Erman BGB, § 15 AGG, Rn. 13; im Ergebnis ebenfalls *Jacobs*, RdA 2009, 193, 195, wobei eine Persönlichkeitsverletzung zwar verlangt wird, jedoch keine schwerwiegende; ebenso *Kossak*, Rechtsfolge eines Verstoßes gegen das Benachteiligungsverbot, S. 212.

1414 *Annuß*, NZA 1999, 738, 743

1415 *Kocher* in Schiek, § 15, AGG, Rn. 37; *Belling/Riesenhuber* in Erman BGB, § 15 AGG, Rn. 16; BGH, Urt. v. 23.4.2012 – Az. II ZR 163/10 = NJW 2012, 2346, 2351

1416 So zum Ersatz immaterieller Schäden nach § 21 Abs. 2 S. 3 AGG: *Zorn*, WuM 2006, 591, 593

1417 S. Fn. 1361

erlittenen Schaden stehen“[1418]. Dem Gericht steht dabei ein Beurteilungsspielraum zu, der die Berücksichtigung der jeweiligen Besonderheit des Einzelfalles ermöglicht.[1419] Hat das Gericht dabei das Ziel einer abschreckenden Wirkung zu beachten, sind dabei beispielsweise die Schwere, die Häufigkeit der Diskriminierung und die Frage, ob eine Benachteiligung aus mehreren Gründen erfolgte, mit einzubeziehen.[1420] Das Vorliegen dieser Kriterien führt zu keiner automatischen Erhöhung.[1421] Ist an dieser Stelle nicht auf die benachteiligte Person, sondern ebenfalls den Arbeitgeber abzustellen,[1422] ist bei einer Benachteiligung hinsichtlich des Zugangs zum Aufsichtsratsamt folglich die Situation der Aktiengesellschaft zu beachten.[1423]

ee) Höchstgrenze der Entschädigungsleistung nach § 15 Abs. 2 S. 2 AG

Der Gleichbehandlungsgrundsatz ist nur dann als tatsächlich verwirklicht anzusehen, wenn bei allen Verstößen eine dem erlittenen Schaden angemessene Entschädigung zuerkannt wird.[1424] Resultiert daraus grundsätzliche ein Ausschluss einer abstrakt festgelegten Höchstgrenze für Entschädigungen,[1425] ist die Entschädigungsleistung dennoch nach § 15 Abs. 2 S. 2 AGG der Höhe nach begrenzt. Kann der Arbeitgeber nachweisen, dass der Bewerber bei diskriminierungsfreier Auswahl nicht eingestellt worden wäre, darf die Entschädigung nach dieser Regelung drei Monatsgehälter nicht übersteigen. Diesbezüglich hat der EuGH festgestellt, es erscheine unangemessen, eine gesetzliche Vermutung aufzustellen, wonach für die Fälle, in denen der Arbeitgeber nachweisen kann, der Schaden liege allein in der Nichtberücksichtigung der Bewerbung, die Entschädigung eine Höchstgrenze von drei Monatsgehältern nicht übersteigen kann.[1426]

1418 S. Fn. 1362; EuGH, Urt. v. 22.4.1997, Rs. C-180/95 („*Draehmpaehl*“), Rn. 25, Slg. 1997, I-2212, 2221

1419 BAG, Urt. v. 22.1.2009 – Az. 8 AZR 906/07 = NZA 2009, 945, 946; *Walker*, NZA 2009, 5, 9

1420 BT-Drs.. 16/1780, S, 38; *Belling/Riesenhuber* in Erman BGB, § 15 AGG, Rn. 16

1421 *Walker*, NZA 2009, 5, 9

1422 *Annuß*, NZA 1999, 738, 743; *Zwanziger*, DB 1998, 1330, 1331, zu § 611a BGB a. F.; BGH, Urt. v. 23.4.2012 – Az. II ZR 163/10 = NJW 2012, 2346, 2351, wonach auf den Jahresumsatz und den Jahresüberschuss abgestellt wird.

1423 Ebenso im Ergebnis *Simon/Greßlin*, BB 2007, 1782, 1787

1424 S. Fn. 1418

1425 So auch *Kocher*, in Schiek, AGG, § 15, Rn. 30; *Annuß*, NZA 1999, 738, 742; a.A. *Zwanziger*, DB 1998, 1330, 1331 zu § 611a BGB a. F

1426 EuGH, Urt. v. 22.4.1997, Rs. C-180/95 („*Draehmpaehl*“), Rn. 33 ff., Slg. 1997, I-2212, 2223; BGH, Urt. v. 23.4.2012 – Az. II ZR 163/10 = NJW 2012, 2346, 2350

Die Legitimität einer im Voraus festgelegten Höchstgrenze einer Entschädigungsleistung wurde ebenfalls in Art. 6 Abs. 2 der Richtlinie 2002/73/EG und Art. 18 S. 2 der Richtlinie 2006/54/EG aufgenommen.[1427] Eine Beschränkung des Entschädigungsanspruches nach § 15 Abs. 2 S. 2 AGG ist demnach unionsrechtlich unbedenklich.[1428] Ist in der Satzung eine jährliche Vergütungszahlung an den Aufsichtsrat festgehalten, ist die Entschädigungshöhe maximal die dreifache Summe dieser jährlichen Vergütung dividiert durch zwölf.

Ist bei der Bemessung der Entschädigung zwischen benachteiligten Kandidaten, die bei diskriminierungsfreier Entscheidung zum Aufsichtsrat bestellt und solchen, die nicht bestellt worden wären, hinsichtlich der Entschädigungshöhe zu unterscheiden,[1429] ist auch anzumerken: Diese Begrenzung für einen bestqualifizierten Kandidaten stellt keine Untergrenze dar. In einem solchen Fall kann die Entschädigungshöhe auch weniger als drei Monatsgehälter betragen.[1430]

ff) Minderung der Entschädigungsleistung bei fehlendem Zusammenhang zur Leistungsminderung?

Für die Bemessung der Entschädigungshöhe ist ferner fraglich, ob zwischen einer Benachteiligung allein aufgrund eines in § 1 AGG genannten Grundes und einer, welche in der Annahme ruht, dass eine Leistungsminderung aufgrund eines in § 1 AGG genannten Grundes vorliegt, zu unterscheiden ist. Nach der Ansicht des OLG Köln wiegt erstere Benachteiligung „nicht besonders schwer, sondern weist einen durchschnittlichen Diskriminierungsgehalt auf".[1431] Bei der Anknüpfung an ein § 1 AGG genanntes Merkmal als Kriterium für die Benachteiligung sei nämlich zu berücksichtigen, dass „bei verständiger Betrachtung nicht der Eindruck erweckt wurde, [die benachteiligte Person] sei infolge [dieses Merkmals] nicht mehr hinreichend leistungsfähig", wodurch dieses unzulässige Auswahlkriterium nicht im Zusammenhang mit einer etwaigen Leistungsminderung stand.[1432] Bei einer solchen Minderung der Entschädigung würden jedoch der Sinn und Zweck des AGG und das Ziel der mit diesem Gesetz umgesetzten

---

1427 Erwägungsgrund 33 der RL 2006/54/EG

1428 EuGH, Urt. v. 22.4.1997, Rs. C-180/95 („*Draehmpaehl*"), Rn. 33, Slg. 1997, I-2212, 2223

1429 Kritisch, ob es sich dabei um eine sachgerechte Bemessungsgrundlage handelt, *Wagner/Potsch*, JZ 2006, 1085, 1094; *Jacobs*, RdA 2009, 193, 203 m.w.N.; *Walker*, NZA 2009, 5, 7

1430 BGH, Urt. v. 23.4.2012 – Az. II ZR 163/10 = NJW 2012, 2346, 2351

1431 OLG Köln, Urt. v. 29.7.2010 – Az. 18 U 196/09 = NZA 2011, 211, 215

1432 OLG Köln, Urt. v. 29. 7. 2010 – 18 U 196/09 (Rn. 91, zitiert nach Juris)

Richtlinien verkannt werden. Diese Regelungen möchten nicht vorwiegend diskriminierend motivierte Annahmen einer Leistungsminderung verhindern, sondern jede Art von Diskriminierung.[1433] Die Betrachtung einer etwaigen Leistungsminderung aufgrund des Geschlechtes ist lediglich in den engen Grenzen des § 8 AGG möglich. Zweifelhaft erscheint daher eine Benachteiligung, welche lediglich aufgrund eines in § 1 AGG genannten Grundes, ohne an die Leistungsqualität anzuknüpfen, als „weniger schwerwiegend" zu werten. Zwar kann eine Benachteiligung wegen eines Vorurteils, wonach das Geschlecht kausal für eine Leistungsminderung angesehen wird, einen größeren Abwertungsgrad einer Person enthalten, wodurch eine darauf zurückzuführende Benachteiligung einen höheren Diskriminierungsgehalt haben kann, und dies folglich auch für die Erhöhung der Entschädigungsleistung spricht. Umgekehrt kann daraus jedoch nicht geschlussfolgert werden, eine geschlechtsbezogene Benachteiligung ohne Bezug zur Leistungsqualität wirke zugunsten der benachteiligten Person entschädigungsmindernd.

b) Beschränkung des § 15 Abs. 2 S. 2 AGG auch bei einer Benachteiligung beim Aufstieg

Bei einer Benachteiligung in Bezug auf den beruflichen Aufstieg soll der nach § 15 Abs. 1 AGG zu leistende materielle Schadensersatz die Vergütungsdifferenz zwischen der tatsächlich erhaltenen und der Vergütung, die auf der höherwertigen Stelle gezahlt wird, sein.[1434] Die Beschränkung nach § 15 Abs. 2 S. 2 AGG ist ebenfalls auf Benachteiligungen hinsichtlich des beruflichen Aufstieges anwendbar.[1435] Die Höchstgrenze einer Entschädigungsleistung bei einer Benachteiligung hinsichtlich des Aufstieges beträgt ebenfalls drei Monatsgehälter.[1436] Ein Abstellen lediglich auf die Vergütungsdifferenz ist aufgrund des klaren Wortlautes des § 15 Abs. 2 S. 2 AGG abzulehnen.

Die Wahl zum Aufsichtsratsvorsitzenden ist ebenfalls vom Benachteiligungsverbot erfasst.[1437] Bei einer Benachteiligung in Bezug auf die Wahl zum Aufsichtsratsvorsitzenden ist bei der Berechnung der Höchstgrenze nach § 15 Abs. 2 S. 2 AGG ebenfalls nicht nur auf die Differenz der Vergütung eines normalen

---

1433 Vgl. Erwägungsgrund 6 der Richtlinie 2000/78/EG

1434 LAG Berlin-Brandenburg, Urt. v. 26.11.2008 – Az. 15 Sa 517/08 = NJOZ 2008, 5205, 5222

1435 *Simon/Greßlin*, BB 2007, 1782, 1787

1436 *Zwanziger*, DB 1998, 1330, 1331 zu § 611a BGB a. F.

1437 S. dazu oben Teil B, III. 2.

Mitgliedes und des Vorsitzenden abzustellen. Bei der Höchstgrenze ist aber nicht auf die Vergütung des Aufsichtsratsmitgliedes, sondern auf die des Vorsitzenden abzustellen. Die Entschädigungshöhe beträgt somit maximal die dreifache Summe der jährlichen Vergütung eines Vorsitzenden dividiert durch zwölf und kann damit höher ausfallen als eine Entschädigungsleistung bei einer Benachteiligung hinsichtlich des Zugangs zu einem Aufsichtsratsamt.

5. Ausschlussfrist

Nach § 15 Abs. 4 S. 1 AGG müssen die Ansprüche nach § 15 Abs. 1 und Abs. 2 AGG innerhalb von zwei Monaten schriftlich bei der juristischen Person geltend gemacht werden. Diese Ausschlussfrist beginnt im Falle einer Bewerbung nach § 15 Abs. 4 S. 2 Var. 1 AGG mit dem Zugang der Ablehnung. Kann bereits das Auswahlverfahren durch den Aufsichtsrat für seine Wahlvorschlagspflicht nach § 124 Abs. 3 S. 1 AktG gegen das Benachteiligungsverbot verstoßen, könnte bei einer Benachteiligung hinsichtlich des Zugangs zum Aufsichtsrat auf den Zeitpunkt abgestellt werden, indem die benachteiligte Person Kenntnis davon erlangt hat, dass sie nicht zur Wahl gestellt wurde. Die Hauptversammlung ist nach § 123 Abs. 1 S. 1 AktG mindestens 30 Tage vor dem Tag der Versammlung einzuberufen. Diese Einberufung ist grundsätzlich gemäß § 121 Abs. 4 S. 1 AktG in den Geschäftsblättern bekannt zu machen. In der Bekanntmachung sind nach § 124 Abs. 2 S. 1 AktG auch die Wahlvorschläge des Aufsichtsrates anzugeben. Bis auf den Fall der Einberufung der Hauptversammlung gemäß § 121 Abs. 4 S. 2 AktG per eingeschriebenen Brief könnte dieser Zeitpunkt vergleichbar sein mit dem Zeitpunkt des Zugangs einer Ablehnung eines Bewerbers i. S. d. § 15 Abs. 4 S. 2 Var. 1 AGG.

In der Entscheidung des EuGH zur Rechtssache *Bulicke* erklärte dieser jedoch für die Situation, in der eine Person nicht erkennen konnte, „dass und in welchem Umfang diskriminiert wurde“, die Rechtsverfolgung unmöglich sei.[1438] Eine Frist, die diesen Umstand nicht berücksichtigt, ist mit dem Erfordernis der Effektivität nicht vereinbar.[1439] Diesem Grundsatz der Effektivität entspricht wiederum eine Vorschrift, die diesen Umstand berücksichtigt, indem es für den Fristbeginn auf die Kenntnis des Arbeitnehmers von der Diskriminierung und

---

1438 EuGH, Urt. vom 8. 7. 2010 – Rs. C-246/09 („*Bulicke*“), Rn. 40, Slg. 2010, I-6999, 7003 = NZA 2010, 869, 871

1439 EuGH, Urt. v. 8.7.2010 – Rs. C-246/09 („*Bulicke*“), Rn. 36 m.w.N., Slg. 2010, I-6999, 7003 = NZA 2010, 869, 871

nicht lediglich auf den Zugang einer Ablehnung ankommt.[1440] Bei der Aufsichtsratssitzung handelt es sich um keine öffentliche. In welchem Umfang während dieser Sitzung diskriminiert wurde, ist nicht ausreichend transparent, um für eine effektive Rechtsverfolgung zwingend auf den Tag der Veröffentlichung der Wahlvorschläge abstellen zu können. Überträgt man die obige Feststellung des EuGH auf die Besetzung des Aufsichtsrates und einer Benachteiligung diesbezüglich, beginnt die Ausschlussfrist folglich nicht zwingend an dem Tag der Veröffentlichung über die Einberufung und damit der Kenntniserlangung über den Beschluss über den Wahlvorschlag des Aufsichtsrates, sondern mit Kenntniserlangung der benachteiligten Person von der Diskriminierung nach § 15 Abs. 4 S. 2 Var. 2 AGG.

6. Anspruchsgegner

Der Wortlaut der §§ 15 AGG und 6 Abs. 2 S.1 AGG weist auf eine fehlende Auseinandersetzung mit den gesellschaftsrechtlichen Besonderheiten hin. Nach § 15 Abs. 1 S. 1 AGG ist der Arbeitgeber bei einem Verstoß gegen das Benachteiligungsverbot verpflichtet, den hierdurch entstandenen Schaden zu ersetzen. Arbeitgeber sind gemäß § 6 Abs. 2 AGG auch juristische Personen, die Personen nach § 6 Abs. 1 AGG beschäftigen. Wird ein Beschäftigter durch ein Organ benachteiligt, hat die juristische Person für diesen nach § 31 BGB (analog) einzustehen.[1441] Eine solche Folgerung bei einer Benachteiligung einer Person durch den Aufsichtsrat ist nicht unproblematisch anzunehmen, wenn diese Handlung eine Benachteiligung in Bezug auf den Zugang zum Aufsichtsratsamt ist.

Die Heranziehung des § 31 BGB mündet in dem Diskurs über die Handlungsfähigkeit der juristischen Person und der Frage, inwiefern juristische Personen mittels ihrer Organe oder die Organe für die jeweilig juristische Person handeln. Bedarf die juristische Person für ihre Handlungsfähigkeit natürliche Personen als Organwalter, so „soll sie für das Handeln dieser Personen so verantwortlich sein wie eine natürliche Person für ihr eigenes Handeln".[1442] Dabei werden die Handlungen der Organmitglieder unter dem Merkmal des Verschuldens i. S. d.

1440 EuGH, Urt. v. 8.7.2010 – Rs. C-246/09 („*Bulicke*"), Rn. 41, Slg. 2010, I-6999, 7003 = NZA 2010, 869, 871

1441 Vgl. zur Zurechenbarkeit der Benachteiligungen und Qualifikation des § 3 Abs. 5 AGG als selbstständiger Benachteiligungstatbestand ausführlich *Wagner/Potsch*, JZ 2006, 1085, 1089 ff.

1442 *Arnold* in MüKo-BGB 2015, § 31 BGB, Rn. 2

§ 15 Abs. 1 AGG untersucht,[1443] weil die juristische Person für das „Verschulden" von Organmitgliedern nach § 31 BGB (analog) einzustehen hat.[1444] Auch mit Blick auf den Entschädigungsanspruch nach § 15 Abs. 2 AGG, welcher kein Vertretenmüssen voraussetzt, sollte jedoch richtigerweise bereits gefragt werden, ob bereits die Handlung, welche gegen das Verbot aus § 7 Abs. 1 AGG verstößt, nach § 31 BGB (analog) der juristischen Person als eigene Handlung zuzurechnen ist.[1445]

Handelt es sich bei den Ansprüchen aus § §15 Abs. 1 und 2 AGG auch um vertragliche Sekundäransprüche,[1446] kann der Streit, inwiefern diesbezüglich § 278 BGB heranzuziehen ist, da § 31 BGB lediglich für deliktische Ansprüche gelte,[1447] dahinstehen. Wesentlich ist diese Differenzierung zwar aufgrund der Möglichkeit des Ausschlusses einer Verschuldenshaftung gemäß § 278 S. 2 BGB, jedoch wäre ein solcher Haftungsausschluss für geschlechtsbezogene Benachteiligungen durch eine Individualvereinbarung wegen § 7 Abs. 2 AGG unwirksam.

Bei einer diskriminierenden Handlung seitens des Aufsichtsrates oder der Hauptversammlung ist fraglich, inwiefern die Gesellschaft für diese Handlung ebenfalls nach § 31 BGB (analog) einzustehen hat. Die Aktiengesellschaft haftet für ihre Aufsichtsratsmitglieder nach § 31 BGB (analog), soweit diese im Rahmen ihrer Aufgabenstellung einem Dritten gegenüber eine zum Schadenersatz verpflichtende Handlung oder Unterlassung begehen.[1448] Darunter ist sämtliche Handlung zu subsumieren, aus denen eine Schadenersatzpflicht erwachsen kann.[1449] Erfasst ist davon nicht nur diejenige Handlung, welche gegen

---

1443 Vgl. dazu die Frage nach der Vereinbarkeit des Verschuldenserfordernisses, mit Unionsrecht *Kocher* in Schiek, AGG, § 15, Rn. 19; *Wagner/Potsch*, JZ 2006, 1085, 1091

1444 *Schlachter* in ErfK, § 15 AGG, Rn. 6; *Bauer/Krieger*, AGG, § 15, Rn. 18; BGH, Urt. v. 23.4.2012 – Az. II ZR 163/10 = NJW 2012, 2346, 2350

1445 *Belling/Riesenhuber* in Erman BGB, § 15 AGG, Rn. 4; *Brauer* in Bormann/Kauka/Ockelmann, Handbuch GmbH-Recht, Kapitel 8, G, Rn. 91; *Walker*, NZA 2009, 5, 6; *Willemsen/Schweibert*, NJW 2006, 2583, 2590; *Bauer/Evers*, NZA 2006, 893, 894; *Eßer/Baluch*, NZG 2007, 321, 330; *Bauer/Krieger*, AGG, § 15, Rn. 33; a. A. *Schlachter* in ErfK, § 15 AGG, Rn. 9, wonach ebenfalls das Verschulden zugerechnet wird

1446 *Bauer/Krieger*, AGG, § 15, Rn. 13; *Simon/Greßlin*, BB 2007, 1782, 1782, 1784

1447 A.A. *Grundmann* in MüKo-BGB, § 278 BGB, Rn. 10; *Stadler* in Jauernig, BGB, § 278 BGB, Rn. 17; *Boesche* in Oetker, Handelsgesetzbuch, §§ 125 HGB, Rn. 10

1448 *Ulmer*, FS Stimpel, 1985, S. 705, 722 f.; *Habersack* in MüKo-AktG, § 116 AktG, Rn. 86; *Hambloch-Gesinn/Gesinn* in Hölters, AktG, § 116 AktG, Rn. 96; *Eßer/Baluch*, NZG 2007, 321, 330

1449 *Leuschner* in MüKo-BGB, § 31 BGB, Rn. 20

das Benachteiligungsverbot aus § 7 Abs. 1 AGG verstößt und einen Schadenersatzanspruch nach § 15 Abs. 1 AGG zur Folge hat, sondern auch die, die einer benachteiligenden Person einen Entschädigungsanspruch nach § 15 Abs. 2 AGG zugestehen.

Die Haftung der juristischen Person nach § 31 BGB (analog) umfasst unproblematisch das Vertretungs- oder Repräsentationsverhalten eines Aufsichtsrates.[1450] Damit ist der juristischen Person eine Diskriminierung seitens des Aufsichtsrates beispielsweise hinsichtlich des Zugangs zum Vorstand nach § 31 BGB analog zuzurechnen. Zuständig für diesen Vertragsabschluss ist gemäß § 84 Abs. 1 S. 5 AktG, wonach § 84 Abs. 1 S. 1 AktG sinngemäß gilt, der Aufsichtsrat, welcher dabei als Vertreter der juristischen Person i. S. d. § 112 AktG handelt.[1451] Gleich welche Theorie zum Wesen der juristischen Person vertreten wird, handelt es sich bei diesen beiden Bereichen entweder um eine Handlung der juristischen Person selbst oder die juristische Person wird vom Organ vertreten. Der Vertragspartner bei diesen Verträgen ist die juristische Person. Unproblematisch kann daher ein Verstoß gegen das Benachteiligungsverbot des Aufsichtsrates beim Abschluss eines Anstellungsvertrages mit einem Vorstandsmitglied nach § 31 BGB analog der juristischen Person zugerechnet werden.

Im Gegensatz dazu handelt es sich bei den Wahlvorschlägen des Aufsichtsrates nach § 124 Abs. 3 AktG und der Wahl der Aufsichtsratsmitglieder durch die Hauptversammlung nicht um Aufgaben der Gesellschaft, sondern um Organisationsakte, bei denen es sich um keine Wahrnehmung einer Aufgabe der juristischen Person handelt, sondern um Rechte oder Pflichten der Organe selbst. Das Auswahlverfahren für die Wahlvorschläge des Aufsichtsrates i. S. d. § 124 Abs. 3 S. 1 AktG oder die Wahl eines Aufsichtsratsmitgliedes nach § 119 Abs. 1 Nr. 1 AktG seitens eines Aufsichtsratsmitgliedes oder Aktionärs ist nicht vergleichbar mit den in § 31 BGB genannten Personen und Handlungen. Daher erscheint die Heranziehung des § 31 BGB bei der Zurechnung einer Benachteiligung i.S.d. § 3 AGG bei diesen Verfahren zweifelhaft.

Aus vergleichbaren Gründen wird seitens einiger Stimmen auch angezweifelt, die juristische Person hafte ebenso für deliktisches Handeln eines Aufsichtsrates oder der Hauptversammlung nach § 31 BGB analog, weil es sich bei diesen Organen grundsätzlich um Innenorgane handelt.[1452] Die Heranziehung des § 31

1450 *Habersack* in MüKo-AktG, § 116 AktG, Rn. 86; *Hambloch-Gesinn/Gesinn* in Hölters, AktG, § 116 AktG, Rn. 96

1451 *Koch* in in Hüffer/Koch, AktG, § 84, Rn. 15

1452 *Arnold* in MüKo-BGB 2015, § 31 BGB, Rn. 24; *Habersack*, Die Mitgliedschaft, S. 239; *ders.* in MüKo-AktG, § 116 AktG, Rn. 86

BGB analog und damit eine Zurechnung für einen solchen Fall wird dabei dennoch befürwortet, wenn dieses Organ mit Außenwirkung handelt, indem ein Beschluss gefasst wird, der einen Dritten im Ansehen herabwürdigt und dadurch schädigt.[1453] Auch wenn die Benachteiligung i. S. d. AGG nicht in dem Beschluss des Aufsichtsrates über die vorgeschlagene Person, sondern in dem diesem vorangegangen Auswahlverfahren liegt,[1454] hat die benachteiligende Entscheidung während dieses Verfahrens dennoch Außenwirkung. Entsprechendes ist bei einer Benachteiligung durch die Hauptversammlung anzunehmen. Handelt damit der Aufsichtsrat oder die Hauptversammlung bei einer solchen Benachteiligung als Innenorgan und nicht als Vertreter der juristischen Person, ist entsprechend für die Haftung für diese Handlung § 31 BGB analog heranzuziehen.

Die Handlung hat ferner nach § 31 BGB in Ausführung der dem Aufsichtsrat oder der Hauptversammlung zustehenden Verrichtungen zu erfolgen. Bei dem Verfahren für die Wahlvorschläge i. S. d. § 124 Abs. 3 AktG oder die Wahl eines Aufsichtsratsmitgliedes i. S. d. § 119 Abs. 1 Nr. 1 AktG handeln die Aufsichtsratsmitglieder oder Aktionäre in ihrer amtlichen Eigenschaft. Eine Benachteiligung wegen eines in § 1 AGG genannten Grundes und das Auswahlverfahren für die Wahlvorschläge nach § 124 Abs. 3 AktG des Aufsichtsrates wie auch die Wahl durch die Hauptversammlung hängen sachlich miteinander zusammen. Unproblematisch ist damit die Voraussetzung einer Handlung in Ausführung der zustehenden Verrichtung i. S. d. § 31 BGB anzunehmen.

Gegen die Annahme einer Haftung nach § 31 BGB analog spricht auch nicht die Entscheidung des BGH vom 26. März 1984.[1455] In dieser erklärt der BGH, eine „Haftung der Gesellschaft [nach § 31 BGB], die das Aufsichtsratsmitglied ernannt hat, [sei] für die pflichtgemäße Wahrnehmung dieses Amtes unvereinbar mit der unabhängigen und eigenverantwortlichen Rechtsstellung eines als Person in sein Amt berufenen Aufsichtsratsmitglieds".[1456] Daraus könnte zwar geschlussfolgert werden, aufgrund der Unabhängigkeit des Aufsichtsrates komme eine Haftung der Gesellschaft nach § 31 BGB (analog) nicht in Betracht. Gegen eine solche Auslegung spricht jedoch der Hintergrund dieser Feststellung. Der BGH nahm damit Bezug auf die Haftung einer abordnenden Gesellschaft, welche ein Aufsichtsratsmitglied benennt, das zeitgleich Mitglied seines Vorstandes ist und als Aufsichtsratsmitglied eine Pflichtverletzung begeht. Diese

---

1453 *Arnold* in MüKo-BGB 2015, § 31 BGB, Rn. 24; *Habersack*, Die Mitgliedschaft, S. 239

1454 S. dazu oben Teil D, III. 2. a)

1455 BGH, Urt. v. 26.3.1984 – Az. II ZR 171/83 = NJW 1984, 1893

1456 BGH, Urt. v. 26.3.1984 – Az. II ZR 171/83 = NJW 1984, 1893, 1897

Handlung sei der entsandten Gesellschaft nicht zuzurechnen, da es sich bei der Handlung nicht um eine zustehende Verrichtung i. S. d. § 31 BGB entsendenden Gesellschaft handelt. Vielmehr handelte der Organwalter in seiner Eigenschaft als Mitglied des Aufsichtsrats.[1457] Mitnichten ist dieser Entscheidung folglich zu entnehmen, die Weisungsfreiheit eines Aufsichtsratsmitgliedes hinsichtlich seiner Amtsausübung verhindere die Heranziehung des § 31 BGB analog.

Der Gesellschaft nicht zugerechnet werden sollen nach *Brauer* die Benachteiligungen bei der Wahl eines Aufsichtsratsmitgliedes durch die Arbeitnehmer.[1458] Solche Benachteiligungen von Arbeitnehmern bei der Aufsichtsratswahl wären dann sanktionslos. Dabei ist zu unterscheiden, ob hinsichtlich des beruflichen Aufstieges in Form des Zugangs zum Vorsitz oder die Wahl der Aufsichtsratsmitglieder benachteiligt wurde. Betrifft die Benachteiligung die Wahl der Aufsichtsratsmitglieder entsprechend den einschlägigen unternehmensmitbestimmenden Regelungen durch die Arbeitnehmer, wird zurecht darauf verwiesen, die juristische Person hafte bereits wegen des eigenen Organisationsverschuldens gemäß §§ 15 Abs. 1 i. V. m. 12 AGG, soweit diese den vorbeugenden Maßnahmen nach § 12 Abs. 1 und 2 AGG nicht nachgekommen ist.[1459] Betrifft die Benachteiligung dagegen den Zugang zum Vorsitz, wählt der Aufsichtsrat aus seiner Mitte einen Vorsitzenden und einen Stellvertreter.[1460] Kann ein Organmitglied ebenfalls unter den Begriff des Dritten i. S. d. § 31 BGB subsumiert werden,[1461] wäre, vergleichbar mit der Zurechnung bei Verletzung von Mitgliedschaftsrechten,[1462] auch hier § 31 BGB analog heranzuziehen.

Der Wortlaut des § 15 Abs. 1 i. V. m. dem des § 6 Abs. 2 AGG ist nicht auf den Fall einer Benachteiligung seitens eines Aufsichtsratsmitgliedes im Verfahren für den Beschluss über den Wahlvorschlag des Aufsichtsrates nach § 124 Abs. 3 AktG oder hinsichtlich des Verfahrens für die Wahl eines Aufsichtsratsmitgliedes

---

1457 BGH, Urt. v. 26.3.1984 – Az. II ZR 171/83 = NJW 1984, 1893, 1897; *Spindler* in MüKo-GmbH, § 52 GmbHG, Rn. 695; a.A. für die Zurechnung der entsandte Gesellschaft Ulmer, FS Stimpel, 1985, S. 705, 720 ff.

1458 *Brauer* in Bormann/Kauka/Ockelmann, Handbuch GmbH-Recht, Kapitel 8, G, Rn. 91

1459 Ausführlich dazu *Eßer/Baluch*, NZG 2007, 321, 331; *Brauer* in Bormann/Kauka/Ockelmann, Handbuch GmbH-Recht, Kapitel 8, G, Rn. 91

1460 Vgl. § 27 Abs. 1 und 2 MitbestG

1461 *Leuschner* in MüKo-BGB, § 31 BGB, Rn. 23; BGH, Urt. v. 20.3.1978 – Az. II ZR 207/76 = NJW 1978, 2390, 2390

1462 Dazu BGH, Urt. v. 12.3.1990 – Az. II ZR 179/89 = NJW 1990, 2877, 2878; BGH, Urt. v. 6.2.1984 – Az. II ZR 119/83 = NJW 1984, 1884, 1885

durch die Hauptversammlung gemäß § 119 Abs. 1 Nr. 1 AktG ausgerichtet. Jedoch sind die Besonderheiten der Organstellung bei der Anwendung des AGG auf Benachteiligungen gegenüber Organmitgliedern zu berücksichtigen. Damit ist bei einer Benachteiligung eines Aufsichtsratsmitgliedes während des Auswahlverfahrens, gleich ob es sich bei den Organmitgliedern um Beschäftigte i. S. d. § 6 Abs. 1 AGG handelt oder diese unter den Organmitgliederbegriff i. S. d. § 6 Abs. 3 AGG zu subsumieren sind,[1463] die juristische Person folglich Anspruchsgegner.[1464]

7. Fazit

Sind Auswahlentscheidungen auch „meist von Unwägbarkeiten beeinflusst",[1465] ist darauf zu achten, dass das Geschlecht, soweit damit nicht bestehende Nachteile verhindert oder ausgeglichen werden sollen,[1466] aufgrund des Benachteiligungsverbotes aus § 7 Abs. 1 AGG keine Rolle spielen sollte. Wurde jedoch gegen das Verbot verstoßen, sind Schadenersatz respektive Entschädigungen zu leisten.

Ein solcher Verstoß gegen das Benachteiligungsverbot setzt einen Kausalzusammenhang zwischen der Benachteiligung und einem in § 1 AGG genannten Grund voraus. Von der überwiegenden Literatur wird ein solch kausaler Zusammenhang i. S. d. Äquivalenztheorie verlangt und erst dann bejaht, wenn die Mehrheit der Organmitglieder von einem derartigen Benachteiligungsgrund motiviert war. Dieser Ansicht folgend wäre ein Verstoß gegen das Benachteiligungsverbot abzulehnen, wenn nicht die für den Beschluss erforderliche Mehrheit von Organmitgliedern diskriminiert haben. Daraus könnte geschlussfolgert werden, dass nicht nur ein Schadenersatzanspruch nach § 15 Abs. 1 S. 1 AGG, sondern auch ein Entschädigungsanspruch nach § 15 Abs. 2 S. 1 AGG zu verneinen wäre, da beide Ansprüche einen Verstoß gegen das Benachteiligungsverbot voraussetzten. Diesen Gedanken fortführend, wäre für diesen Entschädigungsanspruch das Stimmverhältnis zu betrachten. Es wäre folglich eine gewisse Anzahl von diskriminierenden Gremienmitgliedern erforderlich, wenn der Nachteil auch bei einem benachteiligungsfreien Verfahren bei der jeweiligen Person eintreten würde. Dagegen spricht jedoch die Regelung § 15 Abs. 2 S. 2 AGG. Nach dieser Norm kann nämlich eine Verpflichtung

---

1463 S. dazu oben Teil B, I. 1. a)

1464 So auch *Eßer/Baluch*, NZG 2007, 321, 330; wohl a.A. *Rühl/Hoffmann*, Das AGG in der Unternehmenspraxis, S. 21, wonach der Anspruchsgegner hinsichtlich der Bestellung des Vorstands der Aufsichtsrat sei.

1465 *Adomeit*, NJW 1997, 2295, 2296

1466 S. dazu oben Teil C, V.

zur Entschädigungsleistung entnommen werden, auch wenn die Wahl bei einer benachteiligungsfreien Auswahl nicht auf die benachteiligte Person fallen würde. Folglich kann das Erfordernis einer gewissen Anzahl von diskriminierenden Mitgliedern nicht damit begründet werden, eine Benachteiligung trete auch bei benachteiligungsfreier Auswahl ein.

Bei der Prüfung des Kausalzusammenhanges ist auf das Organ abzustellen. Die einzelnen Motive der Organmitglieder werden diesem zugerechnet. Dadurch liegt bei diesem Organ ein Motivbündel vor und folglich genügt lediglich ein Organmitglied, welches seine Entscheidung an einen in § 1 AGG genannten Grund anknüpft.

Zum selbigen Ergebnis führt zum einen die weitere Ansicht, wonach in der Chancenverschlechterung eine „Benachteiligung" i. S. d. §§ 3 und 7 Abs. 1 AGG gesehen wird. Und zum anderen auch die, die eine Chancenverschlechterung dann annimmt, wenn bereits ein Organmitglied seine Entscheidung an einen in § 1 AGG genannten Grund knüpft und dies als Benachteiligung hinsichtlich der „Bedingungen" i. S. d. § 6 Abs. 3 AGG ansieht.

Die Betrachtung der einzelnen Motive der Organmitglieder bedarf es hingegen für die Frage nach dem Kausalzusammenhang zwischen Benachteiligung und Schaden. Würde die Wahl aufgrund des Stimmenverhältnisses auch bei benachteiligungsfreien Auswahlverfahren nicht auf die betroffene Person fallen, ist der Kausalzusammenhang zwischen Benachteiligung und Schaden und folglich ein Schadenersatzanspruch nach § 15 Abs. 1 S. 1 AGG abzulehnen.

Trotz Ablehnung eines Schadenersatzanspruches mangels Kausalität zwischen Benachteiligung und Schaden ist bei Annahme eines Verstoßes gegen das Benachteiligungsverbot aus § 7 Abs. 1 AGG weiter ein Entschädigungsanspruch nach § 15 Abs. 2 S. 1 AGG zu prüfen. Kann die juristische Person beweisen, die Benachteiligung träte auch bei benachteiligungsfreiem Auswahlverfahren ein, beträgt die Entschädigungsleistung maximal die Höhe der jährlichen Vergütung bis zum regulären Amtsende dividiert durch vier. Kann dieser Nachweis dafür nicht erbracht werden, ist die Entschädigungsleistung der Höhe nach nur durch das Erfordernis der Angemessenheit begrenzt.[1467] Allein weil die Hauptversammlung nicht an die Wahlvorschläge des Aufsichtsrates gebunden ist, kann ein solcher Nachweis in der Praxis wohl nur in wenigen Fällen erbracht werden.

Die gesellschaftsrechtlichen Gegebenheiten sind bei den gesetzlich festgelegten Rechtsfolgen des Schadenersatzes und der Entschädigungsleistung unproblematisch zu berücksichtigen. Dagegen weist die Prüfung des Kausalzusammenhanges zwischen einerseits dem Benachteiligungsgrund und einer Benachteiligung und

1467 *Willemsen/Schweibert*, NJW 2006, 2583, 2590

andererseits der Benachteiligung und dem Schaden darauf hin, dass man sich bei der Gestaltung des Gesetzes kaum oder gar nicht mit eventuellen Ansprüchen eines für den Aufsichtsrat potentiellen Kandidaten auseinander gesetzt hat. Kann auch der Praxis insbesondere in börsennotierten Aktiengesellschaften entnommen werden, dass die vom Aufsichtsrat vorgeschlagenen Kandidaten üblicherweise von der Hauptversammlung gewählt werden, kann dennoch nicht zwingend auf einen Kausalzusammenhang zwischen einer Benachteiligung während des Auswahlverfahrens durch den Aufsichtsrat und einen Schaden geschlossen werden. Aufgrund der Beweislastverteilung wird daher zu Recht darauf verwiesen, dass in der Praxis dem Anspruch aus § 15 Abs. 2 S. 1 AGG wohl die größere Bedeutung zukommt.[1468]

Sollen die Vorgaben der Richtlinien und die dazu ergangene Rechtsprechung beachtet werden, bietet die oben dargestellte sogenannte „Drei-Schritt-Prüfung" eine klare Berechnungsmethodik. Dabei sind die Ziele der Richtlinien und die Rechtsprechung des EuGH[1469] wie auch die Unterscheidung zwischen den Personen, die bei einem benachteiligungsfreien Auswahlverfahren gewählt und denen die nicht gewählt worden wären, zu beachten.

Die Auswahlverfahren durch den Aufsichtsrat für seine Wahlvorschläge und durch die Hauptversammlung sind wenig transparent. Auch sind die Auswahlkriterien gesetzlich wenig konkretisiert. Aus diesem Grund ist wohl nur wegen fehlender Sensibilität gegenüber geschlechtsbezogener Diskriminierung mit Ansprüchen nach dem AGG zu rechnen. Jedoch kann gerade diese fehlende Transparenz nachteilige Folgen für die juristische Person hinsichtlich der Beschränkung des Entschädigungsanspruches haben. Diese kann dadurch nur in Einzelfällen nachweisen, dass keine diskriminierenden Motive bei dem Auswahlverfahren eine Rolle spielten, respektive die benachteiligte Person auch bei einem benachteiligungsfreien Verfahren nicht in den Aufsichtsrat gewählt worden wäre.

Auswirkungen auf die Beschlüsse im Zusammenhang mit der Aufsichtsratswahl hat ein Verstoß gegen das Benachteiligungsverbot aus § 7 Abs. 1 AGG wiederum nicht. Indem weder der Inhalt des Hauptversammlungsbeschlusses über die Wahl eines Aufsichtsrates noch der des Beschlusses des Aufsichtsrates über seine Wahlvorschläge nach § 124 Abs. 3 AktG das Benachteiligungsverbot aus § 7 Abs. 1 AGG verletzen, ist der Hauptversammlungsbeschluss nach § 250 Abs. 1 S. 1 AktG wie auch nach § 243 Abs. 1 AktG nicht anfechtbar.

1468 *Zorn*, WuM 2006, 591, 593

1469 BT-Drs. 16/780, S. 34

Zusammenfassung der wichtigsten Ergebnisse in Thesen

Ziel dieser Arbeit war die Untersuchung der Auswirkungen insbesondere des AGG auf die geschlechtsspezifische Zusammensetzung des Aufsichtsrates einer Aktiengesellschaft. Auswirkungen durch dieses Gesetz setzten die Prämisse der Anwendung dieses Gesetzes auf Aufsichtsratsmitglieder voraus. Aufgrund des Wortlautes des § 6 Abs. 3 AGG ist jedoch lediglich die Anwendung dieses Gesetzes auf Geschäftsführer einer GmbH und auf Mitglieder eines Vorstandes unproblematisch anzunehmen. Für die Frage nach der Anwendung dieses Gesetzes auch auf Aufsichtsratsmitglieder bedurfte es neben der Darstellung der Genese des AGG ebenso die der mit diesem Gesetz umgesetzten Richtlinien. Die Darstellung zeigt zudem die geringe Auseinandersetzung mit den Auswirkungen dieser Regelungen auf gesellschaftsrechtliche Akte während des Richtlinien- respektive Gesetzgebungsverfahrens auf. Soll der Rechtsprechung zur Rechtssache *Danosa* die Anwendung der Gleichbehandlungsrichtlinien auf Organmitglieder durch den EuGH entnommen werden, so sei auf die Verweise auf diese und weitere Richtlinien durch dieses Gericht hinzuweisen. Sie sind eher irreführend. Eine klarere Auseinandersetzung mit der Anwendung des persönlichen Geltungsbereiches dieser Richtlinien auf Organmitglieder ist wünschenswert.

Die in dieser Arbeit herangezogenen unionsrechtlichen Regelungen und die Normen des AGG haben eine arbeitsrechtliche Rechtsnatur. Indem die Vorgaben der Richtlinie 2006/54/EG respektive die der Gleichbehandlungsrichtlinien nicht durch eine Änderung des AktG in nationales Recht transformiert wurden, waren folglich Normen mit arbeitsrechtlichem Charakter auf gesellschaftsrechtliche Akte anzuwenden. Die Erarbeitung des persönlichen wie auch des sachlichen Geltungsbereiches des AGG zeigen Auswirkungen auf gesellschaftsrechtliche Akte auf. Dies resultiert zum einen aus der Verfassung einer Aktiengesellschaft und zum anderen daraus, dass es sich beim Aufsichtsrat um ein Innenorgan handelt. Im Gegensatz zu den in § 6 Abs. 3 AGG ausdrücklich benannten Organmitgliedern führt dies beispielsweise zu dem Bedürfnis, nicht lediglich die Letztentscheidung zu betrachten. Der Untersuchung ist vielmehr zu entnehmen, dass es zur Vermeidung einer diskriminierenden Benachteiligung und der dieser folgenden rechtlichen Konsequenzen einer Sensibilisierung bereits bei den ersten Überlegungen über einen potentiellen Aufsichtsratskandidaten bedarf. Diese Überlegungen werden aber nicht erst während der Hauptversammlung und damit nicht erst bei der Wahl durch dieses Organ getroffen.

Die Praxisrelevanz dieser Arbeit mündet daher in der Sensibilisierung der Berücksichtigung des Geschlechtes bei der Auswahl eines Kandidaten für ein vakant werdendes Aufsichtsratsamt.

Im Vergleich zum Gesetz für die gleichberechtigte Teilhabe von Frauen und Männern an Führungspositionen in der Privatwirtschaft und im öffentlichen Dienst verfolgt das AGG nicht das Ziel der Erfüllung einer geschlechtsspezifischen Quote. Es ist *Grünberger* zuzustimmen, wonach das „AGG als Element staatlicher Regulierung [...] jede Ebene [erfasst], aber nur individuelle Ungleichbehandlungen auf dem Weg nach oben [berücksichtigt]“[1470]. Zeigt die Darstellung der Beweislast die Quotenwirkungen des AGG bei einer lang anhaltenden geschlechtsspezifischen Benachteiligung auf, so dient das AGG dennoch grundsätzlich dem individuellen Schutz vor Benachteiligungen auch aufgrund des Geschlechtes. Koinzidiert zwar dem ersten Anschein nach auf rechtspolitischer Ebene daher das Ziel des AGG mit dem des Gesetzes für die gleichberechtigte Teilhabe von Frauen und Männern an Führungspositionen in der Privatwirtschaft und im öffentlichen Dienst, so bestrebt das AGG jedoch mitnichten eine Erhöhung des Frauenanteiles in den Aufsichtsräten. Vielmehr sanktioniert es Benachteiligungen wegen des Geschlechtes.

Das Gesetz für die gleichberechtigte Teilhabe von Frauen und Männern an Führungspositionen in der Privatwirtschaft und im öffentlichen Dienst wie auch das AGG sind nicht die einzigen Gesetze, welche die geschlechtsspezifische Zusammensetzung des Aufsichtsrates tangieren. Die Untersuchung von positiven Maßnahmen i. S. d. § 5 AGG zeigt auf, welche Regelungen solche Auswirkungen in der Vergangenheit und Zukunft auch weiterhin haben werden. Und mag nach den allgemeinen Auslegungsgrundsätzen das ältere Gesetz hinter das jüngere und speziellere Gesetz zurücktreten, führt das Inkrafttreten des Gesetzes für die gleichberechtigte Teilhabe von Frauen und Männern an Führungspositionen in der Privatwirtschaft und im öffentlichen Dienst nicht zur Außerachtlassung des AGG. Zum einen hat das AGG einen weiteren Anwendungsumfang, da es nicht lediglich börsennotierte und mitbestimmte Aktiengesellschaften erfasst, und zum anderen ist zu beachten, dass das AGG der Transformation von Unionsrecht dient. Insbesondere die unterschiedlichen Ziele dieser Gesetze machen die Heranziehung des AGG erforderlich. Kann die Durchsetzung des einen Gesetztes zur Sanktion durch das andere führen, so zeigt die Darstellung der positiven Maßnahmen auf, dass die Auflösung dieser Problematik in der Überprüfung der Unionskonformität des Gesetzes für die gleichberechtigte

1470 *Grünberger*, RW 2012, 1, 43

Teilhabe von Frauen und Männern an Führungspositionen in der Privatwirtschaft und im öffentlichen Dienst zu sehen ist. Wird diese Frage dem EuGH vorgelegt, so wird dieser nicht umhinkommen, sich auch mit dem persönlichen Anwendungsbereich der Richtlinien genauer auseinanderzusetzen.

Zusammenfassend kommt diese Arbeit in ihren einzelnen Teilen zu folgend dargelegten Ergebnissen:

Teil A

Die Aufnahme bestimmter Organmitglieder in den Wortlaut des § 6 Abs. 3 AGG ist zurückzuführen auf die Ansicht, diese üben eine selbstständige oder unselbstständige Erwerbstätigkeit i. S. d. mit dem AGG umgesetzten Richtlinien aus. Eine teleologische Reduktion des § 6 Abs. 3 AGG auf Mitglieder vertretungsberechtigter oder weisungsgebundener Organe, wie auch auf Organmitglieder ohne Kapitalbeteiligung ist abzulehnen.

Ist auch stark anzuzweifeln, dass der Richtliniengeber die Organmitglieder durch jene Richtlinien erfassen wollte, ist das AGG dennoch auf Aufsichtsratsmitglieder anzuwenden. Voraussetzung dafür ist die Annahme einer Erwerbstätigkeit. Aufsichtsratsmitglieder üben eine Erwerbstätigkeit aus, wenn eine Gegenleistung für deren Tätigkeit erfolgt. Jedoch nicht jede Leistung in Form eines Aufwendungsersatzes oder einer Sachleistung ist als eine solche Gegenleistung anzusehen.

Teil B

Die mit dem AGG umgesetzten Richtlinien sind entgegen der (noch) herrschenden Ansicht nicht beschränkt auf Organmitglieder anzuwenden. Wiederum ist der sachliche Geltungsbereich des AGG nur auf Organmitglieder, die eine unselbstständige Erwerbstätigkeit ausüben, vollumfänglich anzuwenden. Insbesondere aufgrund des klaren gesetzgeberischen Willens und des verfassungsrechtlichen Grundsatzes der Rechtssicherheit ist die Anwendung einer unionskonformen Auslegung abzulehnen. Ein Umsetzungsdefizit ist anzunehmen.

Aufgrund des beschränkten Geltungsbereiches für als selbstständig Erwerbstätige zu qualifizierende Organmitglieder ist die Erwerbstätigkeit eines Aufsichtsratsmitgliedes als selbstständige oder unselbstständige rechtlich zu qualifizieren. Dafür bedarf es einer unionsrechtlichen Betrachtung. Mangels eines einheitlichen Arbeitnehmerbegriffes des Unionsrechtes sind nicht alle durch den EuGH herausgearbeiteten Kriterien zur rechtlichen Qualifikation der Tätigkeit eines Organmitgliedes i. S. d. mit dem AGG umgesetzten Richtlinien zu übertragen.

Ebenfalls entgegen der aktuell herrschenden Ansicht ist die Aufsichtsratstätigkeit insbesondre aufgrund der Entscheidung des EuGH zur Rechtssache *Danosa* nicht zwingend als selbstständige Erwerbstätigkeit zu qualifizieren.

Materiell erfasst der sachliche Geltungsbereich den Zugang zur Erwerbstätigkeit i. S. d. §§ 6 Abs. 3 und 2 Abs. 1 AGG. Unter den Begriff des Zugangs zur Erwerbstätigkeit sind die Bestellung zum Aufsichtsrat wie auch die Wahlvorschläge des Aufsichtsrates nach § 124 Abs. 3 AktG zu subsumieren. Aber auch eine Entscheidung, welche die Beendigung wie auch den erneuten Zugang zu einem Aufsichtsratsamt erfasst, kann unter gewissen Umständen gegen das Benachteiligungsverbot verstoßen, wenn diese aufgrund des Geschlechtes getroffen oder von diesem Merkmal motiviert war. Diese Akte sind jedoch nicht vom beruflichen Aufstieg i. S. d. § 6 AGG erfasst, da darunter nicht das berufliche Fortkommen gemeint ist. Besteht ferner ebenso das Erfordernis eines geschlechtsneutralen Anforderungsprofils, bedarf dieses wiederum nicht des Begriffes der Aufsichtsrätin.

Teil C

Unterschiedliche Behandlungen können nach § 8 Abs. 1 AGG infolge gewisser beruflicher Anforderungen zulässig sein. Eine Benachteiligung ist jedoch nicht generell mit dem Kapitalgesellschaftsrecht im Allgemeinen bzw. mit dem Vertrauensverhältnis im Speziellen zu rechtfertigen. Auch sind Vorbehalte Dritter der Rechtfertigung einer diskriminierenden Behandlung eines Aufsichtsratsmitgliedes nicht dienlich.

Nach geltendem Recht ist das Geschlecht bei der Besetzung des Aufsichtsrates zu berücksichtigen. Dabei haben unterschiedliche Regelungen unmittelbar oder mittelbar Auswirkungen auf das Geschlechterverhältnis im Aufsichtsrat. Zahlreiche Regelungen unterscheiden sich mit denen des Gesetzes für die gleichberechtigte Teilhabe von Frauen und Männern an Führungspositionen in der Privatwirtschaft und im öffentlichen Dienst dadurch, dass sie zum einen nicht zwingend wirken und zum anderen nicht das Wahlergebnis, sondern das Wahlverfahren betreffen.

Soll in diesen Regelungen eine Benachteiligung erkannt werden, so können diese als positive Maßnahme i. S. d. 5 AGG zu werten sein. Solch positive Maßnahmen verstoßen nicht gegen das Benachteiligungsverbot des § 7 Abs. 1 AGG. Eine Qualifizierung als positive Maßnahme i. S. d. § 5 AGG setzt die Vereinbarkeit mit dem Unionsrecht voraus.

Die bisherigen Entscheidungen des EuGH zur sogenannten Quotenregelung sind nur bedingt auf eine geschlechtsspezifische Mindestanteilsregelung für die

Besetzung des Aufsichtsrates übertragbar. Hinsichtlich der Ausgestaltung einer solchen Regelung ist den Entscheidungen des EuGH zweierlei zu entnehmen. Erstens hat die Erfüllung eines festgeschriebenen Mindestanteiles nicht zwingend an der gleichen Qualifikation der Bewerber anzuknüpfen. Und zweitens hat diese gleichwohl die persönliche Lage sämtlicher Bewerber zu berücksichtigen. Eine solche Berücksichtigung ist dem Gesetz für die gleichberechtigte Teilhabe von Frauen und Männern an Führungspositionen in der Privatwirtschaft und im öffentlichen Dienst nicht zu entnehmen. Inwiefern dieses Gesetz vereinbart mit dem Unionsrecht ist, wird vom EuGH zu entscheiden sein. Die Unionskonformität mündet in der Frage, inwiefern die Normierung in Form einer zwingenden Beachtung der individuellen persönlichen Lage eines Kandidaten bei der Wahl zum Aufsichtsrat erforderlich ist. Die Übertragung dieses Erfordernisses auf die Aufsichtsratstätigkeit erscheint zweifelhaft.

Teil D

Die Beweislastregelung des § 22 AGG ist auf Aufsichtsratsmitglieder anzuwenden. Dadurch sinkt die Beweislast aufseiten der Person, die sich bei der Wahl zum Aufsichtsrat diskriminierend behandelt fühlt, indem sie lediglich Indizien für eine Benachteiligung dazulegen hat.

Als ein solches Indiz kommen Statistiken in Betracht. Eine lediglich aktuell bestehende geringe Anzahl weiblicher Aufsichtsratsmitglieder kann eine unmittelbare Benachteiligung i. S. d. § 3 Abs. 2 AGG jedoch nicht feststellen. Auch ein Zahlenmaterial, welches diesen geringen Anteil über Jahre hinweg nachweist, genügt nach der Rechtsprechung des BAG nicht, um eine Benachteiligung i. S. d. § 22 AGG hinreichend wahrscheinlich zu machen. Die vom BAG herausgearbeiteten Voraussetzungen an eine Statistik, welche als Indiz i. S. d. § 22 AGG qualifiziert werden kann, führt in Bezug auf die Besetzung des Aufsichtsrates zu einer Quotenwirkung. Dabei ist jedoch zu berücksichtigen, dass zumindest die in dieser Arbeit zitierten Statistiken diesen hohen Erfordernissen wohl nicht entsprechen. Werden diese Erfordernisse jedoch von Statistiken erfüllt, ist insbesondere mit Blick auf § 5 AGG eine solche Quotenwirkung zulässig.

Dem Anspruch auf Entschädigung nach § 15 Abs. 2 AGG kann die größte praxisrelevante Bedeutung zugesprochen werden. Die Praxisrelevanz erhöht sich, je größer das Aufsichtsratsgremium ist. Einer Sensibilisierung für diese Thematik bedarf es auch, da nicht sämtliche Organmitglieder diskriminierend motiviert sein müssen.

Können sämtliche Regelungen des AGG ebenfalls auf den Aufsichtsrat übertragen werden, sind abschließend die Zweifel über die Erfordernisse an

Publizität, Klarheit und Transparenz[1471] festzuhalten. Gemäß der Rechtsprechung des EuGH verlangt der Grundsatz der Rechtsicherheit hinreichend klare und bestimmbare nationale Regelungen, wenn diese Richtlinienvorgaben umgesetzt werden. Eine solche Klarheit erscheint problematisch, wenn Regelungen mit eher arbeitsrechtlichem Charakter auf kooperationsrechtliche Verhältnisse zu übertragen sind.

Es muss ferner sichergestellt werden, dass der durch diese Regelungen begünstigte Personenkreis seine aus diesen Normen erwachsenen Rechte „klar und deutlich“ erkennen kann.[1472] Genügt dafür auch ein „allgemeiner rechtlicher Rahmen“, sodass die Richtlinienbestimmungen „nicht wörtlich in einer ausdrücklichen besonderen Gesetzesvorschrift“ wiedergegeben werden müssen,[1473] kann gerade die fast wörtliche Übertragung der Richtlinienregelungen, ohne dabei auf gesellschaftsrechtliche Besonderheiten einzugehen, als Ursache für die fehlende Klarheit angesehen werden.

1471 EuGH, Urt. v. 23.5.1985 – Rs. 29/84 („*Kommission./.Deutschland*“), Rn. 21, Slg. 1985, 1661, 1672

1472 EuGH, Urt. v. 9.4.1987 – Rs. 363/85 („*Kommission./.Italien*“), Rn. 7, Slg. 1987, 1733, 1742

1473 EuGH, Urt. v. 9.4.1987 – Rs. 363/85 („*Kommission./.Italien*“), Rn. 7, Slg. 1987, 1733, 1742; EuGH, Urt. v. 30.5.1991 – Rs. C – 59/89 („*Kommission./.Deutschland*“), Rn. 18, Slg. 1991, I 2607, 2631

Literaturverzeichnis

Adomeit, Klaus: „Arbeitsrecht auf Abwegen“, NJW 1997, 2295 (zitiert: *Adomeit*, NJW 1997, 2295, S.)

Adomeit, Klaus: „Political correctness – jetzt Rechtspflicht!“, NJW 2006, 2169 (zitiert: *Adomeit*, NJW 2006, 2169, S.)

Adomeit, Klaus/*Mohr*, Jochen: Allgemeines Gleichbehandlungsgesetz (AGG), Kommentar zum AGG und zu den anderen Diskriminierungsverboten, 2. Auflage, Verlag: Boorberg, Berlin 2011 (zitiert: *Adomeit/Mohr*, AGG, §, Rn.)

Adomeit, Klaus/*Mohr*, Jochen: „Benachteiligung von Bewerbern (Beschäftigten) nach dem AGG als Anspruchsgrundlage für Entschädigung und Schadensersatz“, NZA 2007, 179, (zitiert: *Adomeit/Mohr*, NZA 2007, 179, S.)

Adomeit, Klaus/*Kaehler*, Boris: „Unverzichtbar? – Sechs Thesen zum arbeitsrechtlichen Diskriminierungsschutz“, DB 2005, Editorial, 1 (*zitiert: Adomeit/Kaehler*, DB 2005, Editorial, 1)

Annuß, Georg: „Grundfragen der Entschädigung bei unzulässiger Geschlechtsdiskriminierung“, NZA 1999, 738, 739 (zitiert: *Annuß*, NZA 1999, 738, S.)

Annuß, Georg: „Das Allgemeine Gleichbehandlungsgesetz im Arbeitsrecht“, BB 2006, 1629, 1630 (zitiert: *Annuß*, BB 2006, 1629, 1630, S.)

Armbrüster, Christian: „Bedeutung des Allgemeinen Gleichbehandlungsgesetzes für private Versicherungsverträge „, VersR 2006, 1297 (zitiert: *Armbrüster*, VersR 2006, 1297, S.)

Arnold, Christian: „Benachteiligung eines GmbH-Geschäftsführers bei Nichtverlängerung des Dienstvertrags“, ArbRAktuell 2010, 536 (zitiert: *Arnold*, ArbRAktuell 2010, 536, S.)

Bachmann, Gregor: „Zur Umsetzung einer Frauenquote im Aufsichtsrat“, ZIP 2011, 1131 (zitiert: *Bachmann*, ZIP 2011, 1131, S.)

barne- og familiedepartement (norwegisches Ministeriums für Kinder und Familie, seit 1.1.2006: barne- og likestillingsdepartement (Ministerium für Kinder und Gleichstellung): „follow-up to the Package Meeting of 9 to 10 November 2005 regarding representation of both sexes on company boards“ vom 19.12.2005, abrufbar: http://www.regjeringen.no/upload/kilde/bld/red/2006/0003/ddd/pdfv/267915-svarbrev_til_esa_19122005.pdf (zuletzt: 17.09.2019), (zitiert: *barne- og familiedepartement:* follow-up to the Package Meeting of 9 to 10 November 2005 regarding representation of both sexes on company boards, Seite)

Bauer, Jobst-Hubertus: „EuGH: Arbeitnehmereigenschaft von Organmitgliedern einer Kapitalgesellschaft" Anmerkung zu EuGH, Urteil vom 11.11.2010 – C-232/09, (zitiert: *Bauer*, GWR 2010, 586)

Bauer, Jobst-Hubertus/*Arnold*, Christian: „AGG-Probleme bei vertretungsberechtigten Organmitgliedern", ZIP 2008, 993 (zitiert: *Bauer/Arnold*, ZIP 2008, 993, S.)

Bauer, Jobst-Hubertus/*Evers*, Malte: „Schadensersatz und Entschädigung bei Diskriminierung – Ein Fass ohne Boden?", NZA 2006, 893 (zitiert: *Bauer/Evers*, NZA 2006, 893, S.)

Bauer, Jobst-Hubertus/*Göpfert*, Burkard/*Krieger* Steffen: "Diskriminierungsrisiken bei Organmitgliedern", DB 2005, 595 (zitiert: *Bauer/Göpfert/Krieger*, DB 2005, 595, S.)

Bauer, Jobst-Hubertus/*Krieger*, Steffen: Allgemeines Gleichbehandlungsgesetz und Entgelttransparenzgesetz, Kommentar, 5. Aufl. Verlag: C. H. Beck, München 2018 (zitiert: *Bauer/Krieger*, AGG, §, Rn.)

Bauer, Jobst-Hubertus/*Krieger*, Steffen: „Ein Hallelujah für die Anwaltschaft! Entschädigung und Schadensersatz nach dem Entwurf eines Antidiskriminierungsgesetzes", BB-Spezial 2004, 20 (zitiert: *Bauer/Krieger*, BB-Spezial 2004, 20, S.)

Bauer, Jobst-Hubertus/*Thüsing*, Gregor/*Schunder*, Achim: „Entwurf eines Gesetzes zur Umsetzung europäischer Antidiskriminierungsrichtlinien", NZA 2005, 32 ff. (zitiert: Bauer/Thüsing/Schunder *(Bearbeiter)*, NZA 2005, 32, S.)

Baumbach, Adolf/*Hueck*, Alfred (Hrsg.): GmbHG, Gesetz betreffend die Gesellschaften mit beschränkter Haftung, Kommentar, 21. Aufl., Verlag: C.H.Beck, München 2017 (zitiert: *Bearbeiter* in Baumbach/Hueck, GmbHG, §, Rn.)

Baums, Theodor: „Reform der unternehmerischen Mitbestimmung in Deutschland", NJW-Spezial 2009, 410 (zitiert: *Baums*, NJW-Spezial 2009, 410, S.)

Baums, Theodor: „Die Unabhängigkeit des Vergütungsberaters", AG 2010, 53 (zitiert: *Baums*, AG 2010, 53, S.)

Bayreuther, Frank: „Quotenbeweis" im Diskriminierungsrecht?", NJW 2009, 806 (zitiert: *Bayreuther*, NJW 2009, 806, S.)

Benecke, Martina: „Rechtliche Aspekte der "gläsernen Decke", DB 2011, 934, (zitiert: *Benecke*, DB 2011, 934, S.)

Bericht der Länderarbeitsgruppe, „Teilhabe von Frauen in Führungs- und Kontrollgremien der Wirtschaft" – Abschlussbericht der Länderarbeitsgruppe der Konferenz der Justizministerinnen und Justizminister, (Bayern, Hamburg, Hessen, Sachsen-Anhalt), 2011, S. 122, abrufbar: www.justiz.bayern.de/ministerium/gesetzgebung/gesetzentwurf (Bayern, Hamburg, Hessen, Sachsen-Anhalt), abrufbar: http://www.justiz.bayern.de/imperia/md/content/stmj_

internet/ministerium/ministerium/gesetzgebung/teilhabe_frauen_fuehrungs__und_kontrollgremien_1_.pdf (zuletzt: 15.11.2015) (zitiert: *Bericht der Länderarbeitsgruppe*, Teilhabe von Frauen in Führungs- und Kontrollgremien der Wirtschaft, Seite)

Birnbaum, Monika: „Eine Frage der Gestaltung Frauenquote für Aufsichtsräte", AuA 2011, 148 (zit.: *Birnbaum*, AuA 2011, 148, S.)

Bittner, Claudia: Europäisches und internationales Betriebsrentenrecht. Grenzüberschreitende betriebliche Altersversorgung im Spannungsfeld von europäischem und internationalem Betriebsrentenrecht, Tübingen: Mohr Siebeck 2000 (zitiert: *Bittner*, Europäisches und internationales Betriebsrentenrecht, S.)

Boecken, Winfried: „Die Altersgrenze von 68 Jahren für Vertragsärzte aus EG-rechtlicher Sicht", NZS 2005, 393 (zitiert: *Boecken*, NZS 2005, 393, S.)

Boesche, Katharina Vera: „Beweislast im Regierungsentwurf eines Antidiskriminierungsgesetzes"; EuZW 2005, 264 (zitiert: *Boesche*, EuZW 2005, 264, S.)

Bonanni, Andrea/*Mückl*, Patrick: „Statistik als Maßstab der Personalpolitik?", ArbRB, 2011, 80 (zitiert: *Bonanni/Mückl*, ArbRB, 2011, 80, S.)

Bormann, Michael/*Kauka, Ralf/Ockelmann, Jan* (Hrsg.): Handbuch GmbH-Recht, Das neue Recht der Gesellschaft mit beschränkter Haftung: Gestaltungspraxis, Rechtsgrundlagen, Steuern, 3. Aufl., Verlag: ZAP, Bonn 2015 (zitiert: *Bearbeiter* in Bormann/Kauka/Ockelmann, Handbuch GmbH-Recht, Kapitel, Rn.)

Brandt, Kathrin/*Thiele*, Alexander: „Zulässigkeit einer Gleichstellungsquote im Aufsichtsrat unter Berücksichtigung der Rechtsprechung des EuGH", AG 2011, 580 (zitiert: *Brandt/Thiele*, AG 2011, 580, S.)

Budde, Robert: „Auswirkungen des Allgemeinen Gleichbehandlungsgesetzes auf Vertriebspartner", BB 2007, 731 (zitiert: *Budde*, BB 2007, 731, S.)

Bundesministerium der Finanzen: Die Beteiligungen des Bundes, Beteiligungsbericht 2011, Bonn, Dezember 2011, abrufbar: https://www.bundesfinanzministerium.de/Content/DE/Standardartikel/Themen/Bundesvermoegen/Privatisierungs_und_Beteiligungspolitik/Beteiligungspolitik/Beteiligungsberichte/beteiligungsbericht-des-bundes-2011.pdf?__blob=publicationFile&v=3 (zuletzt: 17.09.2019) (zitiert: *BMF*, Beteiligungsbericht 2011, S.)

Bundesministerium für Familie, Senioren, Frauen und Jugend, (Projektgruppe EuRi): „Entwurf eines Gesetzes zum Schutz vor Diskriminierungen, (Antidiskriminierungsgesetz – ADG)" vom 6. Mai 2004, abrufbar: http://www.agpf.de/AntidiskriminierungsG-Entwurf2004.pdf (zuletzt: 17.09.2019), (zitiert: *BMFSFJ,* Entwurf eines Gesetzes zum Schutz vor Diskriminierungen vom 6. Mai 2004, S.)

Bundesministerium für Familie, Senioren, Frauen und Jugend, Flexi-Quote, abrufbar: http://www.flexi-quote.de, (zuletzt: 31.10.2012), (zitiert: *BMFSFJ*, Flexi-Quote)

Bundesministerium für Familie, Senioren, Frauen und Jugend: „Frauen in Führungspositionen" – Status quo und Zielsetzungen der DAX-30-Unternehmen, 2010, abrufbar: http://www.bmfsfj.de/RedaktionBMFSFJ/Abteilung2/Pdf-Anlagen/frauen-in-fuehrungspositionen-status-quo-und-zielsetzungen,property=pdf,bereich=bmfsfj,sprache=de,rwb=true.pdf (zuletzt: 17.09.2019) (zitiert: *BMFSFJ*, „Frauen in Führungspositionen"- Status quo und Zielsetzungen der DAX-30-Unternehmen)

Bundesministerium für Familie, Senioren, Frauen und Jugend: „Schematische Darstellung des Stufenplans", abrufbar: https://www.bmfsfj.de/blob/82382/15aa4c4397b4d58a901fe2fb66ea1670/stufenplan-schema-data.pdf, (zuletzt: 17.09.2019) (zitiert: *BMFSFJ*, Schematische Darstellung des Stufenplans)

Bundesministerium für Familie, Senioren, Frauen und Jugend: Stufenplan „Frauen und Männer in Führungspositionen" vom 6.6.2011, abrufbar: http://www.bmfsfj.de/BMFSFJ/gleichstellung,did=172756.html (zuletzt: 02.06.2012) (zitiert: *BMFSFJ*, Stufenplan „Frauen und Männer in Führungspositionen")

Bundesministerium für Familie, Senioren, Frauen und Jugend/Bundesministerium der Finanzen und Verbraucherschutz: Fragen und Antworten zu dem Gesetz für die gleichberechtigte Teilhabe von Frauen und Männern an Führungspositionen in der Privatwirtschaft und im öffentlichen Dienst, vom 13.5.2015, abrufbar: file:///home/3tGtTaXF/Downloads/FAQ%20Frauenquote%20BMF%20BMJ.pdf (zuletzt: 17.09.2019) (zitiert: *BMFSFJ/BMJV*, Fragen und Antworten zu dem Gesetz für die gleichberechtigte Teilhabe von Frauen und Männern an Führungspositionen in der Privatwirtschaft, S.)

Bundesverband der Deutschen Industrie e.V./Deutscher Industrie- und Handelskammertag: Stellungnahme zum Gesetzesantrag des Landes Nordrhein-Westfalen (BR-Drs. 87/11), Entwurf eines Gesetzes zur Förderung der Gleichberechtigung von Frauen und Männern in Aufsichtsräten börsennotierter Unternehmen (FöGAbUG), vom 24.3.2011, abrufbar: http://www.dihk.de/themenfelder/recht-steuern/rechtspolitik/nationale-stellungnahmen/positionen-national-2011/frauenquote/at_download/file?mdate=1363168425034 (zuletzt: 14.01.2016) (zitiert: *BDI/DIHK*, gemeinsame Stellungnahme zum Gesetzesantrag des Landes Nordrhein-Westfalen (BR-Drs. 87/11), S.)

Cahn, Adolf: Der Aufsichtsrat der Aktiengesellschaft, Verlag: Rothschild, Berlin [u.a.] 1907 (zitiert: *Cahn*, Der Aufsichtsrat der Aktiengesellschaft, S.)

Calliess, Christian/*Ruffert*, Matthias (Hrsg.); EUV/EGV, Das Verfassungsrecht der Europäischen Union mit Europäischer Grundrechtecharta, Kommentar, 3. Aufl., Verlag C. H. Beck, München 2007 (zitiert: *Bearbeiter*, in Calliess/Ruffert, EUV/EGV, 3. Aufl. 2007, Art., Rn.)

Calliess, Christian/*Ruffert*, Matthias (Hrsg.); EUV/AEUV, Das Verfassungsrecht der Europäischen Union mit Europäischer Grundrechtecharta, Kommentar, 5. Aufl., Verlag: C. H. Beck, München 2016 (zitiert: *Bearbeiter* in Calliess/Ruffert, EUV/AEUV, Art., Rn.)

Canaris, Claus-Wilhelm: „Die richtlinienkonforme Auslegung und Rechtsfortbildung im System der juristischen Methodenlehre, in Koziol, Helmut/Rummel, Peter (Hrsg.), Festschrift für Franz Bydliński, Verlag: Springer, Wien 2002 (zitiert: *Canaris* in FS Bydlinski, 2002, 47, S.)

Dahm, Katharina: „Statistiken zur Geschlechterverteilung als Indiz i. S. des § 22 AGG?", BB 2010, 1792 (zitiert: *Dahm*, BB 2010, 1792, S.)

Däubler, Wolfgang/*Bertzbach*, Martin (Hrsg.): Allgemeines Gleichbehandlungsgesetz, Handkommentar, 4. Auflage, Verlag: Nomos, Baden-Baden 2018 (zitiert: *Bearbeiter* in Däubler/Bertzbach, AGG, §, Rn.)

DAV, Stellungnahme des Deutschen Anwaltvereins durch den Ausschuss Arbeitsrecht zum arbeitsrechtlichen Teil des Entwurfs eines Gesetzes zur Umsetzung europäischer Antidiskriminierungsvorschriften (Antidiskriminierungsgesetz – ADG-E); A.-Drs. 15(12)435-(19), abrufbar: http://webarchiv.bundestag.de/archive/2005/0919/parlament/gremien15/a12/Oeffentliche_Sitzungen/20050307/19.pdf (zuletzt: 23.09.2019) (zitiert: *DAV*, Stellungnahme zum BT-Drs. 15/4538, A.-Drs. 15(12)435-(19), S.)

DAV, Stellungnahme des Deutschen Anwaltsvereins durch den Arbeitsrechtsausschuss, den Genderausschuss, den Handelsrechtsauschuss und den Verwaltungsrechtsausschuss zum Referentenentwurf eines Gesetzes für die gleichberechtigte Teilhabe von Frauen und Männern an Führungspositionen in der Privatwirtschaft und im öffentlichen Dienst, Nr. 52/2014, abrufbar: https://anwaltverein.de/de/newsroom/sn-52-14?file=files/anwaltverein.de/downloads/newsroom/stellungnahm (zuletzt: 23.09.2019) (zitiert: *DAV*, Stellungnahme 52/2014, S.)

Deilmann, Barbara/*Albrecht*, Frauke: „Corporate Governance und Diversity – was empfiehlt der neue Kodex?", AG 2010, 727 (zitiert: *Deilmann/Albrecht*, AG 2010, 727, S.)

Derleder, Peter/*Sabetta*, Giuseppe: „Die Umsetzung eines Diskriminierungsverbots im Wohnraummietrecht", WuM 2005, 3 (zitiert: *Derleder/Sabetta*, WuM 2005, 3, S.)

Dieball, Heike: „Gleichstellung der Geschlechter im Erwerbsleben – neue Vorgaben des EG-Vertrages", EuR 2000, 274 (zitiert: *Dieball*, EuR 2000, 274, S.)

Diller, Martin: „Nachträgliche Herabsetzung von Vorstandsvergütungen und -ruhegeldern nach dem VorstAG", NZG 2009, 1006 (zitiert: *Diller*, NZG 2009, 1006, S.)

Ellerich, Marian/*Schulte,* Franz/*Radde,* Jens: „Der PCGK des Bundes", ZCG 2009, 201 (zitiert: *Ellerich/Schulte/Radde,* ZCG 2009, 201, S.)

Eßer, Walter/*Baluch*, Christina: „Bedeutung des Allgemeinen Gleichbehandlungsgesetzes für Organmitglieder", NZG 2007, 321 (zitiert: *Eßer/Baluch*, NZG 2007, 321, S.)

Erker, Paul/*Pierenkemper*, Toni; Deutsche Unternehmer zwischen Kriegswirtschaft und Wiederaufbau, Studien zur Erfahrungsbildung von Industrie-Eliten, Oldenbourg Wissenschaftsverlag, München 1993 (zitiert: *Erker/Pierenkemper,* Deutsche Unternehmer zwischen Kriegswirtschaft und Wiederaufbau, S.)

Everling, Ulrich: Das Niederlassungsrecht im Gemeinsamen Markt, Verlag: Vahlen, Berlin u.a. 1963 (zitiert: *Everling*, Niederlassungsrecht, S.)

Everling, Ulrich: „Zur Auslegung des durch EG-Richtlinien angeglichenen nationalen Rechts", ZGR 1992, 376 (zitiert: *Everling*, ZGR 1992, 376, S.)

Eyles, Uwe: Das Niederlassungsrecht der Kapitalgesellschaften in der Europäischen Gemeinschaft: Die Überlagerung des deutschen Gesellschaftsrechts und Unternehmenssteuerrechts durch Europäisches Gemeinschafsrecht, Nomos Verlagsgesellschaft, Baden-Baden 1990 (zitiert: *Eyles*, Das Niederlassungsrecht der Kapitalgesellschaften in der Europäischen Gemeinschaft, S.)

Fischer, Ulrich: „Die Fremdgeschäftsführerin und andere Organvertreter auf dem Weg zur Arbeitnehmereigenschaft", NJW 2011, 2329, (zitiert: *Fischer*, NJW 2011, 2329, S.)

Fonk, Hans-Joachim: „Auslagenersatz für Aufsichtsratsmitglieder", NZG 2009, 761, (zitiert: *Fonk*, NZG 2009, 761, S.)

Fleischer, Holger/*Goette*, Wulf: Münchener Kommentar zum GmbHG, Band 2: §§ 35–52, 3. Auflage, Verlag: C.H.Beck, München 2019 (zitiert: *Bearbeiter* in MüKo-GmbHG, §, Rn.)

Fitting, Karl (Begr.)/*Engels*, Gerd/*Schmidt*, Ingrid/*Trebinger*, Yvonne/*Linsemaier*, Wolfgang (Hrsg.); Betriebsverfassungsgesetz mit Wahlordnung, Handkommentar, 29. Aufl., Verlag: Franz Vahlen GmbH, Berlin u.a. 2018 (zitiert: *Fitting*, BertVG, §, S., Rn.)

Forst, Gerrit: „GmbH-Fremdgeschäftsführer als Arbeitnehmer im Sinne des Unionsrechts", EuZW 2015, 664 (zitiert: *Forst*, EuZW 2015, 664, S.)

Frost, Ina Anne/*Linnainmaa*, Leena: „Corporate Governance: Frauen im Aufsichtsrat- Können wir von unseren skandinavischen Nachbarn lernen?", AG 2007, 601 (zitiert: *Frost/Linnainmaa*, AG 2007, 601 S.)

Frenz, Walter: Handbuch Europarecht, Band 1 Europäische Grundfreiheiten, 2. Aufl., Verlag: Springer, Berlin u.a. 2012 (zitiert: *Frenz*, Handbuch Europarecht, Kapitel, §, Rn.)

Fuchsloch, Christine: „Frauenquoten in Gewerkschaftssatzungen", ArbuR 1997, 354 (zitiert: *Fuchsloch*, ArbuR 1997, 354, S.)

Galperin, Hans/*Siebert*, Wolfgang; Kommentar zum Betriebsverfassungsgesetz, 4. Auflage, Verlagsgesellschaft Recht und Wirtschaft, Heidelberg 1963 (zitiert: *Galperin/Siebert*, Kommentar zum BetrVG, §, Rn.)

Gierke, Otto von: Die Genossenschaftstheorie und die deutsche Rechtsprechung; Verlag: Weidmann, Berlin 1887 (zitiert: *Gierke*, Die Genossenschaftstheorie, S.)

Gierke, Otto von: Deutsches Privatrecht Band 1: Allgemeiner Teil u. Personenrecht, Leipzig [u.a.] 1895 (zitiert: *Gierke*, Deutsches Privatrecht Band 1, S.)

Goette, Wulf/*Habersack*, Mathias/Kalss, Susanne (Hrsg.): Münchener Kommentar zum Aktiengesetz, Verlag: C.H. Beck

Band 2, §§ 76 – 117 AktG, MitbestG, DrittelbG, 5. Auflage 2019

Band 3, §§ 118 – 178 AktG, 4. Auflage 2018

Band 4, §§ 179 – 277, 4. Auflage 2016

Band 7, Europäisches Aktienrecht, SE-VO, SEBG, Europäische Niederlassungsfreiheit, 3. Auflage 2012 (zitiert: *Bearbeiter* in MüKo-AktG, §, Rn.)

Grabitz, Eberhard/*Hilf*, Meinhard (Hrsg.); Das Recht der Europäischen Union, Band I, EUV/AEUV, 40. Ergänzungslieferung Oktober 2009, Loseblattkommentar, Verlag: C.H. Beck, München 2009; (zitiert: *Bearbeiter* in Grabitz/Hilf, Recht der EU, 2009, Art. Rn.)

Grabitz, Eberhard/*Hilf*, Meinhard/*Nettesheim*, Martin (Hrsg.), Das Recht der Europäischen Union, Band I, EUV/AEUV, 66. Ergänzungslieferung August 2019, Loseblattkommentar, Verlag C.H. Beck, München 2019 (zitiert: *Bearbeiter* in Grabitz/Hilf/Nettesheim, Recht der EU, Art. Rn.)

Grobys, Marcel: „Die Beweislast im Anti-Diskriminierungsprozess", NZA 2006, 898 (zitiert: *Grobys*, NZA 2006, 898, S.)

Groeben, Hans von der/*Schwarze*, Jürgen (Hrsg.): Kommentar zum Vertrag über die Europäische Union und zur Gründung der Europäischen Gemeinschaft, Band 3, Art. 98 – 188 EGV, 6. Auflage, Baden-Baden 2003 (zitiert: *Bearbeiter* in Groeben/Schwarze, Kommentar zum EU-/EG-Vertrag, Art. Rn.)

Groeben, Hans von der/*Schwarze*, Jürgen/*Hatje*, Armin (Hrsg.): Europäisches Unionsrecht, Vertrag über die Europäische Union – Vertrag über die Arbeitsweise der Europäischen Union – Charta der Grundrechte der Europäischen Union, Kommentar, 7. Aufl., Verlag: Nomos, Baden-Baden 2015 (zitiert: *Bearbeiter* in Groeben/Schwarze/Hatje, Europäisches Unionsrecht, Art., Rn.)

Grosche, Nils/*Höft*, Jan: „Richtlinienkonforme Rechtsfortbildung ohne Grenzen? – Zugleich Besprechung von BGH, NJW 2009, 427“, NJOZ 2009, 2294 (zitiert: *Grosche/Höft*, NJOZ 2009, 2294, S.)

Grünberger, Michael: „Geschlechtergerechtigkeit im Wettbewerb der Regulierungsmodelle“, RW 2012, 1 (zitiert: *Grünberger*, RW 2012, 1, S.)

Habersack, Mathias/*Bayer*, Walter: Aktienrecht im Wandel: Band I: Entwicklung des Aktienrechts. Band II: Grundsatzfragen des Aktienrechts, Verlag: Mohr Siebeck, Tübingen 2007 (zitiert: *Bearbeiter* in Aktienrecht im Wandel, Band I, Kapitel, Rn.)

Habersack, Mathias: „Die Freistellung des Organwalters von seiner Haftung gegenüber der Gesellschaft“, in: *Habersack*, Mathias/*Hommelhoff*, Peter/*Hüffer*, Uwe/*Schmidt*, Karsten (Hrsg.), Festschrift für Peter Ulmer zum 70. Geburtstag am 2. Januar 2003, De Gruyter, Berlin, 2003(zitiert: *Habersack* in FS Ulmer, S. 151, S.)

Habersack, Mathias: Die Mitgliedschaft – subjektives und ‚sonstiges‘ Recht, Verlag: Mohr Siebeck, Tübingen 1996 (zitiert: *Habersack*, Die Mitgliedschaft, S.)

Hailbronner, Kay: „Neue Richtlinie zur Freizügigkeit der Unionsbürger“, ZAR 2004, 259 (zitiert: *Hailbronner*, ZAR 2004, 259, S.)

Heiderhoff, Bettina: Gemeinschaftsprivatrecht, 2. überarb. Aufl., Verlag: Sellier, München 2007 (zitiert: *Heiderhoff*, Gemeinschaftsrecht, S.)

Hennrichts, Joachim/*Kleindieck*, Detlef/*Watrin*, Christoph (Hrsg.): Münchener Kommentar zum Bilanzrecht, Band 2: Bilanzrecht, §§ 238–342 e HGB, 1. Aufl., Verlag: C.H.Beck, München 2013 (zitiert: *Bearbeiter* in MüKo-Bilanzrecht, §, Rn.)

Henssler, Martin: „Bewegung in der deutschen Unternehmensmitbestimmung, Reformdruck durch Internationalisierung der Wirtschaft“, RdA 2005, 330 (zitiert: *Henssler*, RdA 2005, 330, S.)

Henssler, Martin/*Seidensticker*, Thomas: „Eckdaten einer verfassungs- und europarechtskonformen Ausgestaltung verbindlicher Frauenquoten für Aufsichtsräte“, KSzW 2012, 10 (zitiert: *Henssler/Seidensticker*, KSzW 2012, 10, S.)

Henssler, Martin/*Willemsen*, Heinz Josef/*Kalb*, Heinz-Jürgen (Hrsg.): Arbeitsrechts Kommentar, 8. Aufl., Verlag: Dr. Otto Schmidt, Köln 2018 (zitiert: *Bearbeiter* in Henssler/Willemsen/Kalb, ArbeitsR, §, Rn.)

Herrmann, Elke: „Die Abschlußfreiheit – ein gefährdetes Prinzip“, ZfA 1996, 19 (zitiert: *Herrmann*, ZfA 1996, 19, S.)

Heyn, Judith/*Meinel*, Gernod: „Rückenwind für Diskriminierungsklagen“, NZA 2009, 20 (zitiert: *Heyn/Meinel*, NZA 2009, 20, S.)

Heyll, Jens: Die Anwendung von Arbeitsrecht auf Organmitglieder, Verlag: Peter Lan, Frankfurt u.a. 1994 (zitiert: *Heyll*, Die Anwendung von Arbeitsrecht auf Organmitglieder, S.)

Heuermann, Bernd/*Brandis*, Peter (Hrsg.): Blümich, EStG, KStG, GewStG, Kommentar, 147. Ergänzungslieferung, Verlag: Vahlen, München 2019 (zitiert: *Bearbeiter* in Blümich, §, Rn.)

Hildebrand, Inga: Arbeitnehmerschutz von geschäftsführenden Gesellschaftsorganen im Lichte der Danosa-Entscheidung des EuGH, Verlag: Peter Lang GmbH, Frankfurt am Main 2014 (zitiert: *Hildebrand*, Arbeitnehmerschutz von geschäftsführenden Gesellschaftsorganen, S.)

Hirdina, Ralph: „Neuordnung der Unternehmensmitbestimmung", NZA 2010, 683 (zitiert: *Hirdina*, NZA 2010, 683, S.)

Hopt, Klaus/*Wiedemann*, Herbert: Aktiengesetz, Großkommentar, 4. Aufl. Verlag: De Gruyter,

Band 4: §§ 95–117, Berlin 2011

Band 7/2: §§ 241–277, Berlin u.a. 2012 (zitiert: *Bearbeiter* in Großkomm AktG, §, Rn.)

Hoentzsch, Susanne: „Europarechtskonformität und Auslegung der Beweislastregelung in § 22 AGG", DB 2006, 2631 (zitiert: *Hoentzsch*, DB 2006, 2631, S.)

Hoentzsch, Susanne: „Die Anwendung der Benachteiligungsverbote des Allgemeinen Gleichbehandlungsgesetzes auf Organmitglieder – Am Beispiel des Geschäftsführers der Gesellschaft mit beschränkter Haftung und des Vorstandes der Aktiengesellschaft", Herbert Utz Verlag, München 2011 (zitiert: *Hoentzsch*, Die Anwendung der Benachteiligungsverbote, S.)

Hölters, Wolfgang (Hrsg.): Aktiengesetz, Kommentar, 3. Aufl., Verlag: C.H.Beck/ Franz Vahlen, München 2017 (zitiert: *Bearbeiter* in Hölters, AktG, §, Rn.)

Holst, Elke: „Führungskräfte im internationalen Vergleich: Frauen in Aufsichtsräten in Deutschland meist von Arbeitnehmervertretungen entsandt", Wochenbericht des DIW Berlin Nr. 35/2005, 505 (zitiert: *Holst*, DIW Berlin Wochenbericht 35/2005, S.)

Holst, Elke/*Busch-Heizmann*, Anne/*Wieber*, Anna: „Deutsches Institut für Wirtschaftsforschung – Politikberatung kompakt 100, Führungskräfte-Monitor 2015: Update 2001–2013", abrufbar: http://www.diw.de/documents/publikationen/73/diw_01.c.510264.de/diwkompakt_2015-100.pdf (zuletzt: 23.09.2019), (zitiert: *Holst/Busch-Heizmann/Wieber*, Führungskräfte-Monitor, DIW 2015, S.)

Holst, Elke/*Busch*, Anne/*Kröger*, Lea: "Deutsches Institut für Wirtschaftsforschung – Politikberatung kompakt, Führungskräfte-Monitor 2012: Update 2001–2010", abrufbar: http://www.diw.de/documents/publikationen/

73/diw_01.c.407592.de/diwkompakt_2012-065.pdf (zuletzt: 23.09.2019), (zitiert: *Holst/Busch/Kröger*, Führungskräfte-Monitor, DIW 2012, S.)

Holst, Elke/*Wiemer*, Anita: „Frauen in Spitzengremien großer Unternehmen weiterhin massiv unterrepräsentiert", Wochenbericht des DIW Berlin Nr. 4/ 2010, 2 (zitiert *Holst/Wiemer*, DIW Berlin Wochenbericht 4/2010, S.)

Holst, Elke/*Schimeta,* Julia: „Nach wie vor kaum Frauen in Top-Gremien großer Unternehmen", Wochenbericht des DIW Berlin Nr. 18/2009, 302 (zitiert: *Holst/Schimeta*, DIW Wochenbericht 18/2009, S.)

Holst, Elke/*Schimeta,* Julia: „29 von 906: Weiterhin kaum Frauen in Top-Gremien großer Unternehmen", Wochenbericht des DIW Berlin Nr. 3/2011, 2 (zitiert: *Holst/Schimeta*, DIW Wochenbericht 3/2011, S.)

Horstmeier, Gerrit: „Geschäftsführer und Vorstände als ‚Beschäftigte'", GmbHR 2007, 125, 126 (zitiert: *Horstmeier*, GmbHR 2007, 125, S.)

Huber, Bertold: Aufenthaltsgesetz – AufenthG –, Freizügigkeitsgesetz/EU, ARB 1/80 und Qualifikationsrichtlinie, Kommentar, 2. Aufl. Verlag: C. H. Beck, München 2016 (zitiert: *Bearbeiter* in Huber, AufenthG, §, Rn.)

Hueck, Götz: „Bemerkungen zum Anstellungsverhältnis von Organmitglieder juristischer Personen", in Dieterich, Thomas (Hrsg.), Festschrift für Marie Luise Hilger und Hermann Stumpf zum 70. Geburtstag, Verlag: Beck, München 1983 (zitiert: *Hueck,* FS Hilger/Stumpf, 1983, S.)

Hüffer, Uwe: „Die leitungsbezogene Verantwortung des Aufsichtsrats", NZG 2007, 47 (zitiert: *Hüffer*, NZG 2007, 47, S.)

Hüffer, Uwe/*Koch*, Jens: Aktiengesetz, Kommentar, 13. Aufl., Verlag: C.H.Beck, München 2018 (zitiert: *Bearbeiter* in Hüffer/Koch, AktG, §, Rn.)

Hümmerich, Klaus/*Boecken*, Winfried/*Düwell*, Franz Joseph (Hrsg.): Anwalt-Kommentar, Arbeitsrecht, Band 2, 2. Aufl. Verlag: Nomosverlag, Baden-Baden 2010 (zitiert: *Bearbeiter* in Hümmerich/Boecken/Düwell, AnwK-ArbeitsR, §, Rn.)

Huke, Rainer/*Prinz*, Thomas: „Das Drittbeteiligungsgesetz löst das Betriebsverfassungsgesetz 1952 ab", BB 2004, 2633 ff. (zitiert: *Huke/Prinz*, BB 2004, 2633, S.)

Institut der deutschen Wirtschaft Köln: „Abschlussbericht, Ingenieurarbeitsmarkt 2009/10 – Berufs- Branchenflexibilität, demografischer Ersatzbedarf und Fachkräftelücke, Studie in Kooperation mit dem Verein der Deutscher Ingenieure, vom 19. April 2010, abrufbar: http://www.iwkoeln.de/_storage/asset/63666/storage/master/file/352296/download/ga_ingenieurarbeitsmarkt_2010-23.pdf (zuletzt: 09.07.2012) (zitiert: *IW Köln*, Ingenieurarbeitsmarkt 2009/10, S.)

Jacobs, Matthias: „Grundprobleme des Entschädigungsanspruchs nach § 15 Absatz 2 AGG“, RdA 2009, 193 (zitiert: *Jacobs*, RdA 2009, 193, S.)

Jaeger, Georg: „Zur Problematik von Altersgrenzen für Vorstandsmitglieder im Hinblick auf das AGG“ in: Baeck, Ulrich/Preis, Ulrich/Rieble, Volker/Röder, Gerhard (Hrsg.), Festschrift für Jobst-Hubertus Bauer: zum 65. Geburtstag, Verlag: C.H.Beck, München 2010 (zitiert: *Jaeger* in Festschrift Bauer, S. 495, S.)

Jarass, Hans/*Pieroth*, Bodo: Grundgesetz für die Bundesrepublik Deutschland, Kommentar, 15. Aufl., Verlag: C.H.Beck, München 2018 (zitiert: *Bearbeiter* in Jarass/Pieroth, GG, Art., Rn.)

Jarass, Hans: Charta der Grundrechte der Europäischen Union – unter Einbeziehung der vom EuGH entwickelten Grundrechte, der Grundrechtsregelungen der Verträge und der EMRK, Kommentar, 3. Aufl., Verlag: C:H:Beck, München 2016 (zitiert: *Jarass*, Charta EU-Grundrechte, §, Rn.)

Jauernig, Bürgerliches Gesetzbuch, mit Allgemeinem Gleichbehandlungsgesetz (Auszug), Kommentar, Stürner, Rolf (Hrsg.), 15. Auflage 2014, Verlag: C.H.Beck, München 2014, (zitiert: *Bearbeiter* in Jauernig, BGB 2014, §, Rn.)

Jauernig, Bürgerliches Gesetzbuch, mit Rom-I-, Rom-II-, Rom-III-VO, EG-UntVO/HUntProt und EUErbVO, Kommentar, Stürner, Rolf (Hrsg.), 17. Auflage 2018, Verlag: C.H.Beck, München 2014, (zitiert: *Bearbeiter* in Jauernig, BGB, §, Rn.)

Kamanabrou, Sudabeh: „Die arbeitsrechtlichen Vorschriften des Allgemeinen Gleichbehandlungsgesetzes“, RdA 2006, 321 (zitiert: *Kamanabrou*, RdA 2006, 321, S.)

Keienburg, Carsten: „Frauenquote rechtlich möglich?“, PERSONALmagazin 2011, 80 (zitiert: *Keienburg*, PERSONALmagazin 2011, 80)

Kerwer, Christof: „Finger weg von der befristeten Einstellung älterer Arbeitnehmer?“, NZA 2002, 1316, (zitiert: *Kerwer*, NZA 2002, 1316, S.)

Kiel, Heinrich/*Lunk*, Stefan/*Oetker*, Hartmut (Hrsg.): Münchner Handbuch zum Arbeitsrecht, Band I: Individualarbeitsrecht I, 4. Aufl., Verlag: C.H.Beck, München 2018 (zitiert: *Bearbeiter* in MünchArbR I, §, Rn.)

Klose, Alexander/*Merx*, Andreas: „Positive Maßnahmen zur Verhinderung oder zum Ausgleich bestehender Nachteile im Sinne des § 5 AGG“, Expertise vom 28.10.2010, Herausgeber: Antidiskriminierungsstelle des Bundes, abrufbar: http://www.antidiskriminierungsstelle.de/SharedDocs/Downloads/DE/publikationen/Expertisen/Expertise_Positive_Ma%C3%9Fnahmen.pdf;jsessionid=F6F5CA7C54E91322758500E4706B981B.2_cid332?__

blob=publicationFile&v=1 (zuletzt: 23.09.2019) (zitiert: *Klose/Merx*, Positive Maßnahmen, S.)

Kocher, Dirk: „Die Diversity-Empfehlung des neuen Corporate-Governance-Kodex“, BB 2010, 264, (zitiert: *Kocher*, BB 2010, 264, 264)

Kossak, Jana: Rechtsfolge eines Verstoßes gegen das Benachteiligungsverbot, Eine Untersuchung des § 21 AGG unter besonderer Berücksichtigung des europäischen Sanktionensystems, Verlag: Peter Lang, Frankfurt am Main (u.a.) 2009 (zitiert: *Kossak*, Rechtsfolge eines Verstoßes gegen das Benachteiligungsverbot, S.)

Körner, Martina: „Frauen in die Aufsichtsräte – die skandinavischen Regelungen verbindlicher Teilhabe als Modell für Deutschland?“, in Hohmann-Dennhardt, Christine Körner, Marita, Zimmer, Reingard (Hrsg.) in Geschlechtergerechtigkeit: Festschrift für Heide Pfarr, Verlag: Nomos, Baden-Baden 2010 (zitiert: *Körner*, FS Pfarr, 2010, S. 158, 165, S.)

Krause, Nils, „Auswirkungen des Allgemeinen Gleichbehandlungsgesetzes auf die Organbesetzung“, AG 2007, 392 (zitiert: *Krause*, AG 2007, 329, S.)

Kropff, Brunno; Aktiengesetz, Textausgabe des Aktiengesetzes vom 6.9.1965 und des Einführungsgesetzes zum Aktiengesetz vom 6.9.1965 mit Begründung des Regierungsentwurfs Bericht des Rechtsausschusses des Deutschen Bundestages, Verlagshandlung des Instituts der Wirtschaftsprüfer GmbH, Düsseldorf 1965 (zitiert: *Kropff*, AktG 1965, S.)

Kummer, Pierre M; Umsetzungsanforderungen der neuen arbeitsrechtlichen Antidiskriminierungsrichtlinie (RL 2000/78/EG), Peter Lang internationaler Verlag der Wissenschaft, Frankfurt, 1. Auflage 2003 (zitiert: *Kummer*, Umsetzungsanforderungen der neuen arbeitsrechtlichen Antidiskriminierungsrichtlinie (RL 2000/78/EG), S.)

Kyriazis, Georgios: Die Sozialpolitik der europäischen Wirtschaftsgemeinschaft in bezug auf die Gleichberechtigung männlicher und weiblicher Erwerbstätiger, Verlag: Dunker und Humbolt, Berlin 1990 (zitiert: *Kyriazis*, Die Sozialpolitik der europäischen Wirtschaftsgemeinschaft, S.)

Lackhoff, Klaus: Die Niederlassungsfreiheit des EGV – nur ein Gleichheits- oder auch ein Freiheitsrecht?, Verlag: Duncker & Humblot GmbH, Berlin 2000 (zitiert: *Lackhoff*, Niederlassungsfreiheit, S.)

Larenz, Karl/*Canaris*, Claus-Wilhelm: Methodenlehre der Rechtswissenschaft, 3. Aufl., Verlag: Springer Verlag, Berlin Heidelberg 1995 (zitiert: *Larenz/Canaris*, Methodenlehre der Rechtswissenschaft, S.)

Langenbucher, Katja: „Frauenquote und Gesellschaftsrecht“, JZ 2011, 1038 (zitiert: *Langenbucher*, JZ 2011, 1038, S.)

Langenbucher, Katja: „Zentrale Akteure der Corporate Governance: Zusammensetzung des Aufsichtsrats“, ZGR 2012, 314 (zitiert: *Langenbucher*, ZGR 2012, 314, S.)

Leutheusser-Schnarrenberger, Sabine: Grußwort der Bundesministerin für Justiz: "Potentiale besser nutzen! Aufsichtsräte müssen professioneller und weiblicher werden" vom 16.6.2010, abrufbar: http://www.dcgk.de/de/kommission/die-kommission-im-dialog/deteilansicht/dokumentation-9-corporate-governance-konferenz.html (zuletzt: 23.09.2019) (zitiert: *Leutheusser-Schnarrenberger*, Grußwort der Bundesministerin für Justiz: „Potentiale besser nutzen! Aufsichtsräte müssen professioneller und weiblicher werden“ vom 16.6.2010)

Liebhäuser, Anja: Die Bedeutung des Allgemeinen Gleichbehandlungsgesetzes für Organmitglieder, Verlag: Dr. Kovac, Hamburg 2012 (zitiert: *Liebhäuser*, Bedeutung des AGG für Organmitglieder, S.)

Lingemann, Stefan/*Müller*, Matthias: „Die Auswirkungen des Allgemeinen Gleichbehandlungsgesetzes auf die Arbeitsvertragsgestaltung“, BB 2007, 2006 (zitiert: *Lingemann/Müller*, BB 2007, 2006, S.)

Lingemann, Stefan/*Weingarth*, Markus: "Zur Anwendung des AGG auf Organmitglieder –Zugleich Besprechung des BGH-Urteils vom 24.4.2012- II ZR 163/10", DB 2012, 2325 (zitiert: *Lingemann/Weingarth*, DB 2012, 2325, S.)

Löw, Hans-Peter: „AGG – Schutz für Geschäftsführer?“, GmbHR 2010, R305 (zitiert: *Löw*, GmbHR 2010, R305, S.)

Lüttringhaus, Jan D.; „Grenzüberschreitender Diskriminierungsschutz – Das internationale. Privatrecht der Antidiskriminierung“, Verlag: Mohr Siebeck, Tübingen 2010 (zitiert: *Lüttringhaus*, Grenzüberschreitender Diskriminierungsschutz, S.)

Lutter, Marcus: „Anwendbarkeit der Altersbestimmungen des AGG auf Organpersonen“, BB 2007, 725 (zitiert: *Lutter*, BB 2007, 725, S.)

Lutter, Marcus: „Professionalisierung des Aufsichtsrats“, DB, 2009, 775, 778 (zitiert: *Lutter*, DB 2009, 775, S.)

Lutter, Marcus: „Zur Vorbereitung und Durchführung von Grundlagenbeschlüssen in Aktiengesellschaften“ in Festschrift für Hans-Joachim Fleck zum 70. Geburtstag am 30. Januar 1988; Reinhard Goerdeler (Hrsg.), Berlin, New York, Verlag de Gruyter, 1988, Zeitschrift für Unternehmens- und Gesellschaftsrecht; Sonderheft 7, S. 169 ff (zitiert: Lutter, FS Fleck, 1988, S. 169, S.)

Lutter, Marcus: „Die Unwirksamkeit von Mehrfachmandaten in den Aufsichtsräten von Konkurrenzunternehmen“ in Festschrift für Karl Beusch zum 68. Geburtstag am 31. Oktober 1993, Beisse, Heinrich/Lutter, Marcus (Hrsg.),

Verlag de Gruyter, Berlin, New York 1993, (zitiert: *Lutter*, FS Beusch, 1993, S. 509, S.)

Lutter, Marcus: „Professionalisierung der Aufsichtsräte", NJW 1995, 1133 (zitiert: *Lutter*, NJW 1995, 1133, S.)

Maier-Reimer, Georg: „Das Allgemeine Gleichbehandlungsgesetz im Zivilrechtsverkehr", NJW 2006, 2577 (zitiert: *Maier-Reimer*, NJW 2006, 2577, S.)

Mankowski, Peter: „Organpersonen und internationales Arbeitsrecht", RIW 2004, 167 (zitiert: *Mankowski*, RIW 2004, 167, S.)

Martens, Klaus-Peter: „Die Herausgabe schriftlicher Informationen für die Belegschaft durch den Betriebsrat" in Dieterich, Thomas (Hrsg.), Festschrift für Marie Luise Hilger und Hermann Stumpf zum 70. Geburtstag, Verlag: Beck, München 1983 (zitiert: *Martens*, FS Hilger/Stumpf, 1983, S.)

Maunz, Theodor/*Dürig*, Günter (Begründer); Grundgesetz Kommentar, 86. Lieferung, Verlag: C. H. Beck München 2019 (zitiert: *Bearbeiter* in Maunz/Düring, GG, Art., Rn.)

Meinel, Gernod/*Heyn*, Judith/Herms, Sascha: Allgemeines Gleichbehandlungsgesetz, Arbeitsrechtlicher Kommentar, 2. Aufl. Verlag: C.H.Beck, München 2010 (zitiert: Meinel/Heyn/Herms, AGG, §, Rn.)

Mertens, Hans-Jochim: „Zuständigkeiten des mitbestimmten Aufsichtsrats", ZGR 1977, 268 (zitiert: *Mertens*, ZGR 1977, 268, S.)

Miras, Antonio: „Verbotene Diskriminierung bei der Auswahl von Organmitgliedern", GWR 2012, 311, 314 (zitiert: *Miras*, GWR 2012, 311, S.)

Müller-Glöge, Rudi/*Preis*, Ulrich/Schmidt, Ingrid: Erfurter Kommentar zum Arbeitsrecht, 15. Aufl. Verlag: C.H.Beck, München 2015 (zitiert: *Bearbeiter* in ErfK 2015, §, Rn.)

Müller-Glöge, Rudi/Preis, Ulrich/Schmidt, Ingrid: Erfurter Kommentar zum Arbeitsrecht, 17. Aufl. Verlag: C.H.Beck, München 2017 (zitiert: *Bearbeiter* in ErfK 2017, §, Rn.)

Müller-Glöge, Rudi/*Preis*, Ulrich/Schmidt, Ingrid: Erfurter Kommentar zum Arbeitsrecht, 19. Aufl. Verlag: C.H.Beck, München 2019 (zitiert: *Bearbeiter* in ErfK, §, Rn.)

Mutter, Stefan: „Zur Anpassung der Vergütung von Aufsichtsräten an den Deutschen Corporate Governance Kodex", ZIP 2002, 1230 (zitiert: *Mutter*, ZIP 2002, 1230, S.)

Nowak, Claudia: „Wahl des unabhängigen Finanzexperten nach BilMoG: Praxistipps für den Umgang mit dem neuen § 100 Abs. 5 AktG", BB 2010, 2423, (zitiert: *Nowak*, BB 2010, 2423, S.)

Oberthür, Nathalie: „Unionsrechtliche Impulse für den Kündigungsschutz von Organvertretern und Arbeitnehmerbegriff", NZA 2011, 253 (zitiert: *Oberthür*, NZA 2011, 253, S.)

Oehmichen, Jana/*Rapp*, Marc/*Wolff*, Michael: „Der Einfluss der Aufsichtsratszusammensetzung auf die Präsenz von Frauen in Aufsichtsräten", zfbf 2010, 503 (zitiert: *Oehmichen/Rapp/Wolff*, zfbf 2010, 503, S.)

Oetker, Hartmut (Hrsg.): Kommentar zum Handelsgesetzbuch (HGB), 6. Aufl., Verlag: C.H.Beck, München 2019 *(zitiert: Bearbeiter* in Oetker, Handelsgesetzbuch, §, Rn.)

Oetker, Hartmut: „Voraussetzungen und Grenzen des Diskriminierungsschutzes für Organmitglieder", in Krause, Rüdiger/Schwarze, Roland (Hrsg.), Festschrift für Hansjörg Otto zum 70. Geburtstag am 23. Mai 2008, Verlag: de Gruyter Recht, Berlin 2008 (zitiert: *Oetker*, FS Otto, 2008, S. 361, S.)

Ossenbühl, Fritz: „Frauenquote für Leitungsorgane von Privatunternehmen", NJW 2012, 417 (zitiert: *Ossenbühl*, NJW 2012, 417, S.)

Papier, Hans-Jürgen/*Heidebach*, Martin: „Die Einführung einer gesetzlichen Frauenquote für die Aufsichtsräte deutscher Unternehmen unter verfassungsrechtlichen Aspekten", ZGR 2011, 305, (zitiert: *Papier/Heidebach*, ZGR 2011, 305, S.)

Peick, Kai Stefan: Darlegungs- und Beweislast nach § 22 Allgemeines Gleichbehandlungsgesetz (AGG), Verlag: wvb Wissenschaftlicher Verlag, Berlin 2009 (zitiert: *Peick*, Darlegungs- und Beweislast nach § 22 AGG, S.)

Pfeiffer, Thomas: „Richtlinienkonform Auslegung gegen den Wortlaut des nationalen Gesetzes-die Quelle-Folgeentscheidung des BGH", NJW 2009, 412 (zitiert: *Pfeiffer*, NJW 2009, S.)

Pirstner, Renate: „Anmerkung zu EuGH, Urt. v. 28.3.2000 – Rs. C-158/97 („Badeck")", EuZW 2000, 474 (zitiert: *Pirstner*, Anmerkung zu EuGH, Urt. v. 28.3.2000 – Rs. C-158/97 („Badeck"), EuZW 2000, 474, S.)

Prütting, Hanns/*Wegen*, Gerhard/*Weinreich*, Gerd (Hrsg.): BGB, Kommentar, 14. Aufl., Verlag: Luchterhand, Köln 2019 (zitiert: *Bearbeiter* in Prütting/Wegen/Weinreich, BGB, §, Rn.)

Raasch, Sibylle: „Erhöhung der Frauenrepräsentanz in Aufsichtsräten – Norwegen – ein Modell?", ZfRV 2009, 216 (zitiert: *Raasch*, ZfRV 2009, 216, S.)

Raif, Alexander: „GmbH-Geschäftsführer kann Anspruch auf Schadensersatz wegen Altersdiskriminierung haben", GWR 2010, 537 (zitiert: *Raif*, GWR 2010, 537, S.)

Raiser, Thomas/*Veil*, Rüdiger/*Jacobs*, Matthias: Mitbestimmungsgesetz und Drittelbeteiligungsgesetz, Kommentar; 6. Aufl. Verlag: De Gruyter, Berlin 2015 (*Bearbeiter* in Raiser/Veil/Jacobs, MitbestG, §, Rn.)

Raiser, Thomas: „Weisungen an Aufsichtsratsmitglieder", ZGR 1978, 391 (zitiert: *Raiser*, ZGR 1978, 391, S.)

Ramm, Joachim: „Gegenantrag und Vorschlagsliste – Zur Gestaltung des aktienrechtlichen Verfahrens für die Wahlen zum Aufsichtsrat", NJW 1991, 2753 (zitiert: *Ramm*, NJW 1991, 2753, S.)

Rauscher, Thomas/*Krüger*, Wolfgang (Hrsg.): Münchener Kommentar zur Zivilprozessordnung mit Gerichtsverfassungsgesetz und Nebengesetzen, Verlag: C.H.Beck, München, Band 1: §§ 1 – 354, 5. Aufl. 2016, (zitiert: *Bearbeiter* in MüKo-ZPO, §, Rn.)

Rebhahn, Robert: „Der Arbeitnehmerbegriff in vergleichender Perspektive", RdA 2009, 154 (zitiert: *Rebhahn*, RdA 2009, 154, S.)

Redenius-Hövermann, Julia: „Zur Frauenquote im Aufsichtsrat", ZIP 2010, 660 (zitiert: *Redenius-Hövermann*, ZIP 2010, 660, S.)

Regierungskommission DCGK, Pressemitteilung v. 27.05.2010, Regierungskommission konkretisiert Empfehlung für mehr Frauen in Aufsichtsräten, abrufbar: http://www.dcgk.de/de/presse.html (zuletzt: 23.09.2019) (zitiert: *Regierungskommission DCGK*, Pressemitteilung v. 27.5.2010)

Regierungskommission Deutscher Corporate Governance Kodex, Stellungnahme vom 25.05.2012 an die Europäische Kommission, Öffentliche Konsultation zu möglichen Maßnahmen für ein ausgewogenes Geschlechterverhältnis in den höchsten Entscheidungsgremien von Unternehmen in der EU, abrufbar: http://www.dcgk.de/de/presse.html?file=files/dcgk/usercontent/de/download/2012/Stellungnahme_2012_05_25.pdf (zuletzt: 23.09.2019) (zitiert: *Regierungskommission Deutscher Corporate Governance Kodex*, Stellungnahme vom 25. Mai 2012, S.)

Reiserer, Kerstin: „GmbH-Geschäftsführer ohne Gesellschaftsanteile in der Sozialversicherung: frei oder pflichtig?" BB 2009, 718 (zitiert: *Reiserer*, BB 2009, 718, S.)

Reufels, Martin/*Molle*, Karl: „Diskriminierungsschutz von Organmitgliedern", NZA-RR 2011, 281 (zitiert: *Reufels/Molle*, NZA-RR 2011, 281, S.)

Rieder, Marcus/*Holzmann*, Daniel: „Brennpunkte der Aufsichtsratsregulierung in Deutschland und den USA", AG 2010, 570 (zitiert: *Rieder/Holzmann*, AG 2010, 570, S.)

Rieble, Volker: Stellungnahme zum Entwurf eines Antidiskriminierungsgesetzes (ADG-E); BT-Drs. 15/4538; A-Drs. 15 (12) 440-(B), abrufbar: http://webarchiv.bundestag.de/archive/2005/0919/parlament/gremien15/a12/Oeffentliche_Sitzungen/20050307/rieble.pdf (zuletzt 23.09.2019) (zitiert: *Rieble*, Stellungnahme zum BT-Drs. 15/4538, A-Drs. 15 (12) 440-(B), S.)

Riesenhuber, Karl (Hrsg.): Das Allgemeine Gleichbehandlungsgesetz – Grundsatz- und Praxisfragen, Verlag: de Gruyter, Berlin 2007 (zitiert: *Bearbeiter* in Riesenhuber, Das allgemeine Gleichbehandlungsgesetz, S.)

Riesenhuber, Karl (Hrsg.): Europäisches Arbeitsrecht: eine systematische Darstellung, Verlag: C.F. Müller, Heidelberg 2009 (zitiert: *Riesenhuber*, Europäisches Arbeitsrecht, §, Rn.)

Riesenhuber, Karl (Hrsg.): Europäische Methodenlehre: Handbuch für Ausbildung und Praxis, 3. Aufl., Verlag: de Gruyter, Berlin 2006 (*Bearbeiter* in Riesenhuber Europäische Methodenlehre 2006, §, Rn.)

Riesenhuber, Karl (Hrsg.): Europäische Methodenlehre: Handbuch für Ausbildung und Praxis, 3. Aufl., Verlag: de Gruyter, Berlin, New York 2015 (*Bearbeiter* in Riesenhuber Europäische Methodenlehre, §, Rn.)

Richardi, Reinhard/*Wlotzke*, Ottfried (Hrsg.): Münchner Handbuch zum Arbeitsrecht, Band I: Individualarbeitsrecht, 2. Auflage, Verlag: C.H.Beck, München 2000 (zitiert: *Bearbeiter* in MünchArbR I, 2000, §, Rn.)

Richardi, Reinhard/*Wlotzke*, Ottfried/*Wißmann*, Hellmut/*Oetker*, Hartmut (Hrsg.): Münchner Handbuch zum Arbeitsrecht, Band I: Individualarbeitsrecht I, 3. Aufl., Verlag: C.H.Beck, München 2009 (zitiert: *Bearbeiter* in MünchArbR I, 2009 §, Rn.)

Ringleb, Henrik-Michael/*Kremer*, Thomas/*Lutter*, Marcus/*Werder*, Axel von: „Die Kodex-Änderungen vom Mai 2010", NZG 2010, 1161, 1 (zitiert: *Ringleb/Kremer/Lutter/Werder*, NZG 2010, 1161, 1, S.)

Ringleb, Henrik-Michael/*Kremer*, Thomas/*Lutter*, Marcus/*Werder*, Axel von (Hrsg.): Kommentar zum Deutschen Corporate Governance Kodex, Kodex-Kommentar, 5. Aufl., Verlag: C.H.Beck, München 2014 (zitiert: *Bearbeiter* in Ringleb/Kremer/Lutter/Werder, DCGK 2014, Rn.)

Ringleb, Henrik-Michael/*Kremer*, Thomas/*Lutter*, Marcus/*Werder*, Axel von (Hrsg.): Kommentar zum Deutschen Corporate Governance Kodex, Kodex-Kommentar, 7. Aufl., Verlag: C.H.Beck, München 2018 (zitiert: *Bearbeiter* in Ringleb/Kremer/Lutter/Werder, DCGK, Rn.)

Roetteken, Thorsten von: Allgemeines Gleichbehandlungsgesetz – AGG, Kommentar zu den arbeits- und dienstrechtlichen Regelungen, Verlag: R. v. Decker, Loseblattwerk mit 61. Aktualisierung 2019 (zitiert: *Roetteken*, AGG, §, Rn.)

Rolfs, Christian: „Gleichberechtigte Vertretung der Geschlechter in Aufsichtsräten – Gemeinschaftsrechtliche Rahmenbedingungen, unter Mitwirkung der wiss. Mitarbeiter Achim Schmid und Stefan Witschen an der Universität zu Köln 2009, Rechtsgutachten im Auftrag der Sinus Sociovision GmbH,

Veröffentlich unter www.sociocsion.de (zitiert: *Rolfs*, Gleichberechtigte Vertretung der Geschlechter in Aufsichtsräten, S.)

Rosenhäger, Christian/*Mense,* Erik: „Mehr Vielfalt wagen – Zu den jüngsten Änderungen des Deutschen Corporate Governance Kodex", GWR 2010, 311 (zitiert: *Rosenhäger/Mense*, GWR 2010, 311, S.)

Roth, Günter/*Wörle,* Ulrike: „Die Unabhängigkeit des Aufsichtsrats – Recht und Wirklichkeit", ZGR 2004, 565 (zitiert: *Roth/Wörle,* ZGR 2004, 565, S.)

Rühl, Monika/*Hoffmann*, Jochen: Das AGG in der Unternehmenspraxis, Wie Unternehmen und Personalführung Gesetz und Richtlinien rechtssicher und diskriminierungsfrei umsetzen, Betriebswirtschaftlicher Verlag Dr. Th. Gabler I GWV Fachverlage GmbH, Wiesbaden 2008 (zitiert: *Rühl/Hoffmann*, Das AGG in der Unternehmenspraxis, S.)

Rummel, Hans Georg: Die Mangelhaftigkeit von Aufsichtsratswahlen der Hauptversammlung nach dem neuen Aktiengesetz, Köln 1969 (zitiert: *Rummel,* Mangelhaftigkeit von Aufsichtsratswahlen, S.)

Rust, Ursula: „Änderungsrichtlinie 2002 zur Gleichbehandlungsrichtlinie von 1976", NZA 2003, 72 (zitiert: *Rust*, NZA 2003, 72, S.)

Rust, Ursula/*Falke*, Josef: AGG, Allgemeines Gleichbehandlungsgesetz mit weiterführenden Vorschriften Kommentar (Berliner Kommentare), Verlag: Erich Schmidt Verlag GmbH & Co, Berlin 2007 (zitiert: *Bearbeiter* in Rust/Falke, AGG, §, Rn.)

Säcker, Franz Jürgen/Rixecker, *Roland/Oetker, Hartmut/Limperg,* Bettina (Hrsg.): Münchener Kommentar zum Bürgerlichen Gesetzbuch, Verlag: C.H. Beck Band 1, Allgemeiner Teil, §§ 1 – 240, ProstG, AGG, 7. Auflage 2015 (zitiert: *Bearbeiter* in MüKo-BGB 2015, §, Rn.)

Band 1, Allgemeiner Teil, §§ 1 – 240, ProstG, AGG, 8. Auflage 2018 (zitiert: *Bearbeiter* in MüKo-BGB, §, Rn.)

Band 2, Schuldrecht – Allgemeiner Teil I, 8. Auflage 2019 (zitiert: *Bearbeiter* in MüKo-BGB, §, Rn.)

Sagan, Adam: „Die Sanktion diskriminierender Kündigungen nach dem Allgemeinen Gleichbehandlungsgesetz, NZA 2006, 1257 (zitiert: *Sagan*, NZA 2006, 1257, S.)

Savigny, Friedrich Carl von: System des heutigen Römischen Rechts. Bd. 2. Berlin, 1840 (zitiert: *Savigny*, System des heutigen Römischen Rechts, Bd. II, §, S.)

Schelp, Thomas: „Gilt das Mutterschutzgesetz auch für GmbH-Geschäftsführerinnen?" GmbH-Steuerpraxis 2011, 265 (zitiert: *Schelp*, GmbH-Steuerpraxis 2011, 265, S.)

Schiek, Dagmar (Hrsg.): Allgemeines Gleichbehandlungsgesetz (AGG); Verlag: Sellier, 2007 (zitiert: *Bearbeiter* in Schiek, AGG, §, Rn.)

Schiek, Dagmar/*Horstkötter*, Inge: „Kündigungsschutz via Diskriminierungsverbot", NZA 1998, 863 (zitiert: *Schiek/Horstkötter*, NZA 1998, 863, S.)

Schilling, Wolfgang: „Die Rechtstellung des Aufsichtsratsmitglieds in unternehmensrechtlicher Sicht" in: Lutter, Marcus/Stimpel, Walter/Wiedemann, Herbert, Festschrift für Robert Fischer, Verlag: De Gruyter, Berlin u.a. 1979 (zitiert: *Schilling*, FS Robert Fischer, 1979, S. 679, S.)

Schillig, Michael: Konkretisierungskompetenz und Konkretisierungsmethoden im Europäischen Privatrecht, Verlag: DE Gruyter, Berlin 2009 (zitiert: *Schillig*, Konkretisierungskompetenz und Konkretisierungsmethoden, S.)

Schleusener, Aino/*Suckow*, Jens/*Plum*, Martin: AGG, Kommentar zum Allgemeinen Gleichbehandlungsgesetz, 5. Aufl., Verlag: Luchterhand, Köln 2019 (zitiert: *Bearbeiter* in Schleusener/Suckow/Plum, AGG, §, Rn.)

Seibert, Ulrich: „Im Blickpunkt: Der Deutsche Corporate Governance Kodex ist da", BB 2002, 581, (zitiert: *Seibert*, BB 2002, 581, S.)

Simon, Oliver/*Greßlin, Martin:* „AGG: Haftung des Arbeitgebers bei Benachteiligungen durch Beschäftigte und Dritte", BB 2007, 1782 (zitiert: *Simon/Greßlin*, BB 2007, 1782, S.)

Scheffler, Eberhard: „Die Überwachungsaufgabe des Aufsichtsrats im Konzern", DB 1994, 793 (zitiert: *Scheffler*, DB 1994, 793, S.)

Schladebach, Marcus/*Stefanopoulou*, Georgia: „Frauenquote in Aufsichtsräten", BB 2010, 1042, (zitiert: *Schladebach/Stefanopoulou*, BB 2010, 1042, S.)

Schmidt, Julian: Quotenorientierte Einstellungs- und Beförderungsentscheidungen nach § 5 AGG, Verlag: Peter Lang, Frankfurt am Main u.a. 2012 (zitiert: *Schmidt*, Quotenorientierte Einstellungs- und Beförderungsentscheidungen nach § 5 AGG, S.)

Schmidt, Karsten: Gesellschaftsrecht, Unternehmensrecht II, 4. Aufl., Verlag: Heymanns, Köln, München [u.a.], 2002 (zitiert: *Schmidt*, Gesellschaftsrecht, §, S.)

Schmidt, Marlene/*Senne*, Daniela: „Das gemeinschaftsrechtliche Verbot der Altersdiskriminierung und seine Bedeutung für das deutsche Arbeitsrecht"; RdA 2002, 80 (zitiert: *Schmidt/Senne*, RdA 2002, 80, S.)

Schneider, Uwe: „GmbH und GmbH & Co KG in der Mitbestimmung", ZGR 1977, 335 (zitiert: *Schneider*, ZGR 1977, 335, S.)

Schnichels, Dominik: Reichweite der Niederlassungsfreiheit: Dargestellt am Beispiel des deutschen Internationalen Gesellschaftsrechts, Nomos Verlagsgesellschaft, Baden-Baden 1995 (zitiert: *Schnichels*, Reichweite der Niederlassungsfreiheit, S.)

Schöbener, Burkhard/*Stork*, Florian: „Anti-Diskriminierungsregelungen der Europäischen Union im Zivielrecht – zur Bedeutung der Vertragsfreiheit und des Rechts auf Privatleben", ZEuS 2004, 43 (zitiert: *Schöbener/Stork*, ZEuS 2004, 43, S.)

Spies, Bernd-Georg/*Wieduwilt*, Ulrike/*Friederichs*, Walter: „Diversity als Herausforderung für Aufsichtsräte", Der Aufsichtsrat, 2008, 138 (zitiert: *Spies/Wieduwilt/Friederichs*, Der Aufsichtsrat, 2008, 138, S.)

Spindler, Gerald/*Brandt*, Kathrin: „Verfassungsrechtliche Zulässigkeit einer Gleichstellungsquote im Aufsichtsrat der börsennotierten AG", NZG 2011, 401 (zitiert: *Spindler/Brandt*, NZG 2011, 401, S.)

Schrader, Peter/*Schubert*, Jens M.: „Der "getarnte" Arbeitnehmer-Geschäftsführer", BB 2007, 1617 (zitiert: *Schrader/Schubert*, BB 2007, 1617, S.)

Schroeder, Ulrich/*Diller*, Martin: „Antidiskriminierung bei der Aufnahme als Gesellschafter?", NZG 2006 728 (zitiert: *Schroeder/Diller*, NZG 2006, 728, S.)

Schubert, Claudia: „Der Diskriminierungsschutz der Organvertreter und die Kapitalverkehrsfreiheit der Investoren im Konflikt", ZIP 2013, 289 (zitiert: *Schubert*, ZIP 2013, 289, S.)

Schubert, Jens M: „Arbeitsrecht im Jahr 2009 – Teil 1: Individualarbeitsrecht und Prozessrecht", NJ 2009, 221 (zitiert: *Schubert*, NJ 2009, 221, S.)

Schubert, Werner/*Hommelhoff*, Peter: „Hundert Jahre modernes Aktienrecht", ZGR 1985 –Sonderheft 4 (zitiert: *Schubert/Hommelhoff*, ZGR 1985, Sonderheft 4, S.)

Schwab, Dieter: „Schranken der Vertragsfreiheit durch die Antidiskriminierungsrichtlinien und ihre Umsetzung in Deutschland", DNotZ 2006, 649 (zitiert: *Schwab*, DNotZ 2006, 649, S.)

Spindler, Gerald/*Stilz*, Eberhard (Hrsg.): Kommentar zum Aktiengesetz, Verlag: C.H.Beck, München

Band 1: §§ 1 – 149, 4. Aufl. 2019

Band 2: §§ 150 – 410, IntGesR, SpruchG, SE-VO, 4. Aufl. 2019 (zitiert: *Bearbeiter* in Spindler/Stilz, AktG, §, Rn.)

Stagat, Ralf: „Risiken und Nebenwirkungen von Geschäftsführer-Anstellungsverträgen", NZA-RR 2011, 617 (zitiert: *Stagat*, NZA-RR 2011, 617, S.)

Steinau-Steinrück, Robert von/*Schneider*, Volker/*Wagner*, Tobias: „Der Entwurf eines Antidiskriminierungsgesetzes: Ein Beitrag zur Kultur der Antidiskriminierung?", NZA 2005, 28 (zitiert: *Steinau-Steinrück/Schneider/Wagner*, NZA 2005, 28, S.)

Stoffels, Markus: „Grundprobleme der Schadensersatzverpflichtung nach § 15 Abs. 1 AGG“, RdA 2009, 204 (zitiert: *Stoffels*, RdA 2009, 204, S.)

Sünner, Erckart: „Diversity bei den Organen einer Aktiengesellschaft“, CCZ 2009, 185 (zitiert: *Sünner*, CCZ 2009, 185, S.)

Tank, Gerhard: „Stimmrechtsabkommen im Lichte des MitbestG“, Die Aktiengesellschaft. 1977, 34 (zitiert: *Tank*, AG 1977, 34, S.)

Thüsing, Gregor; “Stellungnahme zum Entwurf eines ADG – Arbeitsrechtlicher Teil (BT-Drucks. 15/4538)”; A.-Drs. 15(12)440-C abrufbar: http://webarchiv.bundestag.de/archive/2005/0919/parlament/gremien15/a12/Oeffentliche_Sitzungen/20050307/thuesing.pdf (zuletzt: 23.09.2019) (zitiert: *Thüsing*, Stellungnahme zum BT-Drs. 15/4538, A.-Drs. 15(12)440-, S.)

Thüsing, Gregor: „Das Arbeitsrecht der Zukunft? – Die deutsche Umsetzung der Anti- Diskriminierungsrichtlinien im internationalen Vergleich“, NZA 2004, Sonderbeilage zu Heft 22, S. 3 (zitiert: *Thüsing*, NZA 2004, Sonderbeilage zu Heft 22, S. 3)

Thüsing, Gregor: „Neue Perspektiven für das europäische Arbeitsrecht“, BB 2007, Heft 8, Die erste Seite (zitiert: *Thüsing*, BB 2007, Heft 8, Die erste Seite)

Thüsing, Gregor: Arbeitsrechtlicher Diskriminierungsschutz – Das Allgemeine Gleichbehandlungsgesetz und andere arbeitsrechtliche Benachteiligungsverbote, 2.Aufl. Verlag: C.H.BECK, München 2013 (zitiert: *Thüsing*, Arbeitsrechtlicher Diskriminierungsschutz, Rn.)

Thüsing, Gregor/*Stiebert*, Tom: „Altersgrenzen bei Organmitgliedern“, NZG 2011, 641 (zitiert: *Thüsing/Stiebert*, NZG 2011, 641, S.)

Treber, Jürgen: „Arbeitsrechtliche Neuerungen durch das „Gesetz zur Änderung des Bürgerlichen Gesetzbuches und des Arbeitsgerichtsgesetzes“, NZA 1998, 856 (zitiert: *Treber*, NZA 1998, 856, S.)

Ulmer, Peter: „Zur Haftung der abordnenden Körperschaft nach § 31 BGB für Sorgfaltsverstöße des von ihr benannten Aufsichtsratsmitglieds“ in Festschrift für Walter Stimpel zum 68. Geburtstag am 29. November 1985, Marcus Lutter, Marcus/Mertens, Hans-Joachim/Ulmer, Peter (Hrsg.), Berlin, New York, de Gruyter, 1985 (zitiert: *Ulmer*, FS Stimpel, 1985, S. 705, S.)

Veltmann, Doris: Der Anwendungsbereich des Freizügigkeitsrechts der Arbeitnehmer gem. Art. 48 EGV (Art. 39 EGV n.F.), Die Begriffe „Arbeitnehmer“ und „Beschäftigung in der öffentlichen Verwaltung“, Dissertation, Verlag: Lit Verlag, Münster 1999 (zitiert: *Veltmann*, Der Anwendungsbereich des Freizügigkeitsrechts der Arbeitnehmer gem. Art. 48 EGV, S.)

Vetter, Eberhard: „Der Deutsche Corporate Governance Kodex nur ein zahnloser Tiger? – Zur Bedeutung von § 161 AktG für Beschlüsse der Hauptversammlung“, NZG 2008, 121 (zitiert: *Vetter*, NZG 2008, 121, S.)

Volmer, Michael: „‚Punitive Damages‘ im deutschen Arbeitsrecht?“, BB 1997, 1582 (zitiert: *Volmer*, BB 1997, 1582, S.)

Wagner, Gerhard/*Potsch*, Nicolas: „Haftung für Diskriminierungsschäden nach dem Allgemeinen Gleichbehandlungsgesetz“, JZ 2006, 1085 (zitiert: *Wagner/Potsch*, JZ 2006, 1085, S.)

Walker, Wolf-Dietrich: „Der Entschädigungsanspruch nach § 15 II AGG“, NZA 2009, 5 (zitiert: *Walker*, NZA 2009, 5, S.)

Weber-Rey, Danila: „Änderungen des Deutschen Corporate Governance Kodex 2009“, WM 2009, 2255 (zitiert: *Weber-Rey*, WM 2009, 2255, S.)

Weber-Rey, Daniela/*Handt*, Friederike: „Vielfalt/Diversity im Kodex – Selbstverpflichtung, Bemühenspflicht und Transparenz“, NZG 2011, 1 (zitiert: *Weber-Rey/Handt*, NZG 2011, 1, S.)

Weckes, Marion: „Geschlechterverteilung in Vorständen und Aufsichtsräten in den 160 börsennotierten Unternehmen (DAX-30, M-Dax, S-Dax, Tex-Dax) zum 31. Januar 2011, vom Februar 2011, abrufbar: www.boeckler.de/pdf/mbf_gender_2011.pdf (zuletzt: 23.09.2019) (zitiert: Weckes, Geschlechterverteilung in Vorständen und Aufsichtsräten, S.)

Wehrmeyer, Ulrich: Die arbeitsrechtliche Einordnung der Organe juristischer Personen, Verlag: Peter Lang, Bern u.a. 1988 (zitiert: *Wehrmeyer*, Die arbeitsrechtliche Einordnung der Organe juristischer Personen, 1988, S.)

Wendeling-Schröder, Ulrike: „Zugang zur „Hälfte des Himmels“ – Personalstatistiken alsIndiz für eine Geschlechtsdirksiminierung bei Beförderungsentscheidungen?“, in Hohmann-Dennhardt, Christine Körner, Marita, Zimmer, Reingard (Hrsg.) in Geschlechtergerechtigkeit: Festschrift für Heide Pfarr, Verlag: Nomos, Baden-Baden 2010 (zitiert: *Wendeling-Schröder*, FS Pfarr, 2010, S. 158, S.)

Westermann, Peter/*Grunewald*, Barbara/*Maier-Reimer*, Georg (Hrsg.): Erman, Bürgerlichen Gesetzbuch, Handkommentar mit AGG, EGBGB (Auszug), ErbbauRG, LPartG, ProdHaftG, VBVG, VersAuslgG und WEG, Band I, 15. Aufl. Verlag: Dr. Otto Schmidt, Köln 2017 (zitiert: *Bearbeiter* in Erman BGB, §, Rn.)

Willemsen, Heinz Josef/*Schweibert*, Ulrike, „Schutz der Beschäftigten im Allgemeinen Gleichbehandlungsgesetz“, NJW 2006, 2583 (zitiert: *Willemsen/Schweibert*, NJW 2006, 258, S.)

Weller, Marc-Philippe: „Deutsches Gesellschaftsrecht unter europäischem Einfluss“, Anwbl 2007, 320, (zitiert: *Weller*, Anwbl 2007, 320. S.)

Wendeling-Schröder, Ulrike: „Zugang zur “Hälfte des Himmels“ – Personalstatistiken als Indiz für eine Geschlechterdiskriminierung bei Beförderungsentscheidungen?“ in Festschrift für Heide Pfarr, Geschlechtergerechtigkeit,

Hohmann-Dennhardt, Christine/Körner, Marita/*Zimmer*, Reingard (Hrsg.), Baden-Baden, Nomos, 2010 (zitiert: *Wendeling-Schröder*, FS Pfarr, 2010, S. 158, S.)

Wendeling-Schröder, Ulrike/*Stein*, Axel: Allgemeines Gleichbehandlungsgesetz, Verlag C.H. Beck, München 2008 (zitiert: *Bearbeiter* in Wendeling-Schröder/ Stein, AGG, §, Rn.)

Wieland, Joachim: „Ist eine Quotenregelung zur Erhöhung des Anteils der Frauen in Aufsichtsräten mit dem Grundgesetz und Europarecht vereinbar?", NJW 2010, 2408 (zitiert: *Wieland*, NJW 2010, 2408, S.)

Willemsen, Heinz-Josef/*Schweibert*, Ulrike: „Schutz der Beschäftigten im Allgemeinen Gleichbehandlungsgesetz", NJW 2006, 2583 (zitiert: *Willemsen/ Schweibert*, NJW 2006, 2583, S.)

Wilsing, Hans-Ulrich/*Meyer*, Daniel: „Aktuelle Entwicklungen bei der Organberatung – Zur wachsenden Bedeutung des AGG und der AGB – Kontrolle im Zusammenhang mit der Tätigkeit von Leitungsorgangen kapitalistischer Körperschaften – ", DB, 2011, 341 (zitiert: *Wilsing/Meyer*, DB 2011, 341, S.)

Windel, Peter: „Der Beweis diskriminierender Benachteiligungen", RdA 2007, 1 (zitiert: *Windel*, RdA 2007, 1, S.)

Windel, Peter: „Aktuelle Beweisfragen im Antidiskriminierungsprozess", RdA 2011, 193, (zitiert: *Windel*, RdA 2011, 193, S.)

Windisch, Josef: „Betriebsratswahlen 1978: Bericht der IG Bergbau und Energie", Gewerkschaftliche Monatshefte, 1978, 668, (zitiert: *Windisch*, Gewerkschaftliche Monatshefte, 1978, 668, S.)

Worzalla, Michael: Das neue allgemeine Gleichbehandlungsgesetz: neue Vorschriften, Handlungsanweisungen, Muster, Haufe Mediengruppe, Freiburg, Berlin, München 2006 (zitiert: *Worzalla*, Das neue Allgemeine Gleichbehandlungsgesetz, S.)

Woywode, Michael/*Keese*, Detlef/*Tänzler*, Jan: „Corporate Governance in geschlossenen Gesellschaften – insbesondere in Familienunternehmen – unter besonderer Berücksichtigung von Aufsichtsgremien", ZGR 2012, 418 (zitiert: *Woywode/Keese/Tänzler*, ZGR 2012, 418, S.)

Zorn, Alexander: „Die Auswirkungen des AGG bei der Stellung eines Nachmieters durch den Mieter", WuM 2006, 591 (zitiert: *Zorn*, WuM 2006, 591, S.)

Zwanziger, Bertram: „Die Neuregelung des Verbots der Geschlechterdiskriminierung im Arbeitsrecht", DB 1998, 1330 (zitiert: *Zwanziger*, DB 1998, 1330, S.)

www.ingramcontent.com/pod-product-compliance
Ingram Content Group UK Ltd.
Pitfield, Milton Keynes, MK11 3LW, UK
UKHW021927290926
8980IPUK00016B/1488

9 783631 856543